한국 태실 연구

한국 태실 연구

(韓國 胎室 硏究)

심현용

景仁文化社

1997년 겨울 어느 날, 필자는 경북 울진군 평해읍 삼달리 신래태봉에서 태실유적을 처음 보았다. 바로 조선시대 제9대 임금인 성종의 아들 견석왕자 태실이다. 당시 필자의 눈에는 신기할 따름이었다. 이로 인해 태실이 무엇인지도 몰랐던 필자는 태실에 관심을 갖게 되었으며, 이후 2001년에 처음 태실관련 논문(「울진지역 태실에 관한 시고」, 『고문화』 57, 한국대학교박물관협회)을 발표했다. 그리고 견석왕자 태실을 접한 지 18년 후인 2015년 태실을 주제로 박사학위논문을 집필하게 되었다.

이 책은 필자의 박사학위논문인 『조선시대 태실에 관한 고고학적 연구』(2015, 강원대학교)를 수정·보완하여 출판한 것이다. 학위논문에서 고려시대 태실 부분을 더 자세하게 분석·보완했으며, 일제강점기 일제가 우리나라 태실을 훼손한 것에 대해 추가 검토하였다. 또한 성주와 사천 두 곳에 있는 것으로 알려진 단종 가봉태실에 대한 진위 검토도 추가하였다. 부록으로 『춘관통고(春官通考)』권68 가례(嘉禮) 태봉(胎峯)편을 번역하고 영인본을 실었다. 『춘관통고』는 정조 12년(1788)경 예조참의 유의양(柳義養)에 의해 편찬된 것으로 현재 4종만 사본(寫本)으로 남아있다. 이 책에서 번역한 것은 1899년 이전(1825. 2.~1833. 6.) 사본으로 추정되는 국립중앙도서관 소장본으로 학술적 가치가 높은 점을 고려했다.

대부분의 사람들은 태실이 무엇인지 생소해 할 수 있다. 우리나라 전통문화유산임에도 불구하고 일반인에게 생소한 이유는 우리 사회에 널리 알려져 있지 않고, 그에 대한 연구 성과도 충분하지 않기 때문이다. 우리나라 태실의 기원은 삼한시대까지 거슬러 올라가지만, 기록으로 전하는 것은 삼국시대 신라 김유신의 태실이 최초이다. 이후 고려시대를 거쳐 조선시대까지 그 전통은 계속된다. 그러나 고려시대에는 인종 태실이 유일하게 확인될 뿐이다. 태실은 조선시대에 활발하게 조성되었는데, 이로 인해 조선 왕실의 3대 문화 중에 하나가 되었다.

조선 왕실의 3대 문화를 꼽으라 하면 궁궐(종묘), 왕릉, 그리고 태실이다. 왕릉은 죽은 자를 모시는 공간이라는 의미에서 과거를, 궁궐은 사람들이 살고 있는 공간이라는 의미에서 현재를, 태실은 태주의 운명을 좌우한다는 의미에서 미래의 개념을 갖고 있는 대표적인 문화유산이다. 특히 태실은 태어남[生]과 삶[活]의 개념이 복합적으로 스며있으며, 동시에 미래의 개념이 내포되어 있다. 왕릉은 무덤으로 죽음[死]의 공간을 뜻하는데, 태실은 비슷한 방법으로 땅에 묻히면서도 전혀 다른 의미를 갖는다. 일제는 태실에 내포되어 있는 현재성 내지 미래적 의미를 간파하고 태실을 무참히 훼손하여 조선, 즉 우리나라의 미래를 말살하려 하였다. 전국에 산재한 태실을 파헤쳐 그중 54위의 태를 서삼릉으로 옮겨 태실 집장지를 만들었다. 생(生)과 활(活)의 개념을 내포한 태실을 사(死)의 개념인 무덤 영역에 옮겨 놓음으로써 태실을 죽음[死]의 개념으로 바꾸려 한 것이다. 이로써 역사 속에서 진행되었던 우리나라 태실문화의 역사와 전통은 막을 내리게 되었다.

태실에 대해 체계적이고 종합적인 연구 필요성을 느낀 필자는 박사학위논문 주제로 태실을 선택하게 되었다. 우리 민족의 전통문화를 연구한다는 것은 삶의 원동력이었다. 석사과정에서 신라고고학(2008, 『고고자료로 본 신라의 강릉지역 진출』, 경북대학교)을 전공했지만, 박사과정에서는 전공을 바꾸어 태실을 연구하기로 했다. 당시 태실의 소재조차 제대로 알려져 있지 않아 태실을 전수조사 하는데 10년 넘게 걸렸다. 연구의 진척도 없었다. 위치도 모르는 태실을 찾아 전국 방방곡곡 이 산 저 산을 찾아 다녔다.

공부하면서 많은 분들의 가르침과 도움을 받았다.

역사학이나 고고학이 무엇인지도 모르고 1988년 한국관광대학교(현, 경주대학교) 1회로 문화재학과에 입학했다. 군 복무를 거쳐 1993년 복학해서 김창호 선생님 연구실에서 지내게 되었다. 특히 그해 선생님께 부탁해 여름방학 때 처음으로 영남대학교 박물관에서 약 두 달간 발굴조사에 참여할 수 있게 된 것은 나에게 행운이었다. 철없는 학부생인 나에게 학문이 무엇인지를 가르쳐 주신 김창호 선생님의 지도는 내가 고고학을 전공하게 된 동기가 되었다. 또 정우택 선생님은 고고학을 공부하겠다던 필자에게 수많은 불교문화재를 갖고 있는 우리나라에서 불교미술도 함께 공부해야 학문의 폭을 넓힐 수 있다 하시면서 불교미술 보는 법을 가르쳐 주셨다.

2000년 경북대학교 사학과 석사과정에 입학했다. 역사고고학을 하는 전공자는 문헌사를 모르고는 실패할 가능성이 높다는 인식에서 일부러 사학과를 선택하였다. 이 생각은 지금도 변함없다. 이때 학문하는 방법을 지도해 주시고 한문의 길을 인도해 주신 주보돈 선생님의 가르침은 학문의 깊이를 더하게 만들어 주셨다. 또 고고인류학과 수업을 들으면서 고고학적 연구법을 가르쳐 주신 이희준·박천수 선생님의 은혜도 잊을 수 없다. 신라의 동해안지역 진출과정을 고고학적으로 공부하겠다는 필자는 동해안지역의 고고학을 경험하기 위해 강릉에서 발굴조사를 하기도 하였다. 2004년 경상북도 학예연구사 공채시험에 합격한 필자는 그해 12월 27일 울진군청에서 학예연구사의 길을 걷게 되었다. 이로써 필자의 꿈은 이루어졌다.

2009년 강원대학교 사학과 박사과정에 입학했다. 유재춘 선생님은 중·근세 고고학의 나아갈 방향과 연구방법을 지도해 주셨다. 손승철 선생님은 문헌기록의 중요성을 일깨워 주시고 그 분석법을, 최복규 선생님은 유적, 유구 및 유물의 분석법을 가르쳐 주셨다. 이들 선생님의 은덕은 영원히 잊지 못한다. 박사학위논문 외부 심사위원으로 전국 태실의 연구방법과 고고학적 접근방법을 가르쳐 주신 단국대학교 정영호 선생님과 경주대학교 강봉원 선생님의 가르침은 부족한 논문을 발전되게 해주셨다.

계명대학교 노중국 교수님과 성림문화재연구원 박광열 원장님, 경민대학교 장원섭 교수님은 같은 고향이라는 이유 하나만으로 남다른 격려와 애정을 베풀어 주셨다. 한국국학진흥원의 김주부 선생님은 한문 번역의 어려움에 부딪칠 때마다 도움을 주셨다. 김주부 선생님은 부록인『춘관통고』도 필자와 함께 번역하였는데, 대부분 선생님의 힘으로 된 것이다. 강원대학교의 홍성익 선생님, 가톨릭관동대학교 박물관의 이상수 선생님, 문화재청 문화재 전문위원인 김도현 선생님, 하슬라문화재연구소의 홍영호 선생님은 동학을 하는 후배라는 이유로 곁에서 북돋아 주시고 조언을 아끼지 않으셨다. 춘천의 박미현 선생님은 일제강점기 태실관련 신문을 찾는데 도움을 주셨으며, 성림문화재연구원의 박기혁 선생님, 팜클의 장종민 선생님, 명성프로젝트의 조윤희·유숙향 선생님은 도면 작성을 도우셨다. 성주의 박재관·곽명창 선생님, 예천의 이재완 선생님, 예산의 이강열·박성묵 선생님, 진천의 이인석 선생님, 단양의 지성룡 선생님, 울산의 박채은 선생님, 안산의 이현우 선생님은 태실을 찾는데 도움을 주셨다. 후배 조성윤·김성우·이동주·이민형·양윤미 선생의 도움도 많이 받았다. 또한 울진문화원 울진향토사연구회 연구위원인 장기영 친구는 태실 조사시 동행하여 도움을 주었다. 이 모든 분들의 도움이 있었기에 지금의 연구 성과물이 나올 수 있었다.

필자는 이제 역사(歷史)에 대한 개념을 조금이나마 깨닫게 되었다. 역사의 정의에 대해서는 많은 학자들의 이론이 나와 있다. 그중 많이 알려진 것이 에드워드 카(1892~1982)의 '역사란 현재와 과거의 끊임없는 대화'이다. 그러나 필자는 여기에 미래를 추가하고 싶다. 필자는 강의를 할 때 '역사란 과거가 아니고 미래다'라는 말을 자주 한다. 역사를 공부하고 연구하는 이유는 미래를 준비하기 위해서다. 역사는 점(點)으로 연결되어 있는 선(線)에 비유할 수 있다. 과거에서 저만치 나가있는 미래를 점으로 찍으면 과거와 연결된다. 그러므로 과거를 바탕으로 현재를 이해하고 미래를 예측하는 학문이 역사학인 것이다. 우리는 과거에 멈추지 말고 현재와 미래를 보는 미래지향적 삶을 살아야 한다. 그래서 과거인 역사는 과거가 아니라 현재이고 미래인 것이며, 역사를 배워서 알아야 하는 이유도 여기에 있는 것이다. 역사라는 영역은 단순히 학자들이 학문을 하기 위한 분야가 아니며, 우리 삶속에 살아 있는 사회로 보아야 한다. 이러한 의미에서 태실은 과거에 조성되었지만, 우리나라 국운(國運)이 영원하기를 염원한 미래에 대한 준비였던 것이다.

현재 우리나라 전통문화 중 조선 왕실의 궁궐(종묘)과 왕릉은 그 문화적 가치를 인정받아 유네스코 세계문화유산에 등재되어 있다. 그러나 태실은 국내의 지정문화재조차 많이 되어 있지 않은 형편이다. 태실은, 전세계 보편적으로 행해진 태 처리 습속인 장태문화의 일종이나, 우리나라에서만 유일하게 확인되는 독특한 문화이다. 그러므로 충분히 세계문화유산으로서의 가치를 갖고 있다. 최근 들어 몇몇 지자체에서 태실을 세계유산에 등재하려는 움직임이 시도되고 있다. 그러나 지금까지 태실에 대한 조사와 연구가 많이 이루어지지 않아 그 규명에 어려움이 있었다. 여기에 필자의 조그마한 이 연구 결과가 우리나라 태실을 세계문화유산에 등재하는데 보탬이 되었으면 한다. 이 책은 우리나라 태실을 집대성한 최초의 연구서이며, 태실 연구의 시작임을 알리는 것이다. 그러나 아쉽게도 필자의 역량 부족으로 태실 조성으로 인해 발생되는 정치·사회·

경제적 측면은 다루지 못하였다. 향후의 과제로 두고자 한다. 하지만 가장 중요한 본질인 '태실이란 무엇인가?'라는 질문에 이 책이 어느 정도 답할 수 있는 학술적 자료가 되었으면 하는 바람도 가져본다.

마지막으로 필자가 오늘에 이르기까지 어려운 형편에도 물심양면으로 뒷바라지 해 주신 부모님의 은혜를 결코 잊을 수 없다. 아내와 두 딸 은수·지수에게는 주말이면 태실지를 찾아 전국을 떠도느라 또 공부하느라 가정에 충실하지 못해 항상 미안한 마음을 갖고 있다. 그리고 이 책의 출판을 흔쾌히 맡아 주신 경인문화사의 한정희 사장님과 신학태 부장님, 편집과 교정을 해 주신 편집부 여러분에게도 깊은 감사를 드린다.

2016년 3월 1일
삼일절에 白石 沈賢容

‖ 목차 ‖

제1부
서론

우리나라 한국(韓國)은 예로부터 왕실(王室)에서 자손(子孫)이 태어나면 명당(明堂)·길지(吉地)에 태(胎)를 묻고 태실(胎室)을 조성하였다. 태는 태어난 아기(阿只)의[1] 생명선이며 근원이라 하여 소중하게 다루었기 때문이다.

태실이란 태봉(胎峯)의 정상(頂上)에 일정한 의식(儀式)과 절차(節次)를 거쳐 태를 땅에 묻고 조성한 시설(施設)을 말하는데, 무덤[墓]과 비슷하여 태묘(胎墓, 태 무덤·태반 무덤), 태실묘(胎室墓, 태실 무덤), 태실릉

---

1) 황윤석(黃胤錫, 1729~1791)의 『이재유고(頤齋遺藁)』(1829) 권25 잡저(雜著) 화음방언자의해(華音方言字義解)에 '아기는 혹 아지라고도 하는데, 지는 기로 읽는다[又如新生小兒 新羅上世呼關智 今則轉呼阿其 或曰阿只 只音其]'고 하였는데, 우리나라 전통적 차자표기에서 이두나 구결에서 '只'는 '지'가 아니라 '기'로 읽음을 알 수 있다. 그러므로 한자 '阿只'는 '아지'가 아니라 '아기'라고 읽어야 하는 이두식 용어이다. 즉 『고려사(高麗史)』(1451) 권132 열전(列傳)45 반역(叛逆) 신돈(辛旽)과 안정복(安鼎福, 1712~1791)의 『동사강목(東史綱目)』15하 공민왕 20년(1371) 추7월 및 이원익(李源益, 1792~1854)의 『동사약(東史約)』(1851) 상 기년동사약(紀年東史約) 권8 고려기(高麗紀) 공민왕(恭愍王) 신해20년(辛亥二十年)(1371)에 '아기는 방언으로 어린아이를 지칭한다[阿只方言 小兒之稱]'라고 하였으며, 『고려사절요(高麗史節要)』(1452) 권29 공민왕4(恭愍王四) 신해20년(辛亥二十年) 대명홍무4년(大明洪武四年)에 '아기는 방언으로 어린아이의 존칭이다[阿只方言 小兒之尊稱]'라 하였고, 이덕무(李德懋, 1741~1793)의 『청장관전서(靑莊館全書)』(1795) 권56 앙엽기3(盎葉記三) 발도(拔都)에 '우리나라 방언에 어린아이를 아기라 한다[我國方言 以小兒 爲阿只]'라 하였다. 정약용(丁若鏞, 1762~1836)도 『목민심서(牧民心書)』(1818) 병전육조(兵典六條) 제1조 첨정(第一條簽丁)에서 '동쪽(우리나라) 풍속에 어린아이를 아기라 한다[東俗孩兒曰阿只]'라고 하였다.

(胎室陵)이라고 부르기도 한다.[2]

이 태실은 주인공의 신분과 지위, 그리고 구조에 의해, 다시 아기태실
(阿只胎室)과 가봉태실(加封胎室)로 구분된다. 아기태실은 임금[王]의
자녀(子女)가 태어나면 길지에 장태(藏胎)하고[3] 처음 조성한 태실을 말
하며, 가봉태실은 아기태실의 주인공이 후에 왕위(王位)에 오르면 아기
태실의 봉토(封土)와 아기비를 없애고 화려한 석물을 장식하고 가봉비를
세워 가봉한 태실을 일컫는다. 그러나 왕비와 추존왕도 가봉태실을 조성
한 경우가 있으며, 예외적으로 사도세자처럼 임금이 아닌 신분인데도 태
실을 가봉한 경우도 있다.

그런데 이러한 태실문화(胎室文化)는 주변의 중국(中國)과 일본(日
本)을 비롯하여 전(全) 세계 어디에도 없는 우리나라 한국만이 갖고 있
는 독특한 장태문화(藏胎文化)이다. 특히 한국 역대 왕조(王朝) 중 조선
왕실에서 태실을 가장 많이 조성하였다.

---

2) 태실(胎室)은, 왕실에서 아기의 태를 묻고 조성한 시설을 말하는 태실이란 고고학
용어와 아기가 잉태되거나 태어난 방을 뜻하는 태실(또는 産房)이란 고건축 용어
로 두 가지의 종류가 있다. 이중 고건축의 태실로는 경북 안동 도산면 온혜리에
있는 이황(李滉)의 태실, 강원도 평창군 봉평면 백옥포리에 있는 이이(李珥)의 잉
태지인 판관대, 강원도 강릉시 죽헌동에 있는 이이가 태어난 방인 오죽헌 몽룡실
(夢龍室), 경북 안동시 일직면 망호리에 있는 이상정(李象靖)·이광정(李光靖) 형제
의 태실과 서성(徐渻)의 태실, 경북 안동시 법흥동에 있는 임청각 영실(靈室), 그
리고 경남 산청군 산청읍 지리에 있는 오건(吳健)·오장(吳長) 부자의 태실 등이
유명하다.

3) 다수의 문헌사료에는 '장태(藏胎)'와 '안태(安胎)'라는 용어를 구분하지 않고 혼용
하여 사용하고 있다. 장태와 안태는 둘 다 '태를 보관한다'라는 뜻으로 굳이 구분
하면 안태는 '태를 편안하게 한다'라는 뜻으로 태를 태실에 봉안(奉安) 또는 안치
(安置)한다는 협의의 의미며, 장태는 '태를 갈무리한다'라는 뜻으로 태를 땅에 묻
는 것뿐만 아니라 태우거나 말리거나 물에 띄워 보내거나 또는 그 전에 보관하고
있는 상태 등 전 과정을 말하는 것으로 광의의 의미다. 태를 갈무리하여 묻고 태
실을 조성하는 것은 안태라는 부분적인 행위뿐만 아니라 관련 절차와 의례 등 전
(全) 과정의 행위가 포함되어 있으므로 넓은 의미의 장태라는 용어가 더 적합하
다. 그러므로 이 글에서는 안태보다는 장태란 용어를 사용하겠다.

그리고 태실과 관련된 용어로 태봉(胎峯·胎峰)과 태봉(胎封)이 있다. 태봉(胎峯)은 태실이 조성되어 있는 봉우리[峯] 또는 산(山)을 말하며, 태봉산(胎峯山), 태산(胎山, 태뫼), 안태산(安胎山, 안태뫼), 장태산(藏胎山), 태장봉(胎藏峯), 감태봉(감胎峯) 등으로도 부른다. 그리고 태봉(胎封)은 일반적인 태실이 아닌 '봉(封)이 더해진[加] 태실', 즉 벼슬[爵]이 봉해진 태실로 왕이나 왕비·추존왕의 가봉된 태실을 말한다.[4] 그러나 왕세자로 책봉되거나 제후로 봉해짐과 같이 '태봉(胎峯)으로 봉(封)한다'는 행위·의례, 그리고 이 의례에 부수되는 제반 절차와 행사까지 모두 포함하는 것으로[5] 보기도 한다.

그런데 문헌사료를 살펴보면, 태봉(胎封)이 가봉되지 않은 아기태실과 구분된 의미로 사용되고 있지 않으며, 태봉(胎封)과 태봉(胎峯)도 그 의미를 서로 구분하지 않고 혼용하여 사용하고 있다. 이로 보아 앞의 개념 정의대로 그대로 적용되어 사용된 것은 아니다.

이러한 우리나라 한국만이 갖는 고유(固有)한 태실문화에 대해 지금까지 학계의 관심이 깊지 않아서 이 분야에 대한 연구는 성행(盛行)하지 못하였다. 그러나 최근 몇 개소의 태실유적이 발굴조사 되면서 학계뿐만 아니라 일반인에게도 관심이 높아지기 시작하였다. 또 태실의 발굴조사 결과, 조선 왕실의 가계(家系)를 왕실 족보(王室族譜)에만 의존하던 것에 변화가 나타나기 시작하였다. 특히 태지석과 아기태실비에 기록된 내용은 『선원록(璿源錄)』·『선원계보기략(璿源系譜紀略)』·『선원보(璿源譜)』 등의 왕실 족보에 기록된 가계(家系)와 상이(相異)한 점이 발견되어 태실의 중요성은 더욱 부각되었다. 이는 앞으로 더 많은 태실이 발굴조사 되면 조선 왕실의 가계가 족보와 달리 다소 수정될 수 있음을 시사(示唆)하는 것이다. 또 태실에서 출토된 도자기에 의해 도자사(陶瓷史) 연

---

4) 전주이씨대동종약원, 1999, 『조선의 태실』Ⅰ, 182쪽.

5) 김용숙, 1999, 「부록: 태봉연구」, 『서삼릉태실』, 국립문화재연구소, 351쪽.

구에 많은 도움이 되었다. 지금까지 도자기 연구는 제작시기인 절대연대가 부족한 상황이었다. 그러나 태실에서 출토되는 도자기는 장태시기로 인해 자기 제작의 하한 시기가 확실하여 그 양식과 편년을 연구하는데 중요한 자료가 된다. 하지만 지금까지의 태실 연구는 태실유적에 대한 현황 소개나 태실의 주인공[胎主]이 누구인가 하는 개별적이고 부분적인 연구에 치중되었다. 그 가장 큰 이유로 남아있는 문헌기록의 부족과 전국에 산재한 태실의 현황이 제대로 조사 및 파악조차 되지 않았기 때문이다.

태실에 관한 연구는 1960년대 초에 처음 시작되었다. 그러나 진척이 없다가 1990년대 중엽 서삼릉 태실 집장지가 발굴조사 되면서 고고학적 자료가 축적되기 시작하였으며, 1990년대 말 강원지역의 태실이 전수조사(全數調査)되고 전국에 산재한 태실의 현황이 파악되기 시작하였다. 그리고 2000년대 들어와 몇 개소의 태실이 발굴조사 되어 고고학적 자료가 조금씩 축적되자 태실에 대한 관심이 더욱 높아지고 태실 연구에도 활기를 띠기 시작하였다. 이러한 태실 관련 연구의 경향은 주제별 특징이 파악되는데, 우선 지표조사나 발굴조사 등을 통하여 태실에서 출토된 유물과 태실 구조에 대한 고고학적 관점의 연구이고, 두 번째로 태실의 주인공이나 조성시기 및 의례 등에 대한 문헌사적 관점의 연구이며, 세 번째로 태실이 조성되는 곳의 입지 또는 주변 산세 환경(山勢環境)에 대한 풍수지리적 특징을 분석하거나 풍수이론의 적용 등에 관한 풍수지리적 관점의 연구이다. 그러므로 태실 관련 연구사는 이 세 분야로 나누어 발표순으로 검토해 보기로 하겠다.

I. 연구사 검토

1. 출토 유물과 태실 구조 등 고고학적 연구

이 분야는 발굴 또는 지표조사로 태실의 구조 등 고고학적 자료를 획득하거나 출토유물의 양식과 편년을 연구, 그리고 고고자료와 문헌사료를 종합한 연구 등 세 가지로 다시 나뉜다.

첫 번째로, 몇몇 태실에 대해 발굴조사와 지표조사가 이루어져 태실의 구조를 파악하는데 큰 역할을 하였다. 태실의 발굴조사는 1990년대 들어와 처음으로 진행되었다.

한림대학교 박물관에 의해 아기태실이 처음으로 발굴조사 되었다.[6] 1991년 3월 15일~27일까지 강원도 원주의 왕녀 복란 태실로 복란은 성종의 왕녀이다. 발굴결과, 태실은 이미 도굴되었지만, 태지석과 태호는 동국대학교 박물관에 소장되어 있다는 것이 확인되었다. 태실의 구조는 평면 타원형의 토광(土壙)을 파고 태실 석함을 매납한 후 지상에 봉토를 조성하고 그 앞에 아기태실비를 세웠던 것으로 밝혀졌다. 이로써 아기태실의 구조가 처음으로 자세히 밝혀지게 되었다.

청주대학교 박물관에 의해 두 번째로 아기태실이 발굴조사 되었다.[7] 충북 청원의 산덕리 태실로 1994년 7월 18일~30일까지 조사되었는데, 선조의 아들 인성군의 아기태실로 밝혀졌으며, 태실의 구조도 자세히 밝혀져 1999년에 복원된 태실의 오류를 찾아낼 수 있었다. 그러나 왕녀 복란 태실과 다르게 토광의 평면 형태가 말각사각형으로 확인되었다.

국립문화재연구소에 의해 경기도 고양의 서삼릉에 집장(集藏)된 54기

---

6) 한림대학교 박물관, 1991, 『왕녀복란태실 발굴보고서』.
7) 청주대학교박물관, 1997, 『청원 산덕리 태실 발굴조사 보고서』, 청원향토문화연구회.

의 태실이 1996년 3월 11일~17일까지 시굴(표본)조사되고, 1996년 3월 19일~4월 10일까지 전면 수습 발굴조사 되었다.[8] 그 결과, 이곳 태실의 구조를 자세히 알게 되었으며, 태호, 태지석, 동전, 금판, 은판, 홍패 등 다수의 유물도 수습되었다. 특히 태호는 태실의 출토 유물 중 처음으로 통시적인 양식과 변천을 살펴 볼 수 있게 되었다. 이 조사로 인해 향후 태실에 대한 고고학적 연구의 계기가 되었다.

경상북도문화재연구원에 의해 경북 영천의 인종 가봉태실이 1999년 3월 29일~9월 15일까지 발굴조사 되었다.[9] 최초의 가봉태실 조사였으며, 이로 인해 가봉태실의 지상 구조는 물론이고 지하 구조까지 자세히 파악되었다. 특히 이 조사로 인해 가봉태실의 지하 구조는 아기태실과 동일한 구조를 하여 아기태실을 가봉할 때 지하 구조는 변경하지 않고 그대로 두었음이 밝혀졌다.

안동대학교 박물관에 의해 경북 울진의 월송리 태실이 2006년 3월 18일~19일까지 긴급 수습 발굴되었다.[10] 이곳은 신라시대 왕자 태실로 전해오던 곳인데, 태함을 제외하고는 이미 도굴되었음이 확인되었다. 그러나 태함의 양식과 편년으로 보아 신라시대 태실이 아니라 조선시대 태실로 확인되었다. 또 그동안 토광의 평면형태가 원형 또는 타원형으로 조사되었는데, 이곳에서는 사각형으로 나타나 태실의 지하 구조에 있어서 토광의 평면형태에 차이가 있음을 알게 되었다.

경주문화재연구소에 의해 경북 영주의 의소세손 태실이 2008년 7월 4일~9일 및 7월 23일~24일까지 긴급 발굴조사 되었다.[11] 그 결과, 지

8) 국립문화재연구소, 1999, 『서삼릉태실』.
9) 경상북도문화재연구원, 1999, 『인종태실 발굴조사보고서』.
10) 안동대학교박물관, 2009, 「3. 월송리 태실지」, 『울진 사동·정명·월송리 유적』, 부산지방국토관리청.
11) 국립경주문화재연구소, 2009, 「영주시 고현동 의소세손 태실 긴급발굴조사보고」, 『문화유적발굴조사보고(긴급발굴조사보고 Ⅳ)』.

금까지 조사된 태실의 지하 구조와 동일함이 밝혀졌으며, 토광의 평면형
태는 타원형이었다.

성림문화재연구원에 의해 경북 예천의 문종 가봉태실과 장조 가봉태
실이 2012년 6월 25일~7월 13일까지 발굴조사 되었다.[12] 두 태실 모두
지상 구조는 훼손되어 파악하기 어려웠으나, 지하 구조에서 조선 초기와
후기를 비교 연구할 수 있는 자료가 획득되었다. 토광의 평면 형태는 두
곳 모두 원형이었다.

경상북도문화재연구원에 의해 도굴된 대구의 광해군 가봉태실이
2013년 12월 4일~6일까지 시굴조사 되었다.[13] 가봉태실로는 두 번째
조사인데, 토광의 평면형태가 말각사각형이었으며, 가봉태실비 앞쪽으
로 나지막하게 축대를 쌓은 구조가 확인되었다.

한편 태실에 대한 정밀 지표조사도 실시되었다. 강원고고학연구소는
강원도 춘천의 덕두원 태실, 용산리 태실, 현암리 태실 등에 대한 정밀
지표조사를 실시하였다.[14] 태실에 현존하는 유물을 자세히 소개하고 태
주도 검토하였다. 즉 덕두원리 태실의 태주는 의창군이나 인성군으로,
용산리 태실은 화협옹주나 화수옹주로, 현암리 태실은 조선 중기 이전의
어떤 왕 태실이었을 것으로 추정하고 왕위에 등극한 뒤 이전되었을 가능
성을 제시하였다.

대동문화재연구원은 경북 성주의 태종 태실과 단종 태실을 정밀 지표
조사 하였다.[15] 태실에 현존하는 석물의 현황을 자세히 소개하고 유적
의 보존·정비 및 활용방안도 제시하였다. 특히 태실을 수호한 사찰로 추
정되는 법림사의 위치를 찾는 성과가 있었다. 또 부록으로 태종·단종·

12) 성림문화재연구원, 2014, 『예천 명봉리 조선왕조 태실(문종·장조) 유적』, 예천군.
13) 경상북도문화재연구원, 2013, 『대구 연경동 광해군 태실 발(시)굴조사 결과보고서』.
14) 강원고고학연구소, 1997, 『춘천 지역 조선조 태실 지표조사보고서』, 춘천문화원.
15) 대동문화재연구원, 2012, 『성주 태종·단종태실 학술(지표)조사 결과보고서』.

세조 등 성주지역에 소재한 가봉태실에 대해 검토한 배기헌의 글을 실었
는데,[16] 그는 법림산에 왕세자인 단종 태실을 1451년(문종 1) 3월 새로
조성하면서 석난간(石欄干) 등 화려한 석물을 치장하여 가봉하였다고
하였다. 그러나 태실의 가봉은 임금 또는 왕비나 추존왕일 경우에만 해
당되고(예외적으로 사도세자 태실이 가봉되었음) 왕세자는 해당되지 않
는다는 것을 알지 못하였다. 그러므로 당시 왕세자인 단종의 법림산 소
재 태실은 가봉되지 않았으며, 단종이 임금으로 즉위한 후 가봉된 것으
로 보아야 한다.

성림문화재연구원은 경북 예천의 문종 태실과 장조 태실의 주변을 정
밀 지표조사 하였다.[17] 이로 인해 그동안 조사되지 않은 태실 관련 일부
석물들을 추가로 찾아내는 성과가 있었다.

두 번째로, 태실에서 출토된 유물에 대한 연구이다.

이는 1960년대 전반에 처음 시작되었는데, 태호나 태지석 등의 유물
을 개별 소개하면서 시기 등을 파악하는 것이 주류였다.

즉 최순우는 이홍근(李洪根) 소장의 백자 태호(내·외호)와 태지석을
소개하면서 1505년 장태된 연산군 왕녀 정수의 것이라 하였다.[18]

정양모는 분청자초화문사이호를 소개하였다.[19] 그는 이 태호(내호)가
덕수궁미술관 유물 원장에는 세종의 첫째 공주인 정소공주 묘에서 출토
된 것으로 기록되어 있으나, 묘가 아니라 태실을 잘못 적은 것[誤記]으로
보았다. 그러나 이 태호는 무덤에 함께 묻힌[并葬] 태호가 분명하다.

---

16) 배기헌, 2012, 「성주지역의 가봉태실」, 『성주 태종·단종태실 학술(지표)조사 결과
   보고서』, 대동문화재연구원.
17) 성림문화재연구원, 2014, 『예천 명봉리 조선왕조 태실(문종·장조) 유적 주변 문화
   재 정밀 학술지표조사 결과보고서』.
18) 최순우, 1963, 「백자정수아지씨태항」, 『고고미술』4-6, 한국미술사학회.
19) 정양모, 1964, 「정소공주묘출토분청사기초화문사이호」, 『고고미술』5-6·7, 한국미
   술사학회.

강경숙은 이화여자대학교 박물관에 소장된 백자 태호(내·외호)와 태지석을 소개하였다.[20] 태주는 1481년 태어나 장태된 왕녀이나, 이름과 출토지를 알 수 없다고 하였다. 그러나 2014년 심현용에 의해 그 위치가 경기도 광주시 퇴촌면 원당리 산10-1·산11-1번지의 '뒷태봉산'으로 밝혀졌다.

윤무병은 1961년 도굴된 경기도 광주의 원당리 태봉을 조사하고 백자 태호(내·외호)와 아기비를 소개하였다.[21] 태주는 1501년 태어나 1505년 장태된 연산군의 왕자 돈수로 이홍근 소장의 정수 태지석과 명문이 일치함을 밝혔다. 또 1934년 일본인 야수건(野守健)이 충남지방의 태실을 조사하고 남긴 국립박물관의 복명서(復命書)를 소개하면서 태주는 선조의 11왕자인 경평군이라 하였다.

이후 1960년대 후반 들어와 신라오악종합학술조사단에 의해 경남 사천의 세종 태실과 단종 태실이 조사되었다.[22] 두 태실에 현존하는 유물의 자세한 현황을 보고하고, 현존 석물 중 일부가 의궤에 그려진 배설도와 다름을 밝히기도 하였다.

이홍직은 1960년대 말까지 확인된 태호와 태지석을 분석하였다.[23] 태지석은 대리석 또는 흑색 점판암으로 만들었으며, 형태는 정사각형 또는 정사각형에 가까우며, 태호는 내·외 2항(缸)으로 몸체 견부에 4개의 고리를 부착하고 개부에 연봉형 꼭지를 부착하여 4개의 구멍을 뚫어 신부와 개부를 묶도록 한 것이 통례라 하였다. 특히 태호의 구연부가 외반된 것은 이조 전기의 중국 명조풍 항아리의 호구(壺口)양식으로 보았다. 이는 태실에서 출토되는 유물을 형식 분류한 최초의 연구였다. 하지만

---

20) 강경숙, 1964, 「이조백자태호」, 『고고미술』5-8, 한국미술사학회.
21) 윤무병, 1965, 「광주 원당리 태봉」, 『고고미술』6-3·4, 한국미술사학회.
22) 신라오악종합학술조사단, 1967, 「세종·단종대왕의 태실조사」, 『고고미술』8-8, 한국미술사학회.
23) 이홍직, 1969, 「이조전기의 백자태항」, 『고문화』5·6, 한국대학박물관협회.

그 분석 수가 6건에 불과하여 깊이 있는 연구는 되지 못했다.

진홍섭은 경북 성주의 선석산 태실에 대해 당시 파괴된 현황을 자세히 소개하였다.[24] 원래 외주(外周)에 얕은 축대를 쌓고 그 구역 안에 태실을 '조성하였는데, 지금은 13기만 남았다고 하면서 지대(地臺)는 큰 잡석과 강회로 다지고 그 위에 석물을 안치했는데, 불교의 석종형 부도의 변형이라고 하였다. 동열(東列)에는 대군(大君)을, 서열(西列)에는 군(君)을 남에서부터 출생 순서에 따라 수립하였으나, 차례로 장태하지는 않았으며, 장태시기는 아기비로 보아 1438~1442년 사이라 하였다. 또 안평대군·금성대군·화의군·한남군·영풍군 등 5명의 태실이 없는 것은 세조에게 죄를 얻어 태실이 파괴된 것으로 추정하였다.

이후 더 이상의 태실 출토 유물에 대한 연구는 진척되지 못하다가 1980년대 중엽 들어와 최호림에 의해 다시 진행되었다.

최호림은 조선시대 묘제(墓制)를 연구하면서 태실도 묘제의 일종으로 보고 태묘(胎墓)에 대해 조선시대 태실의 구조와 태호·태지석에 대해 살펴보았다.[25] 그러나 태실의 구조에 대해서는 지하에 태함을 안치하고 지상에 팔각난간석을 설치하며, 그 앞에 귀부가 있는 표석을 세운다 하여 가봉태실과 아기태실의 구조를 분리하여 설명하지 않았다. 또 그는 조선시대 묘지석(墓誌石)을 분석하면서 태지석 8점도 함께 검토하였다.[26] 태지석은 대리석 또는 흑색점판암·오석 등으로 만들며, 크기 20~30㎝ 정도의 정방형에 가까운 판석으로 태주의 출생일시와 장태일시를 기록한다고 하였다. 또 그는 각 지방에서 행해지고 있는 매태(埋胎)·소태(燒胎)·수태(水胎) 등 세 가지의 태 처리 방법을 소개하고 조선시

24) 진홍섭, 1974, 「성주 서진산태봉」, 『한국학논총』, 하성 이선근박사 고희기념 논문집, 형설출판사.
25) 최호림, 1984, 「조선시대 묘제에 관한 연구」, 한양대학교 석사학위논문.
26) 최호림, 1984, 「조선시대 묘지의 종류와 형태에 관한 연구」, 『고문화』25, 한국대학박물관협회.

대 태실 구조와 태호·태지석을 설명하였다.[27] 특히 26점의 태호를 분청
자와 백자로 나누어 분류하였는데, 조선 초에는 분청자를 많이 사용하였
으나, 15세기 말부터는 백자를 사용한다고 하였다. 그의 연구는 이 분야
연구에서 구체적인 진전이라 하겠다.

1990년대 들어와 태실 구조나 조선 전(全)시기에 대한 태실 유물의
양식과 편년이 연구되기 시작하였다.

김영진은 충북 청원의 산덕리 태실에 대해 태주는 선조의 인성군으로
추정되지만 왕녀일 가능성도 배제할 수 없다고 하면서 가봉태실처럼 복
원하려는 잘못된 계획의 문제점을 지적하였다.[28] 또 그는 충북 중원에
복원된 경종 태실의 구조를 재검토하였다.[29] 가봉비가 태실의 팔각난간
모서리와 일직선(一直線)이 되게 복원한 것은 오류이며, 면(面)과 일직선
이 되어야 한다고 주장하였다. 하지만 현재 일부 복원된 가봉태실을 살
펴보면 면과 가봉비가 일직선이 되어 있는 것이 있으나, 모두 잘못 복원
된 것이다. 왜냐하면 1999년 영천의 인종 가봉태실을 발굴조사한 결과,
면이 아닌 모서리와 일직선으로 가봉비가 세워진 것이 확인되었으며, 현
존 태실 의궤와 태봉도의 그림에서도 가봉비가 모두 모서리와 일직선으
로 되어 있으므로 김영진의 견해는 잘못된 것이다.

윤용이는 서삼릉 태실 집장지에서 출토된 태호를 가지고 양식과 편년
을 설정하였다.[30] 그러나 그는 세종 태실에서 출토된 태호의 제작시기

27) 최호림, 1985, 「조선시대 태실에 관한 일연구」, 『한국학논집』7, 한양대학교 한국
   학연구소.
28) 김영진, 1993, 「청원 산덕리태실에 대하여 -그 성격과 복원을 중심으로-」, 『청주
   대학교 박물관보』6, 청주대학교 박물관.
29) 김영진, 1994, 「충주 경종태실 소고 -변작과 복원을 중심으로-」, 『청주대학교 박
   물관보』7, 청주대학교 박물관.
30) 윤용이, 1999, 「2) 태항아리 고찰(조선시대 백자태항아리의 성립과 변천)」, 『서삼
   릉태실』, 국립문화재연구소; 윤용이, 2000, 「조선시대 백자 태항아리의 성립과 변
   천」, 『동악미술사학』창간호, 동악미술사학회.

를 세종이 출생한 1397년으로 추정하였는데, 이는 오류로 임란 후 1601
년 태실을 보수하고 남긴 『세종대왕태실의궤(世宗大王胎室儀軌)』에 기
존 태호가 모두 파손되어 새로 만들어 넣는다는 기록이 있음을 알지 못
하였다. 그러므로 이 태호의 제작 시기는 1601년으로 보아야 한다. 그러
나 그의 연구는 14~20세기까지의 태호 변화를 통시적으로 살펴본 최초
의 연구로 그 의의가 크다.

　윤석인은 서삼릉 태실 집장지를 직접 발굴조사하고 조선시대 태호,
태함, 아기비, 태지석과 동전 등의 태실 유물에 대한 양식과 편년을 설정
하였다.[31] 그는 태실의 변천을 크게 6단계로 나누었는데, 1단계는 태
조~세조대, 2단계는 성종~명종대, 3단계는 선조~숙종대, 4단계는 영
조~정조대, 5단계는 순조~고종대, 6단계는 고종 이후로 보았다. 세부
적으로는 가봉태실의 구조를 5단계로 나누었으며, 태함·아기비는 4단계
로, 태호·동전은 6단계로, 태지석은 5단계로 나누었다. 특히 태호는 도
질·분청 태호와 백자 태호로 구분하였으며, 다시 백자 태호는 5단계 나
누어 전체 6단계로 구분하였다. 그러나 가봉태실의 조성시기를 임금의
재위순서로 한 오류를 범하였으며, 1999년 윤용이의 태호 연구를 그대
로 받아들여 세종 태호의 제작시기를 1397년으로 보고 1601년으로 수정
하지 않았다. 하지만 그의 연구는 조선시대 태실의 구조와 유물에 대해
종합적으로 분석한 최초의 고고학적 연구로 그 의의가 높다.

　심현용은 경북 울진의 신래태실, 나곡태실, 화구태실과 절태봉 등 4개
소에 대하여 그 위치와 현존 유물 등을 자세히 소개하고 문헌사료와 비
교하여 태실 조성시기와 태주를 분석하였다.[32] 특히 영남대학교 박물관

31) 윤석인, 2000, 「조선왕실의 태실 변천 연구 -서삼릉 이장 태실을 중심으로-」, 단국
　　대학교 석사학위논문; 윤석인, 2000, 「조선왕실의 태실석물에 관한 일연구 -서삼릉
　　이장 원 태실을 중심으로-」, 『문화재』33, 국립문화재연구소; 윤석인, 2008, 「서삼
　　릉태실 봉안유물에 대한 연구」, 『강원고고학보』11, 강원고고학회.
32) 심현용, 2001, 「울진지역 태실에 관한 시고」, 『고문화』57, 한국대학박물관협회.

에 소장된 태호와 태지석이 울진 삼달리의 신래태실에서 출토된 것임을
밝혔다. 또 태주는 1486년 태어나 1487년 장태된 왕자 견석으로 어떠한
이유로 왕실 족보에 등재되지 않은 성종의 아들임을 밝혀내었다. 나곡태
실은 도굴되었지만 태지석의 명문을 찾아내고 아기비와 비교하여 1619
년 태어나 장태된 광해군 왕녀의 태실임을 밝혔다. 또 화구태실은 신라
왕자 태실로 그동안 구전되어 태실인지 아닌지도 알 수 없었는데, 풍수
지리적 입지로 보아 태실일 가능성을 제시하였다. 이후 2006년 안동대
학교 박물관에 의해 화구태실이 긴급 발굴조사 되면서 조선시대 태함이
출토되어 신라시대 태실이 아니라는 것이 밝혀졌다.

이후 태실 출토 유물에 대한 양식과 편년 연구가 더욱 세밀하게 연구
되기 시작하였다.

강수연은 서삼릉 태실 집장지 출토 태호와 기존 소개된 태호를 가지
고 조선시대 태호 양식과 변천을 왕·왕자·왕녀를 구분하여 5단계로 분
류하였다.[33] 태호는 분원 설치 이후 본격적으로 내·외호를 갖춘 백자 태
호로 정형화되었으며, 성화 12년명(成化十二年銘) 백자 태호(내·외호)
가 가장 이른 시기의 백자 태호라고 하였다. 그러나 세종 태호의 제작시
기를 여전히 1397년으로 보는 오류를 범하였다.

윤진영은 장조 태실·순조 태실·헌종 태실과 그 주변 산수를 그린 태
봉도(胎封圖) 3점을 분석하여 그 도상적 특징을 살펴보았다.[34] 이로써
문헌기록에서 산수형세도(山水形勢圖) 또는 태실산도(胎室山圖)를 그려
바쳤다거나 태실 조성을 완료하고 그림을 그렸다는 기록이 사실임을 입

---

33) 강수연, 2002, 「조선시대 백자태항에 관한 연구」, 동국대학교 석사학위논문.

34) 윤진영, 2005, 「왕실의 태봉도」, 『조선왕실의 출산 문화』, 한국학중앙연구원 장서
각; 윤진영, 2006, 「장서각 소장의 태봉도 3점」, 『장서각』13, 한국학중앙연구원;
윤진영, 2015, 「조선왕실의 태봉도」, 『성주 세종대왕자 태실 세계유산 등재, 어떻
게 할 것인가?』, 경북대학교 영남문화연구원; 윤진영, 2015, 「조선후기 태봉도의
사례와 도상의 특징」, 『영남학』28, 경북대학교 영남문화연구원.

중하였다. 이 태봉도 3점은 태실이 위치한 태봉을 화면의 중앙에 두거나
강조하여 그렸고, 태봉을 둘러싼 능선을 높은 시점에서 조망한 것으로
구성하여 태실이 위치한 길지의 형세가 잘 드러나도록 하였다. 그는 이
와 같은 부감법(俯瞰法)을 적용하여 태실 전체의 지형과 지세를 한 눈에
볼 수 있게 표현한 것은 명산도(名山圖)의 총도(總圖) 혹은 전도식(全圖
式) 구도와 유사하며, 18C 전반에는 기존의 산도식(山圖式) 지형도의 전
통을 따랐지만, 차츰 그 전형에서 벗어나 실경적(實景的) 요소가 강조되
는 경향으로 변화되었다고 하였다.

심현용은 조선시대 태실에 현존하는 아기비를 조사하여 시기가 확인
되는 61기를 가지고 그 양식과 편년을 처음으로 설정하였다.[35] 아기비
편년의 속성으로 비수와 비대를 축출하였으며, 비수는 3형식, 비대는 6
형식으로 유형을 분류하고 아기비 전체의 변천을 6단계로 나누었다. 또
지방의 분묘나 신도비, 선정비 등이 아기비의 Ⅱ단계에 나타나는 연화
문 비부터 연동되어 나타난다고 하였다. 이러한 양식 편년은 태실지에
현존한 아기비만을 갖고도 태실의 조성 시기나 태주가 누구인가를 좁혀
볼 수 있는 단서가 된다는데 그 의의가 있다.

김득환은 서삼릉에 있는 태실 집장지의 구조와 출토유물에 대해 살펴
보았다.[36] 그러나 이는 국립문화재연구소의 서삼릉 태실 발굴조사보고
서(1999)를 요약한 것이며, 특히 이왕직이 54위의 태실을 서삼릉으로 이
전한 것은 일제의 강압에 의한 것이 아니라 주체적이고 필요에 의해 행
한 것으로 보았다. 그러나 이는 일제의 서삼릉 태실 조성이유를 제대로
파악하지 못한 것으로 따르기 어렵다.

심현용은 아기태실의 구조와 가봉태실의 구조, 그리고 일제강점기의

---

35) 심현용, 2006, 「조선시대 아기태실비의 양식과 변천」, 『미술자료』75, 국립중앙박
    물관.
36) 김득환, 2007, 「서삼릉 -능역의 능묘와 태실 등에 대한 고찰-」, 『경기향토사학』
    12, 한국문화원연합회경기도지회.

서삼릉 태실 집장지의 구조를 분석하고 조선시대 태실에 대해 전반적인 개설을 하였다.[37] 특히 그는 처음으로 실제 태실의 입지가 문헌사료에 나오는 기록과 다름을 주장하였다. 또 일제의 서삼릉 태실 집장지 조성은 우리 민족(조선 왕실)의 정기를 말살하고 조선의 패망을 백성들에게 알리려는 식민통치의 일환이었다고 하였다. 더 나아가 그는 전국에 산재한 조선시대 약 150개소의 태실에 현존한 태함 중 시기가 파악되는 48기 태함을 대상으로 양식과 편년을 시도하였다.[38] 편년의 결정적 요소는 함개와 함신 모두로 보았으며, 함개와 함신은 그 형태에 있어서 각각 다섯 가지로 분류하고, 태함의 변천은 크게 4단계로 구분하였다. 이러한 양식 편년은 태실지에 현존한 태함만을 갖고도 그 조성 시기나 태주가 누구인가를 알아볼 수 있는 단서가 된다는데 의의가 있다.

윤석인은 2000년 발표한 태호의 양식·편년을 다시 보완하였다.[39] 그는 관요설치 이전과 이후로 구분하였으며, 백자 태호를 6단계로 구분하였다. 그러나 관요설치 이후 백자 태호로 변화되었다는 것은 2002년 강수연의 견해와 큰 차이를 보이지 않는다. 또 태호의 시기에 대해 장태시점으로 볼 것이 아니라 출생시점으로 보아야 한다는 견해를 제시하였다. 그러나 세종·소헌왕후·선석산 태실의 태호에서 보듯이 장태시점에 제작하여 봉안하는 태호도 있으므로 이를 그대로 따르기는 어렵다.

소원계방(篠原啓方)은 조선시대 가봉비 17기에 대해 비문을 판독하여 건립시기를 파악하고 비의 형태에 대해 설명하였다.[40] 그러나 폐비 윤씨 가봉비(1478), 명종 가봉초건비(1546), 선조 가봉초건비(1570), 광

---

37) 심현용, 2008, 「Ⅱ. 조선왕실의 태봉」, 『조선왕실의 태봉』, 국립문화재연구소.

38) 심현용, 2010, 「조선왕실 태실석함의 현황과 양식변천」, 『문화재』43-3, 국립문화재연구소.

39) 윤석인, 2010, 「조선시대 태항아리 변천 연구」, 『고문화』75, 한국대학박물관협회.

40) 篠原啓方, 2012, 「朝鮮時代の胎室加封碑に關する予備的考察」, 『東アジア文化交渉研究』第5号, 關西大學文化交渉學教育研究據点.

해군 가봉비(1609), 장조 가봉비(1785), 문조 가봉비(1836) 등 6기는 그
존재조차 알지 못하였으며, 또 비의 양식 검토는 향후의 과제로 남겼다.

양윤미는 그동안 태호의 연구에 있어서 조선 초의 연구가 미진함을
파악하고 15세기를 중심으로 태호에 대해 정치(精治)하게 분석하였
다.[41] 그는 3단계로 시기를 나누었는데, 제1기(1335~1367)는 조선 이전
의 태호로 내·외호 모두 도기로 제작되었다고 하였다. 제2기(1397~1454)
는 다양한 재질과 기종이 나타나는데, 분청자가 대부분이며, 예종의 태
호 중 내호가 백자로 제작되기 시작한다고 하였다. 제3기(1457~1490)는
성종과 인성대군 태호를 기점으로 내·외호 모두 백자로 제작되는데, 이
는 관요설치 이전이라 하였다. 즉, '성화12년'명 백자 태호를 가장 이른
시기의 백자 태호로 보고, 분원설치 이후 백자 태호가 제작되기 시작하
였다는 기존 견해와 달리 분원설치 이전에 이미 백자 태호가 제작되고
있음을 밝혀내었다. 또 세종 태호의 제작시기를 1397년으로 본 1999년
윤용이·2000년 윤석인·2002년 강수연의 견해와 달리 1601년으로 본 심
현용의 2005년 견해를 지지하였다.

박재관은 성주 선석산 태실의 실태와 출토유물의 특징에 대해 살펴보
았다.[42] 그는 2005년 심현용과 2013년 양윤미의 견해를 그대로 따랐다.

심현용은 조선시대 가봉태실에 현존하는 중앙태석을 분석하여 조선
시대 전(全) 시기의 양식과 편년을 설정하였다.[43] 중앙태석을 구성하는
사방석·중동석·개첨석의 개별적 편년은 물론이고 전체에 대한 편년도
설정하였는데, 가봉태실의 석물에 대해 처음으로 양식 편년한 것에 그
의의가 있다.

---

41) 양윤미, 2013, 「조선 15세기 안태용 도자기 연구」, 고려대학교 석사학위논문.
42) 박재관, 2013, 「제2장. 성주 태실의 도굴에 따른 실태와 그 유물」, 『잊을 수 없는
    그 때[不忘의 時間]』, 우리문화재찾기운동본부.
43) 심현용, 2013, 「조선시대 가봉태실의 중앙태석에 대한 양식과 변천」, 『대구사학』
    113, 대구사학회.

윤석인은 2000년 발표한 태지석의 연구를 좀 더 보완하여 조선시대 89점의 태지석을 가지고 유형과 시기에 따른 변화를 검토하였다.[44] 그는 태지석의 재질, 평면형태, 규격, 명문내용과 각자방식, 그리고 서체 등 세부 특징으로 파악하였으며, 그 결과 태지석의 변화를 크게 5단계로 나누었다.

양윤미는 조선 초에 조성된 성주 선석산 태실의 출토 태호를 가지고 양식을 분류하고 타 지역의 도자기와 비교하여 2013년 그의 견해를 더욱 세밀하게 보완하였다.[45] 특히 태호 중 내호(호와 개)와 외호(받침용 대접)는 태주의 출생시기에 제작되었으며, 외호(뚜껑용 대접)는 장태시기에 제작되어 그 제작시기가 다름을 처음으로 규명하였다.

세 번째로, 태실 유물의 편년이 시도되어 고고학적 연구가 집적되자 이를 바탕으로 각 태실지에 현존 또는 출토된 다양한 유물과 문헌사료를 비교·분석하여 더욱 심도 있는 연구가 진행되었다.

심현용은 대구의 광해군 태실의 출토 유물과 사료를 비교·검토하여 태실의 조성 시기와 태주를 검토하였다.[46] 광해군이 1575년 6월 6일 태어났다고 본 1999년 전주이씨대동종약원의 견해가 잘못되었으며, 태지석을 근거로 아명(兒名)은 경용으로 1575년 4월 26일 태어났음을 밝혔다. 또 아기태실은 1581년 4월 1일 조성되었으며, 가봉은 1609년 11월 이루어졌을 것으로 추정하였다. 또 현존 개첨석이 육각형으로 다른 가봉태실의 개첨석 평면 형태와 다르다는 사실도 밝혀내었다. 이후 그는 경

44) 윤석인, 2014, 「조선시대 태지석 연구」, 『강원고고연구』, 고려출판사.
45) 양윤미, 2014, 「조선초기 안태용 도자기의 양식적 특징 -성주 선석산 세종대왕자태실을 중심으로-」, 『성주 세종대왕자태실의 세계유산적 가치』, 경북대학교 영남문화연구원; 양윤미, 2015, 「성주 세종대왕자 태실 봉안 안태용 도자기의 양상과 제작시기 연구」, 『영남학』27, 경북대학교 영남문화연구원.
46) 심현용, 2004, 「광해군태실에 대하여」, 『강원문화사연구』9, 강원향토문화연구회; 심현용, 2005, 「대구 광해군태실 고」, 『향토문화』20, 대구향토문화연구소.

북 성주의 선석산 태실을 비롯하여 태종 태실, 단종 태실에 현존하는 유
물과 문헌기록을 검토하여 태주와 조성시기 및 구조를 분석하였다.47)
특히 1977년 선석산 태실을 지금과 같이 보수·정비한 자료를 학계에 처
음 소개하였는데, 지하 구조가 사각형 태함으로 되어 있음을 밝혔다. 또
왕자 장(영해군) 태실과 왕자 당 태실의 태주가 같은 인물이 아니라 다른
사람이라는 사실도 밝혀내었다. 이로 인해 왕실 족보에 기록된 세종의
가계에 오류가 있음이 밝혀졌다. 그리고 단종 가봉태실에 현존하는 석물
이 가봉태실에 사용되는 석물임을 밝혀 태실의 가봉시기를 임금 즉위 후
로 판단하였으며, 이로 인해 경남 사천의 단종 가봉태실로 전해지고 있
는 태실이 단종의 것이 아니라 예종의 장자인 인성대군 태실이라는 기존
의 견해를 더욱 견고히 하였다.

　홍성익은 강원도 홍천 공작산에 있는 정희왕후 태실의 위치에 대해 재
검토하였다.48) 수타사 뒷산 정상에 있는 돌들을 태실 석물로 보고 정희
왕후 태실이 이 산 정상에 조성되었다는 1999년 전주이씨대동종약원의
견해는 오류라 하였다. 즉 뒷산의 석물은 자연석으로 태실 석물이 아니
며, 수타사 앞쪽의 덕치천 건너 작은 봉우리 정상에 도굴된 봉분이 있는
데, 이를 정희왕후 태실로 보았다. 그는 이 산의 형국이 풍수상 돌혈의
형국에 해당되며, 민간에서 '태능산'으로 부르고 있는 것을 그 근거로 들
었다. 그러나 필자는 풍수지리상 입지가 돌혈에 해당되어 태봉산으로 보
는 홍성익의 견해에는 동의를 하나, 정상에 민묘(民墓)와 비슷한 봉분(封

47) 심현용, 2005, 「성주 세종대왕자태실 연구」, 『박물관연보』2, 강릉대학교 박물관;
　　심현용, 2010, 「성주지역 태실과 생명문화관 전시방안」, 『세종대왕자태실 생명문
　　화관 컨텐츠 및 전시 방향 모색을 위한 관련 전문가 초청 학술세미나』, 성주군;
　　심현용, 2014, 「성주 선석산 태실의 조성과 태실구조의 특징」, 『성주 세종대왕자
　　태실의 세계유산적 가치』, 경북대학교 영남문화연구원; 심현용, 2015, 「성주 선석
　　산 태실의 조성과 태실구조의 특징」, 『영남학』27, 경북대학교 영남문화연구원.
48) 홍성익, 2008, 「홍천 공작산 정희왕후 태실지 위치비정」, 『강원문화사연구』13, 강
　　원향토문화연구회.

墳)만 확인되고 봉분이 일부 훼손되어 돌[石]이 여럿 노출되어 있는 것으로 보아 다른 견해를 가진다. 즉 태실에는 부드러운 흙만 사용하고 돌을 일체 사용하지 않는데, 돌들이 섞여 태실이 조성되었다는 것은 이해할 수 없다. 그러므로 지금의 봉분은 무덤[墓]으로 추정된다. 즉 이곳은 처음에 정희왕후 태실이 조성되었으나, 이후 어느 시기에 태실을 훼손하고 민묘(民墓)가 들어섰을 가능성이 높다. 그래서 태능산 정상에 있는 지금의 봉분을 정희왕후 태실로 추정한 홍성익의 견해는 따르기 어렵다.

심현용은 경북 성주의 법림산 태실과 경남 사천의 소곡산 태실 중 어느 것이 진짜 단종 가봉태실인지 문헌사료 및 고고자료를 비교하여 자세히 검토하였다.[49] 그 결과, 경북 성주의 법림산 태실이 진짜 단종 가봉태실이며, 경남 사천의 소곡산 태실은 예종의 아들인 인성대군 태실로 보았다. 특히 단종 아기태실은 1441년 선석산 태실에 처음 조성되지만, 1451년 법림산으로 이안(移安)되었으며, 이곳에서 단종 재위기간에 태실이 가봉되었을 것으로 추정하였다. 그 근거로 법림산에 남아있는 석물이 가봉태실에 사용된 석물임을 그 근거로 들었다. 또 일제강점기 서삼릉 태실 집장지 조성 시 경남 사천의 소곡산 태실에서 1462년 장태된 예종의 장자인 인성대군 태지석이 출토되었음을 그 근거로 들었다.

홍성익은 7명의 효종 왕녀 중 김천과 원주에서 태실지가 확인되는 4명의 왕녀 태실에 대해 출토 유물과 문헌기록을 분석하였다.[50] 김천 관덕리는 효종의 3녀 숙명공주와 6년 숙경공주 태실이며, 원주 대안리는 효종 4녀 숙휘공주와 5녀 숙경공주 태실이다. 특히 출생일로부터 장태시기가 숙경공주 12년, 숙명공주 20년 등으로 긴 것은 효종이 인조의 2자였기에 당시 왕실의 장태법을 따를 수 없었으며, 세자로 책봉된 후에도

---

49) 심현용, 2012, 「조선 단종의 가봉태실에 대한 문헌·고고학적 검토」, 『문화재』 45-3, 국립문화재연구소.

50) 홍성익 2012, 「김천과 원주에 장태된 효종 왕녀태실 검토」, 『계명사학』23, 계명사학회 계명대사학과.

사회·경제상 어려운 여건으로 인해 태실을 설치하지 못한 것으로 보았다. 또 3녀와 6녀, 4녀와 5녀가 동일한 장소에 장태된 것은 왕녀의 길삭(吉朔)이 동일하기 때문이라는 『태봉등록』의 기록보다 양난(兩難) 이후 사회·경제적으로 어려운 지방민의 민폐를 줄이기 위한 요인이 더 크게 작용하였을 것으로 보았다.

윤석인은 강원도 영월의 정조 가봉태실의 복원 시 사용된 도면을 찾아내어 소개하고, 그 구조와 봉안유물에 대해 검토하였다.[51] 특히 발견 도면으로 인해 함신 내부의 감실이 단을 이루어 파여졌으며, 바닥 가운데의 작은 홈은 관통되지 않았음을 알게 되었다.

심현용은 조선 초 영주에 조성된 소헌왕후 태실 현황을 자세히 소개하고 문헌사료와 유물을 비교하여 태실의 조성시기와 보수시기를 검토하고 왕비 태실의 구조도 복원하였다.[52] 소헌왕후 태실의 위치는 영주 배점리 태봉이며, 민간 태 처리 습속에 의해 1395년 경기도 양주에 처음 매태되었다가 왕비가 된 후 1438년 길지에 가봉태실이 조성되었다고 하였다. 또 여러 차례 보수도 시도되었으나 1666년 와서 보수되었으며, 태호는 내·외호 이중으로 구성되었는데, 1438년 가봉하면서 제작하여 매납한 것으로 추정하였다. 태실 구조에 있어서도 지하는 사각형의 태함을 하고, 지상은 팔각난간석을 돌리고 1층 사방석을 둔 팔각형 중앙태석을 갖추었으며, 그 앞에 가봉비를 설치하였을 것으로 추정하였다.

홍성익은 한국 태실의 이해를 위해 전반적인 개설을 하였다.[53] 현재

---

51) 윤석인, 2013, 「조선 정조대왕 태실 연구 -태실석물의 구조와 봉안유물의 특징-」, 『문화재』46-1, 국립문화재연구소.

52) 심현용, 2014, 「조선 초 영주 소헌왕후 태실의 조성과 구조 복원」, 『영남고고학』 68, 영남고고학회.

53) 홍성익, 2014, 「한국 태실의 기초적 이해 -태실의 현황과 보존 및 관리-」, 『성주 세종대왕자태실의 세계유산적 가치』, 경북대학교 영남문화연구원..
이후 홍성익은 이 글을 수정·보완하여 재발표(홍성익, 2015, 「조선시대 태실의 역사고고학적 연구」, 『영남학』27, 경북대학교 영남문화연구원)하였는데, 무학대사

확인된 조선시대 태실의 현황과 왕실 족보를 비교·검토하였으며, 가봉
태실 구조의 기원도 살펴보았다. 특히 그는 선조의 12남인 인흥군의 1녀
와 2남의 태실이 확인되어 왕실의 방계손도 태실이 설치되는 경우가 있
다고 보았다. 하지만 인흥군의 1녀(1626년 장태)와 2남(1627년 장태)은
1477년 장태된 성종의 왕녀 태실에 기존의 태함을 재사용하여 암장(暗
藏)한 것이라 태실로 볼 수 없다. 또 가봉태실의 팔각난간형 구조에 대
한 기원을 무학대사 부도에서 찾았다. 그러나 무학대사 부도의 조성시기
(1397)가 조선 최초 조성되는 태조 가봉태실(1393)보다 늦기 때문에 이
견해를 따를 수 없다.

홍성익은 조선 전기에 조성된 3개소의 왕비 태실에 대해 종합적인 분
석을 시도하였다.[54] 소헌왕후와 폐비 윤씨의 태실에 대해서는 심현용의

부도의 조성시기(1397)가 조선 최초 조성되는 태조 가봉태실(1393)보다 늦기 때문
에 가봉태실의 기원으로 볼 수 없으며, 중앙태석은 부도에서, 팔간난간석은 고려
왕릉의 12각 난간석에서 그 기원을 찾는 필자의 견해(심현용, 2015, 「조선 왕실의
태실에 관한 고고학적 연구」, 강원대학교 박사학위청구논문, 91~95쪽; 심현용,
2015, 「조선시대 태실에 관한 고고학적 연구」, 강원대학교 박사학위논문,
124~128쪽)에 의해 가봉태실의 난간석 기원을 고려 왕릉으로 수정하였다. 그러
나 왕실의 방계손의 태실이 조성되는 예로 소헌세자 태실을 그 예로 추가하면서
인조의 재위 전에 소헌의 태를 묻었다는 자료가 있다 하였다. 소헌세자는 1612년
(광해군 4)에 태어났으며, 태실이 언제 조성되었는지는 알 수 없지만, 『인조실록』
인조 4년(1626) 8월 1일(경자)에 "대전(인조)와 왕세자(소헌세자)의 태장이 모두
정토사 앞봉우리에 있다"라는 기록으로 보아 1626년 8월 이전에서 설치되었던 것
으로 보인다. 그렇다면 태실은 임금의 자녀일 때 조성되므로 인조(1595~1649)가
임금으로 재위한 기간(1623. 3.~1649. 5.)이 되며, 그 시기는 1623년 3월~1626년
8월 사이가 되므로 인조의 재위 전이라고 한 것은 잘못이다. 또 홍성익은 더욱
세부적으로 아기태실의 아기비·중앙태석, 가봉태실의 가봉비·중앙태석·난간석
등의 석물에 대한 기원과 변천을 살펴보았는데,(2015, 「조선시대 태실 석물의 미
술사적 계승과 변천」, 『성주 세종대왕자 태실 세계유산 등재, 어떻게 할 것인가?』,
경북대학교 영남문화연구원; 홍성익, 2015, 「태실 석물의 미술사적 계승과 변천」,
『사림』54, 수선사학회) 좀 더 세부적일 뿐 그동안 심현용이 발표한 견해를 그대로
따랐다.

54) 홍성익, 2015, 「조선전기 왕비 가봉태실에 관한 연구」, 『사학연구』117, 한국사학회.

2014년 견해를 지지하였으나, 정희왕후 태실은 지금의 봉분을 태실로 보지 않는 심현용의 견해와 달리 2008년 홍성익의 견해를 그대로 유지하였다. 또 소헌왕후 태실과 폐비 윤씨 태실은 가봉태실이지만, 정희왕후 태실은 가봉되지 않은 아기태실로 추정하였다. 그러나 왕비의 태실조성은 민간인으로 있을 때 매태 또는 보관되어 있던 태를 가져와 왕실 태실 제도에 따라 태실을 조성하는 것이므로 소헌왕후·폐비 윤씨·정희왕후 모두 가봉태실로 보아야 한다. 다만 주위에 난간을 하지 않고 가봉비만 세우는 세조의 경우처럼 정희왕후도 다른 의물(儀物)을 장식하지 않고 봉토(封土)를 하고 가봉비만 세웠을 가능성이 높다.

심현용은 고려시대 태실의 현황을 살펴보고 고려시대 태실 제도와 태실의 입지 및 그 구조에 대해 살펴보았다.[55] 현재 고려시대 태실로 알려진 것은 경남 밀양의 인종 태실이 유일하다고 하면서 고려 왕실에서는 언제부터 태실을 조성하였는지 알 수 없지만 12대 순종, 17대 인종과 19대 명종 이후부터 대부분 태실이 문헌사료에 확인되는 것으로 보아 11~12세기쯤에는 조성되기 시작하였으며, 그 대상은 조선시대와 달리 왕과 왕위를 이을 태자에 한해서만 조성되었다고 하였다. 또 태실이 조성된 지역의 읍격이 승격되고 있는데, 이는 조선시대에도 계승되었다고 하였다. 그리고 태실의 입지는 풍수지리의 영향을 받아 돌혈의 형국에 조성되며, 그 시기는 인종대 또는 그 이전에 확립된 것으로 보았다. 태실 구조도 지하에 태함을 묻고 지상에 봉토를 한 조선시대 아기태실과 동일한 형태를 하였을 것으로 보았다. 그동안의 태실에 관한 연구는 대부분 조선시대에 한정되어 진행되었는데, 이 연구는 처음으로 고려시대를 주제로 살펴본 것에 그 의의가 있다.

---

55) 심현용, 2015, 「고려시대 태실에 대한 고고학적 시론」, 『2015년 강원사학회 추계 정기 학술대회』, 강원사학회; 심현용, 2015, 「고려시대 태실에 관한 고고학적 시론」, 『강원사학』27, 강원사학회.

차문성은 경기도 파주 축현리 태실 주변에서 몇 개의 파손된 석물편을 찾아내고 그동안 확인되지 않는 임금의 태실 중에 연산군 가봉태실로 추정하였다.[56] 발견된 석물편들을 가봉태실에 사용된 연엽동자석, 상석과 사방석으로 추정하였는데, 대부분 파괴·훼손되어 있으므로 향후 정밀한 검토가 필요하다.

2. 태실의 주인공과 의례 및 왕실의 출산 등 문헌사적 연구

이 분야는 태실 주인공[胎主]과 장태시기 등을 검토한 것과 출산 문화와 태실조성 시 절차나 관련 의례 등을 분석한 것 등 두 가지로 다시 나뉜다.

첫 번째로, 각 지역의 태실을 발견하여 위치와 현황을 소개하고 태주와 장태시기 등에 대해 분석한 연구이다.

김현길은 충북 충주 가춘리에서 발견된 두개의 아기비를 소개하였다.[57] 이 아기비를 인조의 1남 숭선군과 2남 낙선군의 것으로 보았다. 홍재선은 충남 금산의 태조 태실, 서산의 명종 태실, 부여의 선조 태실, 공주의 숙종 태실 등 4개소 태실에 대해 살펴보았다.[58] 특히 중부산업대학과 태실지 주변에서 태조 태실의 가봉석물을 찾아내어 그 현황을 자세히 소개하였다.

이후 1990년대 중·후엽 들어와 태실에 대한 문헌사적 연구가 더욱 깊이 있게 진행되었다.

홍성익·오강원은 강원도 춘천에 있는 3개소 태실을 조사하여 문헌기

---

56) 차문성, 2015, 「파주 축현리 태실과 연산군 태봉의 연관성에 관한 고찰」, 『파주연구』9, 파주문화원 부설 향토문화연구소.
57) 김현길, 1983, 「중원군 엄정면 소재 태실비에 대하여」, 『예성문화』5, 예성동호회.
58) 홍재선, 1992, 「충남 지방의 태실과 그 현황」, 『향토연구』12, 충남향토연구회.

록을 찾아 태주를 밝혔다.[59] 덕두원 태실은 선조의 왕자인 의창군 또는 인성군 태실로, 용산리 태실은 영조 제7녀 화협옹주 또는 9녀 화수옹주 태실로, 현암리 태실은 선조의 태실을 조성하다가 그만둔 태실지로 추정하였다.

김성찬은 강원도 원주에 있는 치악 태봉, 복란 태실, 산현 태실, 운산 태실 등 4개소 태실에 대한 문헌사료를 검토하여 태주를 밝혔다.[60] 운산 태실의 태주는 효종의 숙휘·숙정공주이며, 치악 태봉은 고려 공민왕으로, 복란 태실은 성종의 정순옹주로 추정하였다. 특히 산현 태실의 태주를 선조의 왕자 경평군으로 추정하였다. 그러나 경평군 태실의 위치는 1965년 윤무병이 1934년 야수건의 충남지방 태실조사 복명서를 근거로 충남 대전 가수원동이라고 밝혔다.

홍성익은 강원도에 있는 21개소 태실을 전수조사하고 태주를 살펴보았다.[61] 그는 민간과 왕실의 태 처리 방법에 차이가 있음을 설명하였으며, 문헌기록과 구전을 토대로 태주를 찾고 장태기간도 살펴보았다. 그는 실록·왕실 족보·읍지류·문집 등 다양한 문헌사료와 지역에 전해오는 구전을 종합적으로 활용하였으며, 또 왕실 족보에 기록된 연산군이나 성종의 가계에 오류가 있음을 지적하였다. 특히 부록으로 전국에 산재한 100여 개소 태실의 위치현황을 소개하였다. 이러한 연구는 태실 연구에 대한 방향을 제시하였으며, 이후 각 지역에 산재한 태실에 대한 조사와 연구가 활발히 전개되는 계기가 되었다.

이후 전주이씨대동종약원에 의해 전국에 산재한 수많은 태실이 조사

59) 홍성익·오강원, 1995, 「춘천지역 소재 태실·태봉에 관한 일 고찰 -조사보고를 겸하여-」, 『춘주문화』10, 춘천문화원.

60) 김성찬, 1996, 「원주 태실고」, 『원주얼』6, 원주문화원 부설 원주얼심기협의회.

61) 홍성익, 1998, 「강원지역 태실에 관한 연구 -전국 태실 조사를 겸하여-」, 『제8회 강원도 향토문화사 연구발표회』, 전국문화원연합회강원도지회; 홍성익, 1998, 「강원지역 태실에 관한 연구」, 『강원문화사연구』3, 강원향토문화연구회.

되었다.[62] 조선시대 왕·왕비의 태실과 왕자·왕녀의 태실을 중심으로 하여 구전되는 태실도 함께 조사하여 화보식의 백과사전 형태로 소개하고 문헌사료를 살펴 태주나 장태시기 등도 간략히 검토하였다. 그동안의 태실에 대한 조사 중 가장 방대하고 종합적인 조사로서 그 의의가 크다.

서해일은 경북 의성의 길천리 태실을 소개하였다.[63] 그는 조문국 경덕왕 태자의 태를 보물과 함께 이곳에 매장하고 미륵불을 좌대 위에 부견(附堅)하였다는 전설을 소개하면서 아기비의 비수를 파손된 미륵불로 잘못 보기도 하였다. 최경희도 이 길천리 태실은 어느 시절, 어느 왕의 자녀 태실인지 알 수 없다고 하였다.[64] 그러나 이곳에는 파손된 아기비의 비수와 비대, 그리고 태함이 노출되어 있는데, 태함은 반구형 함개·원형 감실의 원통형② 함신(BⅢ1형)으로 필자의 태함 편년관에 의하면 Ⅱ-①단계(1477~1544)이며, 아기비의 비수는 반원3단 무홈형(B1형)으로 Ⅱ-①단계(1477~1481. 7.)이다. 비대는 별석으로 파손과 마별이 심하여 문양은 알 수 없으나 비대는 Ⅱ-①단계(1521~1538)부터 별석으로 제작된다. 그러므로 이 태실은 조선시대의 것으로 보아야 한다.

마경만과 이상수는 강원도 삼척의 자원동 태실을 소개하였다.[65] 이들은 태주를 연산군의 왕녀 복억으로 보는 기존의 견해를 그대로 따랐다. 김만중은 강원도 강릉 모전리의 정복 태실을 소개하고 이를 바탕으로 성종의 가계도 재검토하였다.[66] 정복 태실의 태주는 숙원 권씨의 소생인 경휘옹주라 하면서 왕실 족보에 기록된 성종의 자녀가 16남 12녀가 아

62) 전주이씨대동종약원, 1999, 『조선의 태실』Ⅰ·Ⅱ·Ⅲ.
63) 서해일, 2000, 「조문국 왕실 태 묻힌 봉양 길붓 태봉산」, 『의성문화』15, 의성문화원.
64) 최경희, 2014, 「향토문화답사기 -태실을 찾아」, 『의성문화』20, 의성문화원.
65) 마경만, 2000, 「삼척 자원동 태실에 관한 조사보고」, 『실직문화』11, 삼척문화원;
　　이상수, 2012, 「15) 연산군녀복억태실묘」, 『삼척의 고고문화』, 삼척시립박물관.
66) 김만중, 2001, 「강릉 모전리 정복태실비와 성종의 자녀에 대하여」, 『박물관지』7,
　　강원대학교박물관.

니라 태실 현황으로 보아 20남 16녀 이상이라고 하였다.

박채은은 울산 울주군 사연리 태봉산에 있는 왕녀 합한 태실에 대해 살펴보았다.[67] 그는 아기비의 명문을 판독하고 이곳에서 출토된 태호와 태지석을 국립중앙박물관에서 찾아내었다. 그리고 합환은 성종과 숙의 김씨 사이에서 1483년 태어나 1485년 장태된 경숙옹주임을 밝혔다.

이규상은 『영조대왕 태실가봉의궤(英祖大王胎室加封儀軌)』를 가지고 영조 태실의 형태와 조성경위를 살펴보았다.[68] 영조 태실은 충북 청원군 무성리 동리 뒷산의 태봉산 정상에 있었는데, 일제강점기 때 파괴되고 이후 민묘가 들어섰으며, 태실비는 마을 앞 길가에 세워져 있던 것을 이 의궤의 발견으로 1982년 원위치에서 100m 아래 태실을 복원하였다한다.

홍성익은 강원도 원주 대덕리 태실의 태주에 대해 살펴보았다.[69] 아기비가 1494년 세워졌음을 근거로 성종이 승하하기 직전에 장태된 성종의 아들 태실로 비정(比定)하면서 12남 익양군 이후에 출생한 왕자 중에서 16남 영산군을 제외한 어느 왕자일 것으로 추정하였다. 또 이규상은 청원군에 산재한 태실을 살펴보면서 영조 가봉태실의 복원과정을 소개하였다.[70] 그 과정에 보은군청 문화공보과에서 순조의 태함 사진을 찾아내기도 하였다. 그러나 대부분의 내용이 이미 다른 연구자들이 발표한 논문을 옮겨놓은 것이다.

---

67) 박채은, 2002, 「태봉산의 태실을 찾아서」, 『울산 남구문화』 창간호, 울산광역시 남구문화원; 박채은, 2005, 「<경숙옹주의 태실 및 비>의 문화재 지정에 대한 소고」, 『울산 남구문화』3, 울산광역시 남구문화원; 박채은, 2008, 「성종대왕과 후궁 명빈김씨 -경숙옹주 태실과 관련하여-」, 『울산문화연구』 창간호, 울산남구문화원 향토사연구소.

68) 이규상, 2002, 「청원지역의 태실유적」, 『청원문화』11, 청원문화원.

69) 홍성익, 2004, 「원주시 대덕리 태실에 대하여」, 『강원문화사연구』9, 강원향토문화연구회.

70) 이규상, 2005, 『한국의 태실』, 청원문화원.

송기동은 경북 김천의 정종 태실과 숙명공주·숙경공주의 태실, 그리고 구전되는 태봉산 4개소에 대해 소개하였다.[71] 또 민정희는 충남 예산의 헌종 태실 현황을 소개하였다.[72]

리명구는 충남 서산의 명종 태실의 현황을 소개하였다.[73] 특히 사각형 비대가 있는 우측 가봉비를 1711년(숙종 37)에 새로 건립한 것으로, 귀부가 있는 가운데의 가봉비를 1546년(명종 1) 세운 것으로 보는 오류를 범하였다. 즉 중앙의 귀부가봉비의 비신은 1546년이 아니라 '主上殿下胎室(앞) 嘉靖二十五年十月日建 / 後一百六十五年辛卯十月日改石(뒤)'의 비문에 의해 1711년 새로 건립한 것을 알 수 있으며, 우측의 방부가봉비의 직사각형 비대는 1711년이 아니라 최근에 만든 것이다. 1711년 가봉비를 새로 만들면서 원래 있던 귀부(1546)는 그대로 사용하고, 훼손된 비신(1546)은 땅에 묻고 새로 비신(1711)만 만들어 세워 중앙의 지금 귀부가봉비가 되었던 것이다. 그동안 묻혀있던 초건 비신(1546)은 1975년 명종 태실을 정비할 때 발견되어 직사각형의 비대를 만들어 그 위에 세움으로써 지금과 같은 우측의 방부가봉비가 된 것임을 알지 못하였다. 그러므로 우측의 방부가봉비의 비신과 중앙의 귀부가봉비의 귀부가 초건(1546)으로 한 세트이며, 중앙의 귀부가봉비의 비신은 1711년 개립(改立)한 것이다.

김상호는 경북 상주의 함창 태봉리, 화서면 상현리, 모동면 상판리 등 3개소의 태실에 대한 위치와 태주를 소개하였다.[74] 그리고 이덕주는 조선시대 장태문화와 성주에 있는 태종 태실, 선석산 태실, 단종 태실에

71) 송기동, 2006, 「김천의 태실」, 『김천문화』38, 김천문화원; 송기동, 2008, 「김천의 태실」, 『향토경북』6, 경북향토사연구협의회.
72) 민정희, 2006, 「헌종 태실의 현황과 과제」, 『향토연구』30, 충남향토연구회.
73) 리명구, 2007, 「조선시대 태실 유적에 관한 고찰 -명종대왕 태실을 중심으로-」, 『서산의 문화』19, 서산향토문화연구회.
74) 김상호, 2008, 「상주지역 태실에 관한 고찰」, 『상주문화』18, 상주문화원.

대해 살펴보았다.[75] 또 은덕희는 단종 태실이 경남 사천과 경북 성주 두 곳에 있는 것에 대해 살펴보았다.[76] 그러나 이는 성주에 있는 태실이 단종 태실이라고 본 기존의 견해를 그대로 인용한 것에 불과하다.[77]

지성룡은 충북 단양의 화길옹주 태실을 소개하고 태주와 조성시기를 분석하였다.[78] 특히 그는 그동안 분실되었던 태함의 함개를 태봉산 아래 민가(民家)에서 찾아내었다.

이재완은 경북 예천에 소재한 고려 강종 태실과 조선의 문종 태실, 폐비 윤씨 태실, 장조 태실, 문효세자 태실, 오미봉 태실 등 6개 태실의 위치와 유물을 소개하고 태주와 장태시기 등을 검토하였다.[79] 특히 그는 그동안 위치가 파악되지 않던 장조 태실을 문종 태실 뒷산에서 찾아내었다. 그리고 오미봉 태실에서 출토된 반원형 함개·원통형 함신의 태함을 필자의 2010년 편년관에 의해 15세기 후반~16세기 전반 또는 17세기 전반의 조선시대 태실로 추정하였다.

황인은 경북 포항 죽정리에 있는 태봉산의 안태봉과 바깥태봉에 대해 문헌사료를 통해 신라 왕자의 태를 묻은 곳으로 추정하였다.[80] 그러나 이는 사료를 무비판적으로 인용한 것에 불과하며, 안태봉에는 조선시대 봉수대(추정)가 있으며, 바깥태봉에는 태실 관련 흔적은 확인되지 않고 자연석만 산재해 있어 태실로 볼 수 없다.

두 번째로, 왕실의 출산 문화 또는 아기태실 조성이나 태실의 가봉

---

75) 이덕주, 2009, 「조선시대의 장태문화」, 『태실법당 낙성식 및 자모관음보살 점안식·태실법당 준공기념 태문화 학술세미나』, 대한불교조계종 선석사.

76) 은덕희, 2012, 「단종태실지의 실 위치 규명 -조선왕조실록 및 역사적 사료를 통하여」, 『향토경북』10, 경상북도향토사연구협의회.

77) 은덕희, 2012, 「단종태실지의 실 위치 규명 -조선왕조실록 및 역사적 사료를 통하여」, 『향토경북』10, 경상북도향토사연구협의회.

78) 지성룡, 2012, 『화길옹주 태실』, 단양문화원.

79) 이재완, 2013, 「경북 예천지역 태실에 관한 일고찰」, 『고궁문화』6, 국립고궁박물관.

80) 황인, 2014, 「태봉산」, 『포항문화』10, 포항문화원.

및 개수 시 그 절차와 의례 등에 관한 연구이다.

차용걸은『영조대왕태실가봉의궤(英祖大王胎室加封儀軌)』를 가지고 영조 태실의 가봉에 소요되는 석물과 수호군, 작업 시행 과정 등을 소개하였다.[81] 이는 임금 태실의 가봉의궤에 대한 최초의 분석이다.

김용숙은 조선시대 궁중의 풍속을 연구하면서 왕실의 출산 전부터 출산 후까지의 궁중산속(宮中産俗)에 대해 처음으로 소개하였다.[82] 태와 관련된 의식을 살펴보면, 출산 후 태를 태호에 넣고 산실 안 길방(吉方)에 안치해 두었다가 탄생 3일째 혹은 7일째 세태(洗胎)를 한다. 세태는 물로 백번을 씻은 후 다시 술[香醞酒]로 씻는다. 이를 다시 내호에 넣고 이 내호를 다시 외호에 넣은 후 빨간 끈으로 태호의 네 면을 묶은 후 태주의 출생일시를 적은 목패를 뚜껑에 매달아 미리 정해놓은 장태 길방에 안치해 두었다가 이후 태봉이 선정되면 운반해 장태하였다. 이때 태가 나가는 의식도 거행하였다. 또 그는 우리나라 장태풍속은 중국에서 들어온 것이 아니라 자생국속(自生國俗)이라 하였다. 이러한 연구는 한말(韓末)의 내인 출신 노인과 옛 후궁들의 증언을 토대로 작성되어 실제 행해졌음을 확인한 것에 그 의의가 있다.

이와 같은 조선 왕실의 출산의례와 절차는 2000년대 들어 집중적으로 조명되기 시작한다.

이필영은 출산의례 중 안태(安胎)에 대해 그 역사를 살펴보았다.[83] 그는 신라 김유신 태실을 근거로 6세기 후반에는 당시 장태문화가 귀족층 이상에서 행해지고 있음을 추정하였다. 또 8세기 후반 도의선사의 매태

---

81) 차용걸, 1992,「영조대왕 태실가봉의궤에 대하여」,『호서문화연구』2, 충북대학교 호서문화연구소.

82) 김용숙, 1987,『조선조 궁중풍속 연구』, 일지사; 김용숙, 1990,『한국여속사』3판, 민음사; 김용숙, 1999,「부록: 태봉 연구」,『서삼릉태실』, 국립문화재연구소.

83) 이필영, 2001,「민속의 지속과 변동 -출산의례 중의 안태를 중심으로-」,『역사민속학』13, 한국역사민속학회.

기록을 근거로 당시 태가 아기의 평생운수와 관계가 있다는 믿음이 사회에 퍼져 있었으며, 또 조선 16세기 중반 이문건의 『묵재일기(默齋日記)』와 『양아록(養兒錄)』을 살펴 사대부 가(家)에서 매태하는 방법을 고증하였다.

김호는 장서각에 소장된 왕실 출산자료인 『호산청일기(護産廳日記)』 중 숙종때의 『최숙원방호산청일기(崔淑媛房護産廳日記)』를 바탕으로 왕실의 출산과정과 관련 풍속을 자세히 복원하였다.[84] 특히 출산 전 만들어지는 산실(産室) 자리 등 산실 내부와 외부의 모습을 복원하였다. 또 그는 규장각에 소장된 12종의 장태 의궤·등록을 정리하여 소개하면서 조선 왕실의 장태의식 절차를 자세히 살펴보았다.[85] 특히 조선시대의 장태의례를 전기와 후기로 나누어 살펴보았는데, 숙종과 영조때 기존의 태실을 개·보수하는 사례가 매우 증가하는 현상에 대해 왕실의 권위를 강화하려는 노력으로 보았다. 또 1827년 원손인 헌종의 태를 묻는 과정을 기록한 『원손아기씨 안태등록(元孫阿只氏安胎謄錄)』을 활용하여 조선시대 장태 절차를 더욱 구체적으로 복원하였다.

또 그는 왕실의 출산 지침서인 『림산예지법』을 발굴하여 소개하였다.[86] 이 고문서는 그동안 1페이지만 알려져 있었는데, 5장으로 이루어진 문서를 한국학중앙연구원 장서각에서 찾아내었다. 이 고문서는 출산에 임박한 상황에 대비하여 임산부가 알고 있어야 할 지식과 출산의 과정을 기록하였는데, 조선 왕실의 구체적인 출산지침을 알려주는 유일한 문서로 간행시기는 미상이라 하였다.

이러한 김호의 연구는 조선 왕실의 장태의례에 대해 가장 본격적으로

---

84) 김호, 2002, 「조선후기 왕실의 출산 풍경」, 『조선의 정치와 사회』, 최승희교수 정년기념논총, 집문당.
85) 김호, 2003, 「조선 왕실의 장태 의식과 관련 의궤」, 『한국학보』111, 일지사.
86) 김호, 2004, 「조선후기 왕실의 출산 지침서: 림산예지법」, 『의사학』13-2, 대한의사학회.

다룬 것으로 출산 장소인 산실의 출산풍경을 문헌사료에 근거하여 자세
히 복원하는 성과를 얻었으며, 왕실의 출산 지침서나 장태의식과 관련된
의궤도 발굴하여 자세히 정리하였다.

주영하도 조선 왕실의 출산풍속에 대해 살펴보았다.[87] 아들낳기 기원
과 태교, 해산, 안태, 산후 몸조리 그리고 백일과 돌잔치에 이르기까지
살펴보았는데, 왕실의 출산풍속은 민간에서 행해진 것과 비슷한 과정이
라 하였다. 그러나 조선이 신분제 사회였기에 왕실에서는 각종 의례의
절차와 내용을 엄격히 진행하였다고 보았다.

영남대학교 조형연구소는 한국에 남아있는 13종의 태실의궤를 분석
하여 조선시대 장태의례를 조선 전기와 후기로 나누어 살펴보고, 성주군
에서 시행할 세종대왕 왕자 장태의식을 어떻게 복원해야 할지 그 방안을
제시하였다.[88]

육수화는 왕실의 출산에서부터 의례변화와 안태, 태실조성에 이르기
까지 왕실 출산문화에 대한 전반적인 연구를 진행하였다.[89] 안태의 풍
습은『태장경(胎藏經)』과『육안태(六安胎)』에 기인한 것으로 태실은 고
려시대에 이미 의례화 되었으며, 그 의례는 조선 초 세종 때 체계화되었
다고 하였다. 또 왕실의 출산과 안태에 관한 각종 의례는 도교(道敎)와
음양학(陰陽學), 풍수지리(風水地理)의 사상에 기반하였는데, 사림(士
林)들이 중앙에 진출하자 성리학적 사상에 의해 비판받게 되어 중종 13
년(1518) 왕실 내 도교의식의 상징이었던 소격서(昭格署)가 폐지되기에
이르며, 그럼에도 불구하고 출산과 안태의 각종 의례에서 도교적 영향은

---

87) 주영하, 2005,「조선왕실의 출산 풍속 : 아들 기원에서 돌잔치까지」,『조선왕실의
    출산 문화』, 한국학중앙연구원 장서각.
88) 영남대학교 조형연구소, 2006,『세종대왕 자태실 봉안의식 고증연구 용역보고서』,
    성주군.
89) 육수화, 2007,「조선왕실의 출산과 안태의 재조명」,『민족문화논총』35, 영남대학
    교 민족문화연구소.

지속되어 오늘날까지 그 잔재가 남아 있다고 하였다.

김지영은 장서각에 소장된 왕실 출산관련 궁중발기 자료를 정리하고 1874년 명성왕후의 순종 출산관련 발기의 내용을 분석하여 19세기 중반 왕실의 출산문화를 살펴보았다.[90] 특히 그는 조선 왕실 출산의 의례과정을 중심으로 왕실 출산문화의 특징을 찾아보고자 역사인류학적 연구를 진행하였다.[91] 왕실 여성과 왕실 자녀의 신분적 지위는 왕실의 출산문화에도 영향을 미쳤으며, 17세기에 왕실의 출산은 공식적으로 제도화 되었고, 왕실 출산과 관련된 규정들이 만들어져 의례가 더욱 정교화 되었다고 하였다. 또 조선 후기에는 왕위계승자를 얻기 위해 특별히 들인 간택 후궁의 경우 출산 시 호산청(護産廳)이 아닌 왕비와 같이 산실청(産室廳)을 설치하는 사례가 많아졌으나, 승은 후궁의 경우에는 산실청의 설청(設廳)이 허용되지 않았다고 하였다. 그리고 조선 전기에는 도교식 초제(醮祭)가 왕실의 소격서(昭格署)에서 행해졌다면, 조선 후기에는 유교식 제사형식으로 바뀌었는데, 이러한 변화는 조선 사회의 유교화 과정에서 도교의 의례공간인 소격서를 이단시하고 혁파함으로서 의례공간이 사라진데 그 원인을 두었다. 그러나 신생아의 무병장수를 기원하는 권초제(捲草祭)의 의미는 동일하게 유지되었는데, 새로 고안된 유교식 제사형식에 수명장수를 비는 상징물들을 배치함으로써 왕실출산의 의례적 전통으로 지속되었다고 하였다. 그리고 왕실의 장태의례는 독자적 의례로 발전하였는데, 태를 적절하게 처리함으로써 왕실의 번영을 보장할 뿐 아니라 장태과정에서 왕실의 건재함을 과시하는 효과도 있었으며, 이러한 장태의례에 부여된 의미로 인해 신하들의 끊임없는 비판에도 의례가 사라지지 않고 지속될 수 있었다고 보았다. 이러한 그의 연구는 그동

---

90) 김지영, 2010, 「조선후기 왕실의 출산문화에 관한 몇 가지 실마리들 -장서각 소장 출산관련 '궁중발기'를 중심으로-」, 『장서각』23, 한국학중앙연구원.
91) 김지영, 2010, 「조선 왕실의 출산문화 연구 : 역사인류학적 접근」, 한국학중앙연구원 박사학위논문.

안의 조선 왕실의 출산문화를 정밀하게 집대성한 것에 그 의의가 크다 하겠다.

오영민도 조선시대 태실문화를 전반적으로 살펴보았다.[92] 한국의 태실문화는 동아시아 다른 국가에 없는 특유한 궁중문화(宮中文化)로 태를 보존하는 장태의식과 임금 즉위 후 행해지는 가봉의식으로 대별된다고 하였다. 또 장태의식은 도교사상과 풍수이념으로 기원되었으나, 유가사상이 조선의 주류 사상으로 변한 후 도교와 유교 사상이 혼합해서 왕권 공고와 전승에 적극적인 역할을 하였다고 보았다.

윤진영도 조선시대 안태의례를 전기와 후기로 나누어 그 변화를 살펴보았다.[93] 특히 왕들의 태실에 대한 인식과 태실 제도의 추이에 대해 문헌사료를 중심으로 분석하였다. 그러나 사료를 무비판적으로 수용함으로 인해 문헌기록이 현실에서 어떻게 적용되고 실시되었는지 그 차이점을 고고자료와 비교·검토하지 못한 한계를 갖는다.

김지영은 조선 왕실의 장태의례에 내포된 상징성과 그 역사적 변화를 찾아보았다.[94] 그 결과, 조선 전기에는 경상도·충청도·강원도 등 도성(都城, 한양)에서 멀리 떨어진 곳에 장태하였는데, 해당 지역민들에게 왕실의 존재를 각인시키는 역할을 하였으며, 장태행렬이 지나가면서 지역민들은 왕실의 위엄과 번영을 경험하게 되었다고 하였다. 그리고 조선 후기에는 왕권이 안정되면서 장태행위가 백성들에게 도리어 피해를 끼치는 행위로 인식되고 정치적 의미도 감소하여 태실도감을 설치하지 않

---

92) 吳映玫, 2012, 「朝鮮時代的宮中胎室文化研究」, 『故宮博物院院刊』2012年 06期, 故宮博物院.

93) 윤진영, 2013, 「조선 후기 안태의례의 개선과 정비」, 『조선시대사학보』67, 조선시대사학회.

94) 김지영, 2014, 「조선시대 출산과 왕실의 '장태의례' -문화적 실천양상과 그 의미-」, 『역사와 세계』45, 효원사학회; 김지영, 2015, 「왕실 장태의 의례적 성격과 '태'의 상징성」, 『성주 세종대왕자 태실 세계유산 등재, 어떻게 할 것인가?』, 경북대학교 영남문화연구원.

는 등 절차를 간소화하였으나 장태의례는 지속되었다고 하였다.

김해영은 임진왜란 이후 경남 사천에 있는 세종 태실의 석난간(石欄干) 등을 보수하는 과정을 기록한 『세종대왕태실석난간수개의궤(世宗大王胎室石欄干修改儀軌)』를 분석하였다.[95] 이 의궤는 1601년 3월 제작한 것으로 현존 가장 오래된 태실 의궤일 뿐 아니라 현전하는 조선 왕조의 의궤 전체에서도 가장 오래된 의궤의 하나라고 하였다. 또 이 의궤는 태실 수개 공사의 개시를 전후한 감역관의 활동이나 부역군의 조달, 공역을 끝낸 뒤 행해진 제례 등 공사현장에서의 활동이 기록되어 있어 당시 국왕 태실의 석물을 보수하는 역사가 실제 어떠했는지를 살필 수 있는 자료라고 하였다.

진갑곤은 중국 고대 의서(醫書)를 검토하여 장태풍습 시기를 고찰하였으며, 태실 관련 문헌의 번역에 대한 오류를 바로 잡기도 하였다.[96] 즉 중국은 당대보다 이른 진한(秦漢) 이전에도 이미 장태풍습이 있었으며, 또 동전을 태호에 넣을 때 글자면이 아래로 향하게 한다는 기존의 번역에 대해 『의심방(醫心方)』(984)을 근거로 위로 향하는 것이 옳다고 하였다.

박충환은 조선 왕실의 장태의례가 어떻게 국가권력으로 재생산되는지 살펴보았다.[97] 그는 태실의례의 상징성에 대해서는 김지영의 2014년 견해를 수용하면서 장태의례는 『국조오례의(國朝五禮儀)』에 포함되지 않은 이유를 장태의례의 풍수적, 무속적, 주술적 성격이 유교적 정사에 쉽게 포함될 수 없었기 때문으로 보았다. 그러나 의궤를 작성할 정도로

---

95) 김해영, 2014, 「『세종대왕태실석난간수개의궤』에 대하여」, 『고문서연구』45, 한국고문서학회.

96) 진갑곤, 2015, 「태실 관련 문헌과 기록의 가치」, 『성주 세종대왕자 태실 세계유산 등재, 어떻게 할 것인가?』, 경북대학교 영남문화연구원.

97) 박충환, 2016, 「조선왕실의 장태의례와 국가권력의 상징적 재생산」, 『한국의 태실과 세계의 장태문화』, 경북대학교 영남문화연구원.

태실은 국가의례의 중요한 일부였으며, 태실의 전국적 분포는 왕실과 왕권의 영토성을 공간적으로 구체화하는 상징적 의미를 가진다고 하였다. 또 축제적 성격의 안태행렬은 백성들 사이에서 국가 소속감과 국가 정체성이 형성되는 기제로 작용하였다고 보았다.

3. 태실의 입지와 풍수사상의 상관관계 등 풍수지리적 연구

박천민은 풍수지리사상(風水地理思想)이 14세기 말~15세기 중엽인 조선 초기 우리나라에 적용되는 상황을 파악하면서 태실도 함께 검토하였다.[98] 그는 고려 말의 비보(裨補) 중심적이던 풍수사상이 조선 초 들어와 숭유억불정책(崇儒抑佛政策)과 국도건설(國都建設)로 쇠퇴하였으나 왕실 중심으로 적용되어 수릉, 태실선정 등 음기풍수(陰基風水)의 성행과 중종대 전국적인 진산(鎭山)의 분포로 보아 조선 사회에 깊게 뿌리내리게 되었다고 하였다. 특히 태실은 조선 초기 사회에 풍수사상을 뿌리박게 하는 역할을 했으며, 길지(吉地)에 터를 정해 복을 얻고자 하는 음기풍수에 해당된다고 하였다.

이후 2000년대 들어와 풍수이론이 실제 태실지에 어떻게 적용되었는지 현장 분석이 시도되기 시작하였다.

박종득은 이기풍수(理氣風水)와 형기풍수(形氣風水)를 비교하면서 충남 공주의 숙종 태봉을 분석하였다.[99] 그는 숙종 태실의 입지선정(立地選定)은 음택풍수(陰宅風水)에 의해 선정되었으므로 숙종 태봉을 음택풍수론에 입각하여 분석하여 이기풍수의 영향을 받았다고 하였다.

---

98) 박천민, 1979, 「조선초기 풍수지리사상의 적용 -14C 말~15C 중엽-」, 이화여자대학교 석사학위논문.
99) 박종득, 2003, 「이기풍수와 형기풍수의 비교」, 공주대학교 석사학위논문.

박주헌은 충북 보은의 순조 태실, 경북 성주의 선석산 태실, 전북 완주의 예종 태실 등 3개소 태봉의 풍수지리적 입지의 특성을 분석하였다.[100) 그 입지는 모두 양균송(楊筠松)의 혈형사격(穴形四格) 중 돌혈(突穴)에 해당되어 명당(明堂)에 해당되는 특징을 갖는다고 하였다.

신병주는 문헌기록을 바탕으로 조선 왕실에서 태실을 조성한 까닭을 살펴보았다.[101) 그는 태실이 대부분 서울에서 멀리 떨어진 곳에 산재한다는 특징을 갖는다고 하였다. 그러면서 그 이유는 풍수지리적으로 명당에 해당되는 곳에 태실이 조성되는데, 조선 왕실은 명당이면 원근에 관계하지 않고 중요시 여겼기 때문에 먼 곳에도 태실을 조성하였다고 보았다.

박대윤과 천인호는 조선 성종의 태봉을 풍수지리적으로 검토하였다.[102) 성종 태봉은 초장지(初藏地)와 이장지(移藏地)로 두 개소의 태실이 있다고 하면서, 모두 지기(地氣)가 강하게 응축된 돌혈로 명당이라 하였다. 또 초장지는 장풍국(藏風局)의 산곡돌혈(山谷突穴)에 해당되며, 이장지는 득수국(得水局)의 평지돌혈(平地突穴)에 해당되는데, 산곡에서는 장풍(藏風)이, 평야에서는 득수(得水)가 중요하다는 풍수고전이론(風水古典理論)이 적용되었으며, 풍수적 입지는 초장지보다 이장지가 더 우월하다고 분석하였다. 그러면서 태봉풍수(胎峯風水)는 당사자의 태가 명당의 생기(生氣)에 접하여 감응(感應)함으로써 본인(本人)이 발복(發福)한다는 양택풍수(陽宅風水)의 발복 매커니즘과 유사하여 음택과 양택의 중간적인 성격을 갖는다고 하였다. 그러나 아기태실이 처음 조성될 시 부장되는 성종의 태지석이 경기도 광주 태전동 태봉산에서 출토되었음을 알지 못하였으며, 또 역사적 근거도 없이 경기도 성남 율동

---

100) 박주헌, 2004, 「태봉의 풍수지리학적 입지특성 연구(순조, 세종 왕자, 예종 태봉을 중심으로)」, 대구한의대학교 석사학위논문.
101) 신병주, 2009, 「조선왕실에서 태실을 조성한 까닭」, 『선비문화』16, 남명학연구원.
102) 박대윤·천인호, 2010, 「조선 성종 태봉의 풍수지리적 특징 비교」, 『한국학연구』33, 고려대학교 한국학연구소.

태봉산을 성종의 최초 태실지로 주장하는 오류를 범하였다.

 더 나아가 박대윤은 조선시대 국왕(國王) 태봉 22개소에 대해 용세(龍勢), 국세(局勢), 수세(水勢), 혈장세(穴場勢) 등을 형세론(形勢論)을 중심으로 지세(地勢)를 분석하여 풍수적 특성을 살펴보았다.[103] 그는 태봉(胎峯)과 왕릉(王陵)은 대부분 좌향(坐向)이 남향(南向)인 공통점이 있으나, 왕릉은 강(岡)과 잉(孕)이 있는 유혈(乳穴)로 산기슭에 입지하고 태봉은 강과 잉이 없는 내룡맥(內龍脈)이 잘 연결되어 있는 돌혈에 위치하나, 조선 전기에 산중돌혈(山中突穴), 중·후기에는 평지돌혈에 위치한다고 보았다. 그는 이렇게 태실의 입지가 변하는 것은, 풍수이론이 조선 전기에는 한국의 전통풍수와 형기론(形氣論)이 강하게 반영되었는데, 임진왜란을 거치면서 중국에서 도입된 이기론(理氣論)이 확산된 결과라고 하였다. 특히 그는 태실지를 문헌사료에서처럼 1~3등급으로 차등을 두어 그 공통점과 차이점을 도출하여 국왕 태봉의 등급을 정하였다. 하지만 이러한 연구는 수많은 태실 중 소수의 임금 태실만을 가지고 분석한 결과여서 일반화할 수 없는 문제점을 안고 있다. 특히 태실 등급 기준의 근거가 확인되지 않은 현 상황에서 자의적으로 기준을 정하여 태실의 풍수적 우위를 1~3등급으로 분류한 것은 문제가 있다. 만약 태실의 입지가 문헌사료처럼 1~3등급으로 구분되어 신분의 우위에 따라 적용되었다면, 대군이나 왕자가 임금으로 등극했을 때 2등지나 3등지에 있던 기존의 태실이 1등지의 태봉(산)으로 옮겨가야 하는데, 그런 사례가 전혀 확인되지 않기 때문이다. 또한 산중돌혈과 평지돌혈에 대한 시기적 위치 분석도 수많은 태실 중 몇 개 안되는 가봉태실에만 한정하여 분석함으로 인해 이를 일반화할 수 없다.

---

103) 박대윤, 2011, 「조선시대 국왕태봉의 풍수적 특성 연구」, 동방대학원대학교 박사학위논문; 박대윤, 2012, 「조선시대 국왕태봉의 풍수적 특성 연구」, 『한국문화』59, 서울대학교규장각한국학연구원.

김태일은 경북 성주지역의 태실을 풍수적으로 고찰하였다.[104] 특히 선석산 태실은 태봉 주위로 좌청룡·우백호가 유정하게 보이는데 근래 저수지가 생산되어 그 정기의 흐름을 막았다고 하면서 태실이 용(龍)의 내맥(來脈)에 따라 안장(安葬)한 것이 아니라 혈장(穴場)의 형태에 따라 좌우로 길게 배치된 것은 양택풍수의 논리를 따른 것으로 보았다.

또 김태일은 조선의 왕릉과 태봉을 동기감응론(同氣感應論)과 풍수 이론을 중심으로 비교·분석하였다.[105] 태실이 자신의 태를 통해 복을 기원한다는 점에서 음택풍수론의 동기감응론과 차이가 있고, 본인의 태를 묻는다는 점에서 양택풍수의 이론과도 차이가 있다고 하면서도 죽은 조상(祖上)으로 인한 동기감응이 아니라 자신의 부산물(副産物)인 태로 인해 동기감응하므로 태실의 장법(葬法)은 양택풍수에 해당된다고 주장하였다.

심현용은 문헌사료에 기록된 태실의 입지조건이 현실에 어떻게 적용되었는지 기존의 여러 견해를 재검토하였다.[106] 맥(脈)이 연결되지 않고 들판 가운데에 홀로 솟은 둥근 산[圓峯]이 태봉산으로 선정된다는 문헌사료를 무비판적으로 인용하던 기존의 경향에서 벗어나 현재 확인된 조선시대 태실 전체를 직접 답사(踏査)하여 그 입지형국(立地形局)을 분석하였다. 그 결과, 문헌기록에 알려진 것과 달리 태봉산 주변에 사신사(四神砂)가 있고 뒤로는 산맥(山脈)이 연결된 돌혈의 형국이 태실의 입지로 선정됨을 새롭게 밝혀내었다. 또 태실의 전국적 분포현황도 살펴보았다.

---

104) 김태일, 2012, 「조선 초기 왕실의 태실 연구 -경북 성주지역 태실 21기를 중심으로-」, 『백악논총』7, 동방대학원대학교; 김태일, 2014, 「조선왕조의 태실과 풍수지리의 상관관계(경북 성주 지역 태실을 중심으로)」, 『성주 세종대왕자태실의 세계유산적 가치』, 경북대학교 영남문화연구원.

105) 김태일, 2013, 「조선의 왕릉과 태봉의 비교 연구 -동기감응론과 풍수이론 중심으로-」, 동방대학원대학교 박사학위논문.

106) 심현용, 2015, 「조선시대 태실의 입지에 대한 재검토」, 『대구사학』118, 대구사학회.

즉 조선 초기에는 경상도·충청도·전라도의 하삼도(下三道)에 집중되어 분포하다가 갑자기 도성과 가까운 곳으로 태실이 택정(擇定)되기 시작하는데, 그 시기를 문헌기록상 성종에 의한 것으로 본 기존의 견해와 달리 전국에 산재한 태실의 고고학적 분포 상황을 분석하여 성종이 아니라 그 이전 세조 때부터 시행된 사실(史實)을 밝혀내었다.

김두규는 태실의 풍수적 관계와 성주 선석산 태실의 풍수적 특징을 살펴보았다.[107] 태실 풍수는 중국·일본에 없는 한국 고유의 것으로 양택풍수나 음택풍수에 종속시킬 수 없으며, 우리나라 독자적인 9세기 도선(道詵)의 풍수로 본 2015년 심현용의 견해를 지지하였다. 그러나 태실 풍수의 이론적 근거인『태장경』을 바탕으로 우리 민족 스스로 정한 터잡기 방식이므로 지금까지 태실의 입지를 중국 용어인 '돌혈(突穴)'로 본 것은 오류라고 하면서 태실의 혈상(穴象)을 '태실혈(胎室穴)' 또는 '태혈(胎穴)'로 부르자고 제안하였다. 또 선석산 태실은 풍수적으로 선석산을 주산으로 내맥과 사신사가 분명하게 드러나는 길지이며, 전국 태실 중 혈장(穴場)이 가장 큰 것을 풍수적 특징으로 들었다.

---

107) 김두규, 2015,「성주 세종대왕자 태실과 풍수」,『영남학』28, 경북대학교 영남문화연구원.

II. 연구 목적과 방법

1. 연구 목적

연구사 검토에서 살펴본 바와 같이 지금까지 태실에 관한 연구는 태실의 출토유물과 구조 등을 분석한 고고학적 연구, 아기비·가봉비·태지석의 기록을 바탕으로 태주(胎主)를 밝히거나 태실 관련 절차와 의례를 분석한 문헌사적 연구와 태호의 봉안시기가 알려져 절대연대에 의한 도자사적 연구, 그리고 태실의 입지를 분석한 풍수지리적 연구 등으로 구분되어 진행되어 왔다. 이렇게 태실분야의 연구동향은 주제의 분야별, 위치의 지역별, 그리고 각 태실의 개별적 연구로 진행되어 태실 전반에 대한 종합적인 연구는 진행되지 못하였다.

그 가장 큰 이유를 든다면 전국(全國)에 산재(散在)한 태실이 전수 조사(全數調査)조차 되지 않아 분포 현황도 자세히 알려져 있지 않고, 이로 인해 태실유적에 대한 자세한 상황이나 현황도 파악되어 있지 않아 연구 분야로서의 관심을 갖지 못했기 때문이다.

태실은 우리나라 전통문화의 하나로서 전 세계에 보편화되어 있는 장태문화의 일종이다. 이 장태문화 중 태실문화는 어느 나라에서도 찾아지지 않고 우리나라에서만 확인되는 세계 유일한 문화이며, 또한 왕실(王室)의 문화라는 특징을 갖는다. 역대 국가의 왕실 중 특히 조선시대에 가장 활발히 태실문화가 활성화되었는데, 이 태실은 조선 왕실의 3대 문화 중 하나에 포함된다. 즉 조선 왕실의 3대 문화를 꼽으라면 궁궐(종묘 포함), 왕릉, 그리고 태실을 들 수 있다. 이러한 중요성을 갖고 있는 태실에 대해 그동안 부분적이고 지엽적(枝葉的)인 연구로 많은 아쉬움을 남겼다.

그래서 본 연구에서는 어느 한 분야에 치우치지 않고 고고학적 연구를 기본으로 하여 문헌사학적 연구는 물론이고 풍수지리분야도 포함하여 우리나라 한국 태실에 대한 전반적인 연구를 시도해 보고자 한다. 즉이 연구의 목적은 우리나라 태실에 대해 규명해 보는 것으로, 특히 다음과 같은 세부 주제를 가지고 연구를 진행시켜 보고자 한다.

먼저 태실의 역사적 변화를 살펴보고자 한다. 이를 위해 우리나라 한국 태실의 기원은 어디에서부터 시작되고 그 시기는 언제인지, 이후 태실이 어떻게 성립되어 체계적인 제도로 정착되며, 시기적으로 어떻게 변화되어 갔는가하는 역사적 변화과정을 문헌사학적으로 살펴볼 것이다. 또 태실은 어떠한 구조로 되어 있으며, 그곳에 봉안되는 유물은 무엇인지 고고학적으로 검토해 보고자 한다. 그리고 태실이 들어선 전국의 태봉산과 그 주변 경관을 분석하여 어떠한 형국에 태실이 조성되는지 풍수지리적 입지조건도 검토해 보겠다. 물론 왕실에서 태실을 조성하게 되는 근본적인 이유도 함께 살펴 볼 것이다. 또 태실에서 출토되는 유물 중 시기를 파악하는데 주요한 역할을 하는 유물을 선정하여 고고학적 양식과 편년을 설정해 보겠다. 특히 수많은 태실 중 태실유적으로서 주요한 자리를 차지하는 몇몇 개소의 태실을 선정하여 그 태실이 조성되는 과정과 시기, 그리고 태실의 구조를 밝혀 볼 것이다. 이러한 연구가 진행된다면, 우리나라 태실에 대한 실체가 좀 더 자세히 규명될 것이다.

2. 연구 방법

태실의 연구를 위해 그 연구 대상은 아기가 태어난 방을 뜻하는 고건축분야의 태실이 아니라 태를 땅에 묻고 석물 등을 설치하는 고고학적 태실에 한정하였으며, 연구의 시간적 범위는 고대부터 일제강점기까지로 하였다. 그리고 연구의 지역 범위는 한반도 전체로 하였으나, 조사할 수 없는 북한지역은 문헌사적으로 검토하겠다. 또한 이러한 연구는 지금까지 축적된 선행(先行) 연구의 성과에 힘입은 바가 크다.

특히 이러한 분석을 토대로 태실에서 출토되는 일부 유물에서 변천상의 획기(劃基)를 파악하여 양식과 편년을 설정하고자 하였다. 이를 위해 먼저 전국에 산재한 태실에 대해 전수조사가 실시되어야 한다. 지금까지 태실 출토 유물에 대한 연구가 부족하여 명문이 있는 태지석이나 태실비 등 일부 유물에 한해 연구가 진행되었을 뿐 문헌기록이나 금석문 자료가 발견되지 않는 경우에는 태실유적의 주인공이나 조성시기 등에 관해서는 전혀 밝혀내지 못하고 있다. 따라서 태주나 관련 자료가 없을 경우에는 기초적인 조성 시기조차 전혀 접근 할 수 없는 상황이다. 그러므로 이러한 문제들을 해결하기 위해서는 태실에서 출토되는 유물의 분석이 가장 우선적으로 선행되어야 한다.

따라서 필자는 본격적인 연구에 앞서 전국에 산재한 태실유적에 대해 약 15년간에 걸쳐 틈틈이 태실유적지를 답사하여 조사를 실시하였다. 그리고 태실유적에 남아있는 일부 유물을 선정하여 분석을 시도하고 통시적인 유물의 변화상에 대한 양식과 편년을 제시하는데 역점을 두었다. 또 이러한 유물의 양식과 편년을 바탕으로 개별 태실의 조성 시기나 태실구조, 더 나아가 조선 왕실의 일부 왕에 대한 가계(家系)까지 분석해보고자 하였다.

먼저 문헌사적으로 『삼국사기(三國史記)』·『고려사(高麗史)』·『태봉등록(胎峰謄錄)』·『태봉(胎封)』과 조선왕조실록·의궤·등록·지리지·개인문집 등 다양한 문헌기록을 기본 사료로 하였으며, 이 문헌사적 바탕 위에 태실에서 출토되는 유물이나 유구 및 유적을 분석하는 고고학적 연구방법을 선택하여 연구를 진행하겠다.

특히 고고자료 중 최근에 많이 조사되고 있는 아기비와 가봉비, 그리고 태지석 등의 금석문 자료에는 태주명(胎主名)과 장태시기 등이 기록되어 있어 태실 조성의 시기를 파악할 수 있는 주요 자료로 활용하였다.

그러나 지금까지 확인되는 태실은 대부분 조선시대 태실이고, 그 이전 시기의 태실유적은 신라의 김유신 태실과 고려의 인종 태실 외에는 확인 되지 않아 연구 대상은 조선시대 태실에 치중되어 있는 아쉬움이 있다. 다만 연구 범위에 있어서는 어느 지역에 한정하지 않고 전국으로 확대하 였다.

이러한 연구 방법을 통하여 우리는 태실에 담겨있는 우리나라 왕실의 사고관념, 역대 왕들의 통치의식, 임금의 혈맥, 그리고 장태문화의 일종 인 태실문화의 역사적 흐름도 함께 살펴볼 수 있을 것이다.

이에 따라 본 책에서는 다음과 같은 구성으로 연구를 진행하고자 한다.

본론은 제2부~제5부로 4개 부분으로 구성하였는데, 먼저 제2부에서 는 한국 태실문화의 기원을 살펴보고, 태실 제도가 고려시대를 거쳐 조 선시대로 발전해가는 전개 과정을 살펴 볼 것이다.

제Ⅰ장에서는 한국 태실의 기원을 밝힐 것이다. 장태풍습은 전 세계 보편적인 문화로 어느 국가나 민족에 치중하지 않고 동일한 문화현상을 공유하고 있었음을 보여준다. 그러나 이것이 한국의 왕실에서만 독특하 게 발전하여 세계 유일의 태실문화로 발전하였는데, 이에 대한 태실의 기원을 문헌사료로 찾아보고자 하였다. 이는 고고자료로도 논증해야 하 나 아직 조선시대 이전의 고고자료가 신라시대 김유신 태실과 고려시대 제17대 인종 태실을 제외하고는 전혀 확인되지 않아 일부 구전과 문헌 사료를 중심으로 삼한시대를 비롯하여 삼국시대, 통일신라시대, 후삼국 시대를 검토하여 태실의 기원과 제도의 성립을 논하고자 한다.

제Ⅱ장과 제Ⅲ장에서는 고려시대 왕실의 태실문화가 성립한 후 조선 시대에 이르러 태실 제도가 어떻게 확립 및 변천되어 가는지 그 전개 과정을 시기별로 살펴보았다. 전국에 산재한 태실유적을 조사해 보면, 유물이나 유적이 확인된 태실은 거의 대부분 조선시대 태실이어서 관련 자료도 조선시대의 것이 가장 많이 남아있다. 그러므로 고려시대와 조선시대의 문헌기록과 조사된 고고자료를 서로 비교해 가면서 살펴보겠으며, 또한 조선시대 들어와 확립된 태실 제도가 이후 어떻게 변화되어 가는지 그 변천과정도 함께 살펴보겠다. 특히 태실 제도가 조선 왕실에서 확립되고 더욱 성행하는 이유도 살펴보고자 한다. 또 일제강점기에 전국에 분포한 태실을 파괴하고 그중 54위를 서삼릉 묘역으로 옮겨 태실 집장지를 조성하는 일제의 만행에 대해서도 조선시대에 포함시켜 살펴보기로 하겠다.

제3부에서는 태실이 조성되는 곳의 입지와 태실유적에 조성된 유물·유구 등 그 형태와 구조에 대해 살펴보겠다.

제Ⅰ장에서는 장태문화 중 태실문화는 풍수사상에 기인한 것으로 태실의 선정조건이 문헌사료에 의하면 풍수지리설에 따른 길지에 선정되고 있으므로 그 풍수지리적 입지조건(立地條件)이 어떠한지를 살펴보겠으며, 실제로 문헌기록에서 나타나는 입지대로 택정(擇定)되었는지 고고학적으로 확인해 보겠다. 특히 조선시대 들어와 태실 제도가 확립되어 활발히 조성되는데, 이러한 왕실의 태실 조성 이유도 살펴보고자 한다. 또 조선시대 태실이 전국적으로 분포하는 양상을 살펴 당시 어느 지역을 선호하였는지도 살펴보기로 하겠다. 그리고 태실을 조성할 때 태주의 신분에 따라 태실이 입지하는 태봉산의 등급에 차등이 주어지는데, 이러한 문헌기록의 태실 등급이 실제로 존재하였는지 또 입지 등급이 구분되는지도 살펴보겠다.

제Ⅱ장과 제Ⅲ장에서는 태실을 아기태실과 가봉태실로 분류하여 그 각각의 일반적 구조와 출토유물에 대해 검토하여 그 차이점도 분석해 보겠다. 태실 구조는 그동안 몇 기의 태실이 발굴조사 됨으로 인해 많지 않은 정보지만 어느 정도 구조를 살펴 볼 수 있는 자료가 축적되었다. 그러므로 발굴조사 결과를 바탕으로 아기태실과 가봉태실의 내형 및 외형적 구조, 또 지상과 지하 구조가 어떻게 다른지 살펴보겠으며, 또 태실에 봉안되는 유물과 구조를 이루는 유물의 특징도 자세히 검토해 보기로 하겠다. 이를 위해 발굴조사에서 확인된 자료뿐만 아니라 현 지표상에서 조사·확인되는 유적과 남아있는 현존 유물도 연구 대상에 포함하여 부족한 발굴조사의 자료를 좀 더 보완하겠다.

제4부에서는 지금까지 조사된 약 150개소의 조선시대 태실지에서 확인되는 출토유물 중 태실 조성 시기를 가장 민감하게 파악할 수 있는 유물을 선정하여 그 양식과 편년을 설정해 보겠다. 이를 위한 연구 방법으로는 순서배열법(Seriation)을 활용하였는데, 제작시기를 알 수 있는 유물을 집대성하여 시간적으로 순서배열하면 그 변화를 파악할 수 있으며, 또 상대적인 시간적 서열을 정할 수 있다.[108] 여기에 가장 적합한 유물이 연대가 적혀 있는 아기태실비이다. 이 아기비를 입비시기 순으로 배열하면 편년적으로 의미 있는 속성을 가려낼 수 있을 뿐만 아니라 이를 기준으로 연대가 확인되지 않는 다른 유물에 대한 편년도 부여할 수 있기 때문이다.[109] 그래서 아기비를 비롯하여 태실석함 및 중앙태석을 연구대상으로 선정하였다.

특히 아기비와 태함은 태실을 처음 조성할 때 설치되는 유물로서 그 의미가 크며, 또한 태실지에서 가장 많이 조사되어 자료 확보에 용이하다. 이 중 아기비는 태주의 이름이나 생년일시 및 장태일시 등 명문이 기록되어 있어 태주의 출생일과 태실의 조성시기를 파악하는데 가장 확실한 정보를 제공해 준다. 그리고 중앙태석은 아기태실의 주인공이 임금으로 등극했을 때 가봉 시 설치되는 유물로, 가봉태실에 장식되는 상석, 전석, 주석, 동자주, 횡죽석 등 다양한 유물이 있지만, 이 중앙태석의 변화가 가장 활발하고 또 개·보수 등의 영향을 가장 적게 받아 태실의 가

108) James Deetz, 1967, Invitation to Archaeology, New York, The Natural History Press, 26~33쪽.
109) 최성락, 1998, 「제10장. 연대결정법」, 『고고학연구방법론 -자연과학의 응용-』, 서울대학교출판부.

봉시기를 파악하는데 적합한 유물이라 하겠다. 그러므로 이 중앙태석을 분석하면 가봉태실의 변화를 살펴보는데 도움이 된다.

또 아기태실에서는 아기비와 태함을 서로 교차하여 비교·분석하고, 가봉태실에서는 아기비와 태함 및 중앙태석을 교차하여 비교·분석하면 더욱 정밀한 연구결과를 얻을 수 있을 것이다. 유물의 양식 편년을 위해 먼저 각 유물의 제작시기를 고찰하고 이후 이 절대연대를 바탕으로 유물 간 선후관계를 파악하여 유물에 나타난 세부 형상을 살펴 편년적으로 의미있는 속성을 찾아내고자 하였다. 그리고 이를 바탕으로 유물의 양식과 편년을 설정하고 이것이 시대별로 어떻게 변화되어 가는지 살펴보고자 한다. 특히 가장 기초적 단서가 되는 각 유물의 절대연대를 파악하기 위해서는 유물에 기록된 명문을 중심으로 태지석 및 관련 문헌기록도 보조적으로 활용하겠다.

제Ⅰ장에서는 지금까지 조사·확인된 조선시대 아기비 중 그 입비시기가 파악되는 67기를 대상으로 아기비의 양식을 분석하고 변천의 획기를 설정하여 시기적으로 어떻게 변화되어 가는지를 살펴보겠다. 실제 태실지(胎室址)에서는 완전한 아기비가 있을 경우도 있지만 그렇지 않고 파손되어 비수, 비신 또는 비대 등 일부 또는 깨어져 편으로만 남아있는 경우도 있으므로 이들 유물의 개별 및 부분별 변화도 함께 살펴보겠다.

제Ⅱ장에서는 지금까지 조사·확인된 조선시대 태함 중 그 제작시기를 알 수 있는 51기를 대상으로 태함의 양식을 분석하고 변천의 획기를 설정하여 시기적으로 어떻게 변천되어 가는지를 살펴보겠다. 그러나 실제 태실유적에서는 완형(完形)의 태함만 남아있을 경우도 있지만 그렇지 않고 함개 또는 함신만 남아있을 경우가 있고 또 깨어져 편으로만 남아있을 수 있으므로 이들에 대한 개별적, 그리고 부분별 변천도 함께 살펴보겠다.

제Ⅲ장에서는 지금까지 조사·확인된 가봉태실에서 중앙태석이 남아

있는 21기를 가지고 그 건립시기를 파악하여 중앙태석의 양식을 분석하고 그 변천의 획기를 설정하여 시기적 변화과정이 어떤지 설정할 것이다.

이렇게 제4부에서 분석한 아기비와 태함 및 중앙태석의 양식과 편년은 태실 연구에 가장 기초적 정보가 되어 앞으로 중요한 역할을 할 것으로 생각된다. 왜냐하면 아직까지 조사되지 않은 수많은 태실 중 향후 태실이 확인되었으나 아기비나 태함 또는 중앙태석 등의 일부 유물만 남아있고 문헌기록이 없어 어떤 단서도 확보하지 못하였을 때 태실지에서 출토된 개별 유물과 연구된 아기비와 태함 및 중앙태석의 양식과 편년을 대입하면 태실의 조성시기 등 태실에 대한 정보를 어느 정도 확보할 수 있기 때문이다.

마지막으로 제5부에서는 전국에 산재해 있는 태실 중에 태주에 대해 논란이 있거나 가계가 왕실 족보와 상이한 태실이나 태실의 구조나 유물을 분석하는데 주요한 태실로 생각되는 경북 영주의 소헌왕후 태실, 경북 성주의 선석산 태실, 경북 성주와 경남 사천에 있는 단종 가봉태실, 그리고 경북 울진의 견석왕자 태실을 선정하여 태실의 조성과정과 진위 및 그 구조에 대해 분석해 보고자 한다.

경북 영주의 소헌왕후 심씨 태실은 지금까지 조사된 경북 예천의 폐비 윤씨 태실, 강원도 홍천의 정희왕후 윤씨 태실과 함께 왕비 태실에 해당된다. 현재까지 조사된 왕비 태실은 이 3개소로 모두 조선 전기에 해당된다. 이 왕비 태실 중 가장 빨리 조성된 것이 소헌왕후 태실이다. 당시 임금에게만 제한되어 조성되던 가봉태실이 왕비에게 까지 도입되고, 임금의 가봉태실을 모방하여 설치되고 있는 역사적 사실을 보여 주어 태실이 확립되는 제도적 과정을 파악하는데 도움이 된다. 그리고 왕비가 되기 전 민간에서의 태 처리 습속도 보여주어 왕실과의 다른 장태문화가 민간에 퍼져 있었음을 알 수 있다. 또한 왕비 태실 중 지표에 가장 많은 유물이 남아있어 다른 왕비 태실보다 그 구조를 파악하는데 용이하다.

경북 성주의 선석산 태실은 세종의 18아들과 원손인 단종의 태실 등 19기의 태실이 한 곳에 조성되어 있다. 이렇게 다수의 태실이 한 곳에 조성된 것은 유일한 예이며, 또 아기태실과 가봉태실이 한 곳에 조성되어 있는 것도 특수한 경우이다. 그리고 단일 규모로도 전국 최대의 크기를 가지는 태실이다. 또한 역사적으로도 조선시대 들어와 처음으로 모든 아들의 태실이 조성되는 것을 보여주는 예이며, 태실 구조에서 태호의 봉안 방식이나 지하 및 지상의 유물이나 구조에 있어서도 일반 태실과 달리 조선 초의 독특한 구조를 보여 주고 있다. 그리고 태실에서 출토되는 태지석에 의해 왕실 족보에 기록된 세종의 가계에 오류가 있음을 보여주기도 한다. 이 선석산 태실은 조선 초 세종 때 태실이 확립되는 과정을 살펴볼 수 있는 자료로서 그 의의가 크다.

조선 제6대 임금인 단종의 가봉태실이 현재 두 곳으로 알려져 있다. 어느 곳이 진짜인가 하는 문제에 대해 규명해 보고자 한다. 지금까지 단종 가봉태실은 경남 사천시의 소곡산과 경북 성주군의 법림산에 위치하는 것으로 알려져 있는데, 한 임금의 가봉태실은 두 개가 있을 수 없기 때문에 그동안 논란이 되어왔다. 그런데 사천 태실은 1928년 이왕직이 봉출하였는데, 현재 서삼릉 태실 집장지에는 단종 태실은 없고 인성대군 태실이 조성되어 있다. 또 사천 단종 태실은 특이하게 의궤에 그려진 그림과 현존 가봉석물에 팔각난간석이 없는 특이한 가봉태실 구조를 하고 있다. 그러므로 단종 가봉태실은 역사적으로, 또 고고학적으로도 특이한 예에 해당되어 그 자체로 의의가 있다.

경북 울진의 견석왕자 태실은 왕실 족보에 등재되지 않은 성종 아들의 아기태실이다. 이 아기태실은 정식발굴조사가 이루어지지는 않았지만 지하의 태함이 노출되어 있어 그 구조를 파악할 수 있으며, 또 태함에 봉안된 태지석, 동전, 금판, 내·외 태호가 모두 확인되고 있어 아기태실을 연구하는데, 충분한 자료를 제공해 준다. 그리고 조선 성종 때 태실 제도가 완전히 확립되어 정착하는데, 이때 조성된 태실로서 그 역사적 의의가 있다.

이러한 이유로 전국에 산재한 수많은 태실 중에 5개소의 태실을 선정 하였으며, 이 5개소에 조성된 23기 태실에 대해 관련 문헌기록과 고지도 및 고고자료를 각각 비교·검토하고 아기비·태함·중앙태석의 양식편년 등 고고학적 연구 성과를 대입하여 각 태실의 조성 과정과 시기, 태실 유물의 형태 및 태실의 지하 및 지상 구조, 그리고 태주의 혈맥인 가계 까지 자세히 검토해 보기로 하겠다.

제2부
한국 태실의 기원과 전개

Ⅰ. 한국 태실의 기원

1. 삼한시대

우리나라 한국에서 사람의 태(胎)를 처리하는 습속(習俗)은 얼마 전까지만 하여도 태를 항아리에 넣어 땅에 묻거나[埋胎], 불에 태우거나[燒胎], 물에 띄워 보내거나[水胎], 또는 태를 말려서 보관하는[乾胎] 등 다양하게 민간(民間)에 행해져 왔다.[1] 그러나 지금은 과학의 발달과 시대의 변화로 이러한 풍속(風俗)은 더 이상 행해지지 않고 있다.

그런데 민간의 장태방법과 달리 궁궐 왕실에서는 아기가 태어나면 독특한 방식으로 태를 처리하는 특유의 장태문화가 있었다. 즉 아기의 태를 태호(胎壺)에 담아 명당(明堂)·길지(吉地)에 해당되는 산(山)을 찾아 그 정상에 묻고 보호시설을 설치하였는데, 이를 '태실(胎室)'이라 한다.

그럼 우리나라에서 태를 길지에 묻고 태실을 조성하는 장태풍속은 언제부터 실시되었을까?

지금까지 알려진 가장 빠른 시기의 태실은 다음의 <표 1>과 같이 소문국[조문국] 왕의 태실 등 7개소로 조사되는데, 모두 삼한시대의 태실이라고 전(傳)한다.

---

1) 문화재관리국 문화재연구소, 1993, 『한국민속종합조사보고서 -산속편-』상·하; 임동권, 1999, 『한국의 민속』, 세종대왕기념사업회.

〈표 1〉 삼한시대 태실 현황

번호	시기 또는 태주	위 치	전거 구전	전거 사료
1	소문국 [조문국] 왕	경북 군위군 의흥면 연계리(안태봉)	2)	
2	소문국 [조문국] 왕	경북 의성군 봉양면 길천1리 산10번지(태봉산)	3)	
3	마한왕	전북 익산시 여산면 호산리·태성리(성태봉, 성티)	4)	
4	마한왕	전북 익산시 삼기면 연동리(태봉)	5)	
5	가락국왕	경남 김해시 장유면 응달리(태봉산)	6)	
6	가락왕	경남 창원시 진해면 장천리(행암산)	7)	
7	가락국왕	경남 창원시 상남면 천선리(태봉산)	8)	

이 <표 1>에서 마한(왕) 2개소, 진한(소문국[조문국] 왕) 2개소, 변한(가락국 왕) 3개소 등으로 모두 7개소의 삼한시대 태봉산이 조사되었다. 이 <표 1>로 보아 우리나라 장태풍속이 삼한시대까지 올라갈 수 있

2) 전주이씨대동종약원 1999, 『조선의 태실』Ⅲ, 112쪽.
3) 전주이씨대동종약원, 1999, 『조선의 태실』Ⅲ, 154쪽.
그러나 서해일(2000, 「조문국 왕실 태 묻힌 봉양 길봇 태봉산」, 『의성문화』15, 의성문화원, 160~163쪽)은 조문국 경덕왕의 태자 태실이라고 하였는데, 경덕왕은 신라의 제35대(재위 742~765) 왕이며, 태자는 제36대 혜공왕(재위 765~780)인데, 혜공왕은 760년에 태자로 책봉되었다.
4) 전주이씨대동종약원, 1999, 『조선의 태실』Ⅲ, 90쪽.
5) 한글학회, 1981, 『한국지명총람』12(전북편 하), 167쪽; 한글학회, 1991, 『한국땅이름큰사전』하, 5721쪽.
그런데 전주이씨대동종약원(1999, 『조선의 태실』Ⅲ, 88~89쪽)은 마한왕인 무왕의 왕자 3명 태를 묻었다고 하였는데, 무왕은 백제의 제30대(재위 600~641) 왕이다.
6) 조선총독부, 1942, 「경상남도 김해군」, 『조선보물고적조사자료』, 359쪽.
7) 조선총독부, 1942, 「경상남도 창원군」, 『조선보물고적조사자료』, 353쪽.
8) 조선총독부, 1942, 「경상남도 창원군」, 『조선보물고적조사자료』, 353쪽.

① 태봉산

② 비수

③ 태함

④ 비대

〈사진 1〉 의성 길천리 태실9)

음을 추정해 볼 수 있다. 그러나 <표 1>의 태실은 모두 구전(口傳)에 의한 것으로 이를 뒷받침할 수 있는 근거 자료가 전혀 확인되지 않아 그 신빙성은 높지 않다. 그런데 <표 1>의 ②번인 의성 길천리 소문국 [조문국] 왕 태실에 파손된 아기비의 비수와 비대, 그리고 태함이 남아있다.(사진 1)

태함은 반구형 함개·원형 감실의 원통형② 함신(BⅢ1형)으로 후술한 필자의 태함 편년관 Ⅱ-①단계(1477~1544)이며, 아기비의 비수는 반원

---

9) ②는 서해일, 2000, 「조문국 왕실 태 묻힌 봉양 길븟 태봉산」,『의성문화』15, 의성 문화원, 163쪽; ③은 최경희, 2014, 「향토문화답사기 -태실을 찾아」,『의성문화』 29, 의성문화원, 82쪽.

3단 무흠형(B1형)으로 Ⅱ-①단계(1477~1481. 7.)이고, 비대는 별석으로
되었으나 파손과 마별이 심하여 문양을 알 수 없다. 그러나 비대는 Ⅱ-
①단계(1521~1538)부터 별석으로 제작된다. 이로보아 이 태실은 조선
시대 태실임을 알 수 있다. 그 외 <표 1>에 나타난 태실들은 유물이
확인되지 않아 알 수 없는 상황이다.

2. 삼국시대~후삼국시대

그리고 삼한시대 이후 삼국시대~후삼국시대 시기의 태실에 관한 자
료도 다음의 <표 2>와 같이 조사된다.

〈표 2〉 삼국시대~후삼국시대 태실 현황

번호	시기 또는 태주	위　치	전　거	
			구전	사료
1	신라시대 (김유신)	충북 진천군 진천읍 문봉리 산20번지 (태령산, 길상산, 태산, 태장산, 장태산, 태봉산)	10)	11)
2	신라시대(왕)	대구광역시 달성군 유가면 가태동(태봉)	12)	

---

10) 조선총독부, 1942, 「충청북도 진천군」,『조선보물고적조사자료』, 93쪽; 진천문
　　화원, 1982, 『내고장전통가꾸기』, 진천군, 42~43쪽; 한국교원대학교 박물관,
　　1999,『진천김유신장군사적 학술조사 보고서』, 36~39쪽; 국토해양부 국토지리정
　　보원, 2010, 「제3부 충청북도」,『한국지명유래집 -충청편』, 270쪽.
11)『삼국사기』(1145) 권41 열전1 김유신 상;『고려사』(1451) 권56 지10 지리1 양광도
　　청주목 진주;『세종실록지리지』(1432) 권149 충청도 청주목 진천현;『신증동국여
　　지승람』(1530) 권16 충청도 진천현 산천;『증보문헌비고』(1908) 권21 여지고9 산
　　천3 충청도 진천;『상산지』(1933) 권상 산천;『조선환여승람』진천군(1937) 산천.
12) 한글학회, 1979,『한국지명총람』5(경북편 Ⅰ), 479쪽; 한글학회, 1991,『한국땅이
　　름큰사전』하, 5722쪽.
　　그러나 경상북도교육위원회(1984, 「제8장 달성군」,『경상북도 지명유래총람』,

번호	시기 또는 태주	위 치	전 거	
			구전	사료
3	신라시대(왕자)	경북 경주시 건천읍 화천리 산209번지(태봉, 안태봉)	13)	
4	신라시대(왕자)	경북 울진군 평해읍 월송리 산15-1번지(태봉재, 화구태봉)	14)	15)
5	신라시대(왕자)	경북 경산시 남천면 금곡리(태봉산)	16)	
6	신라시대(왕자)	경북 포항시 남구 장기면 죽정리 산62·산67번지 (안태봉, 암태봉) 및 산56번지(바깥태봉, 숫태봉) [태봉산]	17)	18)

134쪽)는 시기를 언급하지 않고 임금의 태를 묻었다고만 하였으며, 조선총독부(1942, 「경상북도 달성군」, 『조선보물고적조사자료』, 219쪽)는 신라 때 태를 묻었다고만 하였다.
13) 한글학회, 1979, 『한국지명총람』7(경북편 Ⅳ), 215쪽; 한글학회, 1991, 『한국땅이름큰사전』하, 5722쪽.
그러나 경상북도교육위원회(1984, 「제16장 월성군」, 『경상북도 지명유래총람』, 480쪽)와 경북향토사연구협의회(1990, 「제7장 경주군」, 『경북마을지』상, 경상북도, 449쪽)는 신라 때 세자라고 하였다.
14) 한글학회, 1979, 『한국지명총람』7(경북편 Ⅳ), 178쪽; 울진군문화공보실, 1988, 『울진의 얼』, 울진군, 99쪽; 한글학회, 1991, 『한국땅이름큰사전』하, 5724쪽; 울진군지편찬위원회, 1984, 『울진군지』, 울진군, 203쪽; 울진군지편찬위원회, 2001, 『울진군지』상, 울진군, 599쪽.
그러나 안동대학교박물관(2008, 「3. 월송리 태실지」, 『울진 사동·정명·월송리 유적』)에 의해 발굴조사되어 반구형의 함개와 원통형의 함신으로 구성된 태함이 조사되었다. 이 태함은 후술하는 필자의 Ⅰ-②단계(1462~15세기 중엽)~Ⅱ-①단계(1477~1544)에 해당되어 이곳이 조선시대의 태실임을 알 수 있다.
15) 『울진군지』(1939) 하 평해 고적; 『강원도지』(1941) 권3 고적명소 구평해.
16) 한글학회, 1979, 『한국지명총람』5(경북편 Ⅰ), 62쪽; 한글학회, 1991, 『한국땅이름큰사전』하, 5724쪽.
그러나 경북향토사연구협의회(1990, 「제9장 경산군」, 『경북마을지』상, 경상북도, 728쪽)는 신라 때 왕이라고 하였다.
17) 포항로타리크럽주관 일월향지편찬위원회, 1967, 『일월향지』, 9쪽; 황인, 2014, 「태봉산」, 『포항문화』10, 포항문화원, 174~177쪽.
그러나 안태봉에는 평면 원형으로 돌이 쌓여 있어 봉수대로 추정되며, 바깥태봉

번호	시기 또는 태주	위 치	전 거	
			구전	사료
7	신라시대	경북 포항시 북구 기계면 내단리(사산, 용산, 태봉산)	19)	20)
8	신라시대 (임금의 아기)	경북 군위군 의흥면 지호동(태봉)	21)	
9	신라시대	울산광역시 울주군 삼동면 보은리(태봉산)	22)	
10	신라시대	전남 광산군 서방면 태봉리(태봉산)	23)	
11	신라시대	경북 청도군 매전면 덕산리(태봉산)	24)	
12	신라시대	경북 경주시 현곡면 라원리 산139-1번지 (비장산, 금곡산, 안태봉, 태봉산, 시루봉)	25)	26)
13	백제시대(왕실)	전남 곡성군 곡성읍 서계리 및 삼기면 금반리 (태봉산, 안태봉)	27)	28)
14	백제시대(왕)	충북 옥천군 군서면 은행리(태봉산)	29)	

에는 자연 암석들이 흩어져 있고 유구의 흔적은 확인되지 않는다. 그러므로 두 곳 모두 태실로 보기 어렵다.

18) 『영일읍지』(1929) 권1 명산; 『조선환여승람』영일군(1939) 산천.
19) 조선총독부, 1942, 「경상북도 영일군」, 『조선보물고적조사자료』, 237쪽.
   그러나 경북향토사연구협의회(1990, 「제6장 영일군」, 『경북마을지』상, 경상북도, 352쪽)는 신라 때 왕자라고 하였다.
20) 『동경잡기』(1670) 권1 산천.
21) 경상북도교육위원회, 1984, 「제9장 군위군」, 『경상북도 지명유래총람』, 165쪽.
22) 조선총독부, 1942, 「경상남도 울산군」, 『조선보물고적조사자료』, 309쪽.
23) 조선총독부, 1942, 「전라남도 광산군」, 『조선보물고적조사자료』, 198쪽.
24) 조선총독부, 1942, 「경상북도 청도군」, 『조선보물고적조사자료』, 289쪽.
   그러나 경북향토사연구협의회(1990, 「제10장 청도군」, 『경북마을지』상, 경상북도, 830쪽)는 고려 중엽의 장군이라 하였다.
25) 조선총독부, 1942, 「경상북도 경주군」, 『조선보물고적조사자료』, 229쪽.
26) 『동경잡기』(1670) 권1 산천; 『동경통지』(1933) 권4 산천.

번호	시기 또는 태주	위 치	전 거	
			구전	사료
15	가야시대	경남 고성군 고성읍 우산리(태봉산, 연화산)	30)	
16	삼국시대(왕자)	경기도 안성시 삼죽면 미장리·배태리 (삼태봉산)	31)	
17	태봉국(궁예)	강원도 철원군 갈말읍 동막리(태봉산)	32)	

이 <표 2>에서는 삼국시대 중 신라 12개소, 백제 2개소, 가야 1개소
와 어느 나라인지 모르는 것 1개소 등 16개소의 삼국시대 태실, 그리고
태봉국 1개소의 후삼국시대 태실 등 모두 17개소가 조사되었다. 그러나
<표 2>의 태실도 대부분 구전에 의한 것으로, 모두 그 당시의 태실이
라고 입증할 수 있는 근거가 확인되지 않아 그대로 믿을 수 없다.

다만 <표 2>의 ④번인 울진 월송리 신라 왕자 태실에서 태함이 조
사되어 그 시기를 알 수 있는데, 반구형 함개·원형 감실의 원통형② 함
신(BⅢ1형)으로 필자의 태함 편년관 Ⅱ-①단계(1477~1544)와 Ⅱ-③단
계(1601~1625)에 해당되어 조선시대 태실로 밝혀졌다.(사진 2)

그 외 <표 2>의 태실들에서는 유물이 확인되지 않아 정확한 시기를

---

27) 조선총독부, 1942, 「전라남도 곡성군」, 『조선보물고적조사자료』, 176쪽.
28) 『여지도서』(1757~1765) 전라도 곡성현 고적.
29) 전주이씨대동종약원, 1999, 『조선의 태실』Ⅲ, 54쪽.
30) 전주이씨대동종약원, 1999, 『조선의 태실』Ⅲ, 158쪽.
　　그러나 조선총독부(1942, 「경상남도 고성군」, 『조선보물고적조사자료』, 325쪽)는
　　시기나 태주 등은 거론하지 않고 단순히 태봉으로 보기는 의심스럽다고 하였다.
31) 전주이씨대동종약원, 1999, 『조선의 태실』Ⅲ, 23쪽.
32) 조선총독부, 1942, 「강원도 철원군」, 『조선보물고적조사자료』, 520쪽.
　　그러나 『철원군지』(철원군, 1992, 1742~1743쪽)에는 "태봉국 때 만삭여인이 재
　　를 넘다가 옥동자를 순산하였다하여 이 고개를 태봉재라 하고 산실은 태봉국시
　　출산하였다 하여 자를 바꾸어 태봉이라 한다."고 되어 있다.

① 태봉산 　　　　　　　　② 태함

〈사진 2〉 울진 월송리 태실

알 수 없다. 그런데 <표 2>에서 ⑦번인 포항 내단리 신라 태실, ⑫번 경주 라원리 신라 태실, ⑬번 곡성 서계리 백제 왕실 태실 등의 일부 태실에서 관련 문헌사료가 확인된다. 그러나 이도 대부분 후대의 사료로 신빙성이 떨어진다.

　다만 진천 문봉리의 김유신 태실이 이른 시기부터 다음과 같이 많은 문헌사료가 확인되어 신라시대 태실임을 알 수 있다.

　① 만노군(萬弩郡)은 지금의 진주(鎭州)이다. 처음 유신(庾信)의 태(胎)를 높은 산[高山]에 묻었으므로 지금까지 태령산(胎靈山)이라 한다.(『삼국사기』 (1145) 권41 열전1 김유신 상)

　② 진주 … 태령산 [신라 때 만노군 태수 김서현의 아내 만명이 유신을 낳고 태를 현의 남쪽 15리에 묻으니 변하여 신이 되었다. 이로 인하여 태령산 이라고 이름 하였다. 신라 때부터 사우를 짓고 봄·가을로 향을 내려 제사 를 지내니 고려에서도 그대로 하였다.]이 있다.(『고려사』(1451) 권56 지10 지리1 양광도 청주목 진주)

　③ 태령산(胎靈山) : 신라 진평왕 때 만노군 태수 김서현의 아내 만명이 임신 한지 20개월 만에 아들을 낳으니 이름을 유신이라 하고 태를 현의 남쪽 15리에 묻었는데, 변하여 신(神)이 되었으므로 태령산이라 하였다. 신라 때부터 사우를 짓고 봄·가을에 향을 내리어 제사를 지냈으며, 고려에서도

그대로 따라 행하였다. 본조 태종 무인(戊寅)에[33] 이르러 처음으로 국가 제사를 정지하고 소재관으로 하여금 제사를 지내게 했다. 속칭 태산(胎山)이라 한다.(『세종실록지리지』(1432) 권149 충청도 청주목 진천현)

④ 길상산(吉祥山) : 일명 태령산이다. 현의 서쪽 15리에 있으며, 보련산과 서로 연했다. 신라 진평왕 때 만노군 태수 김서현의 아내 만명이 임신한지 20개월 만에 아들을 낳으니 이름이 유신이다. 태를 이 산에 묻고 인하여 길상(吉祥)이라 불렸다.(『신증동국여지승람』(1530) 권16 충청도 진천현 산천)

⑤ 길상산(吉祥山) : <서쪽 15리에 있다. 목천을 보라> 신라 김유신을 임신한지 20개월 있다가 낳았는데, 태를 여기에 묻은 까닭으로 또한 이름을 태령이라 하며, 김유신의 사당이 있다.(『증보문헌비고』(1908) 권21 여지고 9 산천3 충청도 진천)

⑥ 태장산(胎藏山) : 즉 만노(산)의 한 가지인데 동쪽으로 뻗어 일어나 봉(峯)이 되었다. 즉 흥무왕 김유신 태를 묻은 곳으로 일명 태령이라 한다. (『상산지』(1933) 권상 산천)

⑦ 태장산(胎藏山) : 만노산 동쪽에 있다. 흥무왕 김유신 태를 묻은 곳이다. (『조선환여승람』진천군(1937) 산천)

사료 ①∼⑦은 『삼국사기(三國史記)』를 시작으로 김서현이 만노군 태수로 부임하여 부인 만명이 20개월 만에 김유신을 낳아 태를 진천현 남쪽 15리에 있는 높은 산[高山]에 묻었는데, 이로 인해 그 산을 태령산 (해발 454m, 일명 태산·길상산·태장산)이라 하였으며, 사후에는 사우를 짓고 국가 제사를 거행했다는 내용이 지속적으로 기록되어 있다.

진주(鎭州)와 진천(鎭川)은 지금 충북 진천으로 충북 진천군 진천읍 문봉리 산20번지의 '태령산' 정상에 김유신 태실이 위치한다. 이 태실은 탄생지와 함께 '진천 김유신 탄생지와 태실'이라는 명칭으로 문화재로

---

33) 태종 재위기간에 무인년이 없고 태조에 무인년(1398, 태조 7)이 있으므로 태종이 아니라 태조의 오기로 판단된다.

지정되어 있다.[34] 지금도 김유신 태실과 관련하여 다음과 같은 전설이
전해온다.

⑧ 성지(城址) : 군중면 문봉리·상계리 : 태장산(胎葬山) 국유림 : 봉평리 부
락의 서쪽 작은 구릉에 있음. 석축으로서 주위 150간 높이 4척 약간 완전
함. 김유신의 태봉(胎峯)이라는 전설이 있음.[35]

⑨ 태수가 뒷산에 胎를 묻도록 부하에게 명하였다. 부하들은 산에 올라가서
胎室을 만들고 태를 묻기 위해 태실이 있는 곳으로 가서 태실에 놓자마자
갑자기 하늘에서 영롱한 무지개가 태가 있는 곳으로 뻗치더니 하늘에서
神人이 내려와 태실 옆에 앉아서 얼마동안 있다가 하늘로 올라가는 것이
었다. 무지개빛도 서서히 사라지고 없었다. … 김장군의 태를 神人이 내
려와서 하늘로 가지고 갔다하여 산 이름을 胎靈山이라 부르게 되었다.[36]

이 설화는 진천읍 상계리 계양마을에 남아있다. 이 마을 한복판에 '장
수 터' 또는 '담안밭'이란 터가 있는데, 김유신의 아버지 김서현이 만노
태수로 있을 때 태수 관저가 있었던 곳으로 김유신 장군의 출생지라고
한다.[37] 이 탄생지 바로 뒷산이 김유신의 태가 묻힌 태령산이다.

김유신 태실은 이 태령산 정상부에 현재 윗면이 삭평된 장축 3m×현
고 35cm의 평면 원형으로 가장자리에 2~3단의 호석을 돌리고 그 안에
흙으로 덮은 형태를 하고 있으며, 주위로는 태령산성이 돌려져 있다. 그

---

34) 이곳 주변에 있는 김유신장군 탄생지는 '김유신장군 유허지(金庾信將軍遺墟址)'라
는 명칭으로 1988년 9월 30일 충북 기념물 제79호로 지정되고, 김유신장군 태실
은 '김유신태실 및 돌담'이라는 명칭으로 1997년 6월 27일 충북 기념물 제108호
로 지정되었다가, 이들을 합쳐 '진천 김유신 탄생지(鎭川 金庾信 誕生址)와 태실
(胎室)'이라는 명칭으로 국가지정 문화재 사적 제414호로 1999년 6월 11일 지정
되었다.

35) 조선총독부, 1942, 「충청북도 진천군」, 『조선보물고적조사자료』, 93쪽.

36) 내고장 전통 가꾸기 편찬위원회, 1982, 『내고장전통가꾸기』, 진천문화원, 42~43쪽.

37) 박성주·김수민, 2008, 「김유신관련 문헌사료와 설화의 비교」, 『신라문화』31, 동
국대학교 신라문화연구소, 200쪽.

러나 이 태실은 원래 둥근 반구형(半球形)의 봉토(封土)로 되어 있었는
데, 1986년 헬리포트(Heliport) 건설로 윗면이 유실되자 직경 3m×높이
35㎝의 원형 석단을 만들고 잔디를 심어 보수하였다고 한다.[38](사진 2,
지도 1, 그림 1)

　이로 보아 태실은 평면 원형, 단면 반원형인 반구형(半球形)으로 무덤
의 봉분(封墳) 형태를 하였음을 알 수 있는데, 이것이 얼마나 원상(原狀)
에 가까운지 알 수 없지만, 고려시대의 인종 태실과 조선시대의 아기태
실과 동일한 구조를 하고 있다. 그러므로 고고학적으로도 문헌사료에 기
록된 진천 태령산의 태실은 신라시대 김유신의 태실이 확실하다.

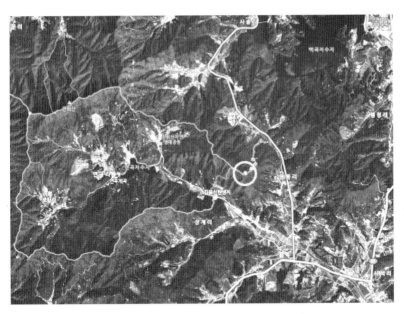

〈지도 1〉 신라 김유신 태실 위치(출처: 네이버)

38) 정영호·조익현, 1999, 『진천김유신장군사적 학술조사 보고서』, 한국교원대학교
　　박물관, 38쪽; 조익현, 2000, 「진천지역의 김유신사적에 대한 재검토」, 『고문화』
　　55, 한국대학박물관협회, 60~61쪽.

① 김유신 태실과 태령산성 원경

② 태봉산 원경(남동 → 북서)

③ 태실 근경(1986년 보수)

〈사진 2〉 김유신 태실과 태령산성

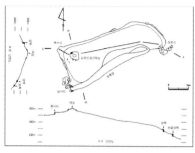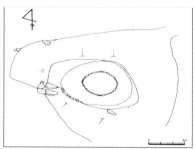

① 김유신 태실과 태령산성(평·단면도)   ② 김유신 태실(평면도)

〈그림 1〉 김유신 태실과 태령산성의 실측도39)

그리고 <표 1>과 <표 2>에서 조선시대 태실로 밝혀진 의성 길천리 태실과 울진 월송리 태실, 그리고 태실이 아닌 포항 죽정리 태실을 제외한 21개소 태실 중에서 신라 10 > 변한(가락국) 3 > 마한 2·백제 2 > 진한(소문국[조문국]) 1·가야 1·삼국시대 1·태봉국 1 순으로 신라의 태실이 가장 많이 조사되며, 또 대부분이 왕실의 태실로 전해지고 있다. 전술했듯이 이를 그대로 믿을 수는 없지만, 이중 김유신 태실관련 문헌사료와 유적으로 보아 신라시대부터는 한국의 장태풍속과 태실조성의 기원을 추정해볼 수 있다.

김유신(595~673)은 595년에 출생하였으므로 6세기 말에는 신라에 장태풍속이 있었음은 확실하다. 그런데 김유신은 가야 왕족의 후손으로 김유신의 태를 묻은 사람은 그의 부모였으므로 장태풍속, 즉 태실조성은 김유신의 부모세대 이전부터, 즉 늦어도 6세기 중엽부터 신라나 가야에 이미 행해지고 있었던 것으로 추정된다. 그러므로 한국에서의 장태풍속과 태실조성은 귀족이나 왕실을 중심으로 늦어도 6세기 중엽 이전에는 이미 시행되고 있었던 것이다. 김유신의 장태 사례만 가지고 이를 일반

---

39) 정영호·조익현, 1999, 『진천김유신장군사적 학술조사 보고서』, 한국교원대학교 박물관, 41·43쪽.

화 하기는 어렵지만, 당시 김유신 가문에만 이러한 풍습이 행해진 것으로 보기는 어려우며, 당대의 다른 귀족층 또는 왕실에서도 장태가 행해졌을 것이다. 왜냐하면 전술한 사료 ②·③을 살펴보면 신라시대 사우(祠宇)를 베풀고 봄·가을로 향을 내려 국행제(國行祭)를 하였기 때문이다. 즉 삼국통일의 대업(大業)을 이루는데 큰 업적을 남긴 김유신을 추모하기 위해 신라 왕실에서 그의 태가 묻힌 곳에 사우를 짓고 국가제사를 행했다는 것은 당시 태에 대한 사고관념(思考觀念)이 퍼져 있었고, 또 귀족 이상의 신분 계급에서는 장태풍습이 있었음을 시사하기 때문이다.

⑩ 서당(西堂)의 법을 이었고, 명주(溟州, 지금의 강릉)에서 살았다. 선사의 휘(諱)는 도의(道義)요, 속성은 왕(王)씨이다. 북한군(北漢郡) 사람이다. 임신하기 전에 그의 아버지는 흰 무지개가 뻗어서 방으로 들어오는 꿈을 꾸었고, 어머니는 스님과 잠자리를 같이하는 꿈을 꾸었는데, 깨어나니 이상한 향기가 방 안에 가득하였다. 부모는 깜짝 놀라 다음과 같이 말하였다. "이런 상서로움을 보건대 반드시 성스러운 자식[聖子]을 얻을 것이오." 그 뒤로 반달이 지나자 태기가 있었는데, 태중에서 서른아홉 달 만에 태어났다. 탄생하던 날 저녁에 갑자기 기이한 스님[異僧]이 석장(錫杖)을 짚고 문 앞에 와서 "오늘 낳으신 아기의 태[兒胎]를 강가의 언덕[臨河之弟]에 두시오"하고는 홀연히 사라졌다. 마침내 스님의 말에 따라 태를 그곳에 묻으니[將胎埋之], 큰 사슴이 와서 한 해 내내 떠나지 않고 지켰는데, 오가는 사람들이 보고도 해치려는 생각을 내지 않았다. 이러한 상서(祥瑞)로 하여 출가(出家)하였기에 법호(法號)를 명적(明寂)이라 했다. … 그 밖의 것은 비문(碑文)과 같다.(『조당집』(952) 권17 설악진전사원적선사)

사료 ⑩은 중국의 남종선(南宗禪)을 821년(헌덕왕 13) 신라에 전한 도의선사(道義禪師: 765년 전후~830년 전후)의 태를 묻었다는 내용이다. 도의선사가 태어난 저녁에 이승이 나타나 태를 강가 언덕에 매태(埋胎)하라고 일러주었고, 이에 따라 태를 묻으니 큰 사슴이 와서 지켰다는 것으로 도의선사가 765년(혜공왕 1) 전후에 태어났으므로 8세기 중엽 민간(民間)에 장태문화가 행해졌으며, 사슴이 이곳을 지키고 떠나지 않았다는 것은 태와 매태 장소의 신성성을 암시한다.

김유신과 도의선사의 장태관련 문헌사료는 소수어서 일반화하기 어렵지만, 태를 소중히 하는 장태풍습은 신라 6세기 중엽부터 귀족층이나 왕실을 중심으로 시행되고 있었으며, 8세기 중엽에는 민간에까지 장태 습속이 퍼져있음을 보여주는 것이라 하겠다.

Ⅱ. 고려시대 태실

1. 태실의 현황과 진위

1) 태실의 현황

고려시대 태실에 대해 구전과 문헌사료를 찾아보면 어느 정도 조사되는데, 그 현황은 <표 1>과 같다.

〈표 1〉 고려시대 태실 현황

번호	시기 또는 태주	위 치	전 거 구전	전 거 사료
1	고려시대	충북 청주시 상당구 남일면 두산리 산86번지 (태봉산)	40)	
2	고려시대	충남 예산군 응봉면 건지화리/ 홍성군 금마면 가산리·인산리(태비산, 태봉)	41)	42)
3	고려시대	충남 예산군 응봉면 입침리 327-3번지(태봉산)	43)	
4	고려시대	경기도 안산시 단원구 고잔동 산18번지(태봉산)	44)	
5	고려시대	경기도 양주시 남면 상수리 산57-1번지(태봉)	45)	

---

40) 한글학회, 1970, 『한국지명총람』3(충북편), 547쪽; 조선총독부, 1942, 「충청북도 청주군」, 『조선보물고적조사자료』, 75쪽.
41) 한글학회, 1991, 『한국땅이름큰사전』하, 5724쪽.
42) 『여지도서』(1757~1765) 충청도 대흥군 고적.
43) 조선총독부, 1942, 「충청남도 예산군」, 『조선보물고적조사자료』, 122쪽.
44) 조선총독부, 1942, 「경기도 시흥군」, 『조선보물고적조사자료』, 9쪽.
　　그러나 시흥군(1988, 『시흥군지』상, 1201쪽)과 안산시사편찬위원회(1999, 『안산시사』상, 596~597쪽; 1999, 『안산시사』중, 631·719·857쪽; 2011, 『안산시사』1, 235쪽; 2011, 『안산시사』4, 373~375쪽)는 고려시대 왕자의 태를 묻었다고 하였다.
45) 양주문화원, 2001, 『양주 땅이름의 역사』, 616쪽.

번호	시기 또는 태주	위 치	전 거	
			구전	사료
6	고려시대(왕)	인천광역시 강화군 양도면 인산리/ 불온면 삼성리/ 내가면 고천리(태미산, 퇴미산, 퇴모산, 태봉산)	46)	
7	고려시대(왕)	경북 예천군 지보면 만화리(태봉, 구태봉)	47)	
8	고려시대(왕)	경북 안동시 서후면 태장리 산63번지(태봉)	48)	
9	고려시대(왕)	강원도 춘천시 서면 현암리 산52-1번지(태봉산)	49)	
10	고려시대(왕)	경남 창원시 마산합포구 진동면 태봉리 (태봉, 내태봉)	50)	
11	고려시대(왕자)	죽령의 남쪽·안동의 북쪽 소백산 앞 순흥(취화봉)		51)

---

46) 한글학회, 1985, 『한국지명총람』17(경기도편 상), 61쪽.
   그러나 한글학회, 1991, 『한국땅이름큰사전』하, 5720쪽에서는 고려 왕실이라 하
   였다.
47) 한글학회, 1979, 『한국지명총람』7(경북편 Ⅳ), 66쪽; 한글학회, 1991, 『한국땅이름
   큰사전』하, 5721~5722쪽; 경북향토사연구협의회, 1992, 「제32장 예천군」, 『경북
   마을지』하, 경상북도, 743쪽.
48) 한글학회, 1978, 『한국지명총람』5(경북편 Ⅱ), 442쪽; 한글학회, 1991, 『한국땅이
   름큰사전』하, 5722·5728쪽; 경북향토사연구협의회, 1992, 「제28장 안동군」, 『경
   북마을지』하, 경상북도, 287쪽.
   그런데 경상북도교육위원회(1984, 「제11장 안동군」, 『경상북도 지명유래총람』,
   248~249쪽)와 안동민속박물관(2002, 『안동의 지명유래』, 218·221쪽)는 고려 공
   민왕 6년(1357) 궁중에서 태를 묻었다고 하였다.
49) 河野萬世, 1935, 『春川風土記』, 朝鮮日日新聞社江原支社, 123쪽; 조선총독부,
   1942, 「강원도 춘천군」, 『조선보물고적조사자료』, 524쪽; 한글학회, 1967, 『한국
   지명총람』2(강원편), 459쪽; 한글학회, 1991, 『한국땅이름큰사전』하, 5724쪽.
   그러나 이곳은 조선 선조가 처음 가봉태실을 조성하려다 하지 못한 유허지이다.
   (홍성익, 1998, 「강원지역 태실에 관한 연구」, 『강원문화사연구』3, 강원향토문화연
   구회, 78~83쪽)
50) 한글학회, 『한국땅이름큰사전』하, 1991, 5723쪽.
51) 『근제집』(1740) 권2 가사 죽계별곡.
   이 「죽계별곡」은 안축(1282~1348)이 고려 충목왕(1344~1348) 때 지은 것으로
   '죽계'는 순흥의 옛 이름이며, 안축이 태어난 곳이다.

번호	시기 또는 태주	위 치	전 거	
			구전	사료
12	고려시대(왕자)	광주광역시 북구 신안동(태봉, 만두산)		52)
13	고려시대(왕자)	경기도 포천시 소흘읍 송우리 산28-6·산29번지 (태봉산, 옥녀봉)	53)	
14	1대 태조(太祖)	경기도 개성시 박연리[대흥동 태안] (태봉산)		54)
15	왕건(王建)의 큰 아들	전남 나주시 봉황면 황룡리(태봉산)	55)	
16	11대 문종(文宗)	강원도 영월군 주천면 신일1리 산356·산356-1번 지(태봉, 망산)	56)	
17	12대 순종(順宗)	강성군[현, 경남 진주시] (장수사)		57)
18	17대 인종(仁宗)	경남 밀양군 초동면 성만리 산107-2번지 (태봉산, 구령산)	58)	59)

52) 『1872년 지방지도』(1872) 전라좌도 광주지도.(지도 2-①)

53) 한글학회, 1991, 『한국땅이름큰사전』하, 5723쪽.
    그러나 포천군지편찬위원회(1997, 『포천군지』하, 467쪽)는 고려 왕자 또는 태조 왕
    건의 정희공주라고 하였으며, 국토해양부 국토지리정보원(2008, 「제4부 경기도」,
    『한국지명유래집 -중부편』, 427쪽)은 고려 태조 왕건의 정희공주라고 하였다.

54) 『신증동국여지승람』(1530) 권4 개성부 상 산천.

55) 국토해양부 국토지리정보원, 2010, 「제4부 전라남도」, 『한국지명유래집 -전라·제
    주편』, 431쪽.

56) 한글학회, 1967, 『한국지명총람』2(강원편), 273쪽; 한글학회, 1991, 『한국땅이름
    큰사전』하, 5722쪽.

57) 『대각국사문집』(1055~1101) 권17 시 유재강성군장수사.

58) 조선총독부, 1942, 「경상남도 밀양군」, 『조선보물고적조사자료』, 361쪽; 밀양지
    편찬위원회, 1987, 『밀양지』, 밀양문화원, 492쪽; 밀양문화원, 1994, 『밀양지명고』,
    684쪽.

59) 『신증동국여지승람』(1530) 권26 경상도 밀양도호부 산천; 『밀주구지』(1661~1720)
    상서면방리; 『여지도서』(1757~1765) 경상도 밀양도호부 산천; 『밀양부읍지』
    (1781~1785) 산천; 『경상도읍지』밀양부읍지(1832) 산천; 『교남지』(1867~1873)
    권52 산천; 『영지선 상 좌도』(1892) 밀양 산천; 『밀주지』(1932) 권1 밀양도호부지
    리 상서면; 『조선환여승람』밀양군(1938) 산천; 『밀주지』(조선시대) 권1 명승급고

번호	시기 또는 태주	위 치	전 거	
			구전	사료
19	18대 의종(毅宗)	신령군[현, 경북 영천시 신녕면·화산면·화북면·화남면과 경산시 와촌면 일대] (향복사)		60)
20	22대 강종(康宗, 1172, 명종 2)	경북 예천군 용문면 내지리(용문사, 용문산[북봉], 좌비봉)/ 기양현 승격	61)	62)
21	20대 신종(神宗, 1198, 신종 1)	인천광역시 서구 대곡동(태봉산)/ 김포현 승격	63)	64)
22	24대 원종(元宗)	황해도 서흥군/ 서흥현 승격		65)

적; 『밀주읍지』(조선시대) 산천.

60) 최선(?~1209), 「용수사 개창기」(1181).

61) 한글학회, 1979, 『한국지명총람』7(경북편 Ⅳ), 49쪽; 이홍직, 1984, 『국사대사전』, 삼영출판사, 975쪽; 이홍직, 1993, 『한국사대사전』상, 교육도서, 1159쪽.

62) 「중수용문사기비」(1185); 『고려사』(1451) 권19 세가19 명종 1 명종 임진 2년 (1172) 6월 및 권57 지11 지리2 경상도 안동부 기양현; 『세종실록지리지』(1432) 권150 경상도 안동대도호부 예천군; 『신증동국여지승람』(1530) 권24 경상도 예천 군 건치연혁·불우; 『여지도서』(1757~1765) 경상도 예천군 건치연혁·사찰; 『예천 군읍지』(1786) 건치연혁; 『대동지지』(1862~1866) 권8 경상도 예천 연혁·산천; 『예천군읍지』(1879) 건치연혁; 『조선환여승람』예천군(1935) 건치연혁·사찰; 『예 천군지』(1939) 불우.
그런데 『증보문헌비고』(1908) 권231 직관고18 외관2 군수 경상도 예천군수에는 명종이 태를 묻은 땅이라 하여 현령을 두었다 하나, 이는 명종의 태가 아니라 아 들인 강종의 태를 묻은 것으로 보아야 한다.

63) 한글학회(1991, 『한국땅이름큰사전』하, 5728쪽)와 김포군지편찬위원회(1993, 『김 포군지』, 김포군, 1702~1703쪽)는 조선 선조의 딸 정숙옹주가 낳은 아기의 태를 묻었다고 하였다.

64) 『고려사』(1451) 권56 지10 지리1 양광도 안남도호부 김포현; 『세종실록지리지』 (1432) 권148 경기 부평도호부 김포현; 『신증동국여지승람』(1530) 권10 경기도 김포현 건치연혁; 『증보문헌비고』(1908) 권231 직관고18 외관2 군수 경기도 김포 군수.

65) 『고려사』(1451) 권58 지12 지리3 황주목 평주 동주; 『세종실록지리지』(1432) 권 152 황해도 황주목 서흥도호부; 『대동지지』(1862~1866) 권18 황해도 서흥 연혁; 『증보문헌비고』(1908) 권231 직관고18 외관2 도호부사 황해도 서흥도호부사.

번호	시기 또는 태주	위 치	전 거	
			구전	사료
23	25대 충렬왕 (忠烈王, 1274, 충렬왕 즉위년)	경북 영주시 순흥면 배점리(초암동, 소백산, 태봉 산)/ 흥녕현 승격	66)	67)
24	충렬왕후 (제국대장공주)	경북 영주시 순흥면 배점리(소백산, 태봉산)		68)
25	26대 충선왕 (忠宣王, 1278, 충렬왕 4)	경상도 안동부[현, 경북 안동]		69)
26	27대 충숙왕 (忠肅王, 1313, 충숙왕 즉위년)	경북 영주시 순흥(소백산, 경원봉)/ 홍주 승격	70)	71)

---

66) 조선총독부, 1942, 「경상북도 영주군」, 『조선보물고적조사자료』, 273쪽; 영주군
   지편찬위원회, 1968, 『영주지』, 30쪽; 한글학회, 1991, 『한국땅이름큰사전』하,
   5722쪽; 순흥읍내리문화마을추진위원회, 1994, 『순흥향토지』, 순흥면, 330쪽.
67) 『고려사』(1451) 권57 지11 지리2 경상도 안동부 홍주; 『경상도지리지』(1425) 경
   상도 순흥도호부; 『세종실록지리지』(1432) 권150 순흥도호부; 『신증동국여지승람』
   (1530) 권25 경상도 풍기군 산천·고적; 『여지도서』(1757~1765) 경상도 풍기군
   산천·고적 및 경상도 순흥부 건치연혁; 『증보문헌비고』(1908) 권231 직관고18 외
   관2 도호부사 경상도 순흥도호부사.
68) 『해동지도』(1750~1751) 경상도 풍기현지도 주기의 산천; 『증보문헌비고』(1908)
   권231 직관고18 외관2 도호부사 경상도 인동도호부사.
69) 『고려사』(1451) 권28 세가28 충렬왕 4년(1278) 윤11월.
70) 영주군지편찬위원회, 1968, 『영주지』, 30쪽; 순흥읍내리문화마을추진위원회,
   1994, 『순흥향토지』, 순흥면, 330쪽.
71) 『고려사』(1451) 권57 지11 지리2 경상도 안동부 홍주; 『경상도지리지』(1425) 경상도
   순흥도호부; 『신증동국여지승람』(1530) 권25 경상도 풍기군 산천·고적; 『해동지도』
   (1750~1751) 경상도 풍기현지도 주기의 산천; 『여지도서』(1757~1765) 경상도 풍
   기군 산천·고적 및 경상도 순흥부 건치연혁; 『증보문헌비고』(1908) 권231 직관고
   18 외관2 도호부사 경상도 순흥도호부사; 『조선환여승람』영주군(1935) 산천.

번호	시기 또는 태주	위 치	전 거	
			구전	사료
27	29대 충목왕 (忠穆王, 1347, 충목왕 3)	경북 영주시 풍기읍 삼가리 산17번지(욱금동, 소백 산, 태봉산, 문필봉)/ 순흥부 승격	72)	73)
28	31대 공민왕 (恭愍王, 1353, 공민왕 2)	강원도 원주시 행구동 산104-1번지 (치악산[군둔치=고둔치], 태봉산, 치악태봉) / 원주목 승격	74)	75)
29	31대 공민왕 때	강원도 정선군 임계면 임계리(태봉)	76)	

72) 조선총독부, 1942, 「경상북도 영주군」, 『조선보물고적조사자료』, 273쪽; 영주군
지편찬위원회, 1968, 『영주지』, 30쪽; 순흥읍내리문화마을추진위원회, 1994, 『순
흥향토지』, 순흥면, 330쪽.
73) 『고려사』(1451) 권57 지11 지리2 경상도 안동부 흥주; 『경상도지리지』(1425) 경상
도 순흥도호부; 『신증동국여지승람』(1530) 권25 경상도 풍기군 산천·고적; 『해동지
도』(1750~1751) 경상도 풍기현지도 주기의 산천; 『여지도서』(1757~1765) 경상
도 풍기군 산천·고적 및 경상도 순흥부 건치연혁; 『증보문헌비고』(1908) 권231
직관고18 외관2 도호부사 경상도 안동도호부사.
74) 원주문화원향토지편찬위원회, 1976, 『원주·원성향토지』, 원주문화원, 591쪽; 원
주시, 1981, 『치악의 향기 : 내고장 전통가꾸기』, 80쪽; 원주군, 1994, 『원주군의
역사와 문화유적』, 215~216쪽.
그러나 이 치악태봉은 공민왕 2년에 태를 묻었으나 누구의 것인지는 알 수 없다
고 하였다.
75) 『고려사』(1451) 권56 지10 지리1 양광도 원주; 『세종실록지리지』(1432) 권153 원
주목; 『신증동국여지승람』(1530) 권46 강원도 원주목 건치연혁; 『여지도서』(1757
~1765) 강원도 원주목 건치연혁; 『관동지』(1829~1831) 권1 원주 건치연혁; 『관
동읍지』(1871) 원주 건치연혁·능묘; 『증보문헌비고』(1908) 권231 직관고18 외관2
목사 강원도 원주목사; 『강원도지』(1941) 권1 건치연혁 원주.
76) 정선군지편찬위원회, 1978, 『정선군지』, 181쪽.

번호	시기 또는 태주	위 치	전 거 구전	전 거 사료
30	32대 우왕(禑王, 1376, 우왕 2)	경북 안동시 예안면 태곡리 산39번지(태봉, 태복 등)/ 예안군 승격	77)	78)
31	32대 우왕(禑王)	경북 안동시 녹전면 사신리[현, 녹래리 산73번지] (태봉산)	79)	
32	33대 창왕(昌王)	?		80)

---

77) 한글학회, 1991, 『한국땅이름큰사전』하, 5722쪽; 경북향토사연구협의회, 1992, 「제28장 안동군」, 『경북마을지』하, 경상북도, 382쪽.
  그러나 경상북도교육위원회(1984, 「제11장 안동군」, 『경상북도 지명유래총람』, 297쪽)와 안동민속박물관(2002, 『안동의 지명유래』, 247·249쪽)은 고려 말 공민왕이 2차 홍건적 난(1361~1362) 때 청량산 산성에서 난을 피하고 있던 중 왕자의 태를 묻었다고 하였다.

78) 『고려사』(1451) 권57 지11 지리2 경상도 안동부 예안군 및 권118 열전31 제신 조준 및 권133 열전46 신우 2년(1376) 3월 및 권135 열전48 신우 9년(1383) 7월; 『신증동국여지승람』(1530) 권25 경상도 예안현 건치연혁; 『증보문헌비고』(1908) 권232 직관고19 외관3 현감 경상도 예안현감.
  그런데 권시중(1572~1644)이 편찬한 『선성지』(17세기 전반) 서문과 건치연혁에는 정확한 시기와 위치가 기록되어 있지 않으나, 서문에는 '현의 동쪽에'로, 건치연혁에는 '현의 땅에'라고만 기록되어 있는데, 현의 동쪽은 지금의 안동시 예안면 태곡리 태봉산(안동민속박물관, 2002, 『안동의 지명유래』, 247쪽)이라 한다.

79) 한글학회, 1978, 『한국지명총람』5(경북편 Ⅱ), 420쪽; 경상북도교육위원회, 1984, 「제11장 안동군」, 『경상북도 지명유래총람』, 299쪽; 한글학회, 1991, 『한국땅이름 큰사전』하, 5724쪽; 경북향토사연구협의회, 1992, 「제28장 안동군」, 『경북마을지』하, 경상북도, 413쪽; 안동민속박물관, 2002, 『안동의 지명유래』, 129쪽.

80) 『고려사』(1451) 권118 열전31 제신 조준.

2) 태실의 진위

전술한 고려시대 태실의 현황인 <표 1>을 살펴보면, 32개소의 태실이 조사된다. 이중 ①·③·④·⑤·⑨·⑫·⑬·⑯번 등 8개소의 태실은 태함이나 아기비, 가봉태석 등 조선시대의 유물이 확인되어 고려시대의 태실이 아니다.

즉 ①번 태실에는 함개의 일부가 노출되어 있고 비대가 남아있다.(사진 1) 함개는 묻혀서 자세히 알 수 없으나 상부가 둥글며, 비대는 말각형으로 필자의 비대 편년관에 의하면, Ⅲ단계(1728~1783)에 해당되어 조선시대 태실임을 알 수 있다.

③번 태실에는 함개와 비대가 남아있다.(사진 2) 함개는 반원형(반구형)이고 비대는 유문상원16연엽 측안상형이다. 특히 비대는 윗면에 이중단판 복련(二重單瓣伏蓮)의 문양이 장식되었는데, 연잎 사이에 간엽(間葉)도 있으며, 연잎은 모두 16개이며, 앞·뒷면에는 2개의 안상이, 좌·우측면에는 1개의 안상이 장식되어 있다. 필자의 편년관에 의하면, 함개는 Ⅱ-1단계(1477~1544)와 Ⅱ-③단계(1601~1625)에 해당된다. 그리고 비대는 Ⅱ-1단계(1521~ 1538)와 Ⅱ-2단계(1544~1643)에 해당되나, Ⅱ-1단계는 비대 윗면에 18개의 연잎이 장식되고 Ⅱ-2단계에는 12개의 연잎이 장식되어 이곳 비대와 같이 16개의 연잎은 확인되지 않는다. 지금까

① 함개　　　　　　　　② 비대

〈사진 1〉 청주 두산리 태실

① 함개[81]　　　　　　　　　② 비대

〈사진 2〉 예산 입침리 태실

지 확인된 비대 중에 16개의 연잎이 나타난 곳은 이 비대가 처음이다. 그러므로 갑자기 16개의 연잎이 나타나는 것은 Ⅱ-1단계(18개)에서 Ⅱ -2단계(12개)로 연잎이 축소되는 과도기(1538~1544)의 비대로 추정된 다. 이와 같이 태함과 비대로 보아 조선시대 태실임을 알 수 있다.

　④번 태실에는 태함이 남아있는데, 현재 안산문화원으로 이전되어 있 다.(사진 3)

　『태봉등록』(1643~1740) 숙종조 병자(1696, 숙종 22) 정월 21일조에 안산(安山) 잉화곡면(仍火谷面)에 있는 왕녀 태봉이 도굴되어 파괴되었

① 태함(측면)　　　　　　　　② 태함(상면)

〈사진 3〉 안산 고잔동 태함

---

81) 전주이씨대동종약원, 1999, 『조선의 태실』Ⅲ, 79쪽.

다고 경기 감사가 보고하는 내용이 있으며, 정월 22일과 2월 15일조에는 길일을 택하여 금천 현감과 안산 군수가 2월 13일 복구하였다고 한다. 안산 잉화곡면은 지금 안산시 고잔동 일대이므로 바로 ④번 태실임을 알 수 있다. 그러므로 이 태실은 숙종의 재위기간인 1675년(숙종 1)~1696년 사이에 장태된 숙종의 딸 태실이다.

이는 이곳에서 발견된 태함으로도 입증된다. 함개는 평면 원형으로 상부가 둥글고 하부가 안으로 얕게 파인 단면 반원형이며, 측면에는 4개의 돌기가 장식된 귀반구형이다. 함신은 평면 원형의 원통형으로 내부에 평면 원형의 감실을 팠으며, 바닥에는 구멍이 없고 외부 측면에도 돌기가 없다.[82] 필자의 편년관에 의하면, 함신은 Ⅱ-③단계(1601~1738), 함개는 Ⅱ-②단계(1581~1589) 또는 Ⅲ-①단계(1645~1699)에 해당되며, 전체 태함으로는 Ⅲ-①단계(1645~1699)에 해당되어 장태 시기가 문헌사료와 동일하다.

⑤번 태실에는 고려시대 태를 묻었던 곳이라 하여 '태봉'이라 불린다. 산 정상에는 돌상자와 항아리도 있었다고 하나 지금은 없다. 돌상자라고 하는 것으로 보아 조선시대 태함일 가능성이 높다. 그러므로 고려시대 태실이 아니라 조선시대 태실로 보아야 한다.

① 귀부와 전석　　　② 전석(추정)　　　③ 상석(추정)

〈사진 4〉 춘천 현암리 태실

---

82) 현재 함신은 땅에 묻혀 자세히 알 수 없으나, 안산문화원으로 이전 시 이를 살펴본 이현우 안산문화원 향토사 전문위원(남, 1955생, 경기도 안산시 상록구 사사동 413번지)의 증언.

⑨번 태실은 조선 선조임금이 처음 가봉태실을 조성하려다 결국 조성하지 못하고 옮겨간 초장지이다. 또 이곳에는 가봉비의 귀부와 가봉태실의 전석과 상석으로 추정되는 파손된 석물이 각각 1개 남아있어 이를 뒷받침한다.(사진 4)

⑫번 태실은 1928년에 조사되었다.[83] 태함은 현재 광주시립민속박물관 앞마당에 이전되어 있는데, 함개는 반원형에 내부는 안으로 낮게 파였으며, 함신은 원통형으로 내부에 원형의 감실이 파여 있고 그 바닥 가운데에 작은 구멍이 관통되어있다.(사진 5-①) 필자의 편년관에 의하면, 이 태함은 Ⅱ-①단계(1477~1544)와 Ⅱ-③단계(1601~1625)에 해당된다.

이 태실에 대해 1928년 8월 19일자 『매일신보』에 '인조조 왕남 태봉 발견 광주서방면'이라는 기사가 실려 있다. 즉 전남 광주군 서방면 신안리 태산(胎山)에 혹 누가 암장(暗葬)을 하였을까 주민들이 파보던 중 석관(石棺) 1개와 철봉(鐵棒)을 발굴하였는데, 이 석관 안에 흰 병(瓶)이 있고, 좌편에는 사방 일척 가량 되는 석비(石碑)가 있는데, 석비에는 '皇明 天啓四年九月初六日辰時/ 王男大君阿只氏胎/ 天啓五年三月卅五日 藏'이라 쓰여 있다고 하였다. 이 기사에서 석관은 '태함'을 지칭하는 것이며, 흰 병은 '백자 태호'를, 석비는 '태지석'을 지칭한다. 또 『광주군사』에는[84] 좀 더 자세히 설명하고 있는데, 백자 태호 2개, 태지석 1개, 태함 1개, 금박 1개, 아기비 1기가 출토되었으며, 태지석에는 '皇明 天啓四年 九月初三日辰時誕生/ 王男大君阿只氏胎/ 天啓五年三月二十五日藏' 이라 쓰여 있고, 아기비에는 '天啓七年'만 확인된다고 하였다. 태지석으로 보아 아기비의 명문 판독은 오류이며, 태주는 1624년(인조 2) 9월 초

---

83) 『매일신보』(1928. 8. 19.); 광주군교육회, 1933, 『광주군사』, 광주목산인쇄소, 34~36쪽; 광주직할시, 1990, 『광주의 문화유적』, 104쪽; 광주민속박물관, 2002, 「9. 신안동의 태봉산」, 『광주의 풍수』, 70~77쪽; 국토해양부 국토지리정보원, 2010, 「제2부 광주광역시」, 『한국지명유래집 -전라·제주편』, 106쪽.

84) 광주군교육회, 1933, 『광주군사』, 광주목산인쇄소, 34~36쪽.

① 광주 신안동 태함　　② 포천 송우리 태함

〈사진 5〉 광주 신안동 태실과 포천 송우리 태실

3일 진시(오전 7~9시)에 태어나 1625년(인조 3) 3월 25일 장태된 인조
의 아들 용성대군 태실임을 알 수 있다. 그러므로 『1872년 지방지도』
(1872) 전라좌도 광주지도에서 이곳을 고려시대 왕자 태봉이라 한 것은
잘못이다.(지도 2-①)

⑬번 태실에는 태함이 노출되어 있다.(사진 5-②) 함신은 묻혀있어 자
세히 알 수 없으며, 함개는 평면 원형·단면 오각형으로 상부에는 연봉이
없다. 필자의 태함 편년관에서 Ⅲ-③단계(1740~1754)의 함개 상부 연
봉이 축소되어 Ⅳ-①단계(1790~1809)에 연봉이 사라지는데, 이렇게 넘

① 함개　　　　　　② 금표비

〈사진 6〉 영월 신일리 태실

어가는 과도기로 추정된다. 이런 양식의 태함은 한독의약박물관에도 1
기 있다.

⑯번 태실에는 함개와 금표비가 남아있다.(사진 6) 함개는 평면 원형
으로 옆면을 수직으로 하고 상부 모서리는 약간 말각하였으며, 윗면이
편평한 긴 사각형의 판석형이다. 필자의 편년관에 의하면, Ⅳ단계
(1859~1874)이다. 또 금표비에는 '禁標(앞) 咸豊九年二月 日(뒤)'라는
명문이 있어 1859년(철종 10) 2월에 세워졌음을 알 수 있다.

그동안 이 태실의 태주를 고려 문종, 조선 숙종,[85] 조선 철종[86] 또는
철종의 왕자로[87] 추정하여 왔다. 그러나 『원자아기씨 안태등록(元子阿
只氏安胎謄錄)』(1859)에 철종 9년(1858) 10월 17일 신시에 태어난 원자
아기씨의 일등 태봉을 강원도 원주부 주천면 복결산 아래 임좌 병향(壬
坐丙向)으로 낙점하였으며, 장태일은 1859년 2월 25일 오시라는 기록이
있고, 금표비의 명문과 함개 편년도 1859년을 방증해 주고 있어 철종의
원자 태실임이 확실하다.

이렇게 조선시대 태실 석물이 확인된 8곳을 제외한 나머지 24개소의
태실 중 태주를 알 수 없는 ②번 고려시대 태실과 후술하겠지만 ㉔번
충렬왕후인 제국대장공주 태실을 제외하면 22개소의 태실이 고려 왕실
의 태실로 나온다. 이중 구전(口傳)으로 전해지는 것은 신빙성이 떨어져
그대로 믿을 수가 없으므로 향후 추가 관련 자료가 확인되면 다시 검토
하기로 하고 여기서는 제외하겠다.

특히 ㉛번 태실에는 태봉산 정상에 여러 개의 크고 작은 돌들이 흩어
져 있다.(사진 7) 이 돌들을 가봉태실에 사용된 전석과 지대석(상석을 말

---

85) 한림대학교박물관, 1995, 『영월군의 역사와 문화유적』, 344~345쪽.

86) 영월군, 1992, 『영월군지』, 877쪽; 엄흥용, 1995, 『영월 땅이름의 뿌리를 찾아서』,
   영월군, 389쪽.

87) 홍성익, 1998, 「강원지역 태실에 관한 연구」, 『강원문화사연구』3, 강원향토문화
   연구회, 83~85쪽.

함: 필자 주)으로 추정하기도 하나,[88] 필자가 조사하여 보니 전석과 상석의 모양과 전혀 달라 가봉태실의 석물로 볼 수 없다. 또 이곳에서 좀 떨어진 아래쪽에 석축이 돌아가고 있는데, 태봉산 정상의 돌들은 이 축대에서 옮겨온 것이며, 정상부의 3군데에서 태를 묻은 토기들이 출토되었다고 주민의 증언이 있다.[89] 그리고 우왕의 태실은 <표 1>에서 ㉚번 태실의 위치이다. 그러므로 이곳의 돌들은 가봉태실 석물이 아니라 석축에 사용된 돌들이며, 그러므로 이곳은 왕실의 태실이 조성된 곳이 아니라 민간에서 매태한 장소로 보아야 한다.

그리고 <표 1>중 문헌사료에서 확인되는 사례를 살펴보면, 1대 태조(877~943, 재위 918~943), 12대 순종(1047~1083, 재위 1083. 7.~1083. 10.), 17대 인종(1109~1146, 재위 1122~1146), 18대 의종(1127~1173, 재위 1146~1170), 20대 신종(1144~1204, 재위 1197 ~1204), 22대 강종(1152~1213, 재위 1211~1213), 24대 원종(1219~1274, 재위 1259~1274), 25대 충렬왕(1236~1308, 재위 1274. 6.~1298. 1., 복위 1298. 8.~1308. 7.), 26대 충선왕(1275~1325, 재위 1298. 1.~1298. 8., 복위 1308. 7.~1313. 5.), 27대 충숙왕(1294~1339, 재위 1313. 3.~

① 정상에 흩어져 있는 돌들　　② 정상에 흩어져 있는 돌

〈사진 7〉 안동 녹래리 태실

---

88) 전주이씨대동종약원, 1999, 『조선의 태실』Ⅲ, 120~121쪽.
89) 이재원(남, 1952년생, 경북 안동시 녹전면 사신리 1014번지)의 증언.

〈지도 1〉 고려 인종 태봉산(출처: 네이버)

〈사진 8〉 고려 인종 태봉산(남 → 북)

1330. 2., 복위 1332. 2.~1339. 3.), 29대 충목왕(1337~1348, 재위 1344. 2.~1348. 12.), 31대 공민왕(1330~1374, 재위 1351. 10.~1374. 9.), 32대 우왕(1365~1389, 재위 1374~1388), 33대 창왕(1380~1389, 재위 1388~1389) 등 14개소의 태실이 확인된다. 이들은 고려시대의 태실로 볼 수 있다. 그러나 이 태실들도 물질적인 증거인 고고학적 자료는 17대 인종의 태실을 제외하고는 전혀 확인되지 않는다.

고려 인종 태실은 경남 밀양시 초동면 성만리 산107-2번지의 태봉산 정상에 위치한다. 태실은 북쪽의 주산인 덕대산(해발 634m)의 지맥이 남쪽으로 내려오다 돌출되어 솟아오른 '태봉산(해발 131.8m)'의 정상부에 있는데, 평면 타원형·단면 반원형의 반구형 봉토(현고 1.2 × 장축 11m)를 하고 있으며, 가운데에 사각형의 태함이 도굴로 인해 노출되어 있다. 태봉산의 주위로는 좌청룡·우백호가 돌려져 있고 앞쪽에는 낙동강이 흐르고 있다.(지도 1, 사진 8)

이 인종 태실에 대한 문헌기록을 좀 더 자세히 살펴보자.

① 구령산 : 수산현의 북쪽 15리에 있다. 고려 인종의 태가 이곳에 안치되었다.(『신증동국여지승람』(1530) 권26 경상도 밀양도호부 산천; 『밀양부읍지』(1781~1785) 산천; 『교남지』(1867~1873) 권52 밀양군 산천)

② 구령리 : 북쪽에 구령산이 있는데, 곧 덕성산 아래에 있는 하나의 작은 산이다. 이로 인해 마을이름이 생겼다. 고려 인종의 태가 이곳에 안치되었다고 『승람』에 나온다.(『밀주구지』(1661~1720) 상서면 방리; 『밀주지』(1932) 권1 밀양도호부지리 상서면)

③ 구령산 : 부의 남쪽 30리에 있다. 영현에서 뻗어 나온다. 고려 인종의 태가 이곳에 안치되었다.(『여지도서』(1757~1765) 경상도 밀양도호부 산천)

사료 ①~③은 경남 밀양 성만리 구령산(龜齡山)에 인종 태실이 있다는 문헌기록들이다. 이외에도 다수의 기록이 있는데, 모두 동일한 내용들이다.90) 그리고 지금도 같은 내용이 다음과 같이 전해온다.

④ 태봉 : 상서·초동면 성만리 : 토목국소관 : 수산진을 서북에 거리를 둔 약
1리에 있다. 기단부의 둘레 약 5간, 높이 약 4척이다.『여지승람』에 "구령
산은 수산현 북쪽 15리에 있다. 고려 인종 태를 이곳에 안치하였다.[龜齡
山在守山縣北十五里高麗仁宗胎安于此]"라고 한다.91)

⑤ 고려인종태지 : 초동면 성만리 소구령동 저수지 남쪽 구릉 위에 있었다.
『동국여지승람』에 "구령산은 수산현 북쪽 15리에 있다. 고려 인종 태가
이곳에 안치되었다.[龜齡山在守山縣北十五里高麗仁宗胎安于此]"란 기
록이 있고『밀주구지』에도 "구령리 북쪽에 구령산이 있는데, 곧 덕성산
아래에 있는 하나의 작은 산이다. 이로 인해 마을이름이 생겼다. 고려 인
종의 태가 이곳에 안치되었다.[龜齡里北有龜齡山卽德城山下一小山也
故名高麗仁宗胎安于此]"라는 기사가 있는 것으로 보아 고려 17대 임금
인 인종(재위 1123~1146)의 태를 이곳에 묻었다는 사실이 확인되고 있
다. 1920년경(1942년의 오류: 필자 주)에 일인들에 의하여 작성된『조선
보물고적조사자료』에도 이 태실에 대한 기록이 있는데 태실 기단부의 둘
레가 약 10m, 높이가 1.2m나 된다고 하였다. 당시에 이미 태실은 도굴되
어 그 흔적만 남아 있었다고 하며 이러한 사실은 마을의 부노들도 인정하
고 있다. 그러나 현재까지 그 정확한 시점은 파악되지 않고 있다.92)

⑥ 구령산 : 대구령동과 소구령동 사이에 있는 산이다. 산세가 마치 거북 모
양을 닮았다고 해서 붙은 지명이다. 또 이곳에는 고려 인종의 태실이 있었
다고 전한다.93)

사료 ④~⑥은 전술한 사료 ①~③보다 태실유적의 현황과 위치가
더 자세하다.

---

90)『경상도읍지』(1832) 밀양부읍지 산천;『영지선 상 좌도』(1892) 밀양 산천;『조선
환여승람』밀양군(1938) 산천;『밀주지』(조선시대) 권1 명승급고적;『밀주읍지』(조
선시대) 산천.

91) 조선총독부, 1942,「경상남도 밀양군」,『조선보물고적조사자료』, 361쪽.

92) 밀양지편찬위원회, 1987,『밀양지』, 밀양문화원, 492쪽.

93) 밀양문화원, 1994,『밀양지명고』, 684쪽.

고려 인종(1109. 10. 4.~1146. 2. 28., 재위 1122. 4.~1146. 2.)은 제
17대 임금으로 제16대 예종(1079. 1.~1122. 4., 재위 1105. 10.~1122.
4.)과 순덕왕후 이씨의 장남이다. 인종은 1115년(예종 10) 2월 7살에 왕
태자에 책봉되었으며, 1122년(예종 17) 14살에 왕위에 올랐다. 고려시대
에는 왕과 왕위를 이을 태자만 태실이 조성되었으므로 이 인종 태실은
태자가 된 이후에서 왕으로 재임한 기간 안에 조성되었을 가능성이 높으
며, 이는 1115년 2월~1146년 2월 사이로 추정된다.

지금까지 조사에서 이전 시기보다 고려시대에 태실이 더 많이 나타나
고, 대부분 왕실에서 설치하고 있다. 이로 보아 한국의 태실 제도는 고려
시대에 들어와 성립되어 왕실의 고유 풍속으로 자리 잡았던 것으로 보인
다. 다만 고려시대의 태실이 사료에 많이 기록되지 않았던 것이며, 고고
자료에서도 태실이 잘 확인되지 않았을 뿐이다.

2. 고려시대의 태실 제도

1) 태실의 조성 시기

이전 시기부터 있어왔던 한국의 장태풍속은 고려시대에도 계속 이어
진다. 이는 다음의 사료에 의해 고려 초부터 확인된다.

⑦ … 대사는 법휘(法諱)가 형미(逈微)이고, 속성은 최씨(崔氏)이다. … 함통
5년(864) 4월 10일에 탄생하였다. 대사는 날 때부터 남과 다른 모습이었
으며, … 다음 해(919) 3월에 드디어 문제자(門弟子) 한준과 화백 등을 불
러 말하기를 "개주(開州: 개성)의 오관산(五冠山)은 진인(眞人)의 장태처
(藏胎處)이다. 이 산은 산세가 매우 아름답고, 지맥(地脈)이 편평하고 안
정되어 있어 무덤을 쓸 만한 곳으로 마땅하니, 반드시 종지를 높이는데 도
움이 될 것이다. 스님들과 유사(有司)는 빨리 산사(山寺)를 짓고 석탑을
조성하도록 하라"고 하였다. 그 날에 이르러 먼저 절을 세우고, 또 높은
탑을 만들었다. 탑이 만들어지자 스님들이 울면서 시신을 받들어 (새로)

만든 무덤에 옮겨 장사를 지냈다. 2년이 지나 (임금께서) 조(詔)를 내려 말하기를, "선사의 덕을 널리 드러내기 위해서는 의당 아름다운 이름을 주어야 마땅할 것이다"고 하였다. 시호를 내려 선각대사(先覺大師)라 하고 탑의 이름은 편광영탑(遍光靈塔)이라 하였다. 이에 절 이름을 내려 태안(泰安)이라 하였으니, 돌아가신 이를 추모하는 영화가 이보다 성한 사람이 없었다. (「고려국고무위갑사선각대사편광영탑비명」(921))[94]

사료 ⑦은 <무위사 선각대사 편광탑비>의 비문이다. 이를 살펴보면 고려 태조 왕건은 무주(지금의 전남 광주) 출신의 선각대사 형미(864~917)가 죽자 919년(태조 2) 3월 그의 제자들에게 진인의 태가 묻힌 개주(지금 황해도 개성)의 오관산에 추모하는 절을 짓고 그의 유골을 봉안하는 탑을 세우게 하였으며, 921년(태조 4) 절과 탑이 완성되자 최언위로 하여금 형미의 행적을 기록한 비문을 짓게 한 사실을 알 수 있다. 이렇게 고려 태조가 919년(태조 2)에 개성에 있는 오관산이 진인의 장태처라는 것을 이미 알고 있다는 것은, 이를 그대로 일반화할 수는 없겠지만, 당시 나말여초에는 장태습속이 일반화되었음을 보여주는 것이라 하겠다.

그리고 고려시대 태실에 관한 구전과 문헌기록은 전술한 <표 1>과 같다. 이 <표 1>에서 고려 1대 태조(877~943, 재위 918~943)부터 태실이 조성되고 있지만, 그 이후로는 확인이 안 되고 17대 인종(1109~1146, 재위 1122~1146)과 19대 명종(1131~1202, 재위 1170~ 1197)

---

94) 김인호(1996, 「11. 무위사 선각대사 편광탑비」, 『역주 나말여초금석문(하) 역주편』, 한국역사연구회 중세1분과 나말여초연구반, 226~245쪽)의 번역을 기본으로 하여 최연식(2011, 「2. 무위사 선각대사비」, 『한국금석문집성(19) 고려3 비문3(해설편)』, 한국국학진흥원·청명문화재단, 20~34쪽)의 번역을 참고하여 필자가 일부 수정·보완하였다. 이 선각대사 형미(864~917)의 정식 탑비명은 '高麗國故無爲岬寺先覺大師遍光靈塔碑銘'으로 921년 최언위가 비문을 지은 후 형미 사후 30년째인 946년(정종 1)에 묘탑이 있는 개성 오관산 태안사가 아닌 전남 강진군 성전면 월하리에 있는 무위사에 비(보물 제507호 강진 무위사 선각대사탑비)를 건립하였다.

이후부터 대부분 조성되고 있다. 또 고려시대 태실이 조성된 지역은 명종 때부터 모두 그 읍격(邑格)이 한 등급 승격되고 있다. 이러한 승격제도는 고려시대에 와서 생긴 것으로 판단된다.

> ⑧ … 좌승선 이준의가 아뢰기를 "여러 주의 임내 53현에 각기 감무를 두고, <u>안동 임내 보주(甫州)는 태자(강종)의 태를 묻은 곳이므로 현령으로 올리고</u>, 고성현에는 위 1원을 두소서."라고 하거늘 왕이 군신에게 명하여 의론하게 하니, … 시비하는 이가 없었다.(『고려사』(1451) 권19 세가19 명종1 명종 임진 2년(1172) 6월)

사료 ⑧을 보면, 태자인 강종의 태를 보주(지금 경북 예천군 용문)에 묻었다고 하여 기양현으로 그 읍격을 승격시켰다. 이후 임금의 태를 묻은 곳은 모두 읍호를 승격시키고 있는 것이 <표 1>에서 확인된다. 이러한 사실로 보아 태실조성은 고려 초에 제대로 시행되지 못하다가 차츰 시기가 지나면서 제도적으로 성립되는 것으로 추정된다.

특히 다음의 사료에서 고려 왕실이 태실을 얼마나 중요하게 여겼는지 잘 알 수 있다.

> ⑨ … 왜구가 바야흐로 일어남으로 … <u>신우가 안동부사 이충부에게</u> 내구의 말을 하사하면서 말하기를, "힘을 다해 방어하여서 <u>태실을 보호하라</u>."고 하였다.(『고려사』(1451) 권135 열전48 신우 계해 9년(1383) 7월)

사료 ⑨는 1383년(우왕 9) 왜구가 침입해 왔을 때 우왕(1365~1389, 재위 1374~1388)이 경상도 안동에 있는 자신의 태실을 보호하도록 지시하고 있는 내용이다. 왕이 직접 말을 하사할 정도로 국가적 차원에서 중요하게 인식하였음이 잘 나타난다. 더 이상의 구체적 자료가 없어 자세히 알 수 없지만, 고려시대에는 태실조성이 국가적 차원에서 이루어지고 제도적으로 시행된 것은 분명하다.

이는 고려시대의 과거제도에서도 파악할 수 있다. 과거시험 중 잡과
에 지리업이 있는데, 이 지리업 시험에『태장경』을 읽게 하였다는 내용
이 있다.

> ⑩ … 광종이 쌍기의 의견을 채용하여 과거로 인재를 뽑게 하였으며, 이때로
> 부터 문풍(文風)이 일어나기 시작하였다. 그 법은 대체로 당나라 제도를
> 많이 채용한 것이다. … 과거에는 제술, 명경 두 과가 있었고 의복, 지리,
> 율학, 서학, 산학, 삼례, 삼전, 하론 등 잡과가 있었는데 각기 그 전문 과목
> 에 대하여 시험치고 출신(出身)을 주었다. … 지리과[地理業]의 방식은
> 첩경(貼經) 방법으로 2일 내에 실시하되 첫날에는『신집지리경(新集地理
> 經)』에 10조(條)를, 다음날에는『유씨서(劉氏書)』에 10조를 첩경 시험 쳐
> 이틀 동안 것이 모두 6조 이상씩 통(通)하여야 한다. 『지리결경(地理決
> 經)』8권, 『경위령(經緯令)』2권 합하여 10권을 읽히는데, 문리와 글 뜻
> 을 잘 안 것이 여섯 궤(机)가 되어야 하며, 문리 잘 안 것이 네 궤가 되어
> 야 하며, 『지경경(地鏡經)』4권, 『구시결(口示決)』4권, 『태장경(胎藏經)』
> 1권, 『가결(謌決)』1권 합하여 10권을 읽는데, 문리와 글 뜻을 잘 안 것이
> 여섯 궤라야 하는데, 문리를 잘 안 것이 네 궤가 되어야 한다. 또 소씨서
> 10권을 읽는데, 그 안에서 문리를 잘 안 것이 한 궤가 되어야 한다.(『고려
> 사』(1451) 권73 지27 선거1 과목1 과거 인종 14년(1136) 11월)

사료 ⑩에서 지리업 과거시험에『태장경』을 읽게 하여 문장을 파독
(把讀)하게 하였다는 기록이 나오는데, 이는『증보문헌비고』에서도[95]
확인된다. 이『태장경』에 대해서는 자세히 알 수 없지만, 다음의 기록으
로 간략하게나마 살펴볼 수 있다.

> ⑪ 풍수학(風水學)에서 아뢰기를, "『태장경(胎藏經)』에 이르기를, '대체 하
> 늘이 만물을 낳는데 사람으로써 귀하게 여기며, 사람이 날 때는 태(胎)로
> 인하여 장성하게 되는데, 하물며 그 현명할지 어리석을지[賢愚]와 잘될지
> 못될지[盛衰]가 모두 태에 달려 있으니 태란 것은 신중히 하지 않을 수가
> 없다. 무릇 태에서 내려온 지 3월에는 명칭을 화정태(和正胎)라 하고, 5월

---

95)『증보문헌비고』(1908) 권191 선거고9 과거제도8 잡과 고려 인종 14년(1136).

에는 연장태(軟藏胎)라 하고, 3년에는 장응태(壯應胎)라 하고, 5년에는 중부태(中符胎)라 하고, 7년에는 향양태(向陽胎)라 하고, 15년에는 과양태(過陽胎)라 하니, 이를 육안태법(六安胎法)이라 이른다.'고 합니다. 그런 까닭으로 경서에 이르기를, '남자가 15세가 되면 학문에 뜻을 둘 나이고, 여자가 15세가 되면 남편을 따라야 할 나이라.'하였으니, 그렇다면 남자는 마땅히 연장태·중부태·향양태 중의 연월에서 간수하여 학문에 뜻을 둘 나이를 기다려야만 하고, 여자도 또한 화정태·장응태·과양태의 연월에서 간수하여 남편을 따라야 할 나이를 기다려야만 하니, 남자가 만약 좋은 땅을 만난다면 총명하여 학문을 좋아하고, 구경(九經)에 정통(精通)하며 단상(團爽)하여 병이 없으며, 관직이 높은 곳에 승진되는 것입니다.(『문종실록』문종 즉위년(1450) 9월 8일(기유))

이렇게 태를 묻는 시기와 이유를 기록한 『태장경』이 풍수관료의 과거 시험에 포함되었다는 것은 풍수사의 고유 업무 중 하나가 장태였으며, 국가차원에서 태실이 조성되어 제도로 성립되었음을 보여주는 것이라 하겠다. 그 성립 시기는 후술하겠지만, 고려시대 인종을 전후로 한 시기로 추정된다. 물론 <표 1>의 여러 사료를 보아도 충분히 짐작할 수 있다. 하지만, 고려 왕실의 태실문화는 의례화 되어 제도적으로 성립·시행되었으나, 확립되지는 않아 성행(盛行)하지 못하였다. 이렇게 고려시대에 장태제도가 제대로 시행되지 않은 것은 다음의 기록에서 충분히 살펴볼 수 있다.

⑫ 풍수학 제조 전 중추원 조비형이 아뢰기를, " … 전날 고려 때에 송나라에 사신을 보내 지리의 서적(풍수서적)을 청했던 바, 송 태조가 필사본을 보냈기에 그것에 따라서 시행은 하였으나 그 이치를 터득하지 못했고, 겨우 이 이치를 조금 안다는 자도 아직 오활하고 괴망하여 상식없는 말을 면하지 못하여서 유식한 학자들에게 미워서 싫어함 이 되었으니, 어찌 음양학의 죄라 하겠습니까. 우리 왕조에서 옛 것을 고치고 새 것을 정함에 있어 모든 학문에 다 훈도(訓導)를 두어서 정밀하게 연구하지 아니함이 없사온데, 오직 풍수학은 그렇게 하지 아니하여 그것을 논설하는 자들이 각기 편벽된 소견을 가지고서 모두 제가 옳다하고 서로 배척하여 시비를 다투오니, 어찌 음양의 일에 정한 이치가 없어서 한결로 귀착되지 못한다 하겠습니까. 신이 어리석고 미련한 몸으로서 두 번째 제조의 어명을 받자오매,

이 학문이 잘못 쓰이고 있음이 깊이 걱정되옵니다. 원하건대 유신들 중에
뜻있는 자를 명하시어 훈도를 삼아서 여러 서적을 참고하고 징 험하여 깊
이 깊이 연구하여 한결로 귀착되게 하여 신진의 길을 열어 주시면, 사람들
이 여러 갈림길에 미혹하지 아니하고 술법이 바로 잡아질 것입니다."하니
임금이 예조에 서 의논하여 아뢰게 한 바, 예조에서 아뢰기를, "이조에 명
하여 적당한 자를 가리어 훈에 임명하게 하소서."하므로, 그대로 따랐다.
(『세종실록』세종 15년(1433) 7월 22일(계유))

사료 ⑫는 조선 초 조비형이 세종에게 풍수지리에 대한 연구를 국가
차원에서 시행해야 한다고 하며 허락을 얻어내는 과정에서 하는 말로 고
려시대의 상황을 잘 보여준다. 그동안 한국의 풍수지리설은 도참사상과
결부되어 고려시대에 풍미하였다고[96] 연구되어 왔다. 그러나 이 사료
⑫에 의하면, 고려시대에는 풍수사상에 관심은 많았지만, 체계적으로 정
립하지는 못한 것으로 나타나며, 조선 초에도 여전한 것으로 보인다. 이
러한 이유에서 고려시대 왕실의 장태는 제도적으로 실시되었으나, 조선
시대에 비해 풍수사상이 체계적으로 확립되지 않음으로 인해 조선 왕실
에서 행해진 것처럼 왕성하게 실시되지는 않았던 것이다.

2) 태실의 조성 대상

전술한 <표 1>을 자세히 살펴보면, 대부분 왕과 왕위(王位)를 이을
세자의 태실뿐이다. 강종과 충선왕은 태자 때 태실이 조성되고, 순종·의
종은 알 수 없으나, 나머지는 왕위에 오른 후에 장태되었다. 또 순종·의
종과 강종은 태장소(胎藏所)로서 장수사(長壽寺)·향복사(嚮福寺)·용문
사(龍門寺) 등의 사찰이 지정되고 있는데, 태장(胎藏)된 곳의 사원(寺院)
이 왕실 원당(願堂)으로써 태실 수호사찰의 역할을 하였던 것이다.[97]

---

96) 이병도, 1986, 『고려시대의 연구 -특히 도참사상의 발전을 중심으로-』, 아세아문
화사.
97) 한기문, 1998, 『고려사원의 구조와 기능』, 민족사, 1998, 238~239쪽.

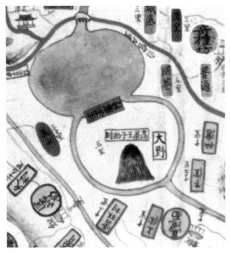

① 『1872년 지방지도』전라좌도 광주지도의 부분   ② 『해동지도』풍기현지도의 부분
〈지도 2〉 조선시대의 고지도

그런데 왕녀의 태실은 전혀 조사되지 않는다. 다만 유일하게 왕비로서 충렬왕(1236~1308, 재위 1274. 6.~1298. 1., 복위 1298. 8.~1308. 7.)의 비인 제국대장공주 장목왕후(1259~1297)의 태가 순흥에 묻혔다고 한다. 이는 『고려사』(1451)에서 확인되지 않고, 『해동지도』(1750~1751) 경상도 풍기현지도 주기의 산천에 '草庵洞 在小白山藏高麗忠烈王后胎 [초암동은 소백산에 있으며, 고려 충렬왕후의 태를 묻었다]'라 하여 처음 나오고, 이후 『증보문헌비고』(1908)에 똑같이 기록된다.98)(지도 2-②)

그러나 초암동은 이미 충렬왕의 태가 묻힌 곳으로 문헌사료에 나타나므로99) 이는 오기(誤記)로 보아야 한다. 즉 '忠烈王胎(충렬왕태)'가 '忠

98) 『증보문헌비고』(1908) 권231 직관고18 외관2 도호부사 경상도 인동도호부사.
99) 『고려사』(1451) 권57 지11 지리2 경상도 안동부 흥주;『경상도지리지』(1425) 경상도 순흥도호부;『세종실록지리지』(1432) 권150 순흥도호부;『신증동국여지승람』(1530) 권25 경상도 풍기군 산천·고적;『여지도서』(1757~1765) 경상도 풍기군 산천·고적 및 경상도 순흥부 건치연혁.

烈王后胎(충렬왕후태)'로 잘못 기록된 것이다. 또 장목왕후는 중국 원 세조의 딸로서 1272년부터 원에 입조해 있던 태자(충렬왕)와 1274년 혼 인하고 태자인 충렬왕이 왕위에 오르자 1274년 11월 고려에 왔다. 그렇 다면 중국에서 그녀의 태를 가져와 한국에 장태했다는 것도 쉽게 믿기 어렵다.

고려 왕실에서의 태실은 대부분 임금과 태자에 한정해서 조성되었다. 이로 보아 왕을 제외한 왕비와 딸, 그리고 왕위를 잇지 않는 왕자의 태 실은 고려시대에는 제도적으로 정착되지 않았던 것이다. 즉 고려시대에 는 이전시기의 태실 제도를 계승하였지만, 그 범위를 임금과 왕위를 이 을 태자에 한정하여 태실을 조성하였다. 이러한 현상은 조선시대 초까지 지속되어 나타난다. 그리고 고려 1대 임금부터 태실조성이 이루어지고 있지만 대부분 이보다 늦은 11대 임금 이후부터 조성되는 것이 확인된 다. 이는 태실조성이 고려 초기에 제대로 시행되지 못하다가 차츰 시기 가 지나면서 제도화되는 과정을 보여주는 것으로 고려 후기에 들어와 정 착되었다. 또 전술하였지만, 태실이 조성된 지역은 대부분 그 읍격이 한 등급 승격되고 있음을 보여주는데, 이러한 읍격이 승격되는 전통은 조선 시대에도 계속해서 이어진다.

3. 고려시대의 태실 구조

지금까지 고려시대 태실 중 고고학적으로 확인된 것은 유일하게 인종 태실뿐이다. 이 인종 태실은 태봉산 정상부에 위치하는데, 정상부는 편 평하며, 그 중앙에 타원형의 반구형 봉토(封土)가 있고, 주위에는 특별한 시설물이 없다. 다만 봉토 가운데에 도굴되어 석실(石室), 즉 태함이 노 출되어 있어 내부를 확인할 수 있다. 봉토의 장축방향은 남-북(N-20°-E) 이며, 크기는 장축 약 11 × 높이 약 1.2m이다. 봉토 상부에서 약 50cm

① 태실 봉토   ② 노출된 태함

③ 함개   ④ 함신(감실)

〈사진 9〉 인종 태실과 태함

아래에 태함이 노출되어 있다. 태함의 함신과 함개는 모두 평면 사각형
으로 화강암으로 만들었다. 함신은 여러 개의 돌로 조립하였는데, 네 면
의 각 벽체는 4개의 장대형 석재로 4단을 쌓아올렸으며, 내부 바닥에는
편평한 판석 1개를 깔았다. 태함 내부, 즉 감실의 크기는 동-서 67.5 ×
남-북 70×깊이 96cm이다. 함개는 한 돌로 된 판석으로 크기는 장축(동-
서) 112 × 단축(남-북) 92 × 두께 25cm이다.(사진 9)

이 태함 내부의 감실에서 깨어진 자기편 2점이 수습되었다. 모두 동
체부편으로 동체부편 ①은 동체의 극히 일부가 삼각형편으로 남아 있는
데, 원형을 복원하기 어렵다. 표면에는 유약이 시유되어 있어 연유자기
로 판단된다. 태토에는 1mm 내외의 백색을 띠는 세사립이 포함되어 있
다. 단면속심은 회적색을 띠며 표면에는 황갈색의 유약이 태토와 구분되

① 자기편   ② 회 덩어리

〈사진 10〉 인종 태실의 출토 유물

지 않을 정도로 얇게 시유되어 있다. 크기는 최대 길이 2.6 × 두께 0.5㎝
이다.(사진 10-①-①)

그리고 동체부편 ②도 동체의 극히 일부가 사각형편으로 남아 있는
데, 원형을 복원하기 어렵다. 내면에 소성이 불량한 유약이 밝은 황색을
띠고 있어 청자편으로 판단된다. 외면에서는 유약이 관찰되지 않으며 갈
회색을 띤다. 태토에는 1㎜ 내외의 백색을 띠는 세사립이 포함되어 있
다. 단면속심은 회적색을 띠며 표면에는 황갈색의 유약이 태토와 구분되
지 않을 정도로 얇게 시유되어 있다. 크기는 최대 길이 2.5 × 두께 0.3
~0.4㎝이다.(사진 10-①-②)

이 자기편들은 태를 담았던 태호로 추정되며, 크기가 작아 자세히 알
수 없지만, 연유자기와 청자로 보아 그 시기는 고려시대로 추정된다. 이
렇게 자기편 2개가 서로 다른 재질이므로 조선시대처럼 내호와 외호로
된 이중 태호를 사용한 것으로 판단된다. 또 석실의 바닥에서 작은 회
(灰) 덩어리들이 조사되었는데, 이 회는 태함 내부의 벽면 틈새를 메웠던
것으로 추정된다.(사진 10-②)

이와 같이 고려 인종 태실은 평면 원형, 단면 반원형의 반구형 봉토를
하여 신라시대 김유신 태실의 외부 형태와 동일하다. 이는 고려시대에도

① 경휘옹주의 아기태실(강릉)　　② 성종의 가봉태실(서울 창경궁)

〈사진 11〉 조선시대의 아기태실(①)과 가봉태실(②)

신라시대의 태실 구조를 그대로 계승하였음을 보여주는 것이라 하겠다. 이러한 외형 구조는 조선시대에도 지속해서 이어져 아기태실의 원형이 되었다. 그러나 조선시대처럼 임금이면 가봉태실이 조성되어야 하는데 고려 인종 태실의 예로 보아 그렇지 못하다. 그러므로 중앙태석과 팔각 난간이 돌려지는 가봉태실은 후술하겠지만 조선시대 들어와 처음 발생한 것이며, 고려시대에는 아기태실과 가봉태실의 구분없이 지상에 반구형의 봉토를 한 형태의 태실로 조성되었던 것이다.(사진 11)

또 인종의 태함은 평면 사각형의 상자형인데, 이러한 형태는 조선시대 초와 비슷하다. 예를 들면, 태종의 태함(1401)과 화의군(1425)·금성대군(1426)·단종(1441)의 태함으로 계승된다.[100](사진 12) 그러나 이러한 조선 초기 함신의 감실 내부 바닥 가운데에는 단면 반원형의 큰 홈을 만들고 다시 그 바닥 중앙에 원형의 작은 구멍을 관통시켰는데, 고려 인종 태함에는 이러한 구조가 없다.

그런데 인종 태함 외에도 고려시대의 태함으로 추정되는 유물이 강원도 강릉시 성산면 어흘리 374-3번지에 위치한 대관령박물관에 있다.[101](사진 13) 이 태함의 형태는 평면 팔각형으로 함신(函身)과 함개(函蓋)로

---

100) 심현용, 2005, 「성주 세종대왕자태실 연구」, 『박물관연보』2, 강릉대학교박물관.
101) 대관령박물관, 2003, 『홍귀숙여사 기증유물도록』, 204쪽.

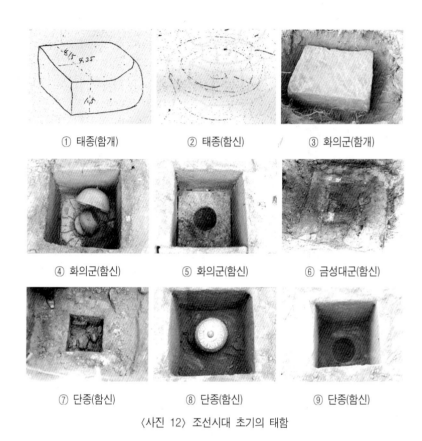

① 태종(함개) ② 태종(함신) ③ 화의군(함개)

④ 화의군(함신) ⑤ 화의군(함신) ⑥ 금성대군(함신)

⑦ 단종(함신) ⑧ 단종(함신) ⑨ 단종(함신)

〈사진 12〉 조선시대 초기의 태함

분리되며, 화강암으로 만들었다. 크기는 함개 너비 122 × 함신 너비 151 × 전체 높이 114.5㎝이다. 그리고 함개 윗면 중앙에 지름 10㎝의 원형 구멍이 뚫려 있으며, 그 안의 내부는 큰 공간으로 비어있다. 이러한 형태는 지금까지 확인된 고려시대와 조선시대의 태함과는 완전히 다른 모습을 하고 있다. 이 태함 옆에 '고려시대 태합'이라는 해설안내판이 세워져 있다.[102](사진 13-③) 하지만 태실관련 유물이라는 학술적 근거가 없

---

102) 태함 옆에 작은 해설안내판이 세워져 있다. 해설문은 국·영문으로 적혀있는데, 이중 국문은 "태합(胎盒), 고려시대(高麗時代), 왕실의 왕자나 공주의 태(胎)를 보관하던 돌로 만든 합이다. 이 태합은 윗단으로 태합 안쪽에는 태를 담은 항아

① 태함(상부와 측면)

② 태함(측면)

③ 해설안내문

④ 태함(상부의 보주는 태함유물이 아님)

〈사진 13〉 고려시대 태함(추정)

어 자료로 활용하기 어렵다.[103]

리를 넣을 수 있도록 공간을 두었으며, 내부와 연결되도록 윗면에 구멍을 뚫어 놓았다. 조선시대에는 궁중에서 왕가(王家)의 자손이 태어나면 그 태를 항아리에 담아 보관하였다가 좋은 날을 택하여 태의 주인과, 태어난 날짜와 시각 등을 기록한 태지석과 함께 태봉(胎峰: 태를 묻는 산)에 묻었는데, 아기의 무병장수와 자손의 번창을 비는 의미를 담고 있다. 이처럼 우리 조상들이 태를 소중히 생각하는 것은 신라시대부터 시작하여 조선시대까지 전래되고 있었으며, 왕가뿐만 아니라 여유가 있는 양반가(兩班家)에서도 태를 묻는 경우가 많았다고 한다."라고 되어 있다.

103) 필자가 대관령박물관의 홍귀숙 명예관장(1936년생, 여)을 2009년 5월 27일(수) 강릉에 있는 대관령박물관에서 만나 이 유물을 구입하게 된 경위를 듣게 되었다. 홍귀숙 명예관장은 50여 년 전 어떤 상인으로부터 연락이 와서 충청도 천안의 어느 산에 올라가서 이 유물을 보고 구입하게 되었는데, 고려시대 태함이라 하여 구입했다고 한다. 이 석함 옆에 '고려시대 태합(胎盒)'이라는 해설안내판이

　고려시대 태실의 구조를 살펴보면, 현재로서는 인종 태실을 참고할
수밖에 없다. 고려시대에는 풍수지리상 돌혈의 형국에 태실을 조성한다.
이러한 산을 태봉산이라 하는데, 이 산의 정상부를 편평하게 정지한 후
정상부 가운데 혈이 있는 곳에 토광을 파고 그 토광 안 가운데에 판석형
함개와 상자형 함신으로 구성된 태함을 안치한다. 함신의 감실 중앙에는
이중 태호를 안치한 후 함개를 덮는다. 그리고 토광 내부에 흙을 덮고
태함 상부에는 평면 (타)원형·단면 반원형의 봉토를 조성한다. 이러한
형태는 조선시대 확인되는 아기태실과 동일한 구조이다. 그러나 아직까
지 고려시대 태실에서 태지석과 태실비(아기비와 가봉비)가 확인되지 않
아 고려시대에도 조선시대처럼 태지석이 부장되었는지, 태실비는 설치
되었는지 알 수 없다.

세워져 있는데, 고려 인종의 태함과 모양이 다르고, 또 이것이 고려시대의 것이
라는 상인의 말 이외에는 확실한 근거가 없으므로 필자는 이 태함을 태실과 관
련된 석함으로 추정하지만, 그 시기에 대해서는 보류하고자 한다. 그래서 이 글
에서는 자료로서 소개만 하겠다. 한편, 전주이씨대동종약원(1999, 『조선의 태실』
Ⅲ, 41~42쪽)과 대관령박물관(2003, 『홍귀숙여사 기증유물도록』, 204쪽)에서는
이 유물의 상부에 작은 보주(사진 13-④)가 있는 것으로 보고하였다. 그러나 이
는 관람객들이 상부에 있는 구멍 안으로 휴지나 쓰레기를 넣기에 박물관 직원이
이를 방지하기 위해 다른 곳의 보주형 석재를 옮겨와 막은 것이다. 그러므로 상
부의 보주는 원래 이 유물의 것이 아님을 밝힌다.

III. 조선시대 태실

1. 조선 전기 태실의 제도적 확립

조선시대 이씨 왕조(李氏王朝)로 바뀌면서 이전 시기와 다르게 전국에 수많은 태실이 조성되기 시작한다. 지금까지 확인된 조선시대 태실의 현황은 <표 1>과 같다. 조선시대에는 태실조성의 절차나 과정, 의례 등이 고려시대보다 많이 기록되어 남아있다.

<표 1> 조선시대 태실 현황104)

번호	태주	부	출생일	장태일/가봉일	원 위치/이전 위치	비고
1	태조(太祖)	환조 (이자춘)	1335.10.11.	?/ 1393.1.7.	충남 금산군 추부면 마전8리 산4번지 (만인산, 태봉산, 태실산)/ 금산군 추부면 마전9리 산 1-86번지, 경기도 고양시 덕양구 원당동 산38-39번지(서삼릉1)	가봉태실, 진주 승격, 의궤
2	정종(定宗)	태조	1357.7.1.	?/ 1399	경북 김천시 대항면 운수리 산84-2·산84-3번지(황악산, 태봉산)/ 서삼릉2	가봉태실, 금산군 승격, 직지사
3	태종(太宗)	〃	1367.5.16.	?/ 1401.10.8.	경북 성주군 용암면 대봉2리 산65 번지(조곡산)/ 서삼릉3	가봉태실, 성주목 승격
4	세종(世宗)	태종	1397.4.10.	?/ 1418.8.~11.	경남 사천시 곤명면 은사리 산27번지(소곡산, 큰태봉산)/ 서삼릉4	가봉태실, 곤남군 승격, 의궤

---

104) 이 표는 필자가 직접 전국의 태실지를 조사하고 지형도·지적도·항공사진을 비교하여 정확한 위치를 밝힌 것이며, 일제강점기의 것도 포함하였다. 기호 ?는 모르거나 추정한 것이며, '서삼릉' 뒤의 숫자는 후술한 '<지도 1>서삼릉으로 옮겨온 태실의 원위치'에 적힌 번호를 표시한 것이다.

번호	태주	부	출생일	장태일/가봉일	원 위치/이전 위치	비고
5	소헌왕후 심씨(昭憲王后 沈氏)	심온	1395	?/ 1438	경북 영주시 순흥면 배점2리 산22-2번지(태봉산)	가봉태실, 초암사
6	문종(文宗)	세종	1414.10.3.	1439/ 1450	경북 예천군 상리면 명봉리 산2번지 (명봉산, 앞태봉)/ 서삼릉5	가봉태실, 풍기군 승격, 명봉사
7	세조(世祖)	〃	1417.9.24.	1438.3.10./ 1462.8.~9.	경북 성주군 월항면 인촌2리 산8번지 (선석산, 태봉)/ 서삼릉6	가봉태실, 선석사
8	정희왕후 윤씨 (貞熹王后 尹氏)	윤번	1418	?/ 1455~1468	강원도 홍천군 동면 덕치리 산1번지 (공작산, 태능산)	가봉태실, 수타사
9	안평대군 (安平大君)	세종	1418.9.19.	?	경북 성주군 월항면 인촌2리 산8번지 (선석산, 태봉)	선석사
10	임영대군 (臨瀛大君)	〃	1420.1.17.	1439.5.29.	〃	〃
11	광평대군 (廣平大君)	〃	1425.5.2.	1439.5.24.	〃	〃
12	금성대군 (錦城大君)	〃	1426.3.28.	?	〃	〃
13	평원대군 (平原大君)	〃	1427.11.18.	1439.5.26.	〃	〃
14	영응대군 (永膺大君)	〃	1430.4.11.	1439.8.8.	〃	〃
15	화의군 (和義君)	〃	1425.9.5.	?	〃	〃
16	계양군 (桂陽君)	세종	1427.8.12.	1439.5.24.	경북 성주군 월항면 인촌2리 산8번지 (선석산, 태봉)	선석사
17	의창군 (義昌君)	〃	1428.4.10.	1438.3.11.	〃	〃
18	한남군 (漢南君)	〃	1429.8.14.	1439.5.24.	〃	〃

번호	태주	부	출생일	장태일/가봉일	원 위치/이전 위치	비고
19	밀성군 (密城君)	〃	1430	1439.8.8.	〃	〃
20	수춘군 (壽春君)	〃	1431.1.28.	1439.8.8.	〃	〃
21	익현군 (翼峴君)	〃	1431	1439.8.8.	〃	〃
22	영풍군 (永豊君)	〃	1434	?	〃	〃
23	영해군 (寧海君 璋)	〃	1435.3.20.	1439.8.8.	〃	〃
24	담양군 (潭陽君 璖)	〃	1439.1.8.	1439.5.24.	〃	〃
25	단종(端宗)	문종	1441.7.23.	1441.윤11.26.	〃	1차 아기태실, 선석사
				1451. 1.22.~3.6./ 1452~1455	경북 성주군 가천면 법전2리 산10번지 (법림산, 태봉)	2차 아기태실, 가봉태실, 법림사
26	왕자 당 (王子 璠)	세종	1442.7.24.	1442.10.23.	〃	
27	예종(睿宗)	세조	1450.1.1.	1462.10.15./ 1578.10.2.	전북 완주군 구이면 덕천리 산158번지 (태실산, 큰태봉)/ 전주시 완산구 풍남동 3가 102번지(경기전), 서삼릉7	가봉태실
28	월산대군 (月山大君)	덕종	1454.12.18.	1462.11.18.	서울특별시 서초구 우면동 291-1번지(우면산)	
29	성종(成宗)	〃	1457.7.30.	1458.3.1./ 1471.윤9.	경기도 광주시 태전1동 265-1번지(가정령, 태산, 태봉)/ 서울 종로구 와룡동 2-1번지 (창경궁), 서삼릉8	가봉태실, 의궤
30	연산군모 폐비 윤씨 (廢妃 尹氏)	윤기견	1455.윤6.1.	?/ 1478. 11.12.	경북 예천군 용문면 내지리 산81번지(용문사) / 서삼릉24	가봉태실

번호	태주	부	출생일	장태일/가봉일	원 위치/이전 위치	비고
31	인성대군 (仁城大君)	예종	1461.11.30.	1462.4.29.	경남 사천시 곤명면 은사리 438번지(작은태봉산)/서삼릉23	단종태실로 착각하고 가봉함(의궤)
32	제안대군 (齊安大君)	〃	1466.2.13.	1466.?.20.	경기도 양평군 옥천면 신복1리 1130-8·산1 번지 및 옥천리 506-9·산8번지(태봉산)	
33	왕녀(王女)	성종	?	1476.6.19.	경기도 고양시 덕양구 신도동	태지석
34	왕녀(王女)	〃	?	1476.6.19.	서울특별시 성복구 안암동5가 126-16번지(고려대학교 내 애기능)	
35	왕녀(王女)	〃	?	1477.6.19.	경기도 고양시 덕양구 지축동 산1-11·산4번지(태봉산)	인흥군의 1녀·2남 재사용
36	왕녀 수란 (王女 壽蘭)	〃	1478.4.26.	1478.6.21.	?	태지석
37	왕녀(王女)	성종	?	1481.7.21.	경기도 광주시 퇴촌면 원당리 산10-1· 산11-1번지(뒷태봉산)	
38	왕녀 (恭愼翁主?)	〃	1481.3.11.	1481.7.24.	〃	
39	왕녀(王女)	〃	?	1481.10.9.	경남 밀양시 무안면 삼태리 산13·산16번지 (태봉산)	동쪽
40	왕녀(王女)	〃	?	1481.10.9.	〃	서쪽
41	왕자 수장 (壽長, 鳳安君?)	〃	1482.2.23.	1482.6.23.	경기도 남양주시 진접읍 내각리 (순강원 왼쪽 태봉)/ 서삼릉27	태지석
42	왕자 수견 (壽堅)	〃	?	1483.10.15.	전남 순천시 서면 학구리 산15~18번지(안태봉, 태봉산)	
43	왕자 수담 (壽珺, 安陽君)	〃	1480.1.5.	1484.10.10.	경북 상주시 모동면 상판2리 산51번지(태봉산) / 서삼릉25	

번호	태주	부	출생일	장태일/가봉일	원 위치/이전 위치	비고
44	왕자 수석 (壽石, 完原君)	〃	1480.12.29.	1484.10.10.	〃 / 서삼릉26	
45	왕자 수정 (壽禎, 甄城君)	〃	1482.5.5.	1486.9.1.	강원도 양양군 강현면 하복리 산1번지(태봉산) / 서삼릉28	
46	왕녀 합환 (合歡, 敬淑翁主)	〃	1483.8.9.	1485.8.6.	울산광역시 울주군 범서읍 사연리 산107-1·산107-2·산112번지(태봉산)	
47	왕녀 복란 (福蘭, 靜順翁主)	〃	1486.10.13.	1486.12.29.	강원도 원주시 태장2동 산57번지(태봉)/ 원주시 태장2동 1266-11번지 (태봉우성 2차 아파트)	복원
48	왕자 견석 (堅石)	〃	1486.12.6.	1487.4.7.	경북 울진군 평해읍 삼달2리 산66번지(신래태봉)	
49	왕녀 정복 (貞福, 敬徽翁主)	〃	?	1489.9.29.	강원도 강릉시 강동면 모전1리 산257~259번지(태봉산)	
50	중종(中宗)	〃	1488.3.5.	1492.9.7. / 1507	경기도 가평군 가평읍 상색1리 산112번지 (태봉산, 벌태봉, 색현)/ 서삼릉9	가봉태실, 가평군 승격
51	왕녀 승복 (承福, 靜惠翁主)	〃	1490.3.6.	1492.7.17.	경기도 양주시 남면 황방1리 산87-1번지(태봉산)	
52	왕자 금수 (金壽)	〃	?	1493.5.4.	경기도 남양주시 별내면 광전1리 산37-7·산38·산39-2번지(태봉산)	
53	왕자(王子)	〃	?	1494.8.22.	강원도 원주시 호저면 대덕1리 409번지	
54	왕자 복숭 (福崇, 寧山君)	〃	1490.윤9.24.	1494.8.25.	경기도 파주시 적성면 어유지리(태봉산)/ 서삼릉52	
55	왕녀 수억 (壽億)	연산군	1493.9.22.	1494.7.5.	?	태지석

번호	태주	부	출생일	장태일/가봉일	원 위치/이전 위치	비고
56	원자 금돌이 (元子金乭伊)	〃	1497.12.29.	1501.7.2.	경북 상주시 화서면 상현2리 377-1번지(태봉산)/ 서삼릉 29	
57	왕자 강수 (康壽, 陽平君)	〃	1498.11.27.	1499.3.17.	?	태지석
58	공주 복억 (公主福億)	연산군	1499.3.12.	1499.5.9.	강원도 삼척시 자원2동 산 55·산56번지(태봉산) / 서삼 릉32	
59	대군 린수 (大君麟壽)	〃	1500.5.22.	1504.1.29.	?	태지석
60	왕녀 복합 (福合)	〃	1501	1501.6.17.	황해도 황주군 인교면 능산 리/ 서삼릉33	
61	왕자 돈수 (敦壽)	〃	1501.2.4.	1505.2.19.	경기도 광주시 퇴촌면 원당 리 산30번지 (앞태봉산)	
62	대군 인수 (大君仁壽)	〃	1501.5.14.	1501.9.12.	경북 문경시 가은읍 왕능2리 산30-1·산30-2번지 (태봉산)/ 서삼릉30	
63	왕녀 영수 (靈壽)	〃		1502.11.12.	경기도 남양주시 진접읍 내 각리(태봉)/ 서삼릉31	
64	왕녀 정수 (貞壽)	〃	1505.3.11.	1505.5.17.	경기도 용인시 수지구 신봉 동(태봉골)	
65	왕자 태수 (泰壽)	〃	1506.3.17.	1516.6.18.	?	태지석
66	왕자 학수 (鶴壽)	중종	1509.9.16.	1515.3.6.	?	태지석
67	공주 옥하 (玉荷, 孝惠公主)	〃	1511.5.18.	1511.7.28.	?	태지석
68	왕자 화수 (和壽, 錦原君)	〃	1513.6.9.	1519.2.7.	?	태지석
69	옹주 석환 (石環, 惠靜翁主)	〃	1514.10.10.	1514.12.26.	경기도 연천군 연천읍 동막 1리	

번호	태주	부	출생일	장태일/가봉일	원 위치/이전 위치	비고
70	인종(仁宗)	〃	1515.2.25.	1521.1.27. / 1546.5.	경북 영천시 청통면 치일리 산24번지(태봉산, 태실봉)/ 서삼릉10	가봉태실, 은해사
71	옹주 월환 (月環)	〃	1516.3.11.	1516.5.27.	경북 경산	태지석
72	옹주 순환 (舜環, 孝靜翁主)	〃	1520.10.29.	1520.12.17.	?	태지석
73	공주 옥혜 (玉惠, 懿惠公主)	〃	1521.3.26.	1523.윤4.13.	충남 부여군 규왕면 함양리 42-1번지(태봉산) / 부여군 규왕면 함양리 97번지, 서삼릉53	
74	공주 옥린 (玉鱗, 孝順公主)	〃	1522.4.2.	1522.6.24.	?	태지석
75	왕자 숭수 (崇壽, 德陽君)	〃	1524.9.25.	1528.3.13.	경남 의령군 칠곡면 외조리 48번지(안태봉)/ 경북 경주시 인왕동 76번지 (국립경주박물관)	
76	봉성군 (鳳城君)	〃	1528		경북 칠곡군 동명면 봉암리 23번지(태봉산)	
77	왕자 환수 (歡壽, 德興大院君)	〃	1530.3.5.	1530.7.16.	충남 금산군 추부면 마전7리 산1-63번지(태봉)/ 서삼릉34	태조 태실 뒷산
78	명종(明宗)	〃	1534.5.22.	1538.2.21. / 1546.10.	충남 서산시 운산면 태봉리 산6-2번지(태봉산) / 서삼릉11	가봉태실, 문수사
79	인순공주 (仁順公主)	중종	?	1544	경기도 김포시 월곶면 조강1리 산58-4번지 (태봉산)	
80	원자 곤령 (崐齡, 順懷世子)	명종	1551.5.28.	1555.2.28.	황해도 금천군 서천면 율동리	
81	선조(宣祖)	덕흥 대원군	1552.11.11.	?/ 1570. 10.21.	충남 부여군 충화면 청남리 산227번지(태봉산) / 서삼릉12	가봉태실, 오덕사

번호	태주	부	출생일	장태일/가봉일	원 위치/이전 위치	비고
82	광해군 (光海君)	선조	1575.4.26.	1581.4.1. / 1609.11.	대구광역시 북구 연경1동 산 135·산136-1번지(태봉, 태 등산)	가봉태실
83	왕녀 (貞惠翁主?)	〃	1584.3.22.	1584.5.24.	?	태지석
84	왕자 후 (珝, 信城君)	〃	?	1584.7.25.	경기도 김포시 월곶면 고막1 리 212번지(태봉)	
85	왕녀(王女)	〃	?	1588.7.11.	경기도 화성시 동탄면 산척 리 183-1번지(안태봉산)	
86	인성군 (仁城君)	〃	1588.10.29.	1589.2.25.	충북 청주시 상당구 문의면 산덕리 411번지(태봉산)/ 서 삼릉35	
87	왕자 (義昌君?)	〃	?	1589.5.8.	강원도 춘천시 서면 덕두원1 리 산72-24번지 (태봉산)	
88	왕녀(王女)	〃	?	1595.2.26. 이후	경기도	
89	인조(仁祖)	원종 (정원군)	1595.11.7.	?/ 1626. 8.1.이후	황해도 황주군 해주면 남본 정(정토사의 앞 봉우리)/ ?	가봉태실, 정토사
90	경창군 (慶昌君)	선조	1596.9.23.	1596.11.12. 이전	황해도 해주	
91	세자(世子)	광해군		1599.2.28.	황해도 신계군 사지면 태봉 리(태봉산)/ ?	
92	경평군 (慶平君)	선조	1600.6.18.	1608.10.7.	대전광역시 서구 가수원동 180-3번지(태봉산)/ 중구 문 화동 145-3번지(대전시 향 토사료관), 서삼릉54	
93	원자(元子)	광해군	1600.12.29.	1601.4.30.	강원도 원주시 호저면 산현 리 산42·산42-3 번지(태봉)	
94	왕녀 (貞明公主)	선조	1603.5.19.	1605.4.1.	경북 경주	태지석
95	인흥군 (仁興君)	〃	1604.2.7.	1608.11.7.	경북 상주시 함창읍 태봉리 109-1번지(고산, 태봉산)/ 서삼릉36	의궤

번호	태주	부	출생일	장태일/가봉일	원 위치/이전 위치	비고
96	왕자(王子)	〃	1604.2.17.	1606.5.26.	?	태지석
97	영창대군 (永昌大君)	〃	1606.3.5.	1606.7.28.	경기도 가평군 상면 태봉1리 산115-1번지(태봉산)	
98	왕자(王子)	광해군	?	1610.3.25.	강원도 금성현(태봉)	
99	소현세자 (昭顯世子)	인조	1612	1626.8.1. 이전	황해도 황주군 해주면 남본 정(정토사의 앞 봉우리)/ ?	정토사
100	왕녀(王女)	광해군	1619.6.23.	1619.11.4.	경북 울진군 북면 나곡4리 산65번지(태봉산)	
101	용성대군 (龍城大君)	인조	1624.9.3.	1625.3.25.	광주광역시 북구 신안동(만 두산, 태봉)/ 북구 용봉동 1004-4번지 (광주시립민속박물관)	
102	숭선군 (崇善君)	〃	1639.10.17.	1643.10.25.	충북 충주시 엄정면 가춘리 229-3번지(태봉산)	북쪽
103	숙명공주 (淑明公主)	효종	1640.1.25.	1660.10.2.	경북 김천시 지례면 관덕1리 산68번지(궁을산, 태봉산)/ 서삼릉37	
104	현종(顯宗)	〃	1641.2.4.	1647/ 1681.10.	충남 예산군 신양면 황계리 189-20·189-21번지 (태봉산)	가봉태실, 대흥군 승격
105	낙선군 (樂善君)	인조	1641.11.7.	1645.8.24.	충북 충주시 엄정면 가춘리 229-3번지(태봉산)	남쪽
106	숙휘공주 (淑徽公主)	효종	1642.2.27.	1662.11.25.	강원도 원주시 흥업면 대안3 리 1974-1번지 (운산태봉, 태봉재, 태봉치)	
107	숙정공주 (淑靜公主)	〃	1646.11.7.	1662.11.25.	강원도 원주시 흥업면 대안3 리 1974-1번지 (운산태봉, 태봉재, 태봉치) / 서삼릉38	
108	숙경공주 (淑敬公主)	〃	1648.1.29.	1660.10.2.	경북 김천시 지례면 관덕1리 산68번지(궁을산, 태봉산)/ 서삼릉39	
109	명선공주 (明善公主)	현종	1653.11.15.	1660.2.17.	충남 보령시 미산면 남심리 (태봉)/ 서삼릉40	

번호	태주	부	출생일	장태일/가봉일	원 위치/이전 위치	비고
110	숙종(肅宗)	〃	1661.8.15.	1661.12.25./ 1683.10.15.	충남 공주시 태봉1동 산64-9번지(태봉산) / 서삼릉13	가봉태실, 의궤
111	명혜공주 (明惠公主)	〃		1670.3.13.(?)	충남 부여군 충화면 가화리	
112	명안공주 (明安公主)	〃	1665.5.18.	1670.3.13.	〃	
113	왕녀(王女)	숙종	?	1675~ 1696.1.21.	경기도 안산시 단원구 고잔동 산18번지(태봉)/ 안산시 상록구 사1동 1586-1(안산문화원)	
114	경종(景宗)	〃	1688.10.28.	1689.2.22./ 1726.9.8.	충북 충주시 엄정면 괴동리 산34-1번지 (왕심산 태봉, 태봉산) / 서삼릉14	가봉태실
115	영조(英祖)	〃	1694.9.13.	1695.1.28./ 1729.10.14.	충북 청주시 상당구 낭성면 무성1리 산5번지(태봉산)/ 청주시 상당구 낭성면 무성1리 산6-1번지 (태봉산), 서삼릉15	가봉태실, 의궤
116	연령군 (延齡君)	〃	1699.6.13.	1699.9.29.	충남 예산군 대술면 궐곡1리 산54-2번지(태봉산)/ 서삼릉41	
117	화억옹주 (和億翁主)	영조	1728.8.3.	1728.10.8.	경기도 연천군 미산면 유촌3리 산127번지 (태봉산)	
118	제5 왕녀 (王女)	〃	1729.12.12.	1730.2.21.	경기도 개성부 서면 능리(입모봉)	
119	제6왕녀 (翁主)	〃	1732.1.1.	1732.3.27.	경기도 안성시 원곡면 성은1리 산30·산31번지(망해산, 태봉산)	청원사
120	화협옹주 (和協翁主)	〃	1733.3.7.	1733.5.24.	강원도 춘천시 신북읍 용산2리 791·산1번지 (태봉골)	
121	장조 (莊祖, 思悼世子)	〃	1735.1.21.	1735.윤4.4. / 1785.3.8.	경북 예천군 상리면 명봉리 산2번지(뒤태봉) / 서삼릉16	가봉태실, 추존왕, 명봉사

번호	태주	부	출생일	장태일/가봉일	원 위치/이전 위치	비고
122	제8 왕녀 (王女)	〃	1735.9.1.	1735.11.26.	경기도 포천시 소흘읍 이곡리(태봉)/ 포천시 소흘읍 무봉2리 480-1번지(마을회관)	
123	화완옹주 (和緩翁主)	〃	1738.1.19.	1738.3.26.	경기도 포천시 신북면 만세교1리 산13-2번지	
124	화유옹주 (和柔翁主)	〃	1740.9.29.	1740.1.(?)	충남 당진군 순성면 성북1리(태봉산)/ 서삼릉42	
125	의소세손 (懿昭世孫)	장조	1750.8.27.	1750.12.25.	경북 영주시 고현동 산7번지(태봉산)/ 서삼릉45	
126	정조(正祖)	〃	1752.9.22.	1753.1.21./ 1801.10.27.	강원도 영월군 영월읍 정양리 산210-1번지 (계족산, 정양산, 태봉)/ 영월군 영월읍 정양리 산133·산134번지(계족산), 서삼릉17	가봉태실, 정양사, 의궤
127	화령옹주 (和寧翁主)	영조	1753.3.2.	1753.5.13.	충남 예산군 광시면 월송1리 산57번지(태봉산)/ 예산군 대흥면 동서리 106-1번지(대흥면사무소 옆 대흥동헌), 서삼릉43	
128	화길옹주 (和吉翁主)	〃	1754.5.19.	1754.7.25.	충북 단양군 대강면 용부원4리 산58-5번지 (태봉)/ 서삼릉44	
129	청연군주 (淸衍郡主, 公主)	장조	1754.7.14.	1754	강원도 홍천군 홍천읍	
130	문효세자 (文孝世子)	정조	1782.9.7.	1783.9.6.	경북 예천군 용문면 내지리 산81번지/ 서삼릉46	용문사, 의궤
131	순조(純祖)	〃	1790.6.18.	1790.8.12./ 1806.10.12.	충북 보은군 속리산면 사내리 산1-1번지(태봉) / 서삼릉18	가봉태실, 법주사, 의궤
132	숙선옹주 (淑善翁主)	〃	1793.3.1.	1793.4.8.	서울특별시 종로구 와룡동 2-71번지(창덕궁 후원)	

번호	태주	부	출생일	장태일/가봉일	원 위치/이전 위치	비고
133	문조(文祖, 孝明世子, 翼宗)	순조	1809.8.9.	1809.12.21./ 1836.3.21.	경기도 포천시 영중면 성동2리 451-18번지 (태봉산)/ 포천시 영중면 성동5리 640-1번지 (영평천변 소공원)	가봉태실, 추존왕, 의궤
134	왕녀(王女)	″	?	1819.3.22.	강원도 평창군 평창읍	태지석
135	헌종(憲宗)	문조	1827.7.18.	1827.11.11./ 1847.3.21.	충남 예산군 덕산면 옥계2리 산6-2번지 (가야산, 명월봉, 태봉산)/ 서삼릉19	가봉태실, 의궤
136	원자(元子)	철종	1858.10.17.	1859.2.25.	강원도 영월군 주천면 신일1리 산356·산356-1번지(망산, 태봉산)/ 서삼릉47	의궤
137	순종(純宗)	고종	1874.2.8.	1874.6.8./ ?	충남 홍성군 구항면 태봉리 366-38번지(태봉)/ 서삼릉20	가봉태실, 의궤
138	영(친)왕 (英(親)王, 李王殿下)	″	1897.9.25.	1897.10.1.	서울특별시 종로구 와룡동 2-71번지(창덕궁 후원)/ 서삼릉21	
139	덕혜옹주 (德惠翁主)	″	1912.4.9.	1912.4.23.	″ / 서삼릉48	태지석
140	제8왕자 (王子)	″	1914.윤5.11.	1914.6.7.	″ / 서삼릉49	태지석
141	제9왕자 (王子)	″	1915.7.10.	1915.8.3.	″ / 서삼릉50	태지석
142	진전하 (晉殿下)	영친왕	1921.8.18.	1934.6.8.	일본 동경(저택)/ 서삼릉51	태지석
143	왕세자 구 (王世子 玖)	″	1931.12.29.	1932.1.25.	″ / 서삼릉22	태지석

조선시대에는 초기부터 국가에서 태실을 조성할 때 예조에서 태실도 감을 설치하여 진행하였다. 태조·정종·태종은 민간인 때 장태되었던 태를 옮겨와 길지에 태실을 조성하였다.

태조(1335~1408, 재위 1392~1398)는 함경도 영흥에 장태된 태를 옮겨와 전라도 진동현(지금 충남 금산) 만인산에 가봉태실을 조성하고 진주로 승격시켰다.[105](사진 1) 정종(1357~1419, 재위 1398~1400)과 태종(1367~1422, 재위 1400~1418)도 함경도 함흥(영흥·함주)에서 태를 옮겨오는데, 정종은 경상도 김산현(지금 경북 김천) 황악산에 가봉태실을 조성하고 군으로 승격시켰으며,[106] 태종도 경상도 경산부(지금 경북 성주) 조곡산에 가봉태실을 조성하고 성주목으로 승격시킨다.[107] 세종(1397~1450, 재위 1418~1450)도 진주 곤명현(지금 경남 사천)에 가봉태실을 조성하고 남해현과 합쳐 곤남군으로 승호(昇號)하였다.[108](사진 2) 문종(1414~1452, 재위 1450~1452)도 경상도 은풍현(지금 경북 예천)에 있는 아기태실을 가봉하고 기천현과 합하여 풍기군으로 승격시켰다.[109] 그리고 태실조성이 완료되자 해당지역의 읍격을 승격시켰는데,

105) 『태조실록』태조 2년(1393) 1월 7일(계축); 『신증동국여지승람』(1530) 권33 전라도 진산군 건치연혁; 『여지도서』(1757~1765) 전라도 보유 진산군 건치연혁·고적·산천.

106) 『정종실록』정종 1년(1399) 4월 5일(을사); 『경상도지리지』(1425) 상주도 김산군; 『신증동국여지승람』(1530) 권27 경상도 김산군 건치연혁·산천; 『여지도서』(1757~1765) 경상도 김산군 건치연혁·산천.

107) 『태종실록』태종 1년(1401) 10월 8일(계해); 『경상도지리지』(1425) 상주도 성주목관; 『경상도속찬지리지』(1469) 상주도 성주목; 『신증동국여지승람』(1530) 권27 경상도 성주목 건치연혁·산천; 『여지도서』(1757~1765) 경상도 성주목 건치연혁·산천.

108) 『세종실록』세종 1년(1419) 3월 27일(신미); 『경상도지리지』(1425) 진주도 곤남군; 『경상도속찬지리지』(1469) 진주도 곤양군; 『신증동국여지승람』(1530) 권31 경상도 곤양군 건치연혁; 『세종실록지리지』(1432) 경상도 진주목 곤남군; 『여지도서』(1757~1765) 경상도 곤양군 건치연혁·산천.

109) 『문종실록』문종 즉위년(1450) 7월 4일(병오) 및 문종 1년(1451) 9월 28일(계해);

〈사진 1〉 태조 태실(이전)　　　〈사진 2〉 세종 태실(이전)

이는 고려시대의 전통을 계승한 것이다.

　조선시대에는 태실을 조성할 때 먼저 태실도감을 임시로 설치하고 풍수지리에 능통한 대신(大臣)을 선정하여 태실증고사로 삼아 전국으로 명당을 찾게 하였다. 태실지로 마땅한 곳을 찾게 되면 지형(地形)을 그림으로 그려 왕에게 바쳤다. 태조는 권중화를 태실증고사로 삼아 길지를 찾게 하였는데, 권중화는 산수형세도를 그려 바쳤다.110) 태종은 하륜으로 태실증고사를 삼았으며,111) 세종도 정이오를 태실증고사로 삼아 태실산도를 바치게 했다.112) 이렇게 태실 주변의 지형을 그린 태봉도는 현재 장조, 순조, 헌종의 것이 남아있다. 그런데 태실도감의 설치는 세종 때 처음으로 확인된다.

　① 예조에서 계하기를, "이제 장차 길한 때를 가리어 태를 안치할 것이오니, 청컨대 전례에 좇아 태실도감(胎室都監)을 설치하여 길지(吉地)를 택하게 하소서."하니, 그대로 좇았다.(『세종실록』세종 즉위년(1418) 8월 14일(신묘))

　　『세조실록』세조 5년(1459) 1월 29일(임자); 『경상도속찬지리지』(1469) 안동도 풍기군; 『신증동국여지승람』(1530) 권25 경상도 풍기군 건치연혁·산천; 『여지도서』(1757~1765) 경상도 풍기군 건치연혁·산천.
110) 『태조실록』태조 2년(1393) 1월 2일(무신).
111) 『태종실록』태종 1년(1401) 7월 23일(경술).
112) 『세종실록』세종 즉위년(1418) 10월 25일(신축).

태실도감은 예조에서 태실을 조성하기 위해 설치하는 임시기구로 태실조성이 완료되면 해체된다. 그러나 전례(前例)를 따라 설치하는 것으로 보아 이전부터 태실도감이 설치되었다.

세종은 1397년(태조 6) 태종의 정안군 시절 사저(私邸)에서 태어났는데, 당시 태종은 태조의 5자였으므로 태실을 조성할 수 있는 신분이 아니었다. 그래서 민간습속(民間習俗)에 의한 장태를 하였다가 세종이 왕으로 즉위한 후 가봉태실을 조성한 것으로 보인다.113) 세종은 가봉태실을 조성할 때 돌난간[石欄干]을 설치하면 지맥(地脈)을 손상시키니 나무난간[木欄干]을 만들게 하였으며, 썩거든 다시 만드는 것을 법식으로 삼게 하였다.114) 그러나 소헌왕후와 문종의 가봉태실에 석난간이 설치된 것으로 보아115) 이는 제대로 지켜지지 않았다.

또 세종은 성주 선석산에 원손인 단종(1441~1457, 재위 1452~1455)의 아기태실을 조성할 때 도국 안에 있는 고총(古塚)과 사사(社寺)가 태

---

113) 윤진영(2013, 「조선 후기 안태의례의 개선과 정비」, 『조선시대사학보』67, 조선시대사학회, 396~397쪽)은 여말선초에 출생 직후 태를 가안치(假安置)해 두는 가안태(假安胎) 전통이 있었던 것으로 보고, 세종의 경우가 정상적인 태실 조성과정을 보여주는 첫 사례라고 하였다. 그리고 가안태라는 것은 정식으로 태실을 만들지 않고 임시로 태를 묻어둔 상태라고 정의하면서 세종의 왕자들에게까지 적용되었다고 하였다. 그러나 태조·정종·태종·세종은 민간습속에 의해 장태되어 있다가 왕이 된 후 처음으로 태실(가봉)을 만드는 것이므로 이전의 장태는 가안태로 볼 수 없다. 태조의 비인 신의왕후 한씨(1337~1391)도 태어났을 때 태를 함경도 함흥 관아의 동쪽 15리에 있는 태봉에 묻었다(『여지도서』(1757~1765) 함경남도 함흥부읍지 산천)고 하였는데, 이도 당시 민간 태 처리 습속에 의한 것이다. 그러므로 세종의 왕자들에게는 가안태가 적용된 것이 아니라 단지 태실 조성시기를 기다리기 위해 태를 보관해 둔 것일 뿐이다. 그리고 정상적인 태실 조성과정을 보여 주는 첫 사례로 세종 가봉태실을 들었는데, 이는 처음 조성되는 아기태실이 아니라 왕이 된 후 가봉태실 조성이었으므로 첫 사례라고 보기 어려우며, 세종의 왕자들의 태실인 성주 선석산 태실이 그 첫 사례라 하겠다.

114) 『세종실록』세종 즉위년(1418) 11월 3일(기유).

115) 『세조실록』세조 9년(1463) 3월 4일(계사).

실에 흉하다고 철거하게 하였는데, 대표적인 예가 주변에 있는 이장경의
묘를 옮긴 것이다.[116] 이로보아 금표구역은 이전부터 설정되었다.[117] 그
리고 세종은 자신의 가봉태실에 시위하는 품관 8명과 수호 8명을 두어
지키게 하였다.[118] 또 태실을 수호하는 군사들에게 한정한 곳 밖에 접해
서 거주함을 금하게 하고, 3년에 한 번씩 관원을 보내어 살피게 하고,
잡목을 뽑도록 하였다.[119] 소헌왕후 가봉태실에는 품관 8명과 군인 8명
을, 동궁(문종) 아기태실에는 품관 4명과 군인 4명으로 수호하게 하
여[120] 가봉태실과 아기태실에 차등을 두었다. 그러나 태실에 수지기를
두는 것은 태종에서 처음 확인되는데, 태종 가봉태실에는 태실 시위품관
4명과 수호인 10호를 두었다.[121] 또 세종은 태를 옮겨 봉안하는 절차를
마련하기도 하였다.

> ② 예조에서 계하기를, "태실을 진주로 이안할 때 안태처에는 채붕(綵棚: 채
> 색으로 장식한 큰 문)을 짓고 나희(儺戲: 여러 가지 놀이)를 베풀게 하며,
> 그 지나가는 주·현에는 관문(館門)에만 채색 누각을 짓고 의장(儀仗)과 고
> 악(鼓樂)을 갖추어 교외에서 맞이하게 하고, 각 도의 감사와 수령은 자기의
> 관내를 넘어오지 못하게 할 것입니다."하니, 그 말을 따랐다.(『세종실록』세
> 종 즉위년(1418) 11월 5일(신해) 및 세종 20년(1438) 12월 6일(병진))

즉, 안태사가 태를 이안할 때 안태처에 채붕을 짓고 나희를 베풀며,
지나가는 고을에는 관문에만 채색 누각을 짓고 위의를 갖추어 교외에서

---

116) 『세종실록』세종 25년(1443) 12월 11일(신묘)·12월 29일(기유) 및 세종 26년
    (1444) 1월 3일(계축)·1월 5일(을묘)·1월 7일(정사).
117) 김용숙(1999, 「부록: 태봉연구」, 『서삼릉태실』, 국립문화재연구소, 363쪽)은 선
    덕연간(宣德年間, 1426~1435, 세종 8~17)에 시작되었으며, 보수제한도 이때
    했다고 보았다.
118) 『세종실록』세종 즉위년(1418) 11월 1일(정미).
119) 『세종실록』세종 18년(1436) 7월 20일(계축).
120) 『세종실록』세종 21년(1439) 1월 16일(을미).
121) 『태종실록』태종 1년(1401) 10월 8일(계해).

맞이하게 하였으며, 각 도의 감사와 수령은 자기 관내를 넘어 오지 못하게 하였다. 하지만 안태사가 지나가는 고을에서 채붕을 세우고 놀이를 베풀며 군용을 갖추어 맞이하기 때문에 농사를 폐할 정도로 백성들이 바쁘게 되니 군용의 위의를 갖추지 말게 한 적도 있다.122) 또 안태 후 3년에 한 번씩 제사지내는 태실안위제를 태조와 정종 때 행하지 않았다하여 폐지시켰으나,123) 장태안위제는 실시하여124) 의례절차를 규정해 나갔다.

그리고 문종의 태는 1436년 8월 왕위에 오름을 기다려 장태하는 것은 옛날 사람의 안태법에 어긋나니 일행과 왕악의 태를 간수하는 법에 의해 길지에 장태하여 미리 수와 복을 기르자는 정앙의 건의를125) 결국 받아들여 1439년 경상도 기천에 태실을 조성하였다.126) 또 1438년 소헌왕후의 태를 이장하여 경상도 풍기 소백산 윤암봉에 가봉태실을 조성하는데,127) 이때 개기(開基)·봉실(封室)·위안제(慰安祭)에 진물예도(眞物禮度)와 신위향배(神位向背)에 대해서도 옛 제도를 참작하여 자세히 정하게 하였다.128)

세종은 진양대군인 세조를 비롯한 대군과 왕자 등 18명의 아들과 원손인 단종의 태실을 1438년 3월~1442년 10월 성주 선석산 태봉 한 곳에 조성하였다.129) 이로써 고려시대 왕과 태자에 한해 태실을 조성하던

---

122) 『세종실록』세종 20년(1438) 4월 8일(임술).

123) 『세종실록』세종 3년(1421) 10월 10일(기해).

124) 『세종실록』세종 21년(1439) 1월 10일(기축).

125) 『세종실록』세종 18년(1436) 8월 8일(신미).

126) 『세종실록』세종 21년(1439) 1월 10일(기축)·1월 16일(을미)·1월 28일(정미)·2월 3일(임자).

127) 『세종실록』세종 20년(1438) 1월 20일(을미)·3월 17일(신축)·5월 15일(무술);『여지도서』(1757~1765) 경상도 풍기군 산천 및 순흥부 산천.

128) 『세종실록』세종 20년(1438) 3월 17일(신축).

129) 심현용, 2014, 「성주 선석산 태실의 조성과 태실구조의 특징」, 『성주 세종대왕자 태실의 세계유산적 가치』, 경북대학교 영남문화연구원.

전통에서 벗어나 처음으로 그 범위를 넓혀 왕위를 잇지 않는 아들과 왕
비까지 태실을 조성하게 된다. 이와 같이 조선시대 들어와 세종 때 태실
조성에 큰 변화가 시작되었다. 즉 고려 왕실의 태실제도 전통은 조선 왕
실에서 새롭게 정비되기 시작하였던 것이다.

또 세종은 가봉태실에 돌난간을 설치하지 못하게 하거나 태실 주변
고총이나 사사를 철거하게 하고, 왕비의 가봉태실을 조성하며, 장태 시
예법을 정비하였다. 이와 관련하여 다음의 기사가 참고 된다.

③ 풍수학 제조 전 중추원 부사 조비형이 아뢰기를, "가만히 보오니, 풍수의
학문[風水之學]이 관계되는 바가 지극히 중대하여 옛 사람들의 술법(術
法)이 정미(精微)하옵거늘, 세상에서 알지 못하는 사람이 많고, 게다가 왜
곡되게 배운 것으로 외곬으로만 고집하는 무리들이 속된 습관에 만족하고
좁은 소견에 구애되어서, 이미 자기의 그른 것을 알지 못하게 되었기 때문
에 당나라로부터 송나라에 이르는 동안 여러 번 유신들에게 명하여 사천
감(司天監)을 맡아 영도하게 하고, 또 비각(秘閣)의 책들을 내어주며 초야
의 술법 학자를 찾아 가지고 다르고 같은 것은 교열하고 검토하여 모두
이치에 맞게 하여 세상에 통용되게 함으로서 정치에 유익하게 하였으니,
진실로 집을 짓고 무덤을 쓰는 것은 산 사람을 기르고 죽은 이를 보내는
큰 일이기 때문입니다. 전날 고려 때에 송나라에 사신을 보내 지리 서적
[地理書]을 청했던 바, 송 태조가 필사본[寫本]을 보냈기에 그것에 따라서
시행은 하였으나 그 이치를 터득하지 못했고, 겨우 이 이치를 조금 안다는
자도 아직 우활(迂闊)하고 괴망(怪妄)하여 상식 없는 말을 면하지 못하여
서 유식한 학자들에게 미워서 싫어함이 되었으니, 어찌 음양학의 죄[陰陽
之罪]라 하겠습니까. 우리 왕조에서 옛 것을 고치고 새 것을 정함에 있어
모든 학문에 다 훈도를 두어서 정밀하게 연구하지 아니함이 없사온데, 오
직 풍수학은 그렇게 하지 아니하여 그것을 논설하는 자들이 각기 편벽된
소견을 가지고서 모두 제가 옳다하고 서로 배척하여 시비를 다투오니, 어
찌 음양의 일에 정한 이치가 없어서 한 결로 귀착되지 못한다 하겠습니까.
신이 어리석고 미련한 몸으로서 두 번째 제조의 어명을 받자오매, 이 학문
이 잘못 쓰이고 있음이 깊이 걱정되옵니다. 원하건대 유신들 중에 뜻있는
자를 명하시어 훈도를 삼아서 여러 서적을 참고하고 징험하여 깊이깊이
연구하여 한 결로 귀착되게 하여 신진(新進)의 길을 열어 주시면, 사람들
이 여러 갈림길에 미혹하지 아니하고 술법이 바로 잡아질 것입니다."하니

임금이 예조에서 의논하여 아뢰게 한 바, 예조에서 아뢰기를, "이조에 명
하여 적당한 자를 가리어 훈도에 임명하게 하소서."하므로, 그대로 따랐
다.(『세종실록』세종 15년(1433) 7월 22일(계유))

사료 ③은 고려~조선 초의 풍수가 체계적이지 못하였음을 보여주는
자료이다. 풍수학 제조 조비형은 고려시대의 풍수가 체계적이지 못하다
며, 국가차원에서 풍수를 연구하자고 건의한다. 풍수에 관심이 많던 세
종은 이에 의해 풍수학을 일제히 정리하는데, 영의정을 도제조(都提調)
로 하고 전대제학(前大提學)을 제조(提調)로 삼아 풍수학을 전심강습(專
心講習)토록 하는 가장 강력한 교육 체계를 확립시키기까지 하였다.[130]
이와 관련하여 태실도 제도적으로 정비해 나갔던 것으로 보인다. 특히
세종 때 대부분 왕실의 의례가 체계화되는데, 장태 의례 또한 함께 체계
화되었던 것으로 여겨진다.

그동안 한국의 풍수지리설은 도참사상과 결부되어 고려시대에 풍미
(豐味)하였다고 한다.[131] 그러나 사료 ③으로 보아, 고려시대에는 풍수
사상에 관심이 많았지만, 체계적으로 정립되지 못하였으며, 조선 초에도
여전하였던 것으로 보인다. 이로 인해 고려 왕실의 태실조성은 의례화되
어 제도적으로 실시되었으나, 조선 왕실처럼 성행하지는 않았던 것이다.

문종 때는 왕세자인 단종의 태실이 성주 선석산 태봉에 여러 대군의
태실과 한 곳에 있는 것은 옳지 못하다하여 경기도와 하삼도(충청도·전
라도·경상도)에서 이장지를 선정하게 하였는데,[132] 결국 경상도 성주 가
야산(법림산)에 택정된다.[133] 이는 세종 때 세자(동궁)로 있던 문종처럼
일반 왕자와 다른 대우에 의한 것이다. 그리고 태실 주변 사방에 금표

---

130) 최창조, 1990, 「조선후기 실학자들의 풍수사상」, 『한국문화』11, 서울대학교 한
    국문화연구소, 477쪽.
131) 이병도, 1986, 『고려시대의 연구 -특히 도참사상의 발전을 중심으로-』, 아세아문화사.
132) 『문종실록』문종 즉위년(1450) 9월 8일(기유).
133) 『문종실록』문종 1년(1451) 3월 6일(을사); 『세조실록』세조 4년(1458) 7월 8일(계사).

비를 세우는데, 동쪽과 남쪽에는 9천 6백 보, 서쪽 9천 5백 9십 보, 북쪽 4백 7십 보로 하여[134] 이 구역 안으로 일반 백성들의 출입을 금지하여 자세한 보수 제한이 처음으로 확인된다.

그러나 문종이 동궁으로 있을 때와 다르게 품관 8명, 백성 6명으로 인원수를 늘려 태실을 수호하게 한다. 또 중추원 부사 박연이 태봉 아래의 집과 밭을 없애지 않도록 상언하자 문종은 너무 가까이 있으면 화재의 위험이 있으니 도국 밖으로 옮기되, 태봉 부근의 절은 축령(祝靈)하는 곳으로 삼아 옛날 태실의 예(例)와 같이 하도록 했다.[135]

앞의 <표 1>을 살펴보면, 정종은 직지사, 문종·장조는 명봉사, 세조는 선석사, 인종은 은해사, 선조는 오덕사, 인조는 정토사, 순조는 법주사 등등 사찰이 확인된다. 이는 문종이 옛날 태실의 예와 같이 하게 한 것으로 보아 고려 순종·의종·강종 등의 예처럼 그 전통을 이어받아 태봉산 주변에 있는 절을 태실 수호사찰, 즉 원당(願堂)으로 지정한 것이다.

단종(1441~1457, 재위 1452~1455)도 재위 시 자신의 태실을 가봉하였다. 이는 성주 법림산 태봉 정상에 현존하는 가봉석물들로 확인된다.[136] 그러나 세조(1417~1468, 재위 1455~1468)는, 자신의 태실이 선석산에 여러 대군 및 군의 태실과 같이 있으므로 장소를 택하여 이안하고 선왕(先王)의 구례(舊例)에 따라 가봉하자는 예조의 건의를 허락하지 않고, 다만 표석(아기비)을 없애고 비(가봉비)만 세워 구별하게 하였다.[137](사진 3) 세조 이전의 역대 가봉태실에 현존하는 가봉비가 모두 후대의 것이라 세조 이전의 가봉태실에 가봉비가 설치되었는지 알 수 없지

---

134) 『문종실록』문종 1년(1451) 3월 6일(을사).

135) 『문종실록』문종 1년(1451) 1월 22일(임술).

136) 심현용, 2012, 「조선 단종의 가봉태실에 대한 문헌·고고학적 검토」, 『문화재』 45-3, 국립문화재연구소.

137) 『세조실록』세조 8년(1462) 9월 14일(을사); 『경상도속찬지리지』(1469) 상주도 성주목·

〈사진 3〉 세조 태실   〈사진 4〉 예종 태실(이전)

만, 세조에서 처음으로 귀부와 이수를 갖춘 가봉비의 설치가 확인된다.
더 나아가 세조는 세종처럼 앞으로 왕은 물론이고 왕세자, 원손의 태실
에도 돌난간을 금하도록 하였다.[138] 그러나 이는 지켜지지 않았다.

예종(1450~1469, 재위 1468~1469)도 재위 시 전라도 전주에 있는
자신의 태실을[139] 가봉하지 않았으며, 선조가 재위 11년(1578)에 가봉시
킨다.(사진 4)

성종(1457~1494, 재위 1469~1494)은 경기도 광주에 있는 자신의 태
실을[140] 1471년(성종 2)에 가봉한다.(사진 5) 그러나 성종은 풍수설을 그
리 믿지 않았다. 풍수설은 허탄하므로 그동안 하삼도에 하던 장태를 멀고
가까운 곳에 관계없이 길지를 찾아 가까운 경기도에서 택정하도록 지시
하였다.[141] 그러나 후술하겠지만 가까운 곳에 조성하기 위해 경기도의
택정은 이미 세조 때부터 시행되고 있었다. 그런데 성종 때부터 태실조성
의 대상자가 다시 확장된다. 왕녀, 즉 딸의 태도 1476년(성종 7)부터 길지
를 찾아 태실이 조성되기 시작하는데, 이는 <표 1>에서 알 수 있다.

---

138) 『세조실록』세조 8년(1462) 8월 22일(갑신).
139) 『여지도서』(1757~1765) 전라도 보유 완산지 산천.
140) 『신증동국여지승람』(1530) 권6 경기 광주목 산천; 『여지도서』(1757~1765) 경기
　　도 가평군지지 건치연혁·산천·태봉.
141) 『성종실록』성종 7년(1476) 11월 28일(무진).

〈사진 5〉 성종 태실(이전)   〈사진 6〉 폐비 윤씨 태실

이렇게 성종 때 들어와 왕녀의 태실이 처음으로 조성되며, 그동안 왕과 아들에 한해 설치되던 태실 제도에서 딸의 태실까지 조성되어 조선시대의 태실 제도는 완전히 확립되었던 것이다.[142] 이는 성종이 길례(吉禮)·가례(嘉禮)·빈례(賓禮)·군례(軍禮)·흉례(凶禮)에 대한 『국조오례의(國朝五禮儀)』(1474)와 통치의 기본 법전인 『경국대전(經國大典)』(1485)을 완성하고 반포하여 조선의 전반적인 체제를 완성하였는데, 그 일련의 과정과 궤를 같이 하는 것으로 생각된다. 이러한 태실 제도의 확립은 태호·태함·아기비·중앙태석 등의 유물에서도 파악되는데, 초기의 과도기적 현상이 성종 때 들어와 모두 정형화(定型化)되기 때문이다.

성종은, 폐비 윤씨가 1476년 왕비로 책봉되자 1477년 법에 따라 태실에 수호군을 두자는 신하의 건의를 허락하지 않으면서도,[143] 1년 후 태

---

142) 그러나 이보다 앞선 시기에 왕녀의 태호가 확인된다. 세종의 장녀인 정소공주(1412~1424)의 묘를 1939년 옮겨 갈 때 분청자 사이호(四耳壺)로 된 태호 2개가 출토되었다. 이렇게 태를 담은 태호를 1424년(세종 6) 묘소에 함께 묻은 것[並藏]은 세종이 아들들의 태실을 처음 조성한 시기(1438~1442)보다 훨씬 빠르다. 이는 1438년(세종 20) 세종 때 왕자들의 태실이 아직 보편화되기 전이며, 또한 1476년(성종 7) 성종 때 왕녀들의 태실이 보편화되기 전이다. 그러므로 조선 초부터, 특히 성종 이전부터 딸의 태실도 조성되었을 가능성을 배제할 수 없다. 하지만 세종의 다른 딸과 그 이후 문종, 세조, 예종의 딸 모두 아직 태실이 보고된 바가 없고, 정소공주 태를 묘소병장 했기 때문에 이를 태실로 볼 수 없으므로 왕녀 태실 축조가 일반화된 시기는 성종 때부터라 하겠다.

실증고사 겸 안태사로 서거정을 파견하여 1478년 왕비의 가봉태실을 조성한다.[144](사진 6) 또 1493년(성종 24) 권정이 태봉을 구하기 어려우므로 여아(女兒)의 경우, 특히 옹주의 태는 한 곳에, 그리고 가까운 곳에 묻자고 건의한다.

> ④ 첨지충주부사 권정은 아뢰기를, "강원도·황해도는 태봉을 많이 얻기가 쉽지 아니합니다. 신의 생각은 <u>왕자군(王子君)의 태 외에 옹주(翁主)의 태는 한 곳에 묻도록 하고, 또 삼각산 근처에 땅을 택해서 묻도록 하는 것이 적당할 듯합니다.</u>"하니, 임금이 말하기를, "그것이 적당한가 않은가를 관상감에 묻도록 하라."하였다.(『성종실록』성종 24년(1493) 10월 10일(신미))

사료 ④에서 보듯이 성종은 이 제안이 합당한지를 관상감에게 알아보게 하였는데, 실행되었는지 알 수 없지만, <표 1>에서 보듯이 경기도 광주의 성종 왕녀의 2개소 태실(1481. 7.), 경북 밀양의 성종 왕녀의 2개소 태실(1481. 10.) 및 경북 상주의 성종 왕자인 안양군과 완원군 태실(1484. 10.)이 한 곳에 장태되어 이보다 먼저 시행되고 있었다.

연산군(1476~1506, 재위 1494~1506)도 자녀의 태를 길지에 장태하여 태실을 조성하는데, <표 1>에서 알 수 있다. 그리고 중종(1488~1544, 재위 1506~1544)은 자신의 태실을 가봉하고 가평현을 군으로 승격시켰다.[145](사진 7) 또 성종처럼 풍수설은 황당하여 믿을 수 없다고 하면서 태실증고사를 파견하여 백성들의 폐해가 많이 발생하므로 따로 파견하

---

143) 『성종실록』성종 8년(1477) 1월 5일(갑진).

144) 『사가집』(1488) 보유3 시류 여지승람; 「서거정의 묘지석」(1488).(심현용, 2014, 「조선 초 영주 소헌왕후 태실의 조성과 구조복원」, 『영남고고학』68, 영남고고학회, 84~85쪽)

145) 『중종실록』중종 2년(1507) 10월 16일(병술)·10월 25일(을미) 및 중종 3년(1508) 4월 15일(임오) 및 중종 4년(1509) 5월 24일(을묘);『여지도서』(1757~ 1765) 경기도 가평군지지 건치연혁·산천·태봉;『대동지지』(1862~1866) 권3 경기도 가평 연혁.

〈사진 7〉 중종 태실

〈사진 8〉 인종 태실

〈사진 9〉 명종 태실

지 말고 지리관을 보내어 해당 도의 감사와 함께 길지를 찾게 하며, 경기도에서 선정하게 한다.[146]

그러나 <표 1>에서 보듯이 제대로 지켜지지 않았다. 인종(1515~1545, 재위 1544~1545)은 자신의 태실을 가봉시키지 않았다. 그러나 명종(1534~1567, 재위 1545~1567)이 재위 1년에 인종의 태실을 가봉(1546. 5.)시키며, 그 후 자신의 태실도 가봉(1546. 10.)한다.(사진 8·9) 그리고 재위 10년(1555)에 원자인 순회세자 태실을 황해도 해주에 조성한다.[147]

특히 선조(1552~1608, 재위 1567~1608)는 임금으로 등극한 후 자신의 태실 조성에 관심이 많았다. 재위 3년(1570)에 아버지 덕흥대원군의 저택 정원 북쪽 소나무 숲 사이에서 자기의 태를 찾아 강원도 춘천을 태실지로 택정했으나, 전에 태를 묻었던 자리라하여 다시 황해도 강음으로 옮겨간다. 하지만 이곳도 깨끗하지 못하다 하여 다시 충청도 임천(지금 부여)으로 옮겨 가봉태실을 조성한다.[148](사진

146) 『중종실록』중종 12년(1517) 11월 23일(을미).
147) 『여지도서』(1757~1765) 황해도 토산현 고적.
148) 『선조수정실록』선조 3년(1570) 2월 1일(기해); 『연려실기술』(1736~1806) 별집2 사전전고 장태.

〈사진 10〉 선조 1차 태실지(춘천)　　　〈사진 11〉 선조 태봉산(부여)

10·11) 이렇게 풍수적 조건이 좋은 길지를 찾기 위해 세 번이나 장소를 옮겼는데, 이는 선조가 풍수에 집착한 결과로 보인다.[149]

　전술하였듯이 세종·세조가 태실 가봉 시 돌난간을 설치하지 못하게 하거나, 성종이 왕비 태실에 수호군을 두지 않고 가봉비만 설치하도록 하거나, 성종·중종이 도성에서 가까운 경기도에 태실지를 선정하게 하는 등의 조치는 모두 태실조성으로 생기는 백성들의 피해를 줄이려한 방안이었다. 특히 세종 때 모든 아들의 태실이 조성되고 성종 때 모든 딸의 태실까지 조성되어 태실조성의 대상자가 확대되었다. 이로 인해 전국적으로 태실조성이 많아져 백성들에게 그 피해가 점점 증가하였으며, 이를 안 왕들은 이러한 방안을 강구하게 되었던 것이다.

　앞에서 살펴보았듯이 조선은 개국 후 고려 왕실의 태실문화를 계승하여 지속·발전시키고자 노력하였다. 고려시대 왕과 세자의 태실만 조성하던 전통을 14세기 말~15세기 초인 조선 초에 그대로 계승하다가 15세기 중엽 세종 때부터는 기존의 관례에서 벗어나 처음으로 모든 아들의 태실을 조성하여 그 대상 범위를 확장하였고, 또 태실조성에 대한 절차나 의례를 체계적으로 정립하였다. 그리고 15세기 후엽 성종 때 들어와 그동안 조성하지 않던 딸의 태실까지 설치하고, 조성되는 유물도 정형화

---

149) 윤진영, 2013, 「조선 후기 안태의례의 개선과 정비」, 『조선시대사학보』67, 조선시대사학회, 400쪽.

하여 조선 왕실의 태실 제도는 완전히 확립되어 정착하였던 것이다.

2. 조선 후기 태실의 제도적 변화

임진왜란 이후 조선시대 태실 제도에 큰 변화가 생긴다. 그동안 평시(平時)에 태실증고사를 뽑아 태봉으로 합당한 곳을 찾아 3등으로 나누어 장부를 만들어 관상감(觀象監)에[150) 보관해 두었다가 태실을 조성할 시기가 오면 임금에게 보고하여 추천한 3곳 중 1곳을 낙점(落點) 받아 장태하는 것이 전례였다. 그런데 임진왜란으로 태봉 장부가 불타 없어지자 1602년(선조 35) 선조는 태실증고사를 파견하지 않고 각 도(道)의 도사에게 그 일을 담당하게 하였는데, 각 도의 도사가 관상감의 지리학 관원을 데리고 태실지로 적합한 곳을 미리 살펴 등급을 분류하여 장부를 만들어 두었다가 사용하게 한 것이다.[151) 앞에서 살펴보았듯이 1517년(중종 12) 중종도 이러한 지시를 하였는데, 실행되었는지는 알 수 없으나, 선조 때 와서 태실증고사를 파견하던 관행은 완전히 사라지게 된다. 그리고 광해군(1575~1641, 재위 1608~1623)도 재위 1년(1609)에 자신의 태실을 가봉시킨다.[152)

특히 인조(1595~1649, 재위 1623~1649)는 태실 가봉으로 인해 발생하는 백성의 폐해를 줄이기 위해 노력하였다. 전례에 따라 자신의 태실을 가봉하자는 예조의 건의를 허락하지 않는다. 그러나 조성하여 표시하

---

150) 조선 태조 원년(1392) 7월에 '文武百官官制(문무백관관제)'에서 관상감의 조직과 업무가 처음으로 시행된 이후, 같은 해 8월에 '入官補吏法(입관보리법)'에 의해 음양과(陰陽科)가 설치되며, 태종 6년(1406)에는 음양풍수학이 포함된 '十學(십학)'이 설치되며, 성종대 완성된 『經國大典(경국대전)』(1485)에서는 관상감의 생도와 업무내용, 그리고 관제가 구체적으로 정착된다.(이수동, 2013, 「조선시대 음양과에 관한 연구」, 원광대학교 박사학위논문, 30~42쪽)

151) 『선조실록』선조 35년(1602) 6월 25일(을묘).

152) 심현용, 2005, 「대구 광해군태실 고」, 『향토문화』20, 대구향토문화연구소.

지 않으면 나중에 모르게 된다하여 결국 가봉한다.[153] 그리고 자신의 태실과 왕세자인 소현세자의 태실에 수직군('守直軍)을 두지만 나무와 꼴 베는 것만을 금지하는 등 최소한의 관리만 지시하였다.[154] 또 1643년(인조 21) 세 아기의 태를 나이 순서에 따라 한 봉우리에 같이 장태하도록 하여 태실조성에 드는 공역(工役)을 줄이고자 하였다.

> ⑤ … 두 왕자 아기씨의 장태는 8월에 정하되 … 지난 계미년(1643) 장태 때 세 아기씨의 태실을 장유 순서에 따라 한 봉우리 위에 함께 묻으라는 별도의 전교를 받고 그대로 거행하였습니다.(『태봉등록』인조조 을유(1645, 인조 23) 윤6월 17일)

이 결과, 충북 충주의 숭선군 태실(1643. 10.) 아래에 낙선군 태실(1645. 8.)을 추가한다. 이후 효종도 경북 김천에 숙명공주와 숙경공주의 태를 한 산에 묻고,(1660. 10.) 강원도 원주에 숙휘공주와 숙정공주의 태실을 함께 조성하며,(1662. 11.) 현종(1641~1674, 재위 1659~1674)도 충남 부여에 명혜공주와 명안공주의 태실을 같이 조성한다.(1670. 3.)

현종은 재위 시 자신의 태실을 가봉하지 않았다. 신하들이 가봉을 건의하였으나 백성들의 농사에 피해를 준다고 계속 미루다가[155] 결국 시행하지 못하였다. 숙종(1661~1720, 재위 1674~1720)도 재해와 흉년으로 미루다가 재위 7년(1681) 현종 태실을 가봉하고 대흥현을 군으로 승격시켰으며,[156] 충청도 공주에 있는 자신의 태실도 재위 9년(1683)에 가

---

153) 『인조실록』인조 4년(1626) 8월 1일(경자).
154) 『인조실록』인조 4년(1626) 8월 1일(경자).
155) 『현종실록』현종 3년(1662) 6월 23일(갑자)·7월 13일(갑신); 『현종개수실록』현종 3년(1662) 6월 23일(갑자)·7월 14일(을유).
156) 『숙종실록』숙종 7년(1681) 8월 23일(계묘)·10월 12일(신묘) 및 숙종 8년(1682) 1월 23일(신미); 『정조실록』정조 8년(1784) 9월 15일(정묘); 『여지도서』(1757~1765) 충청도 대흥군 건치연혁.

〈사진 12〉 숙종 태실 　　　　　〈사진 13〉 경종 태실

봉한다.[157](사진 12)

또 앞으로는 태봉을 각각 하지 말고 산 하나를 골라 한꺼번에 나열하여 묻고 표석(아기비)만 세우게 하였다.[158] 이는 태실 하나가 산봉우리 정상 하나를 다 차지하는 폐단을 지적한 것이나, 전술한 <표 1>을 보면 제대로 지켜지지 않았다. 경종(1688~1724, 재위 1720~1724)도 재위 시에 충청도 충주에 있는 자신의 태실을 가봉하지 못하였는데, 풍흉(豊凶)으로 미루다가[159] 시행 못하고 죽었다.

이후 영조(1694~1776, 재위 1724~1776)가 재위 2년(1726) 경종 태실을 가봉하여 300보에 화소비를 세우고 해자(垓字)를 파 금단(禁斷)하고 수직군 8명을 두어 지키게 하였다.[160](사진 13) 특히 영조는 지금까지 어느 임금보다도 태실 제도를 정비하여 폐단을 해소하고자 여러 차례 강도 있게 노력하였다. 자신의 태실 가봉 시 당초 200보였던 금표구역을 늘리지 못하게 하고,[161] 1729년(영조 5) 가봉할 때 석물도 다른 가봉태실보다 감축하였다.[162](사진 14) 그는 민폐(民弊) 감소 효과가 별로라는

---

157) 『경종실록』경종 4년(1724) 7월 23일(갑자).

158) 『태봉등록』숙종조 무오(1678, 숙종 4) 6월 24일.

159) 『경종실록』경종 4년(1724) 7월 23일(갑자).

160) 『영조실록』영조 2년(1726) 9월 4일(계사);『태봉등록』영종조 병오(1726, 영조 2) 9월 13일.

161) 『영조실록』영조 2년(1726) 9월 25일(갑인).

〈사진 14〉 영조 태실(이전)   〈사진 15〉 정조 태실(이전)

신하들의 거부를 뿌리치고 오늘의 민폐뿐만 아니라 뒷날의 민폐까지 줄이려는 방법이라 하면서 가봉석물의 규모를 줄였다. 하지만 금표범위는 결국 줄이지 못하고 300보로 하였다.163)

또 영조는 1735년(영조 11) 왕세자인 사도세자의 태실을 경상도 풍기 문종 태실이 있는 명봉산의 같은 산등성이에 조성하며,164) 1753년(영조 29) 원손인 정조의 태실을 강원도 영월에 조성한 후165) 태실조성에 차등 기준을 마련하고 가까운 곳에 태실을 조성하고자 하였다.

> ⑥ 하교하기를, "봉태(封胎)하는 한 가지 일은 원손 이외에 대군·왕자도 차
> 등을 두어야 한다. 세자의 여러 중자(衆子)·군주(郡主)·현주(縣主)의 장태
> 에는 안태사를 차출하지 말고 다만 중관(中官)이 관상감의 관원과 함께
> 묻어 두되 석함은 쓰지 말며, 석물군(石物軍)에 5명을 쓰고 담여군(擔舁
> 軍)에 2명을 써서 가자(架子)에 담아 유둔(油芚)으로 덮고 돌을 세워 두었
> 다가 봉태하기를 기다려 거행하라. 무릇 장태하는 곳은 번번이 먼 도로 의

---

162) 『영조실록』영조 5년(1729) 8월 29일(신미); 『여지도서』(1757~1765) 충청도 청주목 능침.

163) 『영조실록』영조 5년(1729) 8월 29일(신미); 『태봉등록』영종조 기유(1729, 영조 5) 9월 초5일.

164) 『여지도서』(1757~1765) 경상도 풍기군 산천.

165) 『영조실록』영조 26년(1750) 10월 6일(을해) 및 영조 29년(1753) 1월 14일(경오); 『비변사등록』영조 29년(1753) 정월 14일; 『여지도서』(1757~1765) 강원도 영월부 능침.

정하여 들이는데, 이 뒤로는 반드시 가까운 도에 정하여 민폐를 덜도록 하라."하였다.(『영조실록』영조 30년(1754) 3월 22일(임신))

이러한 사료 ⑥의 조치는 영조가 왕실의 의례와 관행을 개선하기 위해 『도지정례(度支定例)』(1749), 『국혼정례(國婚定例)』(1749), 『선혜청정례(宣惠廳定例)』(1750), 『상방정례(尙方定例)』(1752)를 펴낸 일련의 업적과도 맥락을 같이한다. 또 영조는 재위 34년(1758)에 지금까지의 개선 방안보다 더 획기적인 '태봉윤음'을 반포하기에 이른다.

⑦ 임금이 숭문당에 나아가서 승지에게 명하여, 태봉윤음(胎峰綸音)을 입으로 불러 쓰게 하였는데, 이르기를, "이제 상고해 온 『실록』을 보니, 광묘(光廟: 세조)의 잠저(潛邸) 때 태봉이 성주 선석산에 있는데, 여러 대군과 여러 왕자의 태봉이 같이 있기 때문에 예조에서 다시 봉(封)하기를 청하매, 그때 민폐를 위하여 동태의 교[同胎之敎]가 있었는데, 단지 다시 돌만 세우게 하였으니, 아름답고 거룩하다. 이로써 보건대, 근래에 태봉을 반드시 봉우리 정상에 하는 것은 바로 그릇된 에이고 또 예조의 초기(草記) 중 '동강(同崗)' 두 자를 보더라도 정상(頂上)이 아님을 가히 알 수 있다. 동태(同胎)의 아우를 형의 태봉 아래에 묻고 손아래 누이를 손위의 누이 태봉 아래에 묻는 것은 이치의 떳떳함이다. 하물며 예전의 고사(故事)가 있으니, 비록 동강에 묻는다 하더라도 무슨 혐의로움이 있겠는가? 지금은 한 태를 묻는 데에 문득 한 고을을 이용하니, 그 폐단은 이루 다 말할 수 없다. 이것도 마땅히 조종의 제도를 본받아야 될 것이니, 이 뒤로는 새로 정하지 말고 차례로 이어서 묻되, 한 산등성이가 비록 다하였을지라도 한 산 안에 또 다른 산등성이를 이용할 것이며, 그 이어서 묻는 곳은 서로의 거리가 2, 3보에 지남이 없도록 하라. 이른바 동생을 형의 태봉 아래에 묻는다는 것이다. 세자와 여러 서자의 장태는 이미 그냥 두라고 명하였으나, 이 뒤에는 비록 여러 적자와 군주가 있을지라도 원손과 두 군주의 장태한 산을 같이 이용할 것이며, 일후에 대군·왕자 이하의 장태도 그렇게 하도록 하라. 대(代)의 멀고 가까움을 구애하지 말고 산등성이가 다하는 것으로 한정할 일을 운관에 분부하라."하였다.(『영조실록』영조 34년(1758) 3월 24일(경술))

사료 ⑦의 '태봉윤음'은, 영조가 세조 태실이 성주 선석산 태봉에 여러 대군·군 태실과 같이 있는 것을 보고 형제·자매의 태를 같은 산등성이[同岡]에 차례로 이어 묻고, 한 산등성이가 다하면 한 산 안에 또 다른 산등성이를 이용토록 한 것이다. 이는 전술한 성종의 1493년 지시, 인조의 1645년 지시, 그리고 숙종의 1678년 지시인 '동태동강론(同胎同岡論)'을 계승한 것이다. 그러나 이의 시초는 세종에 의해 시행되었는데, 바로 성주 선석산 태실이 그 예이다. 그러나 여기에 만족하지 못한 영조는 7년 후(1765) 장태 폐단을 해소하기 위해 길지에 묻지 말고 궁궐 어원(御苑)에 묻도록 하는 매우 파격적인 지시를 한다.

> ⑧ 경복궁의 위장(衛將)이 옛날 궁궐[舊闕]의 곁에서 석함(石函) 하나를 얻어서 바쳤다. 임금이 가져오게 하여 보니, 곧 석함에 봉태(封胎)한 것이었는데, 석면(石面)에 '王子乙巳五月日寅時生[왕자는 을사 5월 일 인시에 태어남]'이라고 새겨져 있었다. 임금이 옥당에 명하여 『보략(譜略)』을 상고하여 찾아 아뢰라고 하였다. 이어서 하교하기를, "국초의 헌릉 능위에 있는 사방석이 민폐가 크다고 하여 성조(聖祖)께서 친히 능소(陵所)에 나아가시어 양편석(兩片石)으로 고치게 하셨다. 『국조능지(國朝陵誌)』에 옛날에는 돌로써 하라고 되어 있는데, 나는 정축년(1757) 이후에 열조의 검소한 덕을 우러러 본받아 도자기[磁]로 대신하게 하였다. 막중한 곳인 능도 오히려 그러하였거든, 하물며 그 다음 가는 것이겠는가? 장태하는 폐단은 내가 익히 아는 바이다. 옛 예[古例]를 고치기 어려우나, 지금 구궐에서 장태 석함을 얻었는데, 이는 중엽 이후의 일이다. 전에 이미 봉태한 것은 지금에 와서 논할 것이 없고, 지금부터 장태는 반드시 어원(御苑)의 정결한 곳에 도자기 항아리[陶缸]로 묻게 하고 이로써 의조(儀曹)에 싣게 하라."하고, 드디어 정식으로 삼았다.(『영조실록』영조 41년(1765) 5월 13일(정해))

사료 ⑧의 조치는 영조가 옛 궁궐에서 우연히 찾은 석함, 즉 태함으로 인한 것이다. 1765년(영조 41) 영조는 구궐에 태함을 장태한 것은 조선 중엽 이후의 일이라 하면서 1758년(영조 34)의 '태봉윤음'을 변경하여 어원의 정결한 곳에 도자기 항아리에 태를 담아 묻는 것을 정식(定式)으로 하는 '을유년(1765) 수교'를 내렸다. 이로보아 '중엽 이후'가 정확히 언제인지 알 수 없지만 일시적으로 장태의식이 궁궐의 후원(後園)에서 치러지기도 했었다.

그리고 정조(1752~1800, 재위 1776~1800)도 선왕인 영조의 예를 따르려고 노력하였다. 자신의 태실 가봉은 백성들의 농사에 피해를 준다고 계속해서 미루었다.[166] 또 영조의 '을유년(1765) 수교'를 받들어 1783년(정조 7) 원자인 문효세자의 태를 어원에 묻으려 하였다. 그러나 원자는 왕위계승자이므로 1등 태봉에 택정해야 한다는 신하들에 반대에 부딪쳐 결국 길지를 구하여 예천에 태실을 조성하게 된다.[167] 이로 인해 영조가 어원에 장태하라는 '을유년(1765) 수교'는 2등 이하에 적용되는 것으로 결론(이를 '계묘년 결론'이라 하겠음)이 내려졌다. 그래서 이후 원자인 순조도 길지를 찾아 보은에 장태하게 되는데,[168] 대신 태함은 연석으로 만들고 승군(僧軍)을 사역시키지 않는 등 물력(物力)과 인력(人力)을 감축하도록 '경술년(1790) 수교'라는 개선책을 제시한다.[169]

한편, 정조는 1785년(정조 9) 왕위에 오르지 못한 아버지 사도세자(1735. 1.~1762. 윤5.)의 태실을 가봉한다.

⑨ … 작년(1783)에 안태사가 내려갈 때에도 하교한 바가 있었는데, <u>경모궁 태봉(景慕宮 胎封)을 아직도 가봉하지 않고 있으니, 비록 근거할 전례가 없지만 어찌 규례를 만들어 그것을 행하지 않을 수 있겠는가.</u> 예조 당상 1원이 나아가서 상황을 봉심하고 돌아와 아뢴 뒤에 품처하라."하였다.(『일성록』정조 8년(1784) 9월 15일(정묘))

---

166) 『정조실록』정조 12년(1788) 1월 13일(병자).
167) 『정조실록』정조 7년(1783) 4월 27일(정해)·4월 28일(무자)·7월 5일(갑오)·8월 5일(갑자)·8월 29일(무자).
168) 『정조실록』정조 14년(1790) 7월 7일(을유)·8월 17일(을축).
169) 『원자아기씨안태등록』(1790).

사료 ⑨로써 전례가 없지만 새 규례를 만들고 한 달 후에는 내년 봄
에 가봉하도록 지시한다.[170] 다음 해(1785) 1월에는 관상감에 가봉할 길
일(吉日)을 잡게 하고,[171] 가봉비에 '景慕宮胎室(경묘궁태실)'로 쓰게
하며, 금표는 200보에서 300보로, 수호군은 2명에서 8명으로 증가시
켜[172] 그 해 3월에 가봉을 완료하였다.[173] 이때 공사를 담당했던 책임자
들의 명단이 지금 명봉사 일주문 주변 자연 바위에 남아있어 문헌사료의
기록을 입증하고 있다.[174] 이러한 경모궁 태실의 가봉 과정은 『춘관통
고(春官通考)』(1788)에도 기록되어 있다.[175]

즉, 정조는 1784년(정조 8) 9월 아버지 경모궁의 태실이 아직도 가봉
되지 않았으니, "비록 근거할 만한 전례가 없지만 어찌 새로 규례를 만
들어 거행하지 않을 수 있겠는가"하면서 관원으로 태실을 살펴보게 하
고, 가봉(1785)하였던 것이다.

이보다 앞서 정조는 1776년 즉위하자마자 아버지 사도세자의 시호를

---

170) 『일성록』정조 8년(1784) 10월 8일(경인).
171) 『승정원일기』정조 9년(1785) 1월 19일(기사); 『일성록』정조 9년(1785) 을사 1월
    19일(기사).
172) 『승정원일기』정조 9년(1785) 1월 25일(을해); 『일성록』정조 9년(1785) 을사 1월
    25일(을해).
173) 『정조실록』정조 9년(1785) 3월 18일(정묘); 『승정원일기』정조 9년(1785) 3월 18
    일(정묘); 『일성록』정조 9년(1785) 을사 3월 18일(정묘).
174) 이 각석문은 자연 바위의 앞면에 가로 76×세로 99cm 크기의 직사각형으로 얕게
    파고 그 안에 '雲觀提擧 洪良浩/ 都巡察使 鄭昌順/ 豊基郡守 李大永/ 榮川郡守
    鄭來鼎/ 監役官 安思彦'라고 음각되어 있다. 각석문은 '경모궁 태실 감역 각석
    문'이라는 명칭으로 경북 문화재자료 제623호(2014. 10. 20.)로 지정되었다. 또
    이 외에도 태실을 중수하고 주변에 기록을 남긴 것이 있는데, 경북 김천 직지사
    경내에 정종 가봉태실의 석물을 중수한 정욱제의 불망비가 있다. 비신에는 '胎
    室石物重修鄭公旭濟不忘碑/ 雨洗風打 獨辨千貨/ 石欄頹圮 非忠易爲/ 甲戌十/ 月
    日立[비에 씻기고 바람에 깎였음을 홀로 재물을 많이 들여 분명하게 하였다. 돌
    난간 무너졌으나 충성이 아니면 아무렇지 않게 여겼으리라'라고 음각되어 있다.
175) 『춘관통고』(1788) 권68 가례 태봉.

장헌세자로 바꾸고 무덤을 수은묘(垂恩墓)에서 영우원(永祐園)으로, 사당을 수은묘(垂恩廟)에서 경모궁(景慕宮)으로 추승(追昇)했다. 그리고 왕으로 추존하려 하였으나 노론의 반발로 이루지 못하였다. 결국 사도세자는 고종 때(1899. 7.) 왕으로 추존(장종)되며, 곧이어(1899. 11.) 황제(장조 의황제)로 격상된다. 그러므로 사도세자는 태실이 가봉될 때 왕으로 추존되지 않은 상황이었다. 왕위에 오르지 못한 사람은 태실이 가봉될 자격이 되지 않는데, 정조는 사도세자에게 추존왕명을 올리기 전인데도 이례적으로 규례를 바꾸어 임금의 예에 준하여 사도세자의 태실을 가봉하였던 것이다. 정조의 이러한 행위는 사도세자를 왕으로 추존시키지 못하게 되자 태실이라도 가봉하여 아버지를 임금과 같은 지위로 격상시키고, 영조로부터 왕위 전승과정을 보충하여 정조 자신도 국왕의 승계를 정당화시키기 위한 것으로 여겨진다.

이후 정조는 영조의 '을유년(1765) 수교'를 집행하여 새로 태어난 옹주의 태를 궁궐에 묻게 한다.

> ⑩ 신생 옹주(新生翁主)의 태를 내원(內苑)에 묻었다. 우리나라의 고사에 왕자나 공주·옹주가 태어날 때마다 유사가 장태할 곳 세 곳을 갖추어 올려 낙점을 받아서 안태사를 보내 묻곤 하였다. 그런데 영종 갑술년(1754)에는 명하여 군주(郡主)의 태를 묻을 적에 안태사를 보내지 말고 다만 중관을 시켜 가 묻도록 하였다. 그러다가 을유년(1765)에 장태 석함을 경복궁의 북쪽 성 안에서 얻고서야 비로소 중엽 이전의176) 옛 규례는 내원에 묻었음을 알았다. 명하여 앞으로 장태는 반드시 내원의 정결한 땅에 묻도록 하였었다. (그런데) 이때에 이르러 유사(有司)가 옹주의 장태 의식 절차를 품하자, 임금이 선조(先朝: 영조)의 수교를 준행하여 이 날 주합루(宙合樓)의 북쪽 섬돌[北砌]에 장태하게 하였다.(『정조실록』정조 17년(1793) 4월 8일(경오))

---

176) 『영조실록』영조 41년(1765) 5월 13일(정해)에는 궁궐 내에 장태한 것은 '중엽 이후'라 하였는데, 여기서는 '중엽 이전'이라 하여 잘못 알고 있다.

하지만 이는 전술했듯이 왕위 계승자가 아닌 2등 이하에 해당되기 때문에 가능한 일이었다. 신생 옹주는 정조와 수빈 박씨 사이에서 태어난 숙선옹주였다. 이와 같이 숙종의 '무오년(1678) 수교', 영조의 '태봉윤음(1758)'과 '을유년(1765) 수교', 그리고 정조의 '경술년(1790) 수교' 등 일련의 개선 방안은 모두 태실로 인해 발생하는 백성들의 피해를 줄이고자 한 애민정신(愛民精神)에서 나온 것이다. 결국 정조는 자신의 태실을 가봉하지 않았다.

순조(1790~1834, 재위 1800~1834)는 재위 1년(1801)에 정조의 태실을 가봉하였는데, 경모궁 태실의 예에 따라 시행하였다.[177](사진 15) 또 순조도 아버지인 정조의 개선책을 준행하려고 노력하였다. 재위 9년(1809) 효명세자인 문조의 태를 경기도에 장태하면서 정조의 '경술년(1790) 수교'에 따라 연석을 사용하고 인력을 줄였으며,[178] 재위 27년(1827) 원손인 헌종의 태를 공충도(지금 충청도) 가야산에 장태하면서도[179] 이를 준행하려고 노력하였다. 그런데 재위 19년(1819) 순조 왕녀의 태가 강원도 평창에 장태되는데, 이 예를 제외하고는 영조의 '을유년(1765) 수교' 이후 2등 이하는 어원에 묻는 것이 정착되었다.[180] 이는 앞의 <표 1>에서 잘 확인된다. 또 순조는 자신의 태실을 재위 6년(1806)에 가봉하고 전례에 따라 보은현을 군으로 승격시켰다.[181](사진 16)

헌종(1827~1849, 재위 1834~1849)은 자신의 태실을 재위 13년(1847)에 가봉하며, 철종(1831~1863, 재위 1849~1863)도 재위 10년

---

177) 『순조실록』순조 1년(1801) 8월 10일(갑인)·10월 9일(임자)·11월 8일(신사)·11월 11일(갑신); 『정종대왕태실가봉의궤』(1801).

178) 『원자아기씨장태의궤』(1809).

179) 『원손아기씨장태등록』(1827).

180) 윤진영(2013, 「조선 후기 안태의례의 개선과 정비」, 『조선시대사학보』67, 조선시대사학회, 413·417쪽)은 영조의 을유년 수교 이후로는 2등 이하는 궁궐에 묻는 것이 예외 없이 실행되었던 것으로 추측하였으나, 이는 오류이다.

181) 『순조실록』순조 6년(1806) 10월 20일(계사) 및 순조 10년(1810) 5월 25일(무인).

〈사진 16〉 순조 태실　　　　　〈사진 17〉 헌종 태실

(1859)에 원자의 태실을 강원도 영월에 조성하였다.[182](사진 17)

고종(1852~1919, 재위 1863 ~1907)도 재위 11년(1874)에 원자인 순종(1874~1926, 재위 1907 ~1910)의 태실을 충청도 홍성군에 조성한다.[183](사진 18·19) 또 고종은 제4남 왕자인 영친왕(영왕·이왕전하)의 태를 1897년(고종 광무 1) 창덕궁 금원에 장태하였다. 그리고 순종 때 1908년(순종 융희 2) 5월에 헌종의 가봉태실이 훼손되자 덕산 군수가 중수하는데,[184] 조선 말기에도 태실은 계속해서 관리되었다.

〈사진 18〉 순종 태봉산　　　　〈사진 19〉 순종 태실 화소비

182) 『원자아기씨장태의궤』(1859).
183) 『원자아기씨장태의궤』(1874).
184) 『황성신문』 1908년 5월 3일.

이와 같이 조선 왕실에서는 태실에 대한 관념이 다른 왕조의 왕실보
다 강하여 처음부터 끝까지 태실 제도를 유지·관리하였는데, 긴 기간 동
안 당시의 상황에 따라 약간의 제도적 변화는 있었지만, 근본적인 틀은
그대로 유지하면서 변화·발전되었다.

3. 일제강점기의 태실 훼손

일제강점기(1910~1945) 때에도 고종은 1912년에 덕혜옹주의 태를,
1914년에는 제8남 왕자의 태를, 1915년에는 제9남 왕자의 태를 창덕궁

〈그림 1〉 창덕궁 태봉 위치도

후원에 묻어 정조의 '계묘년(1783) 결론'을 준행하였다. 이는 장서각에 소장되어 있는 다음의 <창덕궁 태봉 위치도>에서 확인된다.(그림 1)

이 <그림 1>은 창덕궁 후원의 연경당(演慶堂) 북쪽에 조성된 3개소의 태실 위치를 그린 것으로 태실이 있는 곳에 이중 동그라미(◎)를 그리고 정유 태봉(丁酉 胎封), 임자 태봉(壬子 胎封), 갑인 태봉(甲寅 胎封)이라고 각각 적었다. '胎封(태봉)'이라는 단어 앞의 간지(干支)는 태실을 조성한 시기를 말하므로 정유 태봉은 1897년 10월 1일 장태된 영친왕의 태실, 임자 태봉은 1912년 4월 23일 장태된 덕혜옹주의 태실, 갑인 태봉은 1914년 6월 7일 장태된 고종의 제8왕자 태실임을 알 수 있다. 이 그림은 1915년 8월 3일 장태된 고종의 제9왕자 태실 위치가 그려져 있지 않으므로 그 제작 시기는 고종 제8왕자 태실 조성 이후부터 제9왕자 태실 조성 이전, 즉 1914년 6월 7일~1915년 8월 3일 사이에 그려진 것으로 추정된다.[185] 전술하였듯이 조선시대에는 태를 신성시하여 왕실에서는 태실을 설치하고 의궤나 등록을 편찬하여 기록으로도 남겼다. 이러한 전통은 일제강점기 초에도 지속되었는데, <그림 1>이 이를 방증하며, 또 우리나라 왕실에서 장태행위, 즉 태실 조성을 얼마나 중요하게 여겼는가를 단적으로 보여주는 자료라 하겠다.

그러나 일제강점기 초까지도 그 전통을 계속 이어온 태실 제도는 1920년대 들어와서 더 이상 유지되지 못하고 일제에 의해 파괴되고 중단되기 시작한다. 일제는 전국에 분포되어 있는 태실 중 54위(位)를 서

---

185) 윤진영(2015, 「옛 사람의 향기 -창덕궁 태봉도의 비밀」,『한국학중앙연구원 온라인소식지』제74호(2015년 3월호), 한국학중앙연구원)은 1929년 창덕궁 안에 있던 세 곳의 태봉을 서삼릉으로 봉출해 간 자리를 그린 것이라 하였다. 그렇다면 이곳에 있다가 서삼릉으로 이전된 고종 제9남의 태실도 그려져 있어야 하는데 그렇지 않다. 고종의 제9남 태실은 1915년 8월 3일 창덕궁 후원에 장태되었기 때문에 이 그림을 1929년에 그린 것으로 본다면 분명히 그 위치가 그려져 있어야 한다. 그러므로 <그림 1>을 1929년에 작성된 것으로 보기 어렵다.

삼릉(西三陵)의 한쪽에 모아, 즉 지금의 경기도 고양시 덕양구 원당동 산38-39번지에 태실 집장지를 설치하였다. 이러한 작업에 일제는 이왕직(李王職)을 이용하였다. 이는 다음의 신문기사에서 잘 알 수 있다.

⑪ 六十餘胎封
　 一處도 無完
　 보물을 탐내어 도굴도 하고
　 민간의 분묘로 된 곳도 잇서
　 王家에서 全部拂下計劃.
　 명당숭배는 조선의 고유한 습속으로 그 폐해여부는 별문데로 하고 고래로 나라에서도 소위 상디감(相地監)이라고 하는 풍수를 전국에 널리 차견하야 좌청룡 우백호(左靑龍右白虎)의 명당을 구케 하야 과연 명당을 구하면 장차 왕족의 릉원(陵園)으로 쓰고저 미리 땅을 사두어 왓는데 또는 그 땅을 그냥두면 다른 인민의 침범이 잇슬가 하야 태봉(胎封)(보통 민가에서는 태를 살러버리되 나라에서는 태를 땅속에 뭇는다)으로 뎡하야 두어 그 태봉이 서북오도를 제하고 전국에 륙칠십 군대가 잇서 각도의 관찰사가 관리하야 왓것다 그러나 관찰도가 폐지된 후 즉 나라가 합병된 후로는 그대로 내어버려 두엇슴으로 풍우에 파괴되자 일부 민간에서는 목숨을 바치고도 명당을 구하는 판이라 태봉에 매장된 태를 발굴하고 자긔 조상의 유골을 무더 버리기도 하고 혹은 태봉 안에는 보물(寶物)을 만히 너흠으로 그것을 도적하노라고 도굴도 하야 완전한 것이 하나도 업슴으로 리왕직에서는 각 태봉을 한 군데 모흐고 전부를 불하하기로 되어 이장에 착수하리라는데 전주리씨(全州李氏) 종중에서는 태봉폐지에 대하야 반대의견을 가지고 잇다더라.(『동아일보』1928년 4월 6일)

이『동아일보』기사를 살펴보면, 조선이 망하자 전국의 태실이 방치되어 민간에서 태를 발굴하고 자기 조상의 무덤으로 사용하거나 또는 태실을 도굴하여 완전한 것이 하나도 없기 때문에 1928년 4월 이왕직에서 땅을 민간에 불하(拂下)하고 태를 이장(移藏)하여 한 군데 모아 관리할 계획이라 하였다.

여기서 이왕직은 전국의 태실이 관리되지 않고 방치되어 민간에서 도굴하는 등 훼손하므로 한 곳에 모아 잘 관리하겠다는 이유를 내세우고 있으나, 전주이씨종중에서는 태봉 폐지에 대해 반대하고 있다. 이렇게 조선 왕실의 반대에도 불구하고 태실을 옮긴 것은 일제 조선총독부의 정치적 목적이 개입되었음을 단적으로 보여주는 것이라 하겠다.

이왕직은 1910년 12월 설치되어 일제강점기 조선 왕실, 즉 이왕가(李王家)의 재산관리 등 사무 일체를 담당하던 기관으로 일본의 궁내성(宮內省)에 소속되어 조선 총독이 감독한 어용기구였다. 그러므로 일본 천황의 통솔을 받은 이왕직은 일제하의 이왕가를 관리·통제하는 기능을 하였다. 일제는 이러한 이왕직을 시켜 태실 이장을 실행하였던 것이다. 즉 조선 총독부는 전국 각지 명당에 산재(散在)하여 있는 태실을 관리하겠다는 명분아래 태실을 파괴하고 태실문화를 말살시켰는데, 이는 우리 민족을 다스리기 위한 일제 식민통치의 한 방법이었다.

1928년 8월 22일자『동아일보』에 의하면, 8월 18일 홍성의 순종 태실을 이왕직이 봉출하여 다음날 경성으로 봉환하였다하며, 같은 해 9월 10일자『매일신문』에는, 창덕궁의 예식과 전사 두 사람이 존귀하신 어른들의 태가 무슨 지경에 갈지 모른다하여 전국 각지의 태실 29기를 파서 경성으로 모셔왔다고 밝히고 있다. 또 같은 해 9월 10일자『매일신보』에서는, 이왕직이 29개소의 태옹을 경성 봉상소(奉常所)로 옮겨 봉안하였는데, 이중 8곳에서 암장시(暗葬屍)가 발견되었으며, 앞으로 20여 처를 더 10월까지 전부 옮길 것이라 하였다. 또 경주(慶州)에 모신 성종 태실의 석물을 창덕궁 뒤 비원에 이전하여 새로 건설되는 태봉의 표본으로 삼겠다고 하였는데, 경기도 광주에 있는 성종 태실의 위치를 경주로 잘못 적고 있다. 성종 태실은 약 두 달 뒤 1928년 11월 2일자『동아일보』에 의하면, 창경원에 모시기로 되어 (이왕가) 박물관 뒤에 봉안하였다고 하면서 창경원으로 옮겨진 성종 태실의 사진도 싣고 있다. 하지만 이 신문에서도 성종 태실의 위치를 경북 성주로 잘못 적고 있다.[186]

---

186) 경기도 광주에 있던 성종 태실을 창경궁으로 이전한 시기를 1930년으로 보는

또 1928년 11월 22일자 『매일신보』에는, 황해도 내 3개의 태실을 이왕직에서 이봉한다고 하면서 인조 태실은 11월 18일 이봉하였으며, 왕녀 복합 태실은 11월 22일 예정, 왕자 태실은 11월 25일 예정, 원자 태실은 11월 28일 이봉 예정이라고 하였다. 이후 1929년 3월에는 39위의 태실이 경성 이왕직 봉상시 봉안실에 모이는데, 이는 다음의 신문으로 알 수 있다.

> ⑫ 三十九個處胎封
> 西三陵域에 移安
> 고양군 원당면에 잇는 릉
> 해빙되면 공사착수.
> 리왕직에서는 각디 명산에 봉안하얏든 태봉 삼십구개소를 철회하야 버리고 태봉안에 잇든 태옹(胎甕)을 경성으로 이안하야 림시로 시내 수창동(需昌洞) 리왕직 봉상시(奉常寺)에 봉안실(奉安室)을 신축하고 봉안하야 두엇든 바 이번에 시외 고양군 원당면 원당리(高陽郡 元堂面 元堂里)에 잇는 서삼릉(西三陵) 역내(域內)에 영구히 봉안하기로 되어 해동을 기다려 이안하리라는데 서삼릉은 철종황데(哲宗皇帝)의 예릉(睿陵) 인종대왕(仁宗大王)의 효릉(孝陵) 장경황후윤씨(章敬王后尹氏)의 희릉(禧陵)을 모신 곳이라더라.(『동아일보』1929년 3월 1일)

이 『동아일보』기사는, 이왕직이 전국 39개소 태실을 파헤쳐 경성으로 옮겨와 시내 수창동(당시 종로구 내수동 서울경찰청 주변) 이왕직 봉상시(역대 공신의 제사를 지내던 곳)에 봉안실을 임시로 마련하여 보관했으며, 추위가 사라지면 서삼릉으로 이안한다는 내용이다. 또 같은 날짜의 『매일신보』에도 같은 내용이 실려 있다.

이렇게 이왕직은 조선총독부의 지시로 전국 각지의 태실을 파괴하는 데 꼭두각시 역할을 하였다. 이왕직은 전국에 분포한 수많은 태실 중 경

___

견해(나각순, 2005, 『창경궁과 문묘』, 종로문화원, 138~139쪽)가 있으나, 이는 잘못이다.

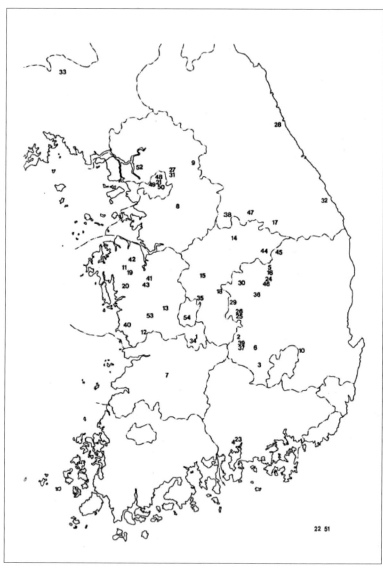

〈지도 1〉 서삼릉으로 옮겨온 태실의 원위치[188]

북 16개소, 충남 13개소(대전 1개소 포함), 충북 5개소, 경기 9개소(서울

4개소 포함), 강원 5개소, 전북 1개소, 경남 2개소, 황해도 1개소와 일본 동경 2개소 등 모두 54위의 태실을 서삼릉으로 옮겨 태실 집장지(集藏地)를 만들었다.(지도 1) 그때의 이장 과정은 당시 이왕직 예식과에서 작성한 『태봉(胎封)』에서 살펴볼 수 있다.[187]

서삼릉 태실 집장지를 살펴보자. 태실 집장지의 전체적인 형태는 평면 직사각형에 가운데를 一(일)자처럼 막아 日(일)자형의 블록담장(가로 28 × 세로 24 × 높이 1.5m, 총 둘레 104m)을 하여 두 개의 태실군을 조성하였다. 각 태실군의 남쪽에 큰 철문을 1개씩 설치하고 태실의 좌·우측과 중간담장에 작은 출입문을 1개씩 설치하였다. 그리고 그 안에 서쪽에는 오석비군을, 동쪽에는 화강암비군을 조성하여 구분하였다. 오석비군은 평면 凸(철)자형의 기단석을 설치하고 그 내부에 6열의 태실을 배치하였는데, 맨 앞 가운데에 태조 태실을 혼자 배치하고 그 뒤에 1줄에 5개씩 5열(마지막 5열에는 1개)의 조선시대 역대 왕 태실 19기와 장조 의황제 태실, 영친왕 태실, 왕세자 태실 등 모두 22기를 봉안하였으며, 화강암비군에는 1줄에 4개씩 8열의 태실을 배치하였는데, 대군 태실 1기, 군 태실 14기, 대원군 태실 1기, 세자 태실 2기, 세손 태실 1기, 공주 태실 5기, 옹주 태실 7기, 연산군모 폐비 윤씨 태실 1기 등 모두 32기를 봉안하였다.(사진 1-①~⑤, 그림 2)

각 태실의 세부적인 구조는 지상 구조와 지하 구조로 구분된다. 지상

---

187) 이왕직, 『태봉』(1928~1934).

　　이 책은 장서각에 소장(등록번호 41018134, 청구기호 K2-2910)되어 있는데, 이 왕직(예식과)에서 전국에 산재한 54위의 태를 경기도 고양시 서삼릉으로 옮겨 태실 집장지를 만들면서 당시 출장복명서, 태실실측도, 태실배치도 등의 관련 기록이다. 지금까지 이 책의 시기를 장서각에서는 1928년경으로 보아 왔으나, 이는 잘못으로 그 내용을 살펴보면 1928·1929·1930·1934년 등 여러 해에 걸친 관련 서류가 합쳐져 한 권으로 되어 있음을 알 수 있다. 이 책에는 쪽수가 적혀 있지 않아 필자가 표지를 제외하고 순서대로 쪽수를 매겼다.

188) 국립문화재연구소, 1999, 『서삼릉태실』, 20쪽.

① 지상구조 전경

② 중앙 담장 철거 후 전경

③ 출입 철문 전경

④ 지하구조 덮개 전경(경종)

⑤ 지하구조 내부 전경(성종)

⑥ 정비된 현 태실 전경

〈사진 20〉 서삼릉 태실 집장지

구조는 장대석으로 사각형의 지대석(가로 121.5 × 세로 121.5cm)을 만들고 그 가운데에 사각형의 비대(가로 61 × 세로 46 × 높이 28cm)를 놓고 그 위에 긴 사각형의 표석(가로 15.5 × 세로 30.5 × 높이 72cm)을 세웠다. 표석에는 태주와 태실의 원위치, 그리고 태실을 조성한 시기를 '昭

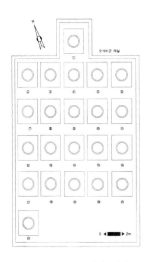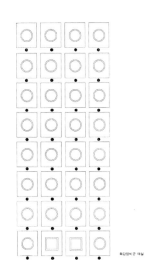

① 태실 배치도(오석비군과 화강암비군)

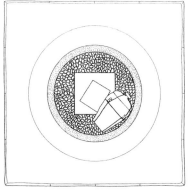

② 태실 평·단면도(지상 및 지하)   ③ 태실 지하 내부 실측도(예종)

〈그림 2〉 서삼릉 태실의 배치도와 구조도

和(소화)'라는 일본 연호로 기록하였다. 그리고 지하 구조는 지표 약 25cm 아래에서 확인되는데, 먼저 토광을 파고 원통형의 시멘트 관(직경 105 × 깊이 95 × 두께 6.5cm)을 묻었는데, 이중 영산군과 의혜공주는 평면 사각형의 시멘트 관(가로 120 × 세로 120 × 두께 19 × 깊이 70cm)으로 되어 있다. 시멘트 관의 뒷채움은 정선된 황토와 석회를 약간 섞어 하였다. 내부 바닥 가운데에는 정사각형의 시멘트 받침(가로 45 × 세로 45 × 높이 6cm)을 놓고 주위 바닥에는 강자갈을 깔았다. 시멘트 받침 위에는 이중 태호를 놓고 태호 옆에 태지석을 세워 봉안하였다. 그리고 시멘트관의 상부에는 사각형의 시멘트 덮개(길이 121 × 너비 60 × 두께 11.5cm)로 덮었다. 이 덮개는 같은 크기의 직사각형 시멘트 덮개 두 개를 맞붙여 평면 日(일)자형을 하였다.(사진 20-①~⑤, 그림 2)[189]

이렇게 조성한 서삼릉 태실 집장지는 각 태실의 표석에 조성한 시기가 인위적으로 지워져 있어 정확한 시기를 알 수 없다. 그러나 이왕직의 『태봉(胎封)』으로 보아 태실 집장지 조성은 1928년부터 시작되어 1934년에 완료되었음을 알 수 있다.

이 책에 의하면, 소화 3년(1928) 8월 5일~10일은 숙명·숙경공주의 태실을, 8월 11일~14일은 태종, 8월 15일~18일은 세조, 8월 19일~22일은 인종, 8월 22일~29일은 단종·세종의 태실을 조사해서 8월 30일 태호와 태지석을 경성(지금 서울)으로 봉송하여 봉안실에 보관하였다면서 9월 15일 복명하고 있다. 그리고 서삼릉 경내에 태실 49위(位)를 이장하였는데, 1930년 4월 15일 15위를, 4월 16일에 16위를, 4월 17일에 18위를 이장하였다고 한다. 또 진전하 태실은 일본 동경에서 옮겨와 소화 9년(1934) 6월 8일 조성하였다고 한다.

그 외 네 태실에 대해서는 이장 시기가 기록되어 있지 않는데,「胎室移藏地略圖(태실이장지약도)」에는 54위의 태실 배치가 그려져 있다. 왕

---

189) 국립문화재연구소, 1999,『서삼릉태실』.

세자 구 태실은 1932년 1월 25일 서삼릉에 안장되었으며, 영산군·의혜 공주·경평군 태실은 표석에 연도가 지워져 알 수 없으나, 영산군과 의혜 공주는 ?년 6월 26일에 이장되었으며, 경평군은 1934년 野守建(야수건) 의 조사복명서로 보아 이후 ?년 10월 26일에 조성되었다. 그런데 「태실 이장지약도」에 이 세 태실이 그려져 있는 것으로 보아 모두 1934년으로 추정된다. 하지만 1928~1934년『태봉』의 기록과 달리, 국립중앙박물관 에 소장된 유리원판에 태주의 태호와 태지석의 권안(權按) 시기가 묵서 (墨書)되어 있는데, '昭和 2年(1927)'의 것이 확인되어 늦어도 1927년부 터는 태실이 이장되기 시작하였다.[190]

그러나 실제로 일제가 조선 왕실의 태실을 조사하기 시작한 것은 이 보다 훨씬 전인 1911년부터였다. 이는 다음의 사료에서 확인된다.

⑬ 이왕직 소속[本職屬] 가등병차(加藤兵次)를 파견하여 경상남·북도 각 군 (各郡)에 있는 <곤양(昆陽), 금산(金山), 성주(星州), 순흥(順興), 풍기(豊 基), 영천(永川)의 6개 군이다.> 태봉산(胎峯山)의 토지 경계를 정할 때 입회하게 하였다.(『순종실록부록』순종 4년(1911) 10월 13일)

⑭ 이왕직 소속[本職屬] 재천무언(在川武彦)을 충청남·북도 도청(道廳) 직원 과 함께 파견하여 양도(兩道)에 있는 태봉(胎峯) 부속지(附屬地)를 조사하 여 경계를 정하도록 하였다.(『순종실록부록』순종 4년(1911) 11월 12일)

⑮ 지난번 충청남·북도와 전라북도 각 군(各郡)에 있는 태봉산(胎峯山) 땅의 경계를 정하는 일로 이왕직 소속[本職屬] 궁기(宮氣)에게 출장을 가도록 명하였다. 궁기가 지금 충남에 있고 전북의 사무가 급하기 때문에, 또 속 (屬) 가등병차(加藤兵次)에게 전주(全州), 진산(珍山) 등에 출장 가서 사 무를 겸하라고 명하였다.(『순종실록부록』순종 4년(1911) 12월 5일)

⑯ 경기(京畿) 각 군(各郡)에 있는 능(陵)·원(園)·묘(墓) 및 태봉(胎峯) 부속 지의 경계를 정하는 일로써 출장을 간 유마수일(有馬秀一)을 일로 인하여

---

190) 국립문화재연구소, 1999,『서삼릉태실』, 412~420쪽.

소환하였다. 또 해당 직원[該員]에게 양주군(楊州郡), 포천군(抱川郡), 가평군(加平郡), 영평군(永平郡) 등에 출장을 가라고 명하였다.(『순종실록부록』순종 4년(1911) 12월 14일)

⑰ 단종 대왕(端宗大王) 태봉 외 1개소(箇所), 현종 대왕(顯宗大王) 태봉 외 5개소의 경계를 결정하는 일에 관한 농상공부 장관(農商工部長官)의 통첩(通牒)을 받았다.(『순종실록부록』순종 5년(1912) 4월 1일)

사료 ⑬~⑰은 1911년 10월~1912년 4월 이왕직의 일본인 직원을 시켜 경상도, 충청도, 전라도 및 경기도 등에 있는 태실을 조사하여 경계를 정하도록 하고 있는 내용이 기록되어 있다. 이로 보아 일제는 1910년 조선을 식민지로 강점(强占)하자 바로 조선 왕실의 태실에 대한 전수 조사를 진행하였던 것이다.

이후 1925년 9월 13일자『동아일보』에 의하면, 이미 9월 5일에 이왕직 직원 중서차남(中西次男)을 전북 금산군 추부면 태조 태실이 있는 태봉산에 삼림이 울창하다는 핑계로 보내어 태봉산을 조사케 하고 큰 나무를 베었다. 원래 태실 주변에는 금표비를 세워 함부로 벌채 등을 하지 못하도록 하는데, 이러한 행위를 하는 것으로 보아 1925년 전후에 태실제도의 폐지가 결정되었던 것 같다. 하지만 일제는 전술하였듯이 이왕직을 시켜 이미 1911년부터 전국의 태실(태봉산)을 조사케 하였으며, 이후 1925년을 전후하여 태실의 이전을 결정하고 1927~1928년부터 서삼릉으로 본격적인 이전을 실시하였던 것이다.

이처럼 일제는 조선 왕실의 태실을 파괴하고 태실지를 민간에 팔아 태실문화를 말살시켰으며, 또 다수의 태실을 서삼릉으로 이장하여 태실 집장지를 조성하였는데, 왜 우리 민족의 반대에도 불구하고 태실을 서삼릉에 강제로 옮겼을까?

첫째, 조선 왕실의 태실은 풍수지리적으로 명당에 위치해 있었기 때문에 이 명당을 파괴함으로써 조선 왕실의 정기가 더 이상 뻗어가지 못하도록 차단하여 민족정기를 말살하기 위한 것이었다. 그래서 태함, 아기비, 가봉비, 팔각난간석을 두른 중앙태석 등 원래 태실에 장식된 석물은 현지에 내버려 둔 채 태호와 태지석만 수습하여 옮겨와 초라하게 설치하였던 것이다.

둘째, 그 많은 지역 중 왜 서삼릉으로 옮겼는가 하는 것이다. 태실은 원래 풍수지리적으로 무덤과 같은 음택풍수에 의해 조성되지만, 무덤과 다른 것은 죽은 사람을 위한 것이 아니라 살아있는 사람을 위한 것이다. 그런데 서삼릉에는 중종의 계비 장경왕후 윤씨의 희릉(禧陵), 인종과 비 인성왕후 박씨의 효릉(孝陵), 철종과 비 인철왕후 김씨의 예릉(睿陵) 등 왕·왕비의 3능(陵), 소경원·의령원·효창원 등 세자의 3원(園), 폐비 윤씨의 회묘(懷墓)와 의친왕을 비롯하여 후궁·대군·군·공주·옹주의 묘 46기 등 47묘(墓)가 있는 조선 왕실의 무덤군으로 이곳은 살아있는 사람을 위한 자리가 아니라 죽은 사람을 위한 자리이다. 그러므로 일제는 그 많은 태실을 조선 왕실의 무덤이 한 곳에 가장 많이 있는 이곳에 옮겨 공동묘지처럼 조성하여 더 이상 산 사람(왕의 자손)이 무병장수의 삶을 영위하지 못하고 빨리 세상을 떠나도록 하여 왕실의 혈통이 지속되는 것을 막으려 하였던 것이다. 즉 태어남[生]과 삶[活]의 개념인 태실을 죽음[死]의 개념인 무덤 자리에 옮겨 설치함으로써 조선이라는 나라는 지속되지 않고 죽어 망하였다는 것을 우리 민족에게 보여 주려하였던 것이다. 그래서 이미 죽음의 의미인 왕릉은 흩어져 있어도 손대지 않고 현재와 미래의 의미가 내포되어 있는 태실만 파괴하였던 것이다.

셋째, 조선의 국운(國運)이 다하여 일본에 망했음을 우리 민족에게 보여주고 우리 민족을 다스리기 위한 일제 식민통치의 도구로 활용하기 위한 것이었다. 그래서 일제가 조성한 서삼릉 태실 집장지는 조선 태실의 전통 구조나 형태와 다르게 日(일)자 모양의 담장 속에 가두고 출입문 및 표석을 일본식으로 조영(造營)하여 일본 천황에게 참배하는 신사 모

습을 하였던 것이다. 또 지하에는 원형의 관을 묻어 일장기의 태양을 상
징하도록 하였고 덮개는 두 개의 직사각형 시멘트로 맞물려 日(일)자 모
양을 나타내어 일본을 상징하여 일본의 통치하에 가두어 버렸다. 다만
왕과 왕자녀의 태실은 오석과 화강암 표석으로 구분하여 차등을 두었을
뿐이다. 이렇게 일제는 서삼릉 태실 집장지를 만들어 식민통치정책의 하
나로 활용하였다. 지금은 문화재청에서 1995년 3월 27일 가운데 있는
담장을 철거하고 1996년 3월 6일에는 외곽 담장과 철문을 철거한 후 발
굴조사를 실시하고 그해 주변을 새롭게 정비하였다.(사진 20-⑥)

넷째, 그동안 태실이 조성된 지역은 읍격이 승격되기도 하여 백성들이
자기 마을에 태실이 모셔진 것을 자랑스럽게 여겼으며, 또한 이를 통해 조
선 왕조와 백성간의 유대감이 강화되어왔다. 비록 왕의 개인 자격으로서
태를 묻어 왕실의 안녕을 기원하였지만, 나아가 국운과 관련되어 있어 백
성의 안위와도 연관성이 있는 것이다. 그러므로 태실은 왕 개인 또는 왕실
만의 태실이 아니라 국가와 백성의 태실도 되는 것이다. 그런데 일제는 이
러한 역할을 하는 태실을 없앰으로써 백성들이 더 이상 조선 왕실을 생각
하지 못하게 하였으며, 그래서 그 연결고리를 없애고자 하였던 것이다.

이렇게 일제는 후술하는 제3부 I장의 태실조성 이유를 너무나 잘 알
고 있었기에 전술한 바와 같이 태실 폐지 정책을 추진하여 식민통치의
한 방법으로 우리 민족의 정기를 말살하려 하였던 것이다.[191]

이 장에서는 한국 태실의 기원을 찾아보고 태실 제도가 그동안 어떻
게 변화·발전되고 전개되어 왔는지 살펴보았다.

---

191) 그러나 김득환(2007, 「서삼릉 -능역의 능묘와 태실 등에 대한 고찰-」,『경기향토
사학』12, 한국문화원연합회경기도지회, 92~96쪽)은 전국의 태봉산에서 태를 봉
출한 것은 이왕직이며, 또 왕세자 이구의 태실이 서삼릉의 왕자녀 태실군에 있지
않고 국왕 태실군에 배치된 것으로 보아 서삼릉으로 태실을 이전한 것은 일제의
강압에 의한 것이 아니라 이왕가가 주체적인 입장에서, 또 필요한 측면에서 시행
한 것이라고 보았다. 그러나 이러한 견해는 본문과 같은 이유로 따르기 어렵다.

한국 태실의 기원은 신라 김유신 태실에서 근거를 찾았으며, 늦어도 595년 이전부터 조성되고 있었음을 알 수 있었다. 이러한 태실문화는 나말여초에 중국의 풍수사상과 결합되었으며, 고려 왕실에서는 풍수이론에 맞추어 태실을 조성하였으며, 국가적 차원으로 제도가 성립되었다. 그러나 고려시대에는 활성화되지 못하고 왕과 세자에 한해서만 태실을 조성하였다.

이후 조선시대 세종과 성종에 의해 태실 제도가 정비되고 확립되어 정착하는데, 세종은 모든 아들에게까지 태실조성을 확대하고 절차와 의례도 체계적으로 정립시켰다. 성종 때 들어와 모든 딸까지 태실이 조성되고 관련 시설물도 정형화되어 제도가 완전히 정착하게 되었다. 그러나 조선시대 들어 태실조성이 많아지자 폐단이 발생하기 시작하였다. 몇몇 왕들은 태실조성으로 발생하는 폐단을 해소하기 위해 여러 가지 개선책을 제시하여 태실 제도에 변화가 생긴다. 그중 가장 획기적인 것이 한 산등성이에 여러 태실을 조성하는 동태동강론이다. 이는 1493년 성종에 의해 처음 제시되고 1645년 인조와 1678년 숙종에 의해 재등장하며, 1758년 영조의 태봉윤음으로 확고해진다. 특히 영조는 1765년 궁궐 어원에 장태하라는 수교를 내린다. 정조는 1783년 왕위계승자인 원자는 1등에 해당되어 길지에 태실을 조성해야 하고 그 이하 대상자는 궁궐 어원에 장태해야 한다는 신하들의 결론에 의해 원자를 제외하고 이 개선책을 따랐다.

이렇게 세계 유일의 독특한 우리나라 태실문화는 시간이 흐름에 따라 변화·발전하였는데, 근본적인 큰 틀은 유지되어 전개되었다. 하지만 일제강점기 들어 일제가 전국의 많은 태실을 파괴하고 강제 철거하여 서삼릉에 54위의 태실 집장지를 만들었다. 그 가장 큰 이유는 조선 왕실의 태실을 파괴함으로써 조선의 국운이 지속되지 못하도록 하기 위한 것이었다.

제3부

태실의 입지와 일반 구조

Ⅰ. 태실의 입지와 분포

1. 태실의 입지와 조성 이유

1) 사료에 나타난 입지 조건

태실이 조성되는 태봉산의 입지(立地) 조건은 다음의 문헌사료에서 살펴볼 수 있다.

① 음양학을 하는 정앙이 글을 올리기를, "당나라 일행(一行)이 저술한 『육안태』의 법[六安胎之法]에 말하기를, '사람이 나는 시초에는 태로 인하여 자라게 되는 것이며, 더욱이 그가 어질고 어리석음과 성하고 쇠함은 모두 태에 관계있다. 이런 까닭으로 남자는 15세까지 태를 간수하게 되나니, 이는 학문에 뜻을 두고 혼가(婚嫁)할 나이가 되기를 기다리는 것이다. 남자의 태가 좋은 땅을 만나면 총명하여 학문을 좋아하고, 벼슬이 높으며, 병이 없는 것이요, 여자의 태가 좋은 땅을 만나면 얼굴이 예쁘고 단정하여 남에게 흠앙(欽仰)을 받게 되는데, 다만 태를 간수함에는 묻는데 도수(度數)를 지나치지 않아야만 좋은 상서(祥瑞)를 얻게 된다. 그 좋은 땅이란 것은 땅이 반듯하고 우뚝 솟아 위로 공중을 받치는 듯 해야만 길지(吉地)가 된다.'고 하였으며, 또 왕악(王岳)의 책을 보건대, '만 3개월을 기다려 높고 고요한 곳을 가려서 태를 묻으면 수명이 길고 지혜가 있다.'하였으니, 사왕(嗣王: 문종)의 태는 그가 왕위에 오름을 기다려 이를 편안하게 하는 것은 옛날 사람의 안태하는 법에 어긋남이 있으니, 원컨대, 일행과 왕악의 태를 간수하는 법[藏胎之法]에 의거하여 길지를 가려서 이를 잘 묻어 미리 수(壽)와 복(福)을 기르게 하소서."하였다. 풍수학에 내리어 이

를 의논하게 하니, 모두 상서한 것이 적당하다고 하므로, 명하여 내년 가을에 다시 아뢰라고 하였다.(『세종실록』세종 18년(1436) 8월 8일(신미))

② 임금이 말하기를, "태실 도국 안에 고총(古塚)이 있으면 길흉이 어떠한고."하니, 의생이 아뢰기를, "『안태서(安胎書)』에 이르되, '태실은 마땅히 높고 정결한 곳이라야 한다.'하였은즉, 장경의 묘는 속히 철거함이 마땅하옵니다."하였다.(『세종실록』세종 26년(1444) 1월 5일(을묘))

③ 대왕 태봉은 둘레를 300보로 제한하고 수지기를 두어서 태봉을 돌보게 합니다. 왕자와 여러 아기씨의 태봉은 100보로 제한하고 따로 수지기를 두지 않습니다. 지난 선조 때인 만력 33년(1605)에 공주 태봉은 200보로 제한한다는 정탈을 예조에서 받아 시행했다는 기록이 지금 『관상감등록』에 올라있습니다. 무릇 태봉은 산 정상에 쓰는 것이 예(例)이며, 내맥(來脈: 來龍)이나 좌청룡·우백호[龍虎]나 안대(案對: 案山)는 원래 간택하는 일[看擇之事]에 없다고 합니다. 이번 왕녀의 태봉 보수(步數)는 선조 때 규정[定式]대로 따르는 것이 마땅할 듯 하오니 … 아뢴 대로 하라고 윤허하였다.(『태봉등록』현종조 임인(1662, 현종 3) 2월 초1일)

④ 안태사 민점이 아뢰기를, … 하니, 임금이 따랐다. 안태하는 제도[安胎之制]는 고례(古禮)에는 보이지 않는데, 우리나라 제도는 반드시 들판 가운데의 둥근 봉우리[野中圓峰]를 택하여 그 정상에 태를 묻고 태봉(胎峰)이라 하였다. 그리고 그곳에 표식을 하여 농사를 짓거나 나무를 하는 것을 금지하기를 원릉의 제도와 같이 하였다. 임금에서부터 왕자와 공주에 이르기까지 모두 태봉이 있었으니, 이러한 우리나라 풍속의 폐단에 대해서 식견 있는 자들은 병으로 여겼다.(『현종개수실록』현종 11년(1670) 3월 19일(병자))

⑤ 형조판서 윤유는 이르기를, '신이 … . 태실의 땅 점유는 높고 뾰족한 곳 정상에 있는 것이 예(例)로 민전(民田)을 측량해도 금표 안에 그렇게 많이 들어가지는 않을 것 같습니다. … 좌부승지 이광보가 아뢰기를, "태실은 토산(土山)의 높고 뾰족한 곳에 두기 마련입니다. 요즈음 와서 사람은 많아졌고 땅은 귀하게 되었으니, 산허리 이상은 어디든지 개간하려 듭니다. 17결의 농지가 금표 안에 들어있다는 말이 결코 이상한 말이 아닙니다."라고 하고 … .(『태봉등록』영종조 신해(1731, 영조 7) 3월 27일)

이 문헌사료들은 태실이 설치되어야 하는 곳의 입지를 간략히 설명한 것으로 『육안태』와 『안태서』 등의 책을 근거로 태가 묻힐 땅의 조건을 제시해 주고 있다.

즉, 사료 ①·②·⑤는 땅이 반듯하고 우뚝 솟아 높고 뾰족하여 공중을 받치는 듯해야 하며, 또 높고 고요하고 정결한 곳이 길지여서 이곳에 태실을 조성한다고 하였으며, 사료 ③은 태실은 산 정상에 쓰는데, 내맥(來脈)이나 좌청룡(左靑龍)·우백호(右白虎)와 안산(案山)은 따지지 않는 것이 원칙이라 하였고, 사료 ④는 반드시 들판 가운데의 둥근 봉우리 정상에 태실을 설치하여야 한다고 하였다. 이 중 사료 ①·②·⑤는 태실의 개념적인 입지조건을 설명한 것이고, 사료 ③·④는 풍수지리적 입지조건을 설명한 것이다.

이를 종합해 보면, 태실이 조성되는 길지는 단맥(斷脈)되어 내맥이 없는 들판 가운데에 홀로 우뚝 솟은 산봉우리 정상으로 좌청룡·우백호나 안산 등은 신경 쓰지 않는 지형을 말한다. 그러므로 태실의 입지는 풍수지리적으로 주산(主山)이나 사신사(四神砂)는 그리 중요하지 않다는 것이다. 그래서 그동안 주산이 있고 혈(穴) 주위에 사신사가 감싸고 혈 앞에 물이 흐르는 곳에 무덤[墓]를 쓰는 것과 달리 태실의 입지는 들판에 홀로 솟은 산봉우리 정상이라고 보아왔다.[1]

---

1) 김영진, 1993, 「청원 산덕리태실에 대하여 -그 성격과 복원을 중심으로-」, 『청주대학교 박물관보』6, 청주대학교 박물관, 63쪽; 김용숙, 1999, 「부록: 태봉연구」, 『서삼릉태실』, 국립문화재연구소, 356~358쪽; 윤석인, 2000, 「조선왕실의 태실 변천 연구 -서삼릉 이장 태실을 중심으로-」, 단국대학교 석사학위논문, 26~28쪽; 윤석인, 2000, 「조선왕실의 태실석물에 관한 일연구 -서삼릉 이장 원 태실을 중심으로-」, 『문화재』33, 국립문화재연구소, 103쪽; 강수연, 2002, 「조선시대 백자태항에 관한 연구」, 동국대학교 석사학위논문, 15쪽; 박주헌, 2004, 「태봉의 풍수지리학적 입지특성 연구(순조, 세종 왕자, 예종 태봉을 중심으로)」, 대구한의대학교 석사학위논문, 9쪽; 김지영, 2014, 「조선시대 출산과 왕실의 '장태의례' -문화적 실천양상과 그 의미-」, 『역사와 세계』45, 효원사학회, 59쪽.

하지만 그동안의 연구는 실제 태봉산을 직접 답사하여 조사하지 않고 사료 ③·④를 무비판적으로 수용한 오류를 범하였다. 전국에 분포해 있는 전술한 제2부 제Ⅲ장의 <표 1>인 조선시대 태실을 현지 조사해보면, 그 입지조건이 전술한 사료 ③·④와 다른 점이 일부 확인되기 때문이다. 즉 전술한 문헌사료의 기록처럼 태봉산은 산맥이 연결되지 않고 들판에 홀로 솟은 곳이 아니라 주산을 뒤로 하여 맥이 연결된 우뚝 솟은 반구형 또는 삿갓형의 산봉우리 정상에 태실이 조성되어 있으며, 주변으로는 좌청룡·우백호가 감싸고 그 앞으로는 물이 흐르고 안산이 위치하고 있다.[2]

태봉산의 형상은 높은 주산에서 맥(脈)이 내려오면서 혈처(穴處)까지 경사가 낮아지다가 혈 뒤에서 솟구쳐 돌혈(突穴)을 이루고 정상에 혈장(穴場)을 형성한 후 다시 급경사로 낙맥(落脈)하며, 주위로는 좌청룡·우백호가 감싸고 앞에는 물이 흐르며 안산이 있는 형국(形局)을 하고 있다.(그림 1~4, 사진 1) 그러므로 사료 ③·④에서 내맥이 연결되지 않고 들판 가운데 우뚝 솟은 원봉(圓峯)으로 표현한 것은 올바른 입지조건을 설명한 것이 아님을 알 수 있다. 하지만 평지 돌혈을 취한 태봉산의 앞에서 지형을 살펴보면 뒤쪽의 내맥이 보이지 않아 들판에 홀로 우뚝 솟은 것처럼 보이는데, 이를 사료에서 그렇게 표현한 것으로 판단된다.

한편, 현재까지 조사된 전술한 제2부 제Ⅲ장의 <표 1>인 조선시대 태실 중 사료의 표현대로 내맥 없이 들판 가운데 우뚝 솟은 태봉산으로는 성종·인성대군·옥혜공주·인홍군·순종 등 5개소의 태실이 확인된다.(지도 1)

하지만 <지도 1>에서 일제강점기 지도를 살펴보면, 이 5개소의 태봉산이 현재의 지형과 다르게 모두 산맥(山脈)과 연결되어 있음을 확인할 수 있다. 그러므로 이 5개소의 태실들은 후대의 개발로 인해 산맥이

---

2) 심현용, 2008, 「Ⅱ. 조선왕실의 태봉」, 『조선왕실의 태봉』, 국립문화재연구소; 심현용, 2015, 「조선시대 태실의 입지에 대한 재검토」, 『대구사학』118, 대구사학회.

태실명	일제강점기의 지도	현재의 위성 지도
성종 태실	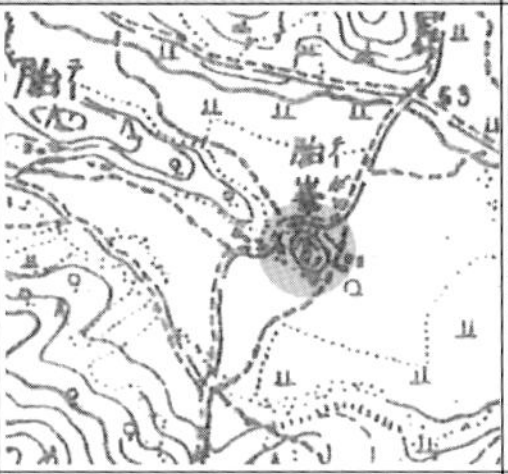	
인성대군 태실		
옥혜공주 태실	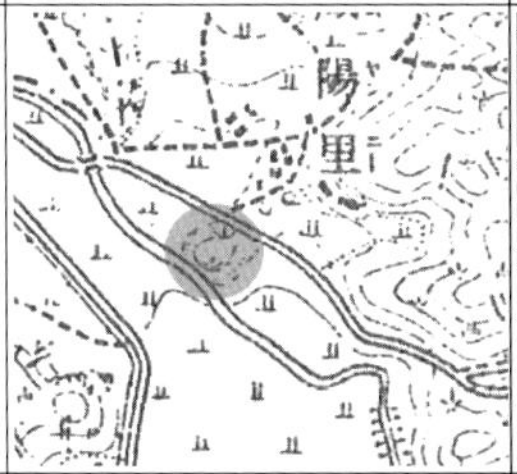	
인흥군 태실	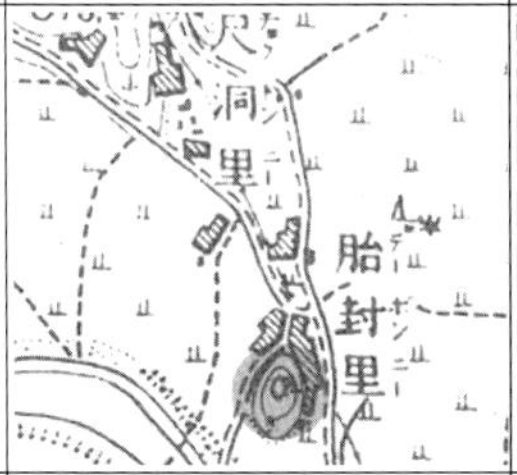	
순종 태실		

〈지도 1〉 과거와 현재의 태봉산 지형 비교

끊겨 들판에 홀로 있는 독봉(獨峯)처럼 지형이 변한 것이다.[3]

2) 풍수지리적 입지 분석

전술하였듯이 사료에서 태실의 입지가 풍수지리와 깊은 관련이 있음을 알 수 있었다. 또 문헌사료 상 태실은 주산을 고려하지 않고 주위의 사신사도 중요시 여기지 않았으며, 우뚝 솟은 산봉우리 정상만을 중시하였음을 알 수 있었다.

이러한 입지조건의 지형에 부합하는 것이 풍수지리적으로 내룡맥(來龍脈)이 잘 연견된 사상혈(四象穴: 窩·鉗·乳·突) 중 돌혈(突穴)이다.[4] (그림 1·2)

---

3) 일제강점기 지도(S=1:50,000)의 저작권 소유자는 조선총독부이며, 인쇄 겸 발행자는 육지측량부이다. 성종 태실은 지도명이 <광주>로 1915년 측도, 1918년 인쇄·발행한 것이고 인성대군 태실은 <진교>로 1917년 측도, 1918년 인쇄·발행하였으며, 옥혜공주 태실은 <부여>로 1915년 측도, 1922년 수정측도, 1922년 인쇄·발행하였고 인흥군 태실은 <함창>으로 1915년 측도, 1918년 인쇄·발행하였으며, 순종 태실은 <홍성>으로 1915년 측도, 1919년 인쇄·발행한 것이다. 그리고 현재의 지형은 인터넷 네이버(www.naver.com)의 '지도(위성 지도)'에서 인용하였다. 그런데 인성대군의 태봉산은 일제강점기 지도에 표시되어 있지 않다. 그러나『태봉등록』영종조 신해(1731, 영조 7) 2월 29일에 " … 단종대왕의 태가 봉안된 곳을 신 등이 자세하게 봉심하였더니 … 태봉의 뒤쪽으로 40보 아래에 뻗어 내린 산맥이 부분 부분 끊겨서 거의 평지가 되다시피 한 곳이 있어, 길이 31척, 넓이 10척 흙을 채워 완전하게 구축하고 그 위에 소나무를 심어서 지금까지 오고 가던 도로를 막아 통행을 금지 시키도록 하였는데 … "라는 내용으로 보아 원래는 맥이 끊기지 않았으며, 태봉산이 지금처럼 독봉이 아님을 알 수 있다.

4) 김두규, 1998,『우리 땅 우리 풍수』, 동학사, 109쪽; 박주헌, 2004, 「태봉의 풍수지리학적 입지특성 연구(순조, 세종 왕자, 예종 태봉을 중심으로)」, 대구한의대학교 석사학위논문, 9~10쪽; 박대윤, 2011, 「조선시대 국왕태봉의 풍수적 특성 연구」, 동방대학원대학교 박사학위논문, 30·287쪽.
그러나 태실이 산봉우리 정상에 택지하기 때문에 혈처의 모양인 명당을 만들지 못하여 사상혈로 나누는 것 자체가 곤란하므로 돌혈로 볼 수 없다는 견해(김태일, 2013, 「조선의 왕릉과 태봉의 비교 연구 -동기감응론과 풍수이론 중심으로-」, 동방대학원대학교 박사학위논문, 147~150·154쪽)도 있다.

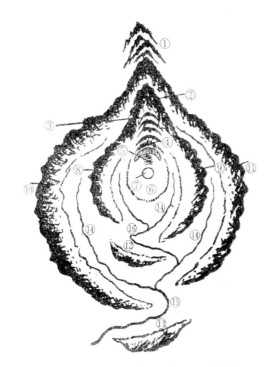

① 祖宗山
② 主山
③ 入首
④ 頭腦
⑤ 眉砂
⑥ 明堂
⑦ 穴
⑧ 內白虎
⑨ 內靑龍
⑩ 外白虎
⑪ 外靑龍
⑫ 案山
⑬ 朝山
⑭ 水
⑮ 外水口
⑯ 內水口

〈그림 1〉 산국(山局)의 형세도[5]

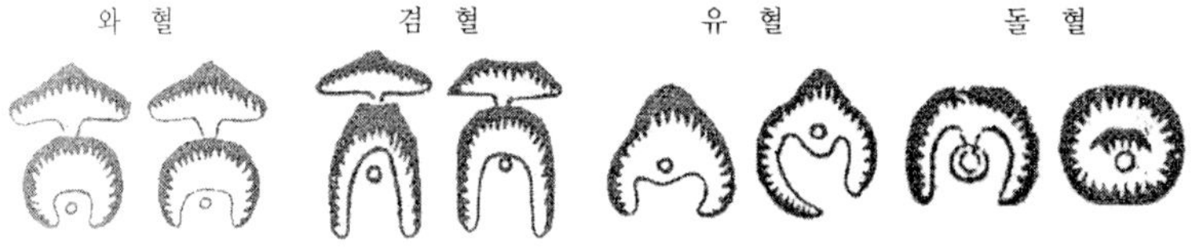

와 혈   검 혈   유 혈   돌 혈

〈그림 2〉 혈의 네 가지 종류(四象穴)[6]

5) 村山智順 저, 鄭鉉祐 역, 1996, 『한국의 풍수』3판, 명문당, 34쪽.
6) 김두규, 2005, 『풍수학 사전』, 비봉출판사, 234쪽.

<그림 3> 위치에 의한 산지 돌혈과 평지 돌혈[7]

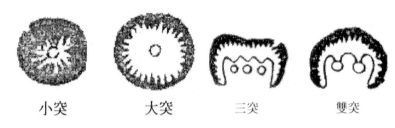

小突   大突   三突   雙突

<그림 4> 모양에 의한 돌혈의 사격(四格)[8]

돌혈이란 혈이 우뚝하게 솟은 것으로 그 특징은 혈장(穴場)이 평탄하며, 혈장 바로 뒤의 산줄기가 꺼졌다가 치솟는 형상이다. 그 모양에 의해 가마솥을 엎어놓은 모습 또는 물 위에 거북이 떠 있는 모습 등으로 비유되기도 하며, 위치에 따라 높은 산에 있는 산곡돌(山谷突, 藏風突)과 평지에 있는 평양돌(平洋突)로 나뉘며, 모양에 따라 대돌(大突)·소돌(小突)·쌍돌(雙突)·삼돌(三突) 등으로 나뉘기도 한다.[9](그림 3~4, 사진 1·3-①)

현재까지 조사·확인된 태실 중에서 가장 빠른 것이 삼국시대 김유신 태실이며, 그 다음이 고려시대 인종 태실이다. 신라시대 김유신 태실은 충북 진천군 진천읍 문봉리 산20번지에 위치한다. 태실은 서북쪽에 있는

7) 村山智順 저, 鄭鉉祐 역, 1996, 『한국의 풍수』3판, 명문당, 114쪽.

8) 김두규, 2005, 『풍수학 사전』, 비봉출판사, 128쪽.

9) 최창조, 1984, 『한국의 풍수사상』, 민음사, 133쪽; 村山智順 저, 鄭鉉祐 역, 1996, 『한국의 풍수』3판, 명문당, 103~114쪽; 김두규, 2005, 『풍수학 사전』, 비봉출판사, 127~129·588쪽.

① 돌혈의 앞 모습   ② 돌혈의 옆 모습

〈사진 1〉 돌혈의 전경(울진 광해군의 왕녀 태봉산)

주산인 만뢰산(해발 611.7m)의 지맥이 북동쪽으로 올라갔다 다시 동남쪽
으로 뻗은 '태령산(해발 454m)'의 정상부에 있다. 태실의 형태는 평면 원
형의 봉토(장축 297×현고 23㎝)를 하고 있고 가장자리에는 2~3단의 호
석을 돌렸으며, 봉토는 거의 삭평되어 호석의 높이까지만 편평하게 있는
데, 원래는 평면 원형·단면 반원형의 반구형이었다.(지도 2-①, 사진 2)

  그리고 고려시대 인종 태실은 경남 밀양시 초동면 성만리 산107-2번
지에 위치한다. 태실은 북쪽의 주산인 덕대산(해발 634m)의 지맥이 남쪽
으로 내려오다 돌출되어 솟아오른 '태봉산(해발 131.8m)'의 정상부에 있
는데, 평면 타원형·단면 반원형의 반구형 봉토(현고 1.2 × 장축 11m)를
하고 있으며, 가운데에 사각형의 태함이 노출되어 있다. 태봉산의 주위

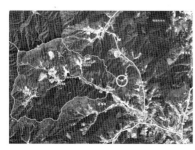

① 신라 김유신 태봉산   ② 고려 인종 태봉산

〈지도 2〉 신라 김유신과 고려 인종의 태실입지 비교(출처: 네이버)

① 태봉산 원경(남동 → 북서)　　　② 태실 근경

〈사진 2〉 신라 김유신 태실

로는 좌청룡·우백호가 돌려져 있고 앞쪽에는 낙동강이 흐르고 있다.(지도 2-②, 사진 3)

고려 인종(1109. 10. 4.~1146. 2. 28., 재위 1122. 4.~1146. 2.)은 제17대 임금으로 제16대 예종(1079. 1.~1122. 4., 재위 1105. 10.~1122. 4.)과 순덕왕후 이씨의 장남이다. 인종은 1115년(예종 10) 2월 7살에 왕태자에 책봉되었으며, 1122년 14살에 왕위에 올랐다. 고려시대에는 왕과 왕위를 이을 태자만 태실이 조성되었으므로 인종 태실은 태자가 된 이후에서 왕으로 재임한 기간 안에 조성되었을 가능성이 높으며, 이는 1115년 2월~1146년 2월 사이로 추정된다.

풍수지리적으로 신라 김유신 태실은 돌혈의 형국을 하지 않은 고산준

③ 태봉산 원경(남 → 북)　　　④ 태실 근경

〈사진 3〉 고려 인종 태실

령(高山峻嶺)에 위치하나, 고려 인종 태실은 전형적인 돌혈에 해당된다. 그리고 조선시대 들어와 가장 빨리 조성된 태조 태실을 비롯하여 모든 태실이 돌혈에 해당되는 곳에 입지하고 있다. 그러므로 돌혈의 형국이 태봉산으로 활용된 것은 고려 인종 태실이 가장 빠르며, 이로보아 태실의 입지조건으로 돌혈이 택정되기 시작한 것은 늦어도 1115년 2월~1146년 2월 사이로 볼 수 있다.

또 앞의 사료 ①에서 태실의 입지를 중국 당나라 일행(683~727)의 『육안태』와 명나라 왕악(1485~1505)의 책을[10] 근거로 제시하고 있고, 사료 ②에서도 언제 누구의 저술인지 알 수 없지만 『안태서』를 제시하고 있다. 또 다음의 문헌사료에서는 『태장경』의 땅을 가리는 법에 의하여 길지를 구하게 한 것이 확인된다.

⑥ 풍수학에서 아뢰기를, "『태장경(胎藏經)』에 이르기를, '대체 하늘이 만물을 낳는데 사람으로써 귀하게 여기며, 사람이 날 때는 태로 인하여 장성하게 되는데, 하물며 현명할지 어리석을지[賢愚]와 잘될지 못될지[盛衰]가 모두 태에 달려 있으니 태란 것은 신중히 하지 않을 수가 없다. 무릇 태에서 내려온 지 3월에는 명칭을 화정태(和正胎)라 하고, 5월에는 연장태(軟藏胎)라 하고, 3년에는 장응태(壯應胎)라 하고, 5년에는 중부태(中符胎)라 하고, 7년에는 향양태(向陽胎)라 하고, 15년에는 과양태(過陽胎)라 하

10) 왕악이 지은 책은 『왕악산서(王嶽産書)』로 여기에 기록된 '태를 묻는 방법[藏胎衣法]'은 세종 16년(1434) 내의원에서 노중례(盧重禮, ?~1452)가 편찬한 『태산요록(胎産要錄)』(1434) 하권(下卷) 장포의법(藏胞衣法)에 그대로 인용되었는데, "『왕악산서』에 태반을 묻는 방법은 먼저 맑은 물[淸水]로 씻고 청주(淸酒)로 씻은 다음 동전 한 개를 문양을 앞으로 해서 태반 속에 넣고 새 사기 항아리 안에 담아 비단으로 그 윗부분을 싼 다음 주둥이를 밀봉하여 조용한 곳에 둔다. 만 3개월을 기다려 좋은 땅[吉地]의 볕이 잘 들면서 높고 고요한 곳에 3척 정도 땅을 파내어 항아리를 묻고 항아리 위로 1척 7촌만큼 흙을 덮고 꾹꾹 다진다. 이렇게 하면 아이가 장수(長壽)하고 지혜롭게 된다"고 하였다.(김지영, 2014, 「조선시대 출산과 왕실의 '장태의례' -문화적 실천양상과 그 의미-」, 『역사와 세계』 45, 효원사학회, 54쪽; 진갑곤, 2015, 「태실 관련 문헌과 기록의 가치」, 『성주 세종대왕자 태실 세계유산 등재, 어떻게 할 것인가?』, 경북대학교 영남문화연구원, 152~153쪽)

니, 이를 육안태법(六安胎法)이라 이른다.'고 합니다. 그런 까닭으로 경서에 이르기를, '남자가 15세가 되면 학문에 뜻을 둘 나이고, 여자가 15세가 되면 남편을 따라야 할 나이라.'하였으니, 그렇다면 남자는 마땅히 연장태·중부태·향양태 중의 연월에서 간수하여 학문에 뜻을 둘 나이를 기다려야만 하고, 여자도 또한 화정태·장웅태·과양태의 연월에서 간수하여 남편을 따라야 할 나이를 기다려야만 하니, 남자가 만약 좋은 땅을 만난다면 총명하여 학문을 좋아하고, 구경(九經)에 정통(精通)하며 단상(團爽)하여 병이 없으며, 관직이 높은 곳에 승진되는 것입니다. 지금 왕세자[단종]의 태실이 성주의 여러 대군들의 태실 옆에 기울어져 보토한 곳에 있으니 진실로 옳지 못합니다. 『태경(胎經:『태장경』을 지칭)』의 땅을 가리는 법[胎經擇地之法]에 의하여 길지를 경기와 하삼도(下三道)에서 널리 구하게 하소서."하니, 그대로 따랐다.(『문종실록』문종 즉위년(1450) 9월 8일(기유))

이 『태장경』은 고려시대 과거제도에서 잡과(雜科) 중 지리과(地理科)를 선발하는 시험과목으로 인조 14년(1136) 11월에 채택되었는데,[11] 풍

---

11) 『고려사』(1451) 권73 지27 선거1 과목1 인종 14년 11월; 『증보문헌비고』(1908) 권191 선거고9 과거제도8 잡과 고려 인종 14년.
이 『태장경』에 대해서 저자와 제작시기 등 자세히 알려진 것이 없다. 윤석인(2000, 「조선왕실의 태실 변천 연구 -서삼릉 이장 태실을 중심으로-」, 단국대학교 석사학위논문, 26쪽)은 고려시대에 지어진 책으로 추정하였으며, 윤진영(2013, 「조선후기 안태의례의 개선과 정비」, 『조선시대사학보』67, 조선시대사학회, 393쪽)은 중국 당대(618~907)에 지어져 여말선초에 한국에 전래된 것으로 보았다. 그리고 김두규(2015, 「성주 세종대왕자 태실과 풍수」, 『영남학』28, 경북대학교 영남문화연구원, 221~227쪽)는 『태장경』이 중국의 어떤 특정한 책의 별칭이 아니라 출산과 태에 관한 중국의 여러 산서(産書)들을 바탕으로 고려왕조가 하나의 책으로 편찬한 것으로 원래 풍수서적이 아니었으나 불교의 생명관을 담는 등 그 내용면에서 고려의 국가 풍수관과 일치하여 지리업 과목으로 채택하였을 것이라고 추정하였다. 그런데 중국 송(宋) 초의 『태평어람(太平御覽)』(983) 권722 방술부3(方術部三) 의2(醫二)에 "장중경(張仲景, 150~219)의 『방서(方序)』에 이르기를, "위범(衛泛)은 의술을 좋아하여 어려서부터 중경을 스승으로 삼았고 재주와 식견이 있었다. 『사역삼부궐경(四逆三部厥經)』과 『부인태장경(婦人胎藏經)』, 『소아노신방(小兒顱囟方)』등 3권을 지었는데, 모두 세상에 행해졌다.[張仲景 方序曰 衛泛好醫術 少師仲景 有才識 撰 四逆三部厥經 及 婦人胎藏經 小兒顱囟方 三卷 皆行于世]"라는 기록이 있다. 이 기록에 『부인태장경』이 나오는데, 『태장경』과 동일한 책인

수관료의 과거시험에 이 책이 포함되는 것으로 보아 고려 왕실에서는 장태의식을 중요하게 생각했음을 알 수 있으며, 또한 장태는 풍수사(風水師)의 고유 업무였던 것을 알 수 있다. 그러므로 이 책이 시험과목에 포함된 시기부터는 태실이 풍수지리의 원칙에 의해 입지가 선정되었던 것이다. 또한 이보다 앞서 광종 9년(958)에 고려의 과거제도가 처음 시행되는데, 이때 잡과에서 복(卜)과 지리(地理) 관리를 선발하고 있는 것이[12] 이를 입증한다 하겠다.

전술한 여러 책들이 현재 전해지지 않아 자세히 알 수 없으나, 태실이 조성될 장소인 생기(生氣)가 뭉쳐있는 곳, 즉 '돌혈'의 형국을 찾아내는 방법은 이른 시기에 이미 확립되어 적용되었으며, 그 시기는 『태장경』이 과거시험 과목에 채택되는 시기(1136년 11월)와 인종 태실이 조성되는 시기(1115년 2월~1146년 2월)가 거의 동일하므로 늦어도 1115년 2월 ~1136년 11월 사이로 추정할 수 있다.[13]

그런데 전술한 제2부 제Ⅱ장의 사료 ⑦로 보아 그 시기는 나말여초까지 올라갈 수도 있다. 즉 919년(고려 태조 2) 이전 개성의 오관산에 진인의 태를 묻었다고 하였다. 이 오관산(五冠山)은 산 정상에 다섯 개의 작은 봉우리가 둥그렇게 관처럼 생겼기 때문에 붙여진 이름이라 한다.[14] 이런 둥근 봉우리는 풍수지리상 돌혈의 형국을 말하는 것으로 판단된다.

지는 알 수 없지만, 이미 후한 말 2~3세기에 『태장경』의 의미를 알 수 있는 종류의 책들이 있었다. 그리고 1136년(인종 14) 지리과 과거시험 과목으로 『태장경』이 채택되는 것으로 보아 그 전에 한국에 전래되어 있었던 것으로 보아야 한다.

12) 『고려사』(1451) 권73 지27 선거1 광종.

13) 이필영(2001, 「민속의 지속과 변동 -출산의례 중의 안태를 중심으로-」, 『역사민속학』13, 한국역사민속학회, 16쪽)은 『고려사』(1451)의 일부 기록을 참고하여 고려시대에는 조선시대처럼 안태사나 태실증고사와 같은 직분이 아직 마련되지 않은 것으로 보았으나, 이는 오류이다.

14) 『신증동국여지승람』(1530) 권12 경기 장단도호부 산천.
"오관산(五冠山)은 부(府)의 서쪽 30리에 있다. 산 꼭대기[山頂]에 다섯 개의 작은 봉우리가 둥그런 관(冠) 같으므로 이로 인해 이름하였다."

또 진인(眞人),[15] 즉 참된 진리를 깨달은 사람이 정확히 누구인지 알수 없지만, 어떤 역사적 인물이나 저명한 도사(道士)로 특별한 사람이었을 것이다. 그러므로 10세기 초, 즉 나말여초에 벌써 돌혈에 장태하고 있었을 가능성이 높으며, 이는 후술하겠지만 도선(道詵, 827~898)이 한국의 풍수사상을 확립함으로써 가능한 일이었다.

또 이렇게 돌혈을 선택하여 산 정상에 태실을 조성하는 것은 풍수지리적으로 산봉우리 정상의 기(氣)를 받기 위한 것이지만, 정상에 있는 태실이 아래의 산 전체와 한 몸이 되어 외관상 거대한 태실인 것처럼 보이게 하려는 의도도 숨어있는 것으로 추정된다.

즉, 백성들이 높고 우뚝 솟은 산 정상에 위치한 태실을 보려면 자연스럽게 올려다보게 되고 이로 인해 자신도 모르게 우르르 보게 된다. 그러면서 자연스럽게 경외감과 존경 및 위엄을 느끼게 되고 신성시 하게 된다. 이러한 시각적 효과를 얻게 되기 때문에 돌혈이라는 형국을 선정하여 태실을 조성하였던 것 같다. 하지만 조선 왕릉이 주산(主山)으로부터 중출맥(中出脈)이 입수(入首)하여 명당이 있고 사신사가 잘 구비된 전형적인 음택풍수의 원칙에 따라 조성된 것에 비해 태실은 풍수지리적으로 많은 차이가 난다.[16] 이로보아 태실은 능원(陵園)에 준하는 제도로 취급되었지만 그 중요성은 무덤인 능원보다는 낮게 인식되었던 것 같다.

---

15) 진인(眞人)은 도교나 불교에서 깊은 진리를 깨닫거나 세속을 초월한 사람을 말한다.(한글학회, 1995, 『우리말 큰사전』2, ㈜어문각, 3931쪽; 국립국어연구원, 1999, 『표준국어대사전』하, 두산동아, 5821쪽; 이희승, 2007, 『국어대사전』제3판 수정판, 민중서림, 3641쪽) 즉, 도가·도교·불교·선도 등에서 도(道)와의 합일(合一)을 이룬 종교적 수행자를 가리키며, 『장자(莊子)』에서 이 말이 사용되었다.

16) 박대윤, 2011, 「조선시대 국왕태봉의 풍수적 특성 연구」, 동방대학원대학교 박사학위논문, 28~29쪽; 김태일, 2013, 「조선의 왕릉과 태봉의 비교 연구 -동기감응론과 풍수이론 중심으로-」, 동방대학원대학교 박사학위논문, 3~4·151·156쪽.

3) 태실과 풍수사상과의 상관관계

태실은 무덤[墓]을 조성하는 것과 같이 땅에 묻는 일종의 매장문화(埋葬文化)이다. 이러한 매장문화는 전술한 바와 같이 풍수사상(風水思想)과 깊은 관련을 갖고 있다.

풍수사상은 음양오행설(陰陽五行說)을 바탕으로 땅에 대한 이치를 설명하는 이론으로 풍수의 기본원리는 땅속에 살아있는 정기[生氣]가 있으며, 이 기(氣)가 사람과 서로 감응[同氣感應]하여 복을 받는다는 것으로 풍수는 인간의 길흉화복(吉凶禍福)에 절대적인 영향을 끼친다고 한다.[17] 그러므로 태를 간수하는 법에 의하여 길지를 택하여 묻어 수(壽)와 복(福)을 기른다는 장태풍속은 풍수사상의 영향으로 볼 수 있다. 그래서 태실도 풍수적 세계관(世界觀)이 반영된 장태문화인 것이다.

풍수설(風水說)은 중국의 전국시대 말기(戰國時代 末期, B.C. 4~5C)에 싹트기 시작하였으며, 한대(漢代)에 음양설(陰陽說)이 도입되어 풍수원리(風水原理)를 정돈하게 되며, 청오자(青烏子)의 『청오경(青烏經)』이 모든 풍수책의 바탕이 되었다. 그 후 동진(東晋)의 곽박(郭璞, 276~324)에 의해 청오자의 이론은 더욱 체계화되었다. 곽박의 『장서(葬書, 일명 금낭경(錦囊經))』는 당시의 음양오행설과 도참설, 도교사상 등을 참고·종합한 것으로 풍수설의 이론적 체계는 이때 이루어졌다. 이후 풍수설은 당대(唐代, 618~907)에 극성기를 맞는다.

이러한 풍수설은 중국으로부터 한국의 삼국시대에 전래되었으며, 신라와 당과의 활발한 문화교류(文化交流)에 의해 더욱 발전하였다.[18] 이

---

17) 村山智順 저, 鄭鉉祐 역, 1996, 『한국의 풍수』3판, 명문당, 38~43·136~187쪽; 김두규, 2005, 『풍수학 사전』, 비봉출판사, 129~136쪽.
  특히 최창조(1986, 『한국의 풍수사상』, 민음사, 32쪽)는 風水地理說이란 陰陽論과 五行說을 基盤으로 周易의 體系를 주요한 論理構造로 삼는 중국과 한국의 전통적인 地理科學으로, 追吉避凶을 目的으로 삼는 相地技術學이라 하였다.

18) 중국의 풍수사상이 한국에 전래되는 시기에 대해 크게 두 가지 설이 있다. 풍수설

후 독자적인 한국의 풍수사상을 확립한 것은 9세기 말 도선(道詵, 827~898)에 의해서이다. 도선의 『비기(秘記)』는 풍수사상 최고의 고전이 되었고, 고려시대에 집터나 절 또는 왕궁 터를 선정하는 기준으로 삼기도 하였다. 고려 왕들은 그를 신봉하여 초기부터 풍수가 널리 퍼졌으며, 풍수 전문가라고 할 지리박사(地理博士), 지리생(地理生) 등의 관직을 두기도 하였다. 그리고 조선시대 들어와 풍수설은 더욱 굳게 신봉되었다. 특히 무덤풍수가 왕가(王家)나 상류계층은 물론 일반에게까지 크게 유행하였다. 또 풍수지리를 전문으로 하는 음양과(陰陽科)를 직제에 두고 시험과목으로 『청오경』·『금낭경』등을 부과하였다.[19]

　이렇게 풍수설과 관련된 장태풍속은 사료 ①에서처럼 조선시대 음양학자 정앙이 1436년(세종 18) 상소를 올려 당(唐)의 일행(一行, 683~727)이 지은 『육안태』의 법을 소개하고 문종의 태를 그 법에 따라 장태하자고 진언하는 대목에서도 찾아볼 수 있다. 그러므로 장태풍속은 음양

이 불교 또는 유교·도교와 함께 전래되었다는 '삼국시대 또는 그 이전 설'과 8세기 중엽 통일신라 때 전래되었다는 '통일신라설'이다. '삼국시대 또는 그 이전설'은 최병헌(1975, 「도선의 생애와 나말려초의 풍수지리설 -선종과 풍수지리설의 관계를 중심으로 하여-」, 『한국사연구』11, 한국사연구회)을 선두로 윤홍기(1994, 「풍수지리설의 본질과 기원 및 그 자연관」, 『한국사시민강좌』14, 일조각)에 의하여 주창되었으며, '통일신라설'은 이병도(1954, 『고려시대의 연구』, 을유문화사)를 선두로 배종호(1969, 「풍수지리약설」, 『인문과학』22, 연세대인문과학연구소), 최창조(1984, 『한국의 풍수사상』, 민음사), 이기백(1994, 「한국 풍수지리설의 기원」, 『한국사시민강좌』14, 일조각), 김두규(2014, 「『신지비사』를 통해서 본 한국 풍수의 원형 -우리민족 고유의 '터잡기' 이론 정립을 위한 시론-」, 『고조선단군학』31, 고조선단군학회) 등에 의해 주장되고 있다. 이에 대해 필자는 신라가 삼국을 통일한 후 당과의 빈번한 문화교류를 통해서 풍수설이 전래된 것으로 보고자 한다. 왜냐하면, 이때부터 선덕왕릉, 태종무열왕릉, 경덕왕릉, 김유신 묘 등의 왕릉·묘와 불국사 등의 사찰이 풍수사상에 의해 건립되고 있기 때문이다. 그리고 통일신라 말 도선에 의해 한국 풍수가 확립되어 성행하는 것으로 보는 것이 문헌사료나 고고학적으로 더 타당하다고 생각한다.

19) 김광언, 2001, 『풍수지리(집과 마을)』, 대원사, 18~23쪽; 이수동, 2013, 「조선시대 음양과에 관한 연구」, 원광대학교 박사학위논문.

학·풍수학의 영향을 받았음은 분명하다. 특히 중국 당나라 일행의 『육안태』를 근본으로 풍수사상의 영향을 받은 것으로 보인다.

중국에는 태를 항아리나 병에 넣어 땅에 묻거나 물에 버리는 등 다양한 방법으로 태를 처리하는 산후속(産後俗), 즉 장태풍습이 있는데,[20] 이미 진·한(秦漢) 시대부터 있었다.[21] 또 일본에서도 이른 시기부터 태를 항아리에 넣어 땅에 묻는 등 장태풍습이 있었다.[22] 이외 러시아의 부랴트족과 아프리카 콩고강 느자카라족 등 세계 다양한 민족의 탯줄과 태반 처리에 대해 장태문화가 있으며,[23] 동남아시아의 몽족, 북미의 나바호 인디언, 북유럽 극지방의 유목민 사미족 등 전 세계에 걸쳐 분포하는 총 179개 문화 집단 중 109개 집단에서 태반을 일정한 의례적 절차에 따라 처리하는 장태문화가 확인되고 그 방식도 169 종류나 된다고 한다.[24]

그러므로 장태문화는 한국에서만 확인되는 특유한 문화가 아니라 세계 곳곳에서 관찰되는 보편적 문화이다. 이는 동일한 문화를 여러 나라가 공유하고 있음을 보여주는 것으로 문화전파로 보기 어렵다. 그런데 이 장태문화 중 왕실에서 태실을 조성하는 예는 한국에서만 찾아진다.

---

20) 박공례, 2003, 「중국 산속에 관한 고찰」, 『중국인문과학』26, 중국인문학회.

21) 진갑곤, 2015, 「태실 관련 문헌과 기록의 가치」, 『성주 세종대왕자 태실 세계유산 등재, 어떻게 할 것인가?』, 경북대학교 영남문화연구원; 요위위, 2016, 「중국 장태문화 소고」, 『한국의 태실과 세계의 장태문화』, 경북대학교 영남문화연구원.

22) 노성환, 2010, 「일본 민속에 나타난 태에 관한 연구」, 『비교민속학』42, 비교민속학회; 노성환, 2016, 「일본의 장태문화」, 『한국의 태실과 세계의 장태문화』, 경북대학교 영남문화연구원.

23) 카트린 롤레·마리 프랑스 모렐 저, 이은주 역, 2002, 『출산과 육아의 풍속사』, 사람과사람, 74~79쪽.

24) Young, Sharon M. and Daniel C. Benyshek, 2010, In search of human placentophagy: A cross-cultural survey of human placenta consumption, disposal practices, and cultural beliefs, Ecology of Food and Nutrition, 49-6, 467~484쪽.(박충환, 2015, 「인류학의 비교문화론적 관점에서 본 장태문화」, 『영남학』28, 경북대학교 영남문화연구원, 305~309쪽에서 재인용.)

전술한 바와 같이 신라 김유신의 태실이 있는 태령산은 고산(高山)으로 풍수적 길지에 해당되는 돌혈의 형국이 아니다. 그러므로 김유신 태실이 조성되는 시기에는 중국의 풍수사상이 한국에 도입되지 않았다는 증거로 볼 수 있다. 이는 다음의 사료에서 유추할 수 있다.

> ⑦ 성태(聖胎: 선조의 태)를 임천에 묻었다. 임금이 즉위하였을 때, 성태를 구례(舊例)에 의하여 좋은 자리를 골라 묻어야 한다는 조정 논의가 있어 잠저(潛邸)를 뒤져 정원 북쪽 소나무 숲 사이에서 찾아내었다. … 당시 굶주린 백성들이 돌을 운반하는 데 동원되어 성태 하나를 묻는 데 그 피해가 3개 도시에 미쳤으므로 식자들이 개탄하였다. 『태경(『태장경』을 지칭)』의 설[胎經之說]이 시작된 것은 신라와 고려 사이이고 중국에 예로부터 있었던 일은 아니다. 우리나라 법규는 국장(國葬)에 있어서는 길지를 고르기 위하여 심지어 사민(士民)들의 분영(墳塋)을 모두 파내고 혈(穴)을 정하기도 하고, 태봉(胎封)은 반드시 최고로 깨끗한 자리를 고르기 위하여 이렇게까지 하고 있는데, 이는 의리에 어긋나는 일일 뿐만 아니라 감여(堪輿: 풍수지리)의 방술(方術)로 따지더라도 근거가 없는 일이다.(『선조수정실록』 선조 3년(1570) 2월 1일(기해))

사료 ⑦에서 한국의 태실 제도는 중국에서 들어온 외래문화가 아니라 신라와 고려 사이에 생긴 한국 고유의 자생풍속(自生風俗)이라 하였다. 전술했듯이 중국에서는 장태풍습이 일행에 의해 『육안태』의 법으로 완성되었으며, 이것이 나중에 한국에 전래되었다. 그런데 한국 최초 확인되는 김유신 태실의 입지가 풍수적 길지에 해당되지 않는 것으로 보아 6세기 말에는 중국의 장태사상과 접목되지 않았던 것으로 판단된다.

그런데 이후 조성되는 태실은 풍수이론에 적합한 돌혈에 조성되고 있다. 그 예가 바로 고려 인종 태실이다. 이렇게 고려시대 들어와 갑자기 풍수사상에 적합한 태실이 조성되는 것은 전술하였듯이 통일신라 말 9세기 도선에 의해 한국의 풍수사상이 확립되었기 때문이다. 그러므로 사료 ⑦에서 "『태경[태장경]』의 설이 시작된 것은 신라와 고려 사이이고

중국의 옛날 제도가 아니다"라고 한 것은 한국 태실이 신라 말~고려 초
에 중국의 풍수이론을 적용하게 되었음을 의미하는 것으로 보아야 한다.
이는 선각대사 형미의 사료에서도 충분히 유추된다. 이러한 나말여초의
상황이 1136년(인조 14) 『태장경』을 고려 과거제도 지리과 시험과목으
로 채택하게 했던 것이다.

즉, 중국의 풍수설은 우리나라 통일신라 때 전래되어 토착신앙과 결합
되었으며, 한국적 풍수로 변용되는 과정에서 태실조성이 나말여초에 중
국의 풍수이론을 접목하게 되었던 것이다.[25] 그러므로 이전부터 조성되
던 태실은 늦어도 통일신라 말 중국의 풍수사상과 『육안태』·『태장경』등
장태이론을 수용하여 돌혈의 형국에 조성되기 시작하였으며, 이것이 우
리나라 각 나라 왕실의 독창적 고유풍속으로 발전하게 되었던 것이다.

그런데 장태하는 시기에 있어서는 앞의 이론을 따르지 않고 있다. 즉
사료 ①·⑥에서 남·여 모두 15세까지 태를 간수하게 된다고 하였다. 사
료 ⑥의 『태장경』에 육안태법이 소개되어 있는데, 이 육안태법은 사료
①의 당나라 일행이 저술한 『육안태』의 법을 말하는 것으로 보인다. 이
일행의 육안태법에 의하면 남자와 여자는 그 장태시기가 서로 다른데,
남자는 5월(연장태)·5년(중부태)·7년(향양태)에 간수하며, 여자는 3월(화
정태)·3년(장응태)·15년(과양태)에 간수한다고 되어 있다. 그러나 전술
한 제2부 제Ⅲ장의 <표 1>조선시대 태실 현황에서 출생일과 장태일을
정확히 알 수 있는 사람의 장태시기를 살펴보면, 이를 따르지 않고 있다.
143개소 중 98개소가 출생일과 장태일을 알 수 있으며, 일제강점기의 5
개소를 빼면 138개소 중 93개소를 알 수 있다.

일제강점기에 처음 장태되는 곳이 경기도 고양시 서삼릉 태실 집장지

---

25) 박병선(2001, 「조선후기 원당 연구」, 영남대학교 박사학위논문, 140쪽)은 『태경』
   의 설이 시작된 것은 신라와 고려 사이라 함은 통일신라 이후 후삼국이 정립하던
   시기로 보고 신라 말경에 태봉제도가 처음 시작되었다고 보았는데, 이는 따르기
   어렵다.

인 5개소를 제외하고 살펴보면, 남자는 5개월에 인성대군, 5년 6개월과 5년 11개월에는 학수왕자와 인종, 7년 11개월에는 월산대군이 육안태법의 연월과 비슷하게 장태된다. 또 장태시기가 가장 짧은 것은 3개월로 왕자 당·장조·연령군이며, 가장 긴 것은 20년 6개월로 세조이다. 그리고 가장 많이 장태되는 시기는 4개월 정도로 담양군을 비롯하여 18명이 여기에 해당된다. 또 여자는 육안태법과 비슷한 연월에 장태되는 것은 확인되지 않으며, 장태시기가 가장 짧은 것은 1개월 7일로 숙선옹주이며, 가장 긴 것은 20년 9개월로 숙명공주와 숙휘공주다. 그리고 가장 많이 장태되는 시기는 2개월이며, 수란왕녀를 비롯하여 18명이 여기에 해당된다.

또 아기태실이 조성되지 않고 서삼릉 태실 집장지에 처음 장태되는 일제강점기의 것을 포함하여 살펴보면, 남자는 진 전하가 22년 10개월로 그 기간이 가장 길며, 여자는 덕혜옹주가 태어난지 4일 만에 장태되어 기간이 가장 짧다.

이를 종합해보면, 전술한 바와 같이 태실의 입지조건은 풍수지리적 이론을 따랐으나, 태를 묻어 태실을 조성하는 시기는 모본(模本)으로 삼은 육안태법을 지키지 않고 있음을 확인할 수 있다. 그 이유를 자세히 알 수 없지만, 당시의 사회·경제적 상황이 반영되어 이를 제대로 따르지 못한 것으로 추정된다.

또 전술한 제2부 제Ⅲ장의 <표 1>조선시대 태실 현황에서 장태일과 가봉일을 정확히 알 수 있는 것을 가지고 처음 장태되는 시기와 가봉하는 시기의 월별 현황을 살펴보았는데, 이는 <표 1>과 같다.

그 결과, 장태 시기는 9월에 16개로 가장 많고, 그 다음이 5월로 15개가 조사된다. 즉 9월(12.5%) > 5월(11.7%) > 10월(10.2%) > 3월(9.3%) 순으로 나타나서 월별 특정현황이 찾아지지 않는다. 그리고 가봉태실의 조성 시기를 살펴보면, 10월이 9개로 가장 많고, 그 다음이 3월로 3개가

〈표 1〉 장태 및 가봉 시기의 월별 현황표

월	장태시기 현황	가봉시기 현황	비고
1	6	1	
2	9	1	
3	12	3	
4	9		
5	15	1	
6	11		
7	11		
8	11		
9	16	1	
10	13	9	
11	9	1	
12	6		
합 계	128	17	

조성된다. 즉 10월(52.9%) > 3월(17.6%) 순으로 나타난다.

그런데 가봉태실은 대부분 추수 후 10월에 조성되는 특이점이 찾아진다. 즉, 농사철은 절기(節氣)로 보아 곡우(穀雨, 3월 20일경)~상강(霜降, 9월 23일경) 사이로 가장 바쁜 시기이다. 이때 태실을 조성하면 백성들에게 피해를 주기 때문에 그 폐단을 줄이고자 농사철을 피해 태실을 조성하였던 것이다. 그러므로 태실의 조성시기는 당시 사회·경제적 상황이 반영되어 진행되었음을 알 수 있다. 이렇게 농사철을 피해 태실을 조성하라는 국왕의 애민정신이 깃든 지시는 사료에서도 다수 확인된다.[26]

한편, 이러한 태실조성은 풍수지리적으로 음택풍수(陰宅風水)의 영향을 받았다거나,[27] 양택풍수(陽宅風水)의 영향을 받았다거나,[28] 또는 음

---

26) 『태봉등록』(1643~1740)이나 조선왕조실록 등에 태실의 가봉은 농사철을 피해하라는 기사가 많이 확인된다.

27) 박천민, 1979, 「조선초기 풍수지리사상의 적용 -14C 말~15C 중엽-」, 이화여자대

택풍수와 양택풍수를 절충한 독특한 풍수적 장법으로[29] 보는 등 여러 견해가 있다.

풍수는 일반적으로 음택풍수와 양택풍수로 나뉜다. 죽은 조상의 유골과 살아있는 후손이 같은 기로 서로 감응한다는 것은 음택풍수의 이론적 근거이며, 주변의 기와 거주하는 사람과의 기가 감응한다는 것은 양택풍수의 근거이다. 그러므로 죽은 사람이 거주하는 터를 선택하는 것이 음택풍수이며, 산 사람이 거주하는 터잡기는 양택풍수에 해당된다.

전술했듯이 태봉산의 입지조건은 풍수지리적으로 돌혈에 해당되는데, 돌혈은 음택자리에 해당된다.[30] 그러므로 태실은 내룡(來龍)을 중시한 음택풍수의 영향을 받아 입지를 선정했음은 분명하다. 이는 초장(初藏)되는 아기태실의 구조가 무덤과 동일하고 그 의례도 장송의례(葬送儀禮)와 공통점이 많음에서도 충분히 유추된다. 그러나 태실은 살아있는 당사자의 태를 묻기 때문에 조상의 유골을 통해 후손이 발복하는 음택풍수 이론과 다르고, 또 주변의 기를 통해 산 자가 발복한다는 양택풍수의 이론과도 다르다. 하지만 풍수지리의 핵심이론인 동기감응론을 따른 것으로 입지 선정이나 부산물인 태를 땅에 묻고 무덤과 동일하게 조성하여 형식은 음택풍수를 따랐으며, 주변의 기를 당사자가 받는다는 의미는 양택풍수를 따랐다. 결국 태실 조성은 태에 대한 동기감응론인데, 조상의 유체를 통하지 않고 자신의 태를 통해서 직접 발복할 수 있다고 본 것이 가장 큰 특징이다. 그러므로 태실은 음택풍수와 양택풍수의 이론을 절충

학교 석사학위논문, 80쪽; 김두규, 1998, 『우리 땅 우리 풍수』, 동학사, 102쪽; 김두규, 2005, 『풍수학 사전』, 비봉출판사, 399쪽.

28) 김태일, 2013, 「조선의 왕릉과 태봉의 비교 연구 -동기감응론과 풍수이론 중심으로-」, 동방대학원대학교 박사학위논문, 20·145·150·155쪽.

29) 박대윤, 2011, 「조선시대 국왕태봉의 풍수적 특성 연구」, 동방대학원대학교 박사학위논문, 27·292쪽.

30) 조인철, 2008, 『우리시대의 풍수』, 민속원, 185쪽.

한 복합적 성격을 갖는 것은 확실하며, 이는 태실만이 갖는 독특한 풍수적 장법이라 하겠다.

4) 태실의 조성 이유

우리나라 태실은 그 입지조건에서 풍수적 영향을 받았으며, 특히 전술하였듯이 조선시대 들어와 태실 제도가 확립되어 태실이 활발히 조성되었다.

태(胎)는 산모와 아기를 하나의 생명공동체로 연결하는 매체이기에 출산 뒤에도 함부로 버리지 않고 소중하게 다루었다. 민간에서는 태를 불에 태우거나 땅에 묻거나 물에 떠내려 보내는 장태문화가 있었다. 그러나 왕실에서는 태가 당사자는 물론이고 국운(國運)과도 연결되어 있다고 인식하여 민간보다 엄격하고 까다로운 절차로 다루었으며, 더 나아가 태를 모시는 태실을 조성하여 관리하였다. 태실이 완성된 후에는 수호군을 두어 보호·관리하였는데, 태실을 훼손하거나 금표 구역에서 벌목, 채석, 개간 등을 하는 일은 엄격히 규제하였으며, 이를 어기는 사람은 처벌을 하였다. 이때 지방관도 태실을 제대로 수호하지 않았다하여 함께 처벌하였다. 그리고 태실을 조성하거나 보수할 때 의궤(또는 등록)를 편찬하고, 지도 제작 시에도 태실을 표시하여 백성들에게 그 중요성을 더욱 각인시켰다.

이렇게 조선 왕실에서 태를 신성시하고 중요시하여 태실 제도를 확립하고 자녀의 태를 전국 길지에 묻어 태실을 활발히 조성하였다. 그 이유는 어디에 있는지 살펴보자.

⑧ 음양학을 하는 정앙이 글을 올리기를, "당나라 일행(一行)이 저술한 『육안태』의 법[六安胎之法]에 말하기를, '사람이 나는 시초에는 태로 인하여 자라게 되는 것이며, 더욱이 그가 어질고 어리석음과 성하고 쇠함은 모두 태에 관계있다. 이런 까닭으로 남자는 15세까지 태를 간수하게 되나니, 이

는 학문에 뜻을 두고 혼가(婚嫁)할 나이가 되기를 기다리는 것이다. 남자의 태가 좋은 땅을 만나면 총명하여 학문을 좋아하고, 벼슬이 높으며, 병이 없는 것이요, 여자의 태가 좋은 땅을 만나면 얼굴이 예쁘고 단정하여 남에게 흠앙(欽仰)을 받게 되는데, 다만 태를 간수함에는 묻는데 도수(度數)를 지나치지 않아야만 좋은 상서(祥瑞)를 얻게 된다. 그 좋은 땅이란 것은 땅이 반듯하고 우뚝 솟아 위로 공중을 받치는 듯 해야만 길지(吉地)가 된다.'고 하였으며, 또 왕악(王岳)의 책을 보건대,'만 3개월을 기다려 높고 고요한 곳을 가려서 태를 묻으면 수명이 길고 지혜가 있다.'하였으니, 사왕(嗣王: 문종)의 태는 그가 왕위에 오름을 기다려 이를 편안하게 하는 것은 옛날 사람의 안태하는 법에 어긋남이 있으니, 원컨대, 일행과 왕악의 태를 간수하는 법[藏胎之法]에 의거하여 길지를 가려서 이를 잘 묻어 미리 수(壽)와 복(福)을 기르게 하소서."하였다. 풍수학에 내리어 이를 의논하게 하니, 모두 상서한 것이 적당하다고 하므로, 명하여 내년 가을에 다시 아뢰라고 하였다.(『세종실록』세종 18년(1436) 8월 8일(신미))

⑨ 부지돈녕부사 권총이 글을 올리기를, " … 대궐을 바라보며 황공하고 전월(戰越)할 뿐이오나, 또 태(胎)를 감추는 것은 수(壽)를 기르고 병(病)을 막는 방비입니다. 지금 성주목사 유지례가 권세가와 결탁하고 감사에게 아양을 부려, 위로는 성상(聖上)을 무시하고 아래로는 백성을 괴롭히오매, 사람들이 거꾸로 달아 맨 것같이 괴로워하며, 만인의 입이 쑤군거리어 모두 지례의 고기를 먹고자 합니다. 이 말이 경내에 파다합니다. 그 죄가 열 가지가 있는데 모두 유죄(流罪)에 내리지 않습니다. 그러나 사유(赦宥)를 받았으니 감히 다 진달할 수는 없으나, 한 가지 용서하지 못할 죄가 있습니다. 태산(胎山)의 나무를 함부로 베어서 아문(衙門) 1백 40여 칸을 짓고, 그 고을의 품관 한 사람도 따라서 벌목하여 산림이 거의 벗어졌습니다. 신은 생각하건대 이와 같은 무리가 함부로 선왕의 태실을 움직이고 동궁(東宮)의 태봉을 짓밟아서 나라 근본을 흔드니, 장릉(長陵)의 한 줌 흙을 취하고, 태복(太僕)에 들어가 마추(馬芻)를 차는 것과 무엇이 다르겠습니까. 인성(仁聖)은 깊이 재도(裁度)하소서."하니, 임금이 보고 사헌부에 내려 총의 사혐(私嫌)으로 무고(誣告)한 죄를 논핵하여 그 직임을 파면시키매, 헌부(憲府)에서 율에 의하여 치죄하기를 청하니, 임금이 말하기를, "사리를 알지 못하는 자를 한결같이 법률에 의하여 다스릴 수 없다."하였다.(『세종실록』세종 30년(1448) 4월 9일(갑자))

⑩ 풍수학에서 아뢰기를, "『태장경(胎藏經)』에 이르기를, '대체 하늘이 만물을 낳는데 사람으로써 귀하게 여기며, 사람이 날 때는 태로 인하여 장성하

게 되는데, 하물며 그 현우와 성쇠가 모두 태에 매여 있으니 태란 것은 신중히 하지 않을 수가 없다. 무릇 태에서 내려온 지 3월에는 명칭을 화정태(和正胎)라 하고, 5월에는 연장태(軟藏胎)라 하고, 3년에는 장응태(壯應胎)라 하고, 5년에는 중부태(中符胎)라 하고, 7년에는 향양태(向陽胎)라 하고, 15년에는 과양태(過陽胎)라 하니, 이를 육안태법(六安胎法)이라 이른다.'고 합니다. 그런 까닭으로 경서에 이르기를, '남자가 15세가 되면 학문에 뜻을 둘 나이고, 여자가 15세가 되면 남편을 따라야 할 나이라.'하였으니, 그렇다면 남자는 마땅히 연장태·중부태·향양태 중의 연월에서 간수하여 학문에 뜻을 둘 나이를 기다려야만 하고, 여자도 또한 화정태·장응태·과양태의 연월에서 간수하여 남편을 따라야 할 나이를 기다려야만 하니, 남자가 만약 좋은 땅을 만난다면 총명하여 학문을 좋아하고, 구경(九經)에 정통(精通)하며 단상(團爽)하여 병이 없으며, 관직이 높은 곳에 승진되는 것입니다.(『문종실록』문종 즉위년(1450) 9월 8일(기유))

사료 ⑧~⑩에서 보듯이, 조선 왕실에서 전국의 명당에 장태하는 근본적인 목적은 태를 잘 묻음으로 인해 병을 막아 수와 복을 길러 무병장수(無病長壽)할 수 있고, 또 어질고 어리석음과 성하고 쇠함이 모두 태에 달려있으니 신중하지 않을 수 없었기 때문이다. 이렇게 태가 태어난 자녀의 장래 운명까지 결정하고, 왕이나 왕자 및 왕세손의 경우는 장래 국가의 운명까지 결정되어 나라의 근본에 영향을 미칠 수 있다는 의식과 관념에 의한 것이었다.

이는 풍수지리의 핵심이론인 동기감응론에 따른 것이다. 즉 태를 좋은 땅에 묻어 좋은 기(氣)를 받으면 그 태의 주인이 무병장수하여 왕업(王業)의 무궁무진한 계승·발전에 기여할 것이라는 전통적인 풍수지리설에 근거한 것이다. 특히 태실 제도가 조선 세종 때 관련 절차나 의례 등이 확립되는 것은 전술한 바와 같이 역사적으로 세종 때 풍수학이 체계적으로 정리되면서 중국 전래의 무위자연적 도가사상(道家思想)과 주역(周易)의 술법적 성격이 풍수지리설의 지기쇠왕사상(志氣衰旺思想)의 기초라는 것을 제대로 인식하였기 때문이다. 즉 세종 때 풍수사상이 제

대로 정착됨으로 인해 태를 인신(人身)이 깃들인 체기(體氣)의 근원이라
고 생각한 풍수지리설에 입각한 것이다. 그렇기 때문에 태실조성 시 전
문 풍수학 관리가 관여하였던 것이다.

그러나 전국적으로 명당을 먼저 선점(先占)하여 태실을 조성하거나
기존 사대부나 일반 백성들의 명당을 빼앗아 태실을 조성하는 것으로 보
아 그 이면(裏面)에는 조선 왕조에 위협적인 인물이나 세력이 배출될 수
있는 요인을 사전에 없애려는 의도도 숨어있는 것 같다.[31]

전술한 사료 ⑧~⑩으로 보아 겉으로 드러난 태실의 조성이유는 무병
장수이지만, 그 속내에는 역성혁명으로 나라를 창업한 이씨 조선이 끊기
지 않고 무궁무진하게 계승·발전되기를 바라는 마음이 내포되어 있다는
것이다. 즉 개인의 무병장수와 복보다는 장래 왕업지속을 위한 축원(祝
願)이 깔려있으며, 왕조에 위협적인 인물이 배출되지 않도록 하려는 목
적도 포함되어 있는 것이다.

또한 태실은, 왕릉들이 도성(都城)을 중심으로 10리 밖 100리 이내에
조성되는 것과[32] 달리 가까운 지역에 한정하지 않고 먼 곳까지 택정하
여 조성하는데, 이는 왕실의 영향력을 멀리 떨어진 지역에 까지 미치게

---

31) 김두규, 1998,『우리 땅 우리 풍수』, 동학사, 104쪽; 김두규, 2015,「성주 세종대
왕자 태실과 풍수」,『영남학』28, 경북대학교 영남문화연구원, 227~231쪽.
　　김두규는 태실의 조성이유로 ①풍수지리의 핵심이론인 동기감응론을 따른 것이
다. 즉 태를 좋은 땅에 묻어 좋은 기를 받으면 그 태의 주인이 무병장수하여 왕업
의 무궁무진한 계승·발전에 기여할 것이라는 것이다. ②기존 사대부나 일반 백성
들의 명당을 빼앗아 태실을 만듦으로써 왕조에 위협적인 인물이나 세력이 배출될
수 있는 요인을 사전에 제거하고자 함이다. ③태실이 조성되는 지방의 행정구역
승격 등 특별우대를 하여 왕조의 은택을 일반 백성에게까지 누리게 하여 왕실과
백성과의 유대 강화를 꾀하고자 하는 통치 이데올로기로 활용하였다. ④태실을
전국에 분포시킴으로써 국토관리를 통한 지방세력 견제 및 권력 강화를 위함이었
다 등을 들었다.
32) 이창환, 1999,「조선시대 능역의 입지와 공간구성에 관한 연구」, 성균관대학교 박
사학위논문, 54~57쪽.

하기 위한 것이다. 이는 안태사가 태를 봉송하면서 지역민들에게 왕실의 번영을 과시할 뿐만 아니라 왕실의 존재를 각인시키는 역할을 하였다. 전국에 태실을 조성하는 것은 왕실의 번영을 보여주는 일이면서 동시에 왕실의 권위와 존엄성을 드러내는 것이었다. 그리고 임금이 되었을 때 아기태실을 가봉하는 것은 다른 왕자녀의 태실과 구별하여 국왕의 신분과 체모에 어울리게 정비하여 위엄을 높여 더욱 신성시하려는 의도였다. 그래서 아기태실보다 많이 태실 수호군의 인원을 8명으로 증가시키고 금표구역도 300보로 확장하였던 것이다. 또 가봉하는 과정에서 왕의 태실이 위치한 지역의 백성들에게 새로운 왕의 즉위를 알리는 기능도 하였다.

고려 및 조선시대에 왕의 태실이 조성된 지역의 읍격을 승격시켜 특혜를 준 것도 모두 왕실에 충성을 유도하고 백성들이 자기 마을에 모셔진 태실을 자랑스럽게 여기도록 만들기 위한 것으로 추정된다.[33] 그러므로 조선시대 들어와 태실 제도가 확립되고 더 활발하게 태실을 조성하였던 것은 전국적으로 조성하여 백성들에게 왕실의 번영을 알리고 명당을 선점하여 역성혁명(易姓革命)이 일어날 수 있는 요인을 사전에 제거하여 자손대대 왕업이 계속 이어지게 하려는 이씨 왕조의 통치이데올로기가 내재되어 나타난 현상이라 할 수 있다.

이후의 일이지만, 전술하였듯이 일제강점기 1920년대 후반~1930년대 초반 일제가 전국의 수많은 태실을 파괴하고 강제 철거하여 54위의 태를 경기도 고양시 서삼릉으로 옮겨 모아놓은 것도 조선 왕실의 태실조성 이유를 제대로 파악(把握)하였기 때문이며, 또한 우리나라 한국 민족에게 조선의 멸망을 확인시켜주려는 의도였던 것이다.

---

33) 고려 충목왕(1344~1348) 때 안축(1282~1348)의 『근재선생집』권2 가사 죽계별곡에 경상도 풍기지역의 소백산 취화봉에 모셔진 고려 왕실의 태실을 찬양하고 있는 내용이 나오는데, 이는 당시 백성들이 왕실의 태실을 어떻게 생각하고 있는지를 엿볼 수 있다.

2. 태실의 분포와 등급

1) 태실의 분포

삼한시대~고려시대의 태실은 아직까지 그 현황이 제대로 파악되지 않는다고 살펴보았다. 이는 문헌사료와 고고자료의 부족으로 인한 것으로 고고학적 자료로는 신라 김유신 태실과 고려 인종 태실뿐이며, 그 외 태실은 문헌사료를 그대로 따르기 어렵다. 하지만 고려시대의 태실 중 인종 태실을 비롯하여 태조, 순종, 의종, 강종, 신종, 원종, 충렬왕, 충선왕, 충숙왕, 충목왕, 공민왕, 우왕, 창왕의 태실도 신빙성이 있어 그 분포를 살펴볼 수 있다.

그러므로 이 14개소의 고려시대 태실 중 위치가 알려지지 않은 창왕 태실을 제외하고 13개소의 분포 현황을 살펴보면, 경상도 9(69.2%) > 경기도 2(15.4%) > 강원도 1(7.7%)·황해도 1(7.7%)의 순으로 경상도에 가장 많이 분포한다.(그림 5) 더 세부적으로 구분해보면, 경상북도 7(53.8%) > 경상남도 2(15.4%)·경기도 2(15.4%) > 강원도 1(7.7%)·황해도 1(7.7%)의 순으로 나타나서 경상북도에 가장 많이 분포한다.(그림 6·7)

특히 조선시대에는 수많은 태실이 확인되므로 여기서는 조선시대를 중심으로 살펴보겠다.

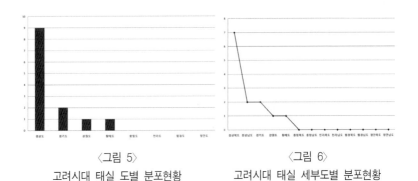

〈그림 5〉
고려시대 태실 도별 분포현황

〈그림 6〉
고려시대 태실 세부도별 분포현황

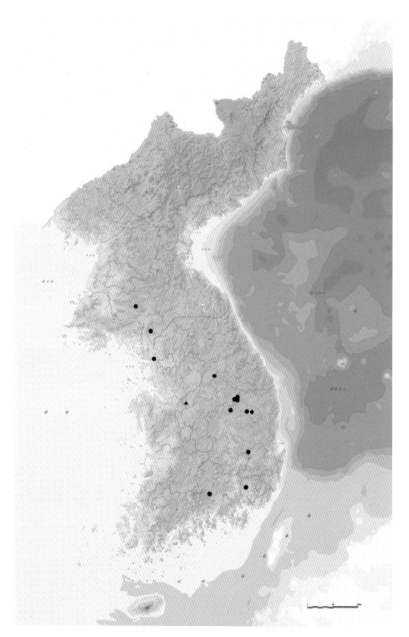

〈그림 7〉 삼국시대 및 고려시대의 태실 분포도(▲: 삼국, ●: 고려)

조선시대에 왕은 27명으로 각각의 부인을 합치면 모두 117명이며, 여기서 태어난 자녀는 아들 127명과 딸 108명으로 모두 235명이다. 그리고 아들 127명 중에서 19명의 왕이 배출되었다. 이 중에서 현재까지 조선시대 왕실의 아기 및 가봉태실의 분포 현황은 전술한 제2부 제Ⅲ장의 <표 1>과 같이 위치가 확인되지 않는 곳을 포함하여 143개소가 조사되었다.

이 143개소의 태실 분포는 경기도·강원도·충청도·전라도·경상도·황해도에서만 확인되며, 평안도와 함경도에서는 확인되지 않는다. 그러므로 태실이 전국적으로 분포하는 것은 아니며, 그 순위를 살펴보면 경상도(32.8%) > 경기도(25.2%) > 충청도(16.1%) 순으로 태실이 많이 분포하며, 더 세부적인 도별로 구분해보면, 경상북도(28.6%) > 경기도(25.2%) > 충청남도·강원도(11.2%) 순으로 나타난다.(표 2, 그림 8)

〈표 2〉
조선시대 아기 및 가봉태실 분포현황

도별	세부 도별	(개수/%)	합계 (개수/%)
경기도	경기도	36/ 25.2	36/ 25.2
충청도	충청북도	7/ 4.9	23/ 16.1
	충청남도	16/ 11.2	
전라도	전라북도	1/ 0.7	3/ 2.1
	전라남도	2/ 1.4	
강원도	강원도	16/ 11.2	16/ 11.2
경상도	경상북도	41/ 28.6	47/ 32.8
	경상남도	6/ 4.2	
황해도	황해도	6/ 4.2	6/ 4.2
평안도	평안남도	·	·
	평안북도	·	
함경도	함경남도	·	·
	함경북도	·	
?	위치미상	12/ 8.4	12/ 8.4
합계		143/ 100	143/ 100

〈표 3〉
조선시대 가봉태실 분포현황

도별	세부 도별	(개수/ %)	합계 (개수/ %)
경기도	경기도	3/ 10.7	3/ 10.7
충청도	충청북도	3/ 10.7	10/ 35.7
	충청남도	7/ 25.0	
전라도	전라북도	1/ 3.6	1/ 3.6
	전라남도	·	
강원도	강원도	2/ 7.1	2/ 7.1
경상도	경상북도	10/ 35.7	11/ 39.3
	경상남도	1/ 3.6	
황해도	황해도	1/ 3.6	1/ 3.6
평안도	평안남도	·	·
	평안북도	·	
함경도	함경남도	·	·
	함경북도	·	
?	위치미상		
합계		28/ 100	28/ 100

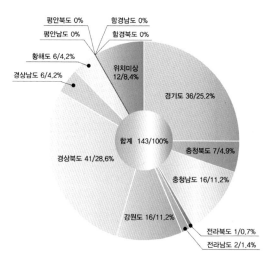

〈그림 8〉 조선시대 아기 및 가봉태실 분포현황

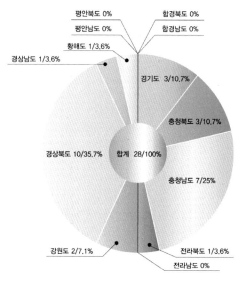

〈그림 9〉 조선시대 가봉태실 분포현황

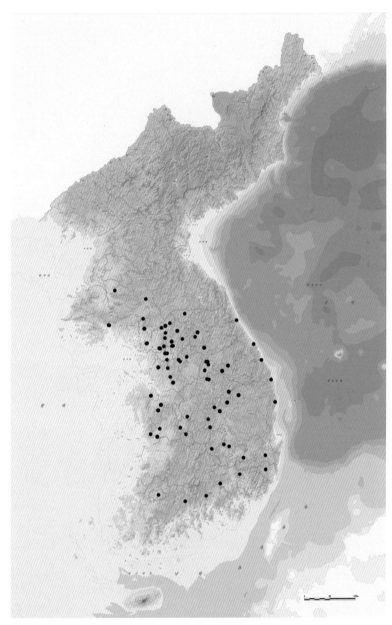

〈그림 10〉 조선시대 아기태실 분포도

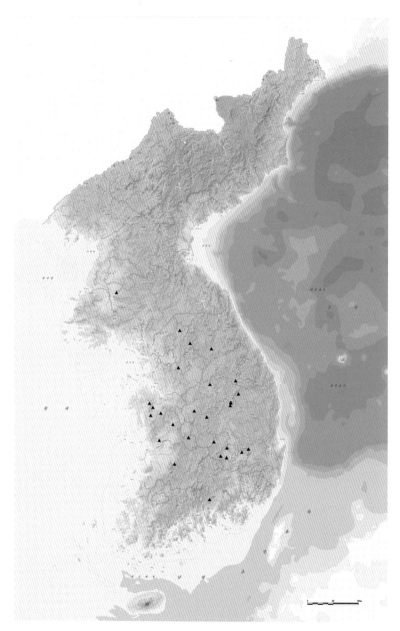

〈그림 11〉 조선시대 가봉태실 분포도

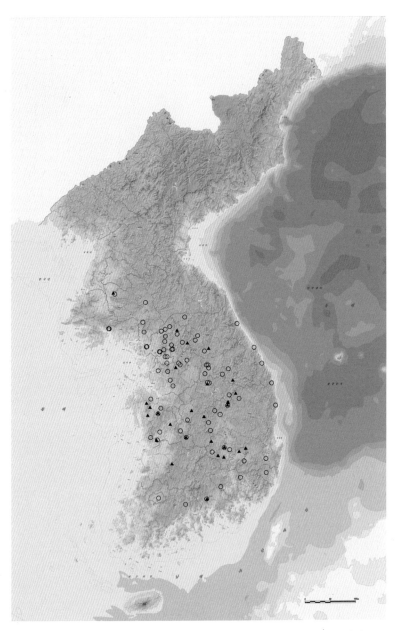

〈그림 12〉 조선시대 아기 및 가봉태실 분포도(○: 아기태실, ▲: 가봉태실)

아기태실 및 가봉태실 등 전체 143개소 태실 중 시·군까지 그 위치를 알 수 있는 131개소의 분포현황은 <그림 12>와 같으며, 아기태실 115개소 중 시·군까지 위치를 알 수 있는 103개소의 분포현황은 <그림 10>과 같다.

그리고 전체 143개소의 태실 중 가봉태실은 28개소이다. 즉 조선 27명의 임금 중 연산군·효종·철종·고종 등 4명을 제외한 23명의 임금 태실과 소헌왕후 심씨·정희왕후 윤씨·폐비 윤씨 등 3명의 왕비 태실, 그리고 장조·문조 등 2명의 추존 왕 태실이 있다. 왕비와 추존왕의 태실을 예외로 하더라도 태실이 아직까지 확인되지 않는 4명의 임금에 대해 좀 더 살펴보자.

연산군의 경우, 아버지인 성종의 자녀 중 10남 12녀의 태실이 확인되고 어머니인 폐비 윤씨도 태실이 조성되며, 연산군의 자녀 중 6남 5녀의 태실이 확인되는 것으로 보아 당시 세자인 연산군도 태실이 조성되었을 것으로 추정된다. 그리고 효종의 경우도 아버지인 인조와 그의 자녀 6남 1녀 중 소현세자를 비롯한 4남의 태실이 확인되고, 효종의 자녀 중 현종을 비롯한 1남 4녀의 태실이 확인되는 것으로 보아 당시 봉림대군이었던 효종 역시 태실이 설치되었을 가능성이 높다.[34]

---

34) 홍성익, 2014, 「한국 태실의 기초적 이해 -태실의 현황과 보존 및 관리-」, 『성주 세종대왕자태실의 세계유산적 가치』, 경북대학교 영남문화연구원, 9~71쪽; 홍성익, 2015, 「조선전기 왕비 가봉태실에 관한 연구」, 『사학연구』11, 한국사학회, 267쪽.
그러나 인조는 방계손인 정원군의 장남으로 태어나서 태실이 없을 개연성이 매우 높고, 효종은 역사의 혼란기인 광해군 재위기간 중 인조의 차남으로 태어났기 때문에 태실이 없을 가능성이 높다고 본 견해(박대윤, 2011, 「조선시대 국왕태봉의 풍수적 특성 연구」, 동방대학원대학교 박사학위논문, 83~84쪽)도 있으나, 따르기 어렵다. 특히 인조 태실은 『매일신보』(1928. 11. 22.)에 이왕직이 1928년 11월 18일 황해도 황주군 해주면 남본정리에서 찾아내어 이봉하고 있는 기사가 있어 『인조실록』인조 4년(1626) 8월 1일(경자)에 인조와 소현세자의 태가 정토사 앞 봉우리에 묻혔다는 기록의 위치가 황해도 해주임이 밝혀졌다.

하지만 철종과 고종은 적손(嫡孫)이 아니라 방계혈통(傍系血統)으로 임금이 되었기 때문에 태실이 조성되지 않았을 가능성이 높다.[35] 즉, 당사자가 왕이 되면 가봉태실이 조성되는데, 방계혈통인 선조와 인조도 가봉태실이 설치되었다. 그렇다면 방계혈통인 철종과 고종도 임금이 된 후 가봉태실을 조성하려고 하였을 것이나, 당시 민간 태처리 풍속인 매태 등으로 태를 보관하고 있어야 하는데 그렇지 않아서 태실이 설치되지 않았을 것으로 추정된다. 그러므로 태를 보관하지 않았던 철종과 고종을 제외한 나머지 25명의 왕은 태실이 조성되었을 것이며, 아직까지 연산군과 효종의 태실은 찾지 못하였을 뿐으로 생각된다.

이 가봉태실의 분포를 살펴보면, 경상도(39.3%) > 충청도(35.7%) > 경기도(10.7%) 순으로 많으며, 더 세부적인 도별로 나무면 경상북도(35.7%) > 충청남도(25%) > 경기도·충청북도(10.7%) 순으로 나타난다.(표 3, 그림 9) 그 위치를 표시해 보면 <그림 11>과 같다.

이와 같이 조선시대 아기태실 및 가봉태실의 분포는 하삼도(下三道)에 가장 많이 분포하는 것으로 나타난다. 즉 한양 도성(都城)의 남쪽에 많이 분포하는데, 이는 남쪽을 길지로 생각한 우리 민족의 고정관념에 의한 것도 있겠지만,[36] 『예기(禮記)』(B.C. 475~B.C. 221) 「곡례 하(曲禮下)」에 '天子當依而立 諸侯北面而見天子'라는 천자남면사상(天子南面思想), 즉 천자 또는 임금·군자는 남쪽을 바라보는 것[南面]을 원칙으로 하는 것과 밀접한 관련이 있을 것 같다. 이러한 남면사상은 『예기(禮

---

35) 박대윤, 2011, 「조선시대 국왕태봉의 풍수적 특성 연구」, 동방대학원대학교 박사학위논문, 85쪽.

36) 궁중유물전시관, 1999, 『왕실산속 태항아리특별전』, 문화재청, 20쪽.
한편 경상도, 특히 경상북도에 태실이 집중 분포되는 현상을 경상도에 태실 봉안의 길지가 다른 지역보다 더 많았거나 아니면 정치적 관련성에 의해 이루어진 것이 아닌가 추측하는 견해(박병선, 2001, 「조선후기 원당 연구」, 영남대학교 박사학위논문, 142쪽)가 있으나, 따르기 어렵다.

記)』「예기(禮器)」·「대전(大傳)」과 『순자(荀子)』(B.C. 475~B.C. 221) 「정론(正論)」등에서도 보인다. 그러나 남쪽이라 하더라도 도성(都城: 한양)과 가까운 충청남도, 강원도, 경상북도에 대부분 분포하며, 특히 경기도에 많이 분포하고 전라도에는 적게 나타난다. 이는 전술한 바와 같이 서울(한양) 가까운 곳에 태실을 조성하여 민폐를 줄이도록 한 왕들의 개선책에 의한 것이다.

그런데 일본에서도 2개소가 확인된다. 이는 태실이라기보다 일본 동경 자택에 보관되어 있던 태로 일제강점기 이왕직에서 한국으로 옮겨와 경기도 고양의 서삼릉에 안치한다.

한편, 문헌사료에서 태실의 지역적 분포에 대한 선호도가 시기에 따라 다르게 나타난다. 그렇다면 태실 분포에 대한 이격(離隔) 거리나 지역적 규제는 없었는지 살펴보자.

⑧ 정당문학 권중화를 보내어 양광도·경상도·전라도에서 안태할 땅을 살펴보게 하였다.(『태조실록』태조 1년(1392) 11월 27일(갑진))

사료 ⑧은 1392년(태조 1) 11월 태조의 태실지를 찾는 것으로 태조는 권중화를 태실증고사로 삼아 양광도(충청도), 경상도, 전라도의 하삼도에서 안태할 땅을 찾게 한다. 권중화는 다음해 1월 전라도 진동현(지금 충남 금산)에서 길지를 찾아 산수형세도를 바쳤으며,[37] 결국 완산부 진동현에 태실을 안치하도록 하여,[38] 조선 최초의 왕 태실이 조성되었다.

권중화(1322~1408)는 고려 우왕 때 천도 논의에 참여하였으며,[39] 고사에 정통하고 지리·복서에 능통한 인물이었다.[40] 그러므로 당시 풍수

---

37) 『태조실록』태조 2년(1393) 1월 2일(무신).

38) 『태조실록』태조 2년(1393) 1월 7일(계축).

39) 『고려사』(1451) 권133 열전46 신우-1 신우 무오 4년(1378) 11월.

40) 『태종실록』태종 8년(1408) 11월 23일(정묘).

지리에 능통한 사람을 보내 산수형세도를 그린 것은 길지를 선정하기 위한 것이었으며, 그 선정 기준은 지리적 요건이었음을 알 수 있다.

태조 태실이 있던 원 위치인 태봉산은 전형적인 돌혈에 해당되므로 그 지리적 요건은 돌혈의 형국이었으며, 이는 앞에서 검토한 태실의 입지조건을 뒷받침한다. 이후 정종도 하삼도에서 길지를 찾게 하는 것이 다음의 사료에서 확인된다.

> ⑨ 여흥백 민제를 충청도·전라도·경상도에 보내어 안태할 땅을 징험하여 고찰하게 하였다.(『정종실록』정종 1년(1399) 1월 19일(경인))

정종은 사료 ⑨에서 자신의 가봉 태실지를 하삼도에서 찾게 하였다. 그리고 태종도 자신의 가봉태실지로 경상도 성주를 택정하였다. 이렇게 함경도에 있던 태조, 정종과 태종의 태를 남쪽으로 옮겨 가봉태실을 조성하였는데, 태조는 전라도 진동, 정종은 경상도 김천, 태종은 경상도 성주였다. 세종은 경상도 사천에 자신의 가봉태실을 조성하며, 그의 자녀들도 모두 경상도에 태실을 조성하였다.[41] 또 문종은 세자인 단종의 태실 이장지(移藏地)를 경기도와 하삼도에서 구하게 한 것이 전술한 사료 ⑥에서 확인되며, 결국 경상도 성주 법림산에 이장한다.[42] 이러한 문헌 기록은 전술한 제2부 제Ⅲ장의 <표 1>에서도 확인된다. 그러나 이후 태실지의 선정에 지역적 변화가 보인다.

> ⑩ 전교하기를, "전에 안태는 모두 하삼도에 하였으니, 그 뜻이 어디에 있는가? 풍수학에 물어보는 것이 가하다."하니, 풍수학이 아뢰기를, "멀고 가까운 것을 논할 것 없이 길지를 얻기를 기할 뿐입니다."하였다. 전교하기

---

41) 심현용, 2014, 「성주 선석산 태실의 조성과 태실구조의 특징」, 『성주 세종대왕자 태실의 세계유산적 가치』, 경북대학교 영남문화연구원.

42) 심현용, 2012, 「조선 단종의 가봉태실에 대한 문헌·고고학적 검토」, 『문화재』 45-3, 국립문화재연구소.

를, "의지(懿旨)에[43] 이르기를, '일반 사람은 반드시 모두 가산(家山)에 장태하는데, 근래에는 나라에서 땅을 택하는 것이 비록 정결하기는 하나, 대길(大吉)한 응험(應驗)이 없으니, 풍수의 설[風水之說]은 허탄(虛誕)하다고 할 수 있다.'하였으니, <u>그 (안태할) 만한 땅을 경기에서 택하도록 하라.</u>"하였다.(『성종실록』성종 7년(1476) 11월 28일(무진))

⑪ 첨지충주부사 권정은 아뢰기를, "<u>강원도·황해도는 태봉을 많이 얻기가 쉽지 아니합니다.</u> 신의 생각은 왕자군의 태 외에 옹주의 태는 한 곳에 묻도록 하고, 또 <u>삼각산 근처에 땅을 골라서 묻도록 하는 것이 적당할 듯합니다.</u>"하니, 임금이 말하기를, "그것이 적당한가 않은가를 관상감에 묻도록 하라."하였다.(『성종실록』성종 24년(1493) 10월 10일(신미))

성종은 1476년(성종 7) 11월 사료 ⑩에서 태실의 원근이 중요한 것이 아니고, 또 풍수설은 허탄하여 믿을 것이 못되므로 하삼도에서 정하던 것을 앞으로는 경기도에 장태하라고 지시한다.

하지만 전술한 제2부 제Ⅲ장의 <표 1>과 비교해 보면, 이보다 빠른 시기인 1458년(세조 4)에 성종 태실이 경기도에 조성되며, 이후 월산대군(1462), 제안대군(1466), 성종 왕녀(1476) 등의 태실이 경기도에 이미 조성되고 있었다. 그러므로 실제로는 문헌사료의 기록보다 먼저 경기도에 장태되고 있었던 것이다.[44]

---

43) 김용숙(1999,「부록: 태봉연구」,『서삼릉태실』, 국립문화재연구소, 354~355쪽)은 '의지'란 왕대비 혹은 왕비의 말씀을 일컫는 것으로 당시 덕종의 비 한씨(인수대비, 1437~1504)가 살아있어서 어느 쪽인지 분명하지 않지만 왕비의 태봉을 옮기는 문제를 거론하는 것으로 보아 당시의 중전인 폐비 윤씨로 추정하였다. 그러나 성종(1457~1494)이 폐비 윤씨(1455~1482)보다는 어른으로서의 경륜이 있는 인수대비에게 물어 본 것으로 판단하는 것이 더 설득력 있다.

44) 김용숙(1987,「제5장 궁중의 산속 및 무속」,『조선조 궁중풍속 연구』, 일지사, 260쪽)과 윤석인(2000,「조선왕실의 태실 변천 연구 -서삼릉 이장 태실을 중심으로-」, 단국대학교 석사학위논문, 26~27쪽) 및 윤진영(2013,「조선후기 안태의례의 개선과 정비」,『조선시대사학보』67, 조선시대사학회, 400쪽)은 처음에는 하삼도에 장태되던 것이 성종 때 경기도에 장태되기 시작한다고 보았으며, 박주헌(2004,「태봉의 풍수지리학적 입지특성 연구(순조, 세종 왕자, 예종 태봉을 중심으

또 1476년 성종의 조치는 오래 지속되지 못하였다. 성종 왕녀(1481), 왕자 수견(1483), 왕자 수담(1484), 왕자 수석(1484), 왕녀 합환(1485), 왕자 수정(1486), 왕녀 복란(1486), 왕자 견석(1487), 왕녀 정복(1489) 등의 태실이 경기도가 아닌 하삼도와 강원도에 장태되었던 것이다. 이는 사료 ⑪에서도 입증되는데, 1493년(성종 24) 10월 이전에 태실을 강원도와 황해도에도 조성하고 있었음을 보여주며, 1476년 경기도로 태실지를 한정하고자 한 성종의 지침과 달리 경기도 이외 지역에서도 태실지를 택정하는 것을 알려주어 전술한 제2부 제Ⅲ장의 <표 1>과 일치한다.

또 성종은 사료 ⑪에서 1493년 10월 삼각산(지금 경기도 고양) 근처, 즉 경기도에서 태실지를 선정하자는 논의를 진행시키기도 하였다. 그리고 중종도 풍수설은 황당하고 믿을 수 없는 것이라 하여 다음과 같이 한양과 가까운 경기도에 태실을 조성하라고 지시한다.

⑫ 참찬관 이자가 아뢰기를, "해마다 흉년이 들어 백성이 고생합니다. 일에 관계가 있다면 폐단을 헤아릴 수 없겠으나, 지금 증고사가 내려갈 때에 … 임금이 이르기를, "말한 것이 지당하다. 증고사는 … 또 하삼도에 왕래하는 것은 더욱 폐단이 있으니 가까운 곳에서 가리는 것이 역시 옳으리라."하매, 광필이 아뢰기를, "원자 태봉은 가리지 않을 수 없겠으나, 이 때문에 그 폐단이 그대로 계속되어 온 지 이미 오래되었습니다. … 또 경기에서 가릴 만한 땅이 없으면 하삼도에 지리관을 보내어 감사와 함께 돌면

로)」, 대구한의대학교 석사학위논문, 2쪽)은 조선 왕실 태봉은 대부분 하삼도에 위치하며, 성종 이후로는 경기도와 강원도에 조성되었고 예외적으로 황해도에서도 확인된다고 하였고, 이필영(2001, 「민속의 지속과 변동 -출산의례 중의 안태를 중심으로-」, 『역사민속학』13, 한국역사민속학회, 19쪽)은 성종 이후 강원도와 황해도에도 장태되었으며, 성종·중종 때 근거리에 택정하도록 했다고 보았다. 또 김지영(2014, 「조선시대 출산과 왕실의 '장태의례' -문화적 실천양상과 그 의미-」, 『역사와 세계』45, 효원사학회, 68쪽)은 중종 때 경기도에 장태하게 하였다고 보았다. 그러나 이러한 견해들은 모두 다 문헌기록만을 검토한 것으로 제2부 제Ⅲ장의 <표 1>과 비교해 보면 다르며, 고고자료로는 세조 때부터 경기도에 장태되기 시작한다.

서 가리게 하는 것도 경솔한 바는 아닐 것입니다."하고, … 정원에 전교하기를, "봉태할 땅은 먼저 동문·서문 밖에 땅을 가리되 문 밖에 마땅한 땅이 없거든 하루 일정이나 이틀 일정 되는 곳에 가리고, 하루나 이틀 일정을 넘지 말라. … 반드시 하삼도에 보낼 것 없다. 또 태봉의 땅 근처의 전지를 묵히는 데에도 … 먼저 그 한계를 정하도록 하라. 또 경기에 마땅한 땅이 없으면 하삼도에서 가리더라도 반드시 중고사를 보낼 것 없다.(『중종실록』중종 12년(1517) 11월 23일(을미))

사료 ⑫에서 보듯이 중종은 백성의 집 근처에 태실이 선정되면 백성들의 폐해가 많고 먼 하삼도까지 가는 것도 폐단이 많으므로 도성과 가까운 동·서문 밖이나 하루 또는 이틀거리에 택정하게 한다. 그러나 경기도에 적당한 곳이 없을 경우 하삼도에서 택정하도록 하였다. 그런데 전술한 제2부 제Ⅲ장의 <표 1>을 살펴보면, 1517년 이후의 태실지는 경기도 보다는 하삼도가 대부분이어서 중종의 지시는 제대로 지켜지지 않았다.

이후 임진왜란으로 태봉을 기록한 장부가 불타 없어지자 선조는 각 도의 도사가 관상감 지리학 관원을 데리고 태봉으로 합당한 곳을 미리 살펴서 등급에 따라 장부를 만들어 두었다가 사용하게 한다. 이는 후술하는 사료 ⑯에서 확인되며, 인조도 향후 태실 조성에 대비해 1643년(인조 21) 태봉산으로 쓸 만한 곳을 전국에서 조사케 하였다.[45]

결국 경기도에서 가까운 곳에 숭선군의 태실지를 찾게 하는 것이 후술하는 사료 ⑱에서 확인되고, 충청도 충주에 태실이 조성된다. 이로보아 태실을 조성하는데 거리나 지역에 대한 특별한 규제는 없었음을 알 수 있다. 그리고 전술했듯이 세조 때부터 장태지를 하삼도에만 국한하지 않았지만, 한양에서 가까운 곳에 장태하고자 노력하였던 것이다. 그런데 영조 때 들어와 다시 새로운 조치가 내려진다.

---

45) 『태봉등록』인조조 계미(1643, 인조 21) 8월 초5일.

⑬ 하교하기를, "봉태(封胎)하는 한 가지 일은 원손 이외에 대군·왕자도 차등을 두어야 한다. … 무릇 장태하는 곳은 번번이 먼 도로 의정하여 들이는데, 이 뒤로는 반드시 가까운 도(道)에 정하여 민폐를 덜도록 하라."하였다.(『영조실록』영조 30년(1754) 3월 22일(임신))

⑭ 경복궁의 위장이 옛날 궁궐[舊闕]의 곁에서 석함 하나를 얻어서 바쳤다. 임금이 가져오게 하여 보니, 곧 석함에 봉태(封胎)한 것이었는데, 석면(石面)에 '王子乙巳五月日寅時生[왕자는 을사 5월 일 인시에 태어남]'이라고 새겨져 있었다. 임금이 옥당(玉堂)에 명하여 『보략(譜略)』을 상고하여 찾아 아뢰라고 하였다. … 장태하는 폐단은 내가 익히 아는 바이다. 고례를 고치기 어려우나, 지금 구궐에서 장태 석함을 얻었는데, 이는 중엽 이후의 일이다. 전에 이미 봉태한 것은 지금에 와서 논할 것이 없고, 지금부터 장태는 반드시 어원(御苑)의 정결한 곳에 도자기 항아리[陶缸]로 묻게 하고 이로써 의조에 실게 하라."하고, 드디어 정식으로 삼았다.(『영조실록』영조 41년(1765) 5월 13일(정해))

영조는 처음에 사료 ⑬에서 보듯이 1754년(영조 30) 3월 가까운 도에서 태실지를 선정하게 하였다. 그러나 9년 후 더 강한 개선 방안을 제시한다. 즉 1765년(영조 41) 5월 영조는 앞으로 어원에 장태하게 하는데, 이는 사료 ⑭와 후술하는 사료 ⑮에서 확인된다. 영조의 이러한 지시는 태실 조성을 위한 길지를 찾기 위해 생기는 폐단을 줄이려 한 방안이었다.

그리고 정조도 선왕(先王)인 영조의 뜻을 준용하고자 노력하였다.[46] 그러나 실행하지 못하고 문효세자 태실(1783)을 경상도 예천에, 순조 태실(1790)을 충청도 보은에 조성하게 된다. 그러나 1793년(정조 17) 들어와 결국 내원에 장태하여 영조의 뜻을 계승한다. 이는 다음의 사료에서 확인된다.

⑮ 신생 옹주의 태를 내원(內苑)에 묻었다. 우리나라의 고사에 왕자·공주·옹주가 태어날 때마다 유사가 장태할 곳 세 곳을 갖추어 올려 낙점을 받아

---

46) 『정조실록』정조 7년(1783) 4월 27일(정해)·4월 28일(무자)·7월 5일(갑오).

서 안태사를 보내 묻곤 하였다. … 을유년(1765)에 장태 석함을 경복궁의 북쪽 성 안에서 얻고서야 비로소 중엽 이전의[47] 옛 규례는 내원에 묻었음을 알았다. 명하여 앞으로 장태는 반드시 내원의 정결한 땅에 묻도록 하였었다. (그런데) 이때에 이르러 유사가 옹주의 장태 의식 절차를 품하자, 임금이 선조(先朝: 영조)의 수교를 준행하여 이날 <u>주합루의 북쪽 섬돌에 장태하게 하였다.</u>(『정조실록』정조 17년(1793) 4월 8일(경오))

사료 ⑮는 정조가 1793년 숙선 옹주의 태를 창덕궁에 묻게 한 것으로 사료 ⑭에 기록된 영조의 을유년(1765) 전교를 계승한 첫 번째 사례이다. 그러나 영·정조의 이러한 조치는 전술한 제2부 제Ⅲ장의 <표 1>에서 보듯이 숙선옹주 이후 궁궐 안에 장태된 것이 확인되지 않고, 문조(1809)는 경기도에, 순조 왕녀(1819)는 강원도에, 헌종(1827)은 충청도에, 철종 원자(1859)는 강원도에, 순종(1874)은 충청도에 태실이 조성되는 것으로 보아 제대로 시행되지 않았다.[48] 이는 1765년 영조의 을유년 수교인 궁궐 어원에 장태하라는 지시는, 왕위 계승자인 원자는 1등에 해당되어 길지를 찾아 태실을 조성하고, 그 외 대상자는 2등 이하이므로 궁궐 어원에 장태해야 한다는 1783년 정조의 계묘년 결론에 따른 결과이다.

2) 태실의 등급

태실이 조성되는 태봉의 입지는 풍수지리적 조건에 따라 다시 3등급으로 분류된다. 이는 다음의 사료에서 확인된다.

---

47) 『영조실록』영조 41년(1765) 5월 13일(정해)에는 궁궐 내에 장태한 것은 '중엽 이후'라 하였는데, 이 사료 ⑮에서는 '중엽 이전'이라 하여 잘못 알고 있다.

48) 윤진영(2013, 「조선후기 안태의례의 개선과 정비」, 『조선시대사학보』67, 조선시대사학회, 408~413쪽)은 영조가 어원에 장태하라는 을유년(1765)의 지시가 이후 적용되었을 가능성이 높으며, 특히 2등 이하는 궁궐에 묻는 것이 실제로 관행되었을 것으로 추정하였다. 그러나 제2부 제Ⅲ장의 <표 1>에서 보는 바와 같이 예외도 있다.

⑯ 관상감이 아뢰기를, "평상시에 증고사를 뽑아 보내 태봉으로 합당한 곳을 살펴보고 3등으로 나누어 장부를 만들어 두는데, 원자와 원손은 1등으로, 대군과 공주는 2등으로, 왕자와 옹주는 3등으로 태봉을 초계하여 낙점을 받아 장태하는 것이 전례입니다. 그런데 난리 이후로는 만들어 둔 장부가 불에 타버렸습니다. … 비록 증고사를 뽑아 보내지는 못하더라도 각도 도 사에게 명하여 본감의 지리학 관원을 거느리고 태봉으로 합당한 곳을 미 리 살펴서 등급에 따라 재가를 받아 장부를 만들어 두었다가 임시하여 아 뢰어 사용할 수 있도록 승전을 받드는 것이 어떻겠습니까?"하니, 윤허한 다고 전교하였다.(『선조실록』선조 35년(1602) 6월 25일(을묘))

⑰ 천계 5년 갑자(1624) 대군태봉등록, 대왕 1등 태봉 300보, 대군 2등 태봉 200보, 왕자 3등 태봉 100보 등의 내용을『태봉등록』에 진열해 싣고 기록 하라.(『태봉등록』(1643~1740) 서문)⁴⁹⁾

⑱ 관상감 관원이 영사의 뜻으로 계하기를, … 태봉을 기록한 책을 아직껏 올려 보내지 않고 있는 각 도의 감사는 이미 추고를 청하였사오나 … 각 도가 빠짐없이 서계해야 할 규식은 아닌 듯하옵니다. 하지만 그때는 태봉 의 기록 장부에서 1등·2등·3등을 분명히 상고할 수 있지만, 지금은 각 관 아의 적간 보고서에만 의지할 뿐, 등수나 우열은 상세히 알 수 없습니다. 그리하여 경기에서 그리 멀지 않은 곳에 지관을 파견하여 자세히 살피게 하고 서계하여 낙점을 받도록 함이 온당할 듯 하온데, 어찌 처리하오리까? … 전교하기를,'지관을 보내서 잘 조사하여 오도록 하라.'고 하였다.(『태 봉등록』인조조 계미(1643, 인조 21) 8월 13일)

⑲ 예조 판서 서호수, 참판 이숭호 등이 상소하기를, "신들이 원자(문효세자) 의 태를 봉하는 일에 대해 의견이 있습니다. 신들이 삼가 선왕(영조)의 수

---

49) 이외『태봉등록』숙종조 갑오(1714, 숙종 40) 8월 16일에 "지금의 관상감 문서를 가져다가 참고하였더니, 천계 5년 등록 중 '대군 태봉 200보, 왕자 태봉 100보'로 아뢴 사실이 기록되어 있습니다."라 하였고,『태봉등록』영종조 신해(1731, 영조 7) 6월 초4일에 "대사헌 송진면이 아뢰기를, '인조조 갑자에 정식이 있었지만, 현 묘조와 숙종조 때는 태실 사면이 모두 300보에 미달입니다.'"라 하였으며,『태봉 등록』영종조 을묘(1735, 영조 11) 정월 26일에 "관상감에서 올린『태봉등록』을 가져다 참고해 보았더니, 지난 만력 갑진년과 천계 갑자년에 각 도와 각 읍에서 조사하여 택정하였지만 …"라고 하였는데, '갑자'는 천계 5년(을축, 1625, 인조 3) 이 아니고 천계 4년(갑자, 1624, 인조 2)이므로 바로 잡고자 한다.

교를 상고해 보니, … 태를 봉하는 법[胎封之法]은 본래 1등, 2등, 3등의 구분이 있는데, 신의 부서의 등록 중 국조 이래 18대 임금의 태봉이 낱낱이 기록되어 있습니다. 그리고 보면 1등 태봉은 옛 대궐 안에 있지 않고, 석함에 있는 것은 2등 이하란 것이 확실합니다. … 대신에게 의논한 다음 품처하라고 하였다.(『정조실록』정조 7년(1783) 4월 27일(정해))

⑳ [原] 대왕 태실은 300보로 정하여 제도화하고 보수 밖의 장양처(長養處)는 일체 금단한다. 금표 화소 내에서 벌목하는 자 및 입장자(入葬者)는 모두 도원릉수목의 률[盜園陵樹木之律]에 의하여 처벌한다. [增] 대군 200보, 왕자 100보로 한다.(『대전회통』(1865) 권3 예전 잡령)⁵⁰⁾

　사료 ⑯~⑳을 살펴보면, 태실지는 태실증고사가 선정하거나 각 도의 도사와 관상감의 지리학 관원이 추천하여 선정하였는데, 풍수지리적 명당 조건에 따라 3등급으로 나뉘어 신분상의 차이를 두었다. 특히 사료 ⑯에서 그 등급의 구분이 처음 나타나는데, 원자와 원손은 1등급, 대군과 공주는 2등급, 왕자와 옹주는 3등급의 태봉에 태실을 조성하는 것이 전례라 하였다. 그런데 사료 ⑰·⑳에서는 대왕 1등급, 대군 2등급, 왕자 3등급으로 남자만 기록되어 있고 원손과 여자인 공주나 옹주에 대한 언급이 전혀 없다.

　그러나 전술한 제2부 제Ⅲ장의 <표 1>을 살펴보면, 계속해서 원손과 왕녀 태실이 조성되었다. 또 사료 ⑱에서는 옛날 태봉 기록장부에 1~3등급이 기록되어 있었으나, 지금은 등수나 우열을 알 수 없다고 하였으며, 사료 ⑲에서도 본래부터 1~3등급의 구분이 있는데 대궐 바깥에 있는 것이 1등지이고 대궐 안에 있는 것을 2·3등지로 추정하기도 하여 당시 등급의 구분에 대한 지식이 차차 모호해졌음을 보여준다.

　이로보아 처음에는 임금과 그 자녀, 그리고 원손 모두에 대한 등급

50) 이 『대전회통』(1865)에서 [원]은 『경국대전』(1471)에 있는 내용이고, [증]은 『경국대전』 또는 『속대전』(1746)의 내용이 바뀌었거나, 『대전통편』(1786)에 처음 등장하는 것이다.

구분이 정해져 있었으나, 시간이 지날수록 등급 자체에 대한 구분이 모호해진 것으로 판단된다. 이는 사료 ⑯·⑱에서 확인되듯이 임진왜란을 겪으면서 태봉장부가 불타 등급 기준을 파악할 기록이 없어졌기 때문에 이후 결국 적용하지 못한 것 같다.

그런데 최근 연산군·인조·효종·철종·고종 등 태실이 파악 안 되는 5기를 제외한 22기의 임금 태실의 태봉을 풍수지리적으로 분석하여 1~3등지로 분류를 시도한 연구가[51] 있다. 하지만 이는 연구자 개인이 자의적(恣意的)으로 풍수지리적 우위의 기준을 정해 분석한 것으로 문헌사료 어디에도 태실의 등급을 분류하는 방법과 기준은 찾아지지 않는다. 전술한 사료에서처럼 태실의 입지가 1~3등급으로 구분되어 태실이 조성되는 대상자 신분의 우위에 따라 적용되었다면, 대군이나 왕자가 후에 임금으로 등극하였을 때 2등지나 3등지에 있던 기존의 아기태실이 1등지의 태봉으로 옮겨가야 한다. 그런데 전술한 제2부 제Ⅲ장의 <표 1>에서 보듯이, 이로 인해 태실이 옮겨진 사례가 전혀 없는 것으로 보아[52] 실제로는 적용되지 않았으며, 이는 조선이라는 국가가 개시되는 처음부터 행해지지 않고 사문화(死文化)된 것으로 판단된다.

---

51) 박대윤, 2011, 「조선시대 국왕태봉의 풍수적 특성 연구」, 동방대학원대학교 박사학위논문, 269~275쪽.

52) 임금의 태실이 옮겨가는 것은 단종과 선조뿐이다. 그러나 단종은 처음부터 원손의 태실이었으며, 선석산에서 법림산으로 옮겨가는 것은 등급의 차이에 의한 것이 아니며,(심현용, 2012, 「조선 단종의 가봉태실에 대한 문헌·고고학적 검토」, 『문화재』45-3, 국립문화재연구소, 89~90쪽) 선조도 3번 옮겨지는데,(홍성익, 1999, 「강원지역 태실에 관한 연구」, 『강원문화사연구』3, 강원향토문화연구회, 78~83쪽) 이도 등급 구분에 의해 이전되는 것이 아니다.

II. 아기태실의 구조와 유물

1. 아기태실의 구조

아기태실은 왕의 정실(正室)과 후실(後室)의 부인에게서 태어난 남·녀 모든 아기의 태를 태봉산에 장태하고 처음 조성한 태실을 말한다. 현존 대부분의 아기태실에는 봉토(封土)가 남아있지 않으나 강릉 경휘옹주 태실에서 봉토의 형태 또는 관련된 구조가 확인되어 조선시대 아기태실 중 그 원상이 가장 잘 남아있다. 경휘옹주 태실은 삭평되어 현고 약 50~80 × 너비 약 6.6m 크기의 봉토가 남아 있으며, 이 봉토는 평면 원형, 단면 반원형의 반구형을 하고 있다. 그리고 이 봉토 앞에는 아기비가

① 경휘옹주 태실

② 복란 태실(복원)

③ 숙정·숙휘옹주 태실(복원)

④ 인성군 태실(복원)

〈사진 1〉 아기태실 전경

약 1.5m 떨어져서 세워져 있다. 또 현재 복원된 원주의 복란 태실과 숙정·숙휘공주 태실, 그리고 청원의 인성군 태실도 반구형의 봉토를 하고 그 앞에 아기비가 세워져있는 구조를 하고 있다.(사진 1)

그럼 발굴조사된 고고자료와 문헌사료를 가지고 아기태실의 축조과정을 살펴보자.

아기태실을 조성하기 위해 먼저 태봉산의 정상부를 편평하게 정지한다. 그 후 지하에 평면 원형 또는 사각형의 토광(土壙)을 파고,[53) 토광 내부를 정지한 후 가운데에 함신과 함개로 이루어진 태함을 안치한다.[54) 태함 중 함신을 먼저 안치하며, 함신의 감실 중앙에 태가 든 태호를 안치하고 태호의 앞쪽 감실 벽에 태지석을[55) 세워놓는다. 태호는 내·외호로 이루어진 이중 태호로 내호 안 바닥 중앙에는 글자면을 위로 한 동전 1개를 놓고 그 위에 씻은 태를 올려놓으며 입구를 청색 천으로 막는다. 다시 내호를 외호 안에 넣고 움직이지 않게 내호와 외호 사이를 솜 등으로 채우고 밀봉한다. 감실에 봉안물이 모두 안치되면 함신 위를 함개로

---

53) 지금까지 확인된 토광의 평면 형태는 원형 계열과 사각형 계열로 구분되는데, 문종 태실(장축 3.1 × 단축 2.9m)과 인종 태실(장축 약 3.2 × 단축 약 3m)은 원형이며, 복란 태실(지름 약 3.5m)과 의소세손 태실(장축 2.3 × 잔존 단축 1.4m) 및 장조 태실(장축 약 3.8 × 잔존 단축 약 2.8m)은 타원형이다. 그리고 울진 월송리 태실(장축 약 2.7 × 잔존 단축 약 2.5m)은 사각형이며, 인성군 태실(장축 3.5 × 단축 2.9m)과 광해군 태실(장축 약 2.7 × 단축 약 2.5m)은 말각사각형이다. 토광의 평면 형태가 사각형 또는 원형인 것은 하늘과 땅을 상징하는 천원지방(天圓地方)의 개념이 가미된 것으로 추정된다.

54) 광해군 태실은 현 지면에서 약 1.2m 아래 함개 상부가 노출되었으며, 인성군 태실은 현 지면에서 전체 깊이 약 1.9m이고 복란 태실도 전체 깊이 약 1.8m이며, 인종 태실도 지반층을 약 1.5m 팠다.

55) 태지석은 아기태실의 태지석과 가봉태실의 태지석으로 나뉘는데, 가봉태실의 태지석은 왕으로 등극한 후 태실을 가봉할 때 다시 제작된 것이라는 견해(이규상, 2005,『한국의 태실』, 청원문화원, 114쪽)가 있으나, 후술하듯이 가봉태실은 아기태실의 지하구조를 변경시키지 않고 그대로 사용하므로 가봉 시 태지석을 다시 제작한다는 것은 오류이다.

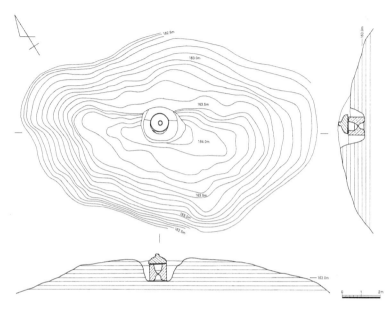

① 의소세손 태실의 평면도 및 단면도

I층 : 표토층. 낙엽 등이 섞인 부식토.
II층 : 명암갈색 부식토. 의소세손 태실 발견 당시에 굴착한 후 다시 메운 흙으로 사질토와 부토가 섞임.
III층 : 암갈색 사질토. 태실 석개 상면을 덮은 흙으로 점성은 보통임. 일제강점기에 이루어진 태실 이운작업 이후 다시 메워진 흙.
IV층 : 명황갈색 사질토. 태실 석개 상면을 덮은 흙으로 점성은 보통임. 일제강점기에 이루어진 태실 이운작업 이후 다시 메워진 흙.
V층 : 명적갈색 사질토. 점성이 있는 사질토로 태실 석함을 안치한 후 석개를 덮은 흙.
V-1층 : 명적갈색 사질토. 성분은 V층과 동일하며 황색기운이 강함. 점성이 있는 사질토로 태실 석함을 안치한 후 석개를 덮은 흙. V-2층과 교대로 쌓음.
V-2층 : 명적갈색 사질토. 성분은 V층과 동일. 점성이 있는 사질토로 태실 석함을 안치한 후 석개를 덮은 흙. V-2층과 교대로 쌓음.
VI층 : 명갈색 사질토. 사림이 많이 섞인 사질토로 V층과 유사함. 일제강점기에 태실 이운작업시 굴착된 이후 재퇴적된 사질토.
VII층 : 명갈색 사질토. VI층에 비해서 부식기운이 강함.

② 의소세손 태실의 토층도

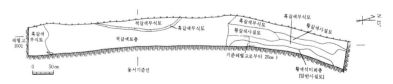

③ 복란 태실의 남북 트렌치 서벽 토층도

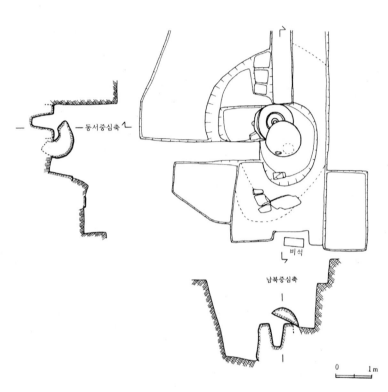

④ 복란 태실의 평면도 및 단면도

〈그림 1〉 아기태실의 실측도57)

덮고 틈새를 유회(油灰)로 밀봉한다. 그리고 토광의 빈공간과 태함 상부에는 황토와 회를 섞은 흙으로 메우고 단단하게 다진다.56)(그림 1)

---

56) 그동안 발굴조사된 태실의 토광 내의 흙을 살펴보면, 문종 태실은 명황갈색·황갈색·회백색 사질점토 등을 관축하였으며, 인종 태실은 갈색·적갈색·암갈색 사질점토를, 광해군 태실은 명황갈색·황갈색·회갈색 사질점토를, 복란 태실은 적갈색·황갈색 사질점토를, 월송리 태실은 적황색·회녹색 사질점토를, 장조 태실은 명갈색·회백색·황갈색·명황갈색·명갈색 사질점토를, 의소세손 태실은 명암갈색·암갈

이후 지하의 토광이 메워지면 지상에는 흙을 쌓아 높이 3척, 지름 10
척, 둘레 30척의[58] 반구형 봉토를 만든다.[59] 또 봉토의 정면(正面)으로
1보(6척, 약 1.2m) 가량 떨어져서 아기비를 세운다.[60] 또 태실을 보호하

색·명황갈색·명적갈색·명갈색 사질점토 등을 판축하였는데, 대부분 회와 섞었다.
이렇게 토광을 메우고 상부를 다질 때 주로 황토를 사용하였다. 풍수설에서 명당
에 있는 혈의 흙이 콩가루를 빻아 놓은 것 같이 곱고 부드러우면서도 누른 흙[黃
土]으로 되어 있으면 최상의 길지로 친다고 하였고 음양오행설에서는 누런 색[黃
色]은 중앙을 나타내며, 또 민간에서 주술적 의미로 붉은 색은 악귀를 물리치거나
예방한다는 벽사의 의미가 내포되어 있는데, 이러한 이유로 태실에서도 붉은 색
의 황토를 사용하였으며, 또 태실을 견고하게 보호하기 위해 회를 섞은 것이다.

57) ①·②는 국립경주문화재연구소, 2009, 「영주시 고현동 의소세손 태실 긴급발굴
　　조사보고」, 『문화유적발굴조사보고(긴급발굴조사보고 Ⅳ)』, 76·77쪽; ③·④는 한
　　림대학교 박물관, 1991, 『왕녀복란태실 발굴보고서』, 59·60쪽.

58) 『원자아기씨 장태의궤』(1809); 『원자아기씨 장태의궤』(1874).
　　이 『원자아기씨 장태의궤』(1809)는 효명세자(익종=문조)의 태실의궤이며, 『원자
　　아기씨 장태의궤』(1874)는 순종의 태실의궤이다.

59) 그러나 성주 선석산 태실은 아기태실임에도 불구하고 지상에 봉토를 조성한 것이
　　아니라 사방석·중동석·개첨석으로 이루어진 중앙태석을 설치하였는데, 특이한 예
　　라 하겠다. 또 서울 월산대군 태실은 현재 태함의 상부가 지상에 노출되어 있어
　　특이한 구조를 하고 있다.(제4부 Ⅱ장의 사진 4-①·②, 제5부 Ⅱ장의 사진 30-①
　　및 그림 3) 즉 태함의 함신 상부와 함개가 지상에 노출되어 있다. 일반적인 아기
　　태실 구조는 지하에 태함을 묻고 지상에 봉토를 하는데, 이 태실은 그렇지 않다.
　　혹시 원래 태함을 묻고 상부에 봉토를 하였던 것이 세월이 흘러 봉토가 훼손되어
　　없어지고 현재처럼 태함이 노출되었을 가능성도 있다. 하지만 태함의 함신이 상
　　당부분 지상으로 올라와 있는 것이 문제이다. 만약 원래 땅에 묻혀 있다면 지상에
　　설치되는 아기비보다 더 아래에, 즉 현 지표에서 1m 이상의 깊이에 묻혀있어야
　　하는데, 그렇지 않다. 지금까지 발굴조사된 태실의 태함 깊이를 보면 대부분 1m
　　이상에서 확인된다. 이로보아 월산대군 태실은 현재 태함이 노출되어 있는 것이
　　원래의 형태일 가능성이 높으며, 그렇다면 봉토도 덮지 않았을 것으로 추정된
　　다. 조선시대 처음 조성되는 아기태실인 선석산 태실의 구조는 일반적인 가봉태
　　실과 아기태실의 구조를 조합한 특수한 형태로 조성되었으며, 이후 월산대군 태
　　실에서 중앙태석은 사라지고 태함만 설치되는데, 선석산 태실을 모방하여 태함을
　　중앙태석처럼 어느 정도 지상에 노출시켰다. 그리고 다시 고려대학교 애기능 태
　　실(제4부 Ⅱ장의 사진 4-③, 제5부 Ⅱ장의 사진 30-②)에서 태함이 완전히 지하로
　　내려가 이때부터 전형적인 일반 구조의 아기태실이 정착되는 것으로 판단된다.

기 위해 뒤쪽에 C자형으로 둥그렇게 태실을 감싸면서 돌려진 사성(莎城)을[61] 조성하기도 한다.[62] 그리고 주변에는 사초지(莎草地)를 만들어 아기태실을 완성한다. 그리고 태봉산 주변으로는 태실을 보호하기 위해 백성의 출입을 금지하는 통제구역으로 금표구역(禁標區域)과 화소지역(火巢地域)을 설정한다. 이 금표와 화소구역 안에서는 백성들의 경작이나 벌목 및 벌채 등은 하지 못하게 하였다. 금표구역에는 태실을 기점으로 동·서·남·북의 사방에 금표비를 세운다.

이 금표구역은 3등급으로 구분되는데, 왕과 원자 및 원손은 300보, 대군과 공주는 200보, 왕자와 옹주는 100보로 규정하였다.[63] 그러므로 금표구역의 넓이는 태실을 중심으로 왕·원자·원손은 동-서 600보, 남-북 600보이며, 대군·공주는 동-서 400보, 남-북 400보이며, 왕자·옹주는 동-서 200보, 남-북 200보이다.

또 금표구역 밖으로는 띠 모양으로 둘러싼 잡풀지대인 화소지역을 설정

---

60) 보(步)는 거리단위인데, 1보는 6척(尺)이며, 고려 및 조선 초까지는 1자[尺]를 32.2 cm로 했으나, 세종 12년(1430)의 개혁 시에 31.22cm로 바뀌었다가 1902년에 30.303cm로 통용되어 지금까지 사용되고 있다.(국립문화재연구소, 1999, 『서삼릉태실』, 363쪽)

61) 사성(莎城): ①무덤 뒤에 반달 모양으로 두둑하게 둘러싼 토성(土城) ②풍수지리에선 묫자리의 뒤에 작은 맥이 혈의 가를 에워싼 두둑.

62) 현재 수많은 태실 중 사성이 돌려진 태실은 경남 밀양시 무안면 삼태리 산13·산16번지의 태봉산에 있는 성종의 두 왕녀 태실만 확인된다.

63) 『문종실록』문종 1년(1451) 3월 6일(을사)에는 단종이 동궁으로 있을 때의 태실 사방경계를 동쪽과 남쪽을 각 9,600보, 서쪽을 9,590보, 북쪽을 470보로 하여 표를 세웠다하였으며, 『선조실록』선조 35년(1602) 6월 25일(을묘)에는 원자와 원손은 1등, 대군과 공주는 2등, 왕자와 옹주는 3등으로 태봉의 등급을 구분하였다. 또 『태봉등록』(1643~1740) 서문에는 천계 5년 갑자(1624) 대군태봉등록, 대왕 1등 태봉 300보, 대군 2등 태봉 200보, 왕자 3등 태봉 100보라 하였고, 『대전회통』(1865) 권3 예전 잡령에는 대왕 태실 300보, 대군 태실 200보, 왕자 태실 100보로 규정하였다. 이로보아 초기에는 금표구역이 일정하지 않다가 나중에 대왕·원자·원손은 300보, 대군·공주 200보, 왕자·옹주 100보로 확정된 것 같다.

하여 화재가 나는 것을 방지하였는데, 땅을 파서 해자(垓字)를 만들기도
하고 돌을 쌓아 경계를 정하기도 하였다.[64] 이렇게 금표와 화소지역을
만든 것은 태실을 보호하기 위한 것이 주목적이겠지만, 일반 백성들이
태실에 함부로 진입하는 것을 금지하여 왕실의 권위를 유지하려는 의도
도 있었을 것이다. 그런데 봉토와 아기비를 갖춘 아기태실의 형태와 구
조가 무덤과 동일하다. 이는 태실이 돌혈이라는 음택자리에 조성되기 때
문에 음택풍수의 대표인 무덤[墓]을 본 따서 동일한 구조를 한 것 같다.

이러한 아기태실은 단태실(單胎室), 쌍태실(雙胎室), 다태실(多胎室)
등 여러 유형으로 분류할 수 있다. 즉 독봉(獨峯)의 정상(頂上)에 한 개
의 태실만을 조성한 태실을 '단태실'이라 하고, 한 곳에 두 개의 태실이
조선된 태실을 '쌍태실'이라 한다. 이 쌍태실은 다시 좌·우(左·右)로 나
란한 태실을 '좌우 쌍태실', 위·아래[上·下]로 나란한 태실을 '상하 쌍태
실'이라 한다. 그리고 한 곳에 여러 개의 태실이 조선된 다수의 태실을
'다태실'이라 한다.

현재 확인되는 아기태실은 거의 대부분 단태실이며, 쌍태실과 다태실은
극히 소수에 불과하다. 이중 다태실은 경북 성주 선석산 태봉에 있는 19
기의 태실이 유일하다. 그리고 쌍태실 중 좌우 쌍태실은 경남 밀양 삼태
리의 태봉산에 있는 성종의 두 왕녀 태실, 강원도 원주 대안리 태봉재에
있는 효종의 왕녀 숙휘·숙정공주 태실, 경북 김천 관덕리의 태봉산에 있
는 효종의 왕녀 숙명·숙경공주 태실, 경북 상주 상판리의 태봉산에 있는
성종의 왕자 수담·수석 태실(훼손으로 좌우인지 상하인지 알 수 없으나
공간으로 보아 좌우일 가능성이 높음)이 있으며, 상하 쌍태실은 경기도
광주 원당리의 뒷 태봉산에 있는 성종의 두 왕녀 태실, 충북 충주 가춘
리의 태봉산에 있는 인조의 왕자 숭선군과 낙선군 태실이 있다.

그런데 이러한 아기태실의 구조 중 태호(내호) 안에 동전 1개를 글자

64) 『태봉등록』숙종조 계사(1713, 숙종 39) 윤5월 초5일.

가 위로 향하게 하여 넣고 입구를 청색 비단으로 막고 매납하는 것은
중국의 장태풍습을 차용한 것 같다.

중국의 장태풍습은, 일본사람[日本人] 단바노 야스요리[丹波康賴]가
지은 『의심방(醫心方)』(984)에 중국의 동진과 수·당 사이에 나오는 『산
경(産經)』을 인용하여 설명하고 있는데, "태를 깨끗한 물[淸水]로 씻고
새 질항아리[新瓦甕]에 동전 5개를 글자가 위로 하여 놓고 빨간 천으로
싼 태를 항아리 속에 넣고 진흙으로 밀봉한다. 땅을 3척 2촌 파서 항아
리를 깊이 묻는다. 이 법을 따르면 아이는 장수하고 피부가 좋아지고 심
성이 착해지고 지혜로워지고 부귀해진다."라고 하였으며, 또 『외대비요
(外臺秘要)』에서도 최지제(崔知悌)의 『최씨찬요방(崔氏纂要方)』을 인
용하여 "태를 깨끗한 물[淸水]로 씻고 나서 또 깨끗한 술[淸酒]로 씻고
동전 1개를 태 안에 집어넣고 새 항아리[新甁] 안에 넣는다. 그리고 청색
천[靑綿]으로 싸고 뚜껑으로 항아리 입구를 밀봉한다. 3일후 길한 방향
으로 양지(陽地)를 선택해서 땅을 3척 파고 묻는다. 항아리에서 지표까
지 1척 7촌이다."라고 하여 중국 수·당 시기의 장태풍속을 알 수 있다.
이 『산경』과 『외대비요』는 중국 수·당 시기의 대표적인 의서(醫書)이다.

그러나 이보다 빠른 전한(前漢) 초의 무덤인 마왕퇴(馬王堆) 한묘(漢
墓)에서 출토된 『잡료방(雜療方)』과 『태산서(胎産書)』라는 백서(帛書)
에서 현전 중국 최초의 장태기록이 확인된다. 즉 "깨끗한 물[淸水]로 태
를 씻고 질항아리에 담아 입구를 밀봉하여 태를 깨끗하고 고요한 곳[淸
靜地], 볕이 드는 곳[陽處], 오랫동안 해를 보는 곳[久見日所]에 묻으면
아이가 심성이 착해지고 지혜로워지고 피부가 좋아지며 병에 잘 안 걸린
다."라고 하였는데, 특히 『태산서』에서는 깨끗한 물로 씻은 다음 술로
씻는다고 하였다. 이로보아 태를 깨끗하게 씻는 것은 진나라(B.C. 221~
B.C. 206)와 한나라(B.C. 206~A.D. 220) 때부터의 풍습이며, 글자면이
위로 향하여 동전을 넣고 입구를 청색 천으로 밀봉하는 것은 늦어도 수

(581~619)·당(618~907) 시기부터의 풍습으로 보인다.

이와 같이 태를 항아리에 넣을 때의 중국 태 처리 방법이 우리나라에 언제부터 전래되었는지 알 수 없지만, 조선 왕실에서도 이를 차용하여 태를 깨끗이 씻고 태호 안에 동전 1개를 글자면이 위로 향하여 놓으며, 청색 천으로 태호의 입구를 밀봉하였던 것이다. 그러나 전술하였듯이 고려 인종 태실에서 이중 태호가 봉안된 것으로 확인되므로 중국처럼 태를 물과 술로 깨끗이 씻고 글자면이 위로 향한 동전을 항아리에 넣고 청색 천으로 입구를 밀봉한 방법은 고려시대에도 이미 전래되어 시행되고 있었을 가능성이 높다.

2. 아기태실의 유물

1) 태

태(胎)는 사전적 의미로는 태아 (胎兒)를 둘러싸고 있는 조직으로 태반(胎盤, Placenta)과 탯줄을 총칭하는 말이다.[66] 즉 태반은 태아를 둘러싸고 있는 막(膜)으로 모체 (母體)의 자궁(子宮)과 태아를 연결시켜 영양분을 공급하고 배설물을 내보내며, 태아와는 탯줄[臍帶, Umbilical cord]로 연결되어 있는

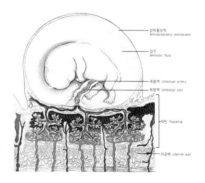

〈그림 2〉 사람의 태반 구조[65]

---

65) 이한기·권봉숙·김종대·나명석·오현주·이혜영, 2000, 『해부생리학』, 고문사, 448쪽.
66) 한글학회, 1995, 『우리말 큰사전』2, ㈜어문각, 4291쪽; 국립국어연구원, 1999, 『표준국어대사전』하, 두산동아, 6363쪽; 이희승, 2007, 『국어대사전』제3판(수정판), 민중서림, 3980쪽.
67) 이 <사진 2>의 태는 2014년 2월 2일(일) 출생한 홍현설(남, 경북 포항시 북구

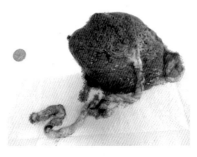

〈사진 2〉 태[67]

데, 이 탯줄은 제동맥(Umbilical artery)과 제정맥(Umbilical vein)으로 구분된다.(그림 2) 성숙한 태반은 직경이 약 20㎝, 두께는 약 2.5㎝이며, 무게는 약 450g으로 출산시 태아가 태어난 후 태반은 자궁에서 떨어져 나오는데, 이것을 태[後産, Afterbirth]라 한다.[68](사진 2) 태는 물로 100번 씻어 깨끗하게 한 뒤 술[香醞酒]로 다시 씻어 내호(內壺)에 담는다. 시간의 흐름으로 태는 썩어서 지금 태호에는 남아있지 않고 태호(내호)의 안 바닥에 그 흔적만 일부 확인되기도 한다.

2) 태호

태호(胎壺)는 태를 담은 항아리를 말하는데, '태항(胎缸)', '태옹(胎甕)' 또는 '태(胎)항아리'라고도 한다. 태호는 태를 담은 작은 내호(內壺)와 내호를 담은 큰 외호(外壺)로 구분되며, 이들은 다시 몸체인 호(壺)와 뚜껑인 개(蓋)로 구분된다.

내호의 내부 바닥 가운데에 글자 면이 위로 향하게 동전 1개를 넣은 후 그 위에 씻은 태를 넣고 기름종이와 남색 비단으로 입구를 막고 붉은 끈으로 묶은 후 뚜껑으로 덮는다. 그리고 외호 안의 바닥에 솜을 깔고 내호를 외호 안에 넣는다. 다시 솜으로 외호와 내호 사이의 빈틈을 단단하게 메워 움직이지 않게 하는데, 솜은 호의 입구 조금 아래까지 넣으며,

---

두호동)의 것이다. 태의 옆에 현재 사용하고 있는 500원 동전을 두어 태의 크기를 알 수 있게 하였다.

68) 이한기·권봉숙·김종대·나명석·오현주·이혜영, 2000, 『해부생리학』, 고문사, 446~449쪽.

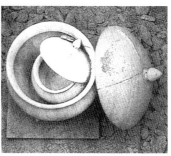

① 내·외 태호(숙종)　　　　② 외호 내부(헌종)

〈사진 3〉 태호(내·외호)

상부를 가지런하게 한 뒤 종이[草注紙]로 솜 위를 덮는다. 또 솜으로 두 껍게 종이 위를 덮고 엿[甘糖]으로 입구를 밀봉한 후 뚜껑으로 덮는다. 그리고 붉은 끈으로 호의 네 귀와 뚜껑의 손잡이에 있는 네 구멍을 관통시켜 서로 묶는다. 마지막으로 외호 뚜껑에 홍패를 매단다.(사진 3, 그림 3) 그러나 이러한 일반적인 태호의 구성과 달리 특이하게 맨 밑에 대접을 두고 그 안에 호를 놓고 이 호를 대접으로 덮는 성주 선석산 태실의

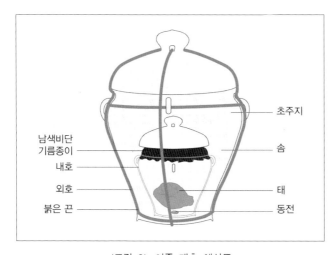

〈그림 3〉 이중 태호 예상도

경우도 있다.

이 태호에는 연화문(蓮花紋)이나 회문(回紋)이 장식되기도 한다. 연꽃은 고귀한 자태와 속성으로 인해 탄생과 영원한 생명, 화합과 풍요, 다산과 자손번창을 상징하는 꽃으로[69] 풍요와 다산 및 자손번창을 기원하며 왕실의 번영과 영원성을 강조하기 위해 장식하는 것으로 판단된다. 또 회문은 결실과 영구의 상징으로 사용되기에[70] 태호에 장식된 것으로 추정된다.

현존 태호를 살펴보면, 14세기 중엽(1335~1367)에는 내·외호가 모두 도기로 제작되고 14세기 말~15세기 중엽(1397~1454)에는 도기, 분청자, 백자 등 다양한 재질과 기종이 제작되나 분청자가 주류를 이룬다. 특히 예종(1450년생, 1462년 장태)의 내호가 연봉형 손잡이와 4개의 고리가 부착된 백자로 제작되어 백자 태호의 조형을 갖추기 시작한다. 그리고 15세기 후반(1457~1497)에 성종(1457년생, 1458년 장태) 태호를 기점으로 내·외호가 모두 백자로 제작되고 성종대(1470~1494)에 장신의 사이호(四耳壺)와 연봉형 손잡이가 붙은 대접형 개가 덮인 전형적인 백자 태호가 성립된다. 개의 손잡이는 모두 연봉형이며, 호의 구연은 약간 말린 듯 외반되고 어깨에 C자형 고리가 부착된다. 기형은 상부 어깨에서 약간 벌어지다가 거의 완만한 사선으로 좁아지면서 하부로 내려간다. 16세기(1501~1584)부터는 정교하고 세련된 장신형(長身形) 백자 태호가 제작되고 구연은 둥글게 외반되며, 개의 손잡이는 단추형이 출현한

---

69) 연꽃은 고귀한 자태와 속성으로 인해 영원한 탄생과 생명력, 그리고 태양을 상징한다. 특히 불교에서는 불법과 극락세계를 상징하고, 유교에서는 군자를 상징하며, 일상생활에서는 화합과 풍요, 다산과 자손번창을 상징하는 꽃이었기 때문에 고대부터 동경과 염원의 대상이었다.(국립공주박물관, 2004, 『우리문화에 피어난 연꽃』, 통천문화사; 허균, 2010, 『전통문양』, 대원사, 66~70쪽; 임영주, 2013, 『한국의 전통 문양』, 대원사, 165~169·194쪽)

70) 허균, 2010, 『전통문양』, 대원사, 2010, 104·107~109쪽.

다. 16세기 말~17세기 말(1588~1699)에는 단신형(短身形)으로 기형은 어깨에서 최대경을 가지면서 배가 부르다가 저부로 내려가면서 S자형의 곡선을 이룬다. 18세기 중엽(1735~1754)에는 조금 작아지며, 어깨에 부착되던 C자형 고리가 어깨 아래 중간으로 내려온다. 18세기 말~19세기 말(1782~1897)에는 구부가 커지고 구연은 직립되거나 크게 외반되면서 짧은 목이 있다. 기형은 가운데가 배가 부른 단지형과 상부에서 넓다가 저부로 가면서 좁아지는 기형이 있으며, 기벽도 상당히 두꺼워진다. 고리는 C자형 또는 삼각형을 하며 하단으로 내려온다. 20세기 전엽(1912~1931)에는 조질의 백자로 제작되며, 기형은 합의 형태로 기벽은 두터우며, 고리는 C자형 또는 방형으로 중앙에 부착된다.[71](사진 7-②)

3) 동전

동전은 태를 넣기 전에 내 태호의 바닥 가운데에 넣는데, 글자 면이 위로 향하게 한다. 이렇게 동전을 태호에 넣는 것은 무덤에 동전을 넣는 풍습에서 연유한 것으로 생각되는데, 태주에게 돈이 가득해서 금전적 재물 복이 풍족하여 부귀영화를 누리기를 기원하기 위해 넣는 것 같다.[72]

---

71) 윤용이, 1999, 「2) 태항아리 고찰(조선시대 백자태항아리의 성립과 변천)」, 『서삼릉태실』, 국립문화재연구소; 윤용이, 2000, 「조선시대 백자 태항아리의 성립과 변천」, 『동악미술사학』창간호, 동악미술사학회; 윤석인, 2000, 「조선왕실의 태실 변천 연구 -서삼릉 이장 태실을 중심으로-」, 단국대학교 석사학위논문; 강수연, 2002, 「조선시대 백자태항에 관한 연구」, 동국대학교 석사학위논문; 윤석인, 2010, 「조선왕실 태항아리 변천 연구」, 『고문화』75, 한국대학박물관협회; 양윤미, 2013, 「조선 15세기 안태용 도자기 연구」, 고려대학교 석사학위논문; 양윤미, 2014, 「조선초기 안태용 도자기의 양식적 특징 -성주 선석산 세종대왕자태실을 중심으로-」, 『성주 세종대왕자태실의 세계유산적 가치』, 경북대학교 영남문화연구원.

72) 일본에서도 태를 묻을 때 풍족하게 살라는 의미로 돈과 쌀을 넣는 경우가 있다. (노성환, 2010, 「일본 민속에 나타난 태에 관한 연구」, 『비교민속학』42, 비교민속학회, 258쪽)

① 조선통보(안양군)　　　　　② 개원통보(순종)

〈사진 4〉 동전

또 동전은 보배로운 물건으로 여겨 길상의 의미와 악귀를 쫓는 벽사적
(辟邪的) 의미도[73) 함께 포함된 것 같다.

지금까지 태실에서 조사된 동전은 38개인데,[74) 부식되어 알 수 없는
동전 1개와[75) 한국의 조선통보 16개, 중국의 개원통보 19개·만력통보
1개·숭정통보 1개 등이 출토되어 모두 4종류의 동전이 확인되었다. 즉
성종 태실(1458)부터 명종 태실(1538)까지 우리나라의 조선통보가 부장
되었고, 인성군 태실(1589)부터 고종 제9남 태실(1915)까지는 중국의 개
원통보가 대부분 사용되었으며, 일시적으로 숭정통보(숙명공주, 1660)와

---

73) 허균, 2010, 『전통문양』, 대원사, 101~102쪽.

74) 서삼릉 태실 집장지에서 조선통보 14개, 개원통보 18개, 만력통보 1개, 숭정통보
1개 등 34개(국립문화재연구소, 2000, 『서삼릉태실』, 150~151쪽)와 울진 견석왕
자 태실에서 조선통보 1개(심현용, 2001, 「울진지역 태실에 관한 시고」, 『고문화』
57, 한국대학박물관협회, 164~165쪽), 그리고 위치를 알 수 없는 선조의 왕자 태
실에서 개원통보 1개(전주이씨대동종약원, 1999, 『조선의 태실』Ⅱ, 94쪽), 또 위
치를 알 수 없는 연산군의 왕자 양평군 태실에서 조선통보 1개(전주이씨대동종약
원, 1999, 『조선의 태실』Ⅱ, 179쪽), 그리고 고려대학교 애기능에서 출토된 부식
된 동전 1개(고려대학교박물관, 2007, 『고려대학교박물관 명품도록』, 178쪽)로 모
두 38개의 동전이 조사되었다.

75) 고려대학교 애기능에서 출토된 고려대학교 박물관 소장의 국보 제177호 분청자 인
화문태호(내호) 안에서 동전 1개가 출토되었는데, 부식되어 동전 이름을 알 수 없다.
그러나 태호가 15세기 중엽으로 추정되므로 동전은 조선통보일 가능성이 높다.

만력통보(숙정공주, 1662), 조선통보(덕혜옹주, 1912)가 부장되기도 하였다. 이로보아 처음에는 일반에 통용되던 한국의 조선통보가 부장되었으나, 16세기 말부터 중국의 개원통보가 주로 부장되면서 이후로는 중국 동전의 부장이 일반화되었다.(사진 4)

4) 금판과 은판

금판(金板)이나 은판(銀板)은 종이처럼 아주 얇고 작은 금속으로 대부분 직사각형을 하고 있으며, 무늬는 없다. 금판 또는 은판의 부장은 전술한 동전과 같이 태주에게 금이나 은 등의 재물 복이 가득하여 부귀영화를 누리길 기원하였던 것이다.

지금까지 금판은 왕자 견석 태실(1487) 1점, 중종 태실(1492) 1점, 경평군 태실(1608) 3점, 용성대군 태실(1624) 1점, 숙명공주 태실(1660) 1점, 숙정공주 태실(1662) 2점, 화길옹주 태실(1754) 4점이 확인되었으며, 은판은 왕녀 복란 태실(1486) 1점, 장조 태실(1735) 1점이 확인되었다.[76](사진 5)

① 금판(숙명공주)   ② 은판(장조)

〈사진 5〉 금판과 은판

---

76) 왕자의 태실에는 금판을, 왕녀의 태실에는 은판을 매장했던 것으로 추정한 견해 (홍성익, 1999,「강원지역 태실에 관한 연구」,『강원문화사연구』3, 강원향토문화연구회, 69쪽)가 있으나, 장조에서 은편이 출토되었으므로 따르기 어렵다.

5) 홍패

홍패(紅牌)는 나무로 만들며 직사각형으로 상부 가운데에 구멍을 뚫었다. 아기가 태어나면 태를 태호에 담아 장태되기 까지 길한 곳에 보관하는데, 이때 누구의 태인가를 알리기 위해 홍패를 태호에 매단다. 이 목패에 붉은 색을 칠한 것은 악귀가 근접하지 못하도록 벽사의 의미로 칠한 것으로 판단된다. 이 홍패에는 태지석처럼 태주에 관한 정보를 적는데, 앞면에는 출생일시와 어머니 및 남·녀 성별을, 뒷면에는 이를 담당한 차지내관과 의관의 이름을 묵서한다.

지금까지 홍패는 서삼릉 태실 집장지에서 고종의 자녀인 덕혜옹주와 제8남 및 제9남의 홍패가 확인되었다.(사진 6)

① 전경(앞면)　② 전경(뒷면)　③ 적외선(앞면)　④ 적외선(뒷면)

〈사진 6〉 홍패(고종 8남)

6) 태지석

태지석(胎誌石)은 태주의 출생일시와 장태일시가 기록되어 태주를 알려주는 것이다. 흑색·청색·백색 등의 색깔이 있는 대리암·점판암·화강암 등의 돌로 만들며, 평면 형태는 직사각형 또는 사각형을 하고, 표면은 매끄럽게 잘 다듬었다. 태지석에는 태주의 신분이나 아명, 출생년일시, 그리고 장태년일시 등이 세로로 음각되는데, 지상에 설치된 아기비의 명문과 거의 동일하다. 주로 앞면에만 글씨가 음각되는데, 뒷면까지 기록되기도 한다. 또 계선을 그어 그 안에 글씨를 음각하기도 한다. 음각된 글씨에는 주칠(朱漆)이나 백칠(白漆)을 하기도 한다. 이 태지석은 함신의 감실 벽에 태호 앞에 세워놓는데, 글자면이 태호 쪽을 향하게 한다.

이 태지석은 묘지석(墓誌石)과 비슷하나 사람이 출생한 후에 묻는 것이기 때문에 태주의 출생시기와 장태시기만을 기록한다. 태지석을 매납하는 습속은 태실이 음택자리에 조성되다보니 음택인 무덤에 묘지석을 매납하는 풍습의 영향을 받은 것으로 추정된다.

현존 태지석을 살펴보면, 15세기(1438~1494)에는 재질은 거의 모두 점판암이며, 대리석이 소수 사용되었고, 형태는 대부분 직사각형인데 사각형도 있다. 글자는 종3~6열의 해서체로 앞면에만 기록되었다. 16세기 초~17세기 초(1501~1608)에는 재질은 대리석이 많고 점판암도 사용되었으며, 형태는 대부분 사각형이며, 글자는 종5~7열의 해서체로 앞면에만 기록하였다. 17세기 전·중엽(1608~1662)에는 재질은

① 태지석(왕녀 복란)   ② 태지석 설치(순조, 서삼릉)

〈사진 7〉 태지석

점판암만 사용되었고, 형태는 사각형이며, 해서체로 앞(종 2열)·뒤(종 1열)의 양면에 기록되었다. 17세기 말~18세기 말(1695~1783)에는 재질은 점판암만 사용되었으며, 형태는 사각형이다. 글자는 해서체로 앞·뒤(종 1열) 또는 앞(종 2열)·뒤(종 1열)의 양면에 기록된다. 20세기 전엽(1928~1934)에는 재질은 점판암만 사용되었고, 형태는 직사각형이며, 글자는 앞면에만 종 5~6열의 해서체로 기록되었다.[77](사진 7)

7) 태실 석함

태실 석함(胎室石函, 이하 '태함'이라 함)은 태를 담은 태호를 보호하는 석실(石室)로 돌로 만들며, '석옹(石甕)'이라 부르기도 한다.

이 태함은 다시 하부의 몸체인 함신(函身)과 상부의 덮개인 함개(函蓋)로 구성된다. 함신은 대부분 원통형으로 태호와 태지석을 부장하기 위하여 내부에 평면 사각형(四角形)이나 원형(圓形) 또는 전방후원형(前方後圓形) 등의 큰 감실(龕室)을 파고, 그 안 바닥 가운데에 다시 작은 구멍을 뚫어 관통(貫通)시켰다. 이 작은 구멍은 기능적으로는 감실 내에 들어온 물이나 이물질이 빠져나가게 하는 배수구의 역할을 하는 동시에 땅속의 기[地氣]가 잘 통하도록 하는 상징적 기능도 갖고 있다.[78] 이 큰 감실 가운데, 즉 작은 구멍 위에 태호를 안치하고 감실 벽에 기대어 비스듬히 태지석을 세워 놓는다. 그리고 함신의 상부에 함개를 덮고 함신과 함개의 틈에는 유회로 밀봉하여 이물질이 들어가지 않게 한다. 함개는 대부분 반구형으로 함개의 아랫면을 위쪽 안으로 얇게 판다. 이러한 함신과 함개에는 외부에 각각 4개의 돌기[耳]가 부착되기도 하며, 함개의 상부에 연꽃봉오리 모양의 보주가 장식되기도 한다. 함신의 감실 내부에 적색 또는 녹청색이 칠해지기도 하는데, 이는 악귀를 쫓는 벽사적

---

77) 윤석인, 2014, 「조선시대 태지석 연구」, 『강원고고연구』, 고려출판사.
78) 전주이씨대동종약원, 1999, 『조선의 태실』 I, 196쪽.

의미와 미생물 생성 방지를 위한 것으로 추정된다.[79]

  현존 태함을 살펴보면, 15세기 초(1401)~15세기 중엽에는 대부분 사각형 함개와 사각형 함신이며, 나중에 원형 함개와 원통형 함신으로 변한다. 15세기 후엽~17세기 전엽(1477~1625)에는 반구형 함개와 원통형 함신이 주류를 이루나 일부 측면에 돌기(귀)가 장식되기도 하며, 17세기 중엽~18세기 중엽(1645~1754)에는 원뿔형 함개가 출현하고 상부에 보주가 장식되기도 하고, 함신의 감실이 전방후원형이나 한 면이 둥근 일단벽 호형의 사각형 등이 나타나기도 한다. 그리고 18세기 말~19세기 후엽(1790~1874)에는 다시 무보주 원뿔형의 함개가 등장하거나 평면 원형의 판석형 함개가 나타난다.[80](사진 8, 그림 4)

〈사진 8〉 태함(울진 월송리 태실)

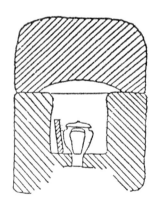

〈그림 4〉 태함(경평군)

---

79) 의소세손 태함과 장조 태함의 감실 내부에는 녹청색과 적색 등의 안료가 칠해져 있는데, 이는 태실보호를 위한 벽사행위와 관련된 것으로 추정된다.(국립경주문화재연구소, 2009, 「영주시 고현동 의소세손 태실 긴급발굴조사보고」, 『문화유적발굴조사보고(긴급발굴조사보고Ⅳ)』; 성림문화재연구원, 2014, 『예천 명봉리 조선왕실 태실(문종·장조) 유적』)

80) 심현용, 2010, 「조선왕실 태실석함의 현황과 양식변천」, 『문화재』43-3, 국립문화재연구소.

8) 아기태실비

아기태실비(阿只胎室碑, 이하 '아기비'라 함)는 아기태실의 주인공
과 장태시기 및 건립시기를 알려주는 것으로 '표석(標石, 表石)'으로
도 부른다. 돌로 만들었으며, 비대와 비신 및 비수로 구분된다. 비대
는 지면(地面)에 놓아 비신을 받는 것으로 직사각형을 하고 있다. 비
신은 비대 위에 세워지며, 긴 직사각형을 하고 있다. 비수는 비신의
상부에 올리는 덮개로 개석이 있는 것과 없는 것으로 나뉜다. 비신에
는 태주의 신분이나 아명, 출생년일시, 장태년일시 등이 해서체로 세
로로 음각된다. 앞면에 태주의 탄생일과 장태일을 모두 기록하기도
하고, 앞면에는 태주의 탄생일을, 뒷면에는 비를 세운 날짜[立碑日]를
기록하기도 한다. 특히 비를 세운다는 뜻의 글자로 '立(입)'자를 적었
다.81) 그리고 비대와 비신이 붙은 한 돌[一石]로 제작되기도 하고 분
리된 돌[別石]으로 제작되기도 한다. 이 아기비의 비대나 비수에 연화
문 또는 초화문이 많이 장식되는데, 전술하였듯이 태주에게 풍요와 다산
및 자손번창이 되기를 기원하였던 것이다.

현존 아기비를 살펴보면, 15세기 중엽(1438~1466)에는 고려 말의 말
각형 비수를 계승하면서 상면 편평형의 무문형 비대와 일석으로 제작된
다. 15세기 후엽~16세기 말(1477~1581)에는 비수가 옆면 3단의 반원
형으로 변하고 연화문이 장식되며, 비대는 상면 편평형의 무문형이 주류
를 이루나 상면 반원형에 12개 복련이 있는 유문형이 새로 출현하고, 말
기에는 별석으로 제작되며, 옆면에 안상이 장식된다. 16세기 말~18세기
중엽(1586~1735. 4.)에는 측면 2단의 반원형 비수가 출현하고 비수와

---

81) 아기비에서 '立(입)'자를 기록하는 것을 원칙으로 삼은 시기는 선조(1568~1608)
이후의 일로 추정하는 견해(전주이씨대동종약원, 1999, 『조선의 태실』I, 201쪽)
가 있으나, '立'자는 현존 가장 빠른 진양대군 아기비(1438)부터 기록되어 지속되
므로 따르기 어렵다.

비대 모두 화려한 문양이 장식되며, 나중에는 비대가 상면 말각형으로 변한다. 또 18세기 중엽(1735. 11.~1753. 1.)에는 비수가 측면 1단의 삼각형으로 변하면서 무늬도 도식화된다. 그리고 18세기 중엽~18세기 말(1753. 7.~1783)에는 비수가 옆면 1단의 반원형으로 바뀌나 무늬는 여전히 도식화(圖式化)되었다.[82](사진 9)

〈사진 9〉 아기비(광해군 왕녀)

이 아기비는 15C후엽부터 다른 양식은 전혀 보이지 않고 연화형 비수만을 사용하고 있다. 이는 전술하였듯이 연화문의 상징 의미 때문에 왕실에서 이 양식을 선호한 것으로 판단된다.

9) 금표비

금표비(禁標碑)는 일반 백성이 태실에 들어가지 못하도록 동·서·남·북의 사방(四方)에 통제구역 경계에 설치하는 것이다. 지금까지 확인된 금표비는 철종의 원자 태실에서 1기가 조사되었는데, 직사각형의 비대에 긴 직사각형의 비신을 올렸는데, 한 돌로 만들었다. 글자는 해서체로 음각하였으며, 앞면에 '禁標(금표)', 뒷

〈사진 10〉 금표비(철종 원자)

면에 '咸豊九年二月 日(함풍 9년 2월 일)'이라고 기록하였다.(사진 10)

---

82) 심현용, 2014, 「조선 왕실의 아기태실비에 대한 양식과 편년 재검토」, 『대구사학』 116, 대구사학회.

Ⅲ. 가봉태실의 구조와 유물

1. 가봉태실의 구조

가봉태실(加封胎室)은 아기태실의 주인공이 임금으로 등극하면 기존의 아기태실에 화려한 석물을 치장하여 가봉한 태실을 말한다.(그림 5) 그러나 왕 이외에 예외적으로 왕비인 소헌왕후 심씨·폐비 윤씨·정희왕후 윤씨와 추존왕인 장조·문조의 가봉태실이 조성되기도 하였다.

가봉(加封)이란 "벼슬[爵]을 더하여[加] 봉한다[封]"는 뜻으로 가봉시기는 임금으로 즉위 후 당사자에 의해 가봉되는 것이 일반적인 예이나 일부 후왕(後王)에 의해 가봉되기도 한다. 이렇게 아기태실에 화려한 석물을 치장하여 태실을 가봉하는 이유는 당사자가 왕으로 등극하였다는 것을 백성들에게 알리면서도 왕의 권력과 지위를 과시하여 왕실의 위엄을 더하기 위한 것이다.

현재 남아있는 가봉태실 중 그 원상(原狀)이 그대로 남아있는 것은 소수에 불과하다. 대부분 원 위치에서 이전되었거나 복원되었더라도 원형과 일부 다르게 복원되어 원 모습을 갖춘 것이 많지 않다. 가봉태실은 기존의 아기태실의 지하 구조를 그대로 두고 지상의 구조만 정비하기 때문에 지하 구조에는 변동이 없다.[83](그림 6)

---

83) 지하 구조인 태함을 가봉의 대상에서 제외하여 처음 태를 담은 당시의 상태로 그대로 둔 이유에 대해서 태실의 근본인 태를 다시 교란시키지 않으려는 조심스러운 태도에서 비롯되었다고 하면서 일부 태지석이 개수 시 제작된 것으로 보아 가봉 또는 개수 시 태함을 개봉하기도 한다는 견해(전주이씨대동종약원, 1999, 『조선의 태실』Ⅰ, 234쪽)가 있다. 하지만 현존 태지석 중에 개수 시 제작된 것은 세종 가봉태실의 태지석 뿐이며, 이는 임진왜란 시 왜군에 의해 태실이 대대적으로 파괴되어 임란 후 개수하면서 없어진 태지석과 파손된 태호를 새로 제작하여 봉안한 것이므로 일반적인 가봉이나 개수에는 해당되지 않는다. 그러므로 가봉 또는 개수 시에 태함을 개봉하기도 한다는 견해는 따르기 어렵다.

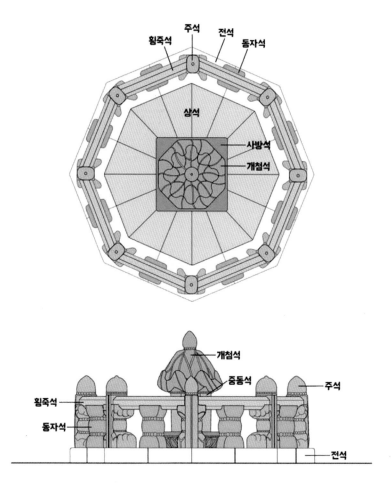

〈그림 5〉 가봉태실의 구조 및 유물의 명칭도

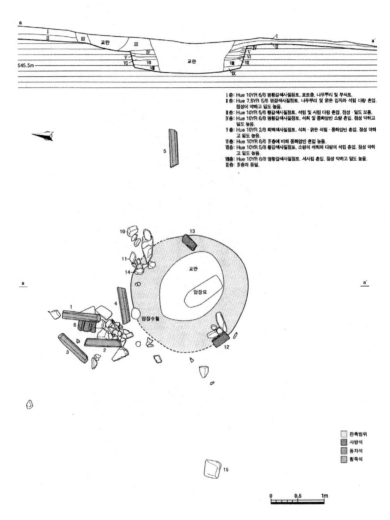

I층: Hue 10YR 6/6 명황갈색사질점토. 표토층. 나무뿌리 및 부식토.
II층: Hue 7.5YR 5/6 명갈색사질점토. 나무뿌리 및 굵은 입자의 석립 다량 혼입.
점성이 약하고 밀도 높음.
III층: Hue 10YR 5/6 황갈색사질점토. 석립 및 사립 다량 혼입. 점성·밀도 보통.
IV층: Hue 10YR 6/8 명황갈색사질점토. 석회 및 풍화암반 소량 혼입. 점성 약하고
밀도 높음.
V층: Hue 10YR 2/8 회백색사질점토. 석회·굵은 석립·풍화암반 혼입. 점성 약하
고 밀도 높음.
VI층: Hue 10YR 6/6 IV층에 비해 풍화암반 혼입 높음.
VII층: Hue 10YR 5/8 황갈색사질점토. 소량의 석회의 다량의 석립 혼입. 점성 약하
고 밀도 높음.
VIII층: Hue 10YR 6/8 명황갈색사질점토. 세사립 혼입. 점성 약하고 밀도 높음.
IX층: IV층과 동일.

① 문종 가봉태실의 토층도 및 평면도

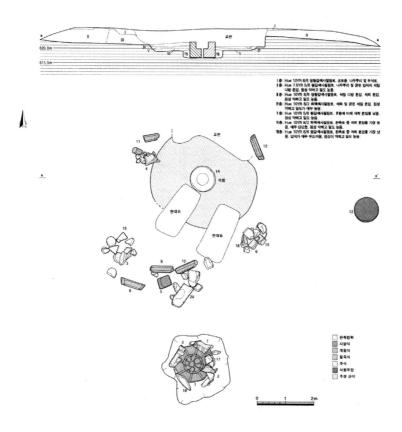

② 장조 가봉태실의 토층도 및 평면도

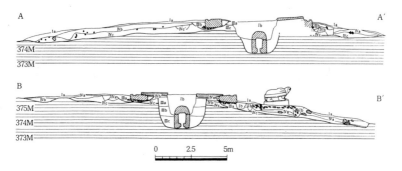

③ 인종 가봉태실의 토층도 및 단면도

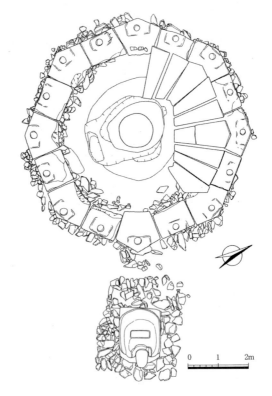

④ 인종 가봉태실의 평면도

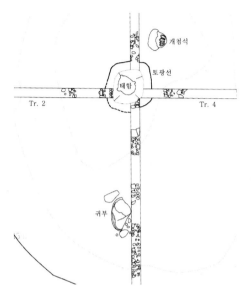

⑤ 광해군 가봉태실의 평면도

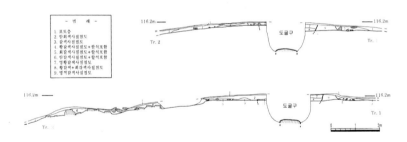

⑥ 광해군 가봉태실의 토층도

〈그림 6〉 가봉태실의 실측도[84]

---

84) ①·②는 성림문화재연구원, 2014,『예천 명봉리 조선왕조 태실(문종·장조) 유적』,
43·69쪽; ③·④는 경상북도문화재연구원, 1999,『인종태실 발굴조사보고서』, 29
·31쪽; ⑤·⑥은 경상북도문화재연구원, 2013,『대구 연경동 광해군 태실 발굴(시)
굴조사 결과보고서』, 20·21쪽.

그럼 발굴조사된 고고자료와 문헌사료로 가봉태실의 축조과정을 살펴보자.

먼저 지상에 있는 아기태실의 봉토는 없애고 터를 편평하게 정지한 후 지표면을 회를 섞은 흙으로 견고하게 다진다.[85] 이후 그 위에 난간이 있는 평면 팔각형의 석물을 배설(排設)하는데, 먼저 가장 외곽에 전석을 안치하고 그 다음 중앙에 사방석을 두고 안쪽에 상석을 배치한다. 또 사방석 위에 중동석을 올리고 임시로 개첨석을 안치한다. 그리고 전석 위에 주석과 동자석을 세우고 그 위에 횡죽석을 걸친다. 그 다음 다시 개첨석을 완전히 안치하고 가봉태실의 정면으로 1보(6척, 약 1.2m) 앞에 가봉비를 세운다.[86] 이때 팔각난간 모서리[隅]와 가봉비가 일직선(一直線)이 되게 한다. 그리고 주변에는 사초지를 만든다. 또 기존의 아기비는 태실에서 10보 떨어진 곳[87] 또는 주변 깨끗한 곳을 구하여 땅에 묻는다.[88] 그리고 금표비의 보수를 확장하여 300보에 다시 옮겨 세워 가봉태실을 완성한다.(사진 11·13-①, 그림 7~9)

85) 인종 태실은 함개 상부는 지반층 위에 20~30㎝ 가량의 두께로 다진 다음 그 위에 상석을 배설하였다.(경상북도문화재연구원, 1999, 『인종태실 발굴조사보고서』, 26쪽)
86) 『태봉등록』영종조 신해(1731, 영조 7) 4월 27일.
87) 『정종대왕태실가봉의궤』(1801) 신유년(1801, 순조 1) 10월 27일.
88) 『태봉등록』숙종조 경신(1680, 숙종 6) 4월 26일에 의하면, 가봉태실을 조성하거나 개수할 때는 과거에 썼던 석물은 주변의 깨끗한 곳을 택하여 땅에 묻는다고 하였다. 현재 세조·중종·명종·숙종·경종·영조의 가봉태실에는 아기비가 함께 세워져 있는데, 이는 태실의 가봉 또는 개수 때 아기비를 주변 땅에 묻었는데, 현대에 보수·정비하면서 아기비가 발견되어 가봉비 옆에 다시 세운 것이다. 그러므로 가봉태실에는 아기비를 묻지 않고 그대로 두고 가봉비를 추가로 설치하여 2개의 비를 함께 세운다는 견해(전주이씨대동종약원, 1999, 『조선의 태실』I, 202쪽; 이규상, 2005, 『한국의 태실』, 청원문화원, 99쪽; 박대윤, 2011, 「조선시대 국왕태봉의 풍수적 특성 연구」, 동방대학원대학교 박사학위논문, 41~42쪽)는 잘못된 것이다.

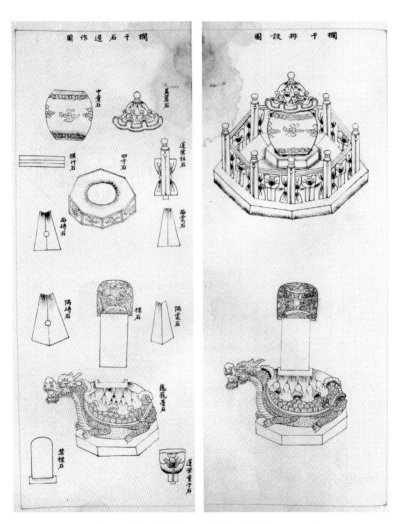

〈그림 7〉 가봉태실도(『순조태실석난간조배의궤』(1806))

〈사진 11〉 성종 가봉태실(창경궁)

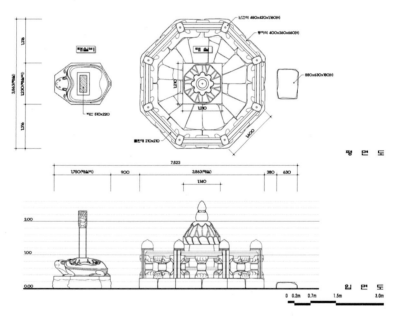

〈그림 8〉 성종 가봉태실의 평면도 및 입면도

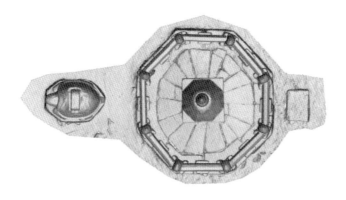

① 평면도(전체)

② 측면도 및 단면도(전체)

③ 팔각난간대 측면도

〈그림 9〉 성종 가봉태실의 실측도(3D스캔)

이러한 가봉태실의 형태와 구조의 기원에 대해 다음과 같이 여러 가지 견해가 있다.

첫째, 가봉태실에서 중앙태석은 밀교의 태장계 중대팔엽원을 표현한 것이며, 주위의 팔각난간은 양주 회암사 무학대사 부도의 형식에서 영향을 받은 것이다.[89]

둘째, 가봉태실에서 중앙태석은 13~14세기 유행하던 부도와 흡사하고 전체적으로 양주 회암사 무학대사 부도와 양주 봉인사 석가세존 부도와 가장 닮았다.[90]

셋째, 회암사 무학대사 부도가 가봉태실의 표본이 되었으며, 이후 주석 사이에 동자석을 세우고 주석에 돌란대[廻欄臺]를 결합시킨 것이 조선시대 가봉태실의 형태이며, 1406년 건립된 청계천의 수표교 난간이 주석과 동자석을 세우고 죽석을 걸쳤는데, 연엽문·보주문의 문양이 없지만 태실의 난간형태와 유사하다.[91]

넷째, 가봉태실은 난간석을 갖추고 중동석이 원구형(圓球形)인 양주 회암사 무학대사 부도와 양주 봉인사 석가세존 부도를 모방하였다.[92]

다섯째, 고려 말 지공(1372)·나옹(1376)·태고(1382)의 팔각원구형(八角圓球形) 부도(浮屠)가 시작되고 조선 초 무학대사 부도에서 팔각난간석이 돌려지며, 후대 봉인사 불사리탑으로 계승되는 부도의 양식에서 가봉태실이 영향을 받았다.[93]

이러한 여러 견해들은 모두 팔각난간석을 돌린 양주 회암사 무학대사

89) 김영진, 1994, 「충주 경종태실 소고 -변작과 복원을 중심으로-」, 『청주대학교 박물관보』7, 청주대학교 박물관, 14쪽

90) 전주이씨대동종약원, 1999, 『조선의 태실』 I, 199쪽.

91) 경상북도문화재연구원, 1999, 『인종태실 발굴조사보고서』, 11쪽.

92) 윤석인, 2013, 「조선 정조대왕 태실 연구 -태실석물의 구조와 봉안유물의 특징-」, 『문화재』46-1, 국립문화재연구소, 45쪽.

93) 홍성익, 2014, 「한국 태실의 기초적 이해 -태실의 현황과 보존 및 관리-」, 『성주 세종대왕자태실의 세계유산적 가치』, 경북대학교 영남문화연구원, 62~63쪽.

부도나 남양주 봉인사 석가세존 부도를[94] 가봉태실이 모방한 것으로 보
고 있다. 그러나 이 두 부도와 조선시대 가봉태실의 건립시기를 검토하
지 않고 그 외형적 형태만 분석한 것이어서 따르기 어렵다.

　회암사 무학대사 부도는 주위에 팔각난간을 두르고 그 중앙에 팔각원
구형 부도가 건립되었다. 팔각난간은 2단의 지대석을 높게 쌓아 그 위에
연봉형 원수를 올린 사각형의 주석을 세우고 주석과 주석 사이에는 장대
석을 가로로 끼워 넣고 그 위에 횡죽석을 걸쳤다. 난간대와 부도 사이에
는 박석(薄石)을 깔았다. 가운데 있는 부도는 상·중·하 3단의 기단부를
두었는데, 팔각형으로 연잎 등 다양한 무늬가 장식되었으며, 탑신부는
구형(球形)으로 운룡문(雲龍紋)이 가득 장식되었고 옥개석은 팔각형으
로 낙수면에는 우동이 내려와 전각에 이르며, 하단에는 용두(龍頭)를 조
각하였고, 아랫면에는 서까래[椽木]가 모각(模刻)되었다. 그리고 상륜부
에는 연봉형 보주를 올렸다. 그리고 봉인사·석가세존 부도도 팔각원구형

① 무학대사 부도　　　　　　② 봉인사 부도

〈사진 12〉 부도 전경

---

94) 무학대사 부도는 '양주 회암사지 무학대사탑'이라는 명칭으로 국가지정 문화재
　　보물 제388호로 지정(1963. 9. 2.)되어 있는데, 편의를 위해 '무학대사 부도'로 지
　　칭하겠다. 그리고 봉인사 석가세존 부도도 사리장엄구와 함께 '남양주 봉인사 부
　　도암지 사리탑 및 사리장엄구'라는 명칭으로 국가지정 문화재 보물 제928호로 지
　　정(1987. 7. 29.)되어 있는데, '봉인사 석가세존 부도'로 지칭하겠다.

으로 무학대사 부도와 전체적으로 동일하나 각부 조식은 더 둔중하다.
(사진 12) 이러한 외형적 형태로 보아 두 부도의 구조가 가봉태실의 구
조와 동일한 것은 분명하다.

하지만 이 두 부도는 가봉태실보다 건립시기가 늦어서 그 시원으로
볼 수 없다. 즉 가봉태실은 1393년 태조의 것이 최초 조성되는데, 팔각
형의 중앙태석을 안치하고 팔각난간석을 돌리고 있다. 이러한 구조는 태
조(1393)·정종(1399)·태종(1401)·세종(1419) 등 모두 동일하며, 중앙태
석은 성종 가봉태실(1471)에서 팔각원통형으로 변화고, 인종 가봉태실
(1546)부터는 팔각원구형으로 변하여 가봉태실의 전형이 된다.(사진 13)

그런데 회암사 무학대사 부도가 1397년(태조 6) 건립되고,[95] 봉인사
석가세존 부도가 1620년(광해군 12)에 건립되어[96] 가봉태실이 처음 조
성되는 1393년보다 그 건립시기가 늦다. 그러므로 가봉태실보다 건립시
기가 늦은 무학대사 부도를 가봉태실의 시원으로 볼 수 없으며, 오히려
팔각난간석이 있는 가봉태실의 구조를 무학대사 부도나 봉인사 석가세
존 부도가 모방한 것으로 보아야 한다.

다만 부도가 9세기 중엽 팔각원당형이 출현하여 유행하다가 14세기
후엽 팔각원구형의 새로운 양식이 출현하여 조선시대까지 유행하는 것
처럼 중앙태석은 14세기 말~15세기 초에 팔각원당형이 처음 출현하여

---

95) 홍성익, 2013, 「부도형 불사리탑에 대한 연구」, 『전북사학』43, 전북사학회, 72쪽.
   무학대사(1327. 9. 20.~1405. 9. 11.)는 죽은 지 3년 후(1407, 태종 7) 태종의 명에
   의해 의안대군 화가 대사의 뼈를 회암사 탑(필자 주: 부도)에 모신다. 그러나 이미
   탑(부도)은 태조의 명에 의해 1397년(태조 6) 회암사 북쪽 벼랑에 만들어져 있었
   다. 그러므로 이 부도의 건립 시기는 1397년으로 보아야 한다. 이러한 내용은 변
   계량이 비문을 지은 회암사 묘엄존자 무학대사 비(1828)에 자세하다.(회암사지박
   물관, 2012, 『묻혀있던 고려말·조선초 최대의 왕실사찰 회암사, 그 위용을 드러내
   다』회암사지박물관 개관 기념, 86~92쪽)
96) 정영호, 1998, 『부도』, 대원사, 110·114쪽; 홍성익, 2013, 「부도형 불사리탑에 대
   한 연구」, 『전북사학』43, 전북사학회, 59~61·73쪽.

① 태종 가봉태실(복원)   ② 정종 가봉태실(중앙태석)

〈사진 13〉 가봉태실 전경

16세기 중엽 팔각원구형으로 변하여 지속되는데, 이러한 양식변화는 부도와 같은 흐름을 보여주고 있다.

그리고 중앙태석의 개첨석 상부에 장식되는 상륜부는 부도나 탑의 상륜부와 같은 형태를 취하고 있다. 이러한 것을 보아도 중앙태석 자체는 부도를 모방한 것으로 추정된다. 또 가봉태실 앞에 귀부와 이수를 갖춘 가봉비가 배치된 구조는 부도 앞에 귀부와 이수를 갖춘 부도비가 위치한 것과 동일하여, 이 또한 부도의 구조를 모방한 것으로 보인다. 하지만 팔각난간석은 전술하였듯이 가봉태실이 부도보다 선행하므로 부도를 모방한 것이 아니다.

그런데 가봉태실보다 앞선 시기의 고려 왕릉에서 가봉태실처럼 난간석이 배열되고 있다. 즉 고려 왕릉은 봉분 주위로 12각의 난간대를 돌렸는데, 난간석과 병풍석 사이의 바닥에는 판석(板石)의 박석(薄石)을 깔았으며, 이 박석 외곽에 박석보다 낮게 지대석을 놓았다. 이 지대석 위에 12각의 각 모서리에는 사각형의 주석을 세우고 주석과 주석 사이에는 동자주를 세워 한 줄로 된 단면 팔각형의 죽석을 받는다.[97](사진 14, 그림 10)

97) 국립문화재연구소, 2009, 『조선왕릉 종합학술조사보고서』I (고려말 조선초), 23쪽; 이상준, 2014, 「개성 고려 왕릉의 현황과 성격」, 『고려 왕릉·고분 문화와 세계문화유산적 가치』, 강화고려역사재단, 26~37쪽; 이희인, 2014, 「강화 고려 능

 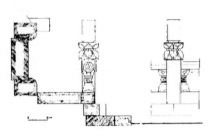

〈사진 14〉 고려 현릉·정릉의 난간석[98)] 〈그림 10〉 고려 현릉·정릉의 난간석 구조도[99)]

이러한 형태는 가봉태실이 평면 팔각으로 축소된 것을 제외하고는 고려 왕릉에 돌려진 난간석과 동일하다. 그러므로 가봉태실이 고려 왕릉의 12각 난간석을 모방하여 8각 난간석으로 축소된 것이다. 이렇게 12각에서 8각으로 변경된 것은 가봉태실이 밀교(密敎)의 태장계(胎藏界) 중대팔엽원(中臺八葉院)의 이론을 따른 것으로 추정된다.[100)]

즉 밀교에서 여성의 출산원리를 도형화한 태장계에는 출산의 보고(寶庫)인 12개의 방(房)이 있고 그 중앙에 원(圓)을 중심으로 8개의 연꽃잎으로 된 중대팔엽원을 두고 있는데, 중앙의 큰 원은 태장(胎藏)을 상징하고 8개의 꽃잎은 탄생의 보고(寶庫)를 의미하며, 특히 동쪽의 보당(寶撞)은 창조(출생)를, 서쪽의 무량수(無量壽)는 영원(장수)를 상징한다.[101)] (그림 11)

전술한 바와 같이 장태풍습은 『육안태』를 근본으로 음양학·풍수학의 영향을 받았다고 하였다. 『육안태』를 저술한 일행(一行, 683~727), 즉

묘의 현황과 특징」, 『고려 왕릉·고분 문화와 세계문화유산적 가치』, 강화고려역사재단, 55~56쪽.

98) 국립문화재연구소, 2009, 『조선왕릉 종합학술조사보고서』 I (고려말 조선초), 42쪽.

99) 국립문화재연구소, 2009, 『조선왕릉 종합학술조사보고서』 I (고려말 조선초), 19쪽.

100) 김영진, 1994, 「충주 경종태실 소고 -변작과 복원을 중심으로-」, 『청주대학교 박물관보』7, 청주대학교 박물관, 14쪽.

101) 석지현, 1979, 『밀교』, 현암사, 200~204쪽.

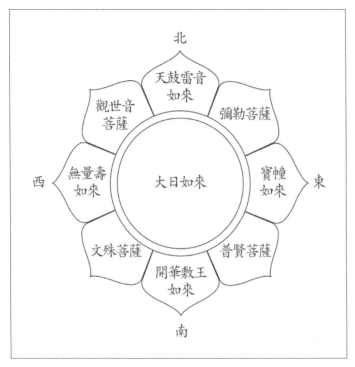

〈그림 11〉 중대팔엽원 개념도

대혜선사(大慧禪師)는 보적(普寂)에게 출가하여 금강지(金剛智) 삼장에게 밀교를 배웠으며, 역상음양오행설(曆象陰陽五行說)에도 정통(精通)하였던 밀교계통의 승려(僧侶)이다. 그러므로 장태, 즉 태실조영에는 음양학·풍수학뿐만 아니라 밀교이론이 습합(瞽合)되었을 것이다.

가봉태실의 중앙태석은 사방석이 팔각형(또는 사각형)이며, 중동석과 개첨석이 팔각형(또는 원형)으로 만들어지고, 가장자리의 난간대도 팔각형으로 조성되는데, 이렇게 팔각형(또는 사각형과 원형)을 기본으로 하고 있다. 그러므로 가봉태실은 밀교의 태장계 중대팔엽원의 이론에 따라 아기씨의 수명장수를 기원하기 위해 구형(球形)은 중대팔엽원의 원(圓)을, 팔각형은 8개의 꽃잎을 표현한 것으로 볼 수 있다.

이러한 상징성 때문에 가봉태실이 고려 왕릉의 외형을 모방하면서 12
각에서 8각으로 그 외형을 변경한 것이다. 또 팔각형·원형·사각형의 형
태가 주로 사용되는 것은 태장계 중대팔엽원의 의미도 물론 있지만, 팔
각은 우주를, 원은 하늘을, 네모는 땅을 상징하여[102] 천원지방(天圓地方)
의 개념도 가미되었을 것으로 추정된다.

이를 다시 정리하면, 가봉태실의 형태와 구조에서 중앙태석과 가봉비
는 부도와 부도비에서 그 연원을 찾을 수 있으며, 8각 난간석은 고려 왕
릉의 12각 난간석에서 그 기원을 찾을 수 있으며, 그 의미는 밀교의 태
장계 중대팔엽원의 이론을 따른 것이다. 이렇게 가봉태실의 형태와 구조
가 부도 및 왕릉과 비슷한 이유는 태실이 풍수지리적으로 음택자리에 조
성되기 때문에 음택의 대표격인 무덤과 부도를 본 따서 유사한 형태로
가봉한 것이다.

2. 가봉태실의 유물[103]

1) 가봉태실비

가봉태실비(加封胎室碑, 이하 '가봉비'라 함)는 가봉태실의 주인공과
건립시기를 알리는 표석이(表石)다. 이 가봉비는 팔각난간석형 가봉태실
의 앞면 모서리의 1보 앞에 주산에서 맥(脈)이 내려온 방향과 일치되게
세운다. 돌로 만들며, 귀부와 비신 및 이수로 구성된다. 하부는 지대석
위에 귀부를 올리고 귀부의 등 가운데에 비좌공(碑座空)을 팠으며, 중부
에는 비신을 비좌공에 꽂아 세우고 상부에는 비신 위에 이수를 올려 덮

---

102) 임영주, 2013, 『한국의 전통 문양』, 대원사, 30~32쪽.

103) 가봉태실의 지하 구조는 아기태실의 지하 구조를 변경하지 않고 그대로 사용하
    므로 지하에 매납·봉안되는 유물은 전술한 아기태실을 참고하기 바라며, 여기서
    는 재론(再論)하지 않겠다.

었다. 지대석과 귀부를 '귀룡대석(龜籠臺石)' 또는 '귀대석(龜臺石)'으로
부르기도 한다.

　귀부는 대부분 움츠리고 앉아 있는 거북 모습을 하고 있으며, 머리는
거북 또는 용의 형상을 하고 있는데, 앞으로 우러러 보거나 옆으로 틀기
도 하였으며, 비좌공 주변으로 연화문이 장식되기도 하며, 이수에는 용·
여의주·구름·꽃무늬 등이 장식되었다. 비신에는 태실에 대한 정보를 해
서체로 세로로 음각하는데, 앞면에는 태주를, 뒷면에는 입비년월일 또는
개수 연월일이 기록된다. 특히 앞면에는 임금 재위기간에 태실을 가봉할
경우는 '主上殿下胎室(주상전하태실)'이라 적고 후왕(後王)이 선왕(先
王)의 태실을 가봉할 경우에는 '廟號(묘호)+大王胎室(대왕태실)'이라 기
록한다. 또 뒷면에 비를 세운다는 뜻의 글자로 '建(건)'자를 적었다.[104]

　현존 가봉비를 살펴보면, 세조 태실부터 확인되는데, 귀부는 세조 가
봉비(1462)에서 거북머리[龜頭]를 하여 폐비 윤씨 가봉비(1478)·인종 가
봉비(1546. 5.)·명종 가봉초건비(1546. 10.) 등 16세기까지 유행하다가
숙종 가봉비(1683)부터 용머리[龍頭]가 나타나기 시작하여 병존하나 용
두가 주류를 이룬다. 머리는 대부분 앙형(仰形)을 하였으나, 숙종 가봉비
(용두)는 좌로, 태조 가봉개건비(귀두, 1689)는 우로 틀기도 하였다. 꼬리
는 대부분 1개이나 중종 가봉비(1507)에서 3개가 출현하여 인종 가봉비
(1546. 5.)·명종 가봉초건비(1546. 10.) 등 16세기 전반에 잠시 유행했다

---

104) 그러나 폐비 윤씨 가봉비(1478)에는 '立(입)'자나 '建(건)'자가 없으며, 중종 가봉
　　초건비(1507)·선조 가봉초건비(1570) 및 가봉개건비(1747)·성종 가봉개건비
　　(1823)의 경우에는 '立'자를 적었다. 가봉비에서 '建'자를 기록하는 것을 원칙으
　　로 삼은 시기는 선조(1568~1608) 이후의 일로 추정하는 견해(전주이씨대동종약
　　원, 1999, 『조선의 태실』Ⅰ, 201쪽)가 있으나, 현존 가봉비에서 '건'자가 출현하
　　는 것은 명종 가봉초건비(1546)부터 출현하여 계속 유행하므로 따르기 어렵다.
　　이 글에서 가봉비가 다시 세워질 경우 초건비와 개건비로 구분하였는데, '가봉
　　초건비'는 태실 가봉 시 처음 세우는 가봉비를 지칭한 것이며, '가봉개건비'는
　　초건비가 훼손되어 다시 건립한 비를 말한다.

〈사진 15〉 가봉비(문종)

가 성종 가봉개건비(1823)에서 다시 출현하기도 한다. 그리고 이수는 처음 세조 가봉비(1462)부터 반원형이 출현하여 주류를 이루나 세종 가봉개건비(1734)·단종 가봉개건비(1734)·문종 가봉개건비(1735)에서 직사각형이 잠시 출현하며, 광해군 가봉비(1609)부터 이수 측면이 비신으로 내려오는 귀[耳]가 나타나기 시작하여 장조 가봉비(1785)·정조 가봉비(1801)·순조 가봉비(1806)·성종 가봉개건비(1823) 등 18세기 말~19세기 전엽에 유행한다.(사진 15)

2) 중앙태석

중앙태석(中央胎石)은 가봉태실의 정중앙에 위치하며, 지하에 있는 태함의 상부에 장식된다. 돌로 만들며, 사방석(四方石)·중동석(中童石)·개첨석(蓋簷石)으로 구성되는데, 하부에 사방석을 두고, 중부에는 사방석 위에 중동석을 올렸으며, 상부에는 중동석 위에 개첨석을 올려 덮었다.

사방석은 '중앙대석(中央臺石)', '중대석(中臺石)' 또는 '좌대석(坐臺石)'이라고도 하는데, 지대석 역할을 하는 것으로 팔각형과 사각형이 있으며, 연잎문(蓮葉紋)과 안상(眼象) 또는 만자문(卍字紋) 또는 방승문(方勝紋)이 장식되기도 한다. 중동석은 신석(身石)의 역할을 하는 것으로 원통형과 편구형 또는 팔각형이 있으며, 만자문과 연환문(連環紋)이 장식되기도 한다. 개첨석은 지붕 역할을 하는 개석(蓋石)으로 원형과 육각형, 팔각형이 있으며, 상부 정상에 노반과 복발을 모방하거나 연봉형 보주을 장식하여 상륜부를 이룬다. 또 개첨석 표면에는 연잎과 연줄기를 장식하고 하부에는 옥개형을 표현하기도 한다.

　　이렇게 중앙태석이 팔각형, 사각형, 원형 등을 이루는 것은 전술한 것처럼 태주의 수명장수를 기원하고 우주와 하늘 및 땅을 상징한 의미가 내포된 것이다. 또 연화문이 장식되는 것은 전술하였듯이 풍요와 다산 및 자손번창을 의미한다. 이외에도 만자문과 방승문, 연환문 등이 장식되는데, 만자문은 길상과 만복이 집결되었다하여 무한장구(無限長久)한다는 상징성을 나타내며,[105] 방승문은 마음을 함께 하여 서로 떨어지지 않는다는 의미를,[106] 연환문은 좋은 일이 지속되어 오래도록 단절되지 않는다는[107] 상징성을 내포한다. 즉 앞으로 태주에게 좋은 일만 생겨 영원하기를 염원하기 위해 이러한 길상문(吉祥文)을 장식했다.

　　현존하는 중앙태석을 살펴보면, 1393~1419년에는 사방석과 중동석 및 개첨석이 모두 평면 팔각형이며, 사방석은 2층으로 이루어졌으며, 개첨석 윗면에는 연잎문이 장식되었다. 그리고 1438~1471년에는 사방석이 사각형의 1층으로 변하고 중동석이 편구형이나 원통형으로 나타난다. 또 1546~1785년에는 중동석이 대부분 편구형으로 변하여 문양이 장식되기 시작하나, 일부 팔각형이 있으며, 개첨석은 팔각옥개형으로 변하나 일부 육각형도 있다. 그리고 1801~1847년에는 사방석이 다시 팔각형으로 변하고, 중앙태석에

〈사진 16〉 중앙태석(정조)

105) 허균, 2010, 『전통 문양』, 대원사, 104쪽.

106) 허균, 2010, 『전통 문양』, 대원사, 112쪽.

107) 허균, 2010, 『전통 문양』, 대원사, 112~113쪽.

문양이 화려하게 장식된다.[108](사진 16)

3) 상석과 전석

상석(裳石)과 전석(磚石)은 가봉태실의 바닥에 까는 돌이다. 상석은 '지대석(地臺石)'으로도 부르는데, 중앙태석의 주변으로 안쪽에 까는 것이며, 전석은 '지배석(地排石)'으로도 불리며, 상석의 외곽으로 바깥쪽에 까는 것이다. 이들의 조립이 완성되었을 때 평면 형태는 팔각형이다. 상석은 다시 그 위치에 따라 우상석(隅裳石)과 면상석(面裳石)으로 구분된다.

우상석은 평면 오각형으로 모퉁이에 놓이며, 면상석은 평면 사다리꼴로 우상석 사이에 까는 부재이다. 상석은 그 앞(바깥쪽)을 전석 위에 올리고 끝(안쪽)은 중앙태석의 사방석 측면에 걸친다. 우상석의 앞쪽 측면 양쪽에는 운문이 장식되기도 하며, 면상석의 앞쪽 측면에는 여의두문(如意頭紋)이 장식되기도 한다. 전석도 그 위치에 따라 우전석(隅磚石)과 면전석(面磚石)으로 구분된다. 우전석은 평면 오각형으로 모퉁이에 깔며, 면전석은 사다리꼴로 우전석 사이에 까는 것이다. 이 전석의 끝은

상석의 앞쪽 아래에 놓여 상석을 받친다. 그리고 우전석의 앞쪽 상면에는 주석을 꽂는 구멍이 있고 면전석의 앞쪽 상면에는 동자석을 꽂는 구멍이 있다.

현존 상석을 살펴보면, 태조 태실(1393)~세종 태실(1419)까지는 8매로 구성되나, 소헌왕후 태실(1438)에서 16매로 늘어나

〈사진 17〉 상석과 전석(정조)

---

108) 심현용, 2013, 「조선시대 가봉태실의 중앙태석에 대한 양식과 변천」, 『대구사학』 113, 대구사학회.

기도 하며, 인종 태실(1546)부터는 24매로 구성되다가 경종 태실(1726)부터는 다시 16매로 줄어들어 지속된다. 그리고 전석은 처음에는 8매로 구성되는데, 소헌왕후 태실(1438)에서 16매로 늘어났다가 문종 태실(1450)에서 다시 8매로 감소했으며, 중종 태실(1507)부터 다시 16매로 늘어난다.(사진 17)

4) 난간석

난간석(欄干石)은 돌로 만들며, 주석(柱石)·동자석(童子石)·죽석(竹石)으로 구성된다. 주석은 '연엽주석(蓮葉柱石)'으로 부르기도 하며, 우전석 앞쪽(바깥쪽) 윗면의 홈에 꽂아 세우는 기둥으로 상부는 연봉형의 보주가 있고 기둥 좌우에는 횡죽석을 받치는 받침대가 있다. 그리고 연줄기와 연 잎이 장식되기도 한다. 동자석은 '연엽동자석(蓮葉童子石)' 또는 '동자주(童子柱)'로 부르기도 하며, 주석과 주석 사이의 면상석에 세워 횡죽석을 받치는 역할을 한다. 그리고 연줄기와 연잎이 장식되기도 한다. 죽석은 '횡죽석(橫竹石)' 또는 '횡대석(橫帶石)'이라 부르기도 하며, 주석과 주석 사이를 가로로 걸치는 난간대[돌란대(廻欄臺)]로 단면 팔각형의 긴 막대모양이다. 횡죽석의 양 끝부분은 사선(斜線)으로 절단되었다. 평면 형태는 옆으로 퍼져 낮은 사다리꼴이다. 그리고 난간석에 연화문이 주로 장식되는데, 풍요와 다산 및 자손번창을 기원하는 의미이다.

현존 난간석을 살펴보면, 동자석은 태종 태실(1401)부터 주석과 주석 사이에 세워 횡죽석을 받는 것이 확인되고, 횡죽석은 태조 태실(1393)~

〈사진 18〉 난간석(순조)

성종 태실(1471)까지 주석 사이에 1매가 걸쳐지나, 중종 태실(1507)~예종 태실(1578)까지는 2매로 걸치게 하였으며, 경종 태실(1726)부터는 다시 1매를 걸쳤다. 그리고 문조 태실(1836)의 주석에는 '子(자)·卯(묘)·午(오)'등의 방위를 나타내는 십이지(十二支) 문자가 음각되어 있는데, 왕릉의 난간석에서109) 영향을 받은 것으로 추정된다.(사진 18)

5) 하마비

하마비(下馬碑)란 태실 근처에 세우는 표석으로 태실구역이 성스러운 곳이므로 이곳에 도착하면 말에서 내려 걸아가라는 뜻이 담겨 있다. 지금까지 확인된 하마비는 경종 태실 1기, 순조 태실 1기, 문조 태실에서 1가 조사되었다.

하마비는 직사각형의 비대에 긴 직사각형의 비신을 올렸는데, 경종 하마비와 순조 하마비는 별석으로, 문조는 한 돌로 제작하였다. 글씨는 해서체로 경종 하마비는 앞면에만 '下馬(하마)', 순조 하마비는 앞면에 '下馬碑(하마비)', 뒷면에 '火巢(화소)', 문조 하마비는 앞면에만 '大小人員下馬碑(대소인원하마비)'라 음각하였다.110)(사진 19) 그러나 왕 자

---

109) 조선 왕릉에서는 방위를 나타내는 십이지신상(十二支神像)이 처음에는 병풍석의 면석에 새겨졌으나, 광릉(세조 1468, 정희왕후 1483)에서 난간석의 동자주로 위치가 옮겨진다. 이후 십이지신상 대신 십이지·십간·팔괘의 문자가 새겨지는데, 태릉(문정왕후 1565)·강릉(명종 1567, 인순왕후 1575)에서는 병풍석의 만석에 음각되고, 영릉(효종 1673, 인선왕후 1674)·익릉(인경왕후 1681)에서는 난간석의 동자주에, 숭릉(현종 1674, 명성왕후 1684)·명릉(숙종 1720, 인현왕후 1701, 인원왕후 1757)·혜릉(단의왕후 1722)·의릉(경종 1724, 선의왕후 1730)·홍릉(정성왕후 1757)·건릉(정조 1821, 효의왕후 1821)·인릉(순조 1856, 순원왕후 1857)에서는 난간석의 주석에 새겨진다. 또 장릉(인조 1731, 인렬왕후 1731)에서는 병풍석의 만석과 인석에, 융릉(장조 1789, 헌경황후 1816)에서는 병풍석의 인석에, 경릉(헌종 1849, 효현왕후 1843, 효정왕후 1904)·수릉(문조 1855, 신정왕후 1890)·예릉(철종 1864, 철인왕후 1878)·유릉(순종 1926, 순명왕후 1926, 순정왕후 1965)에서는 난간석의 주석과 횡죽석에 글자가 음각으로 새겨진다.

| ① 순조(앞면) | ② 순조(뒷면) | ③ 문조(앞면) |

〈사진 19〉 하마비

녀의 태실에서는 아직까지 확인되지 않으므로 실제 왕 자녀의 태실에 하마비가 설치되지 않았는지 아니면 설치되었는데 훼손되어 없어진 것인지 알 수 없다.

6) 금표비

태실에는 일반 백성이 들어가지 못하도록 통제구역을 설정하는데, 이때 태실을 보호하기 위하여 동·서·남·북의 통제구역 경계에 설치하는 표석을 금표비(禁標碑)라 한다.

지금까지 확인된 금표비는 순조 태실에서 1기 조사되었는데, 직사각형의 비대에 긴 직사각형의 비신을 올렸으며, 한 돌로 만들었다. 글자는 해서체로 음각하였는데, 비신의 앞면에 '禁標(금표)', 뒷면에 '西(서)'라고 기록하였다.(사진 20)

---

110) 순조 하마비와 같이 앞·뒷면에 '하마'와 '화소'가 적혀있어 태실영역에서 하마와 화소의 위치가 같은 것으로 추정하는 견해(전주이씨대동종약원, 1999, 『조선의 태실』Ⅰ, 209쪽)가 있으나, 경종과 문조 하마비에는 '화소'가 적혀 있지 않으며, 순종 화소비에는 '하마비'가 적혀 있지 않다. 그러므로 하마와 화소의 위치가 같을 경우도 있겠지만 다른 경우도 있으므로 무조건 같다는 견해는 따르기 어렵다.

〈사진 20〉금표비(앞면. 순조)   〈사진 21〉화소비(앞면. 순종)

7) 화소비

화소(火巢)란 산불이나 화재의 피해를 막기 위해 태실 주변에 해자(垓字)를 파고, 그 밖으로 풀이나 나무를 제거하여 빈 공간으로 남겨 불이 태실까지 오지 못하게 막는 역할을 하는 구역을 말하는 것으로 이를 알리는 표석이 화소비(火巢碑)이다.

지금까지 확인된 화소비는 순조 태실에서 1기, 순종 태실에서 2기가 조사되었다. 순조 화소비는 직사각형의 비대에 긴 직사각형의 비신을 올렸는데, 별석으로 제작하였으며, 글자는 해서체로 앞면에 '下馬碑(하마비)', 뒷면에 '火巢(화소)'라고 음각하였다. 순종 화소비는 직사각형의 비대에 긴 직사각형의 비신을 일석으로 제작하였으며, 앞면에 해서체로 '火巢'가 음각되어 있다. 그러나 왕 자녀의 태실에서는 아직까지 확인되지 않으므로 실제 왕 자녀의 태실에 화소비가 설치되지 않았는지 아니면 설치되었는데 훼손되어 없어진 것인지 알 수 없다.(사진 19-②·21)

이 장에서는 태실이 조성되는 입지와 태실의 일반적 구조 및 유물에 대해 살펴보았다.

태실은 풍수지리적 영향에 의해 그 입지가 선정되는데, 그동안 문헌 사료에서는 내맥이 연결되지 않은 들판 가운데에 홀로 우뚝 솟은 산봉우리 정상에 태실을 조성한다고 하였다. 그러나 전국에 산재한 조선시대 태실을 조사해 본 결과, 실제로는 맥이 연결되고 사신사가 있는 돌혈이라는 형국에 조성됨을 알 수 있었다. 이렇게 돌혈에 조성되는 시기는 도선에 의해 풍수설이 확립되는 통일신라 말로 보았다. 그리고 태실분포는, 조선 초에는 하삼도에 집중되었으나, 세조에 의해 1458년부터 도성과 가까운 경기도에도 조성되기 시작하며, 전국적으로 충청도·전라도·경상도·경기도·강원도·황해도에서만 확인되고 있다.

아기태실은 지하에 사각형 또는 원형의 토광을 파고 그 가운데에 태함을 안치하고 태함 안에는 태지석과 태를 담은 이중 태호를 봉안하였으며, 황토와 회를 섞어 태함과 토광을 판축법으로 단단하게 다져 묻고 지상에는 반구형의 봉토를 올리고 그 앞에 아기비를 세웠다. 이러한 외형은 현존하는 신라시대 김유신 태실의 구조에서 그 기원을 찾았다.

또 가봉태실은 기존의 아기태실에서 지상에 있는 봉토와 아기비를 없애고 그 가운데에 중앙태석을 두고 주위에 팔각난간석을 돌려 그 앞에 귀부와 이수를 갖춘 가봉비를 세워 화려하게 조성한다. 이 가봉태실에서 중앙태석은 불교의 팔각원당형 부도에서 그 기원을 찾았으며, 팔각난간석은 고려 왕릉의 12각 난간석을 차용하여 8각형으로 축소되었는데, 그 이유는 밀교의 태장계 중대팔엽원의 이론에 근거한 것으로 보았다.

또 출토 유물에서 상징성이 나타나는데, 태호에 동전·은판·금판 등을 부장하는 것은 태주에게 재물 복이 있기를 바라는 마음에서, 태호나 아기비·중앙태석·주석·동자석에 연잎 문양이 장식되는 것은 연꽃에 내포된 탄생과 영원한 생명, 풍요, 다산과 자손번창을 기원하기 위해 장식한 것으로 보았다.

제4부
조선시대 태실 유물의 양식과 편년

Ⅰ. 아기태실비의 양식과 편년

1. 아기비의 현황과 시기

건립 시기를 알 수 있는 조선시대 아기비(阿只碑)는 모두 67기가 확인되는데, 이는 <표 1>과 같다. 먼저 이 아기비의 형태를 자세히 살펴보고, 명문을 검토하여 비를 세운[立碑] 시기를 밝혀보겠다.

<표 1> 조선시대 아기비의 현황

번호	태주	입비 시기	원 위치/ 현 위치	비고
1	진양대군 (세조)	1438.3.10./ 세종 20	경북 성주군 월항면 인촌2리 산8번지 (선석산, 태봉)	
2	의창군	1438.3.11./ 세종 20	〃	
3	광평대군	1439.5.24./ 세종 21	〃	
4	계양군	1439.5.24./ 세종 21	〃	
5	왕자 거 (담양군)	1439.5.24./ 세종 21	〃	
6	평원대군	1439.5.24./ 세종 21	〃	
7	임영대군	1439.5.29./ 세종 21	〃	
8	영흥대군	1439.8.8./ 세종 21	〃	
9	밀성군	1439.8.8./ 세종 21	〃	
10	수춘군	1439.8.8./ 세종 21	〃	

번호	태주	입비 시기	원 위치/ 현 위치	비고
11	익현군	1439.8.8./ 세종 21	〃	
12	왕자 장 (영해군)	1439.8.8./ 세종 21	〃	
13	원손(단종)	1441.윤11.26./ 세종 23	〃	
14	안평대군	?	〃	반파
15	왕자 당	1442.10.23./ 세종 24	〃	
16	월산대군	1462.11.18./ 세조 8	서울특별시 서초구 우면동 291-1번지(우면산)	
17	제안대군	1466.?.20./ 세조 12	경기도 양평군 옥천면 신복1리 1130-8·산1번지 및 옥천리 506-9·산8번지(태봉산)	
18	지축동 (성종 왕녀)	1477.6.19./ 성종 8	경기도 고양시 덕양구 지축동 산1-11·산4번지(태봉산)/ 고양시 덕양구 주교동 600번지(고양시청 수장고)	이전
19	원당리 1 (성종 왕녀)	1481.7.21./ 성종 12	경기도 광주시 퇴촌면 원당리 산10-1·산11-1번지(뒷태봉산)	동쪽
20	원당리 2 (성종 왕녀)	1481.7.24./ 성종 12	경기도 광주시 퇴촌면 원당리 산10-1·산11-1번지(뒷태봉산)	서쪽
21	삼태리 1 (성종 왕녀)	1481.10.9./ 성종 12	경남 밀양시 무안면 삼태리 산13·산16번지(태봉산)	남쪽
22	삼태리 2 (성종 왕녀)	1481.10.9./ 성종 12	〃	북쪽
23	왕자 수견	1483.10.15./ 성종 14	전남 순천시 서면 학구리 산15~18번지(안태봉, 태봉산)	
24	경숙옹주	1485.8.6./ 성종 16	울산광역시 울주군 범서읍 사연리 산107-1·산107-2·산112번지 (태봉산)	
25	왕녀 복란	1486.12.29./ 성종 17	강원도 원주시 태장2동 산57번지(태봉) / 원주시 태장2동 1266-11번지(태봉우성 2차 아파트)	복원
26	왕자 견석	1487.4.7./ 성종 18	경북 울진군 평해읍 삼달2리 산66번지(신래태봉)	사료 (비문)

번호	태주	입비 시기	원 위치/ 현 위치	비고
27	경휘옹주	1489.9.29./ 성종 20	강원도 강릉시 강동면 모전1리 산257~259번지(태봉산)	
28	왕녀 승복	1492.7.17./ 성종 23	경기도 양주시 남면 황방1리 산87-1번지(태봉산)	
28	왕녀 승복	1492.7.17./ 성종 23	경기도 양주시 남면 황방1리 산87-1번지(태봉산)	
29	중종	1492.9.7./ 성종 23	경기도 가평군 가평읍 상색1리 산112번지(태봉산, 별태봉)	
30	왕자 금수	1493.5.4./ 성종 24	경기도 남양주시 별내면 광전1리 산37-7·산38·산39-2번지(태봉산)	사료 (비문)
31	대덕리	1494.8.22./ 성종 25	강원도 원주시 호저면 대덕1리 409번지	
32	원자 금돌이	1501.7.2./ 연산군 7	경북 상주시 화서면 상현2리 377-1번지(태봉산)	
33	왕자 돈수	1505.2.19./ 연산군 11	경기도 광주시 퇴촌면 원당리 산30번지(앞태봉산)	
34	인종	1521.1.17./ 중종 16	경북 영천시 청통면 치일리 산24번지(태봉산)	
35	옥혜공주	1523.4.13./ 중종 18	충남 부여군 규암면 함양리 42-1번지(태봉산)/ 부여군 규암면 함양리 97번지	이전
36	덕양군	1528.3.13./ 중종 23	경남 의령군 칠곡면 외조리 48번지(안태봉)	
37	명종	1538.2.21./ 중종 33	충남 서산시 운산면 태봉리 산6-2번지(태봉산)	
38	인순공주	1544.?.?./ 중종 39	경기도 김포시 월곶면 조강1리 산58-4번지(태봉산)	
39	광해군	1581.4.1./ 선조 14	대구광역시 북구 연경1동 산135·산136-1번지(태봉, 태등산)	
40	신성군	1586.12.6. 개립/ 선조 19 (1584.7.25. 초립)	경기도 김포시 월곶면 고막1리 212번지(태봉)	
41	산척리 (선조 왕녀)	1588.7.11./ 선조 21	경기도 화성시 동탄면 산척리 183-1번지(안태봉산)	

번호	태주	입비 시기	원 위치/ 현 위치	비고
42	인성군	1589.2.25./ 선조 22	충북 청주시 상당구 문의면 산덕리 411번지(태봉산)	
43	덕두원리 (의창군?)	1589.5.8./ 선조 22	강원도 춘천시 서면 덕두원1리 산 72-24번지(태봉산)	
44	산현리 (광해군 원자)	1601.4.30./ 선조 34	강원도 원주시 호저면 산현리 산42·산42-3번지(태봉)	
45	영창대군	1606.7.28./ 선조 39	경기도 가평군 상면 태봉1리 산115-1번지(태봉산)/ 가평군 상면 태봉1리 산114번지	이전
46	광해군 왕녀	1619.11.4../ 광해군 11	경북 울진군 북면 나곡4리 산65번지(태봉산)	
47	숭선군	1643.10.25./ 인조 21	충북 충주시 엄정면 가춘리 229-3번지(태봉산)	매몰
48	낙선군	1645.8.24./ 인조 23	〃	
49	현종	1647.?.?./ 인조 25	충남 예산군 신양면 황계리 189-20·189-21번지(태봉산)/ 예산군 예산읍 대회리 247-11번지(예산문화원)	이전
50	숙명공주	1660.10.2./ 현종 1	경북 김천시 지례면 관덕1리 산68번지(궁을산, 태봉산)	
51	숙경공주	1660.10.2./ 현종 1	〃	
52	숙종	1661.12.25./ 현종 2	충남 공주시 태봉1동 산64-9번지(태봉산)	
53	숙휘공주	1662.11.25./ 현종 3	강원도 원주시 흥업면 대안3리 1974-1번지(운산태봉, 태봉재, 태봉치)	
54	숙정공주	1662.11.25./ 현종 3	〃	
55	경종	1689.2.22./ 숙종 15	충북 충주시 엄정면 괴동리 산34-1번지(왕심산 태봉, 태봉산)	
56	영조	1695.1.28./ 숙종 21	충북 청주시 상당구 낭성면 무성1리 산5번지(태봉산)/ 청주시 상당구 낭성면 무성1리 산6-1번지(태봉산)	

번호	태주	입비 시기	원 위치/ 현 위치	비고
57	연령군	1699.9.29./ 숙종 25	충남 예산군 대술면 궐곡1리 산54-1번지(태봉산)/ 대전광역시 유성구 궁동 220번지(충남대학교)	이전
58	화억옹주	1728.10.8./ 영조 4	경기도 연천군 미산면 유촌3리 산127번지(태봉산)	
59	영조 6왕녀	1732.3.27./ 영조 8	경기도 안성시 원곡면 성은1리 산30·산31번지(망해산, 태봉산)	
60	화협옹주	1733.5.24./ 영조 9	강원도 춘천시 신북읍 용산2리 791·산1번지(태봉골)	
61	장조	1735.윤4.4./ 영조 11	경북 예천군 상리면 명봉리 산2번지(뒤태봉)	
62	영조 8왕녀	1735.11.26./ 영조 11	경기도 포천시 소흘읍 이곡리(태봉)/ 포천시 소흘읍 무봉2리 480-1번지(마을회관)	이전
63	화완옹주	1738.3.26./ 영조 14	경기도 포천시 신북면 만세교1리 산13-2번지	
64	정조	1753.1.21./ 영조 29	강원도 영월군 영월읍 정양리 산210-1번지(계족산, 정양산, 태봉)/ 영월군 영월읍 정양리 산133·산134번지(계족산)	
65	화령옹주	1753.5.13./ 영조 29	충남 예산군 광시면 월송1리 산57번지(태봉산)/ 예산군 대흥면 동서리 106-1번지(대흥면사무소 옆 대흥동헌)	이전
66	화길옹주	1754.7.25./ 영조 30	충북 단양군 대강면 용부원4리 산58-5번지(태봉)	
67	문효세자	1783.9.6./ 정조 7	경북 예천군 용문면 내지리 산81번지	

1) 조선 전기의 아기비

(1) 세종 14왕자와 단종

∘ 위치 : 경북 성주군 월항면 인촌2리 산8번지

세종의 아들인 세조를 비롯한 14왕자와 원손인 단종 등 15기의 비가 남아있는데, 안평대군의 비만 반파되어 비문(碑文)이 확인되지 않으며, 나머지는 원형이 잘 남아있다. 비는 비대, 비신 및 비수를 모두 한 돌[一石]로 만들었으며, 모두 같은 형태를 하고 있다. 비수는 윗면을 편평하게 하고 옆면 모서리를 비스듬히 깎은 말각형(抹角形)이다. 비수는 비신면보다 앞으로 약간 돌출시켜 비수를 표현하였으며, 진양대군과 왕자 당만 비수에 초화문을 장식하고 나머지는 문양이 장식되지 않았다. 비신은 긴 직사각형이며, 앞면에 비문(碑文)을 세로로 두 줄 음각하였다. 비대는 직사각형으로 무늬가 장식되지 않았다.

비문은, 진양대군인 세조는 '晉陽大君瑈胎藏/ 皇明正統三年戊午三月十日甲午立石'라 하였으며, 임영대군은 '臨瀛大君璆胎藏/ 皇明正統四年己未五月二十九日丙子立石', 광평대군은 '廣平大君璵胎藏/ 皇明正統四年己未五月二十四日辛未立石', 평원대군은 '平原大君琳胎藏/ 皇明正統四年己未五月二十六日△△立石', 영흥대군은 '永興大君琰胎藏/ 皇明正統四年己未八月初八日△△立石', 계양군은 '桂陽君瑠胎藏/ 皇明正統四年己未五月二十四日辛未立石', 의창군은 '義倉君玒胎藏/ 皇明正統三年戊午三月十一日己未立石', 밀성군은 '密城君琛胎藏/ 皇明正統四年己未八月初八日癸未立石', 수춘군은 '壽春君玹胎藏/ 皇明正統四年己未八月初八日癸未立石', 익현군은 '翼峴君璭胎藏/ 皇明正統四年己未八月初八日癸未立石', 왕자 장인 영해군은 '璋胎藏/ 皇明正統四年己未八月初八日癸未立石', 왕자 거인 담양군은 '璖胎藏/ 皇明正統四年己未五月二十四日辛未立石', 왕자 당은 '瑭胎藏/ 皇明

正統七年壬戌十月二十三日庚戌立石', 그리고 원손인 단종은 '元孫胎藏/ 皇明正統六年辛酉閏十一月二十六日己丑立石'로 되어 있다.

이로보아 세조는 1438년 3월 10일 입비되었으며, 의창군은 1438년 3월 11일, 광평대군·계양군·담양군·평원대군은 1439년 5월 24일, 임영대군은 1439년 5월 29일, 영흥대군·밀성군·수춘군·익현군·영해군은 1439년 8월 8일, 단종은 1441년 윤11월 26일, 그리고 왕자 당은 1442년 10월 23일에 입비되었음을 알 수 있으며, 그 시기는 1438년 3월 10일~1442년 10월 23일이다. 안평대군도 같은 시기로 추정된다.(사진 5-①~④, 그림 1-①~③)

(2) 월산대군

◦위치 : 서울특별시 서초구 우면동 291-1번지

이 비는 모두 한 돌로 만들었다. 비수는 말각형이나 비수와 비신을 구분하지 않았다. 비대는 직사각형으로 문양은 없다. 명문은 '月山君婷胎室(앞) 天順六年五月十八日立石(뒤)'로 비는 1462년 5월 18일 세웠다.(사진 5-⑤)

(3) 제안대군

◦위치 : 경기도 양평군 옥천면 신복1리 1130-8·산1번지 및 옥천리
         506-9·산8번지

이 비는 모두 일석(一石)으로 만들었다. 비수는 말각형으로 윗면 가운데가 파손되어 약간 파여 있으며, 비수와 비신을 구분하지 않았다. 비대는 문양이 장식되지 않았다. 비문이 '王世子男小孫胎室(앞) 成化二年△月二十日立石(뒤)'이므로 비는 1466년 ?월 20일 세웠다.(사진 5-⑥)

(4) 지축동

。위치 : 경기도 고양시 덕양구 주교동 600번지(고양시청 이전)

이 비는 모두 일석으로 만들었다. 비수는 윗면이 둥근 반원형으로 하부(下部)에는 연잎을 뒤엎고 그 위쪽에는 연줄기(이하 '연대'라 함)가 각출되어 있으며, 상부에는 원좌(圓座)가 없는 연꽃 봉오리(이하 '연봉'이라 함)모양의 보주를 올려 전체적으로 연꽃을 형상화(이하 '연화문(蓮花紋)'이라 함)하였다. 비수 옆면은 연잎을 3단으로 말아 올렸다. 비대는 문양이 장식되지 않았다. 비문이 '王女胎室(앞) 成化十三年六月十九日立石(뒤)'이므로 비는 1477년 6월 19일 세웠다.(사진 6-①)

(5) 원당리 1·2

。위치 : 경기도 광주시 퇴촌면 원당리 산10-1·산11-1번지

두 기의 비가 같은 산 능선의 동남쪽 사면에 동쪽(원당리 1)과 서쪽(원당리 2)에 각각 떨어져 있다.[1] 두 기 모두 같은 형태를 하고 있는데, 모두 일석으로 만들었다. 비수는 반원형으로 상부에는 원좌없는 연봉을 올렸다. 문양은 연화문으로 측면은 3단이다. 비대는 문양이 없다. 원당리 1의 비문은 '王女胎室(앞) 成化十七年七月二十一日立石(뒤)'로 비를 세운 시기는 1481년 7월 21일이며, 원당리 2의 비문은 '王女胎室(앞) 成化十七年七月二十四日立石(뒤)'로 입비 시기는 1481년 7월 24일이다. (사진 6-②·③)

---

1) 원당리 2와 같은 내용의 태지석(皇明成化十七年辛丑三月十一日生/ 王女阿只氏胎 成化十七年七月二十四/ 日丁時藏)이 이화여자대학교 박물관에 소장되어 있는데, 전주이씨대동종약원(1999, 『조선의 태실』Ⅱ, 57·173쪽)은 이 태지석의 주인공을 성종의 딸인 공신옹주로 추정하면서도 태실의 위치는 알 수 없다고 하였다. 그러나 필자가 경기도 광주시 퇴촌면 원당리 산10-1·산11-1번지의 '뒷 태봉산'에서 앞쪽(서쪽) 산 끝단 정상부 동남쪽 경사면에서 위 태지석과 동일한 내용의 아기비를 찾게 되어 정확한 위치를 알 수 있게 되었다.

(6) 삼태리 1·2

◦위치 : 경남 밀양시 무안면 삼태리 산13·산16번지

두 기의 비가 남쪽(삼태리 1)과 북쪽(삼태리 2)에 각각 떨어져 세워져 있는데, 두 비 모두 같은 형식이다. 이 비들은 모두 일석으로 만들었다. 비수는 반원형으로 상부에는 연봉형 보주를 장식하였으며, 원좌는 없다. 문양은 연화문이며, 측면은 3단인데, 삼태리 1은 얕게 말아 올렸다. 비수 앞·뒷면의 양 옆면 가장자리 부근에 물끊이 홈을[2] 세로로 팠다. 비대는 문양이 없다. 비문은 2기 모두 '王女胎室(앞) 成化十七年十月初九日立石(뒤)'로 비는 1481년 10월 9일 세웠다.(사진 7-①·②)

(7) 왕자 수견

◦위치 : 전남 순천시 서면 학구리 산15~18번지

이 비는 모두 일석으로 만들었다. 비수는 반원형으로 마멸이 심하며, 상부에는 원좌없는 연봉을 장식하였는데, 파손되었다. 문양은 연화문이며, 측면은 1단이다. 비수에 물끊이 홈이 있다. 비대는 문양이 없다. 비문이 '王子壽堅胎室(앞) 成化十九年十月十五日立(뒤)'로 입비 시기는 1483년 10월 15일이다.(사진 7-③)

(8) 경숙옹주

◦위치 : 울산광역시 울주군 범서읍 사연리 산107-1·산107-2·산112
번지

---

2) '물끊이 홈'은 비수의 앞·뒷면의 좌·우 옆면 가장자리 부근에 위치하는데, 위에서 아래로 내려오면서 깊게 판 음각선을 지칭한다. 이는 연잎 주름 문양의 역할도 하겠지만, 빗물 등이 아래로 흐르도록 하여 비수 안쪽으로 들어가거나 옆으로 퍼지지 않게 하기 위한 기능적 역할도 겸한 것으로 판단되어 설명의 편의 상 '물끊이 홈'이라 명명하였다.

이 비는 비신 하단부가 묻혀 있으나 모두 일석으로 만들었다. 비수는 반원형으로 마멸이 심하다. 상부에는 원좌없는 연봉을 장식하였는데 파실(破失)되었으며, 문양은 연화문으로 측면은 3단이다. 비수에는 물끊이 홈이 있다. 비문이 '王女合歡阿只氏胎室(앞) 成化二十一年八月初六日立(뒤)'로 입비 시기는 1485년 8월 6일이다.(사진 7-④)

(9) 왕녀 복란

◦ 위치 : 강원도 원주시 태장2동 1266-11번지(태봉우성 2차아파트 복원)

이 비는 모두 일석으로 만들었다. 비수는 반원형으로 상부에는 원좌없는 연봉을 장식하였다. 문양은 세련된 연화문이며, 측면은 3단이다. 비수에는 물끊이 홈이 있다. 비대는 문양이 없다. 비문이 '王女福蘭胎室(앞) 成化貳拾貳年拾貳月貳拾玖日立(뒤)'인 것으로 보아 1486년 12월 29일 입비되었다.(사진 7-⑤, 그림 1-④)

(10) 왕자 견석

◦ 위치 : 경북 울진군 평해읍 삼달2리 산66번지

이 비는 현존하지 않으며, 문헌사료에서 비문만 확인된다. 비문은 '王子堅石阿只氏胎室(앞) 成化二十三年四月初七日午時立(뒤)'이며,[3] 입비 시기는 1487년 4월 7일이다.

(11) 경휘옹주

◦ 위치 : 강원도 강릉시 강동면 모전1리 산257~259번지

이 비는 모두 일석으로 만들었다. 비수는 반원형이며, 문양은 연화문으로 물끊이 홈이 있고 측면은 3단이며, 상부에는 원좌없는 연봉을 장식

---

3) 『관동읍지』(1871) 권2 평해군 산천; 『강원도평해군읍지』(1900) 산천.

하였다. 비대는 문양이 없다. 비문이 '王女貞福阿只氏胎室(앞) 弘治二年九月二十九日巳時立(뒤)'으로 입비 시기는 1489년 9월 29일이다.(사진 7-⑥)

(12) 왕녀 승복

◦위치 : 경기도 양주시 남면 황방1리 산87-1번지

이 비는 파손되어 비수와 비신 상부만 남아 있는데, 일석으로 만들었다. 비대는 파실되었지만 비신과 일석으로 제작한 것으로 추정된다. 비수는 반원형으로 연화문이며, 측면은 3단이고 물끊이 홈이 있다. 상부에는 원좌없는 연봉을 장식하였다. 비문은 '王女△福阿只 … (앞) … 弘治五年七月 … (뒤)'이고, 태지석의 '皇明弘治三年三月初六日巳/ 時生/ 王女承福阿只氏胎/ 弘治五年七月十七日酉/ 時藏(앞)'라는 기록으로 보아 입비 시기는 1492년 7월 17일이다.(사진 7-⑦)

(13) 중종

◦위치 : 경기도 가평군 가평읍 상색1리 산112번지

이 비는 일석으로 만들었다. 비수는 반원형으로 연화문을 하였고 측면은 3단이며, 물끊이 홈이 있다. 상부는 원좌없는 연봉을 장식하였다. 비대는 문양이 없다. 비문은 '大君△金△△只氏胎室(앞) 弘治五年九月初七日亥時立(뒤)'이며, 태지석은 '皇明弘治元年三月初五日/ 丑時生/ 大君仇等隱金伊阿只氏胎/ 弘治五年九月初七日亥/ 時藏(앞)'으로 입비 시기는 1492년 9월 7일이다.(사진 7-⑧)

(14) 왕자 금수

◦위치 : 경기도 남양주시 별내면 광전1리 산37-7·산38·산39-2번지

이 비는 현존하지 않으며, 문헌사료에서 비문만 확인된다. 비문은 '王

子金壽男胎室(앞) 弘治六年五月初四日立碑(뒤)'으로[4] 비는 1493년 5월 4일 세웠다.

(15) 대덕리

∘위치 : 강원도 원주시 호저면 대덕1리 409번지

이 비는 모두 일석으로 만들었으며, 두 부분으로 깨어져 있다. 비수는 말각형이며, 비대는 문양이 장식되지 않았다. 비문은 '王子△△(△)胎室(앞) 弘治七年八月二十二日卯時立(뒤)'으로 비는 1494년 8월 22일에 세웠다.(사진 7-⑨)

(16) 원자 금돌이

∘위치 : 경북 상주시 화서면 상현2리 377-1번지

이 비는 모두 일석으로 만들었는데, 비신의 앞·뒷면이 바뀌어 세워져 있다. 비수는 반원형으로 연화문을 하였고 물끊이 홈이 있으며, 측면은 3단이다. 상부는 염주형 원좌를 둔 연봉이 장식되었다. 비대는 문양이 없다. 특이하게 비신 측면 모서리를 ⌐모양으로 안으로 깎아 내었다. 비문이 '元子胎室(앞) 弘治十四年七月初二日立石(뒤)'인 것으로 보아 비는 1501년 7월 2일 세웠다.(사진 7-⑩)

(17) 왕자 돈수

∘위치 : 경기도 광주시 퇴촌면 원당리 산30번지

이 비는 모두 일석으로 만들었다. 비수는 반원형으로 연화문이며 물끊이 홈이 있고 옆면은 앙련(仰蓮)을 두어 3단처럼 보이게 했다. 상부에

---

4) 조선총독부(1942, 「경기도 양주군」, 『조선보물고적조사자료』, 51쪽)에 의하면, 비문은 '王子金壽男胎室(앞) □治六年五月初四日立碑(뒤)'이다. 여기서 '□治'는 '弘治'를 말하는 것으로 1493년(성종 24) 5월 4일 입비되었음을 알 수 있다.

는 연봉만 장식하였다. 비대는 문양이 없다. 비문이 '王子敦壽阿只氏胎室(앞) 弘治十八年二月十九日亥時立(뒤)'인 것으로 보아 입비 시기는 1505년 2월 19일이다.(사진 7-⑪)

(18) 인종

◦위치 : 경북 영천시 청통면 치일리 산24번지

이 비는 반파된 비대와 비수의 일부 편만 남아있다. 비대에 비좌공(碑座孔)이 있는 것으로 보아 비대와 비신은 별석으로 만들었다. 비수는 파손된 편으로 보아 연화문이 장식되었으며, 물끊이 홈이 있고 원좌없는 연봉을 장식하였으며, 옆면은 3단으로 추정된다. 비대는 윗면에 이중단판 복련(二重單瓣伏蓮)의 문양이 장식되었는데, 간엽(間葉)도 있으며, 잔존 복련으로 보아 연잎은 12개로 추정된다. 앞·뒤·양 옆면에는 문양이 없다. 태지석의 '皇明正德十年/ 二月二十五日/ 戌時生/ 世子岾胎正德十/ 六年正月十七/ 日午時藏(앞)'라는 기록으로 보아 입비 시기는 1521년 1월 17일이다.(사진 7-⑫, 그림 1-⑤)

(19) 옥혜공주

◦위치 : 충남 부여군 규암면 함양리 97번지(이전)

이 비는 모두 일석으로 만들었다. 비수는 반원형으로 연화문이며, 물끊이 홈이 있고 옆면은 3단이다. 상부에는 원좌없는 연봉을 장식하였다. 비대는 간엽있는 이중단판 복련 12개가 있는데, 복련을 윗면에서 옆면까지 내려오게 조각하였다. 앞·뒤·양 옆면에는 문양이 없다. 비문은 '王女(玉蕙阿)只氏胎室(앞) (嘉靖二年閏)四月十三日巳時立(뒤)'이며, 태지석 명문은 '皇明正德十六年三月/ 二十六日寅時生/ 王女公主玉蕙阿只氏胎/ 嘉靖二年閏四月十三/ 日巳時藏(앞)'이다. 이로 보아 입비 시기는 1523년 윤4월 13일이다.(사진 7-⑬)

(20) 덕양군

◦위치 : 경남 의령군 칠곡명 외조리 48번지

이 비는 파손되어 비신 하단부와 비수 및 비대가 남아있다. 비수와 비신은 일석이나 비대는 별석으로 만들었다. 비수는 반원형으로 연화문이 장식되었으며, 물끊이 홈이 있고 옆면은 3단으로 말았다. 상부의 연봉은 파실되었는데, 원좌는 없다. 비대는 문양이 없다. 태지석의 '皇明嘉靖三年九/ 月二十五日亥時/ 生/ 王男崇壽阿只氏胎/ 嘉靖七年三月十/ 三日子時藏(앞)'라는 명문으로 보아 1528년 3월 13일 입비하였다. (사진 7-⑭)

(21) 명종

◦위치 : 충남 서산시 운산면 태봉리 산6-2번지

이 비는 별석으로 만들었다. 비수는 반원형으로 세련된 연화문이 장식되었으며, 물끊이 홈이 있고 옆면은 3단이다. 상부의 연봉은 파실되었는데, 원좌는 없다. 비대는 긴 사각형으로 윗면에는 간엽있는 이중단판 복련을 18개 장식하였고, 앞·뒷면에는 각 2개의 안상을, 양 옆면에는 각 1개의 안상을 장식하였다. 비문은 '大君椿齡阿只氏胎室(앞) 嘉靖十七年二月二十一日卯時立(뒤)'으로 이로 보아 입비 시기는 1538년 2월 21일이다.(사진 8-①, 그림 1-⑥)

(22) 인순공주

◦위치 : 경기도 김포시 월곶면 조강1리 산58-4번지

이 비는 별석으로 만들었다. 비수는 반원형으로 연화문이 도식화되었으며, 측면은 연대로 구분하여 3단처럼 보이게 조각하였다. 상부에는 연봉만 장식되었다. 비대는 마멸이 심하나 윗면에는 간엽있는 이중단판 복련 12개를, 앞·뒷면에는 안상 각 2개, 양 옆면에는 안상 각 1개를 조각

하였다. 비문은 '王女△△阿只氏胎室(앞) 嘉靖貳拾三年△月△△△癸時△(뒤)'으로 이로 보아 입비 시기는 1544년 ?월 ?일이다.(사진 8-②, 그림 1-⑦)

(23) 광해군

◦위치 : 대구광역시 북구 연경1동 산135·산136-1번지

이 비는 비수와 비신만 남아있는데, 파손이 심하나 별석으로 만들었다. 비수는 반원형으로 간결한 연화문이며, 측면은 3단이다. 상부에는 염주형(念珠形) 원좌(圓座)를 둔 연봉이 있다. 비문은 '王子慶龍阿只氏胎室(앞) 萬曆 … (뒤)'이며, 태지석의 명문은 '皇明萬曆三年四月/ 二十六日卯時生/ 王子慶龍阿只氏胎/ 萬曆九年四月初/ 一日癸時藏(앞)'이다. 이로 보아 입비 시기는 1581년 4월 1일이다.(사진 8-③, 그림 1-⑧)

(24) 신성군

◦위치 : 경기도 김포시 월곶면 고막1리 212번지

이 비는 별석으로 만들었다. 비수는 반원형으로 연화문이며, 물끊이 홈이 있고 옆면은 2단이다. 연봉은 파실되었는데, 원좌는 없다. 비대는 마멸이 심하나 간엽있는 이중단판 복련 12개를 윗면에 조각하였고, 앞·뒷면에는 안상 각 2개, 양 측면에는 안상 각 1개를 장식하였다. 비문의 '王子珝阿只氏胎室(앞) 萬曆十二年七月二十五日立/ 萬曆十四年十二月初六日改立(뒤)'라는 기록으로 보아 비는 1586년 12월 6일 다시 만들어 세웠다.[5](사진 9-①, 그림 1-⑨)

---

5) 전주이씨대동종약원(1999, 『조선의 태실』Ⅱ, 195쪽)은 이 비를 1584년(선조 17) 처음 세우고 1589년(필자 주: 1586년의 오기임)에는 글자만 고친 것으로 보았다. 이렇게 되려면 첫 입비 시의 명문은 가운데 각자(刻字)되고 추가 명문은 그 옆에 기록되어야 하는데, 명문이 가운데가 아닌 양 옆에 나란히 위치한 것으로 보아 이 비는 글자만 고친 것이 아니라 1586년(선조 19) 새로 만들어 세운 것으로 보아

(25) 산척리

∘위치 : 경기도 화성시 동탄면 산척리 183-1번지

이 비는 별석으로 만들었다. 비대의 앞·뒷면이 바뀌어 있다. 비수는 반원형으로 연화문인데, 매우 간략화 되었고 측면은 연대로 구분하여 2단처럼 보이게 조각했으며, 물끊이 홈이 있다. 상부는 무문 원좌를 둔 연봉이 장식되어 있다. 비대는 간엽있는 이중단판 복련 12개를 윗면에 장식하였고, 앞면에는 안상 각 2개를 조각하였으나 뒷면에는 없으며, 양 옆면에는 안상 각 1개를 조각하였다. 비문은 '王女阿只氏胎室(앞) 皇明萬曆十六年七月十一日乙時立(뒤)'으로 비는 1588년 7월 11일 세웠다. (사진 9-②)

(26) 인성군

∘위치 : 충북 청주시 상당구 문의면 산덕리 411번지

이 비는 별석으로 만들었다. 비대는 최근 무문의 긴 사각형으로 만들어 넣었다. 비수는 반원형으로 연화문이며, 물끊이 홈이 있고 측면은 2단이다. 상부의 연봉은 파실되었는데, 원좌는 없다. 비신은 마멸이 심하며, 비문은 '萬曆十六年戊子△△△阿只氏胎室(앞) (皇)明(萬曆)十△年二月二十五日巳時立(뒤)'이고, 태지석의 명문은 '皇明萬曆十六年十月/ 二十九日辰時生/ 王子阿只氏胎萬曆十/ 七年二月二十五日/ 辰時藏(앞)'이다. 이로 보아 비는 1589년 2월 25일 세웠다.(사진 9-③)

(27) 덕두원리

∘위치 : 강원도 춘천시 서면 덕두원1리 산72-24번지

이 비는 별석으로 만들었다. 비수는 반원형으로 연화문이며, 물끊이

야 한다.

홈이 있고 옆면은 2단이다. 상부에는 무문의 원좌를 둔 연봉이 있다. 비
대는 마멸이 심하나 간엽있는 이중단판 복련 12개를 윗면에, 앞·뒷면에
는 안상 각 2개를, 양 측면에는 안상 각 1개를 조각하였다. 비문은 ' …
(앞) 皇明萬曆十七年五月初八日巳時立(뒤)'으로 이로 보아 비는 1589
년 5월 8일 세웠다.(사진 9-④, 그림 1-⑩)

2) 조선 후기의 아기비

(1) 산현리

◦위치 : 강원도 원주시 호저면 산현리 산42·산42-3번지

이 비는 별석으로 만들었다. 비수는 반원형으로 연화문이며, 옆면에
는 음각선을 2줄 그어 3단처럼 보이게 하였다. 상부는 무문의 원좌를 둔
연봉을 장식하였다. 비대는 윗면에 간엽있는 이중단판 복련 12개를 조각
하였고, 앞면에는 안상 각 2개를 장식하였으나 뒷면에는 없으며, 양 옆
면에 안상 각 1개를 조각하였다. 비신은 마멸이 심하며, 비문은 '皇明萬
曆二十八年十二月二/ 十九日亥時生/ 王孫男阿只氏胎室(앞) 萬曆二十
九年四月三十日立(뒤)'이다. 이로 보아 비는 1601년 4월 30일에 세웠
다.(사진 10-①)

(2) 영창대군

◦위치 : 경기도 가평군 상면 태봉1리 산114번지(이전)

이 비는 별석으로 만들었다. 비신은 앞·뒤가 바뀌어 세워져 있다. 비
수는 반원형으로 연화문이며, 물끊이 홈이 있고 옆면은 얕은 음각선을
그어 3단처럼 보이게 하였다. 상부는 무문의 원좌를 둔 연봉이 있다. 비
대는 윗면에 간엽있는 이중단판 복련 12개, 앞·뒷면에는 안상 각 2개,

양 측면에는 안상 각 1개를 장식하였다. 비문은 '皇明(萬)曆三十 … (앞) 萬曆三十四年七月二十八日立(뒤)'으로 이로 보아 입비 시기는 1606년 7월 28일이다.(사진 10-②)

(3) 광해군 왕녀

◦위치 : 경북 울진군 북면 나곡4리 산65번지

이 비는 별석으로 만들었다. 비수는 반원형으로 연화문이며, 물끊이 홈이 있고 옆면은 음각선을 그어서 3단처럼 보이게 하였다. 상부에는 원 좌없는 연봉을 장식하였다. 비대는 윗면에 간엽있는 이중단판 복련 12개 를, 앞·뒷면에는 안상 각 2개, 양 옆면에는 안상 각 1개를 장식하였다. 비문은 '皇明萬曆四十七年六月二十三日生王女阿只氏胎室(앞) 萬曆四 十七年十一月初四日立(뒤)'이다. 이로 보아 입비 시기는 1619년 11월 4일이다.(사진 10-③)

(4) 숭선군

◦위치 : 충북 충주시 엄정면 가춘리 229-3번지

이 비는 땅에 묻혀서 사진으로만 확인되는데, 비수와 비신 상부 일부 분만 확인된다.[6] 비신과 비수는 일석으로 만들었으며, 비수는 반원형으 로 연화문이고 물끊이 홈이 있으며, 옆면은 2단이다. 상부에는 무문의 원좌를 둔 연봉이 있다. 비문은 '己卯十月十七日卯時生一(王子阿只氏 胎室)(앞) 崇德八年十月二十五日(立)(뒤)'으로 이로 보아 비는 1643년 10월 25일 세웠다.(사진 10-④)

---

6) 김현길, 1983, 「중원군 엄정면 소재 태실비에 대하여」, 『예성문화』5, 예성동호회, 39·57쪽.

(5) 낙선군

◦위치 : 충북 충주시 엄정면 가춘리 229-3번지

이 비는 별석으로 만들었다. 비수는 반원형으로 연화문이며, 물끊이 홈이 있고 옆면은 2단이다. 상부에는 무문의 원좌를 둔 연봉이 있다. 비대는 마멸이 심하나 상부에 간엽있는 이중단판 복련 12개를, 앞면에는 안상 각 2개를 장식하였으나 뒷면에는 없으며, 양 옆면에는 초화문(草花紋) 각 1개를 장식하였다. 비문은 '辛巳年十一月初七日丑時生二 王子阿只氏胎室(앞) 順治二年八月二十四日立(뒤)'이다. 이로 보아 비는 1645년 8월 24일 세웠다.(사진 10-⑤)

(6) 현종

◦위치 : 충남 예산군 예산읍 대회리 247-11번지(예산문화원 이전)

이 비는 비수와 비신만 남아있는데, 일석으로 만들었다. 비대는 최근 만들어 넣었으며, 뒷면은 마멸이 심하다. 비수는 반원형으로 연화문이 장식되었으나 도식화되었으며, 물끊이 홈이 있고 측면은 2단이다. 상부에는 염주형 원좌를 둔 연봉이 있다. 비문은 '大淸崇德六年二月初四日丑時生 元孫阿只氏胎室(앞) 順治四年 … (뒤)'이다. 이로 보아 비는 1647년 ?월 ?일 세웠다.[7](사진 10-⑥)

(7) 숙명공주와 숙경공주

◦위치 : 경북 김천시 지례면 관덕1리 산68번지

이 비들은 현존하지 않고 이왕직의 『태봉(胎封)』에 간략히 그려진 실

---

7) 규장각에 소장(청구기호: 奎9138)된 『강화부외규장각봉안책보략지장어제어필급장치서적형지안』(1856)의 목록에 '元孫安胎儀軌一冊 順治丁亥 大興'이는 기록과 『태봉등록』인조조 정해(1647, 인조 25) 6월 17일에 원손(현종)의 장태기록이 있어 입비시기를 파악할 수 있다.

측도면에서 확인된다.[8] 비는 별석으로 만들었다. 비수는 반원형으로 연화문이며, 물끊이 홈은 알 수 없고 측면은 3단이다. 상부는 염주형 원좌를 둔 연봉이 있다. 비대는 문양이 그려져 있지 않으나, 실측 시 누락한 것으로 추정된다. 비문은, 숙명공주는 '淑明公主阿只氏胎室(앞) 順治十七年十月日(뒤)', 숙경공주는 '淑敬公主阿只氏胎室(앞) 順治十七年十月日(뒤)'이다. 이로 보아 입비 시기는 1660년 10월 2일이다.(그림 1-⑪)

(8) 숙종

◦위치 : 충남 공주시 태봉1동 산64-9번지

이 비는 별석으로 만들었다. 비수는 반원형으로 화려한 연화문이며, 측면은 2단이다. 상부는 무문의 원좌를 둔 연봉이 있다. 비대는 긴 사각형으로 윗면에 간엽있는 철형(凸形) 이중단판 복련 12개를, 앞·뒷면에는 초화문 각 2개, 양 옆면에 초화문 각 1개를 장식하였다. 비문은 '順治十八年八月十五日卯時生元子阿只氏胎室(앞) 順治十八年十二月二十五日辰時立(뒤)'으로 이로 보아 1661년 12월 25일 입비하였다.(사진 11-①)

(9) 숙휘공주와 숙정공주

◦위치 : 강원도 원주시 흥업면 대안3리 1974-1번지

이 비들은 별석으로 만들었다. 비수는 반원형으로 연화문이며 측면은 2단이다. 상부는 연봉만 장식하였다. 숙정공주 비의 비신 상부와 비수는 파실되어 최근 새로 만들어 넣었다. 비대는 윗면에 간엽있는 이중단판 복련 18개를 장식하였으며, 앞면에는 초화문 각 2개를 조각하였으나 뒷면에는 없으며, 양 측면에는 초화문 각 1개를 장식하였다. 비문은, 숙휘공주는 '淑徽公主阿只氏胎室(앞) 康熙元年十一月二十五日巳時立(뒤)'

---

8) 이왕직, 1928~1934, 『태봉』, 113~114쪽.

이며, 숙정공주는 '(淑)靜公主阿只氏胎(室)(앞) (康熙)元年十一月二十
五日巳時立/ 咸豊五年三月十七日六代孫基鎬(뒤)'이다.9) 이로 보아 비
는 1662년 11월 25일 세웠다.(사진 11-②·③)

(10) 경종
◦ 위치 : 충북 충주시 엄정면 괴동리 산34-1번지

이 비는 별석으로 만들었다. 비신의 앞·뒤가 바뀌어 새워져 있다. 비
수는 반원형으로 연화문이 도식화되었으며, 옆면은 1단이다. 상부는 무
문의 원좌를 둔 연봉을 장식하였다. 비대는 윗면에 간엽있는 이중단판
복련 12개를, 앞·뒷면에는 초화문 각 2개, 양 옆면에 초화문 각 1개를
조각하였다. 비문은 '康熙二十七年十月二十八日酉時生/ 元子阿只氏
胎室(앞) 康熙二十八年二月二十二日立(뒤)'으로 이로 보아 입비 시기
는 1689년 2월 22일이다.(사진 11-④)

(11) 영조
◦ 위치 : 충북 청주시 상당구 낭성면 무성1리 산6-1번지(이전)

이 비는 별석으로 만들었다. 비신의 앞·뒤가 바뀌어 세워져 있다. 비
수는 반원형으로 연화문이 완전 도식화되었으며, 옆면은 1단이다. 상부
는 연봉만 장식하였다. 비대는 윗면에 간엽있는 이중단판 복련 12개를,
앞·뒷면에는 초화문 각 2개, 양 측면에는 초화문 각 1개를 장식하였다.
비문은 '康熙三十三年九月十三日寅時生/ 王子阿只氏胎室(앞) 康熙三

---

9) 숙정공주의 뒷면 명문 중 첫 줄은 비신 중앙에 위치하고 후손 이름이 기록된 둘째
줄은 비신 중앙 옆에 기록되어 있다. 이러한 명문의 위치와 재질(화강암) 및 낡음
정도가 숙휘공주와 같은 것으로 보아 숙정공주는 후손인 손기호가 1855년(철종
6) 새로 만든 것이 아니라 기존 아기비(1662)를 다시 정비하고 명문을 추가한 것
같다. 이는 후술하는 아기비의 양식에서도 파악되는데 두 비가 같은 Ⅲ-3단계에
해당한다. 만약 후손이 제작·설치하였다면 이 단계의 비가 제작되지 않아야 한다.

十四年正月二十八日立(뒤)'이다. 이로 보아 입비 시기는 1695년 1월 28
일이다.(사진 11-⑤)

(12) 연령군

∘ 위치 : 대전광역시 유성구 궁동 220번지(이전)

이 비는 충남대학교 중앙도서관 앞 뜰에 이전되어 있다. 이 비는 별석
으로 만들었다. 비수는 반원형으로 연화문이 완전 도식화되었으며, 옆면
은 1단이다. 상부는 연봉만 장식하였다. 비대는, 윗면에 간엽있는 이중단
판 복련 12개를 돌렸으며, 앞면에는 초화문 2개를 장식하였으나, 뒷면은
문양이 장식되지 않았다. 그리고 양 측면에는 초화문 각 1개를 장식하였
다. 비문은 '康熙三十八年六月十三日寅時生 王子阿只氏胎室(앞) 康熙
三十八年九月二十九日立(뒤)'이라고 음각되어 있다. 이로 보아 입비 시
기는 1699년 9월 29일이다.(사진 11-⑥)

(13) 화억옹주

∘ 위치 : 경기도 연천군 미산면 유촌3리 산127번지

이 비는 별석으로 만들었다. 비수는 반원형으로 연대없이 연잎만 장
식된 연화문이며, 옆면은 연잎을 도드라지게 하여 2단으로 보이게 하였
다. 상부는 무문의 원좌를 둔 연봉이 있다. 비대는 윗면의 모서리를 모
줄임한 말각형이며, 문양은 없다. 비문은 '雍正六年八月初三日申時
生翁主阿只氏胎室(앞) 雍正六年十月初八日卯時立(뒤)'라고 각자되
어 있다. 이로 보아 비는 1728년 10월 8일 세웠다.(사진 12-①)

(14) 영조 6왕녀

∘ 위치 : 경기도 안성시 원곡면 성은1리 산30·산31번지

이 비는 별석으로 만들었다. 비수는 반원형으로 완전 도식화된 연화

문이며, 옆면은 2단이다. 상부는 연봉만 장식하였다. 비대는 상부 모서리를 말각하였으며, 문양은 없다. 비문은 '雍正十年正月初一日寅時生翁主阿只氏胎室(앞) 雍正十年三月二十七日卯時立(뒤)'이다. 이로 보아 비는 1732년 3월 27일 세웠다.(사진 12-②)

(15) 화협옹주

○위치 : 강원도 춘천시 신북읍 용산2리 791·산1번지

이 비는 별석으로 만들었다. 비수는 반원형으로 완전 도식화된 연화문이며, 옆면은 2단이다. 상부는 연봉만 장식하였다. 비대는 말각형으로 문양은 장식되지 않았다. 비문은 '雍正十一年三月初七日寅時生翁主阿只氏胎室(앞) 雍正十一年五月二十四日辰時立/ 書標官承文院博士金徵慶(뒤)'으로 이로 보아 비는 1733년 5월 24일 세웠다.(사진 12-③, 그림 1-⑫)

(16) 장조

○위치 : 경북 예천군 상리면 명봉리 산2번지

이 비는 비대만 남아있는데, 별석으로 만들었다. 비대는 말각형으로 문양이 없다. 비문은 '雍正十三年正月二十一日丑時生王子阿只氏胎室(앞) 雍正十三年閏四月初四日巳時立(뒤)'로 추정된다.[10] 그러므로 입비 시기는 1735년 윤4월 4일이다.(사진 12-④, 그림 1-⑬)

(17) 영조 8왕녀

○위치 : 경기도 포천시 소흘읍 무봉2리 480-1번지(마을회관 이전)

---

10) 『태봉등록』영종조 을묘(1735, 영조 10) 3월 14일·3월 20일에 장조의 출생일시와 장태일이 기록되어 있고, 『태봉』(이왕직, 1928~1934, 72쪽)에 장조의 출생일이 적혀있어 필자가 비문을 추정 복원하였다.

이 비는 별석으로 만들었다. 비수는 삼각형으로 연잎만 장식하여 완전 도식화되었으며, 옆면은 1단이다. 상부는 연봉만 장식되는데, 연봉 상부가 일부 파실되었다. 비대는 말각형이며, 문양이 없다. 비문은 '雍正十三年九月十九日丑時生翁主阿只氏胎室(앞) 雍正十三年十一月二十六日辰時立(뒤)'이다. 이로 보아 입비 시기는 1735년 11월 26일이다.(사진 13-①)

(18) 화완옹주

∘ 위치 : 경기도 포천시 신북면 만세교1리 산13-2번지

이 비는 별석으로 만들었다. 비신의 앞·뒤가 바뀌어 세워져 있다. 비수는 삼각형으로 연잎만 장식되어 아주 간략화 되었고 옆면은 1단이다. 상부는 연봉만 장식되었는데, 아주 약화되었다. 비대는 말각형이며, 문양이 없다. 비문은 '乾隆三年正月十九日丑時生翁主阿只氏胎室(앞) 乾隆三年三月二十六日午時立(뒤)'으로 이로 보아 비는 1738년 3월 26일 세웠다.(사진 13-②)

(19) 정조

∘ 위치 : 강원도 영월군 영월읍 정양리 산133·산134번지(이전)

이 비는 별석으로 만들었다. 비신의 앞·뒤가 바뀌어 세워져 있으며, 비대는 최근 만들어 넣은 것이다. 비수는 삼각형으로 아주 간략화된 연화문이며, 옆면은 1단이다. 상부는 연봉만 장식되었다. 비문은 '乾隆十七年九月二十二日丑時生元孫阿只氏胎室(앞) 乾隆十八年正月二十一日立(뒤)'이다. 이로 보아 비는 1753년 1월 21일 세웠다.[11](사진 13-③)

---

11) 『강화부외규장각봉안책보보략지장어제어필급장치서적형지안』(1856)의 목록에 『원손장태의궤』가 있는데, '壬申', 즉 1752년(영조 28)으로 되어 있다. 그러나 태지석의 명문(壬申年九月二十二日丑時生元孫阿只氏胎(앞) 乾隆十八年正月二十一日午時

(20) 화령옹주

◦위치 : 충남 예산군 대흥면 동서리 106-1번지(대흥동헌 이전)

이 비는 별석으로 만들었다. 비수는 반원형이며, 연봉이 비대해졌다. 문양은 아주 간략화된 연화문이며, 옆면은 1단이다. 상부는 원좌없는 연봉을 장식하였다. 비대는 말각형이며, 문양이 없다. 비문은 '乾隆十八年三月初二日戌時生翁主阿只氏胎室(앞) 乾隆十八年五月十三日立(뒤)'이다. 이로 보아 입비 시기는 1753년 5월 13일이다.(사진 14-①)

(21) 화길옹주

◦위치 : 충북 단양군 대강면 용부원4리 산58-5번지

이 비는 별석으로 만들었다. 비수는 반원형이나 직선화되었으며, 연화문이 아주 간략화되었고, 옆면은 1단이다. 상부는 원좌없는 연봉을 장식하였다. 비대는 말각형으로 문양이 없다. 비문은 '乾隆十九年甲戌五月十九日未時生翁主阿只氏胎室(앞) 乾隆十九年七月二十五日辰時立(뒤)'이다. 이로 보아 비는 1754년 7월 25일 세웠다.(사진 14-②)

(22) 문효세자

◦위치 : 경북 예천군 용문면 내지리 산81번지

이 비는 별석으로 만들었다. 비수는 반원형으로 도식화된 연화문이며, 옆면은 앙련을 장식하여 1단처럼 보이게 했다. 상부는 무문의 원좌를 둔 연봉이 있다. 비대는 말각형이며, 문양이 없다. 비문은 '乾隆四十七年九月初七日寅時生 元子阿只氏胎室(앞) 乾隆四十八年九月初六日立(뒤)'으로 이로 보아 입비 시기는 1783년 9월 6일이다.(사진 14-③)

藏(뒤))과 『영조실록』영조 29년(1753, 계유) 1월 14일(경오)의 기록으로 보아 이는 '癸酉'의 오기로 정조의 아기태실 조성은 1753년이다.

2. 아기비의 명문 구성 검토

앞에서 살펴본 아기비의 비문을 바탕으로 명문의 구성을 파악하여 그 변화과정을 찾아 비문의 기록에 시기적 변화가 나타나는지 분석해 보겠다.

1) 명문 구성의 분석

전술한 비문의 구성을 분석해 단계를 설정해 보면, 다음의 <표 2>와 같다.

<표 2> 아기비의 명문 구성

번호	태주	입비시기	명문 구성 앞 면	명문 구성 뒷 면	단계	
1	세종 14왕자, 단종	1438.3.~ 1442.10.	봉작+이름+胎藏/ 皇明+중국연호+년+간지 +월일+간지+立石		I	
			이름+胎藏/ 皇明+중국연호+년+ 간지+월일+간지+立石			
			봉작+胎藏/ 皇明+중국연호+년+ 간지+월일+간지+立石			
2	월산대군	1462.11.	봉작+이름+胎室	중국연호+年月日+立石	II	①
3	제안대군	1466	봉작+성별+봉작+태실	〃		
4	지축동 (성종 왕녀)	1477.6.	봉작+태실	〃		
5	원당리 1·2 (성종 왕녀)	1481.7.	〃	〃		
6	삼태리 1·2 (성종 왕녀)	1481.10.	〃	〃		
7	왕자 수견	1483.10.	봉작+이름+태실	중국연호+년월일+立		②
8	경숙옹주	1485.8.	봉작+이름+阿只氏+태실	〃		
9	왕녀 복란	1486.12.	봉작+이름+태실	〃		

번호	태주	입비시기	명문 구성		단계
			앞 면	뒷 면	
10	왕자 건석	1487.4.	봉작+이름+아기씨+태실	중국연호+年月日時+立	①
11	경휘옹주	1489.9.	〃	〃	
12	왕녀 승복	1492.7.	〃	〃	
13	중종	1492.9.	〃	〃	
14	왕자 금수	1493.5.	봉작+이름+성별+태실	중국연호+년월일+立碑	②
15	대덕리	1494.8.	봉작+이름+태실	중국연호+년월일시+立	
16	원자 금돌이	1501.7.	봉작+태실	중국연호+년월일+立石	
17	왕자 돈수	1505.2.	봉작+이름+아기씨+태실	중국연호+년월일시+立	
18	인종	1521.1.	?	?	Ⅲ ③
19	옥혜공주	1523.4.	봉작+?	?+년월일시+立	
20	덕양군	1528.3.	?	?	
21	명종	1538.2.	봉작+이름+아기씨+태실	중국연호+년월일시+立	
22	인순공주	1544	〃	〃	
23	광해군	1581.4.	〃	중국연호+?	④
24	신선군	1586.12.	〃	중국연호+년월일+立	
25	산척리	1588.7.	봉작+아기씨+태실	皇明+중국연호+년월일시+立	
26	인성군	1589.2.	중국연호+년+간지+이름+아기씨+태실	〃	
27	덕두원리	1589.5.	?	〃	
28	산현리	1601.4.	皇明+중국연호+년월일시+生/봉작+성별+아기씨+태실	중국연호+년월일+立	Ⅳ ①
29	영창대군	1606.7.	皇明+중국연호+년+?	〃	
30	광해군 왕녀	1619.11.	皇明+중국연호+년월일+生+봉작+아기씨+태실	〃	
31	숭선군	1643.10.	간지+월일시+生+순서+봉작+아기씨+태실	〃	
32	낙선군	1645.8.	간지+年+월일시+生+순서+봉작+아기씨+태실	〃	

번호	태주	입비시기	명문 구성		단계	
			앞 면	뒷 면		
33	현종	1647	大淸+중국연호+년월일시+生+봉작+아기씨+태실	중국연호+년+?	Ⅳ	①
34	숙명공주, 숙경공주	1660.10.	봉작+아기씨+태실	중국연호+년월일		②
35	숙종	1661.12.	중국연호+년월일시+生+봉작+아기씨+태실	중국연호+년월일시+立		
36	숙휘공주, 숙정공주	1662.11.	봉작+아기씨+태실	〃		
37	경종	1689.2.	중국연호+년월일시+生/봉작+아기씨+태실	중국연호+년월일+立	Ⅴ	①
38	영조	1695.1.	〃	〃		
39	연령군	1699.9.	〃	〃		
40	화억옹주	1728.10.	중국연호+년월일시+生+봉작+아기씨+태실	중국연호+년월일시+立		②
41	영조 6왕녀	1732.3.	〃	〃		
42	화협옹주	1733.5.	〃	〃		
43	장조	1735.윤4.	〃	〃		
44	영조 8왕녀	1735.11.	〃	〃		
45	화완옹주	1738.3.	〃	〃		
46	정조	1753.1.	〃	중국연호+년월일+立		③
47	화령옹주	1753.5.	〃	〃		
48	화길옹주	1754.7.	중국연호+년+간지+월일시+生+봉작+아기씨+태실	중국연호+년월일시+立		
49	문효세자	1783.9.	중국연호+년월일시+生+봉작+아기씨+태실	중국연호+년월일+立		

2) 명문 구성의 변화

(1) Ⅰ단계

이 단계의 비문 구성은 3가지 유형으로 나타난다. 즉, '봉작+이름+태장/ 황명+중국 연호+년+간지+월일+간지+입석' 과 '이름+태장/ 황명+중국 연호+년+간지+월일+간지+입석' 및 '봉작+태장/ 황명+중국 연호+년+간지+월일+간지+입석'이다.

모두 비의 앞면에 두 줄 세로로 썼는데[縱書], 왼쪽(방향은 유물을 중심으로 하였으며, 이하 동일함)에는 태주의 봉작명이나 아명을, 오른쪽에는 중국 명나라 연호를 사용한 입비시기를 기록하였다. 즉, 첫째 줄에는 태주를 밝히기 위해 봉작명과 이름(아명)을 같이 또는 따로 썼으며, 태를 묻는 다는 뜻의 '胎藏(태장)'이라는 용어를 마지막에 사용하였다. 둘째 줄에는 중국 연호와 입비일(장태일)을 기록하였는데, 연호 앞에는 '皇明(황명)'을 적어 명나라 연호임을 쉽게 알도록 하였다. 또 숫자는 모두 일반 숫자를 표기하였다. 글씨는 해서체로 이후 아기비가 소멸될 때까지 해서체가 유지된다.

이 단계는 세종의 14왕자와 원손인 단종 등 모두 15기로 시기는 15세기 2/4분기(1438~1442)이다.

(2) Ⅱ단계

이 시기에는 새로운 비문 구성이 발생하는데, 앞 시기와 달리 비의 앞·뒷면 모두에 명문이 기록되어 아기비가 소멸될 때까지 유지된다. 특히 뒷면에서 두 형식이 나타나 2단계로 나눌 수 있다.

① Ⅱ-①단계

이 단계의 비문 구성은 앞 시기와 다르게 큰 변화가 생긴다. 그동안 비의 앞면에만 기록되던 것이 앞·뒷면에 나누어 기록되기 시작하여, 이후 아기비가 소멸될 때까지 지속된다. 앞면은 '봉작＋이름＋태실' 또는 '봉작＋성별＋봉작＋태실' 또는 '봉작＋태실' 등으로 기록되며, 뒷면은 '중국 연호＋년월일＋입석'으로 통일되는데, 모두 한 줄로 기록된다. 즉 앞면에는 봉작명이나 아명으로 태주를 밝히고 성별도 표시하기도 하며, 뒷면에는 중국 연호와 입비일을 기록하였다. 특히 앞면에는 앞 시기의 '胎藏(태장)'이 '胎室(태실)'로 바뀌어 이후 아기비가 소멸할 때까지 지속된다. 또 뒷면에는 앞 시기의 '皇明(황명)'과 '간지(干支)'가 사라지나 입비일과 '立石(입석)'은 유지된다. 이 단계에 와서 앞면에 태주를 밝히고 뒷면에 입비시기를 밝힌 명문 구성이 새로 출현하여 이후 아기비가 소멸될 때까지 지속된다. 또 숫자는 모두 일반 숫자를 표기하였다.

이 단계는 월산대군, 제안대군, 지축동, 원당리 1·2, 삼태리 1·2 등 모두 7기로 시기는 15세기 3/4분기(1462)~15세기 4/4분기(1481)이다.

② Ⅱ-②단계

이 단계의 비문 구성은, 앞면에는 Ⅱ-①단계의 '봉작＋이름＋태실'이 주류이나 일시적으로 '봉작＋이름＋아기씨＋태실'이 나타나며, 뒷면은 '중국 연호＋년월일＋입'으로 통일되어 기록된다. 특히 이 시기에 와서 앞면에 '阿只氏(아기씨)'가 처음으로 사용되기도 하여 과도기적 성격을 가지며, 뒷면에서는 전 시기의 '立石'이 '立'으로 줄어든다. 또 숫자는 대부분 일반 숫자를 표기하나 왕녀 복란은 갖은자[大寫數字]를 사용하였다.

이 단계는 왕자 수견, 경숙옹주, 왕녀 복란 등 모두 3기로 시기는 15세기 4/4분기(1483~1486)이다.

(3) Ⅲ단계

이 시기에는 앞면에서 '아기씨'가 완전히 정착하여 아기비가 소멸될 때까지 지속되고, 뒷면에서는 앞 시기의 비문 구성이 혼용 또는 번갈아 가며 나타나고, 일부 '황명'이 출현하므로 이를 4단계로 세분화할 수 있다.

① Ⅲ-①단계

이 단계의 비문 구성은, 앞면은 '봉작＋이름＋아기씨＋태실'로 통일되며, 뒷면은 '중국 연호＋년월일시＋입'으로 통일된다. 즉 앞면에서는 Ⅱ-②단계에서 일시적으로 출현했던 '아기씨'가 정착하며, 뒷면은 Ⅱ-②단계의 입비일에 시간이 추가되어 좀 더 자세해진다. 또 숫자는 모두 일반 숫자를 표기하였다.

이 단계는 왕자 견석, 경휘옹주, 왕녀 승복, 중종 등 모두 4기로 시기는 15세기 4/4분기(1487~1492)이다.

② Ⅲ-②단계

이 단계의 비문 구성은, 앞면은 '봉작＋이름＋성별＋태실' 또는 '봉작＋이름＋태실' 또는 '봉작＋태실' 등으로 기록되며, 뒷면도 '중국 연호＋년월일＋입비(또는 입석)' 또는 '중국 연호＋년월일시＋입' 등으로 기록된다. 즉, 앞면에서는 Ⅱ-①단계·Ⅱ-②단계의 일부 비문 구성이 다시 사용되며, 뒷면도 Ⅱ-①단계와 Ⅲ-①단계가 재사용되거나 새로이 '立碑'가 사용되어 Ⅱ-①단계의 변형이 기록된다. 또 숫자는 모두 일반 숫자를 표기하였다.

이 단계는 왕자 금수, 대덕리, 원자 금돌이 등 모두 3기로 그 시기는 15세기 4/4분기(1493)~16세기 1/4분기(1501)이다.

③ Ⅲ-③단계

이 단계의 비문 구성은, 앞면은 '봉작＋이름＋아기씨＋태실'로 통일되고, 뒷면은 '중국 연호＋년월일시＋입'으로 통일되나 일시적으로 시간이 기록되지 않기도 한다. 즉, 앞면은 Ⅱ-②단계에서 처음 출현하였던 '아기씨'가 Ⅲ-①단계에서 정착하였다가 Ⅲ-②단계에서 사라지며, 이 시기부터는 다시 출현하여 이후 아기비가 소멸될 때까지 유지된다. 뒷면의 비문 구성도 Ⅲ-①단계가 Ⅲ-②단계에서 일시적으로 사용되었다가 이 시기에 와서 완전히 정착한다. 그러나 Ⅱ-②단계도 일시적으로 출현한다. 또 숫자는 대부분 일반 숫자를 표기하나 인순공주는 갖은자를 사용하였다.

이 단계는 왕자 돈수, 인종, 옥혜공주, 덕양군, 명종, 인순공주, 광해군, 신선군 등 모두 8기로 시기는 16세기 1/4분기(1505)~16세기 4/4분기(1586)이다.

④ Ⅲ-④단계

이 단계의 비문에는 새로운 구성이 출현한다. 즉, 앞면은 '봉작+아기씨+태실' 또는 '중국 연호+년+간지+이름+아기씨+태실' 등으로 기록되나, 뒷면은 '황명+중국 연호+년월일시+입'으로 통일된다. 특히 앞면에서 Ⅰ단계에서 사용되었던 중국 연호와 간지가 다시 출현하기도 하며, 뒷면에서도 Ⅰ단계에서 사용되었던 '皇明'이 다시 나타나나 이 시기에만 국한된다. 또 숫자는 모두 일반 숫자를 표기하였다.

이 단계는 산척리, 인성군, 덕두원리 등 모두 3기로 시기는 16세기 4/4분기(1588~1589)이다.

(4) Ⅳ단계

이 시기에는 새로운 변화가 생기는데, 앞면에서 태주의 출생일시가 추가되기도 하며, 뒷면에서는 앞 시기의 구성이 번갈아 가며 출현하여, 이를 다시 2단계로 세분화할 수 있다.

① Ⅳ-①단계

이 단계의 비문 구성에서도 큰 변화가 발생한다. 즉, 앞면은 '황명(또는 대청)+중국 연호+년월일시+생/ 봉작(+남)+아기씨+태실' 또는 '황명+중국 연호+년월일+생+봉작+아기씨+태실' 또는 '간지(+년)+월일시+생+순서+봉작+아기씨+태실' 등으로 기록되며, 뒷면은 '중국

연호+년월일+입'의 Ⅱ-②단계의 비문 구성이 재사용된다. 특히 앞면에서 앞 시기와 다르게 태주의 출생일(시)가 추가된다. 두 줄로 기록하기도 하는데, 좌측에는 출생일(시)를, 우측에는 태주를 밝히고 있다. 그리고 앞면에서 '皇明'이 대부분을 차지하며, '간지'는 잠시 사용되었다 사라지며, 성별이나 순서도 기록되기도 한다. 또 숫자는 모두 일반 숫자를 표기하였다.

이 단계는 산현리, 영창대군, 광해군 왕녀, 숭선군, 낙선군, 현종 등 모두 6기로 시기는 17세기 1/4분기(1601)~17세기 2/4분기(1647)이다.

② Ⅳ-②단계

이 단계의 비문 구성은, 앞면은 '봉작+아기씨+태실' 또는 '중국 연호+년월일시+생+봉작+아기씨+태실' 등이며, 뒷면은 '중국 연호+년월일(시+입)'이다. 특히 앞면에서 Ⅳ-①단계에 출현한 태주의 출생일(시)가 사라지기도 하며, 뒷면에서는 Ⅲ-①단계·Ⅲ-③단계가 다시 나타나는데, '시간' 과 '立'이 기록되지 않기도 하나 일시적이다. 또 숫자는 모두 일반 숫자를 표기하였다.

이 단계는 숙명공주, 숙경공주, 숙종, 숙휘공주, 숙정공주 등 모두 5기로 시기는 17세기 2/4분기(1660~1662)이다.

(5) Ⅴ단계

이 시기에는 앞면에는 태주의 출생일시가 정착되며, 뒷면에는 앞 시기의 비문 구성이 혼용 또는 번갈아 가며 나타나서 이를 다시 3단계로 세분화할 수 있다.

① Ⅴ-①단계

이 단계의 비문 구성은, 앞면은 '중국 연호+년월일시+생/ 봉작+아기씨+태실'로 통일되며, 뒷면은 '중국 연호+년월일+입'이다. 즉, 앞면은 Ⅳ-②단계에서 일부 출현했던 중국 연호 구성이 이 시기에 정착하여 이후 아기비가 소멸될 때까지 지속되며, 두 줄로 기록된다. 뒷면은 Ⅱ-②단계·Ⅳ-①단계가 다시 출현하였다. 또 숫자는 모두 일반 숫자를 표기하였다.

이 단계는 경종, 영조와 연령군 등 모두 3기로 시기는 17세기 4/4분기(1689~1699)이다.

② Ⅴ-②단계

이 단계의 비문 구성은, 앞면은 '중국 연호＋년월일시＋생＋봉작＋아기씨＋태실'이며, 뒷면은 '중국 연호＋년월일시＋입'이다. 즉, 앞면은 일부 Ⅳ-①단계와 Ⅴ-①단계가 그대로 유지되는데 한 줄로 기록되며, 뒷면은 Ⅲ-①단계·Ⅲ-③단계·일부 Ⅳ-②단계의 비문 구성이 다시 나타난다. 또 숫자는 모두 일반 숫자를 표기하였다.

이 단계는 화억옹주, 영조 6왕녀, 화협옹주, 장조, 영조 8왕녀, 화완옹주 등 모두 6기로 시기는 18세기 2/4분기(1728~1738)이다.

③ Ⅴ-③단계

이 단계의 비문 구성은, 앞면은 '중국 연호＋년(＋간지＋)월일시＋생/봉작＋아기씨＋태실'이며, 뒷면은 '중국 연호＋년월일(시)＋입'이다. 즉, 앞면은 연도에 대한 간지가 일부 생기기도 하나 앞 시기의 일부 Ⅳ-②단계와 Ⅴ-①단계·Ⅴ-②단계가 나타나며, 뒷면은 시간이 없는 Ⅱ-②·Ⅳ-①·Ⅴ-1단계의 비문 구성이 주류이나 시간이 포함된 Ⅲ-①단계·Ⅲ-③단계·Ⅳ-②단계·Ⅴ-②단계의 구성이 일시적으로 나타나기도 한다. 또 숫자는 모두 일반 숫자를 표기하였다.

이 단계는 정조, 화령옹주, 화길옹주, 문효세자 등 모두 4기로 시기는 18세기 3/4분기(1753)~18세기 4/4분기(1783)이다.

3. 아기비의 유물별 형식 분류와 편년

앞에서 검토한 아기비의 입비시기와 형상(形狀)을 바탕으로 먼저 부분별 유물의 양식을 검토해 보고, 아기비의 전체적인 양식을 설정하여 그 변화과정을 분석해 보기로 하겠다.

비는 크게 비대(碑臺), 비신(碑身) 및 비수(碑首)로 구성된다. 이중 비신은 긴 직사각형으로 변화없이 지속되나, 시간적인 변화를 가장 민감하게 보여주는 것이 비수와 비대이다. 그래서 비수와 비대를 편년의 결정적 속성으로 축출하였으며, 다음과 같이 설정하였다.

1) 유물별 형식 분류

(1) 비수의 형식 분류

비수는 크게 말각형, 반원형, 삼각형으로 나누어지며, 각 형태는 세부적인 속성에 의해 다시 분류해 보면 <사진 1>과 같다.

○ A형 - 비수(碑首)는 윗면이 편평한 수평(水平)이고 옆면의 모서리를 비스듬히 깎아 모줄임한 말각형(抹角形)이다. 문양은 대부분 장식되지 않았으나 일부 초화문(草花紋)이 장식되기도 하였다.

○ B형 - 비수는 윗면이 둥근 반원형(半圓形)이다. 하부에는 연잎을 뒤집었고 그 위쪽에는 연줄기(연대)를 장식하였으며, 상부에는 연꽃이 피기 전에 뭉쳐져 있는 연꽃 봉오리(연봉)를 장식하여 전체적으로 연꽃을 형상화한 연화문(蓮花紋)을 하였다. 연봉 아래에는 무문형(無紋形) 또는 염주형(念珠形)의 원좌(圓座)를 두기도 한다. 비수의 옆면에는 연잎을 말아 올려 층(단)을 이루었는데, 이 층이 3단으로 구분된다. 또 비수의 앞·뒷면 양 옆면 쪽에 물을 모아 흘러내리게 하는 물끊이 홈을 세로로 파기도 하는데, 이 홈이 없는 무홈형[1형]과 홈이 있는 유홈형[2형]으로 세분된다.

○ C형 - 비수는 윗면이 둥근 반원형이다. 연화문을 한 B형과 동일하나,

옆면의 층이 2단이며, 물끊이 홈이 없는 무홈형[1형]과 있는 유
홈형[2형]으로 세분된다.

○ D형 - 비수는 윗면이 둥근 반원형이다. 연화문을 한 B형과 동일하나,
옆면의 층이 1단이며, 물끊이 홈이 없는 무홈형[1형]과 있는 유
홈형[2형]으로 세분된다.

○ E형 - 비수는 윗면이 뽀족한 삼각형(三角形)이다. B형과 동일하게 연봉
과 연잎을 장식한 연화문을 하였는데, 비수의 옆면은 모두 1단
으로 통일되었으며, 원좌는 두지 않았다.

A형 (말각형)	B-1형 (반원3단 무홈형)	B-2형 (반원3단 유홈형)	C-1형 (반원2단 무홈형)
C-2형 (반원2단 유홈형)	D-1형 (반원1단 무홈형)	D-2형 (반원1단 유홈형)	E형 (삼각형)

〈사진 1〉 비수의 유형 분류

Ⅰ형 (무문 상편평형)	Ⅱ-1형 (유문 상원 12연 측무문형)	Ⅱ-2형 (유문 상원 12연 측안상형)	Ⅱ-3형 (유문 상원 12연 측안상초화형)

II-4형 (유문 상원 12연 측초화형)	III-1형 (유문 상원 18연 측안상형)	III-2형 (유문 상원 18연 측초화형)	IV형 (무문 상말각형)

〈사진 2〉 비대의 유형 분류

(2) 비대의 형식 분류

비대는 모두 직사각형으로 비신과 일석 또는 별석으로 제작되며, 문양이 있고 없음[有無]에 의해 다시 세분되므로 〈사진 2〉와 같이 분류하였다.

○ I형 - 비대(碑臺)는 직사각형으로 윗면을 편평하게 처리하고 문양은 장식하지 않은 무문형(無紋形)이다. 비대와 비신이 대부분 한 돌[一石]로 만들었으나, 일부 별도의 돌[別石]로 제작되기도 한다.

○ II형 - 비대는 직사각형으로 윗면을 둥글게 처리한 반원형(半圓形)이다. 윗면에 12개의 이중단판 복련(二重單瓣伏蓮)을 장식한 유문형(有紋形)으로 앞·뒤·옆면에 문양이 장식되지 않은 무문형[1형]과 앞·뒷면에 각 2개의 안상(眼象)을, 양 옆면에 각 1개의 안상을 장식한 안상형[2형], 그리고 앞·뒷면에 각 2개의 안상을, 양 옆면에 각 1개의 초화문(草花紋)을 장식한 안상초화형[3형]과 앞·뒷면에 각 2개의 초화문을, 양 옆면에 각 1개의 초화문을 장식한 초화형[4형]으로 세분된다. 그리고 비대와 비신(碑身)이 대부분 별석으로 제작되나, 일부 일석으로 만든 것도 있다.

○ III형 - 비대는 직사각형으로 윗면을 둥글게 처리한 반원형이다. 윗면에 18개의 이중단판 복련을 장식한 유문형으로 앞·뒷면에 각 2개의 안상을, 양 옆면에 각 1개의 안상을 장식한 안상형[1형]과 앞·뒷

면에 각 2개의 초화문을, 양 측면에 각 1개의 초화문을 장식한 초화형[2형]으로 세분된다. 그리고 비대와 비신이 모두 별석으로 제작되었다.

○ Ⅳ형 - 비대는 직사각형으로 윗면의 모서리를 비스듬히 깎아 모줄임한 말각형이다. 문양이 장식되지 않은 무문형이며, 비대와 비신이 모두 별석으로 제작되었다.

2) 유물별 양식과 편년

앞의 형식 분류에 의해 각 부분별 속성을 분석해보면, 다음의 <표 3>과 같다.[12] 그리고 비수와 비대의 속성에 따라 순서배열한 후, 그 속에서 편년적으로 의미있는 속성을 가려내고 각 속성상태의 변화 시기를 살펴 양식 단계를 설정해 보겠다.(사진 3·4)

〈표 3〉 비수와 비대의 속성 분석

변화속성 / 태주	비 수								비 대									비신과 일석
	말각형	반원형			삼각형	물끊이홈	원좌		무문형		유문형							
		3단	2단	1단	1단		무문	염주	상면편평형	상면말각형	상면 반원형						
											상 복련 12			상 복련 18			
											측무문	측안상	측안상초화	측초화	측안상	측초화	
세종 14왕자, 단종 (1438~42)	■								■								■
월산대군(1462)	■								■								■
제안대군(1466)	■								■								■

12) 기호 중 ■는 유물이 확인된 것, ■는 일부 확인된 것, □는 확인되지 않아 추정한 것임. 이하 동일하며, 다른 기호가 필요할 경우에는 별도 표기하겠음.

	1	2	3	4	5	6	7	8	9	10	11	12
지축동(1477)	■				■							■
원당리 1·2(1481.7.)	■				■							■
삼태리 1·2(1481.10.)	■			■	■							■
왕자 수견(1483)			■	■	■							■
경숙옹주(1485)	■			■	□							□
왕녀 복란(1486)	■			■	■							■
경휘옹주(1489)	■			■	■							■
왕녀 승복(1492.7.)	■			■	□							□
중종(1492.9.)	■			■	■							■
대덕리(1494.8.)	■				■							■
원자 금돌이(1501)	■			■		■	■					■
왕자 돈수(1505)	■			■	■							■
인종(1521)	□			■			■					
옥혜공주(1523)	■			■			■					■
덕양군(1528)	■			■		■						
명종(1538)	■			■						■		
인순공주(1544)	■							■				
광해군(1581)	■					■		□				
신성군(1586)		■		■				■				
산척리(1588)		■		■	■			■				
인성군(1589.2.)		■		■				□				
덕두원리(1589.5.)		■		■	■			■				
산현리(1601)	■				■			■				
영창대군(1606)	■			■	■			■				
광해군 왕녀(1619)	■			■				■				
숭선군(1643)		■		■	■			□				
낙선군(1645)		■		■	■				■			
현종(1647)		■		■		■		□				
숙명·숙경공주(1660)	■			□		■		□				
숙종(1661)		■				■				■		
숙휘·숙정공주(1662)		■									■	
경종(1689)			■			■			■			
영조(1695)			■						■			
연령군(1699)			■						■			

화억옹주(1728)		■			■			■				
영조 6왕녀(1732)		■						■				
화협옹주(1733)		■						■				
장조(1735.윤4.)		□						■				
영조 8왕녀(1735.11.)				■				■				
화완옹주(1738)				■				■				
정조(1753.1.)				■				□				
화령옹주(1753.7.)			■					■				
화길옹주(1754)			■					■				
문효세자(1783)			■		■			■				

(1) 비수의 양식과 편년

① Ⅰ단계

이 시기의 비수는 A형(말각형 비수)만 나타난다. 비수는 대부분 문양이 장식되지 않았으나, 일부 초화문을 장식한 것(세조, 왕자 당)도 있다. 또 대부분 비신 상부를 앞으로 약간 돌출되게 조각하여 비수를 표현(세종의 12왕자, 단종)하였으나, 일부 비수 표현이 없는 것(월산대군, 제안대군)도 나타난다. 이러한 말각형은 고려시대 후반인 12세기 후반부터 14세기 후반에 유행하는 양식인 규수형(圭首形)을[13] 그대로 이어 받은 것이다.

이 단계는 세종의 14왕자, 단종, 월산대군, 제안대군 등 모두 17기로 시기는 15세기 2/4분기(1438)~15세기 3/4분기(1466)이다.(사진 3·5, 그림 1-①~③)

② Ⅱ단계

이 시기의 비수는 반원형이 새로 출현하고 문양이 장식되어 화려해지는데, 3단계로 세분할 수 있다.

---

13) 이호관, 1992, 「석비의 발생과 양식변천」, 『한국의 미 -석등·부도·비-』15, 중앙일보사, 190~191쪽; 이호관, 2002, 「한국 석비 양식의 변천」, 『국학연구』1, 한국국학진흥원, 92쪽.

a. Ⅱ-①단계

이 시기의 비수는 모두 B1형(반원3단 무홈형 비수)만 나타난다. 비수는 앞 단계의 말각형(A형)에서 반원형(B형)으로 새로운 모양이 창출된다. 그리고 비수 옆면의 층수는 모두 3단이다. 비수는 앞 시기보다 연화문이 장식되어 화려해지며, 정상에는 연봉을 장식하였는데, 하부에는 원좌가 없다. 이 시기부터 비수는 소멸될 때까지 연화문을 기본으로 하여 제작된다.

이 단계는 지축동, 원당리 1·2 등 모두 3기로 시기는 15세기 4/4분기(1477~1481. 7.)이다.(사진 3·6)

b. Ⅱ-②단계

이 시기의 비수는 B2형(반원3단 유홈형 비수)이 대부분을 차지하나, D2형(반원1단 유홈형 비수)과 A형(말각형 비수)이 중간에 일부 나타난다. 비수는 반원형(B형)이 대부분으로 주류를 이룬다. 하지만 대덕리 비에서 말각형(A형)이 재현되는데, 비의 전체 크기가 Ⅰ단계의 2배에 가깝다. 반원형은 옆면의 층수가 거의 모두 3단이나, 새로이 1단(왕자 수견)도 출현한다. 반원형에서는 모두 물끊이 홈이 출현한다. 원좌는 거의 대부분 없으나, 있는 것(원자 금돌이)이 일부 확인된다.

이 단계는 삼태리 1·2, 왕자 수견, 경숙옹주, 왕녀 복란, 경휘옹주, 왕녀 승복, 중종, 대덕리, 원자 금돌이, 왕자 돈수, 인종, 옥혜공주, 덕양군, 명종 등 모두 15기로 그 시기는 15세기 4/4분기(1481. 10.)~16세기 2/4분기(1538)이다.(사진 3·7·8-①, 그림 1-④~⑥)

c. Ⅱ-③단계

이 시기의 비수는 Ⅱ-①단계의 B1형(반원3단 무홈형 비수)이 재출현한다. 즉 물끊이 홈이 사라지고 원좌도 없는 것(인순공주)과 있는 것(광해군)으로 구분된다.

이 단계는 인순공주, 광해군 등 모두 2기로 시기는 16세기 2/4분기 (1544)~16세기 4/4분기(1581)이다.(사진 3·8-②~③, 그림 1-⑦·⑧)

③ Ⅲ단계

이 시기에는 새로 반원형 옆면 2단(C형)이 출현하고 3단(B형)도 여전히 존재하나, 원좌가 대부분 장식된다. 이 두 형식이 번갈아 가며 나타나므로 이를 다시 4단계로 세분할 수 있다.

a. Ⅲ-①단계

이 시기는 C2형(반원2단 유홈형 비수)의 새로운 형만 나타난다. 비수는 반원형으로 옆면의 층수가 이 단계에 와서 2단으로 줄어들었다. 물끊이 홈이 다시 발생하며, 원좌가 정착하기 시작한다(산척리, 덕두원리).

이 단계는 신선군, 산척리, 인성군, 덕두원리 등 모두 4기로 시기는 16세기 4/4분기(1586~1589)이다.(사진 3·9, 그림 1-⑨·⑩)

b. Ⅲ-②단계

이 시기는 Ⅱ단계에서 유형하던 B1형(반원3단 무홈형 비수)과 B2형 (반원3단 유홈형 비수)이 다시 재현된다. 비수는 반원형으로 옆면 층수는 모두 3단이나, 물끊이 홈이 없는 것(산현리)에서 있는 것(영창대군, 광해군 왕녀)으로 발전한다. 원좌도 있는 것(산현리, 영창대군)과 없는 것(광해군 왕녀)이 혼재한다.

이 단계는 산현리, 영창대군, 광해군 왕녀 등 모두 3기로 시기는 17세기 1/4분기(1601~1619)이다.(사진 3·10-①~③)

c. Ⅲ-③단계

이 시기는 앞 시기 Ⅲ-①단계의 C2형(반원2단 유홈형 비수)과 Ⅱ-② 및 Ⅲ-②단계의 B2형(반원3단 유홈형 비수)이 다시 반복된다. 물끊이 홈이 모두 있으며, 원좌도 전부 설치된다.

이 단계는 숭선군, 낙선군, 현종, 숙명공주, 숙경공주 등 모두 5기로 시기는 17세기 2/4분기(1643)~17세기 3/4분기(1660)이다.(사진 3·10-④~⑥, 그림 1-⑪)

d. Ⅲ-④단계

이 시기는 새로운 C1형(반원2단 무홈형 비수)과 D1형(반원1단 무홈형 비수)이 출현하나 C1형이 대부분이다. 물끊이 홈은 이 단계에서부터 사라져 소멸될 때 까지 지속된다. 원좌는 대부분 없으나, 있는 것(숙종, 경종, 화억옹주)도 있다. 비수의 연화문은 도식화되기 시작했으며, 측면은 처음에는 2단이었다가 1단(경종, 영조, 연령군)으로 바뀌고 다시 2단이 재현된다.

이 단계는 숙종, 숙휘공주, 숙정공주, 경종, 영조, 연령군, 화억공주, 영조 6왕녀, 화협옹주, 장조 등 모두 10기로 시기는 17세기 3/4분기(1661)~18세기 2/4분기(1735. 윤4.)이다.(사진 3·11·12, 그림 1-⑫·⑬)

④ Ⅳ단계

이 시기는 새로운 형태인 삼각형(E형)의 비수가 나타나 유지된다. 비수 옆면은 Ⅲ-④단계와 마찬가지로 1단이다. 원좌는 사라지고 없고, 비수의 연화문은 더욱 도식화되어 간략하다. 이 단계는 영조 8왕녀, 화완옹주, 정조 등 모두 3기로 시기는 18세기 2/4분기(1735. 11.)~18세기 3/4분기(1753. 1.)이다.(사진 3·13)

⑤ Ⅴ단계

이 시기에도 새로운 형태인 D1형(반원1단 무홈형 비수)만 나타나 소멸될 때까지 유지된다. 비수는 반원형으로 다시 돌아갔으나, 옆면의 층수가 모두 1단이다. 원좌는 없는 것(화령옹주, 화길옹주)과 있는 것(문효세자)이 병존한다. 비수의 연화문은 여전히 도식화되어 간략하다.

이 단계는 화령옹주, 화길옹주, 문효세자 등 모두 3기로 시기는 18세기 3/4분기(1753. 5.)~18세기 4/4분기(1783)이다.(사진 3·14)

단계	표지 유물
I (1438 ~ 1466)	 ① 진양대군 ② 단종 ③ 월산대군
II ① (1477 ~ 1481.7.)	 ④ 지축동 ⑤ 원당리 2
② (1481.10. ~ 1538)	 ⑥ 삼태리 2 ⑦ 왕자 수견 ⑧ 왕녀 복란 ⑨ 대덕리
③ (1544 ~ 1581)	 ⑩ 인순공주
III ① (1586 ~ 1589)	 ⑪ 덕두원리

단계	표지 유물
② (1601 ~ 1619)	⑫ 산현리　　　　⑬ 영창대군
③ (1643 ~ 1660)	⑭ 낙선군　　　　⑮ 숙경공주
④ (1661 ~ 1735.윤4.)	⑯ 숙종　　　　⑰ 연령군
Ⅳ (1735.11 ~ 1753.1.)	⑱ 화완옹주
Ⅴ (1753.5. ~ 1783)	⑲ 화길옹주

〈사진 3〉 비수의 변천 양상

(2) 비대의 양식과 편년

① Ⅰ단계

이 시기의 비대는 Ⅰ형(무문 상편평형 비대)만 나타난다. 비대는 직사각형으로 윗면이 편평하고 문양이 장식되지 않는 무문형으로 모두 비신과 일석으로 제작된다.

이 단계는 세종의 14왕자, 단종, 월산대군, 제안대군, 지축동, 원당리 1·2, 삼태리 1·2, 왕자 수견, 경숙옹주, 왕녀 복란, 경휘옹주, 왕녀 승복, 중종, 대덕리, 원자 금돌이, 왕자 돈수 등 모두 31기로 시기는 15세기 2/4분기(1438)~16세기 1/4분기(1505)이다.(사진 4~6·7-①~⑪, 그림 1-①~④)

② Ⅱ단계

이 시기에 와서 비대에 다양한 문양이 장식되고, 비대와 비신이 일석에서 별석으로 제작되는 과정을 거친다. 이 시기는 4단계로 세분할 수 있다.

a. Ⅱ-①단계

이 시기의 비대는 Ⅱ1형(유문 상원12연 측무문형 비대), Ⅰ형(무문 상편평형 비대), Ⅲ1형(유문 상원18연 측안상형 비대)이 혼재되어 나타난다.

이 시기에 앞 단계의 무문형에서 유문형으로 새로운 모양이 창출된다. 비대는, 윗면이 둥근 반원형으로 윗면에 12개의 복련이 장식되고 옆면에는 문양이 장식되지 않는 Ⅱ1형의 새로운 형이 출현한다. 이 단계에서부터 비신과 별석으로 제작되는 것이 나타나기 시작한다. 그러나 다시 앞 단계의 Ⅰ형이 재현되었다가 곧바로 윗면에 복련 18개가 장식되고 옆면에는 안상이 있는 Ⅲ1형으로 전환한다. 이 시기에는 문양도 장식되는 것이 출현하기 시작하고, 비신과 별석으로 제작되는 것이 나타나기 시작하여 다음 단계를 예고하는 과도기적 현상이 보인다.

이 단계는 인종, 옥혜공주, 덕양군, 명종 등 모두 4기가 나타나므로 그 시기는 16세기 1/4분기(1521)~16세기 2/4분기(1538)이다.(사진 4·7-⑫~⑭·8-①, 그림 1-⑤·⑥)

b. Ⅱ-②단계

이 시기의 비대는 Ⅱ2형(유문 상원12연 측안상형 비대)의 새로운 형태만 나타난다. 비대는 비신과 별석으로 제작되는 것이 이 단계에서부터 정착되어 소멸될 때 까지 별석으로 제작된다. 또 비대는 윗면을 둥글게 처리하고 12개의 복련을 장식한 Ⅱ-①단계의 비대에 새로이 옆면에 안상이 추가되어 장식된다.

이 단계는 인순공주, 광해군, 신성군, 산척리, 인성군, 덕두원리, 산현리, 영창대군, 광해군 왕녀, 숭선군 등 모두 10기로 시기는 16세기 2/4분기(1544)~17세기 2/4분기(1643)이다.(사진 4·8-②~10-④, 그림 1-⑦~⑩)

c. Ⅱ-③단계

이 시기의 비대는 Ⅱ3형(유문 상원12연 측안상초화형 비대)의 새로운 형태가 출현한다. 비대는 측안상초화형이고 윗면은 복련 12개를 장식하였다.

이 단계는 낙선군(추정), 현종(추정), 숙명공주, 숙경공주 등 모두 4기로 시기는 17세기 2/4분기(1645)~17세기 3/4분기(1660)이다.(사진 4·10-⑤~⑥, 그림 1-⑪)

d. Ⅱ-④단계

이 시기의 비대는 다시 새로운 형태가 출현하는데, Ⅱ4형(유문 상원12연 측초화형 비대)이 주류를 이루고, Ⅲ2형(유문 상원18연 측초화형 비대)이 일부 나타나기도 한다. 비대는 옆면이 모두 초화형으로 장식되나, 윗면은 복련 12개와 복련 18개로 구분되며, 복련 12개가 주류이다.

이 단계에서 Ⅱ4형은 숙종, 경종, 영조, 연령군 등이고 Ⅲ2형은 숙휘공주, 숙정공주 등 모두 6기로 시기는 17세기 3/4분기(1661)~17세기 4/4분기(1699)이다.(사진 4·11)

③ Ⅲ단계

이 시기의 비대는 다시 새로운 형태가 출현하는데, Ⅳ형(무문 상말각형 비대)으로 소멸될 때까지 지속된다. 비대는 앞 시기의 유문형에서 다시 Ⅰ단계의 무늬가 장식되지 않는 무문형이 재현되나, 윗면의 옆면을 모죽임한 말각형으로 변환된다.

이 단계는 화억옹주, 영조 6왕녀, 화협옹주, 장조, 영조 8왕녀, 화완옹주, 정조, 화령옹주, 화길옹주, 문효세자 등 모두 10기로 시기는 18세기 2/4분기(1728)~18세기 4/4분기(1783)이다.(사진 4·12~14, 그림 1-⑫·⑬)

단계		표지 유물		
Ⅰ (1438~1505)		 ① 월산대군		
Ⅱ	① (1521 ~ 1538)	 ② 옥혜공주	 ③ 덕양군	 ④ 명종
	② (1544 ~ 1643)	 ⑤ 광해군 왕녀		

단계		표지 유물
Ⅱ	③ (1645 ~ 1660)	 ⑥ 낙선군
	④ (1661 ~ 1699)	⑦ 숙종 ⑧ 숙휘공주
Ⅲ (1728 ~ 1783)		 ⑨ 장조

〈사진 4〉 비대의 변천 양상

지금까지 검토한 비수와 비대의 양식 단계는 <표 4>와 같이 나타난다.(사진 3·4)

〈표 4〉 비수와 비대의 순서배열과 단계

태주 \ 형식	비 수								단계	비 대									단계
	A	B1	B2	C1	C2	D1	D2	E		Ⅰ	Ⅱ1	Ⅱ2	Ⅱ3	Ⅱ4	Ⅲ1	Ⅲ2	Ⅳ	
세종 14왕자, 단종 (1438.3.~1442.10.)	■								Ⅰ	■								Ⅰ
월산대군(1462.11.)	■									■								
제안대군(1466.?.)	■									■								
지축동(1477.6.)		■							Ⅱ ①	■								
원당리 1·2(1481.7.)		■								■								
삼태리 1·2(1481.10.)			■							■								
왕자 수건(1483.10.)						■				■								
경숙옹주(1485.8.)			■						②	▣								
왕녀 복란(1486.12.)			■							■								

대상(연대)	좌측 1	2	3	4	5	6	구분(좌)	우측 1	2	3	4	5	6	7	구분(우)	계통
경휘옹주(1489.9.)		■						■								
왕녀 승복(1492.7.)		■						▣								
중종(1492.9.)		■						■								
대덕리(1494.8.)	■							■								
원자 금돌이(1501.7.)		■						■								
왕자 돈수(1505.2.)		■						■								
인종(1521.1.)		▣							■						①	
옥혜공주(1523.4.)		■							■							
덕양군(1528.3.)		■						■								
명종(1538.2.)		■											■			
인순공주(1544.?.)	■						③		■							II
광해군(1581.4.)	■								▣							
신성군(1586.12.)			■						■						②	
산척리(1588.7.)			■				①		■							
인성군(1589.2.)			■						▣							
덕두원리(1589.5.)			■						■							
산현리(1601.4.)	■								■							
영창대군(1606.7.)		■					②		■							
광해군 왕녀(1619.11.)		■							■							
숭선군(1643.10.)			■						▣							
낙선군(1645.8.)			■							■					③	
현종(1647)			■				③			▣						③
숙명·숙경공주(1660.10.)		▣								▣						
숙종(1661.12.)		■									■					
숙휘·숙정공주(1662.11.)		■											■			
경종(1689.2.)				■						■					④	
영조(1695.1.)				■						■						
연령군(1699.9.)				■			④			■						
화억옹주(1728.10.)		■												■		
영조 6왕녀(1732.3.)		■												■		
화협옹주(1733.5.)		■												■		
장조(1735.윤4.)		▣												■		
영조 8왕녀(1735.11.)					■									■		III
화완옹주(1738.3.)					■		IV							■		
정조(1753.1.)					■									▣		
화령옹주(1753.5.)				■										■		
화길옹주(1754.7.)			■				V							■		
문효세자(1783.9.)			■											■		

4. 아기비의 양식과 변천

전술한 비수와 비대의 부분별 유물 속성을 조합해서 아기비의 전체적인 속성에 따라 순서 배열하고, 그 변화 시기를 살펴 아기비의 양식 단계를 설정해 보면 <표 5>와 같다.

〈표 5〉 아기비의 순서배열과 양식단계

碑形 \ 胎主	A I	B1 I	B1 II2	B2 I	B2 II1	B2 II2	B2 II3	B2 III1	C1 II4	C1 III2	C1 IV	C2 II2	C2 II3	D1 II4	D1 IV	D2 I	E IV	단계
세종 14왕자, 단종 (1438.3.~1442.10.)	■																	I
월산대군(1462.11.)	■																	
제안대군(1466.?.)	■																	
지축동(1477.6.)		■																①
원당리 1·2(1481.7.)			■															
삼태리 1·2(1481.10.)				■														
왕자 수건(1483.10.)																■		
경숙옹주(1485.8.)				▣														②
왕녀 복란(1486.12.)				■														
경휘옹주(1489.9.)				■														
왕녀 숭복(1492.7.)				▣														
중종(1492.9.)	■																	
대덕리(1494.8.)	■																	
원자 금돌이(1501.7.)				■														
왕자 돈수(1505.2.)				■														
인종(1521.1.)					▣													
옥혜공주(1523.4.)					■													
덕양군(1528.3.)						■												
명종(1538.2.)								■										
인순공주(1544.?.)		■																③
광해군(1581.4.)			▣															
신성군(1586.12.)												■						①
산척리(1588.7.)												■						
인성군(1589.2.)												▣						
덕두원리(1589.5.)												■						
산현리(1601.4.)		■																②

이름(연대)													단계
영창대군(1606.7.)					■								
광해군 왕녀(1619.11.)					■								
숭선군(1643.10.)										■			
낙선군(1645.8.)											■		
현종(1647)										■			
숙명·숙경공주(1660.10.)					■								
숙종(1661.12.)								■					
숙휘·숙정공주(1662.11.)									■				
경종(1689.2.)											■		③
영조(1695.1.)											■		
연령군(1699.9.)											■		
화억옹주(1728.10.)									■				
영조 6왕녀(1732.3.)									■				④
화협옹주(1733.5.)									■				
장조(1735.윤4.)									■				
영조 8왕녀(1735.11.)												■	IV
화완옹주(1738.3.)												■	
정조(1753.1.)												■	
화령옹주(1753.5.)											■		
화길옹주(1754.7.)											■		V
문효세자(1783.9.)											■		

1) Ⅰ단계

이 시기의 비는 AⅠ형(말각형 비수/ 무문 상편평형 비대)만 나타난다. 비수는 말각형(A형)으로 대부분 문양이 장식되지 않았으나, 일부 초화문을 장식(진양대군, 왕자 당)하기도 한다. 또 대부분 비신과 비수를 구분하였으나 구분하지 않은 것(월산대군, 제안대군)도 있다. 이러한 말각형은 고려 후반(12세기 후반~14세기 후반)에 유행하는 규수형을 이어 받은 것이다. 비대는 직사각형으로 윗면이 편평하고 문양이 장식되지 않는 무문 상편평형이며, 비신과 일석으로 제작된다.

이 단계는 세종의 14왕자, 단종, 월산대군, 제안대군 등 모두 17기로 시기는 15세기 2/4분기(1438)~15세기 3/4분기(1466)이다.(사진 5, 그림 1-①~③)

① 진양대군　　② 임영대군　　③ 단종

④ 왕자 당　　⑤ 월산대군　　⑥ 제안대군

〈사진 5〉 아기비의 Ⅰ단계(1438~1466)

2) Ⅱ단계

이 시기에는 7개의 유형이 등장한다. 비수는 말각형에서 반원형으로 새 모양이 창출되고, 비대는 처음으로 비신과 별석으로 제작되는 것이 출현한다. 반원형 비수는 연화문 장식으로 화려해지고 옆면의 층수가 대부분 3단이나 1단도 보인다. 또 비수에 물끊이 홈이 처음 출현하여 성행하고 원좌도 처음 나타나나 성행하지 않는다. 이를 3단계로 세분할 수 있다.

(1) Ⅱ-①단계

이 시기 비는 B1Ⅰ형(반원3단 무홈형 비수/ 무문 상편평형 비대)만 나타난다. 비수는 앞 단계의 말각형에서 반원형으로 변하여 새로운 형태가 창출된다. 또 비수는 옆면 3단이며, 앞 시기보다 화려하게 연화문이 조각되고 정상에 연봉을 장식하였는데, 이 시기부터 소멸될 때까지 연화문을 기본으로 하여 제작된다. 그리고 비대는 Ⅰ단계와 동일하다.

이 단계는 지축동, 원당리 1·2 등 모두 3기로 시기는 15세기 4/4분기(1477~1481. 7.)이다.(사진 6)

① 지축동　② 원당리 1　③ 원당리 2

〈사진 6〉 아기비의 Ⅱ-①단계(1477~1481. 7.)

(2) Ⅱ-②단계

이 시기의 비는 B2Ⅰ형(반원3단 유홈형 비수/ 무문 상편평형 비대)이 주류이나, D2Ⅰ형(반원1단 유홈형 비수/ 무문 상편평형 비대)·AⅠ형(말각형 비수/ 무문 상편평형 비대)·B2Ⅱ1형(반원3단 유홈형 비수/ 유문 상원12연 측무문형 비대)이 일시적으로 나타난다. 비수는 반원형의 옆면 3단이 주류로 원좌는 대부분 없으나 잠시 출현하며(원자 금돌이), 물끊이 홈이 처음 출현한다. 그러나 말각형도 잠시 발생(대덕리)하였다가 완

전히 사라지며, 반원형 옆면 1단(왕자 수건)도 일시적으로 생긴다. 비대
는 앞 시기의 무문형이 주류이나, 복련 12개의 유문형(인종, 옥혜공주)이
새로 출현한다. 비대는 비신과 일석인데, 말기에 별석(인종, 덕양군)으로
제작되기 시작한다.

이 단계에는 B2Ⅰ형 → D2Ⅰ형 → B2Ⅰ형 → AⅠ형 → B2Ⅰ형
→ B2Ⅱ1형 → B2Ⅰ형 순으로 변한다. B2Ⅰ형은 삼태리 1·2, 경숙옹
주, 왕녀 복란, 경휘옹주, 왕녀 승복, 중종, 원자 금돌이, 왕자 돈수, 덕양
군 등이고, D2Ⅰ형은 수건왕자이며, AⅠ형은 대덕리이고, B2Ⅱ1형은
인종, 옥혜공주 등 모두 14기로 시기는 15세기 4/4분기(1481. 10.)~16세
기 2/4분기(1528)이다.(사진 7, 그림 1-④·⑤)

① 삼태리 1   ② 삼태리 2   ③ 왕자 수건   ④ 경숙옹주

⑤ 왕녀 복란   ⑥ 경휘옹주   ⑦ 왕녀 승복[14]   ⑧ 중종

⑨ 대덕리　⑩ 원자 금돌이　⑪ 왕자 돈수　⑫-① 인종(비수)

⑫-② 인종(비대)　⑬ 옥혜공주　⑭-① 덕양군(비수)15)　⑭-② 덕양군(비대)

〈사진 7〉 아기비의 Ⅱ-②단계(1481. 10.~1528)

(3) Ⅱ-③단계

이 시기의 비는 B2Ⅲ1형(반원3단 유홈형 비수/ 유문 상원18연 측안상형 비대)과 B1Ⅱ2형(반원3단 무홈형 비수/ 유문 상원12연 측안상형 비대)이 나타난다. 비수는 반원형 옆면 3단이 지속되고 물끊이 홈과 원좌는 있기도 하고 없기도 한다. 비대는 유문형으로 옆면에는 안상만이 장식되나 복련이 12개와 18개로 구분된다. 복련 18개(명종)의 새 형태가

---

14) 전주이씨대동종약원, 1999, 『조선의 태실』Ⅱ, 64쪽.

15) 전주이씨대동종약원, 1999, 『조선의 태실』Ⅱ, 76쪽. <사진 ⑭-②>도 동일하다.

출현하나 일시적이다. 비대는 소멸될 때까지 별석으로 제작된다.

이 단계에는 B2Ⅲ1형 → B1Ⅱ2형 순으로 변하는데, B2Ⅲ1형은 명종이고 B1Ⅱ2형은 인순공주, 광해군 등 모두 3기로 시기는 16세기 2/4분기(1538)~16세기 4/4분기(1581)이다.(사진 8, 그림 1-⑥~⑧)

① 명종   ② 인순공주   ③ 광해군

〈사진 8〉 아기비의 Ⅱ-③단계(1538~1581)

3) Ⅲ단계

이 시기에 9개의 유형이 혼재되어 나타난다. 반원형의 옆면 2단이 새로 출현하여 주류를 이루고, 물끊이 홈과 원좌도 대부분 장식되나 나중에 소멸된다. 비대도 복련 12개의 유문형이 주류이나, 후엽에 무문형으로 변하고 상말각의 새 유형이 출현한다. 옆면의 무늬도 전엽에는 안상형이나 중엽에 안상초화형과 초화형의 새 형태를 창출하며, 후엽에 다시 무문형의 상말각형이 새로 등장한다. 이를 다시 세분하면 4단계로 구분할 수 있다.

(1) Ⅲ-①단계

이 시기의 비는 C2Ⅱ2형(반원2단 유홈형 비수/ 유문 상원12연 측안상형 비대)의 새 형태가 출현한다. 비수는 반원형 옆면이 2단으로 축소되어 새로운 형이 창출된다. 물끊이 홈이 있으며, 원좌는 생겼다 사라졌다 한다. 비대는 Ⅱ-③단계에서 처음 출현한 Ⅱ2형이 정착한다.

이 단계는 신성군, 산척리, 인성군, 덕두원리 등 모두 4기로 시기는 16세기 4/4분기(1586~1589)이다.(사진 9, 그림 1-⑨·⑩)

①-① 신성군(비수·비신)   ①-② 신성군(비대)   ② 산척리

③ 인성군   ④ 덕두원리

〈사진 9〉 아기비의 Ⅲ-①단계(1586~1589)

(2) Ⅲ-②단계

이 시기 비는 B1Ⅱ2형(반원3단 무홈형 비수/ 유문 상원12연 측안상형 비대)·C2Ⅱ2형(반원2단 유홈형 비수/ 유문 상원12연 측안상형 비대)·B2 Ⅱ2형(반원3단 유홈형 비수/ 유문 상원12연 측안상형 비대)·C2Ⅱ3형(반원2단 유홈형 비수/ 유문 상원12연 측안상초화형 비대)·B2Ⅱ3형(반원3단 유홈형 비수/ 유문 상원12연 측안상초화형 비대)이 혼재되어 나타난다. 비수는 Ⅱ단계에 있던 반원형 옆면 3단이 재현되어 주류를 이루나, 2단(숭선군, 낙선군)도 존재한다. 물끊이 홈과 원좌도 대부분 장식된다. 비대는 Ⅲ-① 단계의 Ⅱ2형이 전·중엽에 주류이나, 후엽에 Ⅱ3형의 새 유형이 출현한다.

① 산현리   ② 영창대군   ③ 광해군 왕녀

④ 숭선군   ⑤ 낙선군   ⑥ 현종

〈사진 10〉 아기비의 Ⅲ-②단계(1601~1660)

이 단계에는 B1Ⅱ2형 → B2Ⅱ2형 → C2Ⅱ2형 → C2Ⅱ3형 → B2Ⅱ
3형 순으로 변하는데, B1Ⅱ2형은 산현리이고 B2Ⅱ2형은 영창대군, 광
해군 왕녀이며, C2Ⅱ2형은 숭선군이고 C2Ⅱ3형은 낙선군, 현종이며,
B2Ⅱ3형은 숙명공주와 숙경공주 등 모두 8기로 시기는 17세기 1/4분기
(1601)~17세기 3/4분기(1660)이다.(사진 10, 그림 1-⑪)

(3) Ⅲ-③단계

이 시기 비는 초기에 C1Ⅱ4형(반원2단 무홈형 비수/ 유문 상원12연 측
초화형 비대)과 C1Ⅲ2형(반원2단 무홈형 비수/ 유문 상원18연 측초화형)
이 일시적으로 나타나다가 D1Ⅱ4형(반원1단 무홈형 비수/ 유문 상원12연
측초화형 비대)이 주류를 이룬다. 비수는 Ⅲ-①단계의 C2형이 Ⅲ-②단계
에도 존재하였다가 이 단계 와서 C1형이 된다. 물끊이 홈은 사라져 소멸
될 때까지 지속된다. 원좌는 있는 것(숙종, 경종)도 있다. 비대는 Ⅱ4형이
주류이나, 상면 복련 18개의 Ⅲ2형이 일시적으로 새로 출현한다.

이 단계에는 C1Ⅱ4형 → C1Ⅲ2형 → D1Ⅱ4형 순으로 변하며, C1Ⅱ
4형은 숙종이고 C1Ⅲ2형은 숙휘공주, 숙정공주이며, D1Ⅱ4형은 경종,
영조, 연령군 등 모두 6기로 시기는 17세기 3/4분기(1661)~17세기 4/4
분기(1699)이다.(사진 11)

① 숙종   ② 숙휘공주   ③ 숙정공주

④ 경종   ⑤ 영조   ⑥ 연령군

〈사진 11〉 아기비의 Ⅲ-③단계(1661~1699)

(4) Ⅲ-④단계

이 시기 비는 C1Ⅳ형(반원2단 무흠형 비수/ 무문 상말각형 비대)의 새 형태가 창출된다. 비수는 반원형으로 옆면 2단이 지속된다. 원좌는 대부분 없으나 있는 것(화억옹주)도 있다. 비대는 Ⅰ단계·Ⅱ-①단계·Ⅱ-② 단계에 등장하였던 무문형이 재현되나 윗면이 말각형으로 변하여 소멸될 때까지 지속된다.

이 단계는 화억옹주, 영조 6왕녀, 화협옹주, 장조 등 모두 4기로 시기는 18세기 2/4분기(1728~1735. 윤4.)이다.(사진 12, 그림 1-⑫·⑬)

① 화억옹주   ② 영조 6왕녀   ③ 화협옹주   ④ 장조

〈사진 12〉 아기비의 Ⅲ-④단계(1728~1735. 윤4.)

4) Ⅳ단계

이 시기 비는 EⅣ형(삼각형 비수/ 무문 상말각형 비대)의 새 형이 출현한다. 비수는 유문 삼각형의 새 모양이 창출되고 옆면 층수도 1단으로 축소된다. 문양에서 연잎은 사라지고 연대만 장식되어 거의 퇴화된다. 원좌는 사라졌다. 비대는 Ⅲ-④단계의 Ⅳ형이 지속된다.

이 단계는 영조 8왕녀, 화완옹주(영조 9왕녀), 정조 등 모두 3기로 시기는 18세기 2/4분기(1735. 11.)~18세기 3/4분기(1753. 1.)이다.(사진 13)

① 영조 8왕녀   ② 화완옹주   ③ 정조

〈사진 13〉 아기비의 Ⅳ단계(1735. 11.~1753. 1.)

5) Ⅴ단계

이 시기의 비는 D1Ⅳ형(반원1단 무홈형 비수/ 무문 상말각형 비대)의 새 형태가 나타난다. 비수는 문양이 거의 퇴화되었으며, 반원형이 재현되나 Ⅳ단계의 삼각형과 비슷하고 옆면은 1단이다(D1형). 원좌는 일시적으로 생기기도 한다(문효세자). 비대는 Ⅲ-④단계와 Ⅳ단계를 이어받은 Ⅳ형이 유지된다.

이 단계는 화령옹주(영조 11왕녀), 화길옹주(영조 12왕녀), 문효세자 등 모두 3기로 시기는 18세기 3/4분기(1753. 5.)~18세기 4/4분기(1783)

이다.(사진 14)

① 화령옹주   ② 화길옹주   ③ 문효세자

〈사진 14〉 아기비의 Ⅴ단계(1753. 5.~1783)

  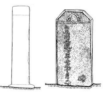

① 진양대군(1438)   ② 단종(1441)   ③ 왕자 당(1442)

 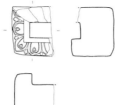 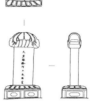

④ 복란 왕녀(1486)   ⑤ 인종(1521)   ⑥ 명종(1538)

⑦ 인순공주(1544) ⑧ 광해군(1581) ⑨ 신성군(1586)

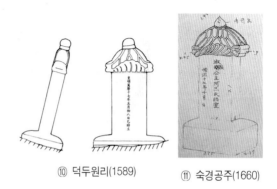

⑩ 덕두원리(1589) ⑪ 숙경공주(1660)

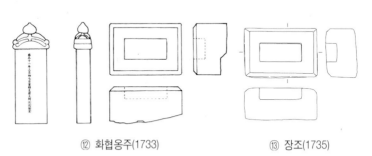

⑫ 화협옹주(1733) ⑬ 장조(1735)

〈그림 1〉 아기비의 실측도

II. 태실석함의 양식과 편년

1. 태함의 현황과 시기

　제작 시기를 알 수 있는 조선시대 태실 석함은 모두 51기가 확인되는데, 이는 <표 1>과 같다. 먼저 이 태함의 형태를 자세히 살펴보고, 금석문 자료나 문헌사료를 참고하여 태함의 매납 시기, 즉 제작 시기를 밝혀보겠다.

〈표 1〉 조선시대 태함의 현황

번호	태주	장태일	원 위치/ 현 위치	비 고
1	태종	1401.10.8.	경북 성주군 용암면 대봉2리 산65번지 (조곡산)	
2	화의군	1438~1442	경북 성주군 월항면 인촌2리 산8번지 (선석산, 태봉)	
3	금성대군	1438~1442	〃	
4	원손(단종)	1441. 윤11.26.	〃	
5	월산대군	1462.5.18.	서울특별시 서초구 우면동 291-1번지 (우면산)	
6	애기능	15세기	서울특별시 성북구 안암동 5가 126-16번지 (고려대학교 애기능)/ 성북구 안암동 5가 1-2번지(고려대학교 박물관)	
7	지축동 (성종 왕녀)	1477.6.19.	경기도 고양시 덕양구 지축동 산1-11·산4번지 (태봉산)	함개는 산아래 지축동 7·13-1번지 민가로 이동
8	폐비 윤씨	1478.11.12.	경북 예천군 용문면 내지리 산81번지 (용문사)	
9	원당리 (성종 왕녀)	1481.7.21.	경기도 광주시 퇴촌면 원당리 산10-1·산11-1번지(뒷태봉산)	동쪽 태실

10	삼태리 1 (성종 왕녀)	1481.10.9.	경남 밀양시 무안면 삼태리 산13·산16번지(태봉산)	함개는 산아래 삼태리 650번지 마을로 이동
11	수견왕자	1483.10.15.	전남 순천시 서면 학구리 산15~18번지 (안태봉, 태봉산)	
12	안양군	1484.10.10.	경북 상주시 모동면 상판2리 산51번지 (태봉산)	
13	완원군	1484.10.10.	〃	
14	복란왕녀 (정순옹주)	1486.12.29.	강원도 원주시 태장2동 산57번지(태봉)/ 원주시 태장2동 1266-11번지(태봉우성 2 차 아파트)	복원
15	견석왕자	1487.4.7.	경북 울진군 평해읍 삼달2리 산66번지 (신래태봉)	
16	승복왕녀	1492.7.17.	경기도 양주시 남면 황방1리 산87-1번지 (태봉산)	함개는 산아래 민가로 이동
17	중종	1492.9.7.	경기도 가평군 가평읍 상색1리 산112번지 (태봉산, 벌태봉)	
18	금수왕자	1493.5.4.	경기도 남양주시 별내면 광전1리 산37-7·산38·산39-2번지(태봉산)	
19	원자 금돌이	1501.7.2.	경북 상주시 화서면 상현2리 377-1번지 (태봉산)	
20	인수대군	1501.9.12.	경북 문경시 가은읍 왕능2리 산30-1·산 30-2번지(태봉산)	
21	인종	1521.1.17.	경북 영천시 청통면 치일리 산24번지 (태봉산)	
22	옥혜공주	1523.윤4.13.	충남 부여군 규암면 함양리 42-1번지 (태봉산)/ 부여군 규암면 함양리 97번지	
23	덕양군	1528.3.13.	경남 의령군 칠곡면 외조리 48번지(안태 봉)/ 경북 경주시 인왕동 76번지 (국립경주박물관)	

24	인순공주	1544.?.?.	경기도 김포시 월곶면 조강1리 산58-4번지(태봉산)	
25	광해군	1581.4.1.	대구광역시 북구 연경1동 산135·산136-1번지(태봉, 태등산)	
26	신성군	1584.7.25.	경기도 김포시 월곶면 고막1리 212번지(태봉)	
27	인성군	1589.2.25.	충북 청주시 상당구 문의면 산덕리 411번지(태봉산)	
28	산현리 (광해군 원자)	1601.4.30.	강원도 원주시 호저면 산현리 산42·산42-3번지(태봉)	
29	경평군	1608.10.7.	대전광역시 서구 가수원동(태봉산)/ 중구 문화동 145-3번지(대전시 향토사료관)	
30	용성대군	1625.3.25.	광주광역시 북구 신안동(만두산, 태봉산)/ 북구 용봉동 1004-4번지(광주시립민속박물관)	
31	현종	1647	충남 예산군 신양면 황계리 189-20·189-21번지(태봉산)	
32	숙명공주	1660.10.2.	경북 김천시 지례면 관덕1리 산68번지(태봉산)	
33	숙경공주	1660.10.2.	〃	
34	숙종 왕녀	1675~1696.1.21.	경기도 안산시 단원구 고잔동 산18번지(태봉산)/ 안산시 상록구 사동 1586-1번지(안산문화원)	
35	영조	1695.1.28.	충북 청주시 상당구 낭성면 무성1리 산5번지(태봉산)/ 청주시 상당구 낭성면 무성1리 산6-1번지(태봉산)	
36	연령군	1699.9.29.	충남 예산군 대술면 궐곡1리 산54-2번지(태봉산)	함신은 산아래 궐곡1리 80번지 민가, 함개는 충남대학교로 이동
37	화억옹주	1728.10.8.	경기도 연천군 미산면 유촌3리 산127번지(태봉산)	

38	영조 6왕녀	1732.3.27.	경기도 안성시 원곡면 성은1리 산30·산31번지(망해산, 태봉산)	
39	화협옹주	1733.5.24.	강원도 춘천시 신북읍 용산2리 791·산1번지(태봉골)	
40	장조	1735.윤4.4.	경북 예천군 상리면 명봉리 산2번지 (뒤태봉)	
41	영조 8왕녀	1735.11.26.	경기도 포천시 소흘읍 이곡리(태봉)/ 포천시 소흘읍 무봉2리 480-1번지(마을회관)	
42	화완옹주	1738.3.26.	경기도 포천시 신북읍 만세교1리 산13-2번지	
43	화유옹주	1740.11.28.	충남 당진군 순성면 성북1리(태봉산)	매몰
44	의소세손	1750.12.25.	경북 영주시 고현동 산7번지(태봉산)	
45	정조	1753.1.21.	강원도 영월군 영월읍 정양리 산210-1번지(계족산, 정양산, 태봉)/ 영월군 영월읍 정양리 산133·산134번지(계족산)	
46	화령옹주	1753.5.13.	충남 예산군 광시면 월송1리 산57번지(태봉산) / 예산군 대흥면 동서리 106-1번지(대흥면사무소 옆 대흥동헌)	
47	화길옹주	1754.7.25.	충북 단양군 대강면 용부원4리 산58-5번지(태봉)	함개는 산아래 당동리 152-17번지 민가로 이동
48	순조	1790.11.?.	충북 보은군 속리산면 사내리 산1-1번지(태봉)	
49	문조	1809.12.21.	경기도 포천시 영중면 성동2리 451-18번지(태봉산)/ 포천시 영중면 성동5리 640-1번지(영평천변 소공원)	
50	철종 원자	1859.2.25.	강원도 영월군 주천면 신일1리 산356·산356-1번지 (망산, 태봉산)	
51	순종	1874.6.8.	충남 홍성군 구항면 태봉리 366-38번지(태봉)	

1) 조선 전기의 태함

(1) 태종

ㅇ위치 : 경북 성주군 용암면 대봉2리 산65번지

태함은 도면과 유물로 확인된다. 이왕직의 『태봉(胎封)』에 '石函盖 (석함개)'와 '內瓮(내옹)'이라 적고 간략히 그린 실측도면이 있는데,[16] 석함개는 '함개'를, 내옹은 '함신'을 뜻한다.(그림 1-②·③) 이 도면에 의 하면, 함개는 한쪽 모서리가 말각된 평면 사각형으로 윗면과 아랫면이 모두 편평한 판석형(板石形)인데, 현재 깨어져 두 부분으로 분리되어 있 다.(사진 1, 그림 1-①) 또 함신은 평면 원형에 내부 큰 원형의 감실(龕 室)을 파고 그 가운데에 작은 구멍을 뚫었는데, 현존하지 않는다. 장태 시기는 1401년 10월 8일로 추정된다.[17]

 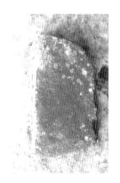

① 함개   ② 함개

〈사진 1〉 태종 태함(파손 분리)

---

16) 이왕직, 1928~1934, 『태봉』, 79쪽.

17) 심현용, 2010, 「성주지역 태실과 생명문화관 전시방안」, 『세종대왕자태실 생명문 화관 컨텐츠 및 전시 방향 모색을 위한 관련 전문가 초청 학술세미나』, 성주군, 48·51쪽.

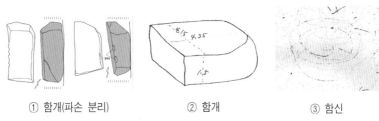

① 함개(파손 분리)   ② 함개   ③ 함신

〈그림 1〉 태종 태함 실측도(축적 부동)

(2) 화의군

∘ 위치 : 경북 성주군 월항면 인촌2리 산8번지

태함은 1977년 보수 시 조사된 사진으로 확인된다. 함개는 평면 사각형의 편평한 판석형이다. 함신은 평면 사각형으로 5개의 별석으로 구성되었는데, 네 면을 판석으로 엇갈리게 조립하여 큰 감실을 만들고, 그 바닥면에는 중앙에 평면 원형(단면 반원형)의 약간 큰 홈을 파고 다시 그 가운데에 작은 구멍을 관통한 판석을 끼웠다. 장태 시기는 1438년으로 추정된다.[18](사진 2, 그림 2)

① 함개   ② 함신(감실)   〈그림 2〉 화의군 태함
예상도

〈사진 2〉 화의군 태함

---

18) 심현용, 2014, 「성주 선석산 태실의 조성과 태실구조의 특징」, 『성주 세종대왕자 태실의 세계유산적 가치』, 경북대학교 영남문화연구원, 137쪽.

(3) 금성대군

◦위치 : 경북 성주군 월항면 인촌2리 산8번지

태함은 1977년 보수 시 사진으로 살펴볼 수 있다. 태함은 평면 사각형의 함신만 확인된다. 함신은 네 면을 판석으로 엇갈리게 조립하여 내부에 사각형의 큰 감실을 만들고, 그 바닥 중앙에 평면 원형(단면 반원형)의 약간 큰 홈을 파고, 그 가운데에는 작은 구멍을 관통한 판석을 끼웠다. 함신은 모두 5개의 별석으로 이루어져 있다. 장태 시기는 1438~1442년 사이로 추정된다.[19](사진 3-①)

① 함신(감실)   ② 함신(감실)

〈사진 3〉 금성대군(①)과 단종(②) 태함

(4) 단종

◦위치 : 경북 성주군 월항면 인촌2리 산8번지

태함은 1977년 보수 시 사진으로 확인된다. 태함은 평면 사각형의 함신만 확인되는데, 화의군과 금성대군의 함신과 동일하다. 장태 시기는 전술한 아기비의 명문으로 보아 1441년 윤11월 26일이다.(사진 3-②)

---

19) 심현용, 2014, 「성주 선석산 태실의 조성과 태실구조의 특징」, 『성주 세종대왕자 태실의 세계유산적 가치』, 경북대학교 영남문화연구원, 137쪽.

(5) 월산대군

◦위치 : 서울특별시 서초구 우면동 291-1번지

이곳에는 함개와 함신 상부의 일부가 지상으로 노출되어 있다. 함개는 평면 사각형으로 밑면은 편평하나, 윗면은 위로 올라갈수록 볼록하게 돌출되어 단면 오각형에 가깝다. 함신은 평면 사각형에 가까운 원형이며, 옆면은 위로 올라갈수록 내경(內頃)한 단지형이다. 장태 시기는 전술한 아기비의 명문으로 보아 1462년 5월 18일이다.(사진 4-①·②, 그림 3)

① 함개(윗면)　　② 태함(옆면)　　③ 태함

〈사진 4〉 월산대군(①·②)과 애기능(③)의 태함

 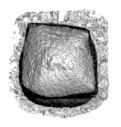

① 태함 정면도　　　② 태함 평면도

〈그림 3〉 월산대군 태함 실측도(3D스캔, 축적 부동)

(6) 애기능

。위치 : 서울특별시 성북구 안암동 5가 1-2번지(고려대학교 박물관 이전)

태함은 고려대학교 박물관 뒤쪽 언덕 위에 전시되어 있다. 함개는 평면 원형의 편평한 판석형이다. 그리고 함신은 평면에서 두 면은 직선이고 나머지 두 면은 둥근 원형으로 되어 있으나 전체적으로 원형에 가깝다. 함신 내부는 평면 원형의 감실을 깊게 파고 그 바닥 가운데에는 작은 구멍을 관통시켰다. 정확한 제작 시기는 알 수 없으나 15세기 중엽의 분청자인화문 태호가 출토된 것으로 보아 이때쯤으로 추정된다.[20](사진 4-③)

(7) 지축동

。위치 : 경기도 고양시 덕양구 지축동 7·13-1번지(이전)

태함은 함개만 확인되는데, 태봉산 아래 민가(民家)로 이동되었다. 함개는 평면 원형으로 상부는 둥글고 하부는 편평한 단면 반원형이다. 하부 내부는 평면 원형의 얕은 감실을 팠다. 장태 시기는 전술한 아기비의 명문으로 보아 1477년 6월 19일이다.(사진 5-①)

---

20) 전주이씨대동종약원(1999,『조선의 태실』Ⅲ, 5~7쪽)은 이 태함에서 고려대학교 박물관에 소장된 국보 제177호 분청사기인화문 태호(내·외호)가 출토되었다고 하였다. 그러나 필자가 고려대학교 박물관 배성환 학예연구사에게 확인한 결과, 이와 다름으로 바로잡고자 한다. 즉 당시 공사 중 애기능에서 2개소의 태실이 인접하여 발견되었는데, 국보 제177호 태호가 안치되었던 태함은 발견 당시 깨어져 있어서 버렸으며, 현재 고려대학교 박물관 야외에 전시된 태함에서 출토된 태호는 분청자인화문 태호였는데, 지금은 이 태호의 행방을 알 수 없으며, 당시 태지석도 찾아보았으나, 공사로 인해 결국 발견하지 못하였다고 한다.

① 함개(내부)   ② 함개(상면)   ③ 함개(측면)

〈사진 5〉 지축동(①)과 폐비윤씨(②·③)의 태함

(8) 폐비 윤씨

。위치 : 경북 예천군 용문면 내지리 산81번지

이곳에는 함개의 상부만 일부 지상에 노출되어있다. 함개는 평면 원형으로 상부는 둥글며, 하부가 안으로 약간 들어간 단면 반원형이다. 함신은 묻혀있어 알 수 없으나, 평면 원형의 원통형으로 내부에 평면 원형의 감실을 깊게 팠다고 한다.[21] 장태 시기는 태지석의 '景泰六年閏六月初一日生/ 王妃尹氏胎成化十四年十一/ 月十二日午時藏(앞)'라는 명문과 가봉비의 '王妃胎室(앞) 成化十四年十一月十二日(뒤)'라는 비문으로 보아 1478년 11월 12일이다.(사진 5-②·③)

(9) 원당리 1

。위치 : 경기도 광주시 퇴촌면 원당리 산10-1·산11-1번지

이곳에는 함개의 상부만 일부 지상에 노출되어있다. 함개는 평면 원형으로 상부는 둥글다. 이로 보아 하부가 편평한 단면 반원형으로 추정된다. 장태 시기는 전술한 아기비의 비문으로 보아 1481년 7월 21일이다.(사진 6-①)

---

21) 어릴 때 이 태함 내부에 들어가 놀았던 장면식(남, 1958년생, 경북 예천군 용문면 상금곡리 49-1번지)의 증언

(10) 삼태리 1

◦위치 : 경남 밀양시 무안면 삼태리 650번지(이전)

이곳에는 2기의 성종의 왕녀 태실이 있는데, 경남 기념물 제29호로 지정되었다. 태봉산 아래 마을에서 함개만 확인되는데, 이는 태봉산 정상의 남쪽 태실이 도굴되면서 이동된 것이다. 함개는 평면 원형으로 상부는 둥글고 하부는 편평한 옆면 반원형이다. 하부 내부는 평면 원형으로 얕게 감실을 팠다. 장태 시기는 전술한 아기비의 비문으로 보아 1481년 10월 9일이다.(사진 6-②)

① 함개(상부)　　　　　　　② 함개(내부)

〈사진 6〉 원당리(①)와 삼태리(②)의 함개

(11) 수견왕자

◦위치 : 전남 순천시 서면 학구리 산15~18번지

이곳에는 함개와 함신의 상부 일부가 지상에 노출되어 있다. 함개는 평면 원형으로 상부는 둥글고 하부는 편평한 단면 반원형이다. 함신은 상부 일부만 확인되지만, 평면 원형의 원통형이다. 장태 시기는 전술한 아기비의 명문으로 보아 1483년 10월 15일이다.(사진 7-①)

① 수견왕자 태함　　　　　　　　② 안양군과 완원군 태함

〈사진 7〉 수견왕자(①)와 안양군·완원군(②)의 태함

(12) 안양군과 완원군

◦ 위치 : 경북 상주시 모동면 상판2리 산51번지

이곳에는 태함의 함개 2개와 함신 1개가 확인된다. 함개는 상부만 일부 지상에 노출되어 있는데, 평면 원형으로 상부가 둥글다. 함신은 작은 구멍이 관통된 하부 일부가 노출되어 있다. 장태 시기는 안양군과 완원군 모두 1484년 10월 10일이다.[22](사진 7-②)

(13) 복란왕녀

◦ 위치 : 강원도 원주시 태장2동 1266-11번지(태봉우성 2차 아파트 복원)

국립춘천박물관에 소장되어 있다. 함개는 평면 원형으로 상부가 둥글고 하부가 편평한 단면 반원형이다. 함개의 하부 내부에는 평면 원형으로 얕은 감실을 팠다. 함신은 평면 원형의 원통형으로 내부에 평면 원형의 감실을 깊게 파고 그 바닥 가운데에는 작은 구멍이 관통되었다. 장태 시기는 태지석의 '皇明成化貳拾貳年拾/ 月拾參日辰時生/ 王女福蘭胎成化貳拾/ 貳年拾貳月貳拾玖/ 日藏(앞)'라는 명문과 전술한 아기비의 비문으로 보아 1486년 12월 29일이다.(사진 8, 그림 4)

---

22) 전주이씨대동종약원, 1999, 『조선의 태실』Ⅱ, 43·45쪽.

 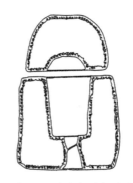

〈사진 8〉 복란왕녀 태함　　　〈그림 4〉 복란왕녀 태함 단면도

(14) 견석왕자

◦위치 : 경북 울진군 평해읍 삼달2리 산66번지

이곳에는 함개와 함신의 일부가 노출되어 있다. 함개는 평면 원형으로 상부가 둥글고 하부가 편평한 단면 반원형이다. 함개의 하부 내부에는 평면 원형의 얕은 감실을 팠다. 함신은 평면 원형의 원통형으로 내부에 평면 원형의 감실을 깊게 파고 그 바닥 가운데에는 작은 구멍을 관통시켰다. 장태 시기는 태지석의 '皇明成化二十二年十/ 二月初六日亥時生/ 王子堅石胎成化二十/ 三年四月初七日午/ 時藏(앞)'라는 명문과 전술한 아기비의 비문으로 보아 1487년 4월 7일이다.(사진 9)

① 태함　　　　　② 함개(측면)

〈사진 9〉 견석왕자 태함

(15) 승복왕녀

◦위치 : 경기도 양주시 남면 황방1리 산87-1번지

태함 중 함신은 태봉 우측 비탈에 떨어져 있고 함개는 태봉산 아래 민가에 이동되어 있다. 함개는 평면 원형으로 상부는 둥글고 하부는 편평한 단면 반원형이다. 함개의 하부 내부에는 평면 원형의 얕은 감실을 팠다. 함신은 심하게 파손되어 하부 일부만 남아있는데, 작은 구멍이 관통되었다. 이로 보아 함신은 평면 원형의 원통형으로 추정된다. 장태 시기는 전술한 태지석의 명문으로 보아 1492년 7월 17일이다.(사진 10)

① 함개(측면)   ② 함신(파손)[23]

〈사진 10〉 승복왕녀 태함

(16) 중종

◦위치 : 경기도 가평군 가평읍 상색1리 산112번지

이곳에는 태실이 잘못 복원되어 태함이 지상으로 노출되어 있다. 함개는 평면 원형으로 상부는 둥그나 정상부는 약간 편평하게 하였으며, 하부는 편평한 단면 반원형이다. 함개의 하부 내부에는 평면 원형의 얕은 감실을 팠다. 함신은 평면 원형의 원통형으로 내부에 평면 원형의 감실을 깊게 파고 그 바닥 가운데에 작은 구멍을 관통하였다. 장태 시기는

---

23) 전주이씨대동종약원, 1999, 『조선의 태실』 II, 64쪽.

전술한 아기비와 태지석의 명문으로 보아 1492년 9월 7일이다.(사진 11-①, 그림 5)

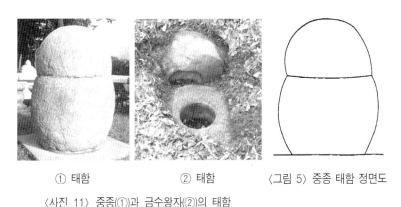

① 태함　　　　　② 태함　　　〈그림 5〉 중종 태함 정면도
〈사진 11〉 중종(①)과 금수왕자(②)의 태함

(17) 금수왕자

◦ 위치 : 경기도 남양주시 별내면 광전1리 산37-7·산38·산39-2번지

이곳에는 함개 상부 일부와 함신 상부 일부만 지상에 노출되어 있다. 함개는 내부에 평면 원형의 얕은 감실을 팠는데, 함개는 평면 원형에 단면 반원형으로 추정된다. 함신은 평면 원형의 원통형으로 내부에 평면 원형의 감실을 깊게 팠으며, 그 바닥 가운데에 작은 구멍을 관통하였다. 장태 시기는 전술한 아기비의 비문으로 보아 1493년 5월 4일이다.(사진 11-②)

(18) 원자 금돌이

◦ 위치 : 경북 상주시 화서면 상현2리 377-1번지

이곳에는 태함이 지상에 노출되어 있다. 함개는 평면 원형으로 상부를 둥글게 하였으나 정상부에서는 약간 편평하게 하였으며, 하부는 편평한 단면 반원형이다. 함신은 평면 원형의 원통형이다. 장태 시기는 전술

한 아기비의 비문으로 보아 1501년 7월 2일이다.(사진 12-①)

(19) 인수대군

∘ 위치 : 경북 문경시 가은읍 왕능2리 산30-1·산30-2번지

이곳에는 함개만 지상에 노출되어 있다. 함개는 평면 원형으로 상부는 둥글고 하부는 편평한 단면 반원형이다. 태지석의 '皇明弘治十四年五/月十四日午時生/ 大君仁壽阿只氏胎/ 弘治十四年九月十/ 二日丑時藏(앞)'라는 명문으로 보아 장태 시기는 1501년 9월 12일이다.(사진 12-②)

① 태함   ② 함개(측면)

〈사진 12〉 원자 금돌이(①)와 인수왕자(②)의 태함

(20) 인종

∘ 위치 : 경북 영천시 청통면 치일리 산24번지

함개는 평면 원형으로 상부가 둥글고 하부가 편평한 단면 반원형이며, 내부에는 평면 원형의 얕은 감실을 팠다. 함신은 평면 원형의 원통형으로 내부에 평면 원형의 감실을 깊게 파고 그 바닥 가운데에 작은 구멍을 관통하였다. 장태 시기는 전술한 태지석의 명문으로 보아 1521년 1월 17일이다.(사진 13, 그림 6)

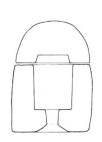

① 태함　　　　　　　② 함신　　　〈그림 6〉 인종 태함 단면도

〈사진 13〉 인종 태함

(21) 옥혜공주

∘ 위치 : 충남 부여군 규암면 함양리 97번지(이전)

이곳에는 태함이 태봉산 아래 마을에 이동되어 있다. 함개는 평면 원형으로 상부가 둥글고 하부가 편평한 단면 반원형이며, 함개 하부의 내부에는 평면 원형으로 얕은 감실을 팠다. 함신은 평면 원형의 원통형으로 내부에 평면 원형의 감실을 깊게 팠다. 장태 시기는 전술한 아기비와 태지석의 명문으로 보아 1523년 윤4월 13일이다.(사진 14-①)

① 태함　　　　　　　　　② 태함[24]

〈사진 14〉 옥혜공주(①)와 덕양군(②)의 태함

---

24) 전주이씨대동종약원, 1999, 『조선의 태실』Ⅱ, 76쪽.

(22) 덕양군

◦위치 : 경북 경주시 인왕동 76번지(국립경주박물관 이전)

태함은 국립경주박물관에 소장되어 있다. 함개는 평면 원형으로 상부가 둥글고 하부가 편평한 단면 반원형이며, 함개 하부의 내부에는 평면 원형으로 얕은 감실을 팠다. 함신은 평면 원형의 원통형으로 내부에 평면 원형의 감실을 팠다. 장태 시기는 전술한 태지석의 명문으로 보아 1528년 3월 13일이다.(사진 14-②)

(23) 인순공주

◦위치 : 경기도 김포시 월곶면 조강1리 산58-4번지

이곳은 함개의 일부가 노출되어 있다. 함개는 평면 원형으로 상부가 둥글고 하부는 편평한 단면 반원형이다. 장태 시기는 전술한 아기비의 비문으로 보아 1544년 ?월 ?일이다.(사진 15-①)

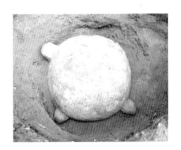

① 함개(측면)   ② 함개(상면)

〈사진 15〉 인순공주(①)와 광해군(②)의 함개

(24) 광해군

◦위치 : 대구광역시 북구 연경1동 산135·산136-1번지

이곳은 태함이 일부 노출되어 있다. 함개는 평면 원형으로 상부가 둥

글고 하부가 편평한 단면 반원형으로 옆면에는 4개의 돌기(귀)가 장식되어 있으나 1개는 파손되었다. 장태 시기는 전술한 아기비와 태지석의 명문으로 보아 1581년 4월 1일이다.(사진 15-②)

(25) 신성군

∘위치 : 경기도 김포시 월곶면 고막1리 212번지

이곳은 함개만 노출되어 있다. 함개는 평면 원형으로 상부가 둥글고 하부가 편평한 단면 반원형으로 옆면에는 4개의 돌기가 장식되어 있으나 1개는 파손되었다. 장태 시기는 전술한 아기비의 비문으로 보아 1584년 7월 25일이다.(사진 16, 그림 7)

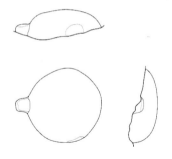

〈사진 16〉 신성군 함개(상면)　　〈그림 7〉 신성군 함개 평면도 및 측면도

(26) 인성군

∘위치 : 충북 청주시 상당구 문의면 산덕리 411번지

함개는 평면 원형으로 상부가 둥글고 하부가 편평한 단면 반원형으로 옆면에는 4개의 돌기가 장식되어 있으며, 하부의 내부에는 평면 원형으로 얕은 감실을 팠다. 함신은 평면 방형의 원통형으로 측면에 4개의 돌기가 장식되어 있다. 함신 내부에 평면 원형의 감실을 깊게 파고 그 바닥 가운데에 작은 구멍을 관통시켰다. 장태 시기는 전술한 아기비와 태

지석의 명문으로 보아 1589년 2월 25일이다.(사진 17, 그림 8)

① 함개(내부)   ② 함신(내부)   〈그림 8〉 인성군 태함 단면도

〈사진 17〉 인성군 태함

2) 조선 후기의 태함

(1) 산현리

∘위치 : 강원도 원주시 호저면 산현리 산42·산42-3번지

함개는 평면 원형으로 상부는 둥글고 하부가 편평한 단면 반원형이며, 함개 하부의 내부에는 평면 원형으로 얕은 감실을 팠다. 함신은 평면 원형의 원통형으로 내부에 평면 원형의 감실을 깊게 파고 그 바닥 가운데에는 작은 구멍을 관통시켰다. 장태 시기는 전술한 아기비의 비문으로 보아 1601년 4월 30일이다.(사진 18)

 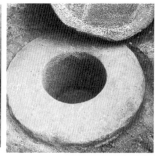

① 함개(상면)   ② 함신(내부)

〈사진 18〉 산현리 태함[25]

(2) 경평군

◦ 위치 : 대전광역시 중구 문화동 145-3번지(대전시 향토사료관 이전)

태함은 대전광역시 향토사료관 앞 마당에 전시되어 있다. 함개는 평면 원형으로 상부는 둥글고 하부가 편평한 단면 반원형이며, 함개 하부의 내부에 평면 원형으로 얕은 감실을 팠다. 함신은 평면 원형의 원통형으로 내부에 평면 원형의 감실을 깊게 파고 그 바닥 가운데에 작은 구멍을 관통시켰다. 태지석의 '皇明萬曆二十八年六月十八日寅時生/ 王子 阿只氏胎(앞) 皇明萬曆三十六年十月初七日藏(뒤)'라는 명문으로 보아 장태 시기는 1608년 10월 7일이다.(사진 19, 그림 9)

 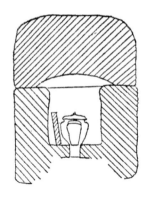

〈사진 19〉 경평군 태함   〈그림 9〉 경평군 태함 단면도

(3) 용성대군

◦ 위치 : 광주광역시 북구 용봉동 1004-4번지(광주시립민속박물관 이전)

태함은 광주시립민속박물관 앞 마당에 전시되어 있다. 함개는 평면 원형으로 상부는 둥글고 하부는 안으로 약간 들어간 단면 반원형이며, 함신은 평면 원형의 원통형으로 내부에 평면 원형의 감실을 깊게 파고

---

25) 전주이씨대동종약원, 1999, 『조선의 태실』II, 103쪽.

그 바닥 가운데에 작은 구멍을 관통시켰다. 태지석의 '皇明天啓四年九月初三日辰時誕生/ 王男大君阿只氏胎/ 天啓五年三月二十五日藏(앞)'라는 명문으로 보아 장태 시기는 1625년 3월 25일이다.(사진 20-①)

① 태함   ② 함개(내부)26)

〈사진 20〉 용성대군(①)과 현종(②)의 태함

(4) 현종

◦ 위치 : 충남 예산군 신양면 황계리 189-20·189-21번지

이곳에는 함개만 일부 노출되어 있다. 함개는 평면 원형으로 하부 내부에는 평면 원형의 얕은 감실을 팠다. 장태 시기는 전술한 아기비의 명문으로 보아 1647년 ?월 ?일이다.(사진 20-②)

(5) 숙명공주와 숙경공주

◦ 위치 : 경북 김천시 지례면 관덕1리 산68번지

태함은 그림으로만 살펴 볼 수 있는데, 모두 같은 모양을 하고 있다. 함개는 평면 원형으로 상부가 둥글고 하부가 편평한 단면 반원형으로 측면에는 4개의 돌기가 장식되어 있다. 함신은 평면 원형의 원통형으로 내부에 평면 원형의 감실을 깊게 파고 그 바닥 가운데에 작은 구멍을 관통

---

26) 전주이씨대동종약원, 1999, 『조선의 태실』I, 73쪽.

했다. 장태 시기는 전술한 아기비의 비문으로 보아 1660년 10월 2일이다.(그림 10)

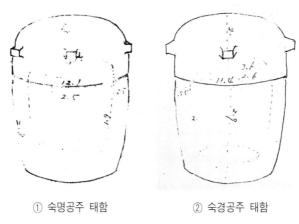

① 숙명공주 태함   ② 숙경공주 태함

〈그림 10〉 숙명공주(①)와 숙경공주(②)의 태함 실측도(축적 부동)[27]

(6) 숙종 왕녀

◦ 위치 : 경기도 안산시 상록구 사1동 1586-1번지(안산문화원 이전)

태함은 현재 안산문화원으로 이전되어 있다. 함개는 평면 원형으로 상부가 둥글고 하부가 안으로 얕게 파인 단면 반원형으로 측면에는 4개의 돌기가 장식되어 있다. 함신은 평면 원형의 원통형으로 내부에 평면 원형의 감실을 팠으며, 바닥에는 구멍이 없고 외부 측면에도 돌기가 없다. 장태 시기는 제2부 Ⅱ장에서 전술한 바와 같이 『태봉등록』으로 보아[28] 1675~1696년 1월 21일 사이이다.(사진 21-①)

---

27) 이왕직, 1928~1934, 『태봉』, 65·69쪽.
28) 『태봉등록』숙종조 병자(1696, 숙종 22) 정월 21일·정월 22일·2월 15일.

① 숙종 왕녀(태함)   ② 영조(태함)   ③ 영조(함개 상면)

〈사진 21〉 숙종 왕녀(①)와 영조(②·③)의 태함

(7) 영조

◦위치 : 충북 청주시 상당구 낭성면 무성1리 산6-1번지(이전)

청주시 문의문화재단지 내 문화유물전시관에 전시되어 있다. 함개는
평면 원형으로 상부의 정상부가 뾰족하고 하부는 편평하여 단면 오각형에
가까운 원뿔형이다. 함신은 평면 원형의 원통형으로 함신 윗면에는 뚜껑
받이 턱이 있고 내부는 평면 원형의 감실을 깊게 팠으나, 바닥면의 평면
형태는 사각형이다. 그러나 바닥 가운데에는 구멍이 없다. 장태 시기는 전
술한 아기비의 명문으로 보아 1695년 1월 28일이다.(사진 21-②·③)

(8) 연령군

◦위치 : 충남 예산군 대술면 궐곡1리 80번지(함신 이전)
　　　　대전광역시 유성구 궁동 220번지(함개 이전)

태함은 함신만 태봉산 아래의 민가(民家)에, 함개는 충남대학교 중앙도
서관 앞 뜰에 옮겨져 있다. 함개는 평면 원형으로 상부가 둥글고 하부가 안
으로 얕게 파인 단면 반원형으로 측면에는 4개의 돌기가 장식되어 있다. 함
신은 위가 넓고 아래가 좁은 상광하협(上廣下狹)의 절구형으로 평면 원형
이며, 내부는 평면 원형의 감실을 깊게 팠는데, 상광하협의 형태를 하고 있
다. 바닥 가운데에는 작은 구멍을 관통시키지 않고 얕게 팠다. 장태 시기는

『태봉등록』의 기록으로 보아[29] 1699년 9월 29일이다.(사진 22, 그림 11)

① 함신(측면)　　② 함개(측면·내부)　　〈그림 11〉 연령군 함신 단면도

〈사진 22〉 연령군 함신

(9) 화억옹주

◦ 위치 : 경기도 연천군 미산면 유촌3리 산127번지

태함은 일부 노출되어 있는데, 함개는 평면 원형으로 상부에 보주를
부착한 단면 원뿔형이다. 함신은 평면 원형의 원통형으로 추정되는데,
내부에 평면 원형의 큰 감실을 팠으며, 내부 바닥에는 작은 구멍을 관통
시켰다. 장태 시기는 전술한 아기비의 명문으로 보아 1728년 10월 8일
이다.(사진 23-①)

(10) 영조 6왕녀

◦ 위치 : 경기도 안성시 원곡면 성은1리 산30·산31번지

태함은 태봉산 아래 노인회관 앞 마당에 이동되어 있다. 함개는 평면
원형으로 옆면을 수직으로 하고 상부로 올라갈수록 뾰족하게 하였으며,
하부는 편평한 단면 원뿔형으로 상부에 연봉형 보주를 장식하였다. 함신
은 평면 원형의 원통형이다. 장태 시기는 전술한 아기비의 비문으로 보
아 1732년 3월 27일이다.(사진 23-②·③)

---

29) 『태봉등록』숙종조 기묘(1699, 숙종 25) 윤7월 초4일·10월 초3일.

① 태함　　　　② 태함　　　　③ 함개(상면)

〈사진 23〉 화억옹주(①)와 영조 6왕녀(②·③)의 태함

(11) 화협옹주

∘ 위치 : 강원도 춘천시 신북읍 용산2리 791·산1번지

이곳에는 함신만 노출되어 있다. 함개는 평면 원형으로 측면을 수직
으로 하고 하부는 편평한 단면 원뿔형으로 상부에 보주를 장식하였는데,
보주는 파실되어 평면 사각형의 흔적만 확인된다. 장태 시기는 전술한
아기비의 명문으로 보아 1733년 5월 24일이다.(사진 24)

① 함개(상면)　　　　　　② 함개(측면)

〈사진 24〉 화협옹주 함개

(12) 장조

○위치 : 경북 예천군 상리면 명봉리 산2번지

함개는 평면 원형이며, 측면을 수직으로 하고 상부는 둥근데 정상부가 약간 뾰족하고, 하부는 편평하나 가운데 부분이 약간 오목하게 들어가서 단면 오각형에 가까운 원뿔형이다. 함신은 평면 원형의 원통형으로 내부에 평면 원형의 감실을 파고 그 바닥 가운데에 작은 구멍을 관통시켰다. 태지석의 '擁正十三年正月二十一日丑時生元子阿只氏胎(앞) 擁正十三年閏四月初四日巳時藏(뒤)'라는 명문으로 보아 장태 시기는 1735년 윤4월 4일이다.(사진 25, 그림 12)

  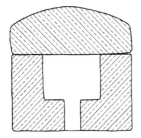

① 함개(상면) ② 함신(측면) ③ 함신(내부)

〈사진 25〉 장조 태함

 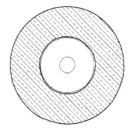

① 태함 단면도 ② 함신 평면도

〈그림 12〉 장조 태함 실측도(축적 부동)

(13) 영조 8왕녀

◦위치 : 경기도 포천시 소흘읍 무봉2리 480-1번지(마을회관 이전)

태함은 무봉2리 마을회관 앞에 이동되어 있다. 함개는 평면 원형으로, 측면을 수직으로 하고 상부는 나지막하게 둥글며, 하부는 편평하여 단면 원뿔형으로 상부에는 아주 낮게 돌출된 평면 원형의 보주가 있다. 함신 은 평면 원형의 원통형이다. 장태 시기는 전술한 아기비의 비문으로 보 아 1735년 11월 26일이다.(사진 26)

① 태함   ② 함개(상부)

〈사진 26〉 영조 8왕녀 태함

(14) 화완옹주

◦위치 : 경기도 포천시 신북읍 만세교1리 산13-2번지

태함의 함개만 노출되어 있다. 함개는 평면 원형으로 옆면을 수직으 로 하고 상부는 나지막하게 둥글며, 하부는 편평하여 단면 원뿔형으로 상부에는 아주 낮게 돌출된 평면 원형의 보주가 있다. 장태 시기는 전술 한 아기비의 비문으로 보아 1738년 3월 26일이다.(사진 27)

① 함개(측면)　　　　　　② 함개(상면)

〈사진 27〉 화완옹주 함개

(15) 화유옹주

∘위치 : 충남 당진군 순성면 성북1리

태함은 함신의 일부만 사진으로 확인된다. 함신은 원통형으로 추정되며, 내부에 한 면이 둥근 사각형의 감실을 팠다. 태지석의 '乾隆五年庚申九月二十九日生/ 翁主阿只氏胎/ 藏于唐津郡順城面/ 昭和四年　月日移藏(앞)'라는 명문으로 보아 장태 시기는 1740년 11월 28일이다.(사진 28)

① 함신(내부)　　　　　　② 함신(내부)

〈사진 28〉 화유옹주 함신[30]

---

30) 전주이씨대동종약원, 1999, 『조선의 태실』Ⅱ, 125·126쪽.

(16) 의소세손

◦위치 : 경북 영주시 고현동 산7번지

함개는 평면 원형으로 옆면을 수직으로 하고 하부는 안쪽으로 얕게 파내어서 바닥이 들린 모습의 단면 원뿔형으로 상부에는 무문의 원좌가 있는 보주를 장식하였다. 함신은 평면 원형의 원통형으로 내부에 전방후원형 감실을 깊게 팠으며, 그 바닥 가운데에 작은 구멍을 관통했다. 태지석의 '庚午八月二十七日丑時生元孫阿只氏胎(앞) 乾隆十五年十二月二十五日午時藏(뒤)'라는 명문으로 보아 장태 시기는 1750년 12월 25일이다.(사진 29, 그림 13)

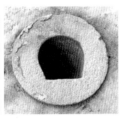

〈그림 13〉 의소세손 태함 단면도

① 태함(상면)   ② 함신(내부)

〈사진 29〉 의소세손 태함

(17) 정조

◦위치 : 강원도 영월군 영월읍 정양리 산133·산134번지(이전)

태함은 사진과 실측도면으로 확인된다. 함개는 평면 원형으로 옆면을 수직으로 하고 하부는 편평하여 단면 원뿔형으로 상부에는 약간 돌출된 보주의 흔적만 있다. 함신은 평면 원형의 원통형으로 내부의 감실은 평면 형태는 알 수 없고 단면만 확인되는데,31) 단을 이룬 상광하협의 감실

---

31) 윤석인(2013, 「조선 정조대왕 태실 연구 -태실석물의 구조와 봉안유물의 특징-」, 『문화재』46-1, 국립문화재연구소, 85쪽)은 함신 내부 중앙에 평면 원형의 감실

을 깊게 팠으며, 그 바닥 가운데에는 작은 구멍을 팠으나 관통하지는 않
았다. 장태 시기는 전술한 아기비의 명문으로 보아 1753년 1월 21일이
다.(사진 30, 그림 14)

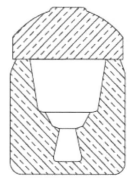

〈사진 30〉 정조 태함[32)   〈그림 14〉 정조 태함 단면도

(18) 화령옹주

◦ 위치 : 충남 예산군 대흥면 동서리 106-1번지(대흥동헌 이전)

태함은 대흥면사무소 옆 대흥군의 옛 관아인 대흥동헌 내에 전시되어
있다. 함개는 평면 원형으로 옆면을 수직으로 하고 하부는 편평한 단면
원뿔형으로 상부에는 보주를 장식하였다. 함신은 평면 원형의 원통형으
로 내부는 평면 전방후원형의 감실을 깊게 팠으며, 그 바닥 가운데에는
작은 구멍을 관통하였다. 장태 시기는 전술한 아기비의 명문으로 보아
1753년 5월 13일이다.(사진 31, 그림 15)

이 파였다고 하였는데, 복원 시 함신 내부를 본 영월군청 안병윤 문화재팀장의 증
언에 의한 것이라 한다. 그러나 기억이 부정확하고, 또 이 시기의 감실 형태와 다
르므로 필자는 이 시기에 나타나는 일단벽 호형의 사각형으로 추정하고자 한다.
32) 전주이씨대동종약원, 1999, 『조선의 태실』Ⅰ, 93쪽.

〈사진 31〉 화령옹주 태함

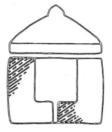
① 태함 단면도

② 함신 평면도

〈그림 15〉 화령옹주 태함 실측도

(19) 화길옹주

◦위치 : 충북 단양군 대강면 용부원4리 산58-5번지(함신),
충북 단양군 대강면 당동리 152-17번지(함개 이전)

함신은 도로의 개설로 태봉산 정상에서 약간 아래로 이동되어 있으며, 함개는 산 아래 민가에 이동되어 있다. 함개는 평면 원형이며, 옆면을 수직으로 한 단면 원뿔형으로 상부에는 보주를 장식하였다. 함신은 상면이 노출되었는데, 평면 원형의 원통형으로 내부에 전방후원형 감실을 깊게 팠으며, 그 바닥 가운데에는 작은 구멍을 관통하였다. 장태 시기는 전술한 아기비의 명문으로 보아 1754년 7월 25일이다.(사진 32-①·②)

① 함개(측면)

② 함신(내부)

③ 태함[33]

〈사진 32〉 화길옹주(①·②)와 순조(③)의 태함

---

33) 이규상, 2005, 『한국의 태실』, 청원문화원, 106쪽.

(20) 순조

◦위치 : 충북 보은군 속리산면 사내리 산1-1번지

태함은 사진으로만 확인된다. 함개는 평면 원형으로 상부는 약간 뾰족하면서 둥글고 옆면은 수직이나 약간 둥글며, 하부는 편평하여 단면 원뿔형이다. 함신은 평면 원형의 원통형이다. 태지석의 '乾隆五十五年庚戌六月/ 十八日生/ 純祖肅皇帝胎/ 乾隆五十五年庚戌十一月/ 藏于報恩郡俗離面/ 昭和四年 月 日移藏(앞)'라는 명문으로 보아 장태 시기는 1790년 11월 ?일이다.(사진 32-③)

(21) 문조

◦위치 : 경기도 포천시 영중면 성동5리 640-1번지(영평천변 소공원
　　　　이전)

태실이 훼손되어 태실 석물들이 영평천 변 소공원에 옮겨져 있다. 함신만 확인되는데, 함신은 평면 원형의 원통형으로 내부에 큰 원형의 감실을 파고 그 바닥 가운데에 작은 구멍을 관통했다.『원자아기씨장태의궤(元子阿只氏藏胎儀軌)』(1809)의 기록으로 보아 1809년 8월 초9일 신시에 태어나고 1809년 12월 21일에 장태되었다. 그러므로 태함은 장태시 제작되었다.(사진 33)

① 함신(측면)　　　　② 함신(내부)

〈사진 33〉 문조 함신

(22) 철종 원자

◦위치 : 강원도 영월군 주천면 신일1리 산356·산356-1번지

함개만 노출되어 있다. 함개는 평면 원형으로 옆면을 수직으로 하고 상부 모서리는 약간 말각하였으며, 윗면이 편평한 긴 직사각형의 판석형이다. 이 태실의 조성시기에 대해서 서삼릉 출토 태지석에는 '咸豊元年辛亥生/ 王子阿只氏胎/ 咸豊元年辛亥二月/ 藏于寧越郡兩邊面/ 昭和四年 月 日移藏(앞)'라고 기록되어 있고, 『원자아기씨장태의궤(元子阿只氏藏胎儀軌)』(1859)에는 "무오년(1858) 10월 17일 신시에 탄생한 원자아기씨의 일등 태봉을 강원도 원주부 주천면 복결산 아래 임좌 병향으로 낙점하였으며, 태를 묻을 길일과 길시는 오는 기미년(1859) 2월 25일 오시입니다."라 하여 서로 다르게 기록되어있다.

그러나 태봉산 아래 있는 금표비에 '禁標(앞) 咸豊九年二月 日(뒤)'라는 명문으로 보아 1858년 10월 17일 출생한[34] 철종의 원자로 1859년(철종 10)에 장태한 『원자아기씨장태의궤』(1859)의 기록이 옳다. 그러므로 일제강점기 서삼릉으로 이안하면서 태지석을 다시 만들어 넣을 때 오기(誤記)를 한 것이다. 장태 시기는 1859년 2월 25일이다.(사진 34-①)

① 함개(상면·측면)　　　　② 함개(측면·내부)[35]

〈사진 34〉 철종 원자(①)와 순종(②)의 태함

---

34) 『철종실록』철종 9년(1858) 10월 17일(기미).
35) 전주이씨대동종약원, 1999, 『조선의 태실』Ⅰ, 111쪽.

(23) 순종

◦위치 : 충남 홍성군 구항면 태봉리 366-38번지

태함은 사진으로 함개만 확인된다. 함개는 구항초등학교에 옮겨져 있었으나, 지금은 공사로 학교 주변에 매몰되었다. 함개는 평면 원형으로 옆면이 수직이며, 윗면은 편평하고 아랫면은 안쪽으로 평면 원형의 얕은 감실을 판 단면 긴 직사각형의 판석형이다. 함신은 『원자아기씨장태의궤(元子阿只氏藏胎儀軌)』(1874)로 알 수 있는데, 원통형에 평면 원형 감실을 파고 그 바닥에는 구멍을 뚫은 것으로 추정된다. 장태 시기는 『원자아기씨장태의궤』(1874)의 기록으로 보아 1874년 6월 8일이다.(사진 34-②)

2. 태함의 유물별 형식 분류와 편년

이 장에서는 장태 연대와 태함의 형상을 바탕으로 태함의 유형을 분류하고, 시기별로 그 변화과정을 찾아 태함의 형식과 변천을 분석해 보기로 하겠다.

태함은 개석(蓋石)인 함개(函蓋)와 신석(身石)인 함신(函身)으로 구성되며, 함개와 함신 모두 시간적인 변화상을 잘 보여주고 있어 편년의 결정적 속성으로 축출하였으며, 다음과 같이 형식을 설정해 보았다.

1) 유물별 형식 분류

(1) 함개의 형식 분류

함개는 일석으로 만들었으며, 크게 판석형과 반구형 및 원뿔형으로 나누어지며, 각 형태는 다시 그 세부적인 속성에 의해서 <사진 35>와 같이 분류된다.

A-1형 (사각형의 판석형)	A-2형 (사각형의 볼록 판석형)	A-3형 (원형의 판석형)
B형 (반구형)	C형 (귀반구형)	D-1형 (무보주 원뿔형)	D-2형 (유보주 원뿔형)

〈사진 35〉 함개의 유형 분류

o A형 - 판석형(板石形)으로 함개의 평면이 사각형과 원형으로 나뉜다. 평면 사각형은 단면에 의해, 윗면과 아랫면이 모두 편평하여 단면 직사각형[1형]과 아랫면은 편평하나 윗면의 상부가 볼록하게 올라와 단면 오각형(五角形)[2형]으로 구분된다. 그리고 평면 원형인 것은 윗면과 아랫면이 모두 편평하여 단면 직사각형[3형]이다.

o B형 - 반구형(半球形)으로 함개의 평면이 원형이다. 이는 상부가 둥글고 하부가 편평하며, 하부 내부에는 위로 얕은 감실(龕室)을 판 단면 반원형(半圓形)이다.

o C형 - 반구형으로 함개의 평면이 원형이다. 이는 상부가 둥글고 하부가 편평하며, 하부 내부에는 위로 얕은 감실을 판 단면 반원형이나, 옆면 네 곳에 4개의 돌기[耳]가 장식된 귀반구형이다.

o D형 - 원뿔형[圓錐形]으로 함개의 평면이 원형이고 옆면은 수직이며, 하부에서 상부로 갈수록 뾰족하고 하부는 편평하여 단면 오각형에 가깝다. 이는 다시 정상부에 연봉형 보주가 장식되지 않은 것[1형]

과 장식된 것[2형]으로 구분된다.

(2) 함신의 형식 분류

함신(函身)은 대부분 일석으로 만들었으나, 별석으로 제작되기도 한다. 형태에 따라 상자형, 원통형, 귀원통형과 절구형으로 구분되는데, <사진 36>과 같이 분류할 수 있다.

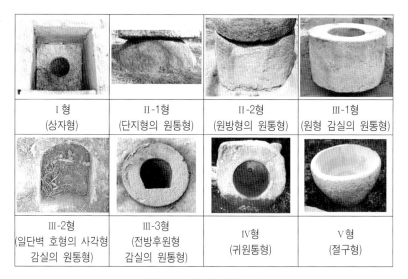

Ⅰ형 (상자형)	Ⅱ-1형 (단지형의 원통형)	Ⅱ-2형 (원방형의 원통형)	Ⅲ-1형 (원형 감실의 원통형)
Ⅲ-2형 (일단벽 호형의 사각형 감실의 원통형)	Ⅲ-3형 (전방후원형 감실의 원통형)	Ⅳ형 (귀원통형)	Ⅴ형 (절구형)

〈사진 36〉 함신의 유형 분류

○ Ⅰ형 - 함신이 상자형(箱子形)으로 평면 사각형이며, 단면은 직사각형이다. 내부 감실(龕室)의 평면이 사각형으로 감실의 바닥 가운데에는 평면 원형(단면 반원형)의 약간 큰 홈을 파고 다시 그 안에 다시 작은 구멍을 관통(貫通)하였다.

○ Ⅱ형 - 함신이 원통형(圓筒形)[①]으로 평면은 사각형에 가까운 원형이며, 옆면은 상부로 올라가면서 안쪽으로 좁아지는 단지형[1형]과

평면의 두 면은 직선이나 나머지 두 면은 둥글어 원형에 가까운 원방형(圓方形)[2형]이 있다.

○ Ⅲ형 - 함신이 원통형[②]으로 평면 원형이다. 또 내부 감실의 평면 형태에 의해 원형[1형]과 한 면이 둥글고 나머지 세 면이 직선인 일단벽 호형(弧形)의 사각형[2형] 및 한 면이 직선이고 나머지 세 면이 둥근 전방후원형(前方後圓形)[3형]으로 세분된다. 감실 바닥 가운데에는 작은 구멍을 관통시켰다.

○ Ⅳ형 - 함신이 원통형으로 평면 원형이며, Ⅲ형과 동일하나 옆면 네 곳에 4개의 돌기[耳]가 달린 귀원통형이다. 내부 감실의 평면 형태는 원형으로 바닥 가운데에는 작은 구멍을 관통시켰다.

○ Ⅴ형 - 함신이 절구형으로 평면 원형이며, 단면은 상부가 넓고 하부가 좁은 상광하협(上廣下狹)의 사다리꼴형이다. 내부의 감실도 평면 원형으로 상부가 넓고 하부는 좁으며, 그 바닥 가운데에 작은 구멍을 팠으나 관통하지 않았다.

2) 유물별 양식과 편년

전술한 형식 분류에 의해 각 유물별 속성을 분석해보면, <표 2>와 같다. 그리고 태함의 각 유물별 속성에 따라 순서배열한 후, 그 속에서 편년적으로 의미있는 속성을 가려내고 각 속성상태의 변화 시기를 살펴 양식 단계를 설정해 보겠다.

〈표 2〉 함개와 함신의 속성 분석

변화속성 / 태주·장태일	함개 판석형 평면사각형 단면편평	함개 판석형 평면사각형 단면볼록	함개 판석형 평면원형 단면편평	함개 반구형	함개 귀반구형	함개 원뿔형 무보주	함개 원뿔형 유보주	함신 상자형 사각형감실	함신 원통형①(외부) 단지형	함신 원통형①(외부) 원방형	함신 원통형②(내부) 원형감실	함신 원통형②(내부) 일단벽호형의 사각형감실	함신 원통형②(내부) 전방후원형감실	함신 귀원통형 원형감실	함신 절구형 원형감실
태 종 1401.10.8.	■										■				
화의군 1425.9.5.	■							■							
금성대군 1426.3.28.	□							■							
단 종 1441.11.26.	□							■							
월산대군 1462.11.18.		□							■						
애기능 15C 중엽			■							■					
지축동 1477.6.19.				■							□				
폐비윤씨 1478.11.12.				■							□				
원당리 1481.7.21.				■							□				
삼태리 1 1481.10.9.				■							□				
수건왕자 1483.10.15.				■							■				
안양군/완원군 1484.10.8.				■							■				
복란왕녀 1486.12.29.				■							■				
건석왕자 1487.4.7.				■							■				
승복왕녀 1492.7.17.				■							■				
중 종 1492.9.7.				■							■				
금수왕자 1493.5.4.				■							■				
금돌이 1501.7.2.				■							■				
인수왕자 1501.9.12.				■							■				
인 종 1521.1.17.				■							■				
옥혜공주 1523.윤4.13.				■							■				
덕양군 1528.3.13.				■							■				

인순공주	1544.?.?.				■						□						
광해군	1581.4.1.					■								■		
신성군	1584.7.25.					■								□		
인성군	1589.2.25.					■								■		
산현리	1601.4.30.			■							■					
경평군	1608.10.7.			■							■					
용성대군	1625.3.25.			■							■					
현 종	1647.?.?.					■					□					
숙명공주/숙경공주	1660.10.2.					■					■					
숙종 왕녀	1676~1696.1.21.					■					■					
영 조	1695.1.28.						■				■					
연령군	1699.9.29.					■										■
화억옹주	1728.10.8.							■			■					
영조6왕녀	1732.3.27.							■			■					
화협옹주	1733.5.24.							■			□					
장 조	1735.윤4.4.						■				■					
영조8왕녀	1735.11.26.							■			■					
화완옹주	1738.3.26.							■			□					
화유옹주	1740.11.28.							□				■				
의소세손	1750.12.25.							■					■			
정 조	1753.1.21.							■					■			
화령옹주	1753.5.13.							■					■			
화길옹주	1754.7.25.							■					■			
순 조	1790.11.?.						■				■					
문 조	1809.8.9.						□				■					
철종원자	1859.2.25.		■							□						
순 종	1874.6.8.		■							□						

(1) 함개의 양식과 편년

① Ⅰ단계

a. Ⅰ-①단계

이 시기의 함개는 A1형(평면 사각형의 판석형 함개)만 나타난다. 윗·아랫면이 편평한 판석형으로 평면은 사각형이다. 이러한 함개는 고려 인종 태실에서 처음 나타나는데, 조선 초에도 여전히 고려시대의 양식을 계승하고 있음을 보여준다.

이 단계에는 태종, 화의군, 금성대군과 단종 등 모두 4기가 보이므로 제작 시기는 15세기 1/4분기(1401)~15세기 2/4분기(1441)이다.(사진 1~3·38, 그림 1-①·2)

b. Ⅰ-②단계

이 시기에는 A2형(평면 사각형의 볼록 판석형 함개)와 A3형(평면 원형의 판석형 함개)가 나타난다. 이는 앞 시기의 모양이 다음 단계로 변해가는 과도기의 과정을 보여준다. 즉 A2형 함개(월산대군)는 판석형이나 상부가 위로 올라가면서 볼록해지는 단면 오각형으로 평면은 사각형이다. 이는 앞 시기의 사각형 함개를 이어받는 것으로 상부가 볼록해지는 것은 다음 시기에 나타나는 반구형의 함개로 가는 과도기의 과정을 보여주는 것이다. 그리고 A3형 함개(애기능)는 평면 원형이고 위·아랫면이 편평한 판석형으로 앞 시기의 함개 양식을 계속 이어받았다. 하지만 평면이 사각형에서 원형으로 변화기 시작한다.

이 단계에는 월산대군과 애기능 등 모두 2기가 보이므로 그 제작 시기는 15세기 3/4분기(1462)~15세기 중엽이다.(사진 4·38, 그림 3)

② Ⅱ단계

a. Ⅱ-①단계

이 시기의 함개는 B형(반구형 함개)의 새로운 형태가 출현하여 지속된다. 함개는 단면 반원형으로 평면은 원형이다. 이 시기부터 판석형이 완전히 반구형으로 정착된다.

이 단계에는 지축동을 시작으로 폐비 윤씨, 원당리, 삼태리 1, 수건왕자, 안양군, 완원군, 복란왕녀, 견석왕자, 승복왕녀, 중종, 금수왕자, 원자 금돌이, 인수왕자, 인종, 옥혜공주, 덕양군 및 인순공주 등 모두 18기가 보이므로 제작 시기는 15세기 4/4분기(1477)~16세기 2/4분기(1544)이다.(사진 5~15-①·38, 그림 4~6)

b. Ⅱ-②단계

이 시기의 함개는 C형(귀반구형 함개)으로 다시 새로운 형태가 창출된다. 앞 시기와 동일하게 평면 원형의 반구형이나 옆면에 4개의 돌기[귀]가 새로 장식된다. 이렇게 함개에 돌기가 있는 것은 함개와 함신을 줄로 묶거나 옮길 때 잡기 쉽게 하기 위한 것으로 보이며, 태호의 뚜껑과 동체를 묶는 것에서 그 아이디어를 차용한 것으로 추정된다.

그 예로는 광해군에서 시작하여 신성군, 인성군 등 모두 3기가 보이므로 제작 시기는 16세기 4/4분기(1581~1589)이다.(사진 15-②~17·38, 그림 7·8)

c. Ⅱ-③단계

이 시기의 함개는 Ⅱ-①단계의 B형(반구형 함개)이 다시 재현된다. 그 예로는 산현리를 비롯하여 경평군, 용성대군 등 모두 3기가 보이므로 제작 시기는 17세기 1/4분기(1601~1625)이다.(사진 18~20-①·38, 그림 9)

③ Ⅲ단계

a. Ⅲ-①단계

이 시기에 와서 함개는 C형(귀반구형 함개)과 D1형(무보주 원뿔형 함개) 등 2형식이 나타난다. 즉 C형은 평면 원형의 반구형으로 옆면에 귀가 4개 돌출되어 있어 Ⅱ-②단계의 양식이 재현되었다. 그리고 D1형은 평면 원형의 무보주 원뿔형으로 함개의 옆면을 수직으로 하고 상부가 위로 올라가면서 뾰족해져 정상부에 연봉형 보주가 장식되는 새로운 양식이 시작됨을 알리는 과도기적 형태이다. 이 시기의 함개는 과도기적 상황으로 숙명공주, 숙경공주, 숙종의 왕녀, 영조와 연령군 등 모두 5기가 보이므로 제작 시기는 17세기 3/4분기(1660)~17세기 4/4분기(1699)이다.(사진 21·22, 그림 10·11)

그런데 경기도 파주 축현리 태실의 함개는 귀반구형이고 함신은 원형 감실의 원통형②이며, 아기비의 비대는 측안상초화형이다.[36](사진 37)

---

36) 경기도 파주시 탄현면 축현3리 산96-1번지에 위치한 덕수동 태봉골의 '태봉산'에는 아기비의 비대가 남아있는데, 앞·뒷면에는 각각 안상 2개가 장식되었고 양 옆면에는 각각 초화문 1개가 장식되어 있다. 이곳에서 발견된 태함은 현재 국립중앙박물관의 앞 뜰에 전시되어 있는데, 함개는 귀반구형이며, 함신은 원형 감실의 원통형이다. 파주 축현리의 비대 양식이 낙선군(1645)과 동일하며, 태함은 숙명공주·숙경공주(1660)와 동일하므로 파주 축현리 태실은 1645~1660년 사이에 조성된 것으로 추정된다. 그러므로 낙선군의 함신도 측면에 귀가 달리지 않은 원통형일 가능성이 높다.

① 태함   ② 비대(윗면)

③ 비대(앞면)   ④ 비대(옆면)

〈사진 37〉 파주 축현리의 태함과 비대

　그리고 낙선군(1645. 8. 24. 장태)의 아기비 비대도 측안상초화형이다. 그러므로 낙선군의 태함이 파주 축현리 태함과 같을 것으로 추정되므로 낙선군의 함개도 C형인 귀반구형일 가능성이 높다. 그러므로 낙선군(1645)과 숙명·숙경공주(1660) 사이에 있는 현종(1647)의 함개도 C형일 가능성이 높다.

　이를 포함하여 시기를 추정해보면, 17세기 2/4분기(1645)～17세기 4/4분기(1699)이다.(사진 20-②～22·38, 그림 10)

　b. Ⅲ-②단계

　이 시기의 함개는 D2형(유보주 원뿔형 함개)의 새로운 형이 창출되어 주류를 이루나, D1형도 공존한다. 함개는 Ⅲ-①단계에서 잠시 나타난 무보주 원뿔형(D1형)에서 상부에 보주가 장식되는 원뿔형(D2형)으로 발전되었다. 특히 영조 8왕녀, 화완옹주, 정조의 함개는 보주가 거의 사라지고 그 흔적만 조금 남았다.

이 단계에는 화억옹주를 시작으로 영조 6왕녀, 화협옹주, 장조, 영조 8왕녀, 화완옹주, 화유옹주, 의소세손, 정조, 화령옹주, 화길옹주 등 모두 11기가 보이므로 제작 시기는 18세기 2/4분기(1728)~18세기 3/4분기(1754)이다.(사진 23~32-②·38, 그림 12-①~15-①)

C. Ⅲ-③단계

이 시기의 함개는 D1형(무보주 원뿔형 함개)이다. 함개는 Ⅲ-①단계(영조)와 Ⅲ-②단계(장조)에서 잠시 나타난 무보주 원뿔형이나, 옆면이 수직에서 약간 둥글다.

이 단계에는 순조, 문조 등 모두 2기가 보이므로 제작 시기는 18세기 4/4분기(1790)~19세기 1/4분기(1809)이다.(사진 32-③~33·38)

④ Ⅳ단계

이 시기의 함개는 A3형(평면 원형의 판석형 함개)인데, Ⅰ-②단계에 일시적으로 출현하였던 것이다. 함개는 평면 원형이며, 위·아랫면이 편평한 단면 긴 직사각형이다.

그 예로는 철종 원자와 순종 등 모두 2기가 나타나므로, 제작 시기는 19세기 3/4분기(1859~1874)이다.(사진 34·38)

단계		표지 유물
I	① (1401 ~ 1441)	 ① 화의군
	② (1462 ~ 15C중)	 ② 월산대군　　③ 애기능
II	① (1477 ~ 1544)	 ④ 중종
	② (1581 ~ 1589)	 ⑤ 광해군
	③ (1601 ~ 1625)	 ⑥ 경평군

단계		표지 유물
Ⅲ	① (1645 ~ 1699)	 ⑦ 숙명공주 　⑧ 영조
	② (1728 ~ 1754)	 ⑨ 장조 　⑩ 화령옹주
	① (1790 ~ 1809)	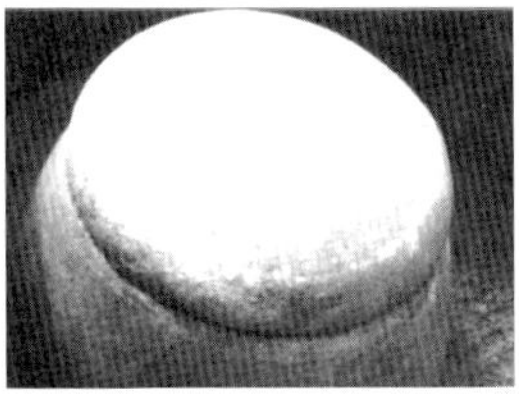 ⑪ 순조
Ⅳ (1859~1874)		 ⑫ 철종원자 　⑬ 순종

〈사진 38〉 함개의 변천 양상

(2) 함신의 양식과 편년

① Ⅰ단계

a. Ⅰ-①단계

이 시기의 함신은 Ⅲ1형(원형 감실의 원통형 함신)과 Ⅰ형(상자형 함신)이 나타나는데, Ⅰ형이 주류이다. Ⅲ1형 함신(태종)은 원통형의 내부에 평면 원형의 큰 감실을 파고 그 바닥 가운데에 작은 구멍을 뚫었다. 또 Ⅰ형 함신은 평면 사각형이며, 내부의 감실도 사각형이다. 이 상자형 함신은 고려시대 인종 태실에서 처음 나타나는데, 고려 인종의 함신은 내부 감실의 네 면을 장대석으로 쌓아 평면 사각형을 한 상자형으로 조선 초에도 고려시대의 양식이 남아있음을 보여준다.

이 단계에는 태종, 화의군, 금성대군과 단종 등 모두 4기가 보이므로 제작 시기는 15세기 1/4분기(1401)~15세기 2/4분기(1441)이다.(사진 1~3·39, 그림 1-②·2)

b. Ⅰ-②단계

이 시기에는 Ⅱ1형(단지형의 원통형① 함신)과 Ⅱ2형(원방형의 원통형① 함신)이 나타난다. 이는 앞 시기의 양식이 다음 양식으로 변해가는 과도기의 과정을 보여준다. 즉 Ⅱ1형은 단지형의 원통형으로 다음 시기의 원통형으로 넘어가는 과도기의 과정을 보여주는 것이다. 그리고 Ⅱ2형은 평면에서 두 면이 직선이고 두 면은 둥글어 원형에 가까운 원방형의 원통형으로 앞 시기의 상자형 함신이 다음 시기의 새로운 원통형으로 변해가는 과도기의 과정을 보여주고 있다.

이 단계에는 월산대군과 애기능 등 2기가 확인되는데, 제작 시기는 15세기 3/4분기(1462)~15세기 중엽이다.(사진 4·39, 그림 3)

② Ⅱ단계

a. Ⅱ-①단계

이 시기의 함신은 Ⅲ1(원형 감실의 원통형② 함신)만 나타나는데, 이는 새로운 형이 창출된 것이다. 함신은 원통형으로 감실이 평면 원형이다.

그 예로는 지축동, 폐비 윤씨, 삼태리 1, 수건왕자, 안양군, 완원군, 복란왕녀, 건석왕자, 승복왕녀, 중종, 금수왕자, 금돌이, 인수왕자, 인종, 옥혜공주, 덕양군, 인순공주 등 모두 17기이며, 제작 시기는 15세기 4/4분기(1477)~16세기 2/4분기(1544)이다.(사진 7~14·39, 그림 4~6)

b. Ⅱ-②단계

이 시기의 함신은 다시 새로운 형이 창출되어 Ⅳ형(귀원통형 함신)만 나타난다. 함신은 평면 원형의 원통형으로 옆면에 4개의 돌기가 장식된다. 이렇게 함신에 돌기가 장식되는 것은 미적 장식보다는 함개와 함신을 묶고자 하는 기능성에 의해 장식된 것으로 판단된다.

그 예로는 광해군, 신성군, 인성군 등 모두 3기가 보이므로 제작 시기는 16세기 4/4분기(1581~1589)이다.(사진 17·39, 그림 8)

c. Ⅱ-③단계

이 시기의 함신은 Ⅱ-①단계에 이미 성행하였던 Ⅲ1(원형 감실의 원통형② 함신)이 재현된다.

그 예로는 산현리, 경평군, 용성대군, 현종, 숙명공주, 숙경공주, 숙종의 왕녀, 영조, 연령군, 화억옹주, 영조 6왕녀, 화협옹주, 장조, 영조 8왕녀, 화완옹주 등 모두 15기가 확인되므로 제작 시기는 17세기 1/4분기(1601)~18세기 2/4분기(1738)이다.(사진 18-②~27·39, 그림 9~11·12-②)

③ Ⅲ단계

이 시기의 함신은 Ⅲ2형(일단벽 호형의 사각형 감실의 원통형② 함신)과 Ⅲ3형(전방후원형 감실의 원통형② 함신)이 출현한다. 이는 앞 시기의 원형 감실에 변화가 생겨 새로운 형이 출현한 것인데, 감실의 평면이 한 면은 둥근 호형이고 세 면은 직선인 일단벽 호형의 사각형(화유옹주)과 전방후원형(의소세손, 정조, 화령옹주, 화길옹주)으로 구분된다.

이 단계에는 화유옹주, 의소세손, 정조, 화령옹주와 화길옹주 등 모두 5기가 확인되므로 제작 시기는 18세기 2/4분기(1740)~18세기 3/4분기(1754)이다.(사진 28~32-②·39, 그림 13~15)

④ Ⅳ단계

이 시기의 함신은 Ⅲ1형(원형 감실의 원통형② 함신)이 또 다시 재현되었다. 이 함신은 Ⅱ-①단계에서 처음 출현하여 Ⅱ-③단계에 다시 재현되고 사라졌다가 이 시기에 와서 다시 재현된 것이다. 지금까지 확인된 함신 중 가장 많은 수를 차지한다.

이 단계에는 순조, 문조, 철종 원자와 순종 등 모두 4기의 함신이 나타나는데, 제작 시기는 18세기 4/4분기(1790)~19세기 3/4분기(1874)이다.(사진 32-③~34·39)

단계		표지 유물
Ⅰ	① (1401 ~ 1441)	 ① 태종 ② 화의군
	② (1462 ~ 15C중)	 ③ 월산대군 ④ 애기능
Ⅱ	① (1477 ~ 1544)	 ⑤ 인종
	② (1581 ~ 1589)	 ⑥ 인성군
	③ (1601 ~ 1738)	 ⑦ 연령군 ⑧ 장조

단계	표지 유물	
III (1740~1754)	 ⑨ 화유옹주	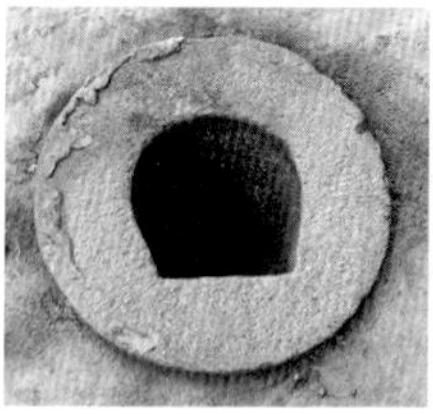 ⑩ 의소세손
IV (1790~1874)	 ⑪ 문조	

〈사진 39〉 함신의 변천 양상

앞에서 지금까지 검토한 각 유물별 양식단계를 살펴보면 <표 3>과
같이 나타난다.

〈표 3〉 함개와 함신의 순서배열과 단계

태주	장태일	함개								함신								
형식		A1	A2	A3	B	C	D1	D2	단계	I	II1	II2	III1	III2	III3	IV	V	단계
태　종	1401.10.8.	■												■					
화의군	1425.9.5.	■							①		■							①
금성대군	1426.3.28.	□							I		■							I
단　종	1441.11.26.	□									■							
월산대군	1462.11.18.		■						②			■						②
애기능	15C 중엽			■								■						
지축동	1477.6.19.				■								■					
폐비윤씨	1478.11.12.				■								■					
원당리	1481.7.21.				□								■					
삼태리 1	1481.10.9.				■								■					
수건왕자	1483.10.15.				■								■					
안양군/완원군	1484.10.8.				■								■					
복란왕녀	1486.12.29.				■								■					
건석왕자	1487.4.7.				■								■					
승복왕녀	1492.7.17.				■				①				■					①
중　종	1492.9.7.				■				II				□					II
금수왕자	1493.5.4.				■								□					
금돌이	1501.7.2.				■								□					
인수왕자	1501.9.12.				■								□					
인　종	1521.1.17.				■								■					
옥혜공주	1523.윤4.13.				■								■					
덕양군	1528.3.13.				■								■					
인순공주	1544.?.?.				■								□					
광해군	1581.4.1.					■										■		
신성군	1584.7.25.					■			②						■			②

명칭	연대							구분							구분
인성군	1589.2.25.				■								■		
산현리	1601.4.30.			■						■					
경평군	1608.10.7.			■				③		■					
용성대군	1625.3.25.			■						■					
현 종	1647.?.?.				▣					▣					
숙명공주/숙경공주	1660.10.2.				■					■					③
숙종 왕녀	1675~1696.1.21.				■			①		■					
영 조	1695.1.28.					■				▣					
연령군	1699.9.29.				▣									■	
화억옹주	1728.10.8.						■			■					
영조6왕녀	1732.3.27.						■			▣					
화협옹주	1733.5.24.						■			▣					
장 조	1735.윤4.4.					■		III		■					
영조8왕녀	1735.11.26.						■			▣					
화완옹주	1738.3.26.						■	②		▣					
화유옹주	1740.11.28.						▣						■		
의소세손	1750.12.25.						■						■		
정 조	1753.1.21.						■						▣		III
화령옹주	1753.5.13.						■						■		
화길옹주	1754.7.25.						■						■		
순 조	1790.11.?.					■				▣					
문 조	1809.8.9.				▣			③		■					IV
철종원자	1859.2.25.		■							▣					
순 종	1874.6.8.		■					IV		▣					

3. 태함의 양식과 변천

앞에서 살펴본 각 유물별 속성을 종합해서 태함의 전체적인 속성에 따라 순서배열하여 그 변화 시기를 살펴 양식단계를 설정해 보면 <표 4>와 같이 크게 4단계로 나눌 수 있었다.[37]

<표 4> 태함의 순서배열과 양식단계

태주/ 장태일	변화속성	A1 I	A1 III1	A2 II1	A3 II2	A3 III1	B III1	C III1	C IV	C V	D1 III1	D2 III1	D2 III2	D2 III3	단계	
태 종	1401.10.8.		■													①
화의군	1425.9.5.	■														①
금성대군	1426.3.28.	◐													I	①
단 종	1441.11.26	◐														①
월산대군	1462.11.18			■												②
애기능	15C 중엽				■											②
지축동	1477.6.19.						◑									
폐비윤씨	1478.11.12						◑									
원당리	1481.7.21.						◑									
삼태리 1	1481.10.9.						◑									
수건왕자	1483.10.15						■									
안양군/ 완원군	1484.10.8.						■									
복란왕녀	1486.12.2.						■								II	①
견석왕자	1487.4.7.						■									
승복왕녀	1492.7.17.						■									
중 종	1492.9.7.						■									
금수왕자	1493.5.4.						■									
금돌이	1501.7.2.						■									
인수왕자	1501.9.12.						■									
인 종	1521.1.17.						■									

37) 기호 중 ◑는 함신만 확인된 것이며, ◐는 함개만 확인된 것임.

이름	날짜														분류
옥혜공주	1523.윤4.13.					■									
덕양군	1528.3.13.					■									
인순공주	1544.?.?.					◐									
광해군	1581.4.1.						◑								
신성군	1584.7.25.						◑								②
인성군	1589.2.25.						■								
산현리	1601.4.30.					■									③
경평군	1608.10.7.					■									
용성대군	1625.3.25.					■									
현 종	1647.?.?.						□								
숙명공주/숙경공주	1660.10.2.						■								①
숙종 왕녀	1675～1696.1.21.						■								
영 조	1695.1.28.								■						
연령군	1699.9.29.							■							
화억옹주	1728.10.8.									■					
영조6왕녀	1732.3.27.									■					
화협옹주	1733.5.24.										◑				②
장 조	1735.윤4.4								■						Ⅲ
영조8왕녀	1735.11.26									■					
화완옹주	1738.3.26.										◑				
화유옹주	1740.11.28											◐			
의소세손	1750.12.25												■		
정 조	1753.1.21.												◑		③
화령옹주	1753.5.13.												■		
화길옹주	1754.7.25.												■		
순 조	1790.11.?.								■						①
문 조	1809.8.9.								◑						Ⅳ
철종원자	1859.2.25.			◐											②
순 종	1874.6.8.			◐											

1) Ⅰ단계

(1) Ⅰ-①단계

이 시기의 태함은 A1Ⅲ1형(평면 사각형의 판석형 함신/ 원형 감실의 원통형 함신)과 A1Ⅰ형(평면 사각형의 판석형 함개/ 상자형 함신)이 나타난다.

함개는 모두 평면 사각형의 판석형이나 함신은 시기에 따라 변하는데, 처음에는 원형 감실의 원통형 함신이었으나, 나중에 사각형 감실의 상자형 함신으로 바뀌게 된다. 함개와 함신은 별석으로 제작된다. 특히 A1Ⅰ형 태함은 고려 인종 태실에서 처음 확인되는데, 조선 초에도 고려시대 양식을 계승하고 있음을 보여준다.

그 예로는 태종, 화의군, 금성대군과 단종의 태함 등 모두 4기가 확인되므로 제작 시기는 15세기 1/4분기(1401)~15세기 2/4분기(1441)이다. (사진 1~3·40, 그림 1·2)

(2) Ⅰ-②단계

이 시기에는 A2Ⅱ1형(평면 사각형의 볼록 판석형 함개/ 단지형의 원통형① 함신)과 A3Ⅱ2형(평면 원형의 판석형 함개/ 평면 원방형의 원통형① 함신)이 나타난다.

A2Ⅱ1형은, 함개는 평면 사각형의 판석형이나 상부가 올라가면서 뾰족해지는 단면 오각형(A2형)이며, 함신은 단지형(Ⅱ1형)이다. 그리고 A3Ⅱ2형은, 함개는 평면 원형의 판석형(A3형)으로 사각형의 평면에서 원형으로 변화기 시작한다. 함신은 평면이 두 면이 직선이고 두 면은 둥글어 거의 원형에 가까운 원방형의 원통형①(Ⅱ2형)이다. 이는 다음 시기의 새로운 형태인 반구형 함개나 원통형 함신으로 변해가는 과도기의 과정을 보여주는 것이다.

또 지하에 묻히던 태함이 월산대군 태실에서 잠시 지상으로 올라오는데, 함신 상부와 함개가 지상에 노출되어 있다. 이는 선석산 태실을 모방하여 태함을 중앙태석처럼 어느 정도 지상에 노출시킨 것으로 아기태실이 정착되어가는 과정의 과도기 현상으로 판단된다. 이후 고려대학교 애기능 태실에서 다시 지하로 내려가 이때부터 전형적인 일반 구조의 아기태실이 정착된다.

이 단계의 예로는 월산대군과 애기능 등 모두 2기의 태함이 보이므로 제작 시기는 15세기 3/4분기(1462)~15세기 중엽이다.(사진 4·40, 그림 3)

2) Ⅱ단계

(1) Ⅱ-①단계

이 시기의 태함은 BⅢ1(반구형 함개/ 원형 감실의 원통형② 함신)만 나타나 앞 시기와 다른 새로운 형이 창출되었다. 함개는 단면 반원형(B형)으로 평면은 원형이다. 이는 이 시기부터 사각형의 판석형 함개가 완전히 사라지고 반구형으로 정착되는 시기이다. 그리고 함신은 원통형으로 내부 감실이 평면 원형이다.

그 예로는 지축동을 시작으로 폐비 윤씨, 원당리, 삼태리 1, 수견왕자, 안양군, 완원군, 복란왕녀, 견석왕자, 승복왕녀, 중종, 금수왕자, 금돌이, 인수왕자, 인종, 옥혜공주, 덕양군, 인순공주 등 모두 18기가 확인되므로 제작 시기는 15세기 4/4분기(1477)~16세기 2/4분기(1544)이다.(사진 5~15-①·40, 그림 4~6)

(2) Ⅱ-②단계

이 시기의 태함은 다시 CⅣ형(귀반구형 함개/ 귀원통형 함신)이라는 새로운 형이 출현한다.

함개는 평면 원형의 반구형이나 옆면에 4개의 돌기가 장식된다(C형). 이는 앞 시기의 함개에서 돌기가 추가된 것이다. 함신는 평면 원형의 원통형인데, 여기에도 옆면에 4개의 돌기가 장식되었다(Ⅳ형). 이렇게 함개와 함신에 돌기가 장식되는 것은 미적 장식보다는 함개와 함신을 서로 연결하여 묶고자 하는 기능성에 의해 장식된 것으로 판단된다. 이는 태호에 고리가 부착되어 뚜껑과 호를 묶는 것에서 그 아이디어를 차용한 것으로 추정된다.

이 단계에는 광해군, 신성군, 인성군 등 모두 3기가 보이므로 제작 시기는 16세기 4/4분기(1581~1589)이다.(사진 15-②~17·40, 그림 7·8)

(3) Ⅱ-③단계

이 시기의 태함은 Ⅱ-①단계에 이미 출현했던 BⅢ1(반구형 함개/ 원형 감실의 원통형② 함신)이 재현된다.

이 단계에는 산현리를 비롯하여 경평군, 용성대군 등 모두 3기로 제작 시기는 17세기 1/4분기(1601~1625)이다.(사진 18~20-①·40, 그림 9)

3) Ⅲ단계

(1) Ⅲ-①단계

이 시기에 와서 태함은 CⅢ1형(귀반구형 함개/ 원형 감실의 원통형② 함신), D1Ⅲ1형(무보주 원뿔형 함개/ 원형 감실의 원통형② 함신)과 CV형(귀반구형 함개/ 절구형 함신) 등 세 형식이 나타난다.

즉 CⅢ1형은, 함개는 평면 원형의 반구형으로 B형과 동일하나, 옆면에 4개의 돌기(C형)가 있어 앞 시기인 Ⅱ-②단계의 양식이 재현되었다. 함신은 평면 원형 감실의 원통형②(Ⅲ1형)으로 Ⅱ-①과 Ⅱ-③단계의 양식이 지속된다. 이는 태함의 옆면 돌기가 함신에서 먼저 사라져 시간성을 반영하는 것이다. 그 예로 확실한 것은 숙명공주, 숙경공주와 숙종 왕녀이다. 그러나 전술했듯이 낙선군(1645. 8. 24.)과 현종의 태함도 CⅢ 1형일 가능성이 높으므로 이를 포함하여 모두 5기이다.

그리고 D1Ⅲ1형은, 함개는 평면 원형의 무보주 원뿔형(D1형)으로 함 개의 옆면을 수직으로 하고 상부가 위로 올라가면서 뾰족해지고 정상부에 연봉형 보주가 장식되는 새로운 양식이 시작됨을 알리는 과도기적 형태이 다. 함신은 평면 원형 감실의 원통형②(Ⅲ1형)이다. 그 예로는 영조이다.

또 CV형은, 함개는 귀반구형으로 이 단계 초기에 이미 출현하였으며, 함신은 상광하협의 절구형(V형)이나 원형 감실의 원통형(Ⅲ1형)의 변형 으로 일시적이다. 그 예로는 연령군이다.

결국, 이 시기의 태함은 과도기적 상황으로 낙선군, 현종, 숙명공주, 숙경공주, 숙종 왕녀, 영조와 연령군 등 모두 7기이므로 그 제작 시기는 17세기 2/4분기(1645)~17세기 4/4분기(1699)이다.(사진 20-②~22·40, 그림 10·11)

(2) Ⅲ-②단계

이 시기의 태함은 D2Ⅲ1형(유보주 원뿔형 함개/ 원형 감실의 원통형 ② 함신)과 D1Ⅲ1형형(무보주 원뿔형 함개/ 원형 감실의 원통형② 함 신) 등 2형식이 나타난다. 특히 D2Ⅲ1형은 이 단계에서 새로 창출된 것 으로, 함개는 상부에 연봉형 보주가 부착되는 원뿔형(D2형)으로 새로운 형식이다. 함신은 Ⅰ-①, Ⅱ-①·③과 Ⅲ-①단계에 유행하였던 평면 원 형 감실의 원통형② 함신(Ⅲ1형)이 다시 출현하였다. 또 중간에 일시적 으로 D1Ⅲ1형이 출현하는데, 이미 Ⅲ-①단계에 나타난 것이다.

그 예로는 화억옹주를 시작으로 영조 6왕녀, 화협옹주, 장조, 영조 8왕 녀와 화완옹주 등 모두 6기로 제작 시기는 18세기 2/4분기(1728~1738) 이다.(사진 23~27·40, 그림 12)

(3) Ⅲ-③단계

이 시기의 태함은 D2Ⅲ2(유보주 원뿔형 함개/ 일단벽 호형의 사각형 감실의 원통형② 함신)과 D2Ⅲ3(유보주 원뿔형 함개/ 전방후원형 감실의 원통형② 함신)이 나타나 새로운 형태가 창출되었다.

함개는 Ⅲ-②단계의 함개를 그대로 이어받으나, 함신은 앞 시기의 평면 원형 감실에서 한 면이 둥글고 세 면이 직선인 일단벽 호형의 사각형 감실(화유옹주)과 한 면이 ㄷ모양을 하고 나머지 세 면이 원형인 전방후원형(의소세손, 정조, 화령옹주, 화길옹주)이 새롭게 출현한다.

그 예로는 화유옹주를 시작으로 의소세손, 정조, 화령옹주, 화길옹주 등 모두 5기로 제작 시기는 18세기 2/4분기(1740)~18세기 3/4분기(1754)이다.(사진 28~32-②·40, 그림 13~15)

4) Ⅳ단계

(1) Ⅳ-①단계

이 시기의 태함은 D1Ⅲ1형(무보주 원뿔형 함개/ 원형 감실의 원통형② 함신)이다. 이러한 양식은 Ⅲ-①에 처음 출현하였다가 사라져 Ⅲ-②단계에 재현되었으며, 이 단계에 와서 다시 유행한다.

이 단계에는 순조와 문조 등 모두 2기로 제작 시기는 18세기 4/4분기(1790)~19세기 1/4분기(1809)이다.(사진 32-③~33·40)

(2) Ⅳ-②단계

이 시기의 태함은 A3Ⅲ1(평면 원형의 판석형 함개/ 원형 감실의 원통형② 함신)만 나타난다. 함개는 평면 원형이며, 단면은 위·아랫면이 편평한 판석형으로 Ⅰ-②단계의 함개가 재출현한 것이다. 함신은 Ⅱ-①·③과 Ⅲ-①·②단계의 양식을 그대로 이어 받았다. 이 함신은 가장 많은 수를 차지하는 양식이다.

　그 예로는 철종 원자와 순종 등 모두 2기의 태함이 나타나는데, 제작 시기는 19세기 3/4분기(1859~1874)이다.(사진 34·40)

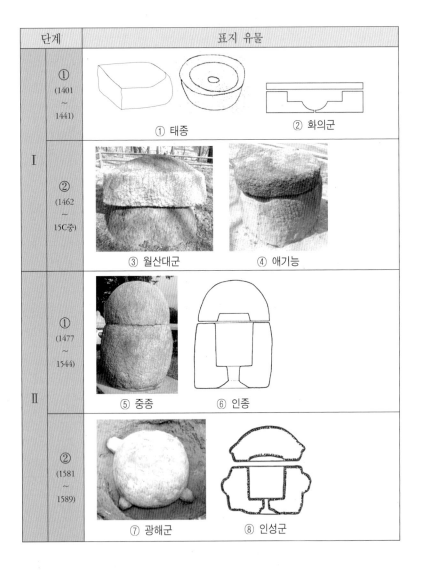

단계		표지 유물
Ⅰ	① (1401 ~ 1441)	① 태종　② 화의군
	② (1462 ~ 15C중)	③ 월산대군　④ 애기능
Ⅱ	① (1477 ~ 1544)	⑤ 중종　⑥ 인종
	② (1581 ~ 1589)	⑦ 광해군　⑧ 인성군

단계		표지 유물
Ⅲ	③ (1601 ~ 1625)	 ⑨ 경평군
	① (1740 ~ 1754)	 ⑩ 숙명공주　　⑪ 영조　　⑫ 연령군
	② (1728 ~ 1738)	 ⑬ 영조6왕녀　　⑭ 장조
	③ (1740 ~ 1754)	 ⑮ 화유옹주　　⑯ 의소세손　　⑰ 정조 ⑱ 화길옹주

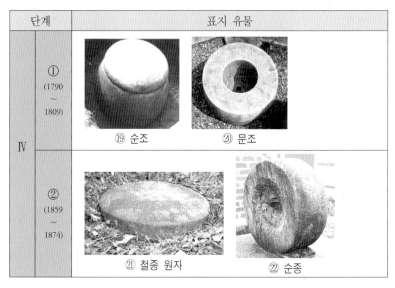

단계		표지 유물
Ⅳ	① (1790 ~ 1809)	⑲ 순조　　　　⑳ 문조
	② (1859 ~ 1874)	㉑ 철종 원자　　　㉒ 순종

〈사진 40〉 태함의 변천 양상

Ⅲ. 중앙태석의 양식과 편년

1. 중앙태석의 현황과 시기

조선시대 조성된 가봉태실은 모두 28개소가 조사되는데, 이는 <표 1>
과 같다. 이중 중앙태석이 확인되지 않는 소헌왕후·정희왕후·폐비 윤씨
·중종·현종·순종과 북한에 있어 현상을 알 수 없는 인조 등 7개소를 제
외한 21개소의 중앙태석에 대해 그 형태를 살펴본 후 금석문 자료와 문
헌사료를 참고하여 건립 시기를 밝혀 보겠다.

〈표 1〉 조선시대 가봉태실의 현황

번호	태주	출생일	장태일 (아기태실)	가봉일 (가봉태실)	원 위치/ 현 위치	비고
1	태조	1335.10.11.		1393.1.7. / 태조 2	충남 금산군 추부면 마전8리 산4번지(만인산, 태봉산, 태실산)/ 금산군 추부면 마전9리 산1-86번지	위치 이동
2	정종	1357.7.1.		1399/ 정종 1	경북 김천시 대항면 운수리 산84-2·산84-3번지(황악산, 태봉산)/ 김천시 대항면 운수리 202	위치 이동
3	태종	1367.5.16.		1401.10.8./ 태종 1	경북 성주군 용암면 대봉2리 산65번지(조곡산)	
4	세종	1397.4.10.		1419/ 세종 1	경남 사천시 곤명면 은사리 산27번지(소곡산, 큰태봉산)	산아래 이전
5	소헌 왕후	1395.9.28.		1438/ 세종 20	경북 영주시 순흥면 배점2리 산22-2번지(태봉산)	
6	문종	1414.10.3.	1439	1450/ 문종즉위년	경북 예천군 상리면 명봉리 산2번지(명봉산, 앞태봉)	
7	단종	1441.7.23.	1441. 윤11.26. (1차)/ 1451.1.~3.	1452~ 1455 / 단종	경북 성주군 월항면 인촌2리 산8번지(선석산, 태봉)/ 가천면 법전2리 산10번지(법림산, 태봉)	
				1699~	경남 사천시 곤명면 은사리 438번지	인성

			(2차)	1719 / 숙종	(작은태봉산)	대군 태실임
8	세조	1417.9.24.	1438.3.10.	1462.8.~9. / 세조 8	경북 성주군 월항면 인촌2리 산8번 지(선석산, 태봉)	
9	정희 왕후	1418		1455~ 1468 / 세조	강원도 홍천군 동면 덕치리 산1번지 (공작산, 태능산)	
10	예종	1450.1.1.	1462.10.15.	1578.10.2. / 선조 11	전북 완주군 구이면 덕천리 산158번 지(태실산, 큰태봉)/ 전주시 완산구 풍남동 3가 102번지(경기전)	위치 이동
11	성종	1457.7.30.	1458.3.1.	1471/ 성종 2	경기도 광주시 태전1동 265-1번지 (가정령, 태산, 태봉)/ 서울 종로구 와룡동 2-1번지(창경궁)	위치 이동
12	폐비 윤씨	1455.윤6.1.		1478.11.12. / 성종 9	경북 예천군 용문면 내지리 산81번 지(용문사)	
13	중종	1488.3.5.	1492.9.7	1507/ 중종 2	경기도 가평군 가평읍 상색1리 산 112번지(태봉산, 벌태봉)	
14	인종	1515.2.25.	1521.1.17	1546.5./ 명종 1	경북 영천시 청통면 치일리 산24번 지(태봉산)	
15	명종	1534.5.22.	1538.2.21	1546.10./ 명종 1	충남 서산시 운산면 태봉리 산6-2번 지(태봉산)	
16	선조	1552.11.11.		1570.10.21. / 선조 3	충남 부여군 충화면 청남리 산227 번지(태봉산)	
17	광해군	1575.4.26.	1581.4.1	1609.11./ 광해군 1	대구광역시 북구 연경1동 산135·산 136-1번지(태봉, 태등산)	
18	인조	1595.11.7.		1626.8.1. 이후	황해도 황주군 해주면 남본정 (정토 사의 앞 봉우리)	
19	현종	1641.2.4.	1647	1681.10./ 숙종 7	충남 예산군 신양면 황계리 189-20· 189-21번지(태봉산)	
20	숙종	1661.8.15.	1661.12.25	1683.10.15. / 숙종 9	충남 공주시 태봉1동 산64-9번지 (태봉산)	
21	경종	1688.10.28.	1689.2.22	1726.9.8./ 영조 2	충북 충주시 엄정면 괴동리 산34-1 번지(왕심산 태봉, 태봉산)	

22	영조	1694.9.13.	1695.1.28	1729.10.14. / 영조 5	충북 청주시 상당구 낭성면 무성1리 산5번지(태봉산)/ 청주시 상당구 낭성면 무성1리 산6-1번지(태봉산)	위치 이동
23	정조	1752.9.22.	1753.1.21	1801.10.27. / 순조 1	강원도 영월군 영월읍 정양리 산210-1번지(계족산, 정양산, 태봉)/ 영월군 영월읍 정양리 산133·산134번지(계족산)	위치 이동
24	순조	1790.6.18.	1790.8.12	1806/ 순조 6	충북 보은군 속리산면 사내리 산1-1번지(태봉)	
25	헌종	1827.7.18.	1827.11.11	1847.3.21./ 헌종 13	충남 예산군 덕산면 옥계2리 산6-2번지(가야산, 명월봉, 태봉산)	
26	순종	1874.2.8.	1874.6.8		충남 홍성군 구항면 태봉리 366-38번지(태봉)	
27	장조	1735.1.21.	1735.윤4.4	1785.3./ 정조 9	경북 예천군 상리면 명봉리 산2번지(뒤태봉)	
28	문조	1809.8.9.	1809.12.21	1836/ 헌종 2	경기도 포천시 영중면 성동2리 451-18번지(태봉산)/ 포천시 영중면 성동5리 640-1번지(영평천변 소공원)	위치 이동

1) 조선 전기의 중앙태석

(1) 태조

∘ 위치 : 충남 금산군 추부면 마전9리 산1-86번지(이전)

중앙태석이 복원되어 있는데, 사방석과 개첨석 겸 중동석 사이의 팔각대석은 복원 시 만들어 넣은 것이나 잘못 복원되었다. 사방석은 평면 팔각형으로 옆면 가운데에 4줄의 음각선을 그어 상·하부로 나누었고, 문양은 장식되지 않았다. 사방석과 중동석의 크기가 차이 나는 것으로 보아 팔각의 사방석이 1개 더 있었을 것으로 추정되므로 현존 사방석은 1층의 것이다. 중동석은 개첨석과 일석으로 만들었는데, 평면 팔각형으로 무문양(無紋樣)이다. 개첨석은 평면 팔각형으로 낙수면(落水面)에는 정상에서 팔각 전각(轉角)까지 합각(合角)을 표현하였고, 아랫면에는 목조건축물의 부연(附椽)을 모각(模刻)하였다. 정상에는 홈이 있는데, 연봉형 보주를 꽂았던 것이다.

그런데 현존 석물과 『태조대왕태실석물개봉축석물도회개사초수보의궤(太祖大王胎室石物改封築石物塗灰改莎草修補儀軌)』(1866)에 그려진 중앙태석의 모양이 다르다.(그림 1) 태실은 1393년 1월 가봉되고,[38] 여러 차례 보수가 되었으나,[39] 중앙태석은 보수되지 않아 초건(初建)의 것이다.(사진 1, 그림 1)

① 중앙태석(복원)   ② 개첨석(상면)

〈사진 1〉 태조의 중앙태석

---

38) 『태조실록』태조 2년(1393) 1월 2일(무신)·1월 7일(계축); 『신증동국여지승람』(1530) 권33 전라도 진산군 건치연혁; 『여지도서』(1757~1765) 전라도 보유 진산군 건치연혁·고적.

39) 『태조조태실석물수개의궤』(1686); 『태봉등록』숙종조 병인(1686, 숙종 12) 11월 초10일·11월 11일·11월 25일 및 정묘(1687, 숙종 13) 7월 24일 및 무진(1688, 숙종 14) 9월 초9일 및 기사(1689, 숙종 15) 정월 22일·2월 초6일·2월 13일·윤3월 초5일 및 신묘(1711, 숙종 37) 정월 23일; 『태봉등록』영종조 을사(1725, 영조 1) 2월 27일·4월 초9일·9월 19일 및 갑인(1734, 영조 10) 7월 11일; 「가봉태실비」(1689) '太祖大王胎室(앞) 康熙二十八年三月二十九日重建(뒤)'; 『태조조태실수개의궤』(1725); 『여지도서』(1757~1765) 전라도 보유 진산군 고적; 『태조대왕태실물개봉축석물도회개사초수보의궤』(1866).

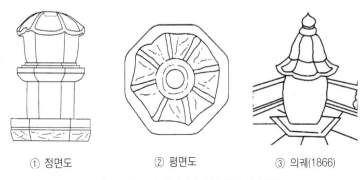

① 정면도   ② 평면도   ③ 의궤(1866)

〈그림 1〉 태조의 중앙태석 실측도(축적 부동)

(2) 정종

∘위치 : 경북 김천시 대항면 운수리 202번지(이전)

중앙태석이 완형(完形)으로 남아있다. 현재 장대석으로 사각형의 지
대석을 깔았으나, 최근에 만든 것으로 원래는 없는 것이다. 사방석은 평
면 팔각형으로 별석의 2층으로 되어 있으며, 문양은 장식되지 않았다.
중동석은 평면 팔각형으로 개첨석과 일석이며, 무문양이다. 개첨석은 평
면 팔각형으로 낙수면에는 정상에서 팔각 전각까지 합각을 표현하였고,
아랫면에는 부연을 얕게 모각(模刻)하였다. 정상에는 연봉을 꽂았던 홈
이 있다. 태실은 1399년 가봉되었다.[40](사진 2, 그림 2)

40)『정종실록』정종 1년(1399) 4월 5일(을사);『세종실록지리지』(1432) 경상도 상주목
금산군.

① 중앙태석   ② 개첨석(상면)

〈사진 2〉 정종의 중앙태석

① 정면도   ② 평면도

〈그림 2〉 정종의 중앙태석 실측도(축적 부동)

(3) 태종

◦ 위치 : 경북 성주군 용암면 대봉2리 산65번지

사방석과 개첨석만 남아있다. 사방석은 평면 팔각형으로 무문양이다.
(사진 3-②) 개첨석은 평면 팔각형으로 낙수면에는 정상에서 팔각 전각
까지 합각을 표현하였고, 아랫면에는 부연이 없으며, 정상부는 보주 없
이 편평하다.(사진 3-①, 그림 3-①)

그러나 일제강점기 이왕직의 『태봉(胎封)』에 중앙태석을 간략히 그린
실측도면이 있어[41] 그 전모를 파악할 수 있다.(그림 3-②·③) 이 그림에

41) 이왕직, 1928~1934, 『태봉』, 122·115·117쪽.

는 팔각 사방석은 별석의 2층으로 되어 있고, 팔각 중동석은 개첨석과 일석이다. 개첨석도 팔각형으로 낙수면에는 정상에서 팔각 전각까지 합각을 표현하였으며, 정상에 이중의 연봉이 있는데, 상층 연봉 아래에 1개의 원좌를 두었다. 그런데 이 복명서에 '不明石'이라고 적은 그림(그림 3-②)이 있는데, 전술한 현존 개첨석과 모양이 같은 것으로 보아 동일한 개첨석으로 판단된다. 또 현존 사방석은 이 그림과 비교해 보았을 때 2층의 것으로 판단된다. 이로보아 당시 이왕직 조사 시 현존 개첨석은 주변에 방치되어 있었으며, 중앙태석은 완형으로 남아있었던 것을 알 수 있다. 또 현존 개첨석은 팔각형의 비율이 일정하지 않고 일부 깨어진 것으로 보아 가봉 시 잘못 만들어 폐기하고 복명서의 그림처럼 다시 제작한 것으로 추정된다. 태실은 1401년 10월 가봉되었다.[42](사진 3, 그림 3)

① 개첨석(측면)   ② 사방석(2층, 상면·측면)

〈사진 3〉 태종의 중앙태석

---

42) 『태종실록』태종 1년(1401) 7월 23일(경술)·10월 8일(계해); 『세종실록지리지』
   (1432) 경상도 상주목 성주목; 『신증동국여지승람』(1530) 권22 경상도 울산군 누정.

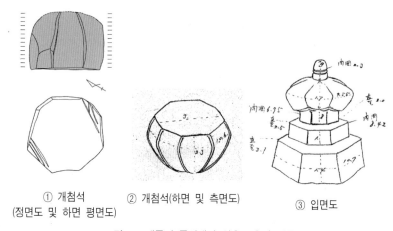

① 개첨석　　② 개첨석(하면 및 측면도)
(정면도 및 하면 평면도)　　　　　　　　③ 입면도

〈그림 3〉 태종의 중앙태석 실측도(축적 부동)

(4) 세종

　◦위치 : 경남 사천시 곤명면 은사리 산27번지(이전)

　중앙태석은 현존하지 않으나, 사진으로 확인된다. 사방석은 평면 팔
각형으로 2층이며, 무문양이다. 특히 2층 사방석은 윗면에 1단의 낮은
각형(角形) 받침을 각출(刻出)하여 중동석을 받았다. 중동석은 평면 팔각
형으로 개첨석과 일석이며, 무문양이다. 개첨석은 평면 팔각형으로 낙수
면에는 정상에서 팔각 전각까지 합각을 표현하였으며, 정상에는 2단의
무문형 원좌를 둔 연봉을 장식하였는데, 개첨석과 일석이다.

　그러나 이러한 현존 석물과 『세종대왕단종대왕태실수개의궤(世宗大
王端宗大王胎室修改儀軌)』(1730~1731)·『세종대왕단종대왕태실표석
수립시의궤(世宗大王端宗大王胎室表石竪立時儀軌)』(1734)의 그림이
서로 다르다.(그림 4) 태실은 1419년 가봉된 후[43] 여러 차례 보수가 되

43) 『세종실록』세종 즉위년(1418) 8월 14일(신묘)·10월 25일(신축)·11월 1일(정미)·
　　11월 3일(기유)·11월 5일 (신해)·11월 11일(정사), 세종 1년(1419) 3월 27일(신미),
　　세종 26년(1444) 1월 7일(정사); 『세종실록지리지』(1432) 경상도 진주목 곤남군;
　　『신증동국여지승람』(1530) 권31 경상도 곤양군 건치연혁; 『여지도서』(1757~1765)

었으나,[44] 중앙태석은 보수되지 않았다.(사진 4, 그림 4)

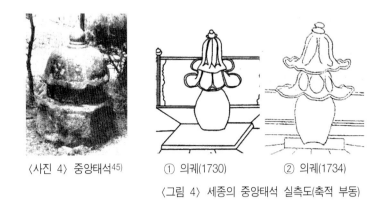

〈사진 4〉 중앙태석[45]	① 의궤(1730)	② 의궤(1734)

〈그림 4〉 세종의 중앙태석 실측도(축적 부동)

(5) 문종

。위치 : 경북 예천군 상리면 명봉리 산2번지

사방석과 개첨석의 깨어진 편이 일부 남아있다. 사방석은 윗면에서

경상도 곤양군 건치연혁.

44) 『세종대왕태실석난간수개의궤』(1601); 「태지석」(1601); 『태봉등록』영종조 경술 (1730, 영조 6) 5월 6일·5월 8일·5월 11일·5월 11일·5월 14일, 신해(1731, 영조 7) 2월 초5일·2월 20일·2월 29일·2월 30일·3월 27일·8월 초1일, 임자(1732, 영조 8) 8월 초8일, 계축(1733, 영조 9) 7월 16일, 갑인(1734, 영조 10) 4월 초10일·5월 12일·5월 16일; 『세종대왕단종대왕태실수개의궤』(1730~1731); 『영조실록』영조 6 년(1730) 5월 10일(정축); 『세종대왕단종대왕태실표석수립시의궤』(1734); 「가봉태 실비」(1734) '世宗大王胎室(앞) 崇禎紀元後一百七年甲寅九月初五日建(뒤)'.

45) 신라오악종합학술조사단, 1967, 「세종·단종대왕의 태실조사」, 『고고미술』8-8, 한 국미술사학회.
이 보고에는 중앙태석을 조립한 사진이 1장 있고, 중동석과 상개연엽석, 팔각대석 의 현상을 설명하였다. 그런데, 팔각대석의 설명을 보면, "중동석 밑에 받치는 팔 각대석인데 2편으로 절단되어 분산되었으나 수습하고 보니 재사용은 가능할 것 같다."라고 하는 것으로 보아 이 보고에 실린 중앙태석 사진은 팔각대석(필자의 1층 사방석)을 빠뜨린 모습을 찍은 것이다. 그러므로 이 보고에서 지칭한 중동석 은 2층 사방석이며, 팔각대석은 1층 사방석이며, 상개연엽석의 하면(下面)에 붙은 팔각형은 중동석이다.

옆면 상부까지 복련이 장식되어 있으며, 모서리가 둔각으로 벌어져 있으므로 평면 팔각형으로 추정되는데, 『장조태봉산도(莊祖胎封山圖)』(1785)의 문종 태실 그림에서도 확인된다. 중동석은 현존하지 않으나, 개첨석의 밑면에 팔각형 2단을 각출한 것으로 보아 평면 팔각형으로 추정되며, 무문양일 것으로 판단된다. 이는 『장조태봉산도』의 문종 태실에 중동석이 각이 지게 그려져 있어 알 수 있다. 개첨석은 평면 팔각형으로 중동석과 별석으로 제작되었으며, 낙수면에는 합각을 표현하였고, 하면에는 각형 2단을 각출하였다. 외면 하부에는 연잎을 장식한 것으로 보아 중·상부에 연줄기를 장식하였을 것으로 판단된다. 개첨석의 상부가 파실되어 알 수 없으나, 『장조태봉산도』의 문종 태실에 그려진 개첨석 상륜부로 보아 연봉형 보주가 2단으로 장식되었다.

태실은 1450년 가봉된 후[46] 여러 차례 보수가 되었으나,[47] 초건(初建)의 것이다.(사진 5, 그림 5)

① 사방석(측면)   ② 개첨석(측면·하면)

〈사진 5〉 문종의 중앙태석

---

46) 『문종실록』문종 즉위년(1450) 7월 4일(병오)·문종 1년(1451) 9월 28일(계해); 『세조실록』세조 5년(1459) 1월 29일(임자).

47) 『세조실록』세조 9년(1463) 3월 4일(계사); 『태봉등록』영종조 을묘(1735, 영조 11) 3월 16일·7월 초5일·7월 초10일·7월 26일·8월 23일·9월 18일·10월 초2일·10월 16일·11월 29일; 『문묘조태실표석수립의궤』(1735); 「가봉태실비」(1735) '文宗大王胎室(앞) 崇禎紀元後一百八年乙卯九月二十五日建(뒤)'.

① 문종 태실(장조태봉도, 1785)

② 정면도(복원도)

③ 평면도(복원도)

〈그림 5〉 문종의 중앙태석 실측도(축적 부동)

(6) 세조

∘ 위치 : 경북 성주군 월항면 인촌2리 산8번지

중앙태석이 완전한데, 모두 일석으로 만들었다. 사방석은 평면 사각형으로 1층으로 되어 있으며, 윗면에 1단의 각형 받침을 각출(刻出)하여 중동석을 받았다. 또 옆면 상부는 앙련을 장식하고 하부는 무문양이다. 중동석은 공모양의 편구형(扁球形)이며, 무문양이다. 개첨석은 평면 원형으로 낙수면에 복련을 장식하고, 정상에는 원좌없는 연봉을 장식하였다.

이 중앙태석은 아기태실 때 조성된 석물로 세조는 태실가봉 시 가봉비 외에는 다른 석물을 장식하지 못하게 하였다.[48] 아기태실은 1438년 3월 10일 조성되었으며, 태실 가봉은 1462년에 이루어졌다.[49](사진 6, 그림 6)

---

48) 『세조실록』세조 8년(1462) 9월 14일(을사).
49) 『세조실록』세조 8년(1462) 8월 17일(기묘)·8월 22일(갑신)·9월 14일(을사); 『태허정집』(1486) 문집 권2 비명류 태실비명.

〈사진 6〉 세조의 중앙태석

① 정면도

② 평면도

〈그림 6〉 세조의 중앙태석 실측도(축적 부동)

(7) 성종

◦ 위치 : 서울 종로구 와룡동 2-1번지(창경궁 이전)

중앙태석이 완형으로 남아있다. 사방석은 1층의 사각형으로 옆면의 가운데는 안으로 홈을 파서 상석을 끼우게 하였으며, 옆면 상부에는 앙련을 장식하였다. 중동석은 원통형으로 무문양이며, 개첨석과 별석으로 제작되었다. 개첨석은 평면 팔각형으로 낙수면에는 연줄기와 뒤집은 연잎을 장식하였는데, 상부에도 연잎을 덮었다. 정상에는 이중(二重)의 연봉을 두었는데, 개첨석과 일석이다. 상층 연봉은 연잎으로 덮었고, 그 아래에는 염주형 원좌 1개를 두었다. 태실은 1471년 가봉된 후[50] 여러 차례 보수가 되었으나,[51] 중앙태석은 보수되지 않았다.(사진 7, 그림 7)

50) 「가봉태실 개건비」(1823) '成宗大王胎室(앞) 成化七年閏九月日立/ 萬曆六年五月日改立/ 順治九年十月日改立/ 道光三年五月日改立(뒤)'라는 명문으로 보아 1823년(순조 23)의 개건비에 과거의 1471년(성종 2) 초건과 1578년(선조 11)·1652년(효종 3)·1823년(순조 23)의 여러 번 개건한 내용을 같이 기록하였다.

51) 『태봉등록』효종조 임진(1652, 효종 3) 3월 22일·9월 24일;『성종대왕태실비석개수의궤』(1823);『순조실록』순조 23년(1823) 6월 2일(기해);「가봉태실 개건비」(1823).

① 중앙태석 　　② 사방석(측면)

〈사진 7〉 성종의 중앙태석

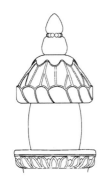
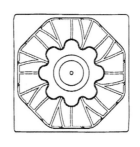

① 정면도 　　　② 평면도

〈그림 7〉 성종의 중앙태석 실측도(축적 부동)

(8) 인종

◦ 위치 : 경북 영천시 청통면 치일리 산24번지

중앙태석이 복원되어 있는데, 사방석과 연봉은 최근에 만들어 넣었다. 사방석은 당시의 것이 남아있어 전모를 파악할 수 있는데, 파손과 마멸이 심하다. 사방석은 평면 사각형으로 1층으로 되어 있으며, 옆면 상부는 앙련을 장식하였으나, 하부에는 문양이 없다.

특히 현존 사방석의 옆면 하부가 상부에 비해 폭이 넓은데, 가장자리가 대부분 깨어져 나갔다. 원래는 옆면 하부가 현재보다 약 20㎝ 더 컸을 것(단면 凸모양)으로 생각된다.(그림 8-①) 발굴조사 시 사방석과 상석과의 사이에 20㎝ 내외의 빈 공간이 조사되었는데, 사방석의 가장자리가 탈락되어 이러한 공간이 생겼을 것으로 추정된다. 지금은 그 빈 공간에 복원하면서 장대석을 만들어 끼워 넣었으나, 이는 잘못 복원한 것이다.(그림 8-③) 상면에는 1단의 각형 받침을 각출하여 중동석을 받았다. 중동석은 계란모양의 편구형(扁球形)으로 무문양이다. 윗면은 편평한데, 가운데에 낮은 돌기를 각출하여 개첨석에 꽂을 수 있게 하였으며, 아랫면은 편평하게 하여 사방석 위에 놓을 수 있게 하였다. 개첨석은 평면 팔각형으로 낙수면에는 합각을 표현하고 귀꽂이에는 여의두문(如意頭紋)을 선각하였다. 아랫면에는 부연을 장식하고 가운데에 홈을 팠는데, 중동석 상부의 돌기를 꼽는 자리이다. 정상에는 노반이 있고, 연줄기와 연잎을 장식하였으며, 윗면 가운데에 연봉을 꽂았던 홈이 있다. 개첨석은 전체적으로 건축물의 지붕을 형상화한 옥개형이다.

태실은 1546년 5월 가봉된 후[52] 보수를 한 적이 있으나,[53] 중앙태석은 보수되지 않았다.(사진 8, 그림 8)

---

52) 『명종실록』명종 즉위년(1545) 11월 20일(기묘), 명종 1년(1546) 3월 25일(임오)·4월 23일(기유); 「가봉태실비」(1546. 5.) '仁 … 大王 … (앞) 嘉靖二十五 … (뒤)'.
53) 『태봉등록』숙종조 경신(1680, 숙종 6) 2월 초8일·3월 27일·4월 26일; 『인조조태실석물수보의궤』(1680).

① 중앙태석(복원)　　　　　　② 사방석(측면)

〈사진 8〉 인종의 중앙태석

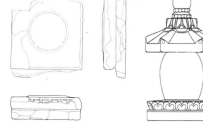 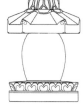 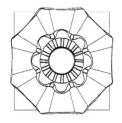

① 사방석(평면도·측면도)　② 정면도(복원)　③ 평면도(복원)

〈그림 8〉 인종의 중앙태석 실측도(축적 부동)

(9) 명종

∘ 위치 : 충남 서산시 운산면 태봉리 산6-2번지

중앙태석이 복원되어 있다. 그러나 개첨석 노반 위의 무문형 원좌와 염주형 원좌를 둔 연봉형 보주는 복원 시 만들어 끼운 것이다. 사방석은 1층으로 평면 사각형이다. 옆면 가운데에 돌대를 각출하여 상·하부를 구분하였는데, 상부에는 앙련을 장식하고 하부에는 안으로 홈을 팠다. 이 홈은 상석을 끼우는 곳인데, 잘못 복원하여 상석을 사방석 아래에 두었다. 중동석은 편구형으로 무문양이다. 개첨석은 평면 팔각형의 옥개형으로 낙수면

에는 합각을 표현하고 귀꽂이에는 여의두문을 선각하였으며, 하면에는 부
연을 장식하였다. 정상에는 노반이 있으며, 연줄기와 연잎을 장식하였다.
그리고 이 태실 주변 지표에 돌을 깔았는데, 이도 잘못된 복원이다. 원래
태실에는 관련 석물 외에는 어떠한 시설도 하지 않는 것이 원칙이다.

태실은 1546년 10월 가봉된 후[54] 여러 차례 보수가 되었으나,[55] 중앙
태석은 초건의 것이다.(사진 9, 그림 9)

〈사진 9〉 명종의 중앙태석　　　　〈사진 10〉 선조의 사방석(하면·측면)

---

54) 「가봉태실 초건비」(1546. 10.) '主上殿下胎室(앞) 嘉靖二十五年十月日建(뒤)'.
　　이곳에는 가봉비가 2개 있는데, 개건비(1711)의 귀부형 비대는 초건비(1546)의
　　것이다. 이는 1711년 개건비를 만들면서 초건비의 비대를 그대로 사용하고, 다만
　　이수를 갖춘 비신만 새로 만들어 끼운 것이다. 초건비(1546)는 개건비를 만들면서
　　땅에 묻었던 것이 현대에 복원정비 시 발견되자 방부형 비대를 만들어 다시 세운
　　것이므로 초건비의 방부형 비대는 당시의 유물이 아니다.

55) 『선조수정실록』선조 8년(1575) 11월 1일(을미); 『선조실록』선조 8년(1575) 11월
　　28일(임술); 『태봉등록』숙종조 경인(1710, 숙종 36) 10월 초9일·11월 초4일, 신묘
　　(숙종 37, 1711) 정월 초6일·정월 11일·정월 15일·정월 23일·2월 14일·4월 27일
　　·7월 14일·8월 초5일·8월 23일·9월 16일·9월 28일·10월 초2일·10월 초3일·10
　　월 초10일·10월 20일, 권2 영종조 을사(1725, 영조 1) 2월 27일; 『명종대왕태실석
　　물비석수개의궤』(1711); 「가봉태실 개건비」(1711) '主上殿下胎室(앞) 嘉靖二十五
　　年十月日建/ 後一百六十五年辛卯十月日改石(뒤)'; 『영조실록』영조 10년(1734) 7월
　　11일(갑신); 『명종조태실수개의궤』(1782 이전); 『연려실기술』(1736~1806) 별집
　　권2 사전전고 장태.

① 정면도(복원)   ② 평면도(복원)

〈그림 9〉 명종의 중앙태석 실측도(축적 부동)

(10) 선조

◦위치 : 충남 부여군 충화면 청남리 산227번지

　사각형의 석재가 1개 있는데, 사방석으로 추정된다. 사방석은 무늬가
장식되지 않았다. 옆면에는 홈이 파여 있지 않으며, 옆면 상단은 치석(治
石)이 조잡하고 하단은 잘된 것으로 보아 현재 상·하면이 뒤집혀 놓여있
는 것으로 판단된다. 중동석과 개첨석은 확인되지 않았지만, 증언으로
보아[56] 중동석은 계란모양의 편구형이며, 개첨석은 평면 팔각형으로 추
정된다. 태실은 1570년 10월 가봉되며,[57] 여러 차례 보수가 되었으나,[58]

---

56) " … 태함은 화강암 항아리인데 뚜껑을 1.7m의 8각형 돌을 덮고 석회를 발랐다.
　　외부에는 석주를 세우고 돌난간을 둘렀으며 그 전면에는 태실비가 있고 귀부를
　　갖추었다. … "라는 증언(부여군지편찬위원회, 1987, 『부여군지』, 870쪽)이 있는
　　데, 1.7m의 높이와 정황으로 보아 '중앙태석'을 태함으로 잘못 인식한 것 같다.
　　즉 태함은 원구형의 중동석을, 뚜껑은 팔각형의 개첨석을 지칭한 것으로 보인다.

57) 『가봉태실 초건비』(1570) '主上殿下胎室(앞) 隆慶四年十月二十一日立(뒤)'.

58) 『태봉등록』숙종조 임술(1682, 숙종 8) 6월 19일·6월 23일·7월 초10일·7월 25일,
　　신묘(1711, 숙종 37) 2월 14일·3월 초3일·7월 14일·8월 초5일·8월 23일·9월 16
　　일·9월 28일·10월 초2일·10월 초3일, 영종조 을사(1725, 영조 1) 2월 27일, 정미
　　(1727, 영조 3) 5월 18일;『선조대왕태실비석수개의궤』(1711);『선묘조태실비석수

중앙태석은 보수되지 않았다.(사진 10)

　(11) 예종

　　◦위치 : 전북 전주시 완산구 풍남동 3가 102번지(경기전 이전)

　중앙태석이 완전하다. 사방석은 1층으로 사각형이다. 옆면의 가운데에 안으로 홈을 파서 상석을 끼울 수 있게 하였으며, 옆면 상부의 윗면 가장자리는 둥글게 각을 죽여 복련을 장식하였다. 중동석은 계란모양의 편구형으로 무문양이다. 개첨석은 평면 팔각형으로 낙수면에는 합각을 표현하고 아랫면에는 부연을 장식한 옥개형이다. 상부에는 연줄기와 연잎을 장식한 노반을 두고, 그 위에는 2단의 연봉을 두었는데, 일석이다. 하층 연봉 아래에는 무문형 원좌를, 상층 아래에는 염주형 원좌를 1개씩 두었다.

　태실은 1578년 10월 가봉된 후[59] 여러 차례 보수가 되었으나,[60] 중앙태석은 초건의 것이다.(사진 11, 그림 10)

──────────
　보의궤』(1727);『선묘조태실비석개수의궤』(1747);「가봉태실 개건비」(1747) '宣祖大王胎室(앞) 崇禎紀元後一百二十年丁卯五月初三日立/ 隆慶四年庚午十月二十一日所立碑字歲久刓缺故改石(뒤)';『선조조태실수개의궤』(1782 이전).

59)「가봉태실비」(1578) '睿宗大王胎室(앞) 萬曆六年十月初二日建/ 後一百五十六年甲寅/ 八月二十六日改石(뒤)'라는 명문으로 보아 1578년 초건된 가봉비를 1734년 다시 세우고 초건비에 개립한다는 내용을 추기(追記)한 것이다.

60)『태봉등록』영종조 신해(1731, 영조 7) 4월 27일·6월 초10일, 임자(1732, 영조 8) 8월 초8일, 계축(1733, 영조 9) 7월 16일, 갑인(1734, 영조 10) 4월 초10일·5월 12일·5월 16일·7월 16일·8월일·9월 초8일, 을묘(1735, 영조 11) 8월 23일;『예묘조태실표석수개의궤』(1731);『영조실록』영조 10년(1734) 4월 10일 (을묘)·7월 11일(갑신);「가봉태실비」(1578·1734).

① 중앙태석　　　　　　② 사방석(상면·측면)

〈사진 11〉 예종의 중앙태석

 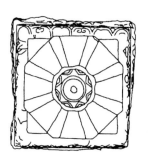

① 정면도　　　　　　② 평면도

〈그림 10〉 예종의 중앙태석 실측도(축적 부동)

2) 조선 후기의 중앙태석

(1) 광해군

◦ 위치 : 대구광역시 북구 연경1동 산135·산136-1번지

개첨석만 현존하는데, 파손이 심하다. 개첨석은 평면 육각형으로 낙수면의 상부에는 연줄기와 연잎을 장식하였고, 하부에는 합각을 표현하

였으며, 아랫면에는 부연 없이 편평하나, 육각형을 선각(線刻)하였다. 정
상부는 연봉이 파실되었다. 태실은 1609년 11월에 가봉되었다.[61](사진
12-①~③, 그림 11)

① 개첨석(측면)   ② 개첨석(상면)

③ 개첨석(하면)   ④ 사방석(측면)[62]

〈사진 12〉 광해군(①~③)과 숙종(④)의 중앙태석

61) 『광해군일기』광해군 1년(1609) 12월 19일(병인)·12월 22일(기사)·12월 23일(경
    오)·12월 24일(신미)·12월 26일(계유)·12월 18일(을해)·12월 29일(병자);「가봉태
    실비」(1609) ' … (앞) 萬曆三 … 十一月 日建(뒤)'.
62) 전주이씨대동종약원, 1999, 『조선의 태실』I, 77쪽.

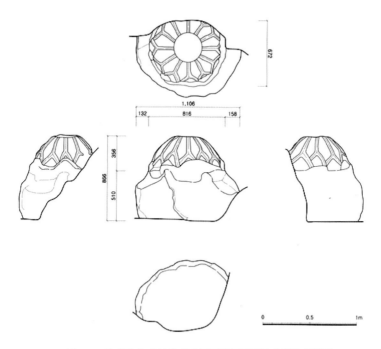

〈그림 11〉 광해군의 개첨석 실측도(평면도·정면도·측면도·하면도)

(2) 숙종

○ 위치 : 충남 공주시 태봉1동 산64-9번지

중앙태석을 확인할 수 없으나, 사진으로 사방석만 알 수 있다. 사방석
은 평면 사각형으로 옆면에 연잎이 장식되어 있는데 사진에는 위·아래
가 뒤집혀 있다. 태실은 1683년 10월 가봉되었다.[63](사진 12-④)

---

63) 『태봉등록』숙종조 임술(1682, 숙종 8) 9월 초5일, 계해(1683, 숙종 9) 7월 12일·8
월 초3일·10월 초2일, 갑자(1684, 숙종 10) 정월 초3일·3월 18일;『숙묘조태실석
난간조배의궤』(1683);「가봉태실비」(1683) '主上殿下胎室(앞) 康熙二十二年十月十
五日建(뒤)';『경종실록』경종 4년(1724) 7월 23일(갑자).

(3) 단종

◦위치 : 경남 사천시 곤명면 은사리 438번지

중앙태석이 완전히 남아있다. 사방석은 평면 팔각형으로 1층이며, 옆면 가운데를 띠를 돌려 상·하부를 구분하였다. 윗면에서 옆면 상부까지 복련을 장식하였고, 옆면 하부는 무문양이다. 또 윗면에 1단의 낮은 각형 받침을 각출하여 중동석을 받았다. 중동석은 평면 팔각형으로 개첨석과 일석이며, 무문양이다. 개첨석은 평면 팔각형으로 낙수면에 연줄기를 모각하고 뒤집힌 연잎을 장식하였다. 아랫면에는 부연을 모각하였다. 정상에는 염주형 원좌 1개를 둔 연봉이 있는데, 개첨석과 일석이다. 그런데 이러한 현존 석물과 『세종대왕단종대왕태실수개의궤(世宗大王端宗大王胎室修改儀軌)』(1730~1731)·『세종대왕단종대왕태실표석수립시의궤(世宗大王端宗大王胎室表石竪立時儀軌)』(1734)의 그림이 서로 다르다.(그림 13-①·②) 태실은 1699~1719년 가봉된 것으로 추정되며,[64] 여러 차례 보수가 되었으나,[65] 중앙태석은 보수되지 않았다.(사진 13-①, 그림 12)

---

64) 이 태실은 경남 사천에 있는 것으로 단종의 가봉태실이 아니라 실은 예종의 장자인 인성대군의 태실인데, 숙종 때(1699~1719) 단종의 태실로 착각하고 가봉하였다.(심현용, 2012, 「조선 단종의 가봉태실에 대한 문헌·고고학적 검토」, 『문화재』 45-3, 국립문화재연구소)

65) 『태봉등록』영종조 경술(1730, 영조 6) 5월 6일·5월 8일·5월 11일·5월 12일·5월 14일, 신해(1731, 영조 7) 2월 초5일·2월 20일·2월 29일·2월 30일·3월 27일·6월 초4일·8월 초1일, 임자(1732, 영조 8) 8월 초8일, 계축(1733, 영조 9) 7월 16일, 갑인(1734, 영조 10) 4월 초10일·5월 12일·5월 16일·7월 초1일·7월 11일·7월 16일·9월 초8일·11월 초2일, 을묘(1735, 영조 11) 8월 23일; 『세종대왕단종대왕태실수개의궤』(1730~1731); 『세종대왕단종대왕태실표석수립시의궤』(1734); 「가봉태실비」(1734) ' … 大王 … 室(앞) … 百七年甲寅 … (뒤)'.

① 단종   ② 경종

〈사진 13〉 단종(①)과 경종(②)의 중앙태석

① 의궤(1730)   ② 의궤(1734)   ③ 정면도   ④ 평면도

〈그림 12〉 단종의 중앙태석 실측도(축적부동)

(4) 경종

◦ 위치 : 충북 충주시 엄정면 괴동리 산34-1번지

중앙태석이 완전히 남아있다. 사방석은 평면 사각형으로 무문양이다. 중동석은 편구형으로 무문양이다. 개첨석은 평면 팔각형으로 낙수면은 굴곡을 주어 자연스럽게 합각을 표현하였으며, 아랫면에는 부연이 있는 옥개형이다. 상부에는 노반을 두었는데, 연줄기와 연잎을 장식하였다. 정상에는 이중 연봉을 개첨석과 일석으로 장식하였는데, 상·하층 연봉 아래에는 무문형 원좌를 1개씩 두었다. 이러한 잔존 석물과 『경종대왕태실석물수개

의궤(景宗大王胎室石物修改儀軌)』(1832)의 그림이 동일하다.(그림 13-①)

태실은 1726년 9월 가봉된 후[66] 여러 차례 보수가 되었으나,[67] 중앙 태석은 보수되지 않았다.(사진 13-②, 그림 13)

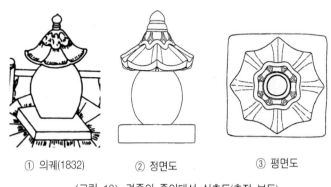

① 의궤(1832)　　　② 정면도　　　③ 평면도

〈그림 13〉 경종의 중앙태석 실측도(축적 부동)

(5) 영조

◦ 위치 : 충북 청주시 상당구 낭성면 무성1리 산6-1번지(이전)

중앙태석은 사방석과 중동석만 남아있다. 사방석은 평면 사각형으로 무문양이다. 윗면 가운데에는 중동석을 받기위한 원형 받침대를 단면 철(凸)자형으로 높게 돌출시켰다. 중동석은 편구형으로 무늬는 장식되지 않았으며, 윗면은 편평하다. 태실은 1729년 10월 가봉되었다.[68](사진 14, 그림 14)

---

66) 『태봉등록』영종조 병오(1726, 영조 2) 7월 초5일·7월 19일·7월 22일·7월 23일·9월 13일·11월 초3일; 「가봉태실비」(1726) '景宗大王胎室(앞) 雍正四年九月初八日建(뒤)'.

67) 『순조실록』순조 31년(1831) 11월 12일(경신)·11월 22일(경오)·12월 2일(경진) 및 순조 32년(1832) 3월 24일(신미); 『경종대왕태실석물수개의궤』(1832).

68) 『태봉등록』영종조 기유(1729, 영조 5) 8월 27일·9월 초1일·9월 초5일; 『영묘조태실석난간조배의궤』(1729); 『당저태실석난간조배의궤』(1729); 『여지도서』(1757~1765) 충청도 청주목 능침; 『영조실록』영조 5년(1729) 8월 29일(신미); 「가봉태실비」(1729) '主上殿下胎室(앞) 雍正七年十月十四日建(뒤)'.

〈사진 14〉 영조의
중앙태석

① 정면도

② 평면도

〈그림 14〉 영조의 중앙태석 실측도(축적 부동)

(6) 장조

◦위치 : 경북 예천군 상리면 명봉리 산2번지

중앙태석은 개첨석과 사방석이 파손되어 편으로 남아있다. 사방석은
윗면에는 복련을 장식하고, 옆면에는 두 개의 능형(菱形)이 서로 엮인
방승문(方勝紋)의 안상이 장식되었다. 상·하면이 편평한 것으로 판단되
며, 석편의 꺾인 각도가 둔각인 것으로 보아 평면 팔각형인데, 이는『장
조태봉산도』(1785)의 경모궁 태실에서도 입증된다. 중동석은 조사되지
않았지만,『장조태봉산도』의 경모궁 태실에서 각진 중동석이 그려진 것
으로 보아 문양이 없는 평면 팔각형으로 별석이다. 개첨석은 평면 팔각
형으로 낙수면은 합각을 표현하였고 옆면에는 앙련을 장식하였다. 상부
에는 노반이 있으며, 연줄기와 연잎이 있는데, 연잎의 팔각 모서리에는
⌒문양이 선각되었다. 노반 위 보주는 파실되었으나,『장조태봉산도』의
경모궁 태실로 보아 하부에 염주형 원좌를 둔 연봉형 보주이다. 태실은
1785년 3월 가봉되었다.[69](사진 15, 그림 15)

---

69)『정조실록』정조 9년(1785) 3월 18일(정묘);「가봉태실비」(1785) '景慕宮胎室(앞)
   乾隆五十年乙巳三月初八日建(뒤)'.

① 개첨석(측면)

② 사방석(측면·상면)

〈사진 15〉 장조의 중앙태석

① 장조태봉도(1785)

② 정면도(복원도)

③ 개첨석

〈그림 15〉 장조의 중앙태석 실측도(축적 부동)

(7) 정조

ㅇ위치 : 강원도 영월군 영월읍 정양리 산133·산134번지(이전)

중앙태석이 완전하다. 사방석은 평면 팔각형으로 옆면에는 만자문(卍字紋)이 장식되었다. 중동석은 편구형으로 상부와 하부에 연환문(連環紋)이 돌아가며, 중간에는 만자문이 장식되었다. 개첨석은 평면 팔각형으로 낙수면의 하부에는 합각을 표현하였으며, 아랫면에는 부연이 있다. 중·상부에는 이층으로 연잎과 연줄기가 있다. 정상에는 염주형 원좌 1개를 둔 연봉이 있는데, 개첨석과 일석이다. 이러한 현존 석물과 『정종대왕태실가봉의궤(正宗大王胎室加封儀軌)』(1801)의 그림이 동일하다.(그림 16-①) 태실은 1801년 10월 가봉되었다.[70](사진 16-①, 그림 16)

① 정조   ② 순조

〈사진 16〉 정조(①)와 순조(②)의 중앙태석

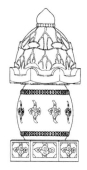
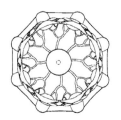

① 의궤(1801)   ② 정면도   ③ 평면도

〈그림 16〉 정조의 중앙태석 실측도(축적 부동)

---

70) 『정종대왕태실가봉의궤』(1801); 『순조실록』순조 1년(1801) 8월 10일(갑인)·10월
9일(임자)·11월 8일(신사)·11월 11일(갑신); 「가봉태실비」(1801) ‘正宗大王胎室
(앞) 嘉慶六年十月二十七日建(뒤)’.

(8) 순조

∘위치 : 충북 보은군 속리산면 사내리 산1-1번지

중앙태석이 완전하다. 사방석은 평면 팔각형으로 옆면에는 만자문이 있다. 중동석은 편구형으로 상부와 하부에 연환문이 있으며, 중간에는 만자문이 장식되었다. 개첨석은 평면 팔각형으로 낙수면의 하부에는 합각을 표현하였으며, 하면에는 부연이 있다. 중·상부에는 이층으로 연잎과 연줄기를 장식하였다. 정상에는 무문형 원좌 1개를 둔 연봉이 있는데, 개첨석과 일석이다. 태실은 1806년 가봉되었다.[71](사진 16-②, 그림 17)

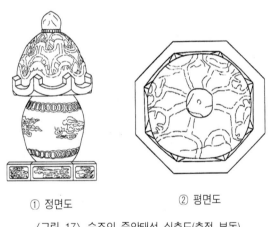

① 정면도   ② 평면도

〈그림 17〉 순조의 중앙태석 실측도(축적 부동)

(9) 문조

∘위치 : 경기도 포천시 영중면 성동5리 640-1번지(영평천변 소공원 이전)

중앙태석은 중동석과 개첨석 및 반파된 사방석이 있다. 사방석은 평면

---

71)『성상태실석난간조배의궤』(1806);『순조실록』순조 6년(1806) 10월 20일(계사);「가봉태실비」(1806) ‘主上殿下胎室(앞) 嘉慶十一年十月十二日建(뒤)’.

팔각형으로 옆면에는 만자문이 장식되었으며, 윗면은 가운데의 중동석 자리를 원형으로 얕게 팠다. 중동석은 편구형으로 상부와 하부에 연환문 이 있으며, 중간에는 만자문이 장식되었다. 개첨석은 평면 팔각형으로 낙 수면의 하부에는 합각을 표현하였으며, 아랫면에는 부연을 장식하였다. 중·상부에는 이층으로 연잎과 연줄기가 있다. 정상부에는 보주를 꽂았던 작은 홈이 있다. 태실은 1836년 가봉되었다.[72](사진 17-①·②, 그림 18)

① 문조(개첨석과 중동석)   ② 문조(사방석)   ③ 헌종(개첨석과 중동석)

〈사진 17〉 문조(①·②)와 헌종(③)의 중앙태석

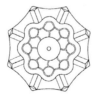

① 개첨석과 중동석 정면도   ② 개첨석 평면도   ③ 사방석 평면도

〈그림 18〉 문조의 중앙태석 실측도(축적 부동)

---

72) 『익종대왕태실가봉석난간조배의궤』(1836); 『헌종실록』헌종 2년(1836) 3월 23일 (병오)·4월 5일(정사); 『영평군읍지』(1842) 건치연혁·태.

(10) 헌종

◦위치 : 충남 예산군 덕산면 옥계2리 산6-2번지

중앙태석은 중동석과 개첨석만 남아있다. 사방석은『성상태실가봉석
난간조배의궤(聖上胎室加封石欄干造排儀軌)』(1847)의 그림과 상석 내
부 빈 공간으로 보아 평면 팔각형으로 옆면에 운문(雲紋)을 장식하였다.
중동석은 편구형으로 상·하부에 연환문이 있으며, 중부에는 만자문이
장식되었다. 개첨석은 평면 팔각형으로 낙수면의 하부에는 합각을 얕게
표현했고, 아랫면에는 부연이 있다. 중·상부에는 이층으로 연잎·연줄기
및 초화문 등 다양한 문양이 장식되었다. 정상에는 염주형 원좌를 1개
둔 연봉이 있는데, 개첨석과 일석이다. 연봉형 보주에는 앙련을 장식하
였다. 이러한 현존 석물과 앞의 의궤의 그림이 동일하다. 태실은 1847년
3월 가봉되었다.[73](사진 17-③, 그림 19)

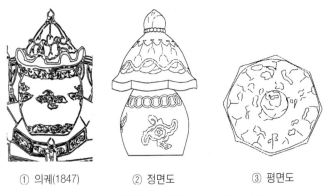

① 의궤(1847) ② 정면도 ③ 평면도

〈그림 19〉 헌종의 중앙태석 실측도(축척 부동)

---

73)『성상태실가봉석난간조배의궤』(1847).
　　그런데 전주이씨대동종약원(1999,『조선의 태실』Ⅰ, 172쪽)과 윤석인(2000,「조
　　선왕실의 태실석물에 관한 일연구」,『문화재』33, 국립문화재연구소, 114쪽)은
　　'1847년 이전'에 가봉되었다고 하였는데, 이는 오류이다.

2. 중앙태석의 유물별 형식 분류와 편년

앞 장에서 살펴 본 중앙태석의 형상과 건립 연대를 바탕으로 각 유물의 유형을 분류하고, 그 변화과정을 찾아 편년을 시도해 보겠다. 중앙태석의 각 유물들은 형태나 문양 등에서 시간적인 변화상을 보여주고 있으므로 사방석, 중동석과 개첨석 모두를 편년의 결정적 속성으로 축출하였다.

그리고 가봉태실은 초건(初建)된 후 보수되는 상황이 문헌사료에서 확인되는데, 가봉비를 다시 세운다거나 난간석의 훼손이나 전석·상석 등의 이격(離隔)으로 인한 보수가 대부분으로 중앙태석의 개수(改修)나 교체는 확인되지 않는다. 그러므로 중앙태석은 초건의 형태를 유지하고 있어서 태실의 가봉시기가 그 제작시기가 되며, 이 시기를 기준으로 각 유물을 순서배열 하였다.

1) 유물별 형식 분류

(1) 사방석의 형식 분류

사방석은 크게 팔각형과 사각형으로 나누어지며, 각 형태는 다시 그 세부적인 속성에 의해 분류될 수 있는데, 이를 분류해보면 <사진 17>과 같다.

A1형 (팔각1층 연엽형)	A2형 (팔각1층 다문형)	B형 (팔각2층 무문형)
C1형 (사각1층 무문형)		C2형 (사각1층 연엽형)

〈사진 17〉 사방석의 유형 분류

○ A형 - 사방석의 모양이 평면 팔각형(八角形)이며, 1층이다. 윗면 가장
  자리나 옆면에 앙련(仰蓮)이나 복련(伏蓮) 등 연잎이 장식된 연
  엽형(蓮葉形)[1형]과 만자문(卍字紋)이나 방승문(方勝紋) 등이
  장식된 다문형(多紋形)[2형]으로 구분된다.

○ B형 - 사방석의 모양이 평면 팔각형이며, 2층으로 되어 있다. 표면에
  문양이 장식되지 않았으며, 모두 별석으로 제작되었다.

○ C형 - 사방석의 모양이 평면 사각형(四角形)이며, 모두 1층이다. 문양
  이 장식되지 않은 무문형(無紋形)[1형]과 옆면에 앙련이나 복련
  등 연잎을 장식한 연엽형[2형]으로 구분된다.

(2) 중동석의 형식 분류

중동석은 팔각형, 원통형, 편구형으로 구분되며, 각 형태는 다시 그
세부적인 속성에 의해 분류될 수 있는데, <사진 18>과 같다.

| a1형 (팔각 무문 일석형) | b형 (원통 무문 별석형) | c1형 (편구 무문 일석형) |

| c2형 (편구 무문 별석형) | d형 (편구 유문 별석형) |

〈사진 18〉 중동석의 유형 분류

○a형 - 중동석의 모양이 평면 팔각형이며, 문양이 장식되지 않았다. 개첨석과 붙여 한 돌[一石]로 제작된 것[1형]과 별석(別石)으로 된 것[2형]으로 구분된다.

○b형 - 중동석의 모양이 원통형이며, 문양이 장식되지 않았다. 개첨석과 별석[2형]으로 제작되었다.

○c형 - 중동석의 모양이 납작한 공 또는 계란모양의 편구형(扁球形)이다. 문양이 장식되지 않고 개첨석과 붙여 일석으로 제작된 것[1형]과 문양이 장식되지 않았으나 개첨석과 별석으로 된 것[2형]으로 구분된다.

○d형 - 중동석의 모양이 납작한 공 또는 계란모양의 편구형이다. 만자문이나 연환문(連環紋)이 장식된 유문형(有紋形)으로 개첨석과 별석으로 제작되었다.

(3) 개첨석의 형식 분류

개첨석은 중동석과 일석 또는 별석으로 제작되며, 각 형태는 다시 그 세부적인 속성에 의해 분류될 수 있는데, <사진 19>와 같다.

I 1형 (팔각 연화일석 무노반형)	I 2형 (팔각 연화별석 무노반형)	II 1형 (팔각 옥개별석 무노반형)
II 2형 (팔각 옥개별석 유노반형)	III형 (육각 옥개별석 무노반형)	IV형 (원형 연화일석 무노반형)

〈사진 19〉 개첨석의 유형 분류

○ I 형 - 개첨석이 평면 팔각형으로 윗면에 연잎이나 연줄기가 장식되고 상부에 연봉형 보주가 장식되어 전체적으로 연꽃을 형상화한 연화형(蓮花形)이다. 노반(露盤)이 없으며, 중동석과 일석으로 제작된 것[1형]과 별석으로 된 것[2형]으로 구분된다.
○ II 형 - 개첨석이 평면 팔각형으로 건물의 지붕모양처럼 장식된 옥개형(屋蓋形)이다. 상부에 연봉형 보주를 장식하였으며, 노반이 없고, 중동석과 별석으로 제작된 것[1형]과 노반이 있으면서 중동석과 별석으로 제작된 것[2형]으로 구분된다.

○ Ⅲ형 - 개첨석이 평면 육각형으로 건물의 지붕모양처럼 장식된 옥개형
    이다. 상부에 연봉형 보주를 장식하였으며, 노반은 설치되지 않
    았고, 중동석과 별석으로 제작되었다.

○ Ⅳ형 - 개첨석이 평면 원형으로 연잎을 조각하고 상부에 연봉형 보주를
    장식한 연화형이다. 노반은 설치되지 않으며, 개첨석·중동석·사
    방석이 모두 일석으로 제작되나 일부 별석으로 제작되기도 한다.

2) 유물별 양식과 편년

앞의 형식 분류에 의해 각 유물별 속성을 분석해 보면, 다음의 <표
2>와 같다. 중앙태석의 제작시기를 기준으로 각 유물을 순서배열한 후,
그 속에서 편년적으로 의미있는 속성을 가려내고 각 속성상태의 변화 시
기를 살펴 편년을 시도해 보겠다.

〈표 2〉 사방석·중동석·개첨석의 속성 분석

변화속성 / 태주	사 방 석							중 동 석									개 첨 석									
	팔각형				사각형			팔각형			원통형		편구형				팔각형						육각형		원형	
																	연화형			옥개형			옥개형		연화형	
	층수	무문	연엽	다문	층수	무문	연엽	무문	별석	일석	무문	별석	무문	유문	별석	일석	노반	별석	일석	노반	별석	일석	노반	별석	노반	일석
태조 (1393)	2?	■						■		■									■							
정종 (1399)	2	■						■		■									■							
태종 (1401)	2	■						■		■									■							
세종 (1419)	2	■						■		■									■							
세조 (1438)					1	■							■		■											■

문종 (1450)	1	■			□	□					■								
성종 (1471)			1	■		■	■				■								
인종 (1546.5)			1	■			■	■			■	■							
명종 (1546. 10)			1	■			■	■			■	■							
선조 (1570)			1	■			□	□			□	□							
예종 (1578)			1	■			■	■			■	■							
광해군 (1609)			1?	□			□	□									■		
숙종 (1683)			1	■			□	□			□	□							
단종 (1699 ~1719)	1	■			■	■					■								
경종 (1726)			1	■			■	■			■	■							
영조 (1729)			1	■			■	■			□	□							
장조 (1785)	1		■		□	□					■	■							
정조 (1801)	1		■					■	■			■							
순조 (1806)	1		■					■	■			■							
문조 (1836)	1		■					■	■			■							
헌종 (1847)	1		■					■	■			■							

(1) 사방석의 양식과 편년

① Ⅰ단계

이 시기의 사방석은 B형(팔각2층 무문형)만 나타난다. 모두 평면 팔각형이며, 2층으로 구비되어 별석으로 제작되었다. 문양은 장식되지 않은 무문형이다.

이 단계은 태조(1393)를 시작으로 정종(1399), 태종(1401), 세종(1419) 등 모두 4기로 그 시기는 14세기 4/4분기(1393)~15세기 1/4분기(1419)이다.(사진 1~4, 그림 1~4)

② Ⅱ단계

이 시기의 사방석은 C2형(사각1층 연엽형)이 주류를 이루고, A1형(팔각1층 연엽형)과 C1형(사각1층 무문형)이 일시적으로 출현하기도 한다. 사방석의 층수가 앞 시기의 2층에서 1층으로 감소하고 사각형이 새로 출현하며, 문양도 연잎이 새로 장식되기도 한다.

이 단계의 C2형은 세조(1438)를 비롯하여 성종(1471), 인종(1546. 5.), 명종(1546. 10.), 예종(1578), 광해군(1609), 숙종(1683) 등 7기이며, A1형은 문종(1450), B1가형은 선조(1570)이다. 이 단계는 모두 9기가 확인되므로 그 시기는 15세기 2/4분기(1438)~17세기 4/4분기(1683)이다. 하지만 세조의 사방석은 가봉 때 설치된 것이 아니라 아기태실 조성 시 설치된 것이다.(사진 5~12, 그림 5~11)

③ Ⅲ단계

이 시기의 사방석은 C1형(사각1층 무문형)이 주류를 이루며, 일시적으로 A1형(팔각1층 연엽형)이 나타난다. 이 시기에 Ⅱ단계에서 이미 초현(初現)된 모양(선조)이 다시 출현하여 정착한다. 그런데 Ⅱ단계에서 잠

시 등장했던 모양(문종)이 다시 등장하는 것(단종)은 이 시기에 조선 초
기 단종의 태실을 가봉하면서 앞 시기 문종의 양식을 모방한 것으로 추
정된다.

이 단계에서 C1형은 경종(1726), 영조(1729) 등 2기이며, A1형은 단
종(1699~1719)이다. 이 단계는 모두 3기이므로 그 시기는 17세기 1/4분
기(1699~) 또는 18세기 1/4분기(~1719)~18세기 2/4분기(1726~1729)
이다.(사진 13·14, 그림 12~14)

④ Ⅳ단계

이 시기에는 A2형(팔각1층 다문형)만 출현하여 소멸될 때까지 지속된
다. Ⅰ단계의 팔각형을 다시 답습하나 층수는 1층으로 감소하며, 운문이
나 초화문 등 다양한 문양이 장식되어 화려해진다.

이 단계에는 장조(1785), 정조(1801), 순조(1806), 문조(1836), 헌종
(1847) 등 모두 5기이므로 그 시기는 18세기 4/4분기(1785)~19세기 2/4
분기(1847)이다.(사진 15~17, 그림 15~19)

단계	표지 유물	단계	표지 유물
I (1393 ~ 1419)	 ① 정종	III (1619 ~ 1729)	 ⑤ 단종 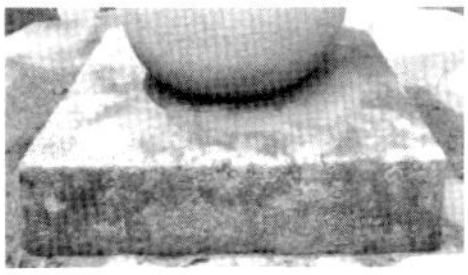 ⑥ 경종  ⑦ 영조
II (1438 ~ 1683)	 ② 세조  ③ 명종  ④ 선조	IV (1785 ~ 1847)	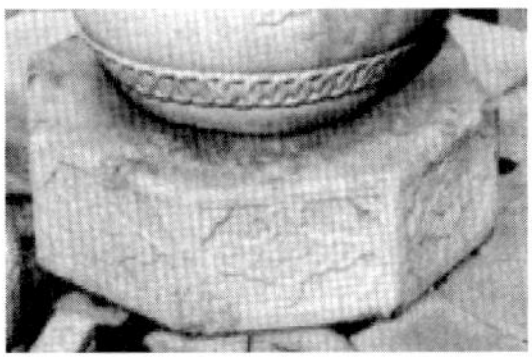 ⑧ 정조

〈사진 20〉 사방석의 변천 양상

(2) 중동석의 양식과 편년

① Ⅰ단계

이 시기의 중동석은 a1형(팔각무문 일석형)만 출현한다. 모두 팔각형이며, 개첨석의 아랫면에 붙여 일석으로 만들었으며, 문양이 장식되지 않은 무문형이다.

이 단계는 태조(1393)를 비롯하여 정종(1399), 태종(1401), 세종(1419) 등 모두 4기가 나타나므로 그 시기는 14세기 4/4분기(1393)~15세기 1/4분기(1419)이다.(사진 1~4, 그림 1~4)

② Ⅱ단계

이 시기의 중동석은 c1형(편구무문 일석형), a2형(팔각무문 별석형)과 b형(원통무문 별석형)이 혼재하여 나타난다. 앞 시기의 팔각형이 이 시기에 와서 편구형, 팔각형, 원통형 등으로 다양하게 등장한다.

이 단계의 c1형은 세조(1438)이며, a2형은 문종(1450)이고, b형은 성종(1471)으로 모두 3기가 나타나므로 그 시기는 15세기 2/4분기(1438)~15세기 3/4분기(1471)이다. 하지만 세조의 중동석은 아기태실 조성 시 설치된 것이다.(사진 5~7, 그림 5~7)

③ Ⅲ단계

이 시기에 와서 중동석은 전시기를 걸쳐 c2형(편구무문 별석형)이 주류를 이루며, 일시적으로 Ⅰ단계에서 유행하였던 a1형(팔각무문 일석형)이 나타난다. Ⅱ단계에서 이미 출현하였던 납작한 공모양의 편구형(세조)이 계란모양의 편구형으로 바뀌어 계보를 잇지만, 새로운 모양을 창출하였다.

이 단계에서 c2형은 인종(1546. 5.), 명종(1546. 10.), 선조(1570), 예종

(1578), 광해군(1609), 숙종(1683), 경종(1726), 영조(1729) 등 8기이며, a1형은 단종(1699~1719)으로 모두 9기가 나타난다. 그 시기는 16세기 2/4분기(1546)~18세기 2/4분기(1729)이다.(사진 8~14, 그림 8~14)

④ Ⅳ단계

이 시기에는 a2형(팔각무문 별석형)과 d형(편구유문 별석형)이 출현한다. a2형은 초기에 잠시 나타났다 바로 사라지며, 이후 d형이 출현하여 소멸될 때까지 지속된다. 즉 중동석은 Ⅲ단계의 무문형이 초기에 지속되나(a2형) 금방 사라지며, 만자문이나 연환문 등이 장식되는 유문형(d형)으로 변하여 화려해진다.

이 단계에서 a2형은 장조(1785)이며, d형은 정조(1801), 순조(1806), 문조(1836), 헌종(1847) 등 4기로 모두 5기가 나타난다. 그 시기는 18세기 4/4분기(1785)~19세기 2/4분기(1847)이다.(사진 15~17, 그림 15~19)

단계	표지 유물	단계	표지 유물
I (1393 ~ 1419)	 ① 정종	III (1546 ~ 1729)	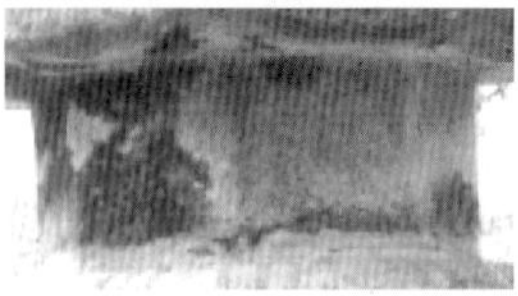 ④ 단종  ⑤ 영조
II (1438 ~ 1471)	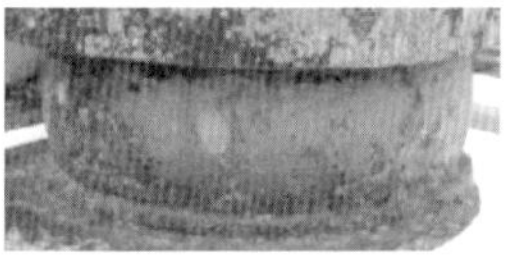 ② 세조  ③ 성종	IV (1785 ~ 1847)	 ⑥ 순조

〈사진 21〉 중동석의 변천 양상

(3) 개첨석의 양식과 편년

① Ⅰ단계

이 시기의 개첨석은 Ⅰ1형(팔각연엽일석 무노반형)만 나타난다. 모두 팔각형으로 낙수면(落水面)이 연잎을 연상(聯想)시키며, 중동석과 일석으로 제작하였다.

이 단계에는 태조(1393)를 시작으로 정종(1399), 태종(1401), 세종(1419) 등 모두 4기가 나타나므로 그 시기는 14세기 4/4분기(1393)~15세기 1/4분기(1419)이다.(사진 1~4, 그림 1~4)

② Ⅱ단계

이 시기의 개첨석은 Ⅳ형(원형연엽일석 무노반형)이 잠시 출현하였다가 Ⅰ2형(팔각연엽별석 무노반형)으로 변한다. 앞 시기의 팔각형이 일시적으로 원형으로 바뀌었다가 다시 팔각형이 출현하나, 중동석과 별석으로 제작된다. 문양은 앞 시기를 이어 지속되나 연잎이 좀 더 세밀하게 장식된다.

이 단계의 Ⅳ형은 세조(1438)이며, Ⅰ2형은 문종(1450), 성종(1471) 등 2기로 모두 3기가 나타나므로 그 시기는 15세기 2/4분기(1438)~15세기 3/4분기(1471)이다. 하지만 세조의 개첨석은 아기태실 조성 시 설치된 것이다.(사진 5~7, 그림 5~7)

③ Ⅲ단계

이 시기에 와서 개첨석은 전시기를 걸쳐 Ⅱ2형(팔각옥개별석 유노반형)이 주류를 이루며, 일시적으로 Ⅲ형(육각옥개형)과 Ⅰ1형(팔각연엽일석 무노반형)이 중간에 출현하기도 한다. 앞 시기의 팔각연엽형이 팔각옥개형으로 바뀌어 새로운 모양이 창출된다.

이 단계에서 Ⅱ2형은 인종(1546. 5.), 명종(1546. 10.), 선조(1570), 예종(1578), 숙종(1683), 경종(1726), 영조(1729), 장조(1785) 등 8기이며, Ⅲ형은 광해군(1609)이며, Ⅰ1형은 단종(1699~1719)으로 모두 10기가 나타나므로 그 시기는 16세기 2/4분기(1546)~18세기 4/4분기(1785)이다.(사진 8~15, 그림 8~15)

④ Ⅳ단계

이 시기의 개첨석은 Ⅱ1형(팔각옥개별석 무노반형)만 출현한다. 앞 시기의 팔각옥개형은 지속하나 노반이 사라지며, 낙수면의 상·중부에 2층의 연화문이 장식되고, 하부에만 옥개형으로 변한다.

이 단계에는 정조(1801, 순조(1806), 문조(1836), 헌종(1847) 등 모두 4기이므로 그 시기는 19세기 1/4분기(1801)~19세기 2/4분기(1847)이다.(사진 16·17, 그림 16~19)

단계	표지 유물	단계	표지 유물
Ⅰ (1393 ~ 1419)	① 태조 ② 세종	Ⅲ (1546 ~ 1729)	⑤ 예종 ⑥ 광해군 ⑦ 단종 ⑧ 장조

단계	표지 유물	단계	표지 유물
II (1438 ~ 1471)	 ③ 세조  ④ 성종	IV (1785 ~ 1847)	 ⑨ 정조

〈사진 22〉 개첨석의 변천 양상

앞에서 지금까지 검토한 각 유물별 양식단계를 살펴보면 <표 3>과
같이 나타난다.

〈표 3〉 사방석·중동석·개첨석의 순서배열과 단계

형식 / 태주	사방석						중동석							개첨석						
	A1	A2	B	C1	C2	단계	a1	a2	b	c1	c2	d	단계	I1	I2	II1	II2	III	IV	단계
태조(1393)			■				■							■						
정종(1399)			■				■							■						
태종(1401)			■			I	■						I	■						I
세종(1419)			■				■							■						
세조(1438)					■				■									■		
문종(1450)	■							□					II	■						II
성종(1471)					■				■					■						
인종(1546. 5.)					■						■					■				
명종(1546. 10.)					■	II					■					■				
선조(1570)				■							□					□				
예종(1578)					■						■					■				
광해군(1609)					□						□		III					■		III
숙종(1683)					■						□					□				
단종(1699~1719)	■						●							■						
경종(1726)				■		III					■					■				
영조(1729)				■							■					□				
장조(1785)		■						□								■				
정조(1801)		■										■					■			
순조(1806)		■				IV						■	IV				■			IV
문조(1836)		■										■					■			
헌종(1847)		■										■					■			

3. 중앙태석의 양식과 변천

앞 장에서 전술한 각 유물별 속성을 종합해서 중앙태석의 전체적인 속성에 따라 순서배열하여 그 변화 시기를 살펴 양식단계를 설정해 보면, <표 4>와 같으며, 크게 4단계로 분류할 수 있다.

<표 4> 중앙태석의 순서배열과 양식단계

형식 \ 태주	A1 a1 I1	A1 a2 I2	A2 a2 II2	A2 d II1	B a1 I1	C1 c2 II2	C2 b I2	C2 c1 IV	C2 c2 II2	C2 c2 III	단계	
태조(1393)					■						I	
정종(1399)					■							
태종(1401)					■							
세종(1419)					■							
세조(1438)								■			II	
문종(1450)		■										
성종(1471)							■					
인종(1546. 5.)									■		III	①
명종(1546. 10.)									■			
선조(1570)						■						
예종(1578)									■			
광해군(1609)										■		
숙종(1683)								■				
단종(1699~1719)	■											②
경종(1726)						■						
영조(1729)						■						
장조(1785)			■									
정조(1801)				■							IV	
순조(1806)				■								
문조(1836)				■								
헌종(1847)				■								

1) I 단계

이 시기의 중앙태석은 Ba1 I 1형(팔각2층 무문형 사방석/ 팔각무문 일석형 중동석/ 팔각연엽일석 무노반형 개첨석)만 나타난다. 사방석은 평면 팔각형으로 2층으로 구성되었으나, 문양은 장식되지 않았다. 중동석

은 평면 팔각형으로 개첨석과 일석으로 제작하였으며, 문양은 없다. 그
리고 개첨석은 평면 팔각형으로 연잎을 모방하였으며, 중동석과 일석으
로 만들었다. 상부에 노반없이 연봉만 장식한 것이다.

이 단계에는 태조(1393) → 정종(1399) → 태종(1401) → 세종(1419)
등 모두 4기의 중앙태석이 나타나므로 그 시기는 14세기 4/4분기
(1393)~15세기 1/4분기(1419)이다.(사진 1~4, 그림 1~4)

2) II단계

이 시기의 중앙태석은 C2c1IV형(사각1층 연엽형 사방석/ 편구무문 일
석형 중동석/ 원형연엽일석 무노반형 개첨석), A1a2 I 2형(팔각1층 연엽
형 사방석/ 팔각무문 별석형 중동석/ 팔각연엽별석 무노반형 개첨석)과
C2b I 2형(사각1층 연엽형 사방석/ 원통무문 별석형 중동석/ 팔각연엽별
석 무노반형 개첨석)이 혼재되어 나타난다. 사방석은 앞 시기의 2층에서
1층으로 감소하고 무늬도 무문형에서 연잎이 장식된다. 또 팔각형에서
사각형이 추가되어 새로운 모양이 출현한다. 중동석은 앞 시기의 팔각형
에서 편구형과 원통형이 추가되며, 모두 무늬는 장식되지 않는다. 특히
팔각형은 중동석과 일석으로 제작되던 것이 별석으로 만들어지는 변화
를 겪는다. 개첨석은 앞 시기의 팔각연엽형이 중동석과 일석으로 제작되
던 것이 별석으로 만들어지기도 하고, 원형이라는 새로운 모양도 잠시
출현한다.

이 단계에는 세조(1438) → 문종(1450) → 성종(1471)의 순으로 변
화되며, 모두 3기의 중앙태석이 나타나므로 그 시기는 15세기 2/4분
기(1438)~15세기 3/4분기(1471)이다.(사진 5~7, 그림 5~7)

3) Ⅲ단계

(1) Ⅲ-①단계

이 시기의 중앙태석은 3종류가 출현하는데, C2c2Ⅱ2형(사각1층 연엽형 사방석/ 편구무문 별석형 중동석/ 팔각옥개별석 유노반형 개첨석)이 주류를 이루고, C1c2Ⅱ2형(사각1층 무문형 사방석/ 편구무문 별석형 중동석/ 팔각옥개별석 유노반형 개첨석)과 C1c2Ⅲ형(사각1층 무문형 사방석/ 편구무문 별석형 중동석/ 육각옥개별석 무노반형 개첨석)이 일시적으로 나타난다. 사방석은 앞 시기의 사각형, 팔각형이 모두 사각형으로 정착하나, 무문형이 새로 출현한다. 중동석도 앞 시기의 다양한 모양에서 편구형으로 정착하여 무늬가 장식되지 않은 별석으로 제작되어 새로운 모양이 창출된다. 개첨석은 노반이 장착된 팔각옥개형이 다수 인데, 앞 시기와 전혀 다른 새로운 형태이다. 또 노반이 없는 육각옥개형도 일시적으로 출현한다.

이 단계에는 인종(1546. 5.), 명종(1546. 10.) → 선조(1570) → 예종(1578) → 광해군(1609) → 숙종(1683)의 순으로 변화되며, 모두 6기가 나타나 그 시기는 16세기 2/4분기(1546)~17세기 4/4분기(1683)이다.(사진 8~12, 그림 8~11)

(2) Ⅲ-②단계

이 시기의 중앙태석은 모두 3종류가 출현하는데, Ⅲ-①단계에서 일시적으로 출현한 C1c2Ⅱ2형(사각1층 무문형 사방석/ 편구무문 별석형 중동석/ 팔각옥개별석 유노반형 개첨석)이 정착하여 주류를 이루고, A1a1Ⅰ1형(팔각1층 연엽형 사방석/ 팔각무문 일석형 중동석/ 팔각연엽일석 무노반형 개첨석)과 A2a2Ⅱ2형(팔각1층 다문형 사방석/ 팔각무문 별석형 중동석/ 팔각옥개별석 유노반형 개첨석)들이 혼재되어 나타난다. 사방석은 사각형과 팔각형으로 나뉘며, 팔각형에서는 만자문이나 방승문이 장식된 다문형이 새로 창출된다. 중동석은 편구형과 팔각형으로 구분되는데, 모두 무문형이다. 개첨석은 모두 팔각형이며, 노반이 있는 것과 없는 것으로 대별된다.

이 단계에는 단종(1699~1719) → 경종(1726), 영조(1729) → 장조(1785)의 순으로 모두 4기의 중앙태석이 보이는데, 그 시기는 17세기 4/4분기(1699~) 또는 18세기 1/4분기(~1719)~18세기 4/4분기(1785)이다.(사진 13~15, 그림 12~15)

4) Ⅳ단계

이 시기의 중앙태석은 A2dⅡ1형(팔각1층 다문형 사방석/ 편구유문별석형 중동석/ 팔각옥개별석 무노반형 개첨석)만 등장한다. 사방석은 팔각형으로 만자문이나 방승문이 등장하여 화려해지고, 중동석은 계란 모양의 편구형으로 중동석과 별석으로 제작되며, 만자문이나 연환문이 장식되어 화려해진다. 또 개첨석은 팔각형이나 상·중부에 2층의 연잎이 장식되고 하부에는 옥개형을 하였으나, 노반이 사라진다.

이 단계에는 정조(1801) → 순조(1806) → 문조(1836) → 헌종(1847) 등 모두 4기의 중앙태석이 나타나므로 그 시기는 19세기 1/4분기(1801)~19세기 2/4분기(1847)이다.(사진 16·17, 그림 16~19)

단계	표지 유물	
I (1393~1419)	 ① 정종	 ② 세종
II (1438~1471)	 ③ 세조	 ④ 성종
III ① (1546 ~ 1683)	 ⑤ 명종	 ⑥ 예종

단계	표지 유물	
② (1699 ~ 1785)	⑦ 단종	⑧ 경종
Ⅳ (1801~1847)	⑨ 정조	

〈사진 23〉 중앙태석의 변천 양상

이 장에서는 아기태실과 가봉태실에서 현존하는 유물 중 가장 많이 남아있고, 또 시기를 파악하는데 가장 유익한 정보를 제공해 주는 아기비와 태함 및 중앙태석을 선정하여 유물의 고고학적 양식과 편년을 설정하여 그 변화과정을 분석해 보았다. 문헌기록이 없을 때 태실유적에 남아있는 이러한 유물만을 가지고도 태실의 조성시기를 파악할 수 있는 단초가 되기 때문이다.

먼저 아기비는 건립시기를 알 수 있는 67기를 분석대상으로 하였다. 아기비는 비수·비신·비대로 구성되는데, 비수와 비대가 시기적 변화를 민감하게 반영하고 있어 편년의 결정적 요소가 된다. 특히 아기비는 각자된 비문만으로도 그 편년이 설정되는데, 비문구성으로 보아 크게 5단계로 나눌 수 있었다. 또 형태에 있어서도 비수는 5단계로, 비대는 3단계로 나누었으며, 아기비의 전체 변화과정도 크게 5단계로 나누었다.

그리고 태함은 제작시기가 파악되는 51기를 그 분석대상으로 하였다. 태함은 함개와 함신으로 구성되는데, 모두 시기적 변화를 민감하게 반영하고 있어 편년의 결정적 요소가 되었다. 함개와 함신은 모두 크게 4단계로 나누었으며, 태함의 전체 변화과정은 크게 4단계로 구분하였다.

또 28개소의 가봉태실 중 21개소에 남아있는 중앙태석에 대한 양식과 편년을 설정해 보았다. 중앙태석은 사방석·중동석·개첨석으로 구성되는데, 모두 시기적 변화를 민감하게 반영하고 있어 편년의 결정적 요소가 되었다. 사방석과 중동석 및 개첨석은 모두 크게 4단계로 나눌 수 있었으며, 중앙태석의 전체 변화과정도 크게 4단계로 구분하였다.

제5부

고고자료와 문헌기록으로 본
태실의 조성과 구조

I. 영주 소헌왕후 태실의 조성과 왕비 태실 구조

1. 태실의 현황

1) 태실의 위치

소헌왕후(昭憲王后) 태실은 경북 영주시 순흥면 배점2리 산22-2번지의 '태봉산(해발 767.7m)' 정상에 위치한다. 이 태봉산은 소백산의 지맥으로 주산인 북쪽의 국망봉(해발 1,420.8m)이 남쪽으로 뻗어 내려오다가 돌출되어 삿갓모양을 하고 있으며, 태봉산의 좌향(坐向)은 북-남향이며, 좌청룡·우백호의 역할을 하는 산줄기가 좌·우측에서 태봉산을 감싸고 있다. 또 계곡물이 태봉산 양 측면에서 감싸 앞에서 만나 동남쪽으로 흘러간다. 이는 풍수지리적으로 전형적인 돌혈에 해당하는 곳으로 명당이라 할 수 있다.

태봉산 정상부와 주변, 그리고 산 아래에는 태실에 사용된 석물 21개가 흩어져 있으며,[1] 태봉산에서 남동쪽으로 약 1.5㎞ 떨어진 계곡에 초암사라는 절이 있다.(지도 1, 사진 1~5)

---

1) 이곳에서 용도를 알 수 있는 석물(石物) 18개와 파손으로 전혀 알아 볼 수 없는 석편(石片) 3개를 확인하였다. 이 글에서는 용도를 알 수 없는 석편 3개를 제외하고, 또 전주이씨대동종약원(1999, 『조선의 태실』I, 20~21쪽)이 태실 석물로 잘못 본 상석(床石)도 1979년경 설치한 것이므로 제외하였다.

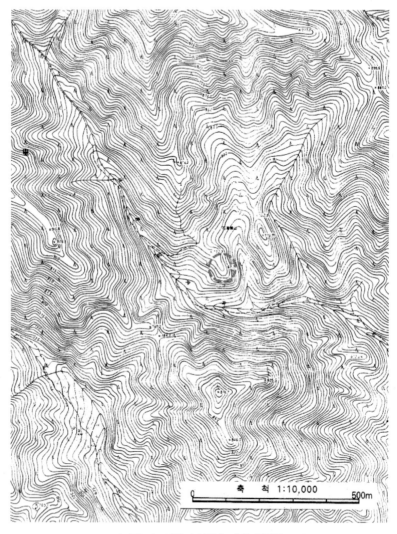

〈지도 1〉 영주 소헌왕후 태실 위치도

① 태봉산 앞 전경(남→북)　② 태봉산 정상(남→북)　③ 태봉산 정상(북→남)

〈사진 1〉 소헌왕후 태실

지금은 태봉산 정상부에 무덤 1기가 조성되어 있어 태실의 원상(原狀)을 전혀 찾을 수 없으며, 무덤 앞에는 상석(床石)이 있고, 그 앞쪽 양측에 망주석(望柱石)이 세워져 있다.(사진 1-②·③)

그렇다면, 언제 이곳에 무덤이 들어서서 태실을 훼손시켰는지 알아보자. 무덤의 상석 앞면에 '礪山宋公寅勉之墓/ 配孺人全義李氏祔/ 乾坐/ 己卯九月'라는 명문이 음각되어 있어 묘주(墓主)와 그 조성시기를 알 수 있다. 이 무덤은 송인면과 그의 부인을 합장한 것으로 조성시기는 '기묘년 9월'이다. 이 기묘년은 1939년과 1999년으로 추정되는데, 1999년 6월 발행된 책에[2] 상석의 사진이 있어서 1939년 9월로 판단된다. 그런데, 같은 책에서 권오기의 "20여 년 전 태봉자리에 송씨 집안의 묘소와 비석이 들어섰다. 그 곳에서 나온 태항아리를 메고 가는 것을 보았으며 나라에서 캐갔다."라는 진술이[3] 혼돈을 준다. 즉 증언한 묘소 조성시기인 20여 년 전은 1979년 전후로 볼 수 있는데, 이는 상석 명문과 오차가 발생하고, 후술하겠지만 이미 태호도 그 전에 수습되었기 때문에 이 진술을 그대로 믿을 수 없다

2) 전주이씨대동종약원, 1999, 『조선의 태실』Ⅰ, 20쪽의 사진 ①·④.
　그리고 이 책 21쪽에서도 사진 ①을 설명하면서 일제시대부터 들어선 민묘라고 하였다.
3) 전주이씨대동종약원, 1999, 『조선의 태실』Ⅰ, 127쪽.

① 윤암봉(輪巖峯) : 조선 소헌왕후의 태를 묻었다.(『조선환여승람』영주군 (1935) 산천)

② 番號 : 30, 種別 : 胎封, 場所 : 順興面襄店里, 所有 : 小白山 國有林, 摘要 : 丘阜ノ頂上ニ約十坪平坦ニ爲シタル周圍ニ數箇ノ棚石存ス 附近ニ直徑三尺ノ八角形及三尺方形ノ蓋石存ス東國輿地勝覽所載 ノ高麗忠烈王胎封ナルベシ.[4]

　사료 ①은 1935년 2월에 발행된 것으로 윤암봉의 '암'자가 오기(誤記)되어 있어 실제 조사하였다기보다 후술하는 사료 ⑬을 그대로 옮긴 것 같다. 그리고 이곳에서 수습된 태호편 6점이 1935년 9월 6일 이왕직 예식과에서 이왕가 미술관으로 인계되었으며,[5] 지금은 국립중앙박물관에 소장되어 있다. 그렇다면 이 태호편의 출토시점은 1935년 9월 이전이다. 일제강점기 이왕직은 1928~1934년에 전국에 산재한 여러 태실을 조사하여 서삼릉으로 이안하여 태실 집장지를 만들었는데, 서삼릉에 이곳에서 옮겨간 태실은 없지만, 이때쯤에 이 태실이 조사되었을 가능성이 높다. 그리고 깨어진 6점의 태호편만 수습한 것으로 보아 이미 태실은 훼손되어 있었던 것이다. 그런데 상석의 마멸 정도로 보아 1939년 설치된 것으로 보기 어려워 그 시기는 오래되지 않은 것으로 보인다. 그렇다면 이 무덤은 1939년 9월 조성되었으나, 상석 등 시설물은 1979년경에 설치한 것으로 보는 것이 타당하다. 또 1942년의 사료 ②에서 무덤이 있다는 기록은 없고 평탄지로 석물만 흩어져 있다고 하였다. 이러한 상황은 무덤이 1939년 9월 조성되었지만, 봉분(封墳) 없는 암장(暗葬)을 추측케 하는 것이다.

　결국 소헌왕후 태실은 1928~1934년 이왕직이 조사하기 전에 훼손되어 있었고, 1939년 무덤이 암장되어 다시 훼손되며, 1979년경 봉분과 시

---

4) 조선총독부, 1942, 「경상북도 영주군」, 『조선보물고적조사자료』, 273쪽.
5) 전주이씨대동종약원, 1999, 『조선의 태실』Ⅰ, 21·127쪽.

설물이 설치되면서 흔적도 없이 파괴되었던 것으로 추정해 볼 수 있다.

2) 유물 현황

(1) 상석

상석(裳石)은 3개가 확인되며, 화강암으로 만들었다. 상석 1의 평면형태는 앞부분(바깥쪽)이 넓고 뒷부분(안쪽)이 좁은 전광후협(前廣後狹)의 사다리꼴이며, 단면도 동일하다. 앞부분은 파실(破失)되었으며, 뒷부분 아랫면에는 사방석에 걸칠 수 있게 ㄱ형으로 단을 깎았다. 상석 2는 상석 1과 마찬가지로 전광후협의 사다리꼴이다. 앞부분은 파실되었다. 또 상석 3은 상석(床石) 뒤에 놓여 무덤의 시설물로 재사용되었는데, 옆으로 세워져 묻혀있어 자세히 알 수 없다. 이 석물들은 후술하는 우전석의 두께(40㎝ 전후)보다 얇으므로 상석으로 판단된다. 상석 1·2는 앞부분이 파실되어 우상석인지 면상석인지 구분할 수 없으나, 상석 3은 단축면이 모두 직선인 것으로 보아 면상석으로 판단된다. 각 상석의 크기는 <표 1>과 같다.(사진 2)

〈표 1〉 상석의 크기 현황(㎝)

유물명	장축	단축		두께	비고
		앞부분	뒷부분		
상석 1	59(현)	27	25	17	파손
상석 2	56(현)	45	43	21	파손
상석 3	90.5	41	?	24.5	매몰

① 상석 1(윗면·옆면) 　　② 상석 2(윗면) 　　③ 상석 3(윗면)

〈사진 2〉 상석

(2) 전석

전석(塼石)은 6개가 확인되며, 화강암으로 만들었다. 면전석은 조사되지 않고 우전석만 확인된다. 우전석의 평면은 앞부분(바깥쪽)이 넓고 <형으로 뾰족하며, 뒷부분(안쪽)이 좁은 전광후협의 긴 오각형으로 앞부분의 윗면에는 작은 사각형 홈이 파여 있다. 우전석 1·2·6은 윗면의 사각형 홈이 확인되나, 나머지는 일부 땅에 묻혀 알 수 없다. 특히 우전석 3은 뒷부분이 파손되어 결실되었다. 이 우전석들은 일부 땅에 묻혀 자세히 알 수 없지만, 노출된 면만 비교해 보아도 크기나 형태가 비슷하다. 각 전석의 크기는 <표 2>와 같다.(사진 3)

〈표 2〉 전석의 크기 현황(㎝)

유물명	장축		앞 단축(<형)		뒷 단축	두께	비 고
	우측	좌측	우측	좌측			
우전석 1	108	106	30	30	33	42.5	사각형 홈 너비 17 × 깊이 15.5
우전석 2	108	80(현)	32	30	22(현)	43.5	사각형 홈 너비 16 × 깊이 15.5
우전석 3	84(현)	107(현)	44	31	45(현)	40	뒤집힘, 파손
우전석 4	108	108	31	28	38	37	사각형 홈 있음, 뒤집힘, 일부 매몰
우전석 5	108	?	31	38	20(현)	39	사각형 홈 있음, 일부 매몰
우전석 6	?	108	?	30	?	40	사각형 홈 너비 15.5 × 깊이 ?

① 우전석 1(윗면)

② 우전석 2(윗면)

③ 우전석 3(아랫면)

④ 우전석 4(아랫면)

⑤ 우전석 5(옆면·윗면)

⑥ 우전석 6(옆면·윗면)

〈사진 3〉 전석

(3) 주석

주석(柱石)은 3개가 확인되며, 화강암으로 만들었다. 이중 망주석으로 사용된 2개(주석 1·2)는 완형(完形)이며,[6] 1개(주석 3)는 파손되어 일부만 현존하는데, 산 아래 동쪽 계곡에 떨어져 있다. 주석은 대석(臺石)과 주신(柱身) 및 상륜부(相輪部)로 구분되며, 일석으로 제작되었다. 대석은 주신과 연결되도록 가운데에 기둥을 표시하였으며, 양 옆면에 2줄의 무늬 없는 띠를 돌려 대석을 3단으로 구분하였다. 이 대석 하단 밑면 가운데에 돌기가 있으며, 상단 좌·우 윗면은 횡죽석을 받는 받침대를 마련하였다. 이 받침대의 양 안쪽 면은 내경(內傾)하였다. 주신은 단면 8각형의 세장(細長)한 형태이다. 상륜부는 정상에 연봉형 보주를 장식하고, 그 아

---

6) 전주이씨대동종약원(1999, 『조선의 태실』 I , 20쪽의 사진 ②·③ 및 21·126쪽)은 민묘 앞에 설치된 양 망주석 기단부만 태실 석물로 보았으며, 경상북도문화재연구원(1999, 『문화유적분포지도 -영주시-』, 261쪽 및 382쪽의 사진 425)도 양 망주석의 기단부만 태실에 사용된 동자석으로 보았다. 하지만 망주석 전체(주석 1·2)가 태실의 석물인 '주석'이 맞으며, 1979년경 민묘 정비 시 재사용한 것이므로 여기서 바로 잡는다.

래에 무문의 운두·원좌·염의를 두었다.

동쪽 주석 1의 현 높이는 164.6㎝이며, 서쪽 주석 2는 현 높이 168.7 ㎝이고, 산 아래의 주석 3은 현 높이 44.5㎝이다. 각 주석의 세부 크기 는 <표 3>과 같다.(사진 4, 그림 1)

〈표 3〉 주석의 크기 현황(㎝)

유물명	대 석			주 신			상 륜				비고
	높이	너비	두께	높이	한변너비	두께	염의높이	원좌높이	운두높이	연봉높이	
주석 1	49(현)	46	28.2	75	11	22.7	8.9	4.7	8.8	18.2	완형
주석 2	47.8(현)	45	29	80.6	11	22.9	8.6	4.8	5.6	21.3	완형
주석 3				3.5(현)			10	5	9.5	16.5(현)	파손

① 주석 1   ② 주석 2   ③ 주석 3

〈사진 4〉 주석

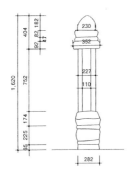

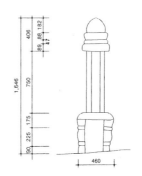

① 주석 1

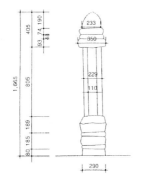

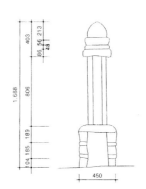

② 주석 2

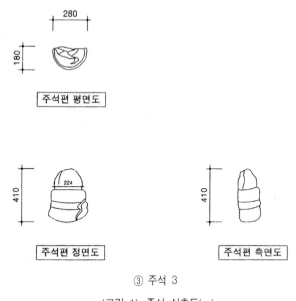

③ 주석 3

〈그림 1〉 주석 실측도(㎜)

(4) 횡죽석

횡죽석(橫竹石)은 6개가 확인되며, 화강암으로 만들었다. 횡죽석은 단면 팔각형의 긴 막대모양을 하고 있다. 횡죽석 1은 현재 확인된 것 중 유일하게 완형이며, 양 끝부분의 단면을 경사지게 사선(斜線)으로 절단(切斷)하였다. 또 끝부분 아랫면에는 주석의 받침대에 걸칠 수 있게 ┌형의 단을 두었다. 다른 횡죽석들은 대부분 파손으로 일부만 남았는데, 횡죽석 2~5는 한쪽 끝부분의 단면을 경사지게 사선으로 절단하였다. 그런데 횡죽석 3은 다른 횡죽석과 달리 흰색을 띠며, 마모도 심하지 않다. 그리고 사진(사진 5-⑥)으로[7] 확인되는 것이 1개(횡죽석 6) 있다. 사진으로 보아 중간부분에 해당되며, 색깔과 마모 상태로 보아 대형 횡죽석으로 추정된다. 각 횡주석의 크기는 <표 4>와 같다.(사진 5)

---

7) 전주이씨대동종약원, 1999, 『조선의 태실』 I , 20쪽의 사진⑤.

〈표 4〉 횡죽석의 크기 현황(cm)

유물명	장 축		한변 너비	두께	비고
	윗면	밑면			
횡죽석 1	105	92	9	20	완형
횡죽석 2	75(현)	70(현)	9.5	23.5	파손
횡죽석 3	33.5(현)	28(현)	8.5	14	파손
횡죽석 4	60(현)	49.5(현)	9	22	파손
횡죽석 5	32(현)	26(현)	9	20	파손

① 횡죽석 1

② 횡죽석 2

③ 횡죽석 3

④ 횡죽석 4

⑤ 횡죽석 5

⑥ 횡죽석 6

〈사진 5〉 횡죽석

(5) 태호

태호(胎壺)는 깨어져 작은 6점의 편으로 남았는데, 뚜껑과 호의 편으로 판단된다. 이 중 가장 큰 편은 뚜껑으로 연봉형의 손잡이가 부착되고 회문(回紋)과 연화문(蓮花紋) 등이 장식되었다. 이 태호편은 국립중앙박물관에 소장되어 있다.(사진 6·7)

① 개편(외면)

② 호와 개편(외면)

〈사진 6〉 소헌왕후 태호편

2. 문헌기록과 유물로 본 태실 조성

1) 태실의 주인공

이곳 영주 배점리 태실의 주인공을 고려 충렬왕[8] 또는 조선 소헌왕후로[9] 보는 견해가 있다. 그런데 소헌왕후 태실은 예천에 있다는 또 다른 견해가 있어[10] 태주 파악에 더욱 혼돈을 준다. 문헌사료와 유물을 통해 이곳 태주에 대해 상세히 고증해 보자.

③ 중궁의 태는 양주 동면 여염 사이에 묻혔는데, 길지를 택하여 이장(移藏)하도록 명하였다.(『세종실록』세종 20년(1438) 1월 20일(을사))

사료 ③에서 소헌왕후(1395~1446)의 태가 고향인 양주 동면 마을사이에 묻혔다고 나타나는데, 지금의 경기도 양주이다. 이는 당시 민가에

---

8) 조선총독부, 1942, 「경상북도 영주군」, 『조선보물고적조사자료』, 273쪽.
9) 전주이씨대동종약원, 1999, 『조선의 태실』Ⅰ, 20~21·125~127쪽.
10) 경북향토사연구협의회, 1992, 「제32장 예천군」, 『경북마을지』하, 경상북도, 637
   쪽; 이홍직, 1993, 『한국사대사전』상, 교육도서, 1159쪽; 용문사성보유물관, 2006,
   『용문사』용문사성보유물관 개관 도록, 36~37쪽; 불교문화재연구소, 2008, 『한국
   의 사찰문화재』전국사찰문화재일제조사 경상북도Ⅱ(2), 문화재청, 257쪽.

서 행하던 여러 가지 태 처리 습속 중 매태(埋胎)를 하였음을 보여준다.
이후 왕실의 장태법에 의해 길지를 찾아 태실을 조성하는데, 다음의 사
료에서 확인된다.

④ 예조에서 아뢰기를, "중궁의 태는 이장할 때, … 본조로 하여금 참작하여
   자세히 정하게 하셨으므로, … 무오년 장태할 때의 의주를 보니, 후토신
   다섯 위(位)를 진설하였는데, 이것은 의거한 바가 없고, 또 전물하는 것도
   … 천하므로, 이제 옛 제도에 의거하여 참작한 다음 의주를 상정하여 아
   룁니다.
   (『세종실록』세종 20년(1438) 3월 17일(신축))

⑤ 예조에서 아뢰기를, "동궁 장태 안위제의 신주에는 중궁 장태 신주의 예에
   의하여 쓰기를, '東宮胎室之神[동궁 태실의 신]'이라 하고, 제사가 끝나면
   그 신주를 높고 깨끗한 곳에 묻을 것을 청합니다."하니, 그대로 따랐다.
   (『세종실록』세종 21년(1439) 1월 10일(기축))

⑥ 중궁의 태를 경상도 순흥부 중륜사 골짜기[中輪寺洞]에 묻었다.
   (『세종실록』세종 20년(1438) 5월 15일(무술))

그리고 장태지는 사료 ⑥에서 경상도 순흥부 중륜사 골짜기[洞]라고
하였다. 순흥부는 지금 경북 영주인데, 중륜사 골짜기는 영주의 어디에
위치할까?

⑦ 윤암봉(輪庵峯) : 소백산에 있다. 군에서 북쪽으로 32리에 있으며, 본조
   소헌왕후의 태를 묻었다.(『신증동국여지승람』(1530) 권25 경상도 풍기군
   산천)

⑧ 소헌왕후 태봉 석물 수개 : 예조의 계목과 점련을 계하하였습니다. '경상
   감사가 풍기 군수의 첩보를 점이한 것을 보면, 동군(同郡) 북면(北面)에
   소헌왕후 태실이 있는데, 오랫동안 수리하지 않고 버려진 상태이며, 지키
   는 사람도 없다고 하였습니다. 군수 어상준이 군에서 올린 문서들을 조사

하고 달려가서 봉심하였더니, 팔면 난간의 횡석(橫石)이 모두 퇴락해서 8
개 중 3개는 세 동강이 나고, 2개는 두 동강이 났으며, 주석(柱石) 8개 중
2개는 화두(花頭)가 부러지고 깨졌으며, 나머지는 뒤쪽으로 누워 있었기
에 산지기를 정해서 불을 금하도록 하였으나, 수개하느냐 하지 않느냐 하
는 문제는 예조가 참작해서 공문을 보낼 것.'이라고 하였기에, 저희 예조
는 '태실 수개하는 일은 마음대로 할 수 없으니 즉시 계문하여 정탈하겠
다.'는 뜻으로 공문을 보냈습니다. '지금 감사 민점이 올린 계본을 보니,
동 태실 석물 수개의 일은 예조가 예를 참조하여 처치할 일'이라고 품계하
였는 바이오나, 왕후 태실 봉안처 석물 설립과 수개의 일을 기록한 예조의
문서는 난을 겪는 동안 산실되어 전례를 상고할 수 없거니와 지금 풍기군
소헌왕후 태실은 군에서 올린 문서로 인하여 지방관이 상고하고 나가서
봉심하고 산지기를 정하여 수호하게 하였으며, 석물이 퇴락하여 부러지고
파손됨이 이런 지경에 이르렀다는 것을 모두 알게 되었으니, 그대로 방치
하고 수개하지 않는다는 것은 일의 체모상 매우 미안한 일이오며, 석물 중
에 가히 고칠 것은 고치고 그대로 둘 것은 그대로 두며, 그 나머지 퇴락한
곳과 넘어진 곳은 역시 수개하여 세우는 것이 마땅합니다. 단, 공사는 도
신이 알아서 처리하고 지휘해도 된다는 뜻으로 공문을 보내심이 어떠하오
리까? 라고, 강희 5년 6월 초1일 우승지 신 유창 차지로 아뢰었는데, 윤허
하였다.(『태봉등록』현종조 병오(1666, 현종 7) 5월 24일)

사료 ⑦·⑧로 보아 중륜사 골짜기는 풍기군 북쪽 32리 북면의 소백
산에 있으며, 그 골의 윤암봉에 소헌왕후 태를 묻었던 것이다. 이후의
문헌사료에서 그 위치가 계속 확인된다.

⑨ 윤암봉(輪庵峯) : 소백산에 있다. 본조 소헌왕후의 태를 묻었다.
  (『해동지도』(1750~1751) 경상도 풍기현 지도 주기의 산천)

⑩ 윤암봉(輪庵峰) : 소백산에 있다. 군에서 북쪽으로 32리에 있으며, 본조 소
  헌왕후의 태를 묻었다. 순흥으로 이속되었다.(『여지도서』(1757~1765) 경
  상도 풍기군 산천)

⑪ 소헌왕후의 태봉(胎峯)은 순흥 소백산 윤암봉(輪庵峯)에 있다. 순흥부의
  서쪽 20리에 있다.(『춘관통고』(1788) 권68 가례 태봉)

⑫ 윤암봉(輪岩峯) : 본조 소헌왕후의 태를 묻었다.(『자향지』(1849) 형승)

⑬ 윤암봉(輪巖峰) : 본조 소헌왕후의 태를 묻었다.(『순흥지』(1899) 형승)

⑭ … 우리 문종대왕의 태가 명봉산에 안장되었고, 소헌왕후의 태와 고려 세
  왕의 태가 모두 소백산에 안장되었다. 하나의 산에 어태를 안장한 곳이 네
  군데에 이르고, 한 고을에 어태를 안장한 곳이 다섯 군데나 되니 이는 다
  른 고을에 없는 일이다.(『풍기군지』(1899) 고적)

즉, 사료 ⑨~⑪에서도 태봉산을 소백산의 윤암봉이라 하였다. 사료
⑫·⑬에서는 '암'자를 오기(誤記: 庵 → 岩·巖)하였다. 사료 ⑭는 소헌
왕후의 태가 소백산에 안장되었다고 하였다. 그러므로 이장되어 설치된
소헌왕후 태실은 순흥부 소백산 줄기의 중륜사 골에 있는 '윤암봉'이 확
실하다. 그리고 사료 ⑥에 중륜사라는 절 이름이 있어 좀 더 그 위치를
좁혀볼 수 있다.

지금은 태봉산이 있는 골에 석륜암(石崙庵)과 초암사(草庵寺)라는 절
만 확인되고, 중륜사나 다른 절터는 조사되지 않고 있어 정확히 중륜사
골의 위치를 알 수 없다. 석륜암과 초암사 모두 통일신라시대에 창건된
절로, 석륜암은 그 터만 남아있고 초암사는 지금도 그 사격(寺格)이 유
지되고 있다. 윤암봉(해발 767.7m)을 중심으로 석륜암은 그 북쪽으로 약
2.1km 올라가서 국망봉(해발 1,420.8m) 근처에 위치하고, 초암사(해발
480m)는 그 남쪽으로 약 1.5km 내려가면 있다. 이러한 위치로 보아 중
륜사(中輪寺)라는 절이름[寺名]은 윤암봉(輪庵峯)이란 산의 명칭에서 부
여된 것으로 판단되며, 석륜암도 윤암봉에 의한 것으로 생각된다. 초암
사는 현재의 자료로서 중륜사와의 관련성을 찾을 수 없지만, 위치로 보
아 석륜암과 윤암봉으로 가기 전 중간에 있는 사찰이므로 지금의 초암사
가 중륜사일 가능성이 있다.

한편, 소헌왕후 태실의 위치는 고지도에서도 확인된다. 특히 사료 ⑨

는『해동지도』(1750~1751)의 풍기현 지도에 주기(註記)된 산천에 '輪
庵峯 在小白山藏 本朝昭憲王后胎[윤암봉은 소백산에 있는데, 본조 소
헌왕후의 태가 묻혔다]'라고 기록된 내용이나, 정작 그 위치는 순흥부
지도의 소백산맥에 '昭憲王后胎封(소헌왕후 태봉)'이라 표기하였다. 또
『여지도』(1736~1767)의 순흥부 지도에도 소백산의 지맥에 '昭憲王后
胎峯(소헌왕후 태봉)', 『지승』(1776~1787)의 순흥부 지도에도 소백산
줄기에 '昭憲王后胎峰(소헌왕후 태봉)'이라 표기하였다. 이렇게 고지도
에서도 영주 소백산의 배점리 태봉산이 소헌왕후 태실임을 보여준다.(지
도 2)

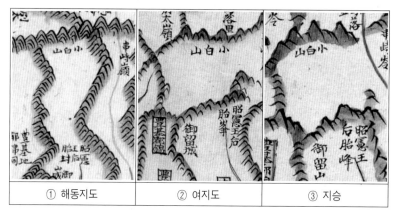

| ① 해동지도 | ② 여지도 | ③ 지승 |

〈지도 2〉 고지도에 나타난 소헌왕후 태실

그러므로 제대로 고증도 하지 않고 고려 충렬왕 태실이라 본 사료 ②
는 따를 수 없다. 또 소헌왕후 태실이 예천에 있다는 견해를 살펴보자.

⑮ … 우리 조선조에 이르러 소헌왕후 태실을 봉안하고 성화 14년 11월 12일
   비를 세웠으며, 세조 때에는 이로 말미암아 전지(傳旨)를 내려 이르길 "경
   상도 예천의 용문사는 … 영구히 없애줄 것"이라 하였으니, 천순 원년에

(전지를) 삼가 받자와 지금까지 보배로이 갈무리하고 있다. 그 뒤 … 건륭 48년 계묘 9월 초엿새에는 문효세자의 태실을 봉안하였다.(『용문사사적 불용건』용문사기(1818))

이 1818년의 사료 ⑮에 소헌왕후 태실이 예천 용문사에 봉안되었다고 하였다. 하지만 여기서 1457년(천순 원년, 세조 3) 소헌왕후 태실을 봉안한 이유로 교지를 내려 잡역을 면제해주고 있는데, 소헌왕후의 태는 1478년(성화 14, 성종 9) 봉안되므로 시기상 맞지 않다. 또 1900년(고종 광무 4) 5월 장례원에서 발급한 다음의 『완문』에서도 소헌왕후 태실이 용문사에 있다고 하였다.

⑯ … 경상북도 예천군 소백산 용문사는 … 소헌왕후와 문효세자 두 분의 태실을 봉안한 곳이어서 … 왕실에서 특별히 사방의 경계를 정하고 사패금양하여 수호한 유래가 오래더니 … 광무 4년 5월 일 장례원.(『용문사 완문』(1900))

하지만 사료 ⑮·⑯은 다음의 사료에 의해 잘못 기록된 것임을 알 수 있다.

⑰ 동지사 이승소가 아뢰기를, "왕비 태실의 수호군은 법에 두도록 되어 있습니다. 중궁 태실이 경상도 예천에 있으니, 사람을 보내어 다시 살펴서, 만약 그 산이 불길하거든 길지로 옮겨 안치하고 수호군을 정하는 것이 어떠하겠습니까?"하니, 임금이 말하기를, "만약 수호군을 두면 경작을 금하는가?"하니, 이승소가 대답하기를, "그렇습니다."하였다. 임금이 말하기를 "경작을 금하면 백성의 폐해가 많을 것이니, 아직 그대로 두라."하였다.(『성종실록』 성종 8년(1477) 1월 5일(갑진))

⑱ 무술년 가을 9월 거정이 중궁태실증고사 겸 안태의 명을 받고 예천의 용문동에 자리를 잡았다. 그 후 얼마 안 가서 다시 신 거정을 본도의 순찰사로 임명하시므로 … 옛날 왕비가 잉태되고 탄생한 상서가 있어 태실을 봉안하

니 상서가 더욱 길리로다. 인지 종사의 경사가 바야흐로 일어나니 이 고을
이 마침내 제왕의 고을이 되었도다.(『사가시집』(1488) 보유3 시류 여지승람)

⑲ 용문사 : … 성화 14년에 왕비태실을 봉(封)하다.(『예천군지』(1939) 권1
불우)

폐비 윤씨(1455~1482)는 1455년(단종 3) 태어나 1476년(성종 7) 왕
비로 책봉되었다. 그러므로 사료 ⑰의 중궁은 폐비 윤씨이며, 이미 예천
에 매태되어 있었다. 사료 ⑱은 1년 후 무술년(1478, 성종 9) 서거정
(1420~1488)을 태실증고사로 삼아 예천 용문동으로 이장하여 가봉태실
을 조성함을 보여준다. 사료 ⑲도 1478년 가봉됨을 말하는 것이다. 즉
예천 용문사의 태주는 소헌왕후가 아니라 폐비 윤씨이다.[11]

지금 용문사 동남쪽 봉우리(경북 예천군 용문면 내지리 산81번지)에
있는 가봉비의 '王妃胎室(앞) 成化十四年十/ 一月十二日(뒤)'라는 명문
으로 보아[12] 사료 ⑮의 성화 14년 11월 12일 세운 비임을 알 수 있다.
이러한 시기는 1478년의 폐비 윤씨 태지석과 1488년의 서거정 묘지석
(경기도 유형문화재 제136호)에서도 확인된다.

---

11) 전주이씨대동종약원, 1999, 『조선의 태실』Ⅰ, 44~46·139~141쪽; 대구대학교박
물관, 2005, 『문화유적분포지도 -예천군-』, 18·216쪽; 예천군지편찬위원회, 2005,
『예천군지』하, 예천군, 172쪽; 이재완, 2013, 「경북 예천지역 태실에 관한 일고찰」,
『고궁문화』6, 국립고궁박물관, 107~110쪽; 심현용, 2014, 「조선 초 영주 소헌왕
후 태실의 조성과 구조 복원」, 『영남고고학』68, 영남고고학회, 84~85쪽; 홍성익,
2015, 「조선전기 왕비 가봉태실에 관한 연구」, 『사학연구』117, 한국사학회, 289~
291쪽.

12) 한편 전주이씨대동종약원(1999, 『조선의 태실』Ⅰ, 45쪽)은 '王后胎室(앞) 成化十
四年/二月十五日(뒤)'로, 대구대학교박물관(2005, 『문화유적분포지도 -예천군-』,
216쪽)·예천군지편찬위원회(2005, 『예천군지』하, 예천군, 172쪽)는 '王妃胎室(앞)
成化十四年二月十四日(뒤)'로, 홍성익(2015, 「조선전기 왕비 가봉태실에 관한 연
구」, 『사학연구』117, 한국사학회, 283쪽)은 '王妃胎室(앞) 成化十四年/二月十五日
(뒤)'로 보았는데, 이는 잘못 판독한 것이다.

2) 태실의 조성시기

소헌왕후의 태는 앞에서 살펴보았듯이 민간 태처리 습속에 의해 처음에 매태되었다고 하였다. 소헌왕후 심씨는 조선 제4대 왕인 세종(1397~1450, 재위 1418~1450)의 정비로 1395년(태조 4) 9월 28일 심온(1375~1418)의 딸로 태어났으며,[13] 1408년(태종 8) 충녕군과 가례를 올렸고, 1418년 8월 충녕대군이 임금으로 즉위하자 11월 공비(恭妃)로 책봉되며, 1432년(세종 14) 왕비(王妃)로 개봉된다. 그러므로 처음 매태된 시기는 태어난 1395년으로 볼 수 있다.

그리고 사료 ③~⑥에서 보듯이 왕비가 된 후 왕실의 장태법에 의해 길지를 택하여 태실을 조성하였던 것이다. 이때 조성된 태실은 심씨가 왕비가 된 이후의 일이므로 아기태실이 아니라 가봉태실이다. 즉 소헌왕후는 처음부터 왕실의 구성원이 아니었기 때문에 민간인의 풍습에 의해 매태되었으며, 세종과 혼인하여 왕실의 일원이 되고 세종이 왕으로 즉위하자 왕비로서의 직위에 의해 1438년(세종 20) 1월 20일~5월 15일 사이에 가봉태실이 조성되었던 것이다. 왕비(공비)가 된 후 바로 태실이 조성되지 않고 약 20년 후에 가봉태실이 조성되는데, 세종이 왕위에 오른 다음 해에 태실이 가봉되는 것과 차이가 있다.

지금까지 자료로는 소헌왕후에 와서 처음으로 왕비 태실이 조성되는데, 이는 당시 왕비에 대한 태실 제도가 정립되지 않았기 때문이다. 그런데 이곳에서 출토된 태호편으로도 태실의 조성시기를 파악할 수 있다. (사진 6·7)

---

13) 양웅열, 2014, 『조선의 왕비가문』, 도서출판 역사문화, 46쪽; 김창겸·김선주·권순형·이순구·이성임·임혜련, 2015, 『한국 왕실여성 인물사전』, 한국학중앙연구원출판부, 249~251쪽.

① 개편(외면)   ② 개편(단면)

   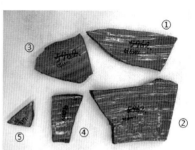

③ 호와 개편(외면)   ④ 호와 개편(내면)

〈사진 7〉 소헌왕후 태호편

이 6점의 태호편은 국립중앙박물관에 소장되어 있는데, 모두 분청자로 1점의 뚜껑편과 3개체의 호편으로 구성되었다고 한다.[14] 그런데 이

---

14) 양윤미, 2013, 「조선 15세기 안태용 도자기 연구」, 고려대학교 석사학위논문, 53~54쪽.
    즉 "뚜껑편(편⑥; 필자 번호추가)은 1/2정도가 결실되었으며, 얕은 접시형에 뚜껑 끝부분은 꺾여 단을 이루고, 안쪽에는 안턱이 있다. 소성상태가 불량하여 전체적으로 잡물이 두텁게 덮혀 있으며, 외면 상부에 소형국화문을 빽빽하게 시문하고, 구연부에는 뇌문을 돌렸다. 상면에는 원형의 꼭지가 부착되어 있으며, 꼭지에도 소형국화문과 선문(線紋)으로 선 상감하였다. 뚜껑을 제외한 나머지 중 편①·②는 같은 편으로 추정되며, 모두 항아리의 동체 일부분으로 외면에 소형국화문이 빽빽하게 상감되어 있다. 편③·④는 같은 편으로 추정된다. 편③은 호의 구연과 견부의 일부분으로 판단되며, 외면에는 파손된 구연부 아래로 회문과 연판문이 각각 상감되어 있다. 편④는 외면에 끝이 뾰족하고 세장한 연판문이 백 상감되어 있다. 편⑤는 기벽이 비교적 얇은 아주 작은 편으로 남아 있어 판단하기 어려우

시기 태호는 1~2개로 구성되는데, 호가 3개인 것은 납득하기 어려워 양
윤미의 새 의견을 받게 되었다.[15]

　이 새 의견으로 판단해 보면, 편 ⑤는 너무 작아 단정하기 어려우나
뚜껑으로 볼 가능성도 있다는 것이다. 필자는 제작방법이 호편과 비슷하
지 않고 뚜껑편(편 ⑥)과 비슷한 것으로 보아 뚜껑일 가능성이 높으며,
태호 구성상 아직까지 3개의 호로 이루어진 것이 없기 때문에 이를 뚜껑
편으로 본다. 그리고 편①·②를 같은 호편으로, 편③·④를 다른 같은
호편으로 보았는데, 크기로 보아 편①·②는 외호에 해당되며, 편③·④
는 내호로 판단된다.

　특히 편①·②(외호)는 반파된 뚜껑(편⑥, 높이 6.5 × 개경 약8㎝)의
문양과 제작기법이 거의 동일하고 크기도 비슷하므로 한 쌍으로 볼 수
있다. 편③·④도 뚜껑이 있었을 것이나 잔존하지 않는다. 편⑤는 색깔
에서 편①·②(외호)보다 편③·④(내호)와 비슷하고 단면 기울기가 수평
에 가까운 것으로 보아 뚜껑편일 가능성이 높다. 이러한 이유로 필자는
편⑤를 편③·④(내호)와 한 쌍인 뚜껑으로 보고, 6점의 태호편은 2개체

나, 청자(전주이씨대동종약원, 1999, 『조선의 태실』 I, 21·127쪽)로 보기 보다는
분청사기 편으로 판단된다."고 하여, 결국 편①·②는 같은 호편, 편③·④는 다른
같은 호편, 편⑤는 또 다른 호편, 그리고 편⑥은 뚜껑편으로 보고 3개의 호와 1개
의 뚜껑으로 구성되었다고 보았다.

15) 필자는, 편⑤는 호편이 아니라 뚜껑일 가능성이 있어 6점의 소헌왕후 태호편에
대해 양윤미와 여러 차례 의견을 나누었으며, 2013년 6월 23일(일) 양윤미로 부터
"삼각형 모양의 작은 편(편⑤)은 두께가 1㎝정도이고, 태토가 다른 분청사기편과
같이 회청색을 띠고 있는 것으로 보아 분청사기로 보는 것이 맞는 것 같습니다.
그리고 삼각형 모양의 편은 워낙 작은 편(편⑤)이라 동체편인지 뚜껑편인지 지금
도 정확한 판단은 서지 않습니다. 하지만 동체편이라고 단정 지을 수도 없겠다는
판단이 들었습니다. 작은 편(편⑤) 내면에 다른 동체편 내면(편①~④)에 보이는
거친 물손질 흔적이 없고, 반파된 뚜껑편(편⑥) 내면과 같이 정연하게 제작된 것
으로 보아 뚜껑편일 가능성도 있을 것 같습니다. 그래서 삼각형의 작은 편(편⑤)
만으로 정확하게 뚜껑편인지 동체편인지 단정 짓는 것은 무리가 있는 것 같습니
다."라는 새 의견을 받게 되었다.

의 뚜껑편[蓋片]과 2개체의 호편(壺片)으로 내·외호 이중의 태호로 구성
되었다고 생각한다.

이 태호는 국립광주박물관 소장 문종 태호(외호, 1439, 사진 ⑧-1)와
고려대박물관 소장 국보 제177호 '분청사기 인화국화문태호(내·외호,
15C 중엽, 사진 ⑧-2)'와 비슷한데, 편①·②의 소형국화문이 동체부 전
면에 빽빽하게 시문된 방법은 문종 외태호(外胎壺) 및 국보 제177호 내
태호(內胎壺)와 동일하고, 편③·④의 뇌문과 세장한 연판문은 문종 외
태호 및 국보 제177호 외태호와 동일한 양상을 보이므로 그 제작 시기
는 15세기 중엽으로 추정할 수 있다.

① 문종 태호(외호)   ② 국보 제177호 태호(내·외호)

〈사진 8〉 15세기 태호

이 태호 시기로 보아 태호편 6점은 1395년 매태 시 태호가 아니라
1438년 제작하여 봉안한 것으로[16) 고고자료인 유물로서도 문헌사료의
태실 조성시기가 사실임을 입증케 해준다.[17) 그리고 태실을 조성한 후

16) 양윤미, 2013, 「조선 15세기 안태용 도자기 연구」, 고려대학교 석사학위논문, 53
    ~54쪽.

에는 수호·관리케 하였는데, 다음의 문헌사료에서 찾아진다.

⑳ 예조에서 아뢰기를, "중궁의 태실에는 일찍이 품관 8인과 군인 8명을 정하여 수호케 하였사오니, … 하니, 따랐다.(『세종실록』세종 21년(1439) 1월 16일(을미))

㉑ 예조에서 아뢰기를, "경상도 순흥·성주·곤양·기천 등의 고을은 태실 도국 안의 고총과 사사를 모두 철거하고, 괴상하게 생긴 나무·돌과 철거해야 할 것은 그 소재 각 관으로 하여금 도면을 세밀하게 그려서 올려 보내게 하고, 다시 대신을 보내서 자세히 살펴보아 철거하게 하소서."하니, 그대로 따랐다.(『세종실록』세종 26년(1444) 1월 7일(정사))

사료 ⑳에서 '일찍이'라는 단어로 보아 태실을 조성하고 바로 수호케 했던 것 같다. 또 사료 ㉑에서 보듯이 태실 도국 안의 고총과 사사를 철거하여 관리하였다.

---

17) 그런데 왕비의 태호가 왕비로 봉해진 다음 태실조성 시 제작되는 것이 아니라 사가(私家)에서 태어날 때 제작된 것을 그대로 사용한 것으로 보고 소헌왕후 태호의 제작시기를 1395년(태조 4)경으로 본 견해(윤석인, 2010, 「조선왕실 태항아리 변천 연구」, 『고문화』75, 한국대학박물관협회, 54~58쪽)가 있다. 이는 자녀 출생 시 태를 태호에 보관하였다가 태실을 조성할 때 옮겨와서 안치하기 때문에 태호의 제작시점은 출생일이 기준이 된다고 본 것이다. 그러나 소헌왕후 태실의 경우 본문에서와 같이 태실조성 시 태호를 새로 제작하여 안치하였으며, 성주 선석산 태실과 같이 장태 시 제작하는 것도 있고,(양윤미, 2015, 「성주 세종대왕자 태실 봉안 안태용 도자기의 양상과 제작시기 연구」, 『영남학』27, 경북대학교 영남문화연구원) 또 세종 가봉태실은 임진왜란으로 파괴되어 1601년 보수 시 태호를 새로 제작하여 봉안했다는 견해(심현용, 2005, 「성주 세종대왕자태실 연구」, 『박물관연보』2, 강릉대학교 박물관, 52쪽; 양윤미, 2013, 「조선 15세기 안태용 도자기 연구」, 고려대학교 석사학위논문, 40~45쪽)는 『세종대왕태실석난간수개의궤』(1601)에서도 확인되기 때문에 모든 태호의 제작시기를 출생일을 기준으로 적용하는 것은 무리가 있다.

3) 태실의 보수

소헌왕후 태실은 1438년 조성된 이후 여러 차례 보수되는 과정을 겪는데, 다음의 사료에서 파악된다.

㉒ 지중추원사 민의생과 동지중추원사 이진을 불러 이르기를, … 임금이 말하기를, "지난번 순흥(順興), 금산(金山)에 안태(安胎)할 때 간혹 미비된 일이 있었는데, 그때에 의논하는 자들이 말하기를, '태실은 한 몸만을 위하는 것이므로 비록 미비된 일이 있을지라도 또한 가하다.'고 하였다. … 순흥, 금산 태실 안의 미비되었던 일도 역시 수개(修改)할 것인가."하니, 의생은 아뢰기를, "순흥, 금산 태실에 미비되었던 일도 수개함이 당연합니다."하고, 진은 아뢰기를, "태실에 미비된 일은 예전대로 두는 것이 편할까 합니다."하니, 임금이 즉시 명하여 장경의 묘를 옮기라 하였다.(『세종실록』세종 26년 (1444) 1월 5일(을묘))

㉓ 예조에서 아뢰기를, "옛 순흥의 소헌왕후 태실과 옛 은풍의 문종대왕 태실은 석난간과 전석이 조금 물러났으니, 청컨대 풍수학관을 보내어 봉심하고 수즙게 하소서."하니, 전교하기를, "어찌 반드시 따로 보내야 하겠느냐? 마땅히 도순찰사 이극배로 하여금 봉심하게 해서 아뢰게 하라."하였다.(『세조실록』세종 9년(1463) 3월 4일(계사))

㉔ 태실 수리 때 쓸 향과 축문 : 예조의 계목에 점련하여 계하하셨습니다. 소헌왕후 태실 석물 수보(修補)와 벌목을 시작하는 길일은 일관(日官)을 시켜 택일하게 하였더니, 오는 10월 12일 묘시에 먼저 고유제를 지내고 같은 날 첫새벽에 공사를 시작하도록 택정해서 보고하였습니다. … 관상감에게 관원을 택정해서 봉송하도록 명하고, 아울러 그 공사를 감독하게 하라는 취지로 공문을 보내심이 어떠하오리까? 라고, 강희 5년 9월 초6일 우부승지 신 김 차지로 아뢰었는데, 윤허하였다.(『태봉등록』현종조 병오(1666, 현종 7) 9월 초6일)

㉕ 현종 7년 병오 10월에 순흥 태실(소헌왕후 태실)을 개수하였다.
(『춘관통고』(1788) 권68 가례 태봉)

㉖ 태봉 수개 보수 : 예조의 계목과 점련을 계하하였습니다. … 석물을 수개하는 일은 근래 소헌왕후 태실 수개 때의 예대로 고쳐야 할 곳은 고치고 그대로 두어도 될 것은 그대로 두며, 부러지고 깨진 돌은 깨끗한 곳에 묻는 것이 마땅하옵니다. … 강희 16년 8월 초 7일 행도승지 신 조위명 차지로 아뢰었는데, 아뢴 대로 윤허하였다.(『태봉등록』숙종조 정사(1677, 숙종 3) 8월 초7일)

　사료 ㉒의 태실에 미비된 일과 사료 ㉓의 석난간과 전석이 보수되었는지 불명확하다. 그리고 전술한 사료 ⑧은 태실이 오랫동안 관리되지 않아 훼손되어 산지기를 정하여 다시 수호케 하고 있다. 이는 1438년 태실을 조성하고 품관과 군인 각 8명을 두어 관리케 하였으나, 1666년(현종 7) 이전 어느 시점부터는 관리되지 않아 방치되었음을 보여주는 것이다. 뒤늦게 횡죽석과 주석이 깨어지고 훼손된 사실을 알게 되자 사료 ㉔처럼 1666년 10월 12일 태실을 보수케 하는데, 사료 ㉕는 사료 ㉔의 지시대로 태실 석물을 보수하였음을 확인시켜준다. 또 사료 ㉖는 사료 ㉕를 입증시켜준다.

　이외에도 사료 ⑧·㉔의 보수를 입증해 주는『소헌왕후태실수보의궤』(1666)가 있다. 이 의궤는 그동안 프랑스 파리의 국립도서관에 있는 것으로[18] 잘못 알려져 왔다. 프랑스 국립도서관에 소장된 외규장각 도서는 2011년 대여 형식으로 우리나라에 반환되어 현재 국립중앙박물관에 있다.[19] 그런데 이곳에는『소헌왕후태실수보의궤』가 없다. 이는『강화부외규장각봉안책보보략지장어제어필급장치서적형지안』(1856, 이하 '병진년형지안'이라 함)으로[20] 유추해 볼 수 있을 것 같다.

18) 전주이씨대동종약원, 1999, 『조선의 태실』I, 127·236쪽.

19) 국립중앙박물관, 2011, 『145년 만의 귀환, 외규장각 의궤』.

20) 이 『강화부외규장각봉안책보보략지장어제어필급장치서적형지안』은 강화부 외규장각에 봉안된 책의 목록을 기록한 것으로 현재 서울대학교 규장각에 소장(청구기호 奎9138)되어 있다. 표지에 『丙辰十一月日 內閣上 外奎章閣形止案』이라고 적혀 있으며, 표지와 안에 기록된 '咸豊六年十一月 日江華府外 奎章閣奉 安'이라는 내용으로 보아 간행 시기는 1856년(철종 7) 11월이다.

　이『병진년 형지안』에 기록된 목록 중에 '昭憲王后胎室修補儀軌一
冊 康熙丙午 豊基(소헌왕후태실수보의궤 1책 강희병오 풍기)'라는 내용
이 확인된다. 전주이씨대동종약원은 이『병진년 형지안』에 있는『소헌
왕후태실수보의궤』라는 의궤의 목록을 보고, 1866년(고종 3) 병인양요
때 약탈해 가서[21] 프랑스 국립도서관에 있을 것으로 막연히 추정한 것
같다. 프랑스에 있었다면 2011년 반환된 외규장각 도서에 이 의궤가 포
함되어 있어야 하는데 그렇지 않다.[22] 또 이『병진년 형지안』에 기록된
30권의 태실 관련 의궤(등록)는 1권도 찾아지지 않으므로 1866년 11월
프랑스군이 강화도의 외규장각 건물을 방화했을 때 소실된 것으로 추정
된다. 태실 의궤는 조선 초부터 계속해서 작성되었으나, 현재 임진왜란
이후의 18종만 확인된다. 즉 조선 왕실의 안태와 태실관련 의궤(등록)은
규장각에 12종, 장서각 1종, 국립중앙도서관 1종, 사천시청 3종, 청주시
청(문의문화재단지 문화유물전시관)에 1종이 국내에 남아있다.(표 5)

---

21) 이태진, 1994,『왕조의 유산 -외규장각도서를 찾아서』, 지식산업사.

22) 전주이씨대동종약원(1999,『조선의 태실』Ⅰ, 235~236쪽)과 윤석인(2010,「조선
　　왕실 태항아리 변천 연구」,『고문화』75, 한국대학박물관협회, 54쪽)은 프랑스 국
　　립도서관에 조선 왕실의 안태와 태실에 관한 의궤와 등록이 26종 소장되어 있다
　　고 하였다. 하지만 본문에서와 같이 태실관련 의궤와 등록은 프랑스 국립도서관
　　에 소장되어 있지 않았다. 태실 의궤는 보통 어람용 1부와 분상용 4부로 5부가
　　작성되었으며, 분상용은 예조 1부, 관상감 1부, 해당 도 감영 1부와 해당 군·현에
　　1부 나뉘어 보관되었다.

〈표 5〉현존 태실 의궤(등록) 현황

번호	표제[권수제]	시기	내용	소장처
1	훼손 [세종대왕태실석난간수개의궤]	1601	세종 태실의 보수기록	사천시청
2	안태의궤[왕자아기씨안태의궤]	1608	인흥군의 장태기록	국립중앙 도서관
3	태실가봉의 [당저태실석난간조배의궤]	1729	영조 태실의 가봉기록	청주시청
4	훼손 [세종대왕단종대왕태실수개의궤]	1730 ~1731	세종·단종 태실의 보수기록	사천시청
5	훼손 [세종대왕단종대왕태실 표석수립시의궤]	1734	세종·단종태실의 입비기록	〃
6	원자아기씨 장태의궤 [원자아기씨안태등록]	1783	문효세자의 장태기록	규장각
7	원자아기씨안태등록	1790	순조의 장태기록	장서각
8	정종대왕태실가봉의궤 [정종대왕태실석난간조배의궤]	1801	정조 태실의 가봉기록	규장각
9	훼손[성상태실석난간조배의궤]	1806	순조 태실의 가봉기록	〃
10	원자아기씨장태의궤 [원자아기씨안태의궤]	1809	효명세자(익종)의 장태기록	〃
11	성종대왕태실비석개수의궤	1823	성종 태실의 비 개수기록	〃
12	원손아기씨장태등록 [원손아기씨안태등록]	1827	원손(헌종)의 장태기록	〃
13	경종대왕태실석물수개의궤	1832	경종 태실의 보수기록	〃
14	훼손 [익종대왕태실가봉석난간조배의궤]	1836	익종(문조) 태실의 가봉기록	〃
15	훼손[성상태실가봉석난간조배의궤]	1847	헌종 태실의 가봉기록	〃
16	원자아기씨장태의궤 [원자아기씨안태등록]	1859	철종 원자의 장태기록	〃
17	태조대왕태실석물개봉축석물 도회개사초수보의궤 [태조대왕태실수개의궤]	1866	태조 태실의 보수기록	〃
18	원자아기씨장태의궤 [원자아기씨안태등록]	1874	순종의 장태기록	〃

앞의 『병진년 형지안』에 기록된 『소헌왕후태실수보의궤』의 부기(附記)로 보아 소헌왕후 태실은 풍기에 있으며, 강희 병오, 즉 강희 5년인 1666년(현종 7) 보수된 것을 알 수 있다. 이 병진년 형지안에 의해 1444년과 1463년 보수되었는지는 불확실하나, 1666년 보수된 것은 분명하다.

이러한 상황은 유물에서도 확인되는데, 횡죽석에서 크기와 석질이 다른 두 종류가 확인된다. 즉 단면 지름이 20~23.5㎝인 대형과 14㎝인 소형으로 구분된다. 이렇게 크기가 다른 것은 어느 시기에 횡죽석의 파손으로 교체되었음을 보여주는 증거로 1666년 보수하면서 크기에 차이가 난 현상이라 하겠다. 그러므로 대형 횡죽석인 ①·②·④~⑥은 처음 가봉태실 조성 시 제작된 것이며, 소형 횡죽석인 ③은 1666년 보수하면서 다시 만들어 교체한 것으로 보아야 한다. 결국 한 번의 보수가 시행되었음을 알려주는 현상으로, 문헌사료의 1444년과 1463년의 보수는 이루어지지 않았고 1666년 와서 보수되었음을 입증하는 물적 자료라 하겠다.

3. 왕비 태실의 구조

1) 지하 구조

소헌왕후 태실의 구조는 지하와 지상으로 구분된다. 현재로서는 이 태실의 지하 구조를 파악할 자료가 전무(全無)하나, 태호편으로 유추해 볼 수 있다. 태호편은 지하에 태함을 묻고 태호를 비롯한 태지석 등의 봉안유물을 안치하였음을 알려주는 근거가 된다. 태실은 아기태실의 주인공이 왕(또는 왕비)으로 등극하면 지하부분은 그대로 두고 지상부분만 장식석물을 추가 설치하기 때문에 소헌왕후 태실의 지하 구조는 아기태실과 동일하였을 것이다

먼저 태함을 검토해 보겠다. 전술한 사료 ②에서 수 개의 봉석과 3척 팔각형 및 3척 방형 개석이 조사되고 있다. 봉석은 상석 또는 전석으로

판단되며, 방형 개석은 태함의 함개를 지칭하고, 팔각형 개석은 방형 함개와 크기가 비슷하므로 개석이 아니라 중앙태석의 사방석으로 판단된다. 그러므로 함개는 방형, 즉 사각형이고 사방석은 팔각형이다.

또 소헌왕후 태실은 1438년 1~5월 사이 조성되고, 성주 선석산 태실은 1438년 3월~1442년 10월 조성되며, 예천 문종 태실은 1439년 조성되므로 지하 구조도 이들과 비교해 볼 수 있다. 화의군·금성대군·단종의 태함은 이미 사각형으로 밝혀졌으며, 문종도 사각형으로[23] 추정된다. 그러므로 시기가 거의 동일한 소헌왕후 태함은 필자의 태함 양식편년에서 Ⅰ-①단계(1401~1441) 중 '평면 사각형의 판석형 함개·상자형 함신(A1Ⅰ형)'으로 추정된다.(사진 9)

---

23) 예천의 문종 태실 발굴조사 시 태함은 확인되지 않았지만, 태함이 놓였던 자리가 그대로 노출되었다. 즉 태함이 있었던 위치에는 평면형태가 거의 사각형에 가깝게 교란 구덩이로 남아 있는데, 크기는 장축 143 × 단축 130㎝이었다.(성림문화재연구원, 2014,『예천 명봉리 조선왕조 태실(문종·장조) 유적』, 45쪽) 이와 비슷한 시기의 성주 선석산 태실의 사방석(장·단축 115~125 × 현 높이 29~59㎝)과 태함의 크기가 거의 비슷한데 사각형이다. 이러한 상황으로 보아 문종(1414년 출생, 1439년 장태, 1450년 가봉)도 사각형 태함으로 추정된다. 문종의 태호는 내·외호의 이중 태호로 구성되었는데, 외호의 높이가 51.5㎝이어서 함신 감실의 높이는 이보다 좀 더 컸을 것이다. 또『세종대왕태실석난간수개의궤』(1601)에서도 '개석 모양은 반석(盤石)같고 넓이는 석옹(石瓮) 정도'라는 기록이 보이는데, 반석은 넓고 편평한 큰 돌을 말하는 것이므로 세종(1397년 출생, 1419년 가봉, 1601년 개장)의 태함도 사각형이었을 것이다.

① 화의군 함개

② 화의군 함신

③ 금성대군 함신

④ 단종 함신

〈사진 9〉 조선 초의 태함

그리고 이 태함의 감실에는 태호가 봉안되었을 것이다. 태호는 전술했듯이 내·외호의 분청자 태호로 구성되었다. 시기적으로 보아 태호는 관요설치 이전이어서 정형성이 이루어지지 않아 그 형태를 추정하기 어려우나, 문종 태호와 국보 제177호 태호처럼 개와 호에 고리는 부착되지 않았을 것이다.

또 태호 안에는 동전이 있었을지는 판단하기 어렵다. 지금까지 조사된 동전은 38개로 이중 가장 오래된 것이 성종 태실(1458)에서 출토된 조선통보다. 소헌왕후 태실의 조성시기와 비슷한 성주 선석산 태실에서도 동전은 조사되지 않았으므로 소헌왕후의 태호에 동전이 부장되었을 가능성은 높지 않다.

그리고 태함의 감실에는 태지석도 봉안되었을 것으로 추정된다. 성주 선석산 태실에서 태지석(1438년 3월~1442년 10월)이 처음 확인되는데, 시기가 비슷하여 동일한 예를 따랐을 것으로 생각된다. 그러므로 모양은 평면 직사각형, 재질은 흑색점판암(오석)일 가능성이 높다. 태지석의 명문 구성은 폐비 윤씨의 태지석처럼 앞면에만 '洪武二十八年九月二十八日生/ 王妃沈氏胎正統三年?月?日?時藏'라고 음각하였을 것이다.

지금까지의 검토를 종합하여 소헌왕후 태실의 지하 구조를 복원해 보면, 태봉산의 정상부를 편평하게 정지(整地)한 후 그 가운데에 토광(土壙)을 팠다. 토광의 중앙에 함신을 놓고 함신의 감실 가운데에 이중 태호를 안치하고 그 옆에 글자면이 태호 쪽을 향하게 태지석을 세웠다. 그리고 함개를 덮은 다음에는 회로 틈새를 밀봉하고 황토와 회를 섞은 흙으로 토광과 태함을 단단하게 메우고 정지하였다.

2) 지상 구조

소헌왕후 태실의 지상 구조는 파악할 수 있는 석물이나 조사기록 등의 자료가 풍부하여 복원에 도움이 된다.

㉗ 輪菴峯胎室 : 本朝(李朝) 昭憲王后(世宗妃沈氏)의 胎室인데 輪菴峯(順興面里에 所在) 亥坐巳向이다. 甕石(항아리)의 高三尺二寸廣八面 面은 蓮葉盖高四尺九寸廣八面 坐版高二尺一寸廣八面 欄干石八箇 各長三尺八寸 柱石八箇 各長四尺五寸七分.[24]

㉘ 윤암봉(輪岩峰) : 소헌왕후(昭憲王后)의 태(胎)를 간직했다.[25]

㉙ 소헌왕후(昭憲王后 : 世宗大王의 왕후 沈氏) 태실 : 소백산 윤암봉(輪岩峰)에 있다. 亥坐巳향이다. 태를 간직한 돌 항아리 높이 3尺 3寸, 8각 연엽(蓮

甕) 덮개 높이 4尺 9寸, 8각 좌대 높이 2尺 1寸, 8각 난간석 각면 길이 3尺 8寸, 돌기둥 8개 각 높이 4尺 5寸 7分. 옛날엔 고을 수령(守令)이 해마다 8월 15일에 찾아 살폈다.26)

사료 ㉗은 1968년의 태실 조사현황이다. 여기서 좌향이 해좌사향으로 지금의 북 → 남향과 일치하며, 석물의 명칭과 설명으로 보아 신빙성이 있으나, 명칭과 크기에서 오류가 보인다.

사료 ㉘은 실제 조사한 것으로 보기 어려우며, 사료 ㉙는 사료 ㉗을 그대로 옮기면서 일부 오기(誤記)와 오역(誤譯)을 하였다.

특히 '廣八面(광팔면)'을 뒤의 석물에 붙여 번역하는 오류를 범하였고, '甕石(옹석)'을 '태를 간직한 돌 항아리'라 하여 태함을 지칭하는 실수를 범하였다. 이는 의궤에서 '옹석'을 '태함(함신)'으로27) 기록하고 있기 때문에 의심 없이 그대로 따른 것 같다. 사료 ㉗의 '옹석'은 중앙태석의 한 부재인 '중동석'을 지칭하는 것으로 보아야 한다. 이는 옹석의 설명에서 너비가 8면, 즉 8각형이라 한 것이 단서가 된다.

지금까지 태함은 사각형 또는 원형이 확인되나 팔각형은 없으며, 중동석은 팔각형·원통형·편구형이 확인된다. 특히 조선 초 태조(1393)·정종(1399)·태종(1401)·세종(1419)의 중동석(1개)이 팔각형으로 확인되고, 이와 짝을 이루는 개첨석(1개)과 사방석(2개)도 모두 팔각형으로 구성되어 있다. 그러므로 이와 비슷한 시기인 소헌왕후(1438)의 옹석이 팔각형이므로 중동석(1개)으로 보아야 한다.

또 사료 ㉗에서 연엽개 앞의 '面은'이란 단어는 필요 없는 것으로 삭

---

26) 순흥읍내리문화마을추진위원회, 1994, 『순흥향토지』, 330쪽.

27) 『세종대왕태실석난간수개의궤』(1601)에서 '石瓮(석옹)'과 '盖石(개석)'이라는 용어가 나오는데, 석옹은 태함의 함신을, 개석은 태함의 함개를 말한다. 또 『원자아기씨장태의궤』(1783)·『원자기씨안태등록』(1790)·『원자아기씨장태의궤』(1809)·『원손아기씨장태등록』(1827)·『원자아기씨장태의궤』(1859)·『원자아기씨장태의궤』(1874) 등에서도 옹석(또는 석옹)과 개석이라는 명칭이 나온다.

제되어야 한다. 그러므로 옹석은 팔각형 중동석을, 연엽개는 팔각형 개첨석을, 좌판(좌대)은 팔각형 사방석을, 난간석은 횡죽석을 지칭한 것이다. 여기서 사방석이 팔각형인 것은 사료 ②에서도 확인된다. 그리고 사료 ㉗에서 유물의 형상을 설명하면서 중동석과 사방석은 문양을 언급하지 않고 개첨석만 연잎문양을 언급한 것으로 보아 중동석·사방석은 무문(無紋)인 것으로 추정되며, 개첨석 상부에는 노반이 없는 것으로 판단된다.

또 사료 ㉗에서 명시(明示)한 석물의 크기도 그대로 믿을 수 없다. 현존 석물 중 횡죽석의 길이는 105cm이고, 주석 길이는 170cm인데, 이를 사료 ㉗과 비교하면, 횡죽석은 3척 8촌으로 115.14cm, 주석은 4척 5촌 7푼으로 138.47cm가 되어야 하나, 현존 유물과 오차가 발생한다. 이러한 석물로 보아 소헌왕후의 중앙태석은 시기적으로 세종의 중앙태석과 유사한 것으로 판단된다. 그러나 태조·정종·태종·세종의 중앙태석이 개첨석 1개, 중동석 1개, 사방석 2개로 구성된 것과 달리 소헌왕후의 중앙태석은 개첨석 1개, 중동석 1개, 사방석 1개로 되어 있다.(사진 10) 즉 소헌왕후의 사방석이 앞 시기의 2층에서 1층으로 감소하였으며, 이후 사방석은 1개로 정착한다. 이는 필자의 중앙태석 편년 중 Ⅰ단계(1393~1419)에서 Ⅱ단계(1438~1471)로 넘어가는 과도기적 양식을 보여준다.

① 태조   ② 정종   ③ 태종   ④ 세종

〈사진 10〉 조선 초의 중앙태석[28]

그리고 상석은 모서리에 설치되는 우상석과 그 안쪽에 설치되는 면상석으로 구분되는데, 현재 1개의 면상석과 2개의 상석(우상석 또는 면상석인지 불명확함)이 확인되었다. 이로보아 지상 구조에는 우상석과 면상석이 있어 사방석과 전석 사이에서 바닥을 장식했음을 알 수 있다. 또 전석은 모퉁이에 설치하는 우전석과 그 안쪽에 설치하는 면전석으로 구분된다. 여기서는 우전석만 6개 확인되었지만, 면전석이 있었을 것이다. 그러므로 지상 구조에는 우전석과 면전석이 있어 팔각형 장식석물의 바깥부분을 장식했음을 알 수 있다.

또 주석은 2개의 완전한 주석과 파손된 1개의 주석이 확인되었다. 특이하게 전체높이가 170㎝ 내외인데, 다른 가봉태실의 주석보다 크다. 그리고 사료 ㉗에서 조사된 것처럼 모두 8개가 있었음을 알 수 있다. 또 횡죽석은 6개가 확인되었다. 이중 완형이 1개 있어 구조파악에 도움이 된다. 전체 길이 105㎝로 양 끝단을 비스듬히 절단하고 끝부분 아랫면에는 주석에 걸칠 수 있게 ㄱ형으로 단을 깎았다. 이는 횡죽석이 1매로 제작되었음을 보여주며, 사료 ㉗처럼 모두 8개가 있었다. 또한 횡죽석 중간에 동자주를 받친 흔적이 확인되지 않으므로 동자주는 설치하지 않은 것으로 추정된다.

그리고 가봉비의 유(有)·무(無)에 대해 살펴보겠다. 일반적으로 임금의 가봉태실에는 귀부와 이수를 갖춘 가봉비가 설치된다. 가봉 시 아기태실에 있던 아기비는 부근에 묻고 가봉비로 교체한다. 그렇다면 왕비의 가봉태실에도 가봉비가 설치되었을 것으로 생각된다.

현재 알려진 정희왕후 윤씨와 폐비 윤씨의 왕비 태실 중 폐비 윤씨

---

28) ①태조의 2층 사방석은 현대에 새로 만들어 넣은 것인데 필자의 중앙태석 양식으로 보아 복원이 잘못되었으며, ③태종은 이왕직의 『태봉』(1928~1934)에 그려진 실측도이며, ④세종은 2층의 사방석으로 구성되는데, 이 사진(신라오악종합학술조사단, 1967, 「세종·단종대왕의 태실조사」, 『고고미술』8-8, 한국미술사학회)에서는 2층의 사방석만 있고 1층의 사방석이 없는 것이다.

태실에만 귀부와 이수를 갖춘 가봉비가 설치되어 있다. 그러므로 소헌왕후 태실에도 가봉비가 있었을 가능성이 있으며, 그 명문 구성은 폐비 윤씨 가봉비처럼 '王妃胎室(앞) 正統三年?月?日(뒤)'라고 음각하였을 것이다.(사진 11)

① 정희왕후 태실(북→남)   ② 폐비 윤씨 태실(남서→북동)

〈사진 11〉 정희왕후와 폐비 윤씨의 태실

이 두 왕비 태실을 좀 더 자세히 살펴보자.

현재 정희 왕후 태실에는 민묘(民墓)와 비슷한 봉분(封墳)만 확인되고 봉분이 일부 훼손되어 돌[石]들이 노출되어 있다. 태실에는 부드러운 흙만 사용하고 돌을 일체 사용하지 않는데, 돌들이 섞여 태실이 조성되었다는 것은 이해할 수 없다. 그러므로 지금의 봉분은 태실의 봉토가 아니라 무덤[墓]일 가능성이 높다. 즉 이곳에는 처음에 정희왕후 태실이 조성되었으나, 이후 세월이 흘러 어느 시기에 태실이 있던 곳에 민묘(民墓)가 들어섰던 것으로 추정된다. 그리고 폐비 윤씨 태실에는 태함이 일부 노출되어 있고 그 앞에 가봉비만 세워져 있다. 이렇게 두 왕비 태실은 모두 원상을 자세히 알 수 없어 가봉 시 중앙태석을 비롯한 팔각난간석 등의 장식 석물이 설치되었는지 알 수 없다.

그러나 왕비의 태실조성은 민간인으로 있을 때 매태 또는 보관되어 있던 태를 가져와 왕실 태실 제도에 따라 태실을 조성하는 것이므로 폐비 윤씨와 정희왕후의 태실은 소헌왕후 태실처럼 가봉태실의 구조를 하였을 것으로 판단된다. 다만 정희왕후는 주위에 난간을 하지 않고 가봉비만 세우는 세조의 경우처럼 다른 의물(儀物)을 장식하지 않고 봉토(封土)를 하고 가봉비만 세웠을 가능성이 높다. 그러나 폐비 윤씨 태실은 소헌왕후 태실처럼 중앙태석을 비롯한 팔각난간석과 가봉비 모두 추가 설치되었을 것으로 추정된다.

지금까지의 검토를 종합하여 소헌왕후 태실의 지상 구조를 복원해 보면, 지하 구조를 편평하게 판축하여 황토류의 흙으로 메운 후 그 위에 전석을 평면 팔각형으로 먼저 깔았다. 그리고 그 안쪽에 상석과 중앙태석을 설치하였다. 또 외곽의 난간대는 전석의 팔각 모서리 위에 주석 1개씩을 꽂아 세우고 그 사이에는 동자주 없이 횡죽석을 1개씩 걸쳤다. 그리고 이 팔각형 태실의 모서리와 일직선이 되게 앞쪽에 가봉비를 세웠다. 또한 정희왕후 태실은 중앙태석을 비롯한 팔각난간석을 하지 않고 아기태실처럼 봉토를 하고 그 앞에 가봉비만 세웠을 가능성이 높으며, 폐비 윤씨 태실은 소헌왕후 태실과 같이 중앙태석을 비롯한 팔각난간석과 가봉비 모두 조성하였을 것으로 추정된다.

II. 성주 선석산 태실의 조성과 태실구조

1. 태실의 위치

선석산(禪石山) 태실은 경북 성주군 월항면 인촌2리 산8번지의 '태봉'에 위치한다. 이 선석산 태실은 1975년 12월 30일 '세종대왕자태실(星州世宗大王子胎室)'이란 명칭으로 경상북도 유형문화재 제88호로 지정되었다가 2003년 3월 6일 '성주 세종대왕자 태실(星州 世宗大王子胎室)'이라는 명칭으로 국가지정 문화재 사적 제444호로 승격되었다.[29)]

---

29) 이 태실을 도지정 문화재에서 국가지정 문화재로 승격시키는 과정에서 2002년 성주군청 박재관 학예연구사에 의해, 1977년의 선석산 태실 정비보고자료 2권이 성주군청 문서고에서 발견되어 심현용(2005, 「성주 세종대왕자태실 연구」, 『박물관연보』2, 강릉대학교 박물관)에 의해 학계에 처음으로 자세히 보고되었다.
1권은 「世宗大王子胎室 遺物發見 報告」로 단종·금성대군·화의군 태실에서 출토된 유물사진이 있으며, 2권은「世宗大王子胎室 發見遺物 寫眞帖」으로 정비 시 사진과 함께 각 태실에서 출토된 유물현황이 간략히 적혀있다. 당시 정비공사를 요약해보면, 19기의 태실 다수가 산 아래에 낙하 또는 이완되어 있어 군비 2,343천원으로 서울瑞原建設(주)이 1977년 12월 16~29일까지 복원공사를 하였으며, 개첨석 13개는 이완 또는 근거리에 떨어져 산재하고, 개첨석 6개와 아기비는 산 아래에 낙하되어 있었으며, 사방석 17개는 이완되어 있었고, 태실 5기는 개첨석을 찾지 못했다고 당시 상황을 설명하면서 태실을 해체하여 복원한 것이 13기, 정상에서 낙하된 개첨석을 운반하여 복원한 것이 6기, 개첨석을 운반하여 복원한 것이 2기, 그리고 주변 정지 및 잔디 입히기 945㎡를 하였다고 한다. 또 「'79 世宗大王子 胎室補修計劃」이라는 계획서에는 진입로 보수, 태실 주변 석축, 태실 개첨석 신조, 안내판 제작 설치를 계획하였고, 태실의 남편·동편·북편 석축붕괴와 진입로 붕괴부분의 사진이 있다. 이 글에서는 현 상태의 사진과 구분할 수 있게 1977년 보수 시 찍은 사진은 '1977년'이라 표기하여 구분하기로 하겠다.
그동안 선석산 태실은 1977년 12월 16~29일에 보수정화사업을 하였으며, 1991년 6월 1일~8월 29일에 보호책 및 계단, 배수로를 설치하고, 1998년 10월 14일~12월 12일에 진입계단 설치 및 태실 주변 바닥을 성토하여 새로이 식재하는 등 여러 번 보수 정비되었다. 그리고 2009년 보호철책을 없애고 주변에 석난간과 목재보도를 설치하였다.

이 태실은 동북쪽의 선석산(일명 서진산, 해발 742.4m)을 주산으로 하여 남쪽으로 뻗어 내린 지맥의 끝자락에서 봉긋하게 솟아오른 '태봉(胎峰, 해발 258.2m)'의 정상부에 있다. 태봉의 형태는 삿갓모양의 원봉(圓峯)이며, 주산에서 뻗어 내린 방향인 배후 산 측의 경사를 제외하고는 나머지 삼면의 비탈면은 약 35~45° 내외의 경사를 이루고 있다.

그리고 태봉산의 주위로는 논과 마을이 형성되어 있고 세천(細川)이 태봉 좌·우에서 흘러 앞쪽인 남서쪽으로 흐르고 있다. 또 태봉산 주위로는 좌청룡·우백호의 역할을 하는 산줄기가 두 팔로 감싸 안듯이 좌·우에 돌려져 있다. 이러한 지형을 풍수지리적으로 돌혈이라 한다. 또 동쪽으로 약 350m 떨어져서 선석사(禪石寺)라는 절이 있다.(사진 1, 지도 1,)

① 태봉 원경(남→북)

② 태봉 정상부(공중촬영)

〈사진 1〉 선석산 태실

〈지도 1〉 성주 선석산 태실 위치도

태봉의 정상부는 동-서로 긴 타원형의 평탄지(남-북 약 50 × 동-서 약 20m)로 되어 있으며, 주변으로 얕은 축대를 쌓고 그 안에 대군 7기, 군 11기, 원손 1기 등 총 19기의 태실이 설치되어 있다.

각 태실은 동쪽에서 서쪽으로 향하여 앞·뒤 2줄로 정연하게 배치되어 있다. 앞 열은 좌측(동쪽)에서부터 화의군, 계양군, 의창군, 한남군, 밀성군, 수춘군, 익현군, 영풍군, 왕자 장, 왕자 거, 왕자 당의 순으로 11기의 태실이 있고, 뒷 열은 좌측(동쪽)에서부터 진양대군, 안평대군, 임영대군, 광평대군, 금성대군, 평원대군, 영흥대군의 순으로 7기의 태실이 있고, 이 뒷 열에서 서북쪽으로 약간 떨어져서 원손인 단종의 태실 1기가 배치되어 있다.(그림 1, 사진 1-②·2-⑥)

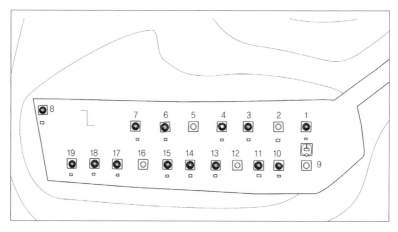

〈그림 1〉 선석산 태실 배치도

| ① 진양대군(세조) ② 안평대군 ③ 임영대군 ④ 광평대군 ⑤ 금성대군 ⑥ 평원대군 |
| ⑦ 영흥대군 ⑧ 원손(단종) ⑨ 화의군 ⑩ 계양군 ⑪ 의창군 ⑫ 한남군 ⑬ 밀성군 |
| ⑭ 수춘군 ⑮ 익현군 ⑯ 영풍군 ⑰ 장(영해군) ⑱ 거(담양군) ⑲ 당 |

---

30) 사진 속의 ①은 원손(단종) 태지석이며, ②는 금성대군 태지석, ③은 화의군 태지석, ④는 원손(단종) 태호 개(외호), ⑤는 화의군 대접(외호), ⑥은 화의군 토기 호(내호), ⑦은 화의군 태호 개(외호)이다.

① 보수 전 전경(1977년) ② 보수 전 전경(1977년)

③ 태실 남쪽 석축 붕괴 (1977년) ④ 보수 후 전경(1977년)

⑤ 보수 후 전경(1977년) ⑥ 태실 전경(2001년)

⑦ 보수 시 출토 유물(1977년) ⑧ 보수 시 출토 유물(1977년)[30]

〈사진 2〉 태실 보수 전·후 및 출토유물

2. 유물 현황

1) 후열의 태실

(1) 진양대군(세조) 태실

이곳에는 아기태실과 가봉태실이 함께 조성되어 있다. 중앙태석 앞에 아기비가 있고 이 아기비 앞에 가봉비가 있다.(사진 3, 그림 2) 1977년 보수 시 유물은 출토되지 않았다.

〈사진 3〉 세조의 아기태실과 가봉태실

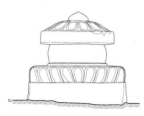

① 중앙태석 정면도

② 중앙태석 평면도

③ 아기비 정면도 및 좌측면도

④ 가봉비 정면도

⑤ 가봉비 평면도

〈그림 2〉 세조의 중앙태석과 아기비·가봉비 실측도(축척 부동)

① 아기비

아기비는 중앙태석과 가봉비 사이에 있으며, 직사각형의 비대와 말각규형(抹角圭形)의 비수로 이루어졌고, 비수에는 초화문이 장식되었다. 비신에 명문이 세로 2줄 '晉陽大君珠胎藏/ 皇明正統三年戊午三月十日甲午立石(앞)'라고 해서체로 음각되어있다.(사진 3, 그림 2-③)

② 가봉비

가봉비는 우측 앞의 모서리가 말각된 사각형의 지대석(화강암, 너비 159 × 길이 161.3 × 높이 16.8㎝) 위에 일석으로 귀부(너비 136.4 × 길이 145.4 × 높이 34㎝)를 만들고 그 위로 별석으로 이수(대리석, 너비 75.4 × 높이 35.4㎝)가 있는 비신(대리석, 너비 61.5 × 높이 86 × 두께 31.5㎝)을 꼽았다. 귀두(龜頭)는 구형(球形)에 가까우며, 입은 다물었으며, 목은 짧게 빼어서 앞으로 처들고 있어 단순하지만 사실적으로 표현되었다. 경부(頸部)는 주름문이 각출되었다.

그리고 등에는 큰 육각의 귀갑문(龜甲紋)이 귀갑 전체에 정연하게 각출되었으며, 귀갑 외연(外緣)은 소문대(素文帶)로 주연(周緣)을 돌렸다. 다리는 발만 표현되었는데, 앞발은 각각 3개의 발가락을, 뒷발은 우측 4개, 좌측 3개의 발가락을 표현하였는데 간략하게 도식화되었다. 꼬리는 1개로 오른쪽으로 구부렸다. 거북은 전체적으로 납작하게 엎드린 형상을 하고 있다. 비신은 마멸이 심하여 명문이 전혀 보이지 않으나 후술한 사료 ③-3에 내용이 전한다. 비수는 비신과 일석으로 되었는데, 파손과 마멸이 심하여 자세하지 않지만 2마리의 용을 각각 좌·우 바깥쪽으로 보게 장식한 원수형(圓首形) 이수(螭首)이다.(사진 3, 그림 2-④·⑤)

③ 태지석

잡석이 섞인 오석(烏石, 점판암, 가로 24.2 × 세로 31.4 × 두께 4.6cm)
으로 앞면은 마모가 심하며, 뒷면은 정면(整面)하지 않고 깨진 상태 그
대로이다. 명문은 세로 3줄 '皇明永樂十五年丁酉九月二十四日生/ 晉
陽大君諱瑈胎/ 正統三年戊午三月十日藏(앞)'라고 해서체로 음각되어
있다.31)(사진 4)

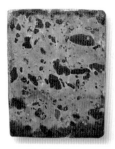
① 태지석

② 유리원판32)

〈사진 4〉 세조의 태지석과 유리원판

④ 태호

국립중앙박물관에 소장된 유리원판에는 분청자인화문 대접을 덮은
내호의 호와 개, 대접이 확인된다.(사진 4-②)

개는 반구형의 분청자 상감연화문 개인데, 크기(고 16.1 × 구경 39cm)

---

31) 국립문화재연구소(1999,『서삼릉태실』, 59쪽)는 月과 三 사이에 △로 표시하여
판독되지 않은 글자가 있는 것으로 보았으나, 글자가 들어갈 공간은 있으나 글자
인지는 불확실하고, 또 아기비에는 이 사이에 글자가 없으므로 △의 자리에는 원
래 글자가 없었던 것으로 판단된다.

32) 국립문화재연구소, 1999,『서삼릉태실』, 413·417쪽.
국립문화재연구소는 이 유리원판에서 내호의 좌측에 있는 약간 작은 자기를 내호
의 개로 판단하고 내면을 촬영해 손잡이와 외면을 확인할 수 없다고 하였다. 그러
나 이미 내호의 개로 작은 대접이 덮였고 크기를 보아도 내호의 개로 보기 어렵
다. 그러므로 이는 내호를 받쳤던 대접으로 판단된다.

로 보아 내호 전체를 덮은 개로 판단된다. 정상에는 목이 없는 보주형 꼭지가 부착되어 있다. 보주형 꼭지에는 소형의 연결된 산형문(山形紋)을 중첩(重疊)되게 꽉 채웠으며, 꼭지를 중심으로 그 아래에는 4단으로 문양이 장식되었다. 최상단인 꼭지둘레에는 이중의 소연화문(小蓮華紋) 복련(伏蓮)을 흑백상감(象嵌)했으며, 그 아래에 끝이 아래로 향한 세장한 간판이 있는 10엽 대연화문(10葉大蓮華紋) 복련을 둘렀다. 또 그 밑에는 삼각집선문(三角集線紋)과 역삼각집선문(逆三角集線紋)을 교호(交互)로 배치하였으며, 맨 아래 구연부 부근에는 2단의 대연화문과 같은 끝이 아래로 향한 문양을 좀 더 크게 장식하였다.(사진 4-②·5-①)

또 대접은 아가리가 넓게 벌어진 분청자 인화국화문 대접으로 크기(고 6.5 × 구경 20㎝)로 보아 내호를 받쳤던 것으로 판단된다. 굽은 낮으며, 전체적으로 기형(器形)이 굽에서부터 크게 벌어져 올라가다가 구연부에서 거의 직립한 형태이다. 문양은 내·외면을 빈틈없이 꽉 채웠는데, 내면은 구연부 쪽에는 삼각집선문과 역삼각집선문을 교호로 배치하고 그 아래 소국화문을 구획선 안에 돌렸다. 또 그 밑으로는 소국화문을 가득 차게 인화(印畵)한 뒤 큰 국화꽃 4개를 등 간격으로 가운데 배치하였고 바로 아래 여의두문대가 있다. 내저면(內底面)에는 이중 동심원 안에 '長興庫(장흥고)'란 3글자를 종서(縱書)로 백상감하였다. 외면에도 내면과 같은 문양을 시문하였는데, 굽다리에는 회문을 장식하였다.(사진 4-②·5-②) 개와 대접 모두 국립중앙박물관에 소장되어 있다.

내호는 호와 개로 구성된 회청자이다.[33] 호(고 20.9 × 구경 9.6 × 저경 9.5㎝)는, 구연은 외반되었으며, 입술면은 둥글다. 어깨에서 동체부 쪽으로

---

[33] 지금까지는 '분청사기[분청자]'라 하였으나, 양윤미(2015, 「성주 세종대왕자 태실 봉안 안태용 도자기의 양상과 제작시기 연구」, 『영남학』27, 경북대학교 영남문화연구원, 152~153쪽)의 견해에 따라 '회청사기[회청자]'라는 용어를 사용하였다. 회청자란 분청으로 이행되는 과도기 양식으로 분청자의 태토와 유약만으로 제작되고 백토 분장을 하지 않은 분청자 직전의 유형이라 하여 구분하기 때문이다.

배가 부르며 저부로 내려가면서 좁아져 구형에 가깝다. 바닥은 약간 높은 굽으로 굽깎기를 하였고 시유되지 않았다. 태토는 정선된 점토에 모래가 많이 섞여 있으며, 유약은 분청유를 사용하였으나 번조상태가 좋지 못해 불량하다. 성형은 물레성형을 하였고 외면에는 손으로 돌린 물레자국이 있다. 또 개(고 7.65 × 구경 17.4 × 저경 5cm)는 인화문대접으로 동체부와 구연 일부가 파실되었다. 구연은 약간 외반되면서 아래로 좁아지며, 굽은 낮은 안굽이다. 문양은 대접 내면에 구연 밑으로 3줄의 횡선이 돌아가고 그 아래 귀갑 인화문, 또 그 밑으로 3줄의 횡선이 백상감되어 있다. 그릇 내면에 태토 빚음받침 흔적이 남아있으며, 태토는 정선되었고 유약은 얇게 시유되었으며, 모래 빚음받침 번조를 하였다.(사진 4-②·5-③)

그리고 서삼릉 태실 집장지의 세조 태실에서 일제강점기의 외호가 출토되었는데, 호와 개로 구성된 백자이다. 호(고 35 × 구경 25 × 저경 25cm)는, 구연은 직립이고 그 밑으로는 개와 맞물리도록 하기 위해 턱을 주었다. 어깨에서 동체부 쪽으로는 배가 부르며 저부 쪽으로 좁혀져 내려가다가 저부에서 약간 밖으로 벌어진다. 어깨 밑으로는 ㄷ형의 고리 4개가 있다. 바닥은 굽깎기를 하였으며, 번조하기 위해 유약을 깎아냈다. 구연 부분도 번조하기 위해 유약을 깎아냈다. 태토는 정선된 백토를 사용했으며, 유약은 담청색 투명유를 사용했다. 내면에는 유약이 흘러내린 자국이 있다. 또 개(고 14.9 × 구경 29cm)는, 상면에는 단추형의 손잡이를 접합

① 개(외호)　　② 대접(외호)　　③ 외호·내호

〈사진 5〉 세조 태호

했으며, 그 밑으로는 4개의 장방형 투공이 뚫려 있다. 내면의 입술면과 그 밑에는 번조하기 위해 유약을 깎아낸 둥근 테가 돌아간다.(사진 5-③)

(2) 안평대군 태실

아기비와 중앙태석의 사방석만 남아있다. 사방석 윗면의 원형 돌대가 조금 파손되었다.(사진 6, 그림 3) 1977년 보수 시 태지석이 출토되었다.

〈사진 6〉 안평대군 태실

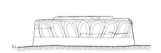　　　

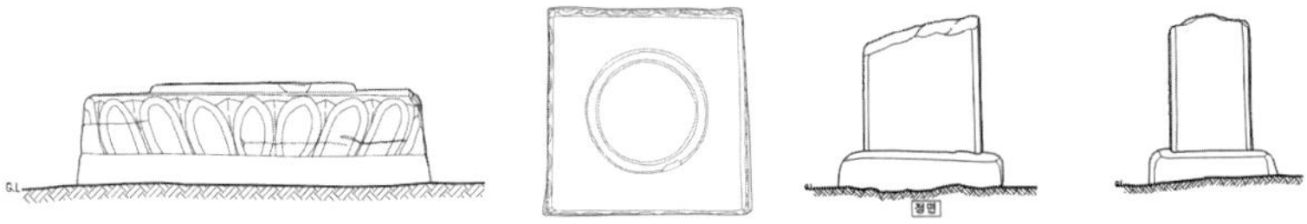

① 사방석 정면도　　② 사방석 평면도　　③ 아기비 정면도 및 좌측면도

〈그림 3〉 안평대군의 중앙태석과 아기비 실측도(축적 부동)

① 아기비

아기비는 사방석만 남은 중앙태석 앞에 위치한다. 파손되어 비신의 상부가 없고 명문이 확인되지 않는다.(사진 6, 그림 3-③)

② 태지석

오석(점판암, 가로 15.5 × 세로 23㎝)으로 만들었으며, 일부 모서리가 파손되었고 마멸이 심해 명문은 확인되지 않는다.(사진 2-⑦)

(3) 임영대군 태실

중앙태석과 아기비가 남아있다. 중앙태석의 개첨석 옆면이 심하게 파손되었으며, 연봉형 보주의 상부가 조금 파손되었다. (사진 7, 그림 4) 1977년 12월 보수 시 태지석이 출토되었다.

〈사진 7〉 임영대군 태실

① 중앙태석 정면도　② 중앙태석 평면도　③ 아기비 정면도 및 좌측면도

〈그림 4〉 임영대군의 중앙태석과 아기비 실측도(축적 부동)

① 아기비

아기비는 중앙태석 앞에 위치하며, 명문이 세로 2줄로 '臨瀛大君璆胎藏/ 皇明正統四年己未五月二十九日丙子立石(앞)'라고 해서체로 음각되어있다.(사진 7, 그림 4-③)

② 태지석

오석(점판암)으로 만들었으며, 크기는 가로 19.5㎝이고 세로는 기록되

지 않았으나, 사진으로 보아 가로보다 약 4~5㎝ 크다. 명문이 세로 3줄 '皇明永樂十八年庚子 … / 臨瀛大君璆 … / 皇明正統四年己未五月二十九日 … (앞)'라고 해서체로 음각되어 있는데, 일부만 알 수 있다.[34] (사진 2-⑦)

(4) 광평대군 태실

중앙태석과 아기비가 남아 있다. 중앙태석의 보주 상부가 조금 파손되었으며, 1977년 보수 시 유물은 출토되지 않았다.(사진 8, 그림 5)

〈사진 8〉 광평대군 태실

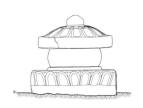      

① 중앙태석 정면도   ② 중앙태석 평면도   ③ 아기비 정면도 및 좌측면도

〈그림 5〉 광평대군의 중앙태석과 아기비 실측도(축척 부동)

---

34) 1977년 보수자료에는 마멸이 심해서인지 '皇明永樂 庚/ 臨瀛大君璆/ 皇明正統四年己未三月二十'로 판독하였다. 그러나 임영대군의 생일은 세종 2년(1420)으로 庚子년이다. 이는 영락 18년이므로 태지석의 '皇明永樂 庚'은 '皇明永樂十八年庚子'로 복구될 것이고, 이후 '三月二十'라는 기록도 '五月'을 '三月'로 오독한 것으로 '五月二十九日'로 복구가 가능하다. 그렇게 되면 『조선왕조실록』의 기록과 일치한다.

① 아기비

아기비는 중앙태석 앞에 세워져 있으며, 명문은 세로 2줄로 '廣平大君璵胎藏/ 皇明正統四年己未五月二十四日辛未立石(앞)'라고 해서체로 음각되어있다.(사진 8, 그림 5-③)

(5) 금성대군 태실

중앙태석의 사방석만 남아있다.(사진 9, 그림 6) 1977년 보수 시 태지석이 출토되었다.

① 금성대군 태실　　　　　② 태함 노출(1977년)

〈사진 9〉 금성대군 태실과 태함

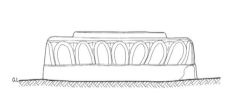 

① 사방석 정면도　　　　② 사방석 평면도

〈그림 6〉 금성대군의 중앙태석 실측도(축적 부동)

① 태지석

직사각형의 오석(점판암, 가로 19.5 × 세로 24.5cm)으로 만들었으며, 마멸이 심해 명문은 확인되지 않는다. 현재 국립경주박물관에 소장되어 있다.(사진 2-⑧·10)

① 태지석　　　　　　　② 태지석 노출(1977년)

〈사진 10〉 금성대군 태지석

(6) 평원대군 태실

중앙태석과 아기비가 남아있다.(사진 11, 그림 7) 1977년 보수 시 개 1점과 태지석이 출토되었다.

① 평원대군 태실　　　　　　② 개(외호)

〈사진 11〉 평원대군 태실과 태호

　① 중앙태석 정면도　　② 중앙태석 평면도　　③ 아기비 정면도 및 좌측면도

〈그림 7〉 평원대군의 중앙태석과 아기비 실측도(축적 부동)

① 아기비

아기비는 중앙태석 앞에 세워져 있으며, 명문은 세로 2줄로 '平原大
君琳胎藏/ 皇明正統四年己未五月二十六日△△立石(앞)'라고 해서체
로 음각되어있다.(사진 11, 그림 7-③)

② 태지석

직사각형의 오석(점판암, 가로 19.9 × 세로 25.9 × 두께 3.5㎝)으로
만들었으며, 명문은 자경 크기 1.5~1.8㎝이며, 세로 3줄로 '皇明宣德二
年丁未十一月十八日卯時生/ 平原大君琳胎/ 皇明正統四年己未五月二
十六日藏(앞)'라고 해서체로 음각되어있다.[35](사진 2-⑦)

③ 개

반구형의 분청자 상감연화문 개인데, 크기(고 17.8 × 구경 28.5㎝)로
보아 내호 전체를 덮었던 것 같다. 정상에 보주형 꼭지가 부착되어 있으

---

35) 황수영, 1985, 『한국금석유문』제4판, 일지사, 494~495쪽.
　　황수영은 이 태지석이 1977년 12월 25일 성주 선석산 태실에서 출토되었는데, 경
　　북대학교 박물관에 소장되어 있다고 하였다.

며, 문양은 5단으로 장식되었는데, 맨 위인 보주형 꼭지를 중심으로 간판이 있는 8엽 소연화문(8葉小蓮華紋) 복련을 두르고, 그 바깥으로 간판이 있는 8엽 대연화문(8葉大蓮華紋) 복련을 둘렀다. 그 아래에는 꽃 수술을 내부에 가진 반원을 아래로 향하여 중첩되게 둘렀으며, 또 그 밑에는 2단의 대연화문과 문양은 같으나 약간 작은 앙련을 장식하였다. 그리고 구연부 쪽에는 회문을 빽빽하게 시문하였다. 경북대학교 박물관에 소장되어 있다.(사진 2-⑦·11)

(7) 영흥대군 태실

중앙태석과 아기비가 완형으로 남아있다.(사진 12, 그림 8) 1977년 보수 시 태지석이 출토되었다.

〈사진 12〉 영흥대군 태실

① 중앙태석 정면도   ② 중앙태석 평면도   ③ 아기비 정면도 및 좌측면도

〈그림 8〉 영흥대군의 중앙태석과 아기비 실측도(축적 부동)

① 아기비

아기비는 비대가 완전히 묻혀있다. 명문은 세로 2줄로 '永興大君琰胎藏/ 皇明正統四年己未八月初八日 △△立石(앞)'라고 해서체로 음각되어있다.(사진 12, 그림 8-③)

② 태지석

직사각형의 오석(점판암, 가로 18.5 × 세로 27㎝)으로 만들었으며, 마멸이 심해 명문은 확인되지 않는다.(사진 2-⑦)

(8) 원손(단종) 태실

중앙태석과 아기비가 완형으로 남아있다. 1977년 보수 시 개 1점과 태지석이 출토되었으며, 당시 아기비는 태함 위에 묻혀 있었다.(사진 13·14, 그림 9)

① 원손 태실　　　　　　② 아기비 노출(1977년)

〈사진 13〉 원손 태실과 아기비

① 함신 노출   ② 태호 노출   ③ 함신 바닥 노출

〈사진 14〉 원손 태실 노출(1977년)

① 중앙태석 정면도   ② 중앙태석 평면도   ③ 아기비 정면도 및 좌측면도

〈그림 9〉 원손의 중앙태석과 아기비 실측도(축적 부동)

① 아기비

아기비는 중앙태석 앞에 세워져 있으며, 명문은 세로 2줄 '元孫胎藏/
皇明正統六年辛酉閏十一月二十六日己丑立石(앞)'라고 해서체로 음각
되어있다.(사진 13, 그림 9-③)

② 태지석

직사각형의 오석(점판암, 가로 22 × 세로 24.4㎝)으로 만들었으며, 파
손이 심하다. 명문은 지름크기 1.5㎝ 내외이며, 세로로 해서체로 음각되
었는데, ' … 辛酉七月卄 … (앞)'만 확인된다.[36] 국립경주박물관에 소

---

36) 문화공보부 문화재관리국, 1989, 『중요발견매장문화재도록』Ⅱ, 472~473쪽.

장되어 있다.(사진 2-⑧·15-①)

① 태지석   ② 개(외호)

〈사진 15〉 원손 태지석과 태호

③ 개

반구형의 분청자 상감연화문 개로 크기(고 15.5 × 구경 22.5cm)로 보아 내호 전체를 덮는다. 정상에 목이 있는 보주형 꼭지가 부착되었고, 태토는 비교적 정선되었으며, 유약의 발색도 좋은 편이고 빙열이 있다. 색조가 전체적으로 옅은 황갈색을 띠고 꼭지 둘레에는 태토 빚음받침 흔적이 있어 뒤집어 번조한 것을 알 수 있다. 꼭지에는 선문을 흑상감으로 장식하였는데, 문양은 다소 거칠고 백토가 갈라진 곳이 있는 등 다소 조잡하게 시문되었다.

문양은 5단으로 장식되었는데, 꼭지를 중심으로 간판이 있는 끝이 뾰족한 8엽 소연화문(8葉小蓮華紋) 복련을 두르고, 그 바깥으로 간판이 있는 8엽 대연화문(8葉大蓮華紋) 복련을 흑백상감하였다. 또 그 아래에는

────────────────

그러나 1977년 발견 시 명문을 '辛酉七月七日'로 판독하였다. 이는 'ᆩ(입)'자를 '七(칠)'자로 오독한 것이다.

꽃수술을 내부에 가진 반원이 위로 향하여 중첩되게 둘렀으며, 그 밑에
는 2단의 대연화문과 같으나 좀 더 큰 앙련을 둘렀다. 그리고 구연부 쪽
에는 회문을 시문하였다. 이 개는 계양군의 분청자 상감연화문 개와 문
양구성이 거의 동일한데 문양이 더 거칠게 상감되어 있다. 국립대구박물
관에 소장되어 있다.(사진 2-⑧·14-②·15-②)

④ 태함

태함은 함개와 함신으로 구성되었다. 함신은 일석으로 만들어진 평면
사각형의 상자형으로 내부에 사각형의 감실을 파고, 그 안 가운데 반구
형 홈을 파고 이곳에 원형의 작은 구멍을 관통하였다. 개석은 평면 사각
형으로 윗면과 아랫면이 편평한 판석형이다.(사진 14)

2) 전열의 태실

(1) 화의군 태실

중앙태석의 사방석만 남아있다. 사방석 윗면에 있는 원형 돌대와 사
방석 하부 모서리가 심하게 파손되었다. 1977년 보수 시 개 1점, 토기
호 1점, 대접 1점과 태지석이 출토되었다.(사진 16, 그림 10)

① 화의군 태실   ② 함개 노출(1977년)

③ 태호·태지석 노출(1977년)　　　④ 함신 바닥 노출(1977년)

〈사진 16〉 화의군 태실과 태함

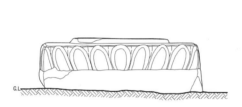

① 사방석 정면도　　　　　　② 사방석 평면도

〈그림 10〉 화의군의 중앙태석 실측도(축적 부동)

① 태지석

직사각형의 오석(흑색 점판암, 가로 18 × 세로 25cm)으로 만들었으며, 일부 파손되었다. 마멸이 심해 명문은 확인되지 않는다. 국립경주박물관에 소장되어 있다.(사진 2-⑧·16-③·17)

① 앞면   ② 뒷면(1977년)

〈사진 17〉 화의군 태지석

② 태호

개는 반구형의 분청자 상감연화문 개인데, 크기(고 15.3 × 구경 28㎝)로 보아 내호 전체를 덮었던 것 같다. 정상에 보주형 꼭지가 부착되었고, 태토는 비교적 정선되고 유약의 발색도 좋은 편이며, 빙열이 있다. 전체적으로 엷은 황색을 띠며, 꼭지둘레에 태토 빚음받침을 놓았던 흔적이 있다. 문양은 3단으로 장식되었는데, 상단에는 간변을 가진 각이진 세장한 9엽 대연화문 복련을 두르고, 중단에는 삼각집선문과 역삼각집선문을 교호로 배치하였으며, 하단에는 상단의 대연화문과 문양은 같으나 좀 더 큰 14엽 대연화문 복련을 둘렀다.(사진 16-③·18-①)

또 대접은 분청자 인화국화문 대접(고 8.1 × 구경 18.1 × 저경 4.6㎝)으로 크기로 보아 내호를 받쳤던 것 같다. 굽은 낮고 좁으며 구연부는 외반되었다. 유약의 발색은 비교적 좋은 편이다. 문양은 그릇 외면의 구연부에는 횡선문대를 돌렸고, 그 아래는 종으로 사행점선문(斜行點線文)이 불규칙적으로 장식되었다. 내면에는 여러 조의 횡선문을 돌려 3단으로 나뉘어 장식하였으며, 내저에는 중앙에 11엽의 연화문이 있고 주위에는 돌아가면서 점열문을 꽉 채웠다. 그 외측에는 소형의 국화문을 촘촘하게 둘렀으며, 구연부 쪽에는 종으로 사행점선문을 규칙적으로 장식하였다.(사진 16-③·18-②)

그리고 토기 호는 배가 부른 평저 토기호(고 14.1 × 구경 10.1 × 저경 13.2㎝)로 내호로 사용되었다. 기벽은 매우 두텁고 회청색의 경질토기이다. 구연부는 외반되었으며, 경부가 거의 없이 짤막하다. 동체의 최대경이 중간에 있고 저부는 편평하고 넓어 안정감을 준다. 태토는 비교적 정선된 태토를 사용하였고 모래와 석영이 다소 포함되어 있다.(사진 2-⑧· 16-③·18-③) 개와 대접, 토기 호 모두 국립대구박물관에 소장되어 있다.

① 개(외호)   ② 대접(외호)   ③ 토기 호(내호)

〈사진 18〉 화의군 태호

③ 태함

태함은 판석형 함개와 상자형 함신으로 구성되었다. 함신은 일석으로 되지 않고 4매의 판석으로 4면의 옆면을 맞대어 사각형으로 짜고, 아랫면에는 반구형의 홈을 파서 그 안에 원형의 작은 구멍을 관통한 1매의 판석을 끼워 넣었다. 함개는 평면 사각형의 판석이다.(사진 16-②~④)

(2) 계양군 태실

중앙태석과 아기비가 남아있다. 중앙태석의 개첨석 옆면과 연봉형 보주의 상부가 조금 파손되었다.(사진 19, 그림 11) 1977년 보수 시 유물은 출토되지 않았다.

〈사진 19〉 계양군 태실

① 중앙태석 정면도　　② 중앙태석 평면도　　③ 아기비 정면도 및 좌측면도

〈그림 11〉 계양군의 중앙태석과 아기비 실측도(축적 부동)

① 아기비

아기비는 중앙태석 앞에 세워져 있으며, 비신의 상부가 조금 파손되었다. 명문은 세로 2줄 '桂陽君㙎胎藏/ 皇明正統四年己未五月二十四日辛未立石(앞)'라고 해서체로 음각되어있다.(사진 19, 그림 11-③)

② 태지석

직사각형의 오석(점판암)으로 만들었으며, 명문은 세로 3줄 '皇明宣德二年丁未八月十二日丑時生/ 桂陽君㙎胎藏/ 皇明正統四年己未年五月二十四日立石(앞)'라고 해서체로 음각되어있다.[37] 호암미술관에 소장

---

37) 전주이씨대동종약원, 1999, 『조선의 태실』Ⅱ, 22쪽.

되어 있다.

③ 태호

내호(고 27 × 구경 10.85 × 저경 11㎝)는 인화문 분청자로 호와 개로 구성되었다. 호는 장신(長身)으로 어깨에서 배가 부르다가 저부로 가면서 좁아지며, 바닥은 평저다. 문양은 저부부분을 빼고는 소인화국화문(小印花菊花紋)으로 꽉 채웠다. 개는 위가 편평한 편반원형으로 문양은 빈틈없이 꽉 채웠는데, 구연부는 회문을 돌렸고 그 외에는 소인화국화문을 장식하였다.(사진 20-①)

또 다른 개는 분청자 상감연화문 개인데 크기(고 18.4 × 구경 27㎝)로 보아 내호 전체를 덮었던 것 같다. 문양이나 형태에 있어서 원손 단종의 분청자연화문개와 거의 동일하다. 내호와 개 모두 호암미술관에 소장되어 있다.(사진 20-②)

① 내호

② 개(외호)

〈사진 20〉 계양군 태호

(3) 의창군 태실

중앙태석과 아기비가 남아있다.(사진 21, 그림 12) 1977년 보수 시 유물은 출토되지 않았다.

〈사진 21〉 의창군 태실

① 중앙태석 정면도   ② 중앙태석 평면도   ③ 아기비 정면도 및 좌측면도

〈그림 12〉 의창군의 중앙태석과 아기비 실측도(축적 부동)

① 아기비

아기비는 중앙태석 앞에 세워져 있으며, 비신의 상면이 일부 파손되었다. 명문은 세로 2줄 '義倉君珇胎藏/ 皇明正統三年戊午三月十一日己未立石(앞)'라고 해서체로 음각되어있다.(사진 21, 그림 12-③)

(4) 한남군 태실

중앙태석의 사방석
만 남았는데, 사방석
상면의 원형 돌대가
심하게 파손되었다.(사
진 22, 그림 13) 1977
년 보수 시 태지석이
출토되었다.

〈사진 22〉 한남군 태실

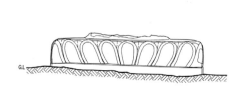 

① 사방석 정면도 　　　 ② 사방석 평면도

〈그림 13〉 한남군의 중앙태석과 아기비 실측도(축적 부동)

① 태지석

직사각형의 오석(점판암, 가로 18.5 × 세로 25.5㎝)으로 만들었으며,
명문은 '皇明正統四年己未五月二十四日藏(앞)'라고 해서체로 음각되
어 있는데, 일부만 알 수 있다.(사진 2-⑦)

(5) 밀성군 태실

중앙태석과 아기비가 남아있다. 중앙태석의 사방석 상면에 있는 원형 돌대가 심하게 파손되었으며, 개첨석 옆면도 조금 파손되었다.(사진 23, 그림 14) 1977년 보수 시 대접 1점이 출토되었다.

〈사진 23〉 밀성군 태실

① 중앙태석 정면도　　② 중앙태석 평면도　　③ 아기비 정면도 및 좌측면도

〈그림 14〉 밀성군의 중앙태석과 아기비 실측도(축적 부동)

① 아기비

아기비는 중앙태석 앞에 위치하며, 명문은 세로 2줄 '密城君琛胎藏/皇明正統四年己未八月初八日癸未立石(앞)'라고 해서체로 음각되어있다.(사진 23, 그림 14-③)

② 대접

분청자 귀얄인화문 대접(구경 17.5 × 저경 5.5cm)으로 크기로 보아 내
호의 받침으로 사용된 것 같다. 형태는 화의군의 분청자인화문 대접과
거의 동일하며, 문양도 내면의 구연부에 여러 조의 횡선문이 돌아가는
것으로 보아 비슷할 것으로 추정된다. 소장처는 알 수 없다.(사진 2-⑦)

(6) 수춘군 태실

중앙태석과 아기
비가 남아있다.(사진
24, 그림 15) 중앙태
석의 개첨석 옆면이
조금 파손되었다.

〈사진 24〉 수춘군 태실

① 중앙태석 정면도   ② 중앙태석 평면도   ③ 아기비 정면도 및 좌측면도

〈그림 15〉 수춘군의 중앙태석과 아기비 실측도(축적 부동)

① 아기비

아기비는 중앙태석 앞에 위치하며, 명문은 세로 2줄 '壽春君玹胎藏/
皇明正統四年己未八月初八日癸未立石(앞)'라고 해서체로 음각되어있
다.(사진 24, 그림 15-③)

② 태지석

태지석(가로 20.5 × 세로 26.2 × 두께 3.8㎝)은 오석으로 명문이 세로
3줄 '皇明宣德六年辛亥正月二十八日申時/ 壽春君 玹/ 皇明正統四年
己未八月初八日癸未藏(앞)'라고 해서체로 음각되어있다.[38]

(7) 익현군 태실

중앙태석과 아기비가 완형으로 남아있다.(사진 25, 그림 16) 1977년
보수 시 유물은 출토되지 않았다.

① 익현군 태실   ② 아기비 낙하상태(1977년)
〈사진 25〉 익현군 태실과 아기비

---

38) 황수영(1985,『한국금석유문』제4판, 일지사, 435~436쪽)은 '玹'로 판독하였으나
　　 '玹'의 오독이다. 또 粉靑圓蓋 2개와 동반되었는데, 미상이라 하였다.

① 중앙태석 정면도　　② 중앙태석 평면도　　③ 아기비 정면도 및 좌측면도

〈그림 16〉 익현군의 중앙태석과 아기비 실측도(축적 부동)

① 아기비

아기비는 비대가 완전히 묻혀있다. 명문은 세로 2줄 '翼峴君㼐胎藏/皇明正統四年己未八月初八日癸未立石(앞)'라고 해서체로 음각되어있다.(사진 25, 그림 16-③)

(8) 영풍군 태실

중앙태석의 사방석만 남았는데, 사방석 윗면의 원형 돌대가 조금 파손되었다.(사진 25, 그림 17) 1977년 보수시 개 1점이 출토되었다.

① 영풍군 태실　　　　　　　② 개(외호)39)

〈사진 26〉 영풍군 태실과 태호

---

39) 전주이씨대동종약원, 1999, 『조선의 태실』Ⅱ, 10쪽.

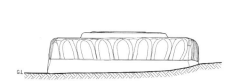 

① 사방석 정면도   ② 사방석 평면도

〈그림 17〉 영풍군의 중앙태석 실측도(축적 부동)

① 개

분청자 상감연화문 개(고 19.2 × 구경 25.5㎝)로 크기로 보아 내호 전체를 덮었던 것 같다. 평원대군의 분청자 상감연화문 개와 거의 동일하다. 경북대학교 박물관에 소장되어 있다.(사진 2-⑦·26-②)

(9) 왕자 장(영해군) 태실

중앙태석과 아기비가 완형으로 남아있다.(사진 27, 그림 18) 1977년 12월 보수 시 유물은 출토되지 않았다.

〈사진 27〉 영해군 태실

① 중앙태석 정면도   ② 중앙태석 평면도   ③ 아기비 정면도 및 좌측면도

〈그림 18〉 영해군의 중앙태석과 아기비 실측도(축적 부동)

① 아기비

아기비는 중앙태석 앞에 세워져 있으며, 명문이 세로 2줄 '璋胎藏/ 皇明正統四年己未八月初八日癸未立石(앞)'라고 해서체로 음각되어있다. (사진 27, 그림 18-③)

(10) 왕자 거(담양군) 태실

중앙태석과 아기비가 남아있다. 중앙태석 보주의 상부가 조금 파손되었다.(사진 28, 그림 19) 1977년 12월 보수 시 유물은 출토되지 않았다.

〈사진 28〉 담양군 태실

① 아기비

아기비는 중앙태석 앞에 세워져 있으며, 명문이 세로 2줄 '璩胎藏/ 皇明正統四年己未五月二十四日辛未立石(앞)'라고 해서체로 음각되어있다.(사진 28, 그림 19)

 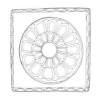  

① 중앙태석 정면도　　② 중앙태석 평면도　　③ 아기비 정면도 및 좌측면도

〈그림 19〉 담양군의 중앙태석과 아기비 실측도(축적 부동)

(11) 왕자 당 태실

중앙태석과 아기비가 남아있다. 중앙태석의 보주가 파실되었고, 개첨석 옆면이 조금 파손되었다.(사진 29, 그림 20) 1977년 12월 보수 시 유물은 출토되지 않았다.

① 왕자 당 태실　　　　　　② 개첨석 보주 파손

〈사진 29〉 왕자 당 태실

① 아기비

아기비는 중앙태석 앞에 위치한다. 비수에는 초화문이 장식되었으며, 명문이 세로 2줄 '瑭胎藏/ 皇明正統七年壬戌十月二十三日庚戌立石(앞)'라고 해서체로 음각되어있다.(사진 29-①, 그림 20-③)

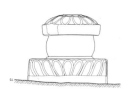  

① 중앙태석 정면도　　② 중앙태석 평면도　　③ 아기비 정면도 및 좌측면도

〈그림 20〉 왕자 당의 중앙태석과 아기비 실측도(축적 부동)

② 태지석

직사각형의 청석(靑石, 가로 18.5 × 세로 25.5 × 두께 3.2㎝)으로 만들었으며, 명문은 글자 지름크기 1~1.3㎝이며, 세로 3줄 '皇明正統柒年壬戌柒月二十肆日寅時生/ 王子瑭胎/ 皇明正統柒年壬戌拾月貳拾參日庚時藏(앞)'라고 해서체로 음각되어있다.[40]

3. 문헌기록으로 본 태실의 조성

1) 태실 정비와 원손 태실의 이전

①-1) 처음에 원손의 태를 경상도 성주에 안치하였는데, 그 도국(圖局) 안에 장경의 묘가 있었으니 바로 성원군 이정녕의 시조이었다. 이때에 정녕이 풍수학 제조가 되고, 성균 직강 윤통과 사정 정앙이 훈도가 되어 장차 태실의 석난간(石欄干)을 만드는데, 풍수학관을 으레 보내어 그 역사를 감독하게 되었으므로 예조에서 윤통을 보내려 하매, 통이 난간 만드는 규칙[造欄干之規]을 앙에게 물으니, 앙이 말하기를, "난간은 전

---

40) 황수영, 1985, 『한국금석유문』제4판, 일지사, 436쪽.
　　황수영은 1969년 6월 14일 차명호가 소장하고 있는 태지석을 조사하였는데, 이때 판독하지 못한 첫줄의 끝자는 판독하지 못하였으며, 셋째 줄의 마지막은 '戊辰'이라 하였다. 이를 다른 태지석과 비교할 때 첫째 줄의 끝 자는 '生'으로, 셋째 줄의 '戊辰'는 '時藏'을 오독(誤讀)한 것이다. 또 태지석과 함께 蓋形粉靑器 2개가 출토되었는데, 미상이라 하였다.

규칙이 있다. 그러나 장경의 묘가 태실 원국(圓局) 안에 있다 하니 대
단히 불리하다. 아는 자가 보면 반드시 그 묘를 옮길 것이다.”하였다.
통이 대답하기를, “아무리 제조의 조상의 묘라도 만일 태실에 불리하
다면 어찌 아뢰지 않을 수 있는가.”하였다. 이때에 앙의 어미가 경상도
에 있었는데 앙이 일 때문에 돌아가 근친하고자 하여 통의 말을 정녕
에게 누설하여 이간하였다. 정녕은 통이 풍수학을 알지 못한다고 저지
시키고, 앙을 천거하여 보냈다. 통이 예조 정랑 정광원에게 말하기를,
“제조가 앙을 보내려고 한 것은 반드시 내가 자기 조상의 묘를 옮길
것이라는 말을 허물한 것이다.”하니, 광원이 말하기를, “이런 큰일을
어찌 계달하지 않았는가.”하였다. 통이 말하기를, “앙도 결국은 반드시
아뢸 것이다.”하였다. 앙이 이미 돌아오매 정녕을 고맙게 여기어 이르
기를, “장경의 묘는 태실과 멀리 떨어져서 해로울 것이 없다.”하고, 마
침내 아뢰지 않았다. 뒤에 통이 대호군 조유례에게 말하였기 때문에 일
이 발각되니, 이에 앙을 의금부에 내려 국문하게 하였다.(『세종실록』세
종 25년(1443) 12월 11일(신묘))

-2) “성주태실이 장경의 무덤과 거리가 얼마나 되는가?”하니 … “그 사이
의 거리가 겨우 1리로서, 만일 초목이 무성하지 아니 하오면 통하여 바
라볼 수 있는 지점이 옵니다.”하므로, 임금이 말하기를, “태실 도국 안
에 고총(古塚)이 있으면 길흉이 어떠한고.”하니, 의생이 아뢰기를, “『안
태서(安胎書)』에 이르되, ‘태실은 마땅히 높고 정결한 곳이라야 한다.’
하였은즉, 장경의 묘는 속히 철거함이 마땅하옵니다.”하였다. … 임금
이 즉시 명하여 장경의 묘를 옮기라 하였다.(『세종실록』세종 26년
(1444) 1월 5일(을묘))

사료 ①에서 보듯이 원손인 단종의 태실 도국 안에 있던 선석산에는
이미 길지로 알려져 성주 이씨의 중시조인 이장경의 묘가 있었다. 왕실
에서 이곳을 원손 태실지로 봉표하자 이장경의 후손인 풍수학 제조 이정
녕은 태봉과 1리 떨어져 있는 조상의 유택인 명당을 놓치지 않으려하다
조정에 파문을 일으키기도 한다.[41] 결국 이장경의 묘는 선석산에서 오

---

41) 이러한 과정은 사료 ①-1·2와『세종실록』세종 25년(1443) 12월 29일(기유) 및 세
종 26년(1444) 1월 1일(신해)·1월 3일(계축)·1월 4일(갑인)에 자세히 나온다.

현으로 이장되었다.[42]

그런데 이장경의 묘가 태봉에 있었다고 한 전설이 있다.[43] 하지만 사료 ①에서 보는 바와 같이 태봉에서 1리나 떨어져있고, 또 태실이 있는 곳이 아니라 그 도국 안에 있었던 것으로 기록되어 있으므로 이 전설은 잘못된 것이다. 태봉은 아니지만 태실 도국 안, 즉 선석산 영역 안에 있었기 때문에 이렇게 와전(訛傳)된 전설이 생긴 것으로 판단된다. 이후 이 지역은 명당으로 알려져 사대부 가(家)에서도 이 부근에 태를 묻고 있는데, 이문건(1494~1567)이 손자의 태를 선석산 서동의 태봉 아래에 묻는 것에서[44] 살펴볼 수 있다.

또 이장경의 묘 이장시기에 대해 사료마다 그 시기가 다르다. 즉, 『경산지』(1677) 권3 총묘에는 경태 연간(1450~1456)으로 보았고, 후술한 사료 ⑤-1(1530)·⑫-2(1757~1765)·⑲-2(1929) 등에서는 세조 태실을 선석산에 안치하고 선석사를 없애자 이씨들은 선석사에 있던 조상의 영정을 서북쪽 10리에 있는 안봉사로 옮겼다 하며, 또 후술한 사료 ⑪ (1722)는 세조의 태를 선석산(서진산)에 봉안한 후 이장경의 장지와 영정을 옮겼다 하였다. 그러나 이장경의 묘 이장과 영정 이전은 사료 ①-1 에서 보듯이 세조 태실의 조성 때(1438)가 아니라 단종 태실이 조성되는 1441년에 거론되기 시작하여 1444년(사료 ①-2)에 결정되었다. 그리고

---

42) 『경산지』(1677) 권3 총묘; 『성산지』(1937) 권1 총묘.

43) 영남대학교 민족문화연구소, 1996, 『성주군지』, 성주군, 557~558쪽.

44) 이문건(1494~1567), 『양아록』(1551~1566).
　　"가정(嘉靖) 30년 신해년[辛亥歲, 1551, 명종 6] 정월[元月] 초5일 계사(癸巳)에 며느리[子婦] 김씨가 병진(丙辰)시 말경에 사내아이를 출산했다. … 출산하자 돌금이 배꼽의 탯줄을 자르고 싸맸다. … 초6일에 억금·삼월 등으로 하여금 태[胎衣]를 가져다가 개울가[川邊]에서 깨끗이 씻도록 했는데, 나 또한 뒤따라가서 감독하였다. 씻어서는 누런색 사기 항아리[黃色沙缸]에 담아서 기름종이[油單]로 덮고 새끼줄[繩]로 묶어가지고 돌아와 집안에 두었다[藏于家內]. 정월 18일 병오(丙午)에 귀손·거공 등으로 하여금 (이것을) 받들게 하여 일찍 선석산(禪石山) 서동(西洞)으로 가서 태봉(胎峯) 아래에 조심스레 파묻었다."

이 태봉에 원래 이장경의 묘가 있었다는 것도[45] 사실이 아니며, 단지 태실 도국 안에, 즉 1리 떨어져 있었다. 그 위치는 후술한 사료 ⑪로 보아 태봉의 서쪽 망미현이다.

또 후술한 사료 ⑤-1(1530)·⑫-2(1757~1765)·⑲-2(1929) 등에서 세조 태실을 안치하고 선석사를 없앴다고 하였으나, 사료 ⑪(1722)로 보아 태실을 수호하는 사찰로 지정되었으며, 신광사로 사명(寺名)을 바뀌었다가 지금은 다시 선석사로 부르고 있다.

이렇게 일부 잘못된 기록은 후술하겠지만, 단종 복위사건으로 5대군·군과 단종의 태실이 세조에 의해 1458년 파괴되면서 와전(訛傳)된 것으로 추정되며, 후술한 사료 ⑩-1(1677)·⑳-1(1937)처럼 사실과 다른 이야기도 생긴 것으로 판단된다.

한편, 『비변사인방안지도』(1750~1756)의 영남지도 중 성주 지도, 『여지도서』(1757~1765)의 경상도 성주 지도, 『영남지도』(18C)의 성주목 지도, 『성주목읍지』(1832), 『광여도』(19C 전반)의 경상도 성주목 지도, 『성주군읍지』(1899), 그리고 『성주지도』(조선 후기) 등의 고지도에서도 성주 신광사 또는 선석산 부근에 태봉(산)이 있어서 선석산에 태실이 조성되었다는 문헌사료의 기록을 입증한다.(지도 2)

---

45) 성주문화원, 1999, 『예향 성주마을지』, 294~295쪽.

〈지도 2〉 고지도에 나타난 성주 선석산 태봉

②-1) 풍수학에서 아뢰기를, " … 지금 왕세자의 태실이 성주의 여러 대군들의 태실 옆에 기울어져 보토한 곳에 있으니 진실로 옳지 못합니다. 『태경(『태장경』을 지칭)』의 땅을 가리는 법[胎經擇地之法]에 의하여 길지를 경기와 하삼도에 널리 구하게 하소서."하니, 그대로 따랐다.(『문종실록』문종 즉위년(1450) 9월 8일(기유))

-2) 안태사 예조판서 허후가 돌아와서 아뢰기를, "이제 동궁의 태실을 성주 가야산에 옮겨 모시고 그 사방경계[四域]를 정하였는데, 동쪽과 남쪽을 각 9천 6백보, 서쪽을 9천 5백 90보, 북쪽을 4백 70보로 하여 표를 세우고, 또 품관 이효진 등 8사람과 백성 김도지 등 6사람을 정하여 수호하게 하였습니다."하였다.(『문종실록』문종 1년(1451) 3월 6일(을사))

사료 ②-1·2를 보면, 문종 즉위년(1450)에 왕세자인 단종의 태실이 여러 대군 태실과 같이 있다는 이유로 다른 길지를 찾게 하여 문종 1년(1451) 가야산의 줄기인 법림산에 옮기게 하고 사방경계를 정한다. 이는 단종이 원손의 지위에서 왕위를 이을 왕자(왕세자·동궁)로 격상되었기 때문이다. 그러므로 단종의 태실이 원래 법림산에 있다가 세조 4년(1458)에 선석산으로 옮겼다고 본 견해는[46] 따를 수 없으며, 단종의 태를 경남 사천 곤명 은사리 옥동 동쪽에 있는 태봉에 묻었다가 나중에 양주로 옮겼다는 이야기와[47] 전남 무안 청계면 남안리와 태봉리 경계에 있는 태봉산에 단종대왕의 태를 묻었다는 전설도[48] 잘못된 것이다.

2) 태실의 철거

③-1) 예조에서 아뢰기를, "성주 선석산에 주상의 태실이 봉안되어있으나, 여러 대군과 여러 군과 난신 유의 태실이 그 사이에 섞여서 자리하였고, 법림산에 노산군 태실이 있으니, 청컨대 여러 대군과 여러 군의 태실을 옮기고 유와 노산군의 태실은 철거하게 하소서."하니, 그대로 따랐다. (『세조실록』세조 4년(1458) 7월 8일(계사))

-2) 예조에 전지하기를, "금후로는 임금 태와 왕세자·원손 태실은 모두 돌난간을 설치하지 말게 하라."하였다.(『세조실록』세조 8년(1462) 8월 22일(갑신))

-3) 이 먼저 예조에서 아뢰기를, "임금태실이 성주의 대군과 여러 군의 태실 곁에 있으며, 또한 의물도 없으니, 청컨대 장소를 가려서 이안하고 선왕의 구례에 의하여 의물을 설치하게 하소서."하였으나, 윤허하지 아니하고 다만 명하여 표석을 없애고 비를 세워 구별하도록 하였는데, 이에 이르러 비를 세웠다. 그 글은 이러 하였다. "공손히 생각하건대, 우리 세종장헌대왕께서 즉위한 21년[世宗莊憲大王卽位之二十一年][49]

---

46) 성주문화원, 1998, 『예향 성주마을지』, 166~167쪽.

47) 한글학회, 1991, 『한국땅이름큰사전』하, 5721쪽.

48) 한글학회, 1991, 『한국땅이름큰사전』하, 5723쪽.

49) 후술하는 바와 같이 선석산 태실은 1438~1442년에 조성되었다. 선석산 태실에서 가장 빨리 조성된 것은 진양대군 태실(1438. 3. 10.)과 의창군 태실(1438. 3. 11.)로 1438년(세종 20)이다. 일반적으로 세조는 1455년 6월 즉위하였는데, 이때를 세조 1년으로 하고 있으며, 세종은 1418년 8월 즉위하였는데, 1419년부터 세종 1년

유사에 명하여 땅을 점치게 하고 여러 대군과 여러 군의 태를 성주 북쪽 20리 선석산의 산등성이에 묻게 하고 각각 돌을 세워 이를 표하였는데, 주상의 성태(聖胎)도 또한 그 열에 들어 있어 표하여 이르기를, '首陽大君諱之室[수양대군 휘의 실]'이라⁵⁰⁾ 하였다. 지금은 하늘의 명을 받들어 왕위에 오른지 이미 8년(1462)이 지났으므로 예관이 급히 조종(祖宗)의 고사에 의하여 이르기를, '형제가 태를 같이 하였는데 어찌 고칠 필요가 있겠는가?'하시고 의물을 설치하기를 청하여도 역시 윤허하지 아니하시며 다만 표석을 없애고 비를 세워 기록할 것을 명하여 힘써 일을 덜게 하셨다. 아아! 우리 주상께서는 하늘을 받들고 도를 몸 받아서 문에 빛나시고 무에 뛰어나시고, 전하의 총명예지하시고 겸손 검약한 덕은 이루다 말할 수 없으나, 이 한 가지 일을 가지고도 그 겸손하고 검소함을 숭상하여 지위가 더욱 높을수록 덕이 빛나는 지극함을 알 수 있으니, 조선 억만년의 무강(無疆)한 기초가 더욱 길이 아름다울 것을 또한 여기에서도 점칠 수 있을 것이다. 명(銘)에 이르기를,'아아! 빛나는 오얏나무[李氏], 천 가지 만 잎사귀라. 산매자꽃[棣華: 형제] 함께 비치는데 홀로 빼어나 밝게 빛난다. 용이 날아 하늘에 오르니 세상이 맑고 편하며, 우뚝한 신공(神功)은 제도를 갖추고 밝게 하였다. 돌아보건대, 성태를 예전대로 두고 옮기지 아니하여 예관이 상청(上請)하여 옛 법을 따르기를 원하였으나 겸손하여 윤허하지 않으시니 검소한 덕이 더욱 빛난다. 귀부(龜趺)가 높이 섰으니 억만 년의 표석이

으로 하고 있다. 그렇다면 이 글의 '21년'은 '1439년'으로 보아야 하는데, 태실의 처음 조성시기인 1438년(세종 20)과 1년 오차가 생긴다. 그러므로 '21년'은 '20년'의 오기이다. 하지만 실록에서는 세종이 1418년 즉위한 해를 포함하여 적은 것으로 판단된다. 또 최항(1409~1474)의 『태허정집』에 세조의 가봉비 명문이 실려 있는데, '세종장헌대왕 즉위 24년[世宗莊憲大王卽位之二十有四年]'으로 되어 있다. 최항이 처음 태실비명(胎室碑銘)을 찬할 때 세종 24년(1442)으로 하여 제출하였으나, 이후 수정되어 실록에 실린 것으로 판단되며, 최항이 갖고 있던 최초의 비문은 수정 없이 그래도 문집에 실렸던 것 같다.

50) 그러나 실제 아기비에는 '晉陽大君璵胎藏'이라 되어 있고, 태지석에는 '晉陽大君諱璵胎'라고 각자되어 있다. 세조는 1428년(세종 10)에 진평대군에, 1433년(세종 15)에 함평대군·진양대군으로, 1445년(세종 27)에 수양대군으로 개봉되고 1455년(단종 3) 왕으로 등극하는데, 1438년 세운 아기비에는 당시의 대군호인 '진양대군'으로 기록되어있으나 1462년 세우는 가봉비에서는 마지막 대군호인 '수양대군'으로 수정하여 적은 것 같다.

라. 선산(禪山)이 높고 높아 그 맑고 아름다움을 간직하였으니, 천지와
같이 길고 오래도록 창성하고 빛나리라.".(『세조실록』세조 8년(1462) 9
월 14일(을사))

　그러나 옮겨진 단종 태실은 사료 ③-1에서 보듯이 철거를 당한다. 이
는 금성대군의 단종 복위사건에 의한 것으로 세조는 재위 3년(1457)[51]
그를 반대하는 노산군(단종)과 이유(금성대군)·이영(화의군)·이어(한남
군)·이전(영풍군)을 종친에서 삭제하고 부록에 기록하자는 신하의 건의
를 허락하고, 재위 4년(1458) 자신의 태실과 같이 있는 금성대군 등 단종
복위사건에 연류된 형제들의 태실과 법림산에 있는 노산군의 태실을 파
괴한다.

　이는 후술하는 사료 ⑦인 이문건(1494~1567)의 『묵재일기(默齋日
記)』(1535~1567) 1548년(명종 3) 2월 25일에 의하면, 이문건이 선석동
에 갔을 때 세조의 태실을 비롯하여 대군의 태실 4개, 여러 군의 태실
8개로 모두 13개의 태실이 있었다고 한 기록과 후술한 사료 ⑧-3(1643)
에 선석산 태봉에 13위의 태실이 두 줄로 존재한다고 한 것, 그리고 후
술한 사료 ⑩-1(1677)·⑪(1722)·⑲-1(1929)·⑳-1(1937)에 13위 태실이
있다는 기록으로 입증된다.

　즉, 세조는 자신의 왕위찬탈에 반대한 안평대군·금성대군·화의군·한
남군·영풍군의 태실을 철거하여 훼손시켰던 것이다. 이러한 상황은 『비
변사인방안지도』(1750~1756) 중 「영남지도」 성주의 주기(註記)에 '胎
封菴距官門三十里/ 禪石山距官門三十里 世宗莊憲大王八大君胎室奉
安/ 胎封山踞官門三十里 太宗恭定大王胎室奉安'이라 기록하여 세조
가 이곳에 있던 여러 태실을 철거한 이후의 상황이 파악된다. 다만 이
고지도에서는 8대군이라 하여 잘못 파악하고 있을 뿐이다.(그림 3-①)

---

51) 『세조실록』세조 3년(1457) 11월 18일(무인).

그런데 현재 선석산 태실에는 단종이 원손 때 설치된 태실이 훼손 없이 남아있다. 이는 전술한 사료 ②-1에서 보듯이 1441년에 조성된 아기 태실인데, 1451년 법림산으로 옮겨지면서 땅에 묻었던 것이 1977년 발견되어 복원된 것이다. 그리고 현재 법림산 태봉에는 우전석 등의 가봉 태실 석물이 몇몇 남아있다. 이 유물로 보아 선석산에서 법림산으로 옮겨간 단종 태실은 어느 시기에 가봉되었음을 알려준다. 태실이 가봉되는 것은 왕으로 즉위 후의 일이므로 단종이 임금으로 재위하였던 1452년 5월~1455년 윤6월에 가봉되었을 것이다. 하지만 계유정난의 역사적 사건으로 보아 1452년 5월 18일~1453년 10월 10일 사이로 더 좁혀 볼 수 있다. 그러므로 사료 ③-1의 세조 4년(1458) 철거된 노산군 태실은 가봉태실이었다.

그리고 세조는 사료 ③-2에서 보듯이 재위 8년(1462)부터는 임금과 왕세자·원손의 태실에 돌난간을 설치하지 못하게 하며, 자신의 태실 가봉 시에도 의물을 장식하지 않고 가봉비만 세우게 하여 다른 대군들의 태실과 구별할 수 있게만 하였다. 그런데 이 가봉비의 명문을 후술한 사료 ⑩-1(1677)·⑲-1(1929)·⑳-1(1937)에서는 예조 판서 홍윤성(1425~1475)이 지었다고 하였다. 그러나 최항(崔恒, 1409~1474)의 문집인『태허정집(太虛亭集)』에 이 비문(碑文)이 실려 있는 것으로 보아[52] 홍윤성이 아니라 최항이 지은 것이 틀림없다. 이는 태실을 관장하는 기관이 예조이기 때문에 당시 예조 판서인 홍윤성이 지은 것으로 착각한 것 같으며, 최항은 당시 중추원 사(中樞院使)였다.

3) 세조 태실의 태주 와전

그런데, 이곳에 있는 세조 태실이 언제부터인가 세종 태실로 와전(訛

---

52) 『태허정집』(1486) 문집 권2 비명류 태실비명.

傳)된 적이 있다.

④-1) 세조대왕 태실은 주 북쪽 선석산에 있다.
   (『경상도속찬지리지』(1469) 상주도 성주목)

 -2) 군은 본래 진주 임내 곤명현이었다. 군 소곡산에 세종태실을 봉안 후
   기해(1419, 세종 1)에 남해를 합쳐 곤남군이라 하였다.
   (『경상도속찬지리지』(1469) 진주도 곤양군)

⑤-1) 선석산은 주 북쪽 28리에 있다. 세조임금의 태를 봉안하였다.
   (『신증동국여지승람』(1530) 권28 경상도 성주목 산천)

 -2) 안봉사는 주 서북쪽 10리쯤에 있다. 이장경·이조년·이숭인 등의 초상
   화가 처음에는 선석사에 있는데, 세조임금의 태를 선석산에 안치하여
   마침내 그 절을 없애자, 이씨 자손들이 그 초상화를 이 절로 옮겼다.
   (『신증동국여지승람』(1530) 권28 경상도 성주목 불우)

 -3) … 본조(本朝) 세종 원년(1419) 군 북쪽 소곡산에 임금의 태를 안치하
   고 남해현을 합쳐서 곤남군으로 승격시켰다.
   (『신증동국여지승람』(1530) 권31 경상도 곤양군 건치연혁)

⑥ 전라도 보성군(寶城郡)에 비바람이 크게 일어 세종(世宗)의 태실산(胎室
   山)의 소나무 70여 그루와 잡목이 다 부러지고 바닷물이 사납게 넘쳐 염
   막(鹽幕) 13개소와 인가(人家) 42호가 표몰(漂沒)되었으며, 남녀 5명이
   익사하였다. 경상도 곤양군(昆陽郡)에도 큰 비바람이 일었다.(『명종실록』
   명종 즉위년(1545) 7월 19일(기묘))

⑦ 맑고 바람이 불었다. 함께 거처하였다. 약을 복용하지 않았다. 임훈(林薰)
   의 말을 빌려서 타고 식사 후에 선석동(禪石洞)에 갔다. 태장봉(胎藏峯)
   에 올라가서 살펴보니, 광묘(세조) 태실[光廟胎]과 대군 태실 4개[大君胎
   四], 그리고 여러 군 태실 8개[諸君胎八] 등이 있었다. 유응벽(柳應璧)·
   백인상(白麟祥) 등이 뒤따라 와서 숲속에서 앉아서 술을 마셨다. 저녁이
   되자 취사를 하여 저녁을 먹고 저문 뒤에 돌아왔다. 백인상과 유응벽은
   길에서 이별하고 떠나갔다. 지나다가 송백상(宋百祥)을 만나보고 그와 이

야기하였다. 또 점심을 먹고 길을 떠났다. 밤이 깊어서 우거하는 집에 도
착하였다.
(『묵재일기』가정 27년(1548) 무신 중춘 2월 소 을묘 25일 신미)

⑧-1) 세종대왕 태봉(胎峯)은 곤양 소곡산에 있다. 가봉년은 미상이다. 영종
경술(1730, 영조 8) 5월 수개(修改)하였고 갑인(1734, 영조 12) 5월 수
개하였다. … 세조대왕 태봉은 성주 선석산에 있다.(『태봉등록』
(1643~1740) 서문)

-2) 태봉실화.
경상감사 장계에 '성주목사 송홍주 첩정에 따라, 이달 16일 세종대왕 태
봉화소 내 실화사건을 장계합니다.'라고 하였으며, 예조 계목에 따라 계
하하였습니다. 태봉화소 내에 이런 화재가 잇달아 나는 것은 지극히 놀
라운 일입니다. 지방관[守土之官]으로서 그 책임을 면하기 어렵습니다.
먼저 추고하시옵고, 실화한 원인을 엄밀하게 조사하여 장계하도록 처치
하라고 본도 감사에게 행이하심이 어떠하옵니까? 하였는데, 아뢴 대로
하라고 윤허하였다.(『태봉등록』인조조 계미(1643, 인조 21) 4월 초5일)

-3) 태봉실화.
경상감사 임담 장계에, '이달 초7일 성주에 도착하였으며, 초8일 아침
일찍 선석산에 있는 태실에 가서 봉심하였사온데, 처음엔 산 바깥 서북
쪽에서 생긴 불이 강풍으로 말미암아 불이 번지게 되었고, 이 산 안쪽으
로 바라보이는 곳마다 불이 번져서 나무와 잎이 모두 타게 되었다고 합
니다. 태가 안장된 산록이 그 가운데 있는데, 주위의 3면이 다 구릉이고
한쪽이 산맥인데 완만하고 편평하여 마치 제단이 있는 장소[壇場]처럼
되어 있습니다. 그 길이가 남-북 15보, 동-서가 42보이며, 태실 13위가
두 줄로 나뉘어 안배되어 있었고 석물이 엄연하게 놓여 있었으며, 단 위
의 사초는 화재를 입지 않고 오직 단 밑이 4면 주위로 마치 고리 모양으
로 초목이 다 탔는데, 불이 번져온 곳이 뚜렷하게 없었습니다. 이점을
관찰하건데, 마치 고의로 불을 낸 것처럼 보이지만, 다행히 사초와 석물
이 손상을 입지 않아서 개수할 일은 없습니다. 하지만 화재를 금지하는
막중한 곳에 이런 화재가 있다는 것은 지극히 놀랄 일입니다. 화전에서
불똥이 날라 왔다는 설은 신빙하기 어려울 듯합니다. 혹 소나무 벌채를
금지하는 법을 미워하는 사람이 태지기[胎直]에게 해를 입히기 위해서

일부러 방화하였거나 아니면 법을 집행하는 수령을 미워하는 사람이 있어 그중에 한두 사람이 이런 짓을 저지르지 않았는지 아직 자세하게 알수는 없습니다. 조심하여 수호하지 못한 죄는 태지기에게 있고, 평소에이를 검칙하지 못한 책임은 지방관[守土之官]에게 있으므로 태지기 3인 중에 유정생·이언홍 등은 불이 나자 즉시 도망 친 것을 지금 막 체포하였고 애남은 이미 잡아가두고 형추하였으며 화전 임자인 남웅남도 함께 가두어 두고 형조의 처치를 기다리고 있는 중입니다. 목사 송홍주는마땅히 종중청죄할 일이지만, 이번 화재의 상태를 관찰하면, 아마도 간악한 백성이 일부러 저지른 일인 듯하므로 지금 당장 파직해 버린다면간교한 말세 인심을 헤아려볼 때 뒤따라 일어날 폐단 문제도 적지 않으니, 우선 본도가 추고하여 함답만 받을 것을 전례에 따라 계문할 계획이옵니다. 태실자리[胎室坐地]는 화기의 손상을 입지 않은 연유를 봉심한결과를 밝힌 소견서를 낱낱이 받아서 치계할 것을 예조의 계목과 점련에 의거하여 계하하였습니다.'라고 하였습니다. 이번 장계의 사연을 보면, 불이 번져온 분명한 경로가 없는 것으로 보아 증오하는 마음을 가진간악한 백성 중에 일부러 불을 지른 것으로 추정되지만, 태봉의 사초와석물이 손상을 입지 않은 점은 다행입니다. 태직기인 애남은 화재의 원인을 끝까지 밝히기 위해서 우선 가두어두고 화전 임자 남웅남은 별로심문할 일이 없으니 놓아 보내라 하고 행이하게 하심이 어떠하옵니까?라고 숭덕 8년(1643) 4월 13일에 좌부승지 신, 홍 담당으로 아뢰었는데,윤허가 있었다. 애남 역시 분간하여 뒤탈을 방지하도록 하교하였다. (『태봉등록』인조조 계미(1643, 인조 21) 5월 13일)

-4) 태봉실화건.
　　경상감사 계본에, 태봉실화가 있은 성주목사 송홍주의 추고는 예조의계목에 따라 지만하도록 문초하였거니와, 성주목사 송홍주는 유사로 하여금 법대로 시행하도록 하심이 어떠하옵니까? 라고 하였는데, 그대로윤허하였다.(『태봉등록』인조조 계미(1643, 인조 21) 6월 22일)

-5) 태봉에 불을 끈 승려를 상 줌.
　　경상감사 장계에, '태봉 화재 때 불을 끈 승려 나헌·신해·해규·성관·여축·인우 등 6명을 전교하신대로 지난 4월 각각 베 1필과 쌀 2말씩 지급하였으며, 도내의 크고 작은 승역을 감면해주고 태봉을 수직하도록 하였습니다.'라고 하였다.(『태봉등록』인조조 계미(1643, 인조 21) 7월 27일)

-6) 경상 감사 정계에, … 성주 경내에 넓은 공한지가 있는데, … 해조로 하여금 다시 복계하여 처리하라는 호조에 내린 회계 안에 '과거 정유년(1657, 효종 8)에 예조에서 올린 경상 감사의 장계에 관련한 복계' 안에, '세종대왕 태실 근처에 숲을 보충한다는 말은 있은 지 이미 오래입니다. … '라고 하여 윤허를 얻은 일을 예조의 계목에 점련하여 계하하였습니다. 이번에 올린 경상 감사 이상진의 장계를 보니, 성주에 예전부터 내려오던 양수지처(養藪之處)를 둔전으로 만들 것을 청하였거니와 세종대왕의 태실 근처에도 숲을 더 보충하자는 설이 유래한 지 이미 오래입니다.(『태봉등록』현종조 계묘(1663, 현종 4) 5월 14일)

⑨-1) 선석산은 주 북쪽 28리에 있으며, 우리 혜장왕(惠莊王: 세조) 임금의 태를 봉안하였다.(『동국여지지』(1656) 경상도 권4하 성주목 산천)

-2) … 본조(本朝) 장헌왕(莊憲王: 세종) 원년(1419) 군 땅에 임금의 태를 안치함으로써 남해현을 합쳐 곤남군으로 승격시켰다.(『동국여지지』(1656) 경상도 권4하 곤양군 건치연혁)

-3) 소곡산은 군 북쪽 25리에 있으며, 세종 원년 이 산에 임금의 태를 안치하였다.(『동국여지지』(1656) 경상도 권4하 곤양군 산천)

⑩-1) 선석산은 주 북쪽 28리에 있다. 세종임금의 태를 봉안하였다. 예조판서 홍윤성이 찬한 비가 있는데, 자획이 지금은 반이나 마멸되었다. 임영대군 구(璆)[53], 광평대군 여(璵)[54], 평원대군 임(琳), 영흥대군 염(琰), 계양군 증(璔), 의창군 영(玒), 밀성군 침(琛), 수춘군 현(玹), 익현군 곤(璭) 및 장(璋), 거(㻇), 당(瑭)의 태가 모두 이곳에 묻혔다. 각각 비가 세워져 있으나, 안평대군 용(瑢)의 태는 세조 때 파내어 없애고 비는 넘어뜨렸다. 구전에 농서공 이장경의 장례 때 기이한 스님이 산 위의 녹나무[樟木]를 가리키며, "이 나무를 베고 묘를 쓰면 참으로 제일의 명당[吉地]이 될 것이니, 내가 절에 들어갈 때까지 기다렸다가 베십시오. 다만 절 안에는 루(樓)를 세우지 마십시오. 아마 이씨의 소유가 되지 못할 것입니다."하였다. 스님이 가고 나서 얼마 되지 않아 그 녹나무를 베었는데, 큰 벌이 도끼날을 따라 나와 스님이 간 곳을 향해 날아

---

53) 원문에는 '璿(참)'으로 오기되어 있어 수정하였다.
54) 원문에는 '璵(의)'로 오기되어 있어 수정하였다.

갔다. 뒤 따라가 살펴보니 스님은 이미 벌에 쏘여 절의 축대 밑에 죽어
있었다. 그 후 이씨 가문이 몹시 귀하게 되니 사람들이 묘 터의 영험이
라고 여겼다. 몇 대를 지난 훗날 스님의 경계를 잊고 루를 세워 재사
(齋寺)로 하였다. 이에 앞서, 지관[相地者]이 누차 선석(禪石)에 태를
묻을 곳이 있다며 산 아래에 이르렀으나 산봉우리가 첩첩이 쌓여 있고
숲이 우거져 살필 수가 없어 헛걸음을 하고 돌아왔다. 세종의 태를 묻
을 곳을 간택할 때가 되어 지관이 이곳에 이르렀으나 역시 찾지 못하
고 돌아가려 하다가 루 위에서 잠시 쉬었다. 짙은 안개가 걷히고 여러
봉우리들이 드러나자 지관이 바라보고 크게 놀라, "길지가 과연 여기
에 있었구나!"하였다. 드디어 태를 봉안하기로 결정하고 이씨의 옛 묘
는 모두 이장하도록 명하였다. 이때부터 이씨 가문이 점차 몰락하니
세상 사람들이 기이한 일이라고 하였다.(『경산지』(1677) 권1 산천)

-2) 천수(泉藪)는 주 북쪽 17리에 있다. 구전에 주의 진산이 외롭고 약하
여 북방이 공허하므로 바람이 잦을 우려가 있고, 또 선석태실의 청룡
이 낮고 약하기 때문에 수풀을 무성하게 길러 비보하도록 하였다 한
다.(『경산지』(1677) 권1 수택)

-3) 비호석(非乎石)은 주 20리 거리에 있다. 선석산은 바로 세종임금의 태
를 안장한 땅이다.(『경산지』(1677) 권1 각방)

⑪ 선석산기(禪石山記).
　성주 북쪽 28리에 서진산(捿鎭山)이 있다. 산의 형세 굽이굽이 돌아내려
큰 골짜기를 이루어 그 가운데 태봉(胎峯)이 있는데, 남쪽에 옥천이 있고
북쪽엔 영암이 있으며, 동쪽엔 사현암이 있고 서쪽엔 망미현이 있다. 태
봉은 즉, 세조대왕과 임영대군, 광평대군, 평원대군, 영응대군, 의창군, 계
양군, 밀성군, 수춘군, 영풍군, 영해군, 익현군, 담양군의[55] 태실이다. 숙
종조 계사년(1713)에 종친부로부터 옥쇄가 찍힌 완문이 내려왔는데, 완문
내용은 대략 선석사(禪石寺)는 세조대왕 태실과 대군 4위, 왕자 8위 태실
을 수호하기 위해 창건한 것이므로 일찍이 왕실에서 특별히 두호(斗護:
두둔하여 보호함)하여 모든 잡역을 면제해 주었다. 그럼에도 과외로 침탈
하고 스님을 쇠잔(衰殘)케 하고 불사를 억누르니 막중한 태실수호가 마침
내 폐기된 일이 되었으니 미안함이 이보다 더 심함이 있겠는가? 본 종친

---

55) 원문에는 '潭朝君'으로 오기되어 있어 '潭陽君'으로 수정하였다.

부에서 이에 왕자아문(王子衙門: 태실성역)의 병폐를 이미 앞에 보고도 하고자 아니하면 그것이 예가 되어 다시 유사한 일 당하면 어찌하겠는가? 사찰은 의례히 본 종친부에 속해있으나 근래에 인심이 예전과 같지 않아 나라에서 태실수호의 본 뜻[本意]도 있지 않고 과외로 밝은 구역[白地: 사찰]의 침습함이 확장되어 징렴(徵斂: 조세를 거둠)의 폐해가 갈수록 심해지니 지극히 염려되는 일이다. 모든 폐해를 완문으로 작성하여 주니 금화(禁火) 구역 안의 채마전(菜麻田)·위토(位土: 位田과 位畓) 16결을 면세규칙에 의하여 면세토록 하였다. 이와 같이 엄격히 하였다. 또 그 태봉의 남쪽에 옥천이 돌아 흐르는 곳은 대명(大明)의 충신이고 조선의 의사(義士)인 이사룡(李士龍, 1595~1641)의 유적이다. 이 사람은 성주인 인데, 숭정(崇禎) 신사년(辛巳年, 1641)[56]에 포수 충정과 금주에 이르러 청나라 진영에 들어가 세 번이나 총포를 빗나가게 쏴버렸다. 오랑캐가 그것을 알아차리고 난도질하여 척살하였다. 이에 명장(明將) 조대수가 '의사'라 칭하고 시신을 돌려보냈다. 그러므로 이곳 산에 사당[祠; 옥천사]을 건립하였다. 또 영암이 둘러 있는 태봉의 북쪽에 별도로 한 동(一洞)이 펼쳐져 있는데, 동수(洞水)가 서로 흐르는 도중에 큰 암반이 누워있는 용(龍) 같은데 강원도 관찰사를 지낸 이상일(李尙逸), 자는 여휴(汝休)가 못 옆에 축대를 쌓고 그 위에 당(堂)을 건축하고 용암재(龍巖齋)라고 이름하고, 그곳에서 애써 마음을 길렀고, 퇴임 후 덕을 닦았기 때문에 우암(尤庵) 문정공(文正公) 송시열(宋時烈)이 기문을[57] 지었다. 태봉의 동쪽에 또 사현암이 있는 곳이 바로 높은 봉우리 정상이다. 임진왜란 때 충효장군 이이남(李二男), 다른 이름은 호의(好義), 자는 의정(義貞)이 그 부모와 형, 자매를 업어서 이 바위 아래 피신시켰다. 그리고 야간에 창고곡식을 운반하여 경내의 백성을 구활하며 왜진(倭陣)을 격파하여 병기를 탈취하였으니, 국가에서 보훈하여 은전을 받은 가문이다. 옛적 정축년(1637)에 강도(江都: 강화도)가 함락되었다는 소식을 듣고 울분으로 피를 토하고 죽었다. 당시 사람들이 '충효장군'이라 하였으며, 후인들이 감모(感慕)

---

56) 원문에는 '景泰帝巳年'로 되어 있으나, 경태는 명나라 경제의 연호로 1450~1456년에 해당되어 1641년(인조 19)과 일치하지 않으므로 '崇禎 辛巳年'으로 수정하였다.

57) 송시열(1607~1689), 『송자대전』권140 용암서재기.
"吾友星山李汝休, 一日爲余言, 吾早決科第, 歷從班從吏役有年矣. 然在內不能行吾志, 外亦不能施吾澤, 今則又老而倦矣. 吾得一區於星之治北仙鈴山下, 外密內寬, 林壑茂美, 有溪中注, 而溪邊有石橫臥如龍, 因堰土爲潭, 使蘸半腹, 而築堂其上, 名曰龍巖"

하여 이름하여 바위를 사현암이라 하였다. 태봉의 서쪽은 망미현인데, 즉 농서군공 이장경(李長庚)의 장지(葬地)로서 정당문학(政堂文學) 이숭인(李崇仁, 1347~1392)이 영당〔祠〕을 세우게 했다. 그 후 임금(세조)의 태를 봉안한 후 그 장지와 영정[像]을 옮겼으며, 태실의 위쪽은 신령스러운 빛[神光]이 항상 비추는 것이 절에서 보였기 때문에 '신광사(神光寺)'라고 이름을 고쳤다. 광대한 터전에 사방의 산수가 빙둘러있고 태봉이 의연히 되어 북쪽을 향해 공수(拱手)하고 있는 형국이니 이 어찌 우연이랴! 과연 그러하다면 이 산의 명승을 어디에 감히 비유하리. 오! 옛 계사년(1713)에 왕실로부터 신칙(申敕)한 금호(禁護)의 영(令)이 지엄하고 명백한데 세월이 지나 영이 지극히 무너졌으니 어찌 개연치 않으리오. 임금의 태 봉안의 땅을 정성으로 힘써 수호함은 충이요, 명현들이 소요(逍遙)하던 곳을 경건 감흥함은 의이니, 후세 군자들은 힘써야 할 것이리라. 진실로 천민[犬夫]으로도 의지가 있으면 우러러보지 아니하겠는가? 임인(壬寅, 1722) 중동(仲冬, 11월) 초길(初吉, 1일) 성산객(星山客)은 기문을 짓다.[58]

⑫-1) 선석산은 주 북쪽 28리에 있다. 산맥이 비지산 동쪽 기슭에서 뻗어 나온다. 세조임금의 태를 봉안하였다.(『여지도서』(1757~1765) 경상도 성주목 산천)

-2) 안봉사는 주 서북쪽 10리쯤에 있다. 이장경·이조년·이숭인 등의 초상화가 처음에는 선석사에 있었는데, 세조임금의 태를 선석산에 안치하여 마침내 그 절을 없애자, 이씨 자손들이 그 초상화를 이 절로 옮겼다.(『여지도서』(1757~1765) 경상도 성주목 사찰)

-3) … 본조 세종 원년(1419) 군 북쪽 소곡산에 임금의 태를 안치하고 남해현을 합쳐서 곤남군으로 승격시켰다.(『여지도서』(1757~1765) 경상도 곤양군 건치연혁)

-4) 소곡산은 군 북쪽 25리에 있다. 지리산의 남쪽 기슭이며, 진주 옥산에

---

58) 이 「선석산기」는 진홍섭(1974, 「성주 서진산태봉」, 『한국학논총』, 형설출판사, 283쪽)에 의해 소개되었는데, 당시 선석사에는 「선석산기」목판 3매가 있었다 한다. 그러나 지금은 이 목판의 행방을 알 수 없으며, 또 진홍섭의 원문에 일부 오기(誤記)가 발견되어 수정하였다.

서 뻗어 나온 으뜸 산줄기이다. 세종대왕과 단종대왕 두 임금의 태실을 봉안하였다.(『여지도서』(1757~1765) 경상도 곤양군 산천)

⑬ 예조에서 열성조의 태봉(胎封)을 써서 바쳤다. ··· 세종대왕 태봉은 곤양 소곡산에, 문종대왕 태봉은 풍기 명봉사 뒤에, 단종대왕 태봉은 곤양 소곡 산에, 세조대왕 태봉은 성주 선석사 뒤에, ··· 선조대왕 태봉은 임천 서면 에 있었다.(『정조실록』정조 8년(1784) 9월 15일(정묘))

⑭ 세종대왕의 태봉(胎峯)은 곤양(昆陽) 소곡산(所谷山)에 있다. 군 북쪽 20 리에 있는데, 바로 지리산(智異山) 남쪽 산록이다. 진주(晋州) 옥산(玉山) 동쪽에서 와서 주맥(柱脉)이 되었다. 세종 원년 기해년(1419)에 성태(聖 胎)를 봉안하였다. ··· 세조대왕의 태봉은 성주(星州) 선석산(禪石山)에 있다. 주 북쪽 20리에 있는데, 영산(鈴山)에서 내려 온 맥(脉)이다.(『춘관 통고』(1788) 권68 가례 태봉)

⑮-1) 선석산은 주 북쪽 20리에 있다. 영산에서 내려왔다. 세조임금의 태를 봉안하였다.(『경상도읍지』(1832) 성주목읍지 산천)

-2) 비호석은 주 30리 거리에 있다. 세조임금의 태를 안장하였다.(『경상도 읍지』(1832) 성주목읍지 방리)

-3) 선석사는 주 북쪽 30리에 있는데, 지금 신광사이다.(『경상도읍지』 (1832) 성주목읍지 불우)

⑯-1) 선석산은 북쪽 28리에 있으며, 세종임금의 태를 안치하였다.(『대동지지』 (1862~1866) 권9 경상도 성주 산수)

-2) ··· 본조(本朝) 세종원년(1419) 임금의 태를 안치하고 남해현을 합쳐서 곤남부로 승격시켰다.(『대동지지』(1862~1866) 권9 경상도 곤양 연혁)

-3) 소곡산은 북쪽 25리에 있다. 세종임금의 태를 안치하였다.(『대동지지』 (1862~1866) 권9 경상도 곤양 산수)

⑰ 선석산은 주 북쪽 20리에 있다. 영산에서 내려왔다. 세조임금의 태를 봉

안하였다. 그 아래 선석사가 있다.(『성주군읍지』(1899) 산천)

⑱ 선석산은 주 북쪽 28리에 있다. 세종대왕 어태와 4대군, 8왕자의 태를 봉
안하였다. 옛날에 전하기를[舊傳] 농서군공 이장경의 장례 때 기이한 스
님[異僧]이 산 위의 녹나무[樟木]를 가리키며, "이 나무를 베고 묘를 쓰
면 참으로 제일의 길지(吉地)가 될 것이니, 내가 절에 들어간 뒤에 베어낼
것이며, 절 안에는 루(樓)를 세우지 말라. 세우게 되면 이씨의 소유가 되
지 않을까 염려된다."고 하였다. 스님이 가고 나서 얼마 되지 않아 그 녹
나무를 베어내니 큰 벌이 도끼질 하는 나무에서 나와 스님이 간 곳을 향
해 날아갔다. 사람들이 이상하게 여겨 따라가 보니 스님은 이미 벌에 쏘
여 축대 밑에 죽어 있었다. 그 후 이씨들이 지극히 번성하여 귀인이 많이
나오니 사람들이 묘 터의 영험이라고 여겼다. 세대(世代)가 오래되어 스
님이 경계한 것을 잊어버리고 루를 세워 재사(齋寺)로 하였다. 이에 앞서
상지관(相地者)이 누차 "선석(禪石)에 태를 묻을 곳이 있다"하며 산 아래
에 이르렀으나 산봉우리가 첩첩이 쌓여 있고 숲이 우거져 살필 수가 없어
매번 헛되이 돌아갔다. 세종의 태를 묻을 곳[藏胎之所]을 택할 때가 되어
지관이 이곳에 이르렀으나 역시 불리하다 하여 장차 돌아가려 하다가 루
위에서 잠시 쉬었다. 짙은 안개가 걷히고 여러 봉우리들이 드러나자 지관
이 바라보고 크게 놀라 말하기를, "길지가 과연 여기에 있었구나!"하고 태
를 봉안하기로[安胎] 정하고 이씨의 옛 묘는 모두 이장하도록 명하였다.
이때부터 이씨가 점점 쇠퇴하니 세상 사람들이 기이한 일이라고 하였다.
태산(胎山)에 표식을 정하고 소나무 숲을 금호(禁護)하여 울창했는데, 지
금은 절이 거의 무너지고 산도 헐벗게 되었다. 절 앞에는 어필각이 있는
데, 어필각 밖에 죽림(竹林)이 둘러 있다. 풍속에 전하기를 "쌍곡죽(雙谷
竹)이 이곳에서 자라는데 종종 이상한 소리가 난다고 하며, 읍인(邑人)들
이 끊어서 피리를 만들면 소리가 청량하고 맑아 다른 대나무와 다르다"고
한다. 지금 교방(敎坊)에 있는 피리가 이곳의 대나무라 하나 상세하지 않
다. 산 정상에 중암(中菴)이 있는데, 심히 깨끗하고 암자 뒤에 약수(藥水)
가 있어 병든 사람이 씻으면 많은 효험이 있다고 한다.(『읍지잡기』(1890
~1902) 선석산)

⑲-1) 석석산은 군 북쪽 28리 월항면에 있다. 세종임금의 태를 봉안하였다. 예
조관서 홍윤성이 찬한 비가 있는데 자획이 지금은 반이나 마멸되었다.
경술(1910) 이후 기사(1929)에 왕가에서 양주로 이안했다. 임영대군 구

(璆), 광평대군 여(璵), 평원대군 임(琳), 영웅대군 염(琰), 계양군 증(璔), 의창군 영(王工), 밀성군 침(琛), 수춘군 현(玹), 익현군 곤(䃐), 영풍군 전(琠), 영해군 당(瑭), 담양군 거(㻩)의 태가 모두 이곳에 묻혔다. 각각 비가 세워져 있으나, 안평대군 용(瑢)의 태는 세조 때 파내어 없애고 비는 넘어뜨렸다.(『조선환여승람』성주군(1929) 산천)

-2) 안봉사는 군 서북쪽 10리에 있다. 이장경·이조년·이숭인 등의 초상화가 처음에는 선석사에 있었는데, 세조임금의 태를 선석산에 안치하여 마침내 그 절을 없애자, 이씨 자손들이 초상화를 이곳으로 옮겼다.(『조선환여승람』성주군(1929) 사찰)

⑳-1) 선석산은 주 북쪽 28리 월항면에 있다. 세종임금의 태를 봉안하였다. 예조판서 홍윤성이 찬한 비가 있는데, 자획이 지금은 반이나 마멸되었다. 지난 기사년(1929)에 왕가에서 옮겨 모셨다. 임영대군 구(璆)[59], 광평대군 여(璵),[60] 평원대군 임(琳), 영흥대군 염(琰), 계양군 증(璔), 의창군 영(瑛), 밀성군 침(琛), 수춘군 현(玹), 익현군 곤(䃐) 및 장(璋), 거(㻩), 당(瑭)의 태가 모두 이곳에 묻혔다. 각각 비가 세워져 있으나, 안평대군 용(瑢)의 태는 세조 때 파내어 없애고 비는 넘어뜨렸다. 옛날에 전하기를 농서군공 이장경의 장례 때 기이한 스님이 산 위의 녹나무[樟木]를 가리키며, "이 나무를 베고 묘를 쓰면 참으로 제일의 길지(吉地)가 될 것이니, 내가 절에 들어갈 때까지 기다렸다가 베십시오. 다만 절 안에는 루(樓)를 세우지 말라. 아마 이씨의 소유가 되지 못할 것입니다."하였다. 스님이 가고 나서 얼마 되지 않아 그 나무를 베었는데, 큰 벌이 도끼날을 따라 나와 스님이 간 곳을 향해 날아갔다. 뒤 따라가 살펴보니 스님은 이미 벌에 쏘여 절의 축대 밑에 죽어 있었다. 그 후 이씨 가문이 몹시 귀하게 되니 사람들이 묘 터의 영험이라고 여겼다. 몇 대를 지난 훗날 스님의 경계를 잊고 루를 세워 재사(齋寺)로 하였다. 이에 앞서 지관[相地者]이 누차 선석(禪石)에 태를 묻을 곳이 있다며 산 아래에 이르렀으나 산봉우리가 첩첩이 쌓여 있고 숲이 우거져 살필 수가 없어 헛걸음을 하고 돌아갔다. 세종의 태를 묻을 곳을 택할 때가 되어 지관이 이곳에 이르렀으나 역시 찾지 못하고 돌아가려 하다가 루 위에서 잠시 쉬었다. 짙은 안개가 걷히고 여러 봉우리들이 드러나자 지관이 바

---

59) 원문에는 '璊(참)'으로 잘못 표기되어 있어 바로 잡았다.
60) 원문에는 '璣(의)'로 잘못 표기되어 있어 바로 잡았다.

라보고 크게 놀라, "길지가 과연 여기에 있었구나!"하였다. 드디어 태
를 봉안하기로 결정하고 이씨의 옛 묘는 모두 이장하도록 명하였다. 이
때부터 이씨 가문이 점차 몰락하니 세상 사람들이 기이한 일이라고 하
였다.(『성산지』(1937) 권1 산천)

-2) 천수(泉藪)는 주 북쪽 17리 초전면에 있다. 구전에 주의 진산이 외롭고
약하여 북방이 공허하므로 바람이 잦을 우려가 있고, 또 선석태실의 청
룡이 낮고 약하기 때문에 수풀을 무성하게 길러 비보하도록 하였다 한
다.(『성산지』(1937) 권1 임수)

-3) 월항면 … 선석산은 바로 세종임금의 태를 안장한 땅이다. 선석사가 있는
데 절 안에 영종(英宗: 영조)의 어필각이 있다.(『성산지』(1937) 권1 면동)

-4) 선석사는 일명 신광사인데, 월항면 선석산에 있다. 예전에는 태봉 오른
쪽 기슭 아래에 있었으나 후에 지금의 위치[所在地]로 옮겼다.(『성산지』
(1937) 권1 사찰)

전술한 문헌사료에서 선석산 태실의 위치나 현황, 수호사찰 등의 자세
한 내용을 살펴볼 수 있다. 이 중 선석산 태실에 있는 세조 태실의 태주
가 다르게 기록되어 있는 것도 있는데, 이를 정리해보면 <표 1>과 같다.

〈표 1〉 사료에 나타난 세조 태실의 위치

번호	사료	시기	위치/ 수호사찰	태주	비고
1	세조실록	1458, 1462	성주 선석산(주 북쪽 20리)	세조	사료 ③
2	경상도속찬지리지	1469	성주 선석산(주 북쪽)	세조	사료 ④
			곤양 소곡산	세종	
3	신증동국여지승람	1530	성주 선석산(주 북쪽 28리)/ 선석사	세조	사료 ⑤
			곤양 소곡산	세종	
4	명종실록	1545	보성군 태실산	세종	사료 ⑥

5	묵재일기	1548	성주 선석동		세조	사료 ⑦
6	태봉등록	1643 ~ 1740	성주/ 선석산		세조(서문), 세종(본문)	사료 ⑧
			곤양 소곡산		세종(서문)	
7	동국여지지	1656	성주 선석산(주 북쪽 28리)		세조	사료 ⑨
			곤양 소곡산(군 북쪽 25리)		세종	
8	경산지	1677	성주 선석산(주 북쪽 28리)		세종	사료 ⑩
9	선석산기	1722	성주 서진산 태봉(주 북쪽 28리)/ 선석사(신광사)		세조	사료 ⑪
10	여지도서	1757 ~ 1765	성주 선석산(주 북쪽 28리)/ 선석사		세조	사료 ⑫
			곤양 소곡산(군 북쪽 25리)		세종	
11	정조실록	1784	곤양 소곡산		세종	사료 ⑬
			성주/ 선석사 뒤		세조	
12	춘관통고	1788	곤양 소곡산		세종	사료 ⑭
			성주 선석산 태봉 (주 북쪽 20리)		세조	
13	경상도읍지 -성주목읍지	1832	성주 선석산(주 북쪽 20리)/ 신광사(선석사)		세조	사료 ⑮
14	대동지지	1862 ~ 1866	성주 선석산(주 북쪽 28리)		세종	사료 ⑯
			곤양 소곡산(북쪽 25리)			
15	성주군읍지	1899	성주 선석산(북쪽 20리)/ 선석사		세조	사료 ⑰
16	읍지잡기	1890 ~ 1902	성주 선석산(북쪽 28리)		세종	사료 ⑱
17	조선환여승람- 성주군	1929	성주 선석산(군 북쪽 28리)/ 선석사		세종(산천)/ 세조(사찰)	사료 ⑲
18	성산지	1937	성주 선석산 태봉(주 북쪽 28리)/ 선석사(신광사)		세종	사료 ⑳

<표 1>의 18개 사료를 보면, 성주 선석산 태봉에 세조 태실이 있다고

하거나 세조가 아니라 세종 태실이라고 하여 혼동을 주고 있다. 조선 초기 15~16세기에는 선석산에 세조 태실이 있다고 기록되었으나, 17세기 들어와 『태봉등록』(1643~1740)에서부터 태주가 혼동되기 시작하였다.

즉, 조선 임금들의 태봉현황이 기록된 『태봉등록』서문에는 세조 태봉은 성주 선석산에 있고, 세종 태봉은 곤양 소곡산에 있다 해놓고 『태봉등록』본문에서는 인조 21년(1643, 사료 ⑧-2)과 현종 4년(1663, 사료 ⑧-6)에 세종 태실이 성주(선석산)에 있다 하여 같은 책에서도 일치하지 않고 있다. 이와 같이 동일한 책에서 조차 일치하지 않는 것이 여럿 있는데, 『대동지지』(1862~1866)에서는 세종 태실이 성주와 곤양에 각기 있다하여 혼동하였고, 『조선환여승람』「성주군」(1929)에서도 성주 선석산 태실에 있는 것이 세조와 세종의 태실로 각각 혼동하였다.

또 성주 선석산 태실을 『경산지』(1677)·『읍지잡기』(1890~1902)·『성산지』(1937)에서는 세종으로 보았다. 그러나 역시 조선 임금의 태봉 현황을 기록한 『정조실록』(1784)과 『춘관통고』(1788)에서는 성주는 세조, 곤양은 세종으로 다르게 파악하고 있어 당시 기록조차도 혼란스럽다. 그러나 이들 사료보다 더 빠른 『경상도지리지』(1425)와[61] 『세종실록지리지』(1432)에[62] 세종 태실은 경상도 곤남군(진주도 곤양군: 지금 경남 사천)의 소곡산에 있다고 기록되어 있고, 의궤인 『세종대왕태실석난간수개의궤』(1601)·『세종대왕단종대왕태실수개의궤』(1730)·『세종대왕단종대왕 태실표석수립시의궤』(1734)에서도 소곡산으로 되어 있다. 이외에도 『곤양군읍지』(1786),[63] 『경상도읍지』(1832),[64] 『영남읍지』(1871),[65] 『영남읍지』(1895),[66] 『곤양군읍지』(1899)에서도[67] 세종 태실은 곤양 소

---

61) 『경상도지리지』(1425) 진주도 곤남군.
62) 『세종실록지리지』(1432) 경상도 진주목 곤남군.
63) 『곤양군읍지』(1786) 건치연혁·산천.
64) 『경상도읍지』(1832) 곤양군읍지 건치연혁·
65) 『영남읍지』(1871) 곤양군 건치연혁.

곡산에 있다고 기록되어 있다. 그런데『명종실록』(1545)은 세종 태실이 전라도 보성군의 태실산에 있다고 한다.

하지만 세종의 태실은 서삼릉 태실 집장지 발굴 시 경남 사천에서 옮겨간 세종의 태지석이 출토되어[68] 소곡산 태실이 세종 태실임이 고고학적으로도 확인되었다. 또 <표 1>에서도 대부분의 성주 선석산 태실에 세조 태실이 있다고 기록되어 있고, 고고학적으로도 이곳에 세조의 아기비 및 가봉비가 있으므로 세종 태실이 성주 선석산이나 보성 태실산에 있다고 한 문헌사료는 모두 오류이다. 그러므로 세종의 태를 경남 사천 곤명 은사리 옥동 동쪽에 있는 태봉에 묻었다가 나중에 양주로 옮겼다는 이야기나[69] 충북 보은 내북 도원리 점말 동북쪽에 있는 태봉산에 묻었다는 전설도[70] 잘못 알려진 것이다.

그렇다면 언제, 어떻게 성주 선석산의 세조 태실이 세종 태실로 와전(訛傳)되었을까?

세조 태실이 세종 태실로 혼동되거나 잘못 전해진 사료는『명종실록』(1545)을 제외하고 모두 1592년 임진왜란 이후의 기록들이다. 임진왜란의 피해로 조선 왕실의 태실과 관련된『등록』등 많은 자료들이 산실(散失)되었다.[71] 이로 인해 그동안 조성된 태실의 현황을 알 수 없어서

---

66)『영남읍지』(1895) 곤양군읍지 건치연혁·산천.

67)『곤양군읍지』(1899) 건치연혁·산천.

68) 국립문화재연구소, 1999,『서삼릉태실』, 26·56쪽.
    그리고 서삼릉 태실 집장지의 세종 태실 표석에도 '世宗大王胎室(앞) … 年五月 自慶南泗川郡昆明面移封(뒤)'라고 각자되어 있고, 이왕직의『태봉』(1928~1934) 에는 '世宗大王胎室(앞) 昭和四年己巳 月 自慶南泗川郡昆明面移藏(뒤)'이라고 기록되어 있다.

69) 한글학회, 1991,『한국땅이름큰사전』하, 5721쪽.

70) 한글학회, 1991,『한국땅이름큰사전』하, 5724쪽.

71)『태봉등록』인조조 계미(1643, 인조 21) 8월 초5일 및 현종조 병오(1666, 현종 7) 5월 24일.

1643년(인조 21) 예조에서 각 도(道)에 공문을 보내 전국에 산재한 태봉(태실)을 조사하여 보고하게 한다.[72] 이때 경북 성주 선석산에 있는 세조 태실이 세종 태실로 잘못 보고되었을 가능성이 높다.

즉, 이 당시 세종의 여러 아들 태실이 있는 선석산 태실에 홀로 1기의 가봉태실이 있는 것을 보고 아버지인 세종의 태실로 착각한 것이 아닐까? 이것은 성주에 구전되어 오는 이야기에서 유추할 수 있는데, "세종이 자식을 많이 나았다하여 선석산에 있는 세종 가봉비를 갈아서 그 돌가루를 물에 타서 먹으면 세종처럼 자식, 특히 아들을 많이 낳을 수 있다"는 이야기이다. 이는 세조 태실을 세종 태실로 잘못 알고 있었기 때문에 생긴 구전으로 얼마 전까지만 해도 성주에서는 자식을 낳지 못하는 사람들이 이 가봉비를 갈아서 그 돌가루를 먹었다고 한다.[73]

전술하였듯이 세조 태실이 세종 태실로 혼동되어 기록된 최초의 사료는 『태봉등록』(1643~1740)으로 『묵재일기』(1548)~『태봉등록』(1643) 사이에 태주가 세종으로 바뀌었던 것이다. 또 사료 ⑩-1의 『경산지』(1677)에 이미 가봉비의 명문이 반이나 마멸되었다고 한 것으로 보아 1548년 이후~1643년 이전에 가봉비를 갈아먹는 구전이 생겼을 가능성이 높다. 결국 세조 태실이 세종 태실로 와전되고 사람들이 자식을 많이 낳은 세종의 기(氣)를 받기위해 그의 가봉비를 갈아 먹게 되면서 앞의 구전이 생기게 되고, 또 이로 인해 가봉비가 마멸되어 비문이 훼손되었던 것으로 볼 수 있다.[74] 그러므로 1643년 당시 민간에 회자(膾炙)되던

---

72) 『태봉등록』인조조 계미(1643, 인조 21) 8월 13일.
73) 최상백(남, 1940년생, 경북 성주군 성주읍 경산리 106-2번지)의 증언.
74) 그런데 대구경북향토사연구협의회(1996, 『고향경북』, 경상북도, 683쪽)는 세조가 어린 조카인 단종을 죽이고 왕위를 찬탈한 사건에 대한 민심의 항거로 가봉비가 훼손되었다고 보았다. 그러나 세조에 대한 민심의 항거라는 설명은 합당하지 않다. 왜냐하면 가봉비의 현 상태를 살펴보면, 모두 마멸에 의해 훼손되었을 뿐 깨뜨려서 파손된 흔적은 찾을 수가 없다. 만약 민심의 항거라면 백성들이 쉽게 두드려서 깰 수 있었을 텐데 비가 마멸만 되었다는 것은 납득이 되지 않으며, 또한

구전에 의해 선석산 태실에 세종 태실이 있다고 예조에 보고되어 잘못 전해지게 되었던 것으로 추정된다.

4. 태실의 구조와 세종의 가계

1) 태실의 구조와 봉안 유물

이곳 태실은 아기태실과 가봉태실로 나뉘는데, 19기 중 아기태실은 18기이고, 가봉태실은 1기이다. 각 태실은 중앙태석에서 옆으로 약 2.4m 떨어져 설치되었는데, 원손인 단종 태실만 후열의 태실 선에서 약간 뒤로 물려 영흥대군 태실에서 약 11.2m 떨어져 있다. 또 중앙태석의 앞에는 아기비가 약 85㎝ 떨어져 세워졌으며, 이 아기비에서 다시 앞으로 약 2.39m 떨어져 다른 태실이 위치한다. 다만 진양대군은 가봉비가 있기 때문에 아기비에서 앞으로 약 3.79m 떨어져 다른 태실이 있다.

그리고 지하 구조는 전술한 1977년 12월 성주군에서 만든 보수자료에 의해 어느 정도 밝혀지게 되었는데, 보수 시 몇 개의 유물만 출토되어 이전에 벌써 도굴이 심하게 된 것을 알 수 있었다. 즉 지하에는 태함을 매설(埋設)하고 그 위에 흙·잡석·강회를 섞어 편평하게 다진 후 지상에는 중앙태석을 안치하고 그 앞에 아기비를 세웠는데, 지하의 태함 속에는 태호와 태지석을 봉안하였다.

(1) 태실의 구조

① 태실비

태실비는 아기비와 가봉비로 구분되는데, 19기의 태실 중 <표 2>에서처럼 아기비는 금성대군·화의군·한남군·영풍군을 제외한 15기가 남

큰 파손 없이 잘 남아있다는 것도 이해할 수 없다. 그러므로 가봉비를 갈아 먹어서 훼손되었다는 사유가 더 설득력 있다.

아있고 가봉비는 1기가 있다.

아기비는 비대와 비신 및 비수로 구성되었는데, 모두 일석의 화강암으로 제작하였다. 비의 크기는 전체 현 높이 53.9~104.9cm이며, 비신 너비는 35.5~40.9cm, 비신 두께는 23.4~32.3cm이다. 비대는 직사각형으로 땅에 묻히는 부분은 대충 다듬었고 문양은 없으며, 비수는 양 모서리를 말각으로 처리하고 비신 면보다 앞으로 약간 돌출되게 하여 비신과 구분하였다. 이 중 가장 먼저 설치한 진양대군 아기비와 맨 나중에 설치한 왕자 당 아기비의 비수에만 초화문이 장식되어 있다. 그리고 비신은 앞면에 태주에 대한 정보를 간략히 해서체로 음각하였다.

또 명문 기록구성은 비의 앞면에만 세로 2줄로 좌측에는 군호(君號) 등 봉작이 있을 경우 '封爵(봉작)+兒名(아명)+胎藏(태장)' 또는 '元孫(원손)+胎藏(태장)'등으로, 군호가 없을 때는 '兒名(아명)+胎藏(태장)'의 순으로 태주를 표시하고, 우측에는 '皇明(황명)+中國 年號(중국 연호)+年(년)+干支(간지)+月日(월일)+干支(간지)+立石(입석)'의 순으로 비를 세운 시기, 즉 장태한 시기를 기록하였다. 대부분의 아기비에는 봉군호(封君號)와 이름을 함께 적었는데, 왕자 장(영해군)·왕자 거(담양군)·왕자 당은 봉군되기 전에 태실을 조성하였으므로 아기비에 군호 없이 이름만 적었으며, 단종은 원손이라 적었다.

〈표 2〉 아기비의 현황

번호	태주	장태시기	크기 (전체 높이× 비신 너비× 비신 두께cm)	명 문	비고
1	진양대군 (세조)	1438.3.10.	90.3 × 36.6 × 23.5	晉陽大君琈胎藏/ 皇明正統三年戊午三月十日甲午立石	비대 일부 노출
2	안평대군	?	53.9 × 38.5 × 26	?	비신 반파

3	임영대군	1439.5.29.	95.6 × 39.7 × 29.1	臨瀛大君璆胎藏/ 皇明正統四年己未五月二十九日丙子立石	비대 일부 노출
4	광평대군	1439.5.24.	93.8 × 39.1 × 27.5	廣平大君璵胎藏/ 皇明正統四年己未五月二十四日辛未立石	비대 매몰
5	평원대군	1439.5.26.	97.2 × 39.6 × 29.7	平原大君琳胎藏/ 皇明正統四年己未五月二十六日△△立石	비대 매몰
6	영흥대군	1439.8.8.	92.6 × 38.3 × 31.1	永興大君琰胎藏/ 皇明正統四年己未八月初八日△△立石	비대 매몰
7	계양군	1439.5.24.	83.7 × 39.6 × 24.7	桂陽君璔胎藏/ 皇明正統四年己未五月二十四日辛未立石	비수 일부 파손, 비대 매몰
8	의창군	1438.3.11.	104.9 × 35.5 × 23.6	義倉君玒胎藏/ 皇明正統三年戊午三月十一日己未立石	
9	밀성군	1439.8.8.	83.3 × 40.9 × 30.2	密城君琛胎藏/ 皇明正統四年己未八月初八日癸未立石	비대 매몰
10	수춘군	1439.8.8.	84.9 × 40.2 × 32.3	壽春君玹胎藏/ 皇明正統四年己未八月初八日癸未立石	비대 매몰
11	익현군	1439.8.8.	57.7 × 37.1 × 26.1	翼峴君璍胎藏/ 皇明正統四年己未八月初八日癸未立石	비대 매몰
12	왕자 장 (영해군)	1439.8.8.	70.3 × 39.1 × 27.4	璋胎藏/ 皇明正統四年己未八月初八日癸未立石	비대 매몰
13	왕자 거 (담양군)	1439.5.24.	76.4 × 39.2 × 23.4	璖胎藏/ 皇明正統四年己未五月二十四日辛未立石	비대 매몰
14	왕자 당	1442.10.23.	84.1 × 38.1 × 30	瑭胎藏/ 皇明正統七年壬戌十月二十三日庚戌立石	비대 매몰
15	원손 (단종)	1441. 윤11.26.	104.4 × 36.2 × 23.8	元孫胎藏/ 皇明正統六年辛酉閏十一月二十六日己丑立石	비대 일부 노출

그리고 가봉비는 세조의 것으로 지대석과 귀부, 비신, 이수로 구분되며 전체 높이는 176.2cm이다. 지대석은 오른쪽 모서리가 말각된 사각형으로 그 위에 귀부를 올렸는데, 지대석과 일석(화강암)이다. 귀부 윗면 가운데에는 직사각형의 비좌공을 만들어 별석의 대리석으로 이수가 있는 비신을 꽂았다. 귀두는 단순하지만 사실적으로 표현되었는데, 입은

다물었고 목은 짧게 빼어서 앞으로 쳐들고 있는 앙형(仰形)이다. 경부
(頸部)에는 주름문이 각출되고 등에는 떨어져서 근접해 연결된 큰 육각
의 귀갑문이 귀갑 전체에 정연하게 장식되었으며, 귀갑 외연은 소문대로
주연을 돌렸다. 다리는 발만 표현하였다. 꼬리는 한 개로 오른쪽으로 틀
었다. 거북은 전체적으로 땅에 납작하게 엎드린 형상이다. 비신은 비수
와 일석으로 만들었으며, 비수는 파손되고 마멸되었지만 원수형으로 2
마리의 용을 장식한 이수이다.

대체로 가봉비의 명문기록체계는 앞면에 1줄로 '王號(왕호)+胎室(태
실)'의 순으로 태주를 나타내며, 뒷면에 1줄로 '皇明(황명)+中國 年號
(중국 연호)+年(년)+干支(간지)+月日(월일)+時(시)+建(건)'의 순으로
비를 세운 년대, 즉 가봉시기를 기록한다. 그러나 세조 가봉비는 마멸이
심하여 명문을 알아 볼 수 없지만, 일반 가봉비와 다르게 장문의 비문을
적은 것을 앞의 사료 ③-3에서 알 수 있다. 그런데 이 사료 ③-3에서 세
조는 아기비를 없애고 가봉비만 세우게 하였는데, 지금은 아기비와 가봉
비 모두 남아있다. 이는 1462년 가봉비를 설치하면서 아기비를 주변에
묻었는데, 1977년 발견되어 다시 세운 것이다.[75]

② 중앙태석

중앙태석은 <표 3>에서처럼 총 19개 중 완전한 것이 14개이고, 개
첨석과 중동석 없는 것이 5개이다.

중앙태석은 하부의 사방석과 중부의 중동석, 그리고 상부의 개첨석으
로 구성되며, 모두 화강암으로 만들었다. 사방석은 평면 사각형으로 각

---

75) 1974년(진홍섭, 1974, 「성주 서진산태봉」,『한국학논총』, 형설출판사, 285쪽)의
    진양대군 태실 전경과 1977년 보수 전의 진양대군 태실 전경(사진 2-②)에는 아기
    비가 보이지 않는다. 그러나 1977년 보수 후의 진양대군 태실 전경에는 아기비와
    가봉비가 함께 보이는 것으로 보아 1977년 보수 시 묻혀있던 아기비를 발견하고
    그 앞에 재설치한 것이다.

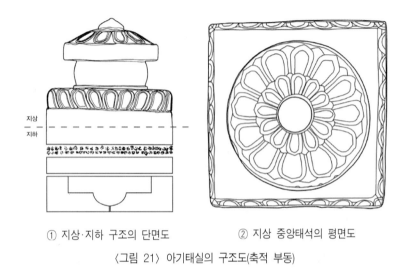

① 지상·지하 구조의 단면도　　　② 지상 중앙태석의 평면도

〈그림 21〉 아기태실의 구조도(축적 부동)

옆면을 가로로 상·하 구분하고, 상부에 이중 단엽(二重單葉)의 앙련(仰蓮)을 32개 양각(陽刻)하여 사방으로 돌렸다. 윗면 가운데에는 중동석을 받기 위하여 평면 원형의 돌대를 각출하였다. 중동석은 평면 원형으로 계란모양의 편구형으로 문양은 장식되지 않았다. 개첨석은 평면 원형의 반구형으로 가장자리를 수직으로 깎아 면을 이루었으며, 상면에는 2단의 복련을 상·하로 장식하였는데, 상단에는 간판있는 이중단엽의 복련을 진양대군은 8개, 그 외는 12개를 돌렸으며, 하단에는 간판이 있는 12개의 이중 단엽의 복련을 돌렸다. 그리고 정상에는 연봉형 보주를 장식하였다.(그림 21)

　그런데 진양대군·계양군·왕자 당·원손은 사방석과 중동석 및 개첨석을 통 돌인 일석으로 제작하였으나, 나머지는 중동석과 개첨석만 일석으로 제작하고 사방석은 분리하여 제작하였다. 그리고 보주는 왕자 당 태실은 별도로 제작하여 개첨석 정상부 가운데에 홈을 파고 끼워 넣었으나, 나머지는 개첨석과 일석으로 제작하였다.(사진 29-②) 또 진양

대군과 계양군은 연봉형 보주 아래에 원좌(圓座)가 없으나, 나머지는 모두 원좌가 있다.

<표 3> 중앙태석의 현황

번호	태주	장태시기	크 기(cm)			
			지대석 (가로×세로×높이 <돌대높이 별도>)	중동석 (지름×높이)	개첨석 (지름×높이 <보주높이 별도>)	전체 높이 (돌대높 이제외)
1	진양대군 (세조)	1438.3.10.	133.9 × 131.5 × 52.4<3.5>	79.2 × 29	101.7 × 30.9<12.2>	124.5
2	안평대군	?	129.7 × 128.3 × 34.2<3.1>	없음	없음	
3	임영대군	1439.5.29.	132.1 × 134 × 31.3<4>	74.6 × 30.3	103.6 × 31.3<14.8>	107.7
4	광평대군	1439.5.24.	123.7 × 129.6 × 46.5<4.5>	75.7 × 28.9	105.7 × 31.6<14.9>	108.8
5	금성대군	?	133.3 × 131.3 × 35.3<5.9>	없음	없음	
6	평원대군	1439.5.26.	130.5 × 125.9 × 35.3<4>	76.7 × 26.2	103.2 × 35.8<14.2>	111.6
7	영흥대군	1439.8.8.	130 × 130.1 × 23.3<4>	74.5 × 30.7	100.6 × 33<17.1>	111.2
8	화의군	?	130.2 × 127.8 × 29.2<3.2>	없음	없음	
9	계양군	1439.5.24.	135.5 × 137.2 × 32.3<3.5>	83.7 × 28.6	101.4 × 29.9<10.7>	101.5
10	의창군	1438.3.11.	130.2 × 125.9 × 27.5<4.3>	71.7 × 29.9	104.3 × 37.4<15.2>	110
11	한남군	1439.5.24.	130.1 × 126.1 × 21.9<4.4>	없음	없음	
12	밀성군	1439.8.8.	124.9 × 126.7 × 11.5<3.7>	70.7 × 27.6	98.3 × 33.4<15.6>	88.1
13	수춘군	1439.8.8.	122.1 × 124.8 × 16.6<5.1>	76.1 × 30.6	103.3 × 36.3<15.5>	99
14	익현군	1439.8.8.	124 × 127.5 × 19.6<3.5>	69.5 × 30.4	99.6 × 35.3<15.1>	100.4

15	영풍군	?	130 × 130.1 × 27.4<4.6>	없음	없음	
16	왕자 장 (영해군)	1439.8.8.	129.8 × 131.1 × 22.5<4>	74.8 × 28.7	101.2 × 31.7<16.7>	99.6
17	왕자 거 (담양군)	1439.5.24.	129.6 × 127.8 × 25.4<4.4>	78.1 × 29.2	103.6 × 31.6<14.9>	101.1
18	왕자 당	1442.10.23.	121.2 × 124.3 × 40.2<4>	74.6 × 34.8	90.1 × 36.2<파실>	111.2
19	원손 (단종)	1441.윤11.26.	120 × 119.4 × 20.1<2.8>	77.3 × 32.4	89.5 × 30<19.5>	102

일반적으로 아기태실의 지상 구조는 태함이 묻혀있는 바로 위에 반구형의 봉토를 조성하는데, 이곳에서는 봉토 대신 특이하게 중앙태석을 설치하였다.(그림 2-①) 또 가봉태실도 중앙태석에 팔각난간을 돌려 화려하게 치장하는 일반적인 구조와 달리 세조 가봉태실은 팔각난간을 장식하지 않았다. 그 이유는 전술한 사료 ③-3에서 찾을 수 있는데, 세조의 지시로 의물(儀物)을 설치하는 구례(舊例)를 따르지 않았기 때문이다.

③ 태함

지금까지 이곳 아기비와 월산대군 태실의 아기비(1462) 형태가 비슷함을 근거로 이곳의 태함을 월산대군 태함이나 15세기 중엽으로 추정되는 고려대학교박물관 소장 애기능 출토 태함과 비슷할 것으로 추정하여 왔으나,[76] 이는 오류이다.(사진 30)

1977년 보수 시 사진 자료에 화의군·금성대군·원손(단종)의 태함이 확인되어 이와 다름이 밝혀졌다. 즉 태함은 뚜껑인 함개와 몸체인 함신으로 구성되었다. 함개는 위·아랫면이 편평한 평면 사각형의 판석이고, 함신은 평면 사각형의 상자형이다. 함신의 내부에는 사각형의 큰 감실을

---

76) 윤석인, 2000, 「조선왕실의 태실석물에 관한 일연구 -서삼릉 이장 원 태실을 중심으로-」, 『문화재』33, 국립문화재연구소, 128쪽.

① 월산대군 태실(태함과 아기비)　　　② 고려대 애기능 태함

〈사진 30〉 조선 초의 태실과 태함

파고 바닥 중앙에 반구형의 홈을 팠으며, 다시 그 가운데에 원형의 작은 구멍을 관통했다.(그림 21-①) 함개는 모두 일석이나, 함신은 금성대군·원손(단종)의 것은 일석으로, 화의군의 것은 5매의 판석으로 조립하였다.

(2) 봉안 유물

① 태지석

태지석은 <표 4>와 같이 모두 12개가 확인되며, 출토된 태지석 중 그 소재지를 알 수 없는 것도 있다. 태지석은 모두 흑색 점판암으로 만들었으며, 대부분 파손과 마멸로 자세히 알 수 없으나, 형태는 평면 직사각형이고, 명문은 해서체로 음각하였는데 계선(界線)을 긋지 않았다.

명문 기록구성은 세로 3줄로 '皇明+中國 年號+年+干支+月日(時)+(生)/ 封爵號+兒名+(胎)(藏)/ (皇明)+中國 年號+年+干支+月日(時)+藏'의 순으로 되어 있어 첫 줄에는 출생일을, 둘째 줄에는 태주를, 셋째 줄에는 장태시기를 알려준다. 군호 등 봉작이 없을 경우 '王子(왕자)'로 기록하였다. 태지석은 화의군 태실의 지하 구조 노출상태에서 보듯이 태함 감실의 벽에 글자가 적힌 면이 태호 쪽을 향하여 세워 놓았을 것이다.(사진 16-③)

〈표 4〉 태지석의 현황

번호	태주	출생시기	장태시기	크기 (가로×세로×두께cm)	명 문	명문열
1	진양대군 (세조)	1417. 9.24.	1438. 3.10.	24.2 × 31.4 × 4.6	皇明永樂十五年丁酉九月二十四日生/ 晉陽大君諱瑈胎/ 正統三年戊午三月十日藏	3
2	안평대군	1418. 9.19.	?	15.5 × 23 × ?	?	
3	임영대군	1420. 1.6.	1439. 5.29.	19.5 × 24(?) × ?	皇明永樂十八年庚子 … / 臨瀛大君璆 … / 皇明正統四年己未五月二十九日 …	3
4	금성대군	1426. 3.28.	?	19.5 × 24.5 × ?	?	
5	평원대군	1427. 11.18.	1439. 5.26.	19.9 × 25.9 × 3.5	皇明宣德二年丁未十一月十八日卯時生/ 平原大君琳胎/ 皇明正統四年己未五月二十六日藏	3
6	영흥대군	1430. 4.11.	1439. 8.8.	18.5 × 27 × ?	?	
7	화의군	1425. 9.5.	?	18 × 25 × ?	?	
8	계양군	1427. 8.12.	1439. 5.24.	? × ? ×. ?	皇明宣德二年丁未八月十二日丑時生/ 桂陽君璔胎藏/ 皇明正統四年己未年五月二十四日藏	3
9	한남군	1429. 8.14.	1439. 5.24.	18.5 × 25.5 × ?	… 四年己未五月二十四日 …	
10	수춘군	1431. 1.28.	1439. 8.8.	20.5 × 26.2 × 3.8	皇明宣德六年辛亥正月二十八日申時/ 壽春君玹/ 皇明正統四年己未八月初八日癸未藏	3
11	왕자 당	1442. 7.24.	1442. 10.23.	18.5 × 25.5 × 3.2	皇明正統柒年壬戌柒月二十肆日寅時生/ 王子瑭胎/ 皇明正統柒年壬戌拾月貳拾參日庚時藏	3
12	원손 (단종)	1441. 7.23.	1441. 윤11.26.	22 × 24.4 × ?	… 辛酉七月卄 …	

그런데 1977년 보수자료에 의하면, 1977년 12월 25일 흑색 점판암의

태지석이 출토되었다. 파손이 심하여 크기는 가로 11(파편을 제외한 크기로 보임)×세로 20㎝이고 명문은 확인되지 않는데, 수춘군의 것이라 적고 있다.(사진 2-⑦) 하지만 수춘군의 태지석은 이미 1968년 4월 16일 서울 고옥당에서 조사되었다.[77] 태지석은 1개만 봉안되므로 둘 중의 하나는 잘못 조사된 것이다. 황수영의 조사는 1968년으로 1977년보다 빠르며 명문도 수춘군이 확실하다. 그렇다면 1977년 보수 시 발견된 태지석은 수춘군의 것이 아니라 다른 왕자의 태지석을 잘못 기록한 것으로 보이는데, 파손이 심하고 명문이 확인되지 않아 누구의 것인지 알 수 없다. 현재 수춘군 태실 옆에는 밀성군과 익현군의 태실이 있는데, 1977년 보수 시 이 두 군데서도 태지석은 출토되지 않았고 파손된 태지석은 위치상으로 이 두 태실과 가까우므로 이중 한 곳일 가능성이 있다.

하지만 <표 4>를 보면 안평대군·금성대군·화의군·한남군의 태지석이 다른 태지석과 달리 대부분 파손이 되고 마멸이 심해 명문을 확인할 수 없다. 이는 세조에 반대하여 태실이 철거되었기 때문일 것이다. 그런데 세조에 반대하여 태실이 철거된 영풍군의 태지석은 아직 확인되지 않았다. 1977년 보수 시 조사된 수춘군 태지석은 가장 파손이 심하므로 태실 철거 시 훼손되어 인근에 버려졌을 가능성이 높고, 또 영풍군의 태실이 익현군 태실을 사이에 두고 수춘군 태실과 가까이 위치하므로 1977년 조사된 태지석은 영풍군의 태지석일 가능성이 높다.

② 태호

그동안 선석산 태실에서 출토된 태호는 지상에 있는 중앙태석의 지대석 안, 즉 사방석 안에 넣었을 것으로 추정하여 왔다.[78] 그러나 1977년 보수 자료에 의해 지하의 태함 안에 봉안한 것이 밝혀졌다. 태호는 <표 5>와

같이 이곳에서 내호(개·호), 대접, 개 등 14점이 출토되었으며, 서삼릉의
세조 태실에서 백자 외호(개·호)가 출토되어 모두 16점이 확인되었다.

<표 5> 선석산 태실의 출토 태호

번호	태주	장태 시기	내 호(cm)		외 호(cm)[79]		비고
			호	개(대접)	호(대접)	개	
1	진양대군 (세조)	1438. 3.10.	1 (회청자호, 고20.9 × 구경9.6 × 저경9.5)	1 (회청자 인화문대접, 고7.65 × 구경 17.4 × 저경5)	1 (분청자 인화국화문 대접, 고6.5 × 구경20)	1 (분청자 상감연화문개, 고16.1 × 구경39)	
		1929			1 (백자호, 고35 × 구경25 × 저경25)	1 (백자개, 고14.9 × 구경29)	서삼릉 태실 집장지 조성 시 제작
2	계양군	1439. 5.24.	1 (분청자 인화국화문호, 구경10.85 × 저경11)	1 (분청자 인화국화문개)		1 (분청자 상감연화문개, 고18.4 × 구경27)	
3	평원대군	1439. 5.26.				1 (분청자 상감연화문개, 고17.8 × 구경28.5)	
4	밀성군	1439. 8.8.			1 (분청자 귀얄인화문대 접, 고17.5 × 저경5.5)		
5	원손 (단종)	1441. 윤11. 26.				1 (분청자 상감연화문개, 고15.5 × 구경22.5)	
6	화의군	?	1 (경질토기호,		1 (분청자	1 (분청자	

		고14.1 × 구경10.1 × 저경13.2)		인화국화문 대접, 고8.1 × 구경18.1 × 저경4.6)	상감연화문개, 고15.3 × 구경28)	
7	영풍군	?			1 (분청자 상감연화문개, 고19.2 × 구경25.5)	

태함 내의 태호 안치방식은 정확한 출토상태를 알 수 없고 출토유물도 많지 않아 자세히 알 수 없지만, 화의군 태호 노출상태와 진양대군·계양군의 유물로 보아 추정할 수 있다.

즉 화의군 태실 노출 상태를 보면, 태함 감실의 바닥 중앙에 먼저 대접을 놓고 그 대접 안에 토기 호를 넣고 다시 큰 개로 토기 호를 덮었다. 이는 진양대군 태호의 구성과 동일하며, 계양군은 내호를 받치는 대접을 확인하지 못했지만, 이는 도굴 또는 분실로 판단되어 그 구성이 동일할 것으로 추정된다.

또한 이곳에서 기형과 문양이 거의 동일한 큰 분청자 상감연화문 개가 공통으로 출토되었다. 그러므로 태함 내의 태호 구성은 대접을 맨 아래에 두고 그 안에 뚜껑 있는 내호(회청자 호나 분청자 호 또는 토기 호)를 넣고 그 위에 큰 분청자 개로 내호 전체를 덮었는데, 이는 선석산 태실에서만 나타나는 특징이다.(사진 31~32)

그리고 동전은 출토되지 않은 것으로 보아 내호에 부장하지 않은 것으로 판단된다.

또 이 시기에는 태호의 내호로 자기뿐만 아니라 토기도 사용되었다. 내호는 진양대군·계양군·화의군에서 확인되는데 호와 개로 구성되었다.

---

79) 내호(호와 개)를 받치고 있는 것과 내호 전체를 덮고 있는 것을 편의상 '외호(받침은 외호의 호로, 덮개는 외호의 개로 구분)'로 부르고자 한다. 이하 동일하다.

〈사진 31〉 태호 노출(화의군)　　　　　〈사진 32〉 태호 구성(화의군)

하지만 3개소의 내호 구성이 서로 다른 형태를 보여준다. 즉 진양대군의 것은 내호의 개로 작은 대접을 사용하였고, 계양군은 호와 짝을 이루어 개를 제작하였으며, 화의군은 토기 내호 위에 별도의 개를 덮지 않고 큰 대접으로 덮었다. 이로보아 화의군의 내호 개는 만들지 않고 천으로 봉합했던 것 같다. 특히 화의군처럼 내호를 토기로 제작한 것은 앞 시기의 정종·태종·문종의 내호에서도 확인되며,[80] 태종의 토기 내호와 거의 동일하다.

　또 외호는 없지만 내호를 받친 대접이나 내호 전체를 덮은 개가 있다. 이는 내호를 보호하기 위한 것으로 대접은 외호의 호로, 개는 외호의 개로서의 역할을 하고 있어 외호의 성격을 지니는 것으로 볼 수 있다. 그러므로 이 시기 태호의 구성은 백자의 내·외호로 발전하는 전 단계의 양상을 보여준다.[81]

---

80) 태조는 토기 외호만 출토되었고, 정종은 토기 내·외호가, 태종은 토기 내·외호가, 문종은 토기 내호와 분청자 외호가 출토되었다. 태조의 내호가 있었다면 토기로 제작되었을 가능성이 높으며, 조선 초에는 토기로 태호를 제작하였다가 문종에 와서 내호는 토기로, 외호는 분청자로 제작하는 과도기를 거친다.

81) 조선 초의 태호 양식편년에 의하면, 2기(세종(1397~1450)~월산대군(1454~1488))에 해당된다. 이는 태호가 내·외호 모두 백자로 제작되는 3기(성종(1457~1494)~영산군(1490~1538))의 전 단계이다.(양윤미, 2013, 「조선 15세기 안태용 도자기 연

특히 원손 태실에서 1977년 보수 시 1점의 큰 개만 출토되었는데, 당
시 이 개를 들어내었으나 그 아래에 호는 없고 흙만 쌓여 있었다. 이로
보아 도굴된 것이 아니라 원손의 태가 법림산으로 옮겨갈 때 개만 남기
고 간 것으로 추정된다. 또 1968년 조사에서 수춘군 태지석과 분청원개
2개가 동반되었다 하고, 1969년 조사에서는 왕자 당 태지석과 개형 분
청기 2개가 출토되었다 하는데, 지금은 행방을 알 수 없다.

이외에도 형태와 문양으로 보아 성주 선석산 태실 출토품과 비슷한
것이 대구 개인 소장 1점(고 21cm)·부산 진화랑 소장 1점(고 19.5cm)[82]·
일본 대판시립동양도자미술관 소장 1점(고 18.3cm) 등의 분청자 상감연
화문 개 3점과[83] 호림미술관 소장의 분청자 상감연화문 개 2점이[84] 있
다.(사진 33) 이 5점의 전세품은 지금까지 선석산 태실에서 출토된 것으
로 확인된 것과 크기, 형태, 문양 등에서 유사하여 이들도 선석산 태실의
태호로 추정된다.

지금까지 선석산 태실에서 조사되었거나 추정되는 태호의 제작 시기
는, 내호(호와 개)와 외호의 호(받침)는 각 태주의 출생시점(출생시점 이
전으로 하한은 출생시점)에 제작된 것이며, 외호의 개는 각 태실의 조성
시점(장태시점)에 제작된 것으로 추정된다.[85]

구」, 고려대학교 석사학위논문.)

82) 이와 비슷한 반구형 개가 마이아트옥션에 위탁된 경매품에서 1점 확인되었다. 양
   윤미는 처음(양윤미, 2013, 「조선 15세기 안태용 도자기 연구」, 고려대학교 석사
   학위논문, 97~100쪽)에는 부산 진화랑 소장품과 다른 것으로 보았으나, 재검토
   (양윤미, 2014, 「조선초기 안태용 도자기의 양식적 특징 -성주 선석산 세종대왕자
   태실을 중심으로-」, 『성주 세종대왕자태실의 세계유산적 가치』, 경북대학교 영남
   문화연구원, 191~192쪽)한 결과 동일품으로 수정하였다.

83) 전주이씨대동종약원, 1999, 『조선의 태실』II, 10쪽.

84) 양윤미, 2013, 「조선 15세기 안태용 도자기 연구」, 고려대학교 석사학위논문,
   97~99쪽.

85) 양윤미, 2015, 「성주 세종대왕자 태실 봉안 안태용 도자기의 양상과 제작시기 연
   구」, 『영남학』27, 경북대학교 영남문화연구원, 155~174쪽.

① 대구(개인)　　② 부산(진화랑)　　③ 동양도자미술관(일본)

④ 호림미술관(고17.9 × 저경 26.1㎝)　⑤ 호림미술관(고17.3 × 저경26㎝)

〈사진 33〉 선석산 태실의 출토 태호(추정)[86]

　한편, 서삼릉에서 출토된 개와 호로 구성된 세조의 백자 태호(외호)는 그 제작시기를 1929년경 또는 1930년경으로 보고 있다.[87]

　서삼릉 태실 집장지에서 일제강점기에 새로 제작하여 만들어 넣은 백자 태호는 문종, 세조, 폐비 윤씨, 예종, 성종, 중종, 인성대군이다. 이렇게 1929년(昭和 4) 또는 1930년(昭和 5)으로 보는 이유는 서삼릉 태실 집장지에서 출토된 문종의 태지석에 '昭和四年 月 日移藏'으로 기록되어 있고, 이왕직의 『胎封』(1928~1934) 「胎室埋安時陪進次序」에서는 '昭和五年 四月 十五~十七日'로 기록되었으며, 같은 책의 「帝王胎室

86) ①~③은 전주이씨대동종약원, 1999, 『조선의 태실』Ⅱ, 10쪽; ④·⑤는 호림미술관, 2004, 『분청사기명품전』자연으로의 회향-하늘·땅·물, 104쪽.
87) 국립문화재연구소(1999, 『서삼릉태실』, 412~420쪽)는 1930년경으로 보았으며, 강수연(2002, 「조선시대 백자태항에 관한 연구」, 동국대학교 석사학위논문, 37~41쪽)과 양윤미(2013, 「조선 15세기 안태용 도자기 연구」, 고려대학교 석사학위논문, 3·8~12쪽)는 1929년경으로 보면서도 1930년경으로 혼동되게 적고 있다.

表石書寫式」·「世子以下胎室表石書寫式」에서는 '昭和五年 五月 日'
과 '昭和四年 己巳 月'로 혼동되어 기록되어 있기 때문이다.

그리고 표석에는 모두 '~年 五月'이라고 하여 앞부분을 파내었는데,
이는 『태봉』으로 보아 '昭和五年'일 것이다. 그렇다면 이왕직은 그동안
수집해 놓은 태를 서삼릉에서 1929년부터 작업을 시작하여 몇몇을 제외
하고는 1930년에 완료하였던 것이다. 그런데 새로 제작하여 넣은 18개
의 태지석 중 진 전하(소화 9, 1934)를 제외하고 모두 소화 4년(1929)에
제작하였는데, 이로 보아 새로 제작한 태호도 1929년 태지석을 만들 때
일괄로 같이 제작하였을 가능성이 높으므로 태호의 제작시기를 더 좁혀
서 1929년으로 보고자 한다.

2) 태주와 세종의 가계

선석산 태실에는 앞·뒤 가로 두 줄로 태실이 정연하게 조성되어 있
다. 뒤 열은 대군과 원손의 태실이, 앞 열은 군의 태실이 배치한다. 이
태실들의 태주를 검토하여 세종의 가계를 복원해 보겠다.

진양대군인 세조 태실은 일제강점기에 서삼릉으로 이장되었다.[88] 지

---

88) 서삼릉 태실 집장지의 세조 태실 표비석에 '世祖大王胎室(앞) 自慶北星州郡月恒面
移封/ ··· 年五月(뒤)'라고 기록되어 있다. 이왕직의 『胎封』(1928~1934)에 의하면,
昭和 3년(1928) 성주에 있는 태종의 태실을 봉출하고 바로 8월 15~17일에 세조
의 태실을 봉출한다. 그리고 이왕직의 『胎封』(1928~1934) 「帝王胎室表石書寫式」
에 의하면, '世祖大王胎室/ 自慶北星州郡月恒面移封 昭和五年 五月 日'라고 기록
한 것으로 보아 세조의 서삼릉 표비석의 명문 중 지워진 글자는 '昭和五'이다. 그
러므로 세조 태실은 이왕직에 의하여 1928년 8월 15~17일에 성주에서 봉출되었
으며, 1930년 5월에 서삼릉에 이장되었다. 그리고 세조의 태만 서삼릉에서 발굴
된 것으로 보아 성주 선석산 태실에서 세조 태실만 이전하였다. 그런데 이왕직에
서 전국에 산재한 54기의 많은 태실을 서삼릉으로 이장하면서 선석산 태실에 여
러 태실이 있다는 것을 알면서도 다른 태실을 이장하지 않은 이유를 모르겠다. 원
태실의 사진 5-①·②의 외호인 개와 대접은 1934년 9월 6일 이왕직 예식과에서
이왕가 미술관에 인계한 것으로 서삼릉으로 이안 시 출토되었다 한다. 지금은 국

금까지 진양대군의 출생일을 '영락 15년(1417, 태종 17) 9월 29일 병자 (丙子)'로 알고 있었는데,[89] 태지석에는 '태종 17년 9월 24일'로 기록되어 있어 서로 다르다. 이 두 날짜를 조선왕조실록에서 찾아보면 9월 29일은 '병자일(丙子日)'이 아니라 '신사일(辛巳日)'이며, 9월에는 '병자일'이 없다. 그러므로 이러한 정황과 태지석이 문헌보다 먼저 제작된 점을 고려하면 세조의 출생일은 9월 24일로 보아야 할 것이다.

세조는 1417년(태종 17)에 소헌왕후 심씨의 2째 아들로 태어났다. 이름은 유이고 1428년(세종 10)에 진평대군에[90] 봉해졌으며, 1433년(세종 15)에는 함평대군[91]·진양대군으로[92] 진봉(進封)되고, 세종 27년(1445)에 수양대군으로[93] 개봉(改封)되었다. 1453년(단종 1) 10월에 계유정난으로 정권을 잡고 1455년(단종 3) 윤6월 단종에게 강박하여 조선 7번째 왕으로 등극한다. 이를 종합해보면, 태주는 1417년(태종 17) 9월 24일에 태어난 진양대군(세조) 유이고 장태는 1438년(세종 20) 3월 10일에 행해졌다.

안평대군은 1418년(태종 18) 9월 19일에 소헌왕후의 3째 아들로 태어났다.[94] 이름은 용(瑢)이고 1428년(세종 10) 안평대군에 봉해졌으며,[95] 1453년(단종 1)에 계유정난으로 사사되었다.

임영대군은 1420년(세종 2) 1월 6일 밤에 소헌왕후의 4째 아들로 태

립중앙박물관에 소장되어 있다.

89) 『선원보』(1776~1789) 권1 세조와 『국조보감』(1909) 권10 세조에서는 '九月二十九日丙子'로 기록하고 있으며, 『세조실록』세조 14년(1468) 11월 28일(갑신)에는 '永樂十五年丁酉九月丙子'에 태어났다고 하였다.

90) 『세종실록』세종 10년(1428) 6월 16일(정유).

91) 『세종실록』세종 15년(1433) 6월 27일(무신).

92) 『세종실록』세종 15년(1433) 7월 1일(임자).

93) 『세종실록』세종 27년(1445) 2월 11일(을묘).

94) 『세종실록』세종 즉위년(1418) 9월 19일(병인).

95) 『세종실록』세종 10년(1428) 6월 16일(정유).

어났다.[96) 이름은 구(璆)이고 1428년(세종 10)에 임영대군에 봉해졌으며,[97) 1469년(예종 1)에 죽었다. 이를 종합해보면, 태주는 1420년(세종 2) 1월 6일에 태어난 임영대군 구이고, 장태는 1439년(세종 21) 5월 29일에 행해졌다.

광평대군은 1425년(세종 7) 5월 2일에 소헌왕후의 5째 아들로 태어났다.[98) 이름은 여(璵)이고, 1432년(세종 14)에 광평대군에 봉해졌으며,[99) 1444년(세종 26)에 20세의 나이로 요절하였다. 이를 종합해보면, 태주는 1425년(세종 7) 5월 2일에 태어난 광평대군 여이고, 장태는 1439년(세종 21) 5월 24일에 행해졌다.

금성대군은 1426년(세종 8) 3월 28일에 소헌왕후의 6째 아들로 태어났다.[100) 이름은 유(瑜)이고 1433년(세종 15) 금성대군에 봉해졌다. 1453년(단종 1) 계유정난을 반대하고 1455년(단종 3) 윤6월 수양대군에 의해 유배되었다가 1457년(세조 3) 9월에 단종 복위사건으로 32세에 사사되었다.

평원대군은 1427년(세종 9) 11월 18일에 소헌왕후의 7째 아들로 태어났다.[101) 이름은 임이고 1434년(세종 16)에 평원대군으로 봉해졌으며,[102) 1445(세종 27)에 천연두로 죽었다. 이를 종합해보면, 태주는 1427년(세종 9) 11월 18일 오전 5~7시 사이에 태어난 평원대군 임이고, 장태는 1439년(세종 21) 5월 26일에 행해졌다.

영흥대군은 1434년(세종 16) 4월 15일에 소헌왕후의 8째 아들로 태어

---

96) 『세종실록』세종 2년(1420) 1월 6일(을사).
97) 『세종실록』세종 10년(1428) 6월 16일(정유).
98) 『세종실록』세종 7년(1425) 5월 2일(신미).
99) 『세종실록』세종 14년(1432) 1월 16일(병자).
100) 『세종실록』세종 8년(1426) 3월 28일(임술).
101) 『세종실록』세종 9년(1427) 11월 18일(임인).
102) 『세종실록』세종 16년(1434) 1월 21일(기해).

낳다.[103) 이름은 염이며, 1439년(세종 21)에 영흥대군으로 봉해지고,[104)
1447년(세종 29)에 역양대군[105)·영응대군으로[106) 개봉되었으며, 1467
년(세조 13)에 죽었다.[107) 이를 종합해보면, 태주는 1434년(세종 16) 4월
15일에 태어난 영흥대군 염이고, 장태는 1439년(세종 21) 8월 8일에 행
해졌다.

　그리고 원손인 단종은 1441년(세종 23) 7월 23일 새벽에 문종과 현덕
왕후의 외아들로 태어났다.[108) 휘는 홍위(弘暐)이고, 1448년(세종 30) 왕
세손에 책봉되며,[109) 1450년에 왕세자로 삼아 1451년에 책봉된다.[110)
1452년 임금이[111) 되지만 1453년(단종 1) 10월 계유정난으로 수양대군
이 정권을 잡게 되자 1455년 윤6월에 단종은 상왕으로[112) 물러난다.

103) 『세종실록』세종 16년(1434) 4월 15일(임술).
104) 1439년 아기비에 영흥대군으로 기록되어 있는 것으로 보아 아기비가 세워지기
　　 전에 영흥대군으로 불려 졌음을 알 수 있다. 그런데『세종실록』세종 23년(1441)
　　 1월 11일(기유)에는 '1441년(세종 23) 영흥대군으로 봉해졌다'고 하였는데, 이는
　　 아기비로 보아 오류임이 분명하다.
105) 『세종실록』세종 29년(1447) 1월 16일(기묘).
106) 『세종실록』세종 29년(1447) 3월 10일(임신).
107) 한국정신문화연구원(1996, 『한국민족문화대백과사전』15, 642쪽)은 영흥대군이
　　 1424(세종 6)에 태어나 1443(세종 25)에 역양대군으로 봉해졌다고 하였으나, 이
　　 는 잘못이다.
108) 『선원보』(1776~1789) 권1 단종; 『단종실록』(1452~1455) 총서; 『국조보감』
　　 (1909) 권9 단종.
　　 그리고『세종실록』세종 23년(1441) 7월 23일(정사)에는 왕세자빈 권씨가 원손을
　　 낳았기 때문에 새벽 이전에 생긴 백성들의 죄를 사면한다는 기록이 있다. 이로
　　 보아 이날 단종은 새벽에 출생한 것으로 생각된다. 또『세종실록』세종 23년
　　 (1441) 9월 21일(갑인)에도 7월 23일에 원손이 탄생했다는 기록이 있다.
109) 『선원보』(1776~1789) 권1 단종; 『세종실록』세종 30년(1448) 4월 3일(무오); 『단
　　 종실록』(1452~1455) 총서.
110) 『문종실록』문종 1년(1451) 1월 26일(병인)와 문종 2년(1452) 9월 1일(경인); 『단
　　 종실록』(1452~1455) 총서.
111) 『단종실록』단종 즉위년(1452) 5월 18일(경술).
112) 『세조실록』세조 1년(1455) 윤6월 11일(을묘).

1456년 6월 상왕 복위사건으로 1457년 6월 노산군(魯山君)으로 강봉되어[113] 영월에 유배되고, 1457년(세조 3) 9월 금성대군이 노산군 복위를 계획하다 발각되어 서인으로 강봉되고 한 달 후인 10월 24일 17세에 사사되었다.[114] 이를 종합해보면, 태주는 1441년(세종 23) 7월 23일에 태어난 원손 홍위, 즉 단종이고 장태는 그 해 윤11월 26일에 행해졌음을 알 수 있다.

화의군은 1425년(세종 7) 9월 5일에 영빈 강씨의 소생으로 태어났다.[115] 이름은 영(瓔)이고 1433년(세종 15)에 화의군에 봉해졌으며,[116] 1457년(세조 3)에 금성대군의 단종 복위사건에 연루되어 사사되었다. 또 계양군은 1427년(세종 9) 8월 12일에 신빈 김씨의 소생으로 태어났다.[117] 이름은 증이고 1434년(세종 16)에 계양군에 봉해졌으며,[118] 1464년(세조 10)에 요절하였다. 이를 종합해보면, 태주는 1427년(세종 9) 8월 12일 오전 1~3시 사이에 태어난 계양군 증이고, 장태는 1439년(세종 21) 5월 24일에 행해졌다.

의창군은 1428년(세종 10) 4월 10일에 신빈 김씨의 소생으로 태어났다.[119] 이름은 강이고 1435년에 의창군에 봉해졌으며,[120] 1460년에 죽었다. 이를 종합해보면, 태주는 1428년 4월 10일에 태어난 의창군 강이고, 장태는 1438년(세종 20) 3월 11일에 행해졌다.

---

113) 『선원보』(1776~1789) 권1 단종.

114) 『장릉지』(1441~1740) 권1 구지(1441~1653);『한국민족문화대백과사전』12(한국정신문화연구원, 1996, 609~610쪽).

115) 『세종실록』세종 7년(1425) 9월 5일(신축).

116) 『세종실록』세종 15년(1433) 1월 25일(기묘).

117) 『세종실록』세종 9년(1427) 8월 12일(정묘).

118) 『세종실록』세종 16년(1434) 1월 21일(기해).

119) 『세종실록』세종 10년(1428) 4월 10일(임술)에 탄일의 하례를 정지하였다는 기록이 보이는 것으로 보아 의창군이 태어난 것을 말한다.

120) 『세종실록』세종 17년(1435) 2월 1일(계묘).

한남군은 1429년(세종 11) 8월 14일에 혜빈 양씨의 소생으로 태어났다. 이름은 어(璊)이고 1442년(세종 24) 한남군에 봉해졌으며,[121] 세조가 즉위하자 금성대군, 영풍군과 함께 역모를 꾀하였다고 하여 금산에 유배되고, 1457년(세조 3)에 사사되었다. 이를 종합해보면, 태주는 1429년 8월 14일에 태어난 한남군 어이고, 장태는 1439년(세종 21) 5월 24일에 행해졌다.

밀성군은 1430년(세종 12)에 신빈 김씨의 소생으로 태어났다. 이름은 침이고 1436년(세종 18)에 밀성군에 봉해졌으며,[122] 1479년(성종 10)에 죽었다. 이를 종합해보면, 태주는 1430년에 태어난 밀성군 침이고, 장태는 1439년(세종 21) 8월 8일에 행해졌다.

수춘군은 혜빈 양씨의 소생으로 이름은 현(玹)이다. 1437년(세종 19)에 수춘군에 봉해졌으며,[123] 1455년(세조 1)에 죽었다. 이를 종합해보면, 태주는 1431년(세종 13) 1월 28일 오후 3시~5시 사이에 태어난 수춘군 현이며, 장태는 1439년(세종 21) 8월 8일에 행해졌다. 그동안 수춘군의 출생일을 1443년(세종 25)으로 알고 있었으나,[124] 태지석에 의하여 1431년(세종 13)로 밝혀지게 되었다.

익현군은 1431년(세종 13)에 신빈 김씨의 소생으로 태어났다. 이름은 운이고 1437년(세종 19) 익현군에 봉해졌으며,[125] 1463년(세조 9)에 죽

---

121) 『세종실록』세종 24년(1442) 7월 3일(신유).
122) 『세종실록』세종 24년(1442) 7월 3일(신유)에는 이때(13세) 밀성군으로 봉해졌다고 하였으며, 『성종실록』성종 10년(1479) 1월 1일(무오)에는 正統丙辰年(1436, 세종 18)인 7세에 밀성군으로 봉해졌다고 하여 기록이 서로 다르다. 그러나 밀성군이 10세(1439, 세종 21) 때 제작된 아기비에 밀성군이라는 군호를 사용하고 있다. 이는 13세 이전에 벌써 군을 사용하고 있으므로 7세에 밀성군에 봉해진 기록이 옳은 것이다.
123) 『세종실록』세종 19년(1437) 12월 8일(을축).
124) 전주이씨대동종약원, 1999, 『조선의 태실』II, 155쪽.
125) 『세종실록』세종 19년(1437) 12월 8일(을축).

었다. 이를 종합해 보면, 태주는 1431년(세종 13)에 태어난 익현군 운이
고 장태는 1439년(세종 21) 8월 8일에 행해졌다.

영풍군은 1434년(세종 16) 혜빈 양씨의 소생으로 태어났다.[126] 이름은
천(瑔)이고 1441년(세종 23) 영풍군에 봉해졌으며,[127] 계유정변으로 유배
되었다가 1457년(세조 3) 금성대군과 단종 복위사건으로 사사되었다.

영해군은 『선원보』·『선원록』등의 왕실 족보에 이름이 처음에 '장
(璋)'이었다가 나중에 '당(瑭)'으로 바뀐 것으로 기록되어 있다.[128] 그러
나 그의 이름은 1442년(세종 24)[129]·1450년(문종 즉위년)[130]·1454(단종
2)에도[131] 바뀐 이름인 '당'으로 기록되지 않고 계속 '장'으로 쓰이고 있
다. 만약 '당'으로 개명되었다면 늦어도 1442년 10월 23일 이후에는
'장'이라는 초명이 보이지 않아야 하는데 그렇지 않았다. 그러므로 '장'
에서 '당'으로 개명되었다고 볼 수 없으며, 이 태실은 봉군되기 전에 조
성되었기에 아기비에 군호 대신 이름만을 적은 것이다. 이에 대해 자세
한 것은 후술하는 왕자 당 태실에서 살펴보겠다. 영해군은 1435(세종
17) 3월 20일 밤에 신빈 김씨의 소생으로 태어났다.[132] 1442년(세종 24)
에 영해군으로 봉해졌으며,[133] 1478년(성종 8)에 죽었다. 이를 종합해
보면, 태주는 1435년 3월 20일 밤에 태어난 왕자 장으로 장태는 1439년
(세종 21) 8월 8일에 행하였다.

---

126) 『세종실록』세종 16년(1434) 8월 17일(신유).
127) 『세종실록』세종 23년(1441) 1월 11일(기유).
128) 『선원보』(1776~1789) 권1 세종 9남 영해군; 『선원록』(1681~1897) 권32 세종
　　 9남 영해군. 그러나 『선원계보기략』(1858·1874) 선원세계 세종 9남 영해군에는
　　 초명이 변경된 내용은 없고 '瑭'만 기록되어 있다.
129) 『세종실록』세종 24년(1442) 1월 6일(무진).
130) 『문종실록』문종 즉위년(1450) 3월 6일(경술).
131) 『단종실록』단종 2년(1454) 3월 11일(임술).
132) 『세종실록』세종 17년(1435) 3월 20일(임진).
133) 『세종실록』세종 24년(1442) 1월 6일(무진).

담양군은 1439년 1월 8일에 신빈 김씨의 소생으로 태어났다.[134] 이름은 거로 1446년(세종 28)에 담양군에 봉해졌으며,[135] 1450년(문종 1) 12세로 일찍 죽었다. 이를 종합해 보면, 태주는 1439년(세종 21) 1월 8일에 태어난 담양군 거이고, 장태는 1439년 5월 24일에 행해졌다.

그리고 왕자 당은 아기비와 태지석으로 보아 1442년(세종 24) 7월 24일 오전 3~5시 사이에 태어났으며, 장태는 그 해 10월 23일에 행해졌음을 알 수 있다. 그런데 전술한 왕자 장에서 보듯이 왕실 족보에 '九男寧海君 瑭 一作瑋[9남 영해군 당이다. 장이라고도 한다]'과[136] '九男 寧海君 瑭 … 初名瑋[9남 영해군 당이다. … 초명은 장이다]'라고[137] 기록되어 있어 그동안 왕자 장과 왕자 당은 동일인(同一人)으로 파악하여왔다. 이로 인해 왕자 당 태실은 영해군의 것으로 영해군이 이름을 '당'으로 개명한 뒤 다시 만든 태실인줄 알았다.[138]

즉 지금까지 이곳에 영해군 태실이 2기나 조성된 것으로 믿어왔다. 그러나 태지석에 왕자 당이 1442년(세종 24) 7월 24일 오전 3~5시 사이에 태어났다고 하였으므로 전술한 1435년(세종 17) 3월 20일 밤에 태어난 왕자 장의 출생일과 서로 다름이 밝혀졌다.

문제는 바로 이 출생일인데, 당의 출생일이 후술한 10남 담양군의 출생일인 1439년 보다 늦다는 점이다. 이는 문헌기록의 오기로 보아야 한다. 즉, 왕실 족보에서처럼 영해군 이름이 '장'에서 '당'으로 개명된 것이 아니라 태지석에서 보듯이 '장'이 아닌 '당'이라는 다른 왕자가 또 있었다는 것이다. 그러므로 이 태실은 서자(庶子) 10남 담양군보다 3년 늦은 1442년 태어난 서자 11남 왕자 당의 태실이다. 이는 서자이기 때문

---

134) 『세종실록』세종 21년(1439) 1월 8일(정해).
135) 『세종실록』세종 28년(1446) 1월 2일(경오).
136) 『선원록』(1681~1897) 권32 세종대왕 9남 영해군.
137) 『선원보』(1776~1789) 권1 세종 9남 영해군.
138) 전주이씨대동종약원, 1999, 『조선의 태실』Ⅱ, 31·149쪽.

에 당의 태실이 적손 태실인 후열에 조성되지 않고 전열에 설치된 것과 맨 나중에 태어났으므로 태실 위치도 가장 마지막 부분에 조성된 것이 그 증거라 하겠다.

그런데 1446년 3월 28일에 담양군은 겨우 8세로서 왕자들 중에 가장 어리고 약하다고 하는 기록이 있어[139] 담양군 이후의 왕자는 없는 것을 알 수 있다. 이 조선왕조실록 기록에 의하면, 가장 어리다고 한 담양군은 1439년 태어났고, 왕자 당은 이보다 더 어린 1442년 태어났기 때문에 1446년에는 분명히 있어야 하는데 그렇지 않다. 이 문제는 왕자 당이 1446년 이전에 죽었기 때문에 담양군이 가장 어리다고 한 기록이 나왔을 것이며, 그래서 왕실 족보에도 올라가지 않았거나 누락한 것으로 해석해야 할 것 같다. 결국 태주인 왕자 당은 어머니가 누구인지는 알 수 없지만, 지금까지 알려지지 않은 세종의 19번째 아들이다.

세종(1397~1450, 재위 1418~1450)은 1397년(태조 6)에 태종과 원경왕후 민씨의 3째 아들로 태어나 1418년(태종 18) 6월 왕세자에 책봉되고,[140] 동년 8월에 조선 4번째 왕으로 즉위하였다.

그동안 세종의 자녀는 왕실 족보에 의하면, 소헌왕후 심씨에게서 8남 2녀, 영빈 강씨 1남, 신빈 김씨 6남, 혜빈 양씨 3남, 숙의 이씨 1녀, 상침 송씨 1녀를 낳아 6명의 부인에게서 18남 4녀로 모두 22명인 것으로 알려져 왔다.[141](그림 22)

---

139) 『세종실록』세종 28년(1446) 3월 28일(을미).

140) 『태종실록』태종 18년(1418) 6월 3일(임오).

141) 『선원록』(1681~1897); 『선원보』(1776~1789); 『선원계보기략』(1858); 『선원계보기략』(1874); 『한국민족문화대백과사전』12(한국정신문화연구원, 1996, 616쪽).

제4대 세종 가계도

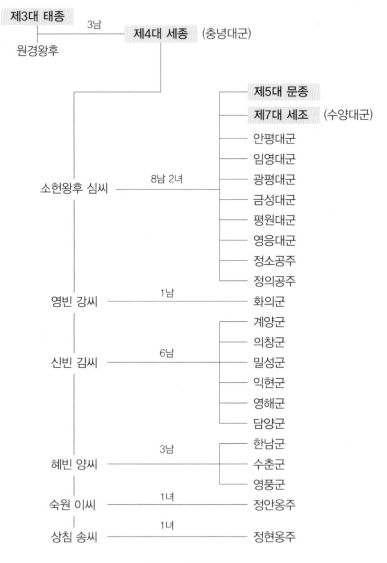

〈그림 22〉 세종의 가계도

그러나 앞에서 살펴본 바와 같이 18남이 아니라 왕자 당이 추가되어 19남으로 확인되어 왕실 족보에 오류가 있음이 밝혀졌다.(표 6)

〈표 6〉 세종의 아들과 원손 현황

번호	태주	아명	모	출생시기	장태시기	비 고
1	문종	향	소헌왕후	1414. 10. 3.	1439	1450년(문종 즉위년)에 가봉
2	진양대군 (세조)	류	〃	1417. 9. 24.	1438. 3. 10.	1462년(세조 8)에 가봉
3	안평대군	용	〃	1418. 9. 19.	?	
4	임영대군	구	〃	1420. 1. 6.	1439. 5. 29.	
5	광평대군	여	〃	1425. 5. 2.	1439. 5. 24.	
6	금성대군	유	〃	1426. 3. 28.	?	
7	평원대군	임	〃	1427. 11. 18.	1439. 5. 26.	
8	영흥대군	염	〃	1430. 4. 11.	1439. 8. 8.	
9	화의군	영	영빈 강씨	1425. 9. 5.	?	
10	계양군	증	신빈 김씨	1427. 8. 12.	1439. 5. 24.	
11	의창군	강	신빈 김씨	1428. 4. 10.	1438. 3. 11.	
12	한남군	어	혜빈 양씨	1429. 8. 14.	1439. 5. 24.	
13	밀성군	침	신빈 김씨	1430	1439. 8. 8.	
14	수춘군	현	혜빈 양씨	1431. 1. 28.	1439. 8. 8.	
15	익현군	운	신빈 김씨	1431	1439. 8. 8.	
16	영풍군	천	혜빈 양씨	1434	?	
17	영해군	장	신빈 김씨	1435. 3. 20.	1439. 8. 8.	
18	담양군	거	신빈 김씨	1439. 1. 8.	1439. 5. 24.	
19		당	?	1442. 7. 24.	1442. 10. 23.	1446. 3. 28. 이전 사망
20	원손(단종)	홍위	현덕왕후	1441. 7. 23.	1441. 윤11. 26. (초장) / 1451. 1. 22.~3. 6.(이장)	단종 재위기간 (1452~1455)에 가봉

세종은 세자인 문종을 제외한 여러 아들의 태실을 성주 선석산 태봉에 공동의 태실을 조성하였다. 이렇게 다수의 태실을 한 곳에 조성한 것

은 유일한 예인데, 현실적으로는 태실조성으로 인한 백성들의 피해를 최
소화하기 위함이며, 그 이면(裏面)에는 이렇게 함으로써 여러 아들의 유
대를 강조하려는 목적이 내포되어 있었을 것으로 여겨진다. 또한 그만큼
이곳이 풍수지리적으로 좋은 위치를 점하였기 때문일 것이다. 세조 또한
왕으로 등극한 후 자기의 태실을 가봉하면서 난간 등 화려한 석물을 설
치하지 않고 가봉비만 세우게 하였다. 이렇게 간소화한 것은 형제간의
우애를 강화하기 위해 다른 곳으로 이전하지 않았으며, 태실 가봉으로
인한 백성들의 노역(勞役)을 줄이기 위한 애민정신에 의한 것임을 전술
한 사료 ③-3의 가봉비명을 통해 알 수 있다. 그러나 그 이면에는, 세조
가 조카 단종의 왕위를 찬탈하여 얻은 왕권이므로 그 정통성이 결여되었
으며, 또 이로 인해 얻은 자신의 권력에 대한 백성들의 비판 여론도 인
식하였기 때문에 자신의 태실을 간소화게 가봉하였을 것이다.[142]

그리고 <표 6>에서 총 19기의 태실 중 장태시기를 알 수 없는 안평
대군·금성대군·화의군·영풍군 등 4기의 태실을 제외하고 살펴보면, 태
실조성은 모두 8번에 걸쳐 실시되었다.

즉 가장 빨리 진양대군이 1438년 3월 10일에 조성되었고, 두 번째로
의창군이 그보다 하루가 늦은 3월 11일이다. 세 번째로 광평대군·계양
군·한남군·담양군이 다음 해인 1439년 5월 24일에, 네 번째로 평원대군
이 이보다 이틀 늦은 5월 26일에, 다섯 번째로 임영대군이 1439년 5월
29일에, 여섯 번째로 영흥대군·밀성군·수춘군·익현군·영해군이 1439년
8월 8일에, 일곱 번째로 원손 단종이 1441년 윤11월 26일에, 여덟 번째
로 왕자 당이 1442년 10월 23일에 조성되었다.(그림 23)

---

142) 최홍조, 2015, 「제3장. 조선 왕실의 장태의례와 태실」, 『별고을 성주, 생명을 품
다 -선석산 세종대왕자 태실 이야기』, 경북대학교 영남문화연구원, 121쪽.

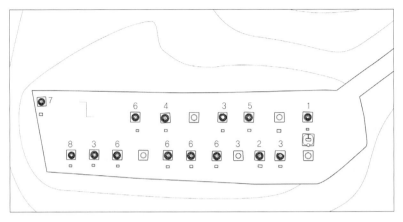

〈그림 23〉 선석산 태실의 조성 순서도

　장태시기를 알 수 없는 4기 중 화의군의 외호 개가 진양대군(1438. 3. 10.)과 비슷하나 계양군(1439. 5. 24.)보다 약간 이르며, 영풍군의 외호 개는 평원대군(1439. 5. 26.)과 비슷하여, 화의군은 1438년 3월 11일 의창군과 같은 날에 장태되었을 것으로 추정되며, 영풍군도 1439년 5월 26일 장태되었을 가능성이 높다. 그 외 안평대군·금성대군은 1438~1442년 사이에는 조성되었을 것으로 추정된다.

　이렇게 선석산 태실의 장태 시기는 출생 후 짧게는 약 3개월, 길게는 약 20년 5개월 후로 일정치 않다. 이를 태실 배치도와 비교해 보면, 출생한 순서에 의해 태실을 조성하지도 않았고, 뒤 열의 적손부터 순서대로 설치하지도 않았으며, 태실조성의 적기(適期)가 아닌 태주의 자리는 비워가며 후열과 전열을 번갈아 가며 태실을 조성한 것을 알 수 있다.

　결국 태실이 모두 완성되었을 때 태실배치는 아들의 출생 순서에 맞게 그리고 대군(후열)과 군(전열)을 앞·뒤로 구분하여 배치한 것으로 나타난다. 이것은 태실을 조성하기 전에 이미 설계도가 작성되어 약 4년 8월 동안 계획적으로 장기간에 걸쳐 조성하였음을 말해주는 증거라 하겠다. 즉 이미 태봉의 정상 경사면에 석축을 쌓고 정상부를 편평하게 평탄작업을 하여 태실지를 조성하여 마스터 플랜(Master plan)을 세워두었던 것이다. 그리고 1438년 3월 10일 최초로 진양대군의 태실을 설치하고, 이후 태어난 사람의 태실도 기존에 마련된 조성계획을 수시로 수정하면서 왕실에서 체계적인 관리를 하였던 것이다.

그런데 세종은 왕위(王位)를 이을 세자인 문종의 태실만은 이곳에 설치하지 않고 예천에 조성하였다.[143](그림 24) 이는 대(代)를 이을 왕세자이기에 여러 형제들과 그 지위를 차별하기 위하여 별도의 지역에 태실을 세운 것으로 볼 수 있다. 즉 일반적으로 왕통(王統)을 이을 왕세자의 경우 별도의 태봉을 선정하여 태실을 조성하는 원칙에 의해서이다. 이는 단종의 최초 아기태실이 성주 선석산에 여러 숙부와 함께 설치되었다가 문종이 임금으로 즉위하여 왕세자로 책봉(1451)되자 성주 법림산으로 이전되는 데서도 엿볼 수 있다.

---

143) 경북 예천군 상리면 명봉리 산 2번지 명봉산 '앞태봉'에 위치한다. 문종 태실은 1439년(『세종실록』세종 21년(1439) 1월 10일(기축)·2월 3일(임자)) 예천 명봉리에 처음 조성되고, 1450년(『문종실록』문종 즉위년(1450) 7월 4일(병오))에 가봉되었다. 한편 윤진영(2013, 「조선 후기 안태의궤의 개선과 정비」, 『조선시대사학보』67, 조선시대사학회, 398쪽)은 1436년(세종 18) 문종 태실이 처음 조성된 것으로 보았으나, 이는 오류이며, 홍성익(1998, 「강원지역 태실에 관한 연구」, 『강원문화사연구』3, 강원향토문화연구회, 105쪽)은 문종 태실이 처음에 성주 선석산 태실에 조성되었으나, 후대에 경북 예천 명봉리 명봉사로 옮겨졌다고 보았는데, 이도 오류이다.

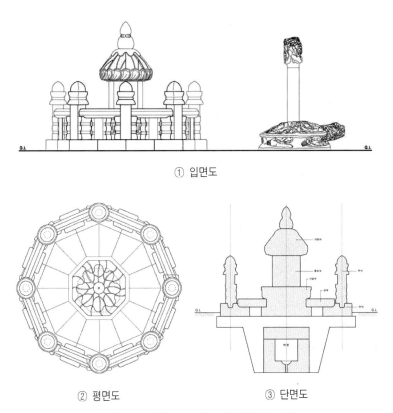

① 입면도

② 평면도　　　　　　③ 단면도

〈그림 24〉 문종 가봉태실 복원도(축적 부동)

또 전술한 사료 ①-1과 ③-2를 보면, 세조 8년(1462) 8월 이전에는 왕위를 계승할 왕세자나 원손도 임금과 마찬가지로 태실에 돌난간을 치장하는 것이 당시의 규례였다. 하지만 선석산(1441)과 법림산(1451)의 원손인 단종 아기태실에는 석난간을 두르지 않았으므로 그대로 적용되지는 않았다.

Ⅲ. 성주와 사천의 단종 가봉태실 진위와 태실구조

1. 성주의 단종 가봉태실 현황

1) 태실의 위치

단종 태실로 알려진 성주 가봉태실이 있는 곳은 경북 성주군 가천면 법전리 산10번지의 태봉산이다. 태실이 있는 '태봉산'은 가야산(해발 1,430m)이 북쪽으로 뻗어 내린 지맥이다. 북쪽의 주산에서 남쪽으로 내려오다 돌출되어 솟아오른 태봉산은 정상부에 두 개의 봉우리가 있는데, 태실은 북쪽 봉우리(해발 340.4m)에서 동남쪽으로 약 70m 내려온 봉우리(해발 333m)에서 다시 동남쪽으로 약 30m 떨어진 곳에 위치한다. 태봉산의 주위로는 논과 마을이 형성되어 있고, 서쪽에서 흘러나온 화죽천이 앞(남쪽)을 지나 동쪽으로 흘러 대가천에 합류된다. 또 좌청룡·우백호의 역할을 하는 산줄기가 태봉산을 감싸 안듯이 좌·우에 돌려져 있다. 이러한 입지를 풍수지리학에서는 돌혈이라고 한다.

태실이 있는 곳은 민묘가 있으며, 태실에 사용되었던 우전석, 상석 등의 석물들이 태실지와 서북쪽으로 약 30m 떨어진 민묘의 시설물로 사용

① 태봉산 원경(동→서)   ② 태실지 근경(동→서)

〈사진 1〉 경북 성주의 단종 가봉태실

되었다. 또 태봉산 아래 북동쪽 계곡에서 절터가 확인되는데, 이곳에는 법림사라는 절이 있었던 것으로 추정된다.(지도 1, 사진 1~3)

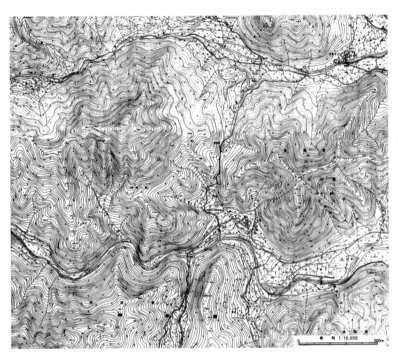

〈지도 1〉 성주의 단종 가봉태실 위치도

2) 유물 현황

(1) 우전석

우전석은 3개가 확인되며, 화강암으로 만들었다. 태실지 남동편에서 1개(우전석 1)가 확인되며, 평면형태는 중간이 벌어진 <형의 오각형에 가깝다. 윗면은 2단의 단을 이루었는데, 전체 크기는 길이 140 × 너비 70 × 높이 32cm이다. 주석을 꽂을 수 있게 상단 상면 가운데에 작은 홈을 팠으며, 양 측면 가운데에도 반원형의 홈이 나있다. 나머지 2개는 태

실지에서 서북쪽으로 약 30m 떨어져 있는 민묘의 북쪽(우전석 2)과 남쪽(우전석 3) 망주석의 지대석으로 사용되었는데, 모두 뒤집혀 있다. 크기는, 우전석 2는 길이 130 × 너비 78㎝이고, 우전석 3은 일부 파손되었으나, 길이 146 × 너비 95㎝이다.(사진 1-②·2)

① 서북쪽 정상부 민묘 전경(남동→북서)　　② 우전석 1

③ 우전석 2　　　　　　　　④ 우전석 3

〈사진 2〉 서북쪽 정상부 민묘와 우전석

(2) 상석

상석은 5개가 확인되며, 화강암으로 만들었다. 이들은 태실지에서 서북쪽으로 약 30m 떨어진 민묘의 시설물로 사용되었다. 상석 1은 비대로 사용되었는데, 평면형태는 사다리꼴이며, 크기는 길이 84 × 너비 50㎝이다. 그 외 4개는 민묘의 북쪽(상석 2)과 남쪽(상석 3) 망주석 옆 경계석

으로 2개씩 사용되었다. 4개 모두 묻혀 상면만 노출되었으며, 평면형태
는 세장방형이고 모양과 크기가 비슷하다.(사진 3)

① 비대로 사용   ② 북쪽 경계석으로 사용   ③ 남쪽 경계석으로 사용

〈사진 3〉 민묘에 사용된 상석

3) 문헌기록

경북 성주군에 있는 단종의 가봉태실에 관한 문헌기록으로는 다음과
같다.

A-1) 처음에 원손의 태를 경상도 성주에 안치하였는데, 그 도국(圖局) 안에
장경의 묘가 있었으니 바로 성원군 이정녕의 시조(始祖)이었다. … 앙
이 이미 돌아오매 정녕을 고맙게 여기어 이르기를, "장경의 묘는 태실
과 멀리 떨어져서 해로울 것이 없다."하고, 마침내 아뢰지 않았다. 뒤에
통이 대호군 조유례에게 말하였기 때문에 일이 발각되니, 이에 앙을 의
금부에 내려 국문하게 하였다.(『세종실록』세종 25년(1443) 12월 11일
(신묘))

-2) 임금이 … 모두 말하기를, " … 정녕이 비록 지친(至親)이라 하더라도
일에 경하고 중함이 있사오매, 이것으로 (죄를) 갚을 수는 없습니다. 왕
손은 나라의 근본임에도 정녕의 일이 이와 같사오니, … 앙과 대질 심문
하여 과죄(科罪)함이 마땅합니다."고 하였으며, 좌참찬 권제는 또 말하
기를, "장경의 무덤이 조그만큼이라도 태실에 불리함이 있다면, 비록 하
루라도 옮기지 않을 수 없사오니, 그 자손으로 하여금 옮기게 함이 편할
까 합니다."하였다.(『세종실록』세종 26년(1444) 1월 3일(계축))

-3) 풍수학에서 아뢰기를, " … 지금 왕세자의 태실이 성주의 여러 대군들의 태실 옆에 기울어져 보토(補土)한 곳에 있으니 진실로 옳지 못합니다. 『태경(胎經:『태장경』을 지칭)』의 땅을 가리는 법에 의하여 길지를 경기와 하삼도에 널리 구하게 하소서."하니, 그대로 따랐다.(『문종실록』문종 즉위년(1450) 9월 8일(기유))

-4) 중추원 부사 박연이 상언하기를, "태봉 아래에 백성들의 여사(盧舍)를 철거하고 그 전토(田土)를 폐지하니, 지극히 통석(痛惜)합니다. 지리(地理)의 설에 말하기를, … 태소(胎所)도 또한 같으니 나라의 전토는 줄어들어 민생의 원망이 그칠 날이 없을 것입니다. … 전하께서는 지리의 여러 책과 태경의 설(說)을 두루 고찰하도록 명령하여, … 그 태봉 주변에 절이 있는 곳에는 인하여 축령(祝齡)하는 곳으로 삼아서 옛사람의 태실의 예와 같이 하는 것이 어떠하겠습니까?"하니, 명하여 풍수학에 내려 이를 의논하게 하였다. 그때 허후가 안태사로서 경상도 성주에 가 있었다. 임금이 허후에게 유시하기를, "태봉 근방의 인가(人家)와 토전(土田)의 수와 태봉과 인가와의 거리의 보(步) 수와 인민(人民)이 옮겨 거주하는 것과 전토를 개간하는 것의 편하고 편하지 않은 것을 조사하여 오라."하였다. 뒤에 풍수학에서 의논하여 아뢰기를, "태봉에 너무 가까이 사람이 거주하면 화재가 가히 두려우니, 도국의 밖에 옮기는 것이 마땅합니다. 만약 태봉의 주혈(主穴) 산기슭 이외에는 일찍이 경작한 토전과 태봉 주변의 사사(寺社)는 다른 태실의 예에 의하여 옛날 그대로 하소서."하였다.(『문종실록』문종 1년(1451) 1월 22일(임술))

-5) 중추원 부사 박연이 상언하기를, "풍수학설에, '산근(山根)에 너무 가깝지 아니하고 인가에서 멀리 떨어지면 철거하지 말라.'고 하였는데, 이제 성주태봉은 봉 아래 좌액(左腋)에 법림사(法林寺)가 가장 산근 가까이 있고 민가는 한 곳에 모여 살며, 법림사 밑에 있어서 서로 거리가 멀리 떨어졌으니, 가축이 밟을 까닭이 없고, 만약 민가에 불이 나는 일이 있을 지라도 법림사 뒷 봉을 지난 뒤에야 태봉에 이를 것입니다. 이는 신이 혼자 본 것이며 다른 사람은 본 이가 없습니다. … 신의 어리석은 마음을 살펴 의심없이 시행하소서."하였다.(『문종실록』문종 1년(1451) 2월 18일(정해))

-6) 안태사 예조판서 허후가 돌아와서 아뢰기를, "이제 동궁의 태실을 성주

가야산에 옮겨 모시고 그 사역을 정하였는데, 동쪽과 남쪽을 각 9천 6백
보, 서쪽을 9천 5백 90보, 북쪽을 4백 70보로 하여 표를 세우고, 또 품
관 이효진 등 8사람과 백성 김도지 등 6사람을 정하여 수호하게 하였습
니다."하였다.(『문종실록』문종 1년(1451) 3월 6일(을사))

-7) 예조에서 아뢰기를, "성주 선석산에 주상의 태실을 봉안하였으나, 여러
대군과 여러 군과 난신 유의 태실이 그 사이에 섞여서 자리하였고, 법림
산(法林山)에 노산군의 태실이 있으니, 청컨대 여러 대군과 여러 군의
태실을 옮기고 유와 노산군의 태실은 철거하게 하소서."하니, 그대로 따
랐다.(『세조실록』세조 4년(1458) 7월 8일(계사))

-8) 법림촌(法林村)에 옛 법림사가 있었는데, 절의 진산에 태를 묻고 절을
철거하여 그 절터가 아직 있고 태석(胎石)이 산 밑에 굴러 내려와 있으
나 어느 때인지 알지 못한다.(『경산지』(1677) 권1 각방)

-9) 가천방(伽泉坊)에 법림촌(法林村)이 있으니 옛 법림사 터[法林寺址]이
다. 이 절의 진산(鎭山)에 태를 묻고 그 절을 철거하였다 하니 어느 때
의 일인지 알 수 없다.(『읍지잡기』(1890~1902) 방명)

-10) 가천면(伽泉面) 법전동(法田洞)은 옛 법림촌에 옛 법림사가 있었고 절
의 뒷산에 태를 묻고 절을 철거하여 남은 터가 아직 있고 태석은 산 밑
에 굴러 내려와 있으나 때를 모른다.(『성산지』(1937) 권1 면동)

2. 사천의 단종 가봉태실 현황

1) 태실의 위치

단종 태실로 알려진 사천 가봉태실이 있는 곳은 경남 사천시 곤명면
은사리 438번지의 작은태봉산이다. 이 태실은 평지에서 돌출되어 솟아오
른 독봉(獨峯)의 정상부에 위치한다. 이 산을 '작은태봉산(해발 100.5m)'
이라 부르는데, 북쪽 주산에서 남쪽으로 뻗어 내려오다가 단절되었으
며,144) 좌청룡·우백호의 역할을 하는 산줄기가 미약하나마 태봉산을 감

싸는 형국을 하고 있다. 태봉산 주위로는 논이 형성되어 있으며, 그 앞쪽 (남쪽)에는 세천(細川)이 서에서 동으로 흘러 완사천에 합류한다. 이는 풍수지리학으로 돌혈에 해당하는 곳이다.

그리고 좌청룡 역할을 하는 서쪽의 산은 '큰태봉산(해발 151.3m)'으로 하는데, 정상부에서 남쪽으로 내려온 봉우리(해발 118m)에 세종의 가봉태실이 있었으나 지금은 민묘가 들어서 관련 석물들은 산 밑에 이전되어 있다. 작은태봉산의 정상부에는 민묘가 자리하고 태실 관련 석물들이 주변에 흩어져 있다. 민묘에는 우전석이 둘레석[屛風石]으로 사용되었고, 민묘의 아래 서쪽에는 가봉중앙석물과 파손된 비신이, 민묘의 아래 동쪽에는 귀부와 이수가 있다. 또 구릉 사면에 상석(裳石)이 흩어져 있다.(지도 2, 사진 4·8~11)

① 태봉산 원경(남→북)　　② 태실지 근경(남서→북동)

〈사진 4〉 경남 사천의 단종 가봉태실

144) 『태봉등록』영종조 신해(1731, 영조 7) 2월 29일에 " … 단종대왕의 태가 봉안된 곳을 신 등이 자세하게 봉심하였더니 … 동 태실은 술좌진향이었거니와 … 태봉의 뒤쪽으로 40보 아래에 뻗어 내린 산맥이 부분 부분 끊겨서 거의 평지가 되다시피 한 곳이 있어, 길이 31척, 넓이 10척 흙을 채워 완전하게 구축하고 그 위에 소나무를 심어서 지금까지 오고 가던 도로를 막아 통행을 금지 시키도록 하였는데 … "라는 내용으로 보아 원래는 주맥이 끊기지 않았으며, 태봉산이 지금처럼 독봉이 아님을 알 수 있다.

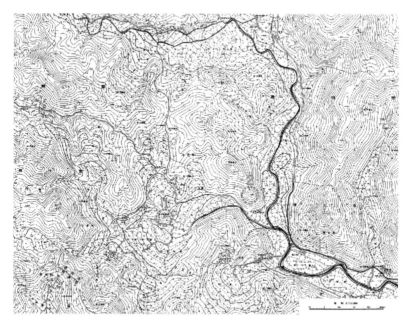

〈지도 2〉 사천의 단종 가봉태실 위치도(①인성대군 태실 ②세종 태실)

2) 유물 현황

(1) 태지석

태지석은 장방형의 오석으로 만들었으며, 크기는 가로 21.7 × 세로 27.9 × 두께 6.2cm이다. 명문은 세로 3줄로 '皇明天順五年十一月三十日戌時生/ 王孫諱糞者胎/ 天順六年四月二十九日甲午午時藏(앞)'라고 해서체로 음각되어 있다.[145](그림 1, 사진 5)

---

145) 국립문화재연구소, 1999, 『서삼릉태실』, 79쪽.

〈그림 1〉 태지석 탁본 　　　　〈사진 5〉 태지석

(2) 동전

완형의 조선통보로 푸른 녹이 고착되어 부식층을 형성하고 있다. 앞면에는 '朝鮮通寶(조선통보)'가 대독(對讀)으로 쓰였고 뒷면은 무배자(無背字)이다. 중앙에 네모 구멍이 있고, 글자는 해서체이며, 단관보(短冠寶)에 팔족보(八足寶)이다.(사진 6)

① X-Ray필름(앞면) 　　　　② 보전처리 후(앞면)

〈사진 6〉 조선통보

(3) 태호

태호는 외호와 내호로 구성된 백자이다. 외호는 개와 호로 구성되었다. 뚜껑은 4개의 장방형 구멍이 뚫린 단추형의 손잡이가 부착되었으며, 크기는 높이 11.4 × 개경 25㎝이다. 호는 구연이 외반되고 입술면은 둥글며, 어깨에서 배가 부르다가 저부로 좁아지는 형태이다. 어깨 밑에는 4개의 ㄷ자형 고리가 있으며, 저부는 안굽으로 굽에는 유약을 벗겨내고 모래받침으로 번조하였다. 크기는 높이 37 × 구경 19.6 × 저경 20.2㎝이다. 뚜껑과 호의 태토는 정선된 백토에 담청색 투명유를 시유하였다.

내호도 개와 호로 구성되었다. 뚜껑은 4개의 원형 구멍이 뚫린 보주형의 손잡이가 있으며, 입술면의 유약을 약간 벗겨내고 모래 빚음받침으로 번조하였다. 크기는 높이 5.5 × 개경 11.4㎝이다. 호는 세장한 항아리로 구연이 외반하고 어깨에서 약간 벌어지다가 거의 직선으로 저부까지 좁아져 내려가는 형태이다. 어깨에는 4개의 C형 고리가 있으며, 바닥은 안굽이고 모래 빚음받침으로 번조하였다. 크기는 높이 29.2 × 구경 9.1 × 저경 9.5㎝이다. 뚜껑과 호의 태토는 회백색의 점토를 사용하였고 잡티와 기포의 흔적이 많다.[146](사진 7, 그림 2)

〈사진 7〉 서삼릉 출토 태호   〈그림 2〉 서삼릉 출토 태호 실측도

---

146) 국립문화재연구소, 1999, 『서삼릉태실』, 36·79쪽.

(4) 가봉태실비

가봉비는 지대석, 귀부, 비신과 이수로 구성되어 있으며, 화강암으로
만들었다. 가봉비는 긴 팔각형(?)의 지대석 위에 같은 돌[一石]로 귀부를
만들고 그 위로 별도의 돌로 이수가 있는 비신을 세웠는데, 현재 비신과
이수는 파손되어 분리되어 있다. 귀부와 이수는 한 곳에 세워져 있는데,
현 높이는 134.5㎝이다. 귀부는 뒤쪽이 일부 묻혀 있고 다리를 구부려
배쪽으로 당겨 웅크린 자세이며, 등에는 장방형의 비좌를 높게 마련하였
다. 귀두는 입을 약간 벌려 날카로운 이빨과 혀를 노출하였으며, 머리에
는 2개의 뿔이 있고, 목은 짧게 앞으로 빼었다. 목과 몸체에는 어린문(魚
鱗紋)을 덮었다. 등에는 긴 육각의 귀갑문이 장식되었고, 귀갑 가장자리
[外緣]는 C자 모양이 중간 중간 새겨져 있는 소문대(素文帶)로 주연(周
緣)을 돌렸다. 어깨에는 멜빵 같은 띠가 걸쳐져 있다. 발가락은 모두 4개
이며, 꼬리는 1개로 우측으로 틀었다. 이수(높이 63.5 × 두께 35㎝)는
방형으로 앞면에 두 마리의 용을 마주보게 배치하고 주변에 운문을 장식
하였는데, 옆면과 뒷면은 운문으로만 채웠다. 비신은 장방형으로 파손이
심하며, ' … 大王 … 室(앞) … 百七年甲寅 … (뒤)'이라고 해서체로
음각되어있다.(사진 8)

① 귀부와 이수　　　② 비신(파손)

〈사진 8〉 가봉비

(5) 중앙태석

중앙태석은 개첨석, 중동석과 사방석으로 구성되는데, 화강암으로 만들었으며, 현 높이 195cm이다. 개첨석은 팔각형으로 상부에는 염주형 원좌를 둔 연봉을 올렸으며, 낙수면에는 연줄기와 연잎을 장식하였다. 하면에는 부연을 모각하였다. 중동석은 팔각형으로 무문이며, 개첨석과 한돌로 제작되었다. 사방석은 팔각형으로 간판을 사이에 둔 16개의 이중 복련을 상면에서 측면까지 내려오게 조각하였다.(사진 9)

〈사진 9〉 중앙태석   〈사진 10〉 우전석

(6) 우전석

우전석은 8개로 화강암으로 만들었으며, 민묘의 둘레석으로 사용되고 있다. 평면 형태는 중간이 벌어진 <형이다.(사진 10)

(7) 상석

상석은 민묘 주변 구릉 사면에서 3개가 확인되는데, 화강암으로 만들었다. 일부 땅에 묻히고 파손이 심하여 자세히 알 수 없다.(사진 11)

① 상석 1   ② 상석 2   ③ 상석 3

〈사진 11〉 상석

3) 문헌기록

경남 사천에 있는 태실에 관한 기록으로는 다음과 같다.

B-1) 단종대왕 태봉 곤양(昆陽).(『태봉등록』(1643~1740) 서문)

-2) 경상감사 박문수의 장계 안에, "지금 도착하여 접수한 곤양군수 권희학의 첩정에, '본 군 북쪽 30리 거리 소곡면(所谷面) 조동산(槽洞山) 일국(一局) 내에 세종대왕과 단종대왕 태실이 봉안되어 있으므로 군수가 달려가 봉심하였더니, … 단종대왕 태실의 중동석과 상개연엽석(上盖蓮葉石)은 조금도 흔들린 데가 없으나, 지배석(地排石) 8개와 지대석(地臺石) 8개가 모두 붙어 있는 부분은 들쭉날쭉한 부분이 있으므로, 이런 연유를 첩보함으로써 도(道)에서 참작하여 분부하도록 하기 위해 첩정합니다.' 라고 하였거늘 ….(『태봉등록』영종조 경술(1730, 영조 6) 5월 6일)

-3) 경상감사 조현면의 장계에, '곤양 땅에 있는 세종대왕과 단종대왕 태실 개수 길일을 오는 2월 23일과 19일로 정했다고 하므로, … 단종대왕 태실은 다만, 배설된 석물이 개석·상석·중동석 뿐이었고, 주석과 횡죽석은 아예 배설되지 않았습니다. 다 같이 대왕의 태실이며 더구나 같은 경내에 있는데, 배설 석물이 이렇게 현격하게 다르니, 주석과 횡죽석은 다시 배설해야 마땅할 듯하읍니다. 표석은 양쪽 태봉에 모두 없으니 추가하여 표석을 세우는 것이 마땅할 듯합니다.(『태봉등록』영종조 신해(1731, 영조 7) 2월 초5일)

-4) 세종대왕·단종대왕의 태봉은 경상도 곤양군에 있고, … 장차 비를 세우려 함에 있어서 표석이 이지러져서 고쳐야 되므로, 예조 당상과 선공 감

역 각 1인을 보내서 그 일을 감독하게 할 것을 명하였으니, 선조(先祖: 숙종) 신묘년(1711, 숙종 37)의 전례를 적용한 것이었다.(『영조실록』영조 10년(1734) 7월 11일(갑신))

-5) 그 뒤에 예조에서 아뢰기를, "『등록』을 가져다가 상고해 보니, … 지금 이 곤양군의 두 태실의 표석은 이번에 처음 새로 세우는 것이니 만큼, 뒷면에는 마땅히 '숭정 기원후 몇년 간지, 몇월 몇일'이라고 써서 새겨야 될 듯하고, …"하니, 임금이 그대로 따랐다.(『영조실록』영조 10년 (1734) 7월 11일(갑신))

-6) 예조가 아뢰기를 "곤양 땅에 있는 세종대왕 태실과 단종대왕 태실에 처음에는 표석이 없었는데, 지금 처음으로 건립하는 것이며, … 등록을 가져다가 상고하여 보았더니, '대왕 태실 석물을 가봉할 적에는 표석의 앞면에 쓰기를, 현재 임어(臨御) 중인 왕일 경우는 '主上殿下胎室(주상전하태실)'이라고 쓰는 것이며, 만약 선왕의 태실일 경우에는 '廟號(묘호)'를 써야 하옵니다. … 곤양의 양 태실 표석에 표(標)를 쓸 때, 앞면에 '廟號(묘호)'를 쓰고, 뒷면에는 '崇禎紀元後年干支月日建(숭정기원후년간지월일건)'이라고 해야 될 것 같으며, … '단종대왕태실'은 표석의 앞면에, 뒷면에는 '숭정 기원후 일백 칠년 갑인 9월 초8일 건'이라고 써야 하고, … .(『태봉등록』영종조 갑인(1734, 영조 10) 7월 16일)

-7) 예조 참의 신 유언통의 장계에, " … 초8일 첫 새벽에 단종대왕 태실로 가서, … 표석을 세운 뒤에, 사후토제를 지냈습니다. 단종대왕 태실에 배설되었던 이전 석물은 그 크기가 본시 작을 뿐 아니라 지형마저 협착하여 석물을 간신이 배설할 수 있는 좁은 땅이었으므로, 표석의 몸통이 크다면 맞을 도리가 없다고 생각되었습니다. … 단종대왕 태실의 표석은 그 지형이나 원래의 석재 크기를 모두 참작하여 세종대왕 태실 석물과 견주어, 석물의 길이나 너비의 치수를 좀 작게 해서 배설하였습니다.(『태봉등록』영종조 갑인(1734, 영조 10) 9월 초8일)

-8) 소곡산은 군의 북쪽 25리에 있다. 지리산의 남쪽 기슭인데, 진주(晉州) 옥산(玉山)으로 부터 동쪽으로 내려온 주맥(主脉)이다. 세종대왕과 단종대왕 두 왕의 태실이 봉안되어 있다.(『여지도서』(1757~1765) 경상도 진주진관 곤양군 산천;『경상도읍지』(1832) 곤양군읍지 산천;『영남읍

지』(1895) 곤양군읍지 산천)

3. 단종 가봉태실의 진위와 태실구조

1) 성주 태실의 진위

단종은 1441년(세종 23) 7월 23일 새벽에 제5대 문종과 현덕왕후의 외아들로[147] 태어났다. 휘는 홍위이며, 1448년 왕세손에 책봉되고,[148] 1450년 문종이 즉위하자 왕세자로 삼아 1451년(문종 1)에 책봉된다.[149] 1452년 왕의 자리에 오르지만,[150] 1453(단종 1) 10월 계유정난으로 수양대군이 정권을 잡는다. 1455년 윤6월에 단종은 수양대군에게 왕위를 물려주고[151] 상왕으로 물러나지만, 1456년(세조 2) 6월 상왕 복위사건으로 1457년 6월 노산군으로 강봉되어[152] 영월에 유배되었으며, 1457년 9월 금성대군이 노산군 복위를 계획하다 발각되어 다시 서인으로 강봉되고 그해 10월 24일 사사되었다.[153] 이후 1681년(숙종 7) 노산대군으로 추봉되고,[154] 1698년 복위되어 묘호는 단종, 능호는 장릉이라 하였다.[155] 이러한 단종의 일대기를 염두에 두고 검토해 보기로 하겠다.

단종의 태실이라 논란이 있는 성주의 태실과 사천의 태실에 잔존하는

147) 『세종실록』세종 23년(1441) 7월 23일(정사) 및 9월 21일(갑인); 『단종실록』단종 총서; 『선원보』권1 단종; 『국조보감』권9 단종.
148) 『선원보』권1 단종; 『세종실록』세종 30년(1448) 4월 3일(무오); 『단종실록』단종 총서.
149) 『문종실록』문종 1년(1451) 1월 26일(병인) 및 문종 2년(1452) 9월 1일(경인); 『단종실록』단종 총서.
150) 『단종실록』단종 즉위년(1452) 5월 18일(경술).
151) 『세조실록』세조 1년(1455) 윤6월 11일(을묘).
152) 『선원보』권1 단종.
153) 『장릉지』(1441~1740) 권1 구지; 『한국민족문화대백과사전』12(한국정신문화연구원, 1996, 609~610쪽).
154) 『숙종실록』숙종 7년(1681) 8월 14일(갑오); 『단종실록』부록.
155) 『숙종실록』숙종 24년(1698) 11월 6일(정축).

석물을 살펴보면, 그 규모와 형태로 보아 이 두 지역의 태실이 아기태실이 아니라 분명 국왕의 가봉태실임을 알 수 있다. 이로 인해 그동안 단종 가봉태실 고증에 더욱 어려움과 혼란을 야기 시켰다.

사료 A-1(1443, 세종 25)에 의하면, 처음에 원손인 단종의 태를 경상도 성주에 안치하였다고 나온다. 이는 단종의 아기태실로 그 위치는 선석산 태봉으로 지금 경북 성주군 월항면 인촌리 산 8번지에 있는 선석산 태실이다. 사료 A-2(1444)에 원손인 단종의 태실을 조성하면서 이장경의 묘가 이 태실 도국 안에 있어 피해를 줄까봐 묘를 옮기는 과정은 『조선왕조실록』(이하 『실록』이라 함)에 자세하다. 사료 A-1에 '원손의 태가 처음에 성주에 안태되었다' 하였는데, 이것이 언제인가 하는 것은 성주 선석산 태봉에 있는 단종 아기태실의 아기비와 태지석의 기록으로 1441년 윤11월 26일임을 알 수 있다.[156]

그런데, 사료 A-3(1450, 문종 즉위년)에서 왕세자인 단종의 태실이 성주의 여러 대군들의 태실 옆에 있어 경기도와 충청도·전라도·경상도의 하삼도에서 길지를 골라 옮기자고 한다. 이후 A-4(1451년 1월, 문종 1)에 안태사 허후가 태실을 조성하기 위해 성주에 가있고 A-5(1451년 2월)에는 태봉 아래 왼쪽에 법림사가 있다고 한다. A-6(1451년 3월)에서 허후가 돌아와 동궁인 단종의 태실을 성주 가야산에 이안하고 사역을 정하였다고 한다. 그러나 단종이 세조에 의해 사사된 후 성주 법림산에 있는 노산군인 단종의 태실이 철거되는데, 이는 A-7(1458, 세조 4)에 자세하다. 그리고 법림산의 태실이 훼철된 후의 상황이 A-8(1677, 숙종 3)이 말해주고 있는데, 여기서 어느 때 누구의 것인지 알지 못한다는 것으로 보아 성주에서는 『경산지』(1677)가 작성되기 전부터 이 태실은 지역민들에게서 잊혀졌던 것이다. 이로써 단종의 아기태실이 성주 선석산에 있

---

156) 심현용, 2015, 「성주 선석산 태실의 조성와 태실구조의 특징」, 『영남학』27, 경북대학교 영남문화연구원, 71~73·127~128쪽.

다가 법림산(가야산)으로 이안되었음이 밝혀졌다. 법림산은 가야산 지맥의 산으로 그 정확한 위치는 알 수 없지만, 사료 A-5·8·9·10의 법림사(法林寺)와 관련지어 찾아볼 수 있다.

즉 법림사가 있어서 법림산이란 이름이 생겼을 것이며, 이로 인해 이곳 지명이 법림촌(법전동)이 되었을 것이다. 또한 법림사의 뒷산(진산)에 태가 묻혔으며, 태석도 방치되어 있다는 기록에서 더욱 그 근거를 찾을 수 있다. 만약 이곳이 일반인의 태를 묻은 곳이라면 태석이 있을 수 없다. 왜냐하면 태석이 있다는 것은 태실을 설치하였다는 것이며, 태실은 왕실에서만 조성하는 것이기 때문이다. 그러므로 단종의 가봉태실이 있었던 가야산의 법림산 위치는 『경산지』(1677)·『읍지잡기』(1890~1902)와 『성산지』(1937)의 기록처럼 지금의 경북 성주군 가천면 법전2리 산 10·산 11-1번지의 '태봉산'이다. 이곳은 지금도 가봉태실 석물이 지표에서 확인되며, 산 아래 동쪽 계곡에서 법림사 터로 추정되는 이 시기의 절터도 확인되어 문헌기록을 뒷받침하고 있다.

그러나 법림사는 태실을 수호하는 사찰이었으므로 사료 A-8·9·10의 태를 묻고 법림사를 철거했다는 것은 믿기 어려우며, 사료 A-4·5에서와 같이 태봉 주변의 절은 축령하는 곳으로 삼게 하였다. 그러므로 사료 A-7의 노산군 태실을 철거하면서 함께 폐사(廢寺)시켰을 가능성이 높다. 이는 이 절터에서 단종 가봉태실이 훼철되는 시기와 동일한 15세기의 분청자가 주로 수습되는 것으로[157) 추정해 볼 수 있다.

이를 다시 정리해 보면, 단종의 아기태실(1차)은 1441년 윤11월 26일에 선석산 태봉에 조성되고, 1450년 왕세자(단종)의 태실이 선석산의 여러 대군·군 태실과 함께 계속 있었으나, 1451년에 가야산의 줄기인 법림산에 옮겨 새로 아기태실(2차)을 조성하고 법림사를 수호사찰로 삼았다. 이후 1457년에는[158) 노산군과 세조를 반대하는 이유(금성대군)·이

---

157) 대동문화재연구원, 2012, 『성주 태종·단종태실 학술(지표)조사 결과보고서』, 64쪽.

영(화의군)·이어(한남군)·이천(영풍군)을 종친부에서 삭제하고, 1458년
에는 세조의 태실 옆에 있는 금성대군의 태실과 법림산에 있는 노산군의
태실을 철거하게 한다. 즉 세조의 왕위찬탈 후 단종은 노산군으로 강봉
되고 태실까지 철거되는 운명을 겪게 되었으며, 또한 세조는 자신을 반
대한 안평대군·금성대군·화의군·한남군·영풍군 등 5위의 태실까지 훼
손시키고 철거한 것이다.

그러나 원손(단종)의 1차 아기태실은 이미 1451년에 법림산으로 옮겨
가면서 태실 석물을 땅에 묻은 것으로 추정된다. 사료 A-7(1458)에서 선
석산 태실에서 원손(단종)의 아기태실이 보이지 않다가 1977년 보수 때
땅 속에서 발견되는 것이[159] 이를 증명한다. 그리고 세조 때(1458) 훼철
된 법림산의 단종 태실은 2차 아기태실이면서 가봉된 국왕태실이다.[160]

---

158) 『세조실록』세조 3년(1457) 11월 18일(무인).

159) 이후의 기록이지만, 세조를 반대한 사람의 태실이 훼철된 상황은 『태봉등록』인
  조조 계미(1643, 인조 21) 5월 13일에 선석산 태실에는 13위가 두 줄로 나뉘어
  안배되어 있었다고 하는 것과 『경산지』(1677) 권1 산천에서 세종, 임영대군, 광
  평대군, 평원대군, 영흥대군, 계양군, 의창군, 밀성군, 수춘군, 익현군, 장, 거, 당
  의 13위만 있는 것으로 기록된 것에서도 알 수 있다. 그러므로 이 시기에도 이
  미 단종(원손)의 아기태실은 땅에 묻혀 있어서 확인이 안 되었던 것이다. 그리고
  일제강점기 이왕직의 『태봉』에 성주군 선석사 옆에 있는 태봉의 태실을 기록하
  였는데, 이 시기에도 단종(원손)의 아기태실은 확인되지 않는다. 이렇게 땅에 묻
  혀 있던 단종(원손)의 1차 아기태실은 성주군에서 1977년 보수 시 발견되어 다
  시 복원한 것이다.

160) 전주이씨대동종약원, 1999, 『조선의 태실』Ⅰ, 26~29·130~132쪽; 전주이씨대
  동종약원, 1999, 『조선의 태실』Ⅱ, 37~39·159~161쪽; 윤석인, 2000, 「조선왕
  실의 태실석물에 관한 일연구 -서삼릉 이장 원 태실을 중심으로-」, 『문화재』33,
  국립문화재연구소, 115쪽; 박재관, 2003. 7. 1., 「단종의 태실지가 사천에 있다?」,
  『성주군보』63, 성주군; 심현용, 2010, 「성주지역 태실과 생명문화관 전시방안」,
  『세종대왕자태실 생명문화관 컨텐츠 및 전시 방향 모색을 위한 관련 전문가 초
  청 학술세미나』, 성주군, 101~108쪽; 박대윤, 2010, 「조선시대 국왕태봉의 풍
  수적 특성 연구」, 동방대학원대학교 박사학위청구논문, 127~135쪽; 대동문화재
  연구원, 2012, 『성주 태종·단종태실 학술(지표)조사 결과보고서』; 심현용, 2012,
  「조선 단종의 가봉태실에 대한 문헌·고고학적 검토」, 『문화재』45-3, 국립문화

이는 잔존 유물에서 알 수 있는데, 법림산 태봉에서 우전석, 상석 등의 가봉석물들이 확인되기 때문이다. 가봉이란 임금이 등극하게 되면 선왕 (先王) 또는 금상(今上)의 아기태실을 추가로 봉[加封]하는 제도로 아기 태실의 주인공이 왕으로 등극하지 않으면 가봉석물은 설치되지 않기 때문에 아기태실에서는 찾아볼 수 없는 석물들이다. 그러므로 단종이 왕세 자로 있을 때 가봉 장식되었다는 것은[161] 따르기 어렵다. 따라서 2차 아기태실은 단종 재위기간인 1452~1455년 사이에 가봉되었음이 분명하며, 재위한 1452년 5월 18일 이후~1453년 10월 10일 계유정난 이전으로 더 좁혀 볼 수 있다.

2) 사천 태실의 진위

하지만 경북 성주가 아닌 경남 사천에 단종의 태실이 있다고 한다.[162] 대표적인 것이 『의궤』와 『태봉등록』 및 『실록』이다. 먼저, 영조 때 단종 과 세종의 태실을 보수하고 남긴 『세종대왕단종대왕태실수개의궤』 (1730~1731)와 『세종대왕단종대왕태실표석수립시의궤』(1734)(이하 『의

재연구소, 88~90쪽; 심현용, 2015, 「성주 선석산 태실의 조성과 태실구조의 특 징」, 『영남학』27, 경북대학교 영남문화연구원, 92~93쪽.

161) 배기헌, 2012, 「성주지역의 가봉태실」, 『성주 태종·단종태실 학술(지표)조사 결 과보고서』, 대동문화재연구원, 100~104쪽.

162) 신라오악종합학술조사단, 1967, 「세종·단종대왕의 태실조사」, 『고고미술』8-8(통 권 85), 한국미술사학회; 사천시사편찬위원회, 2003, 『사천시사』하, 3343~3344 쪽; 경남문화재연구원, 2003, 『문화유적분포지도 -사천시-』, 사천시, 195쪽. 특히 이은식(2004. 4. 1., 「조선왕조의 태실과 사천①」, 『사천시보』96, 사천시; 2004. 5. 1., 「조선왕조의 태실과 사천②」, 『사천시보』97, 사천시; 2004. 6. 1., 「조선왕조의 태실과 사천③」, 『사천시보』98, 사천시; 2004. 7. 1., 「조선왕조의 태실과 사천④」, 『사천시보』99, 사천시)은 사천 소곡산 태실이 단종 가봉태실이 라 하면서도 성주 법림산 태실은 단종이 동궁으로 있을 때 선석산 태실에서 이 전된 아기태실이라고 하였다. 그리고 홍성익(1998, 「강원지역 태실에 관한 연구」, 『강원문화사연구』3, 강원향토문화연구회, 105쪽)도 단종 태실은 처음에 성주 선 석산 태실에 있었으나, 후대에 경남 사천 은사리로 옮겨졌다고 하였다.

궤』라 함)에 의하면, 경남 사천에 단종의 태실이 있다는 것이다. 이는 당시 예조에서 태실을 설치하거나 수리하고 남긴 것으로 의궤란 조선시대 왕실에서 어떤 의식을 행하고 그 주요한 내용을 기록과 그림으로 정리한 책이다. 그러므로 기록의 신빙성이 가장 높은 자료라 하겠다.

또한 사료 B-1~3에서도 단종의 태실은 곤양에 있다 하였다. 『태봉등록』(이하 『등록』이라 함)은[163] 조선 왕실에서 태실을 조성하고 예조에서 엮은 책으로 1643(인조 21)~1740년(영조 16) 동안 거행된 태봉 선정과 시기, 석물, 보수 상황 등을 상세하게 기록한 책으로 앞의 『의궤』와 동일한 내용을 담고 있다. 그리고 사료 B-4·5(1734, 영조 10)의 『실록』에서도 이 기록들과 마찬가지로 단종의 태실이 곤양에 있다고 하였다. 이후부터는 『여지도서』(1757~1765), 『경상도읍지』(1832)와 『영남읍지』(1894~1895)의 사료 B-8처럼 곤양, 즉 지금의 사천에 단종 태실이 있는 것으로 정착되었다.

한편, 고지도에서도 이러한 상황이 확인된다. 즉 사천의 단종 가봉태실이 『비변사인방안지도』(18C 중반)의 영남지도 곤양지도에 '端宗大王胎封(단종대왕태봉)'이라 하고, 『여지도서』(1757~1765)의 경상도 곤양지도, 『영남읍지』(1871)의 곤양지도, 『1872년 지방지도』의 경상도 곤양지도와 『곤양군읍지』(1899)에 '端宗大王胎室(단종대왕태실)'이라고 표기되어 있다.(지도 3)

---

163) 『태봉등록』(1643~1740)은 2책의 필사본으로 규장각에 소장되어 있는데(책1은 도서번호 奎12893-2-1, 책2는 도서번호 奎12893-2-2), 권영대(2006, 『국역 태봉등록』, 국립문화재연구소)에 의해 한글로 번역 되었다. 이 글에서는 이들 『의궤』와 『등록』의 내용이 동일하므로 글 전개의 편의와 중복을 피하기 위해 『태봉등록』을 사료로 제시하겠다.

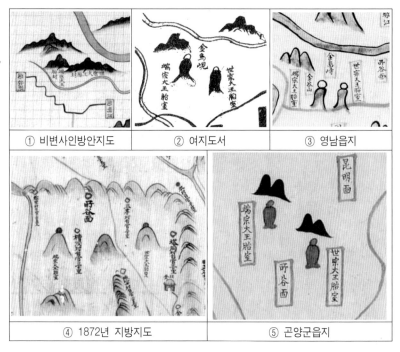

<지도 3> 고지도에 나타난 사천의 단종 태실

특히, 경남 사천에 단종 태실이 있다고 기록된 앞의 『의궤』와 『등록』 등의 문헌자료들은 그 신빙성에 가치가 매우 높아 쉽게 부정하기 어려운 현실이다. 그런데 『실록』에서만 그 기록이 일치하지 않고 있다. 즉 사료 A-1∼7의 15세기 중엽 기록에서는 성주에 단종 가봉태실이, 사료 B-4·5 의 18세기 전반의 기록에서는 사천에 단종 가봉태실이 있다고 하였다. 단순히 문헌기록으로 보아서는 어느 것을 취신할지 쉽게 분별이 가지 않는다.

하지만 경북 성주 법림산에 있다는 단종 태실의 기록은 15세기 중엽 으로 단종 태실 조성 당시의 기록이며, 경남 사천의 곤양 소곡산(조동산) 에 단종 태실이 있다고 주장하는 기록들은 대부분 17∼19세기에 기록된 것으로 앞의 기록보다 약 2백년 뒤의 자료이다. 여기서 임진왜란 이전과 이후의 기록으로 구분되는 특징을 찾을 수 있는데, 1698년(숙종 24) 11월 단종이 복위된 정치적 분위기와도 관련이 있을 것 같다. 우선 임진왜란의 피해로 조선 왕실의 태실과 관련된 『등록』 등 많은 자료들이 소실되었기 때문일 것이다. 이는 다음의 사료에서 확인된다.

C-1) 관상감 관원이 영감사 제조의 뜻으로 계하기를, 지난번 지관에게 내린 전교에서, 앞으로 안태할 일이 있을 터인데, 태봉을 기록한 문적(文籍)이 병난(兵亂)으로 산실(散失)된 까닭에, 조사하여 아뢸 도리가 없사오니, 해당부서로 하여금 각도에 공문을 보내 여러 고을에 산재한 태봉을 하나하나 조사하여, 지명과 좌향이 기록된 책을 만들어, 올려 보내라 하였사온데 즉시 거행되지 않았으며, … 경기도·충청도·강원도의 일부 고을들 이외에, 나머지 3도는 단 한 고을도 회보하지 않고 있으니 … 전라도·경상도·황해도 3도의 감사들은 모두 추고하도록 하심이 어떠하옵니까? 라고 하였는데, 윤허한다고 전교하였다.(『태봉등록』인조조 계미(1643, 인조 21) 8월 초5일)

-2) … 태봉을 기록한 책을 아직껏 올려 보내지 않고 있는 각도의 감사는 이미 추고를 청하였사오나 다만, 경기·충청의 다섯 고을만, 복정(卜定)한 곳을 성책하여 보내왔으니, … .(『태봉등록』인조조 계미(1643, 인조 21) 8월 13일)

-3) … 왕후의 태실 봉안처에 있는 석물에 대한 설치와 개수의 일을 기록한 예조의 문서는 난리를 겪는 동안 산실되어 상고할 수 없거니와 지금 풍기군에 있는 소헌왕후 태실은 군에서 올린 문서로 인하여 지방관이 봉심하고 산지기를 정하여 수호하게 하였으며, … .(『태봉등록』현종조 병오(1666, 현종 7) 5월 24일)

-4) 예조에서 열성조의 태봉(胎峰)을 써서 바쳤다. 태조대왕의 태봉(胎封)은 진산 만인산에, 정종대왕의 태봉은 금산 직지사 뒤에, 태종대왕의 태봉은 성산 조곡산에, 세종대왕의 태봉은 곤양 소곡산에, 문종대왕의 태봉은 풍기 명봉사 뒤에, 단종대왕의 태봉은 곤양 소곡산에, 세조대왕의 태

봉은 성주 선석사 뒤에, 예종대왕의 태봉은 전주 태실산에, 성종대왕의
태봉은 광주 경안역 뒤에, 중종대왕의 태봉은 가평 서면에, 인종대왕의
태봉은 영천 공산에, 명종대왕의 태봉은 서산 동면에, 선조대왕의 태봉
은 임천 서면에 있었다. 현종대왕의 태봉은 대흥 원동면에 있는데, 신유
년 10월에 돌난간을 배설한 뒤에 대흥현을 승호하여 군수를 두었다. 숙
종대왕의 태봉은 공주 남면 오곡 무수산 동구에, 경종대왕의 태봉은 충
주 엄정립비의 북쪽 이삼리 쯤에, 영종대왕의 태봉은 청주 산내 일동면
무쌍리에 있었다.(『정조실록』정조 8년(1784) 9월 15일(정묘))

사료 C-1~3은 병란과 난리, 즉 임진왜란으로 인해 지금까지 갖고 있
던 태봉문적이나 태봉성책이 산실되었음을 알려준다. 이로 인해 왕실의
태실에 대한 현황을 알 수 없어서 1643년 예조에서 각 도에 공문을 보내
전국에 산재한 태봉(태실)을 조사하여 보고하라고 한다. 이때 경북 성주
에 있는 단종 가봉태실은 보고되지 않았고 경남 사천에 있는 어느 누구
의 태실이 단종 가봉태실로 보고된 것으로 추정해 볼 수 있다.

그렇다면 성주의 태실은 이미 이 시기에는 잊혀져있었고 사천의 태실
은 어떠한 이유에서인지 이 시기에 이미 단종의 태실로 그 지역에서 알
려져 있었던 것이 아닐까.

성주의 단종 태실이 성주에서는 잊혀졌다는 것은 전술했듯이 사료
A-8에서도 알 수 있다. 하지만 사천은 이러한 추정과 상이한 기록들이
확인된다. 즉『등록』의 서문(사진 12)에 역대 왕들의 태봉현황이 기록되
어 있는데, 단종대왕 태봉은 별도의 칸에 기록되어 있지 않고 문종대왕
과 세조대왕 사이를 구분한 세로 선 위에 적혀있다. 이로보아 나중에 새
로 삽입된 것이 확실하다. 그리고 사료 B-1에 '端宗大王(단종대왕)'이라
적힌 것으로 보아 그 시기는 1698년 복위되어 묘호를 '단종'이라 추증
받은 후로 보아야 할 것이다. 그러므로『등록』서문에 단종의 태봉이 기
록된 시기는 빨라야 1698년 이후이며, 사료 B-2로 보아 늦어도 1730년
(영조 6) 이전일 것이다.

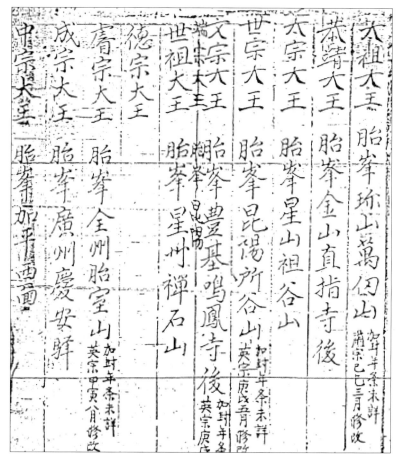

〈사진 12〉 태봉등록 서문(부분)

그렇다면 단종의 태실이 어디에 있는가 하는 것은 1698~1730년 사이에 곤양, 즉 지금의 사천으로 파악이 되었을 것이다. 이는 1643년 전국의 태실을 조사보고할 때 경상도에서는 보고되지 않았음을 말해준다. 이러한 상황은 소헌왕후 태실에서도 확인되는데, 사료 C-3에서 보듯이 1666년(현종 7) 소헌왕후 태실 관련 예조의 문서가 임진왜란으로 산실되어 상고할 수 없었는데, 풍기군에서 올린 문서로 알 수 있었다고 한다.

이로보아 임란 후 1643년 전국의 태실을 각 도에서 조사하여 올릴 때 제대로 조사가 이루어지지 않았다는 증거가 되며, 단종의 태실도 마찬가지였을 것이다. 앞에서 밝힌 것처럼 단종의 태실은 사천의 곤명으로 옮겨진 적이 없다. 어떠한 이유로 사천 태실이 단종 태실로 알려지게 되었는지 알 수 없으나 영조 때 태실을 보수하고 가봉비를 세운 이후로는 사천 태실이 단종 태실로 완전히 정착하여 사료 C-4에 기록되어 지금까지 내려오게 되었던 것이다.

3) 인성대군 태실의 가봉시기와 태실구조

사천에 있는 단종의 것으로 알려진 태실은 사실 1462년에 장태된 인성대군의[164] 태실이다.[165] 이는 일제강점기 때 이곳을 조사한 이왕직의 『胎封(태봉)』에서 근거를 찾을 수 있다. 이 책의 1928년 9월 15일 복명서에 의하면, 사천 곤명에 있던 세종 태실과 단종 태실의 태를 1928년 8월 23일~28일 봉출하였다고 하면서도 이후 단종 태실에 대한 기록은 전혀 없고 사천 곤명에서 이전해왔다고 하는 태실은 세종 태실과 인성대군 태실만이 기록되어 있다.

또 『胎封』「胎室埋安時陪進次第」에 그동안 서울에서 보관하고 있던 세종대왕 태는 1930년 4월 15일, 인성대군 태는 1930년 4월 16일에 서삼릉으로 이안하였다고 하였다. 현재 조성되어 있는 54위의 서삼릉 태실 중 사천에서 옮겨왔다고 하는 것은 인성대군과 세종대왕 태실뿐이며, 단종대왕 태실은 조성되어 있지 않다. 지금 서삼릉의 인성대군 태실 표석

---

164) 인성대군(1461. 11. 30.~1463. 10. 24.)은 예종의 장남으로 장순왕후 한씨의 소생이다. 휘는 분(糞)이며 어릴 때 요절하였다. 사후 인성군으로 추봉되었다가 부친이 왕으로 즉위하자 인성대군으로 증직되었다.

165) 전주이씨대동종약원, 1999, 『조선의 태실』Ⅱ, 37~39·159~161쪽.

에도 '仁城大君胎室(앞) … 年五月/ 自慶南泗川郡昆明面移藏(뒤)'라고 각자되어[166] 경남 사천 곤명에서 이장되었음을 알려주고 있다.

그렇다면, 사천의 태 봉출 때와 서삼릉 태실 조성 때의 전후가 다른 이유는 무엇일까?

이는 이왕직이 사천의 단종 태실을 1928년 봉출하여 서울로 가져와서 보관하다가 1930년 정작 서삼릉으로 옮겨 갈 때 태지석을 자세히 살펴보게 되었으며, 그때 단종의 태가 아닌 인성대군의 태로 밝혀지자 서삼릉에는 인성대군 태실을 조성하게 되었던 것으로 추정해 볼 수 있다. 이러한 추론은 1996년 서삼릉 태실 집장지 발굴 때 이곳에서 인성대군의 태지석이 출토되어 이를 증명해 주고 있다. 서삼릉 태실 집장지 발굴 때 인성대군 태실에서는 시기를 가늠해 볼 수 있는 태지석, 조선통보와 태호 등의 유물이 출토되었다. 그럼 이들 유물은 과연 어느 시기의 것인지 살펴보자.

태지석은 전술한 명문으로 보아 1461년(세조 7) 11월 30일 술시에 태어난 왕손 '분'의 태로 1462년 4월 29일 갑오 오시에 장태하였음을 알 수 있다. 분은 인성대군의 아명(兒名)이다. 조선통보는 태호 안에서 발견되었는데, 이러한 조선통보는 성종(1458), 예종(1462), 안양군(1484), 완원군(1484), 견성군(1486), 견석왕자(1487), 영산군(1494), 양평군(1499), 연산군 원자 금돌이(1501), 연산군 자 인수(1501), 인종(1521), 의혜공주(1523), 덕흥대원군(1530), 명종(1538), 선조의 왕자(1606), 덕혜옹주(1912) 등 16개소의 태실에서 출토되었다.

조선통보는 태종 15년(1415) 발행을 결정하고 대외적으로 공고까지 하였으나, 실행되지 못하다가 세종 때 본격적으로 발행되었다. 1423년

---

166) 인성대군 태실 표석 명문에 대해 이왕직의 『胎封』「世子以下胎室表石書寫式」에는, 앞면 각자는 '仁城大君胎室'이라하고, 뒷면 각자는 '昭和五年五月日/ 自慶南泗川郡昆明面移藏'으로 적혀있으므로 훼손된 글자는 '昭和五'이다. 소화 5년은 1930년이다.

(세종 5) 조선 최초 동전인 조선통보를 발행하여 유통을 시작하였으나, 1445년(세종 27) 12월 저화제가 복용되어 화폐의 기능을 제대로 하지 못하였다. 1633년(인조 11) 11월 팔분서체 조선통보가 발행되었지만 유통이 활발하지 못하다가 1636년(인조 14) 병조호란으로 중단되었으며,[167] 일시적으로 1881년(고종 18)에 주조되기도 하였다.[168] 지금까지 조선통보가 출토된 16개소의 태실 조성시기와 1423년(세종 5), 1633년(인조 11)과 1881년(고종 18) 등의 조선통보 사용 시기를 비교해 보면, 서로 같은 맥락에 있다. 태호는 서삼릉 태실 발굴 때 내호와 외호 등 2점의 호가 조사되었다. 그런데 국립중앙박물관에 소장되어 있는 유리원판(사진 13)에는 이와 모양이 다른 외호와 뚜껑이 1점 더 있다.

〈사진 13〉 유리원판   〈사진 14〉 분청자 뚜껑[169]

<사진 13>의 유리원판에 있는 외호는 구연이 직립하고 그 밑으로 4개의 C형 고리가 있으며, 바닥은 평저로 백자로 추정된다. 그리고 외호에 이중으로 덮여 있던 2개의 뚜껑 중 하나는 외호의 기형과 어울리는

167) 최호진, 1974, 『한국화폐소사』, 서문당, 61~76쪽; 원유환, 1996, 「조선통보」, 『한국민족문화대백과사전』20, 한국정신문화원구원, 533~534쪽; 장상진, 1999, 『한국의 화폐』, 대원사, 23~26쪽.
168) 국립문화재연구소, 1999, 『서삼릉태실』, 150쪽.
169) 전주이씨대동종약원, 1999, 『조선의 태실』II, 39쪽.

백자 뚜껑이며, 다른 하나는 대형의 분청자 뚜껑이다. 백자 뚜껑은 원공이 뚫린 보주형의 손잡이가 부착된 낮은 반구형이다. 분청자 뚜껑은 원공이 없는 보주형 손잡이가 부착된 반구형(높이 14.8㎝)의 분청자 상감 연화문 개로 유약의 발색이 좋은 편이다. 백자 뚜껑보다 훨씬 크며, 상단이 편평하고 측선은 사선으로 내려오다가 직선으로 꺾이는데, 전면에 분청상감으로 문양을 시문하였다. 문양은 2단으로 나뉘어 장식되었는데, 상단은 손잡이를 중심으로 간판(間瓣)이 있는 복련을 둘렀으며, 그 아래 하단에는 초화문을 장식하였다. 구연부에는 회문을 빽빽하게 시문하였다. 이 대형의 분청자 뚜껑(사진 15)은 1938년 9월 6일 이왕직 예식과에서 이왕가 미술관(현, 국립고궁박물관)에 인계되었는데, 출토지가 경남 사천군 곤명면 은사리로 되어 있다.[170]

이러한 양식으로 보아 유리원판에 있는 외호와 분청자 뚜껑, 그리고 내호는 조선 초 15세기 중엽의 것으로 추정된다. 하지만, 서삼릉 출토 외호는 1929년경 제작된 것이다. 그렇다면, 서삼릉 이장 때 원래 외호와 분청자 뚜껑은 다시 봉안되지 못하였으며, 이유를 알 수 없지만 이왕직에서 외호를 새로 제작하여 넣었다. 이렇게 유리원판과 서삼릉 인성대군 태실에서 출토된 태지석, 태호, 분청자 뚜껑, 엽전 등을 비교분석한 결과, 일제강점기 때 제작하여 넣은 외호를 제외하고는 모두 1462년 장태 때 부장된 유물로 판명되었다. 그러므로 출토유물에 근거해도 인성대군 '분'의 태실이 분명해졌다. 이러한 유물은 사천에 있던 인성대군 태실이 어느 시점에 단종 태실로 와전된 것임을 확실하게 보여주는 증거가 된다. 이를 정리해보면, 1928년 사천에 있는 단종의 태를 이안하려고 이왕직에서 봉출하여 보관하고 있다가 1929년 서삼릉에 이안할 때는 사천의 태지석이 인성대군의 것임을 알고 이를 바로잡아 서삼릉에 인성대군의 태실을 조성하게 되었던 것이다.

---

170) 전주이씨대동종약원, 1999, 『조선의 태실』Ⅱ, 39·159쪽.

그렇다면, 사천의 태실은 언제 국왕의 태실로 가봉 조성되는지 살펴
보자?

이곳에는 분명히 임금태실에서만 볼 수 있는 가봉석물이 현존하고 있
다. 이를 검토하기 위해서는 가장 중요한 것이 가봉석물의 시기이다. 이
중 가봉비는 사료 B-3(1731, 영조 7)에 표석이 없어 세우자는 주장이 제
기되었음을 알 수 있으며, 사료 B-4~7로 보아 1734년(영조 10)에 건립
되었다.[171] 귀부 머리의 둔탁함 등 세부적 양식으로 보아도 조선 후기의
작품이 분명하다. 특히 지금 파손되어 남아있는 가봉비에는 ' … 大王
… 室(앞)/ … 百七年甲寅 … (뒤)'이라는 일부분의 명문만 확인되지만,
사료 B-6에 의해 앞면에 '端宗大王胎室', 뒷면에 '崇禎紀元後一百七年
甲寅九月初八日建'으로 복원할 수 있다. 하지만, 그 외 중앙태석과 전
석·상석은 어느 시기의 것인지 분명하지 않다. 즉 인성대군 태를 묻을
때 설치된 것인지, 아니면 단종 복위 후 건립된 것인지 모호하다. 하지만
인성대군은 왕이 아니므로 이때에 가봉 장식될 수 없다.

사료 B-2(1730)에 의하면, 단종대왕 태실에는 중동석, 상개연엽석, 지
배석(상석) 8개 그리고 지대석(전석) 8개만 설치되어 있다고 하였으며,
사료 B-3에는 개석·상석·중동석 뿐이고, 주석과 횡죽석은 배설되지 않
았다고 하여 이미 1730년과 1731년 이전에 난간석이 없는 가봉석물이
설치되어 있었음이 확인된다. 이는 사천에 남아있는 『의궤』의 <그림
3>에서도 이러한 상황이 확인되며, 태실지에 남아있는 유물에서도 난간
석은 없고 사방석, 중동석, 상개연엽석, 우전석, 면석 등의 가봉석물만
확인되는 것에서 잘 알 수 있다. 다만 잔존 석물과 『의궤』의 그림이 일
부 다른 형태가 있는데, 그 이유를 알 수 없다.

---

171) 이러한 상황은 『태봉등록』영종조 신해(1731, 영조 7) 2월 초5일·2월 30일·8월
초1일과 임자(1732, 영조 8) 8월 초8일 및 계축(1733, 영조 9) 7월 16일, 그리고
갑인(1734, 영조 10) 4월 초10일·5월 12일·5월 16일·7월 초1일·7월 11일·7월
16일·9월 초8일에 자세하다.

| ① 1730~1731년 | ② 1734년 |

〈그림 3〉 『의궤』에 그려진 단종 가봉태실 석물

사천 태실에 난간석이 없는 이유는 단종 복위 후 장릉(莊陵)을 개수하는 과정이[172] 참고된다. 즉 단종이 복위되면서 왕의 형세에 맞게 장릉이 정비되었는데, 이후 태실도 정비되었을 가능성이 높다. 숙종은 단종의 장릉을 개수할 때 상설(象設)은 가장 간략하고 적은 석물을 한 후릉(정종과 정안왕후의 능)의 양식을 따르고 추봉된 정릉(태조의 비 신덕왕후의 능)과 경릉(덕종과 소혜왕후의 능)의 예에 따라 무석(武石)을 설치하지 못하게 하였다.[173]

이로 인해 장릉은 난간석, 병풍석, 무인석이 설치되지 않았으며, 전형적인 왕릉과 다른 모습을 하게 되었다. 그러므로 사천 태실도 왕릉인 장릉처럼 태실을 가봉하면서 난간석을 조성하지 않고 석물을 간략히 한 것으로 추정된다. 조선 영조 때에도 당시 곤양에 내려간 태실수개소 겸 감역관이 사천의 단종 태실에 난간석이 없는 것에 대해 의문을 가지며 단종이 왕위에 오래있지 않아서인가 하면서도 그 이유를 모르겠다고[174]

---

172) 장릉은 3개월에 걸쳐 왕의 격식에 맞게 역사(役事)가 진행되었다(『숙종실록』숙종 24년(1698) 12월 1일(신축) 및 숙종 25년(1699) 3월 1일(경오)).

173) 『숙종실록』숙종 24년(1698) 10월 29일(경오). 이는 『영조실록』영조 46년(1770) 윤5월 9일(갑인)에 "장릉의 석물은 후릉과 경릉을 따랐는데, 석물의 체제는 후릉을 따르고 수효는 경릉을 따랐다"하는 것에서도 알 수 있다.

하였다. 그러나 이보다는 전술하였듯이 왕릉의 예처럼 태실도 석물을 간략히 조성한 것으로 보는 것이 더 타당할 것 같다.

이렇게 단종은 복위된 후 사천에 있는 태실이 조사되었으며, 찾은 후 살펴보니 국왕의 것인데도 가봉되어 있지 않은 것을 알게 되어 1699(숙종 25)~1730년(영조 6) 사이에, 더 좁혀서 숙종 때 장릉 개수 후 얼마 되지 않아 1699(숙종 25)~1719년(숙종 45) 사이 왕의 격식에 맞게 가봉되었던 것이며, 이때 왕릉처럼 주석과 횡죽석 등 난간석은 배설하지 않고 중앙태석과 전석·상석만 간략히 설치하였던 것으로 추정된다. 이때 중앙태석을 장식하면서 다른 왕의 가봉석물을 참고한 것으로 보이는데, 이는 가봉태실을 보수할 때 선왕의 가봉석물을 참고하는 구례(舊例)에서 충분히 짐작할 수 있다. 지금 사천에 있는 단종의 중앙태석이 문종(1450)과 성종(1471)의 중앙태석과 유사한 것으로 보아 단종이 재위한 시기와 비슷한 전·후 시기의 가봉태실을 모방한 것으로 판단된다. 그리고 1734년(영조 10)에 가봉비가 다시 추가로 세워졌던 것이다.

---

174) 『세종대왕단종대왕태실수개의궤』(1730~1731) 신해년(1731) 정월 23일.

Ⅳ. 울진 견석왕자 태실의 조성과 태실구조

1. 태실의 현황

1) 태실의 위치

　견석왕자 태실은 경북 울진군 평해읍 삼달2리 산66번지의 태봉산 정상부에 위치한다. 태실이 있는 '태봉산(해발 64.2m)'은 서쪽의 주산에서 동쪽으로 뻗어 내린 지맥의 끝자락에 돌출되어 삿갓모양을 한 둥근 봉우리[圓峯]이다. 태봉산의 주위에는 좌청룡·우백호의 역할을 하는 산줄기가 태봉산을 감싸고 있다. 또 남쪽에는 남대천이 태봉산을 감싸 돌아 서쪽에서 동쪽으로 흐르고 있다. 이러한 입지를 풍수지리에서 돌혈의 형국이라 한다. 지금은 태봉산 뒤쪽인 서쪽에 36번 국도가 지나감으로 인해 서에서 동으로 뻗어 내린 지맥을 끊어 놓았다. 태실이 있는 산 정상부는 동-서 13 × 북-남 9m 크기의 긴 타원형의 평탄지로 되어 있는데, 그 가운데 태함이 파헤쳐져 노출되었고 함개가 함신에서 분리되어 있다.[175](지도 1, 사진 1)

---

175) 견석왕자 태실은 1979년 봄 경주이씨 문중에서 태봉산에 조상의 제단을 만들기 위해 땅을 파던 중 발견되었다. 필자는 당시 경주이씨 문중 제단설치 시 인부로 참여한 김용주(남, 1946년생, 경북 울진군 평해읍 삼달1리 396-15)를 2000년 7월 13일 만나서 1979년 태실의 발견경위를 자세히 듣게 되었다. 당시 산 중턱에 제단을 만드는데 흙이 부족하여 산 정상부에 있는 흙을 파서 제단으로 옮기기 위해 땅을 파던 중 태함을 발견하게 되었다고 한다. 태함 속에는 내·외호로 된 2개의 태호와 1개의 태지석이 있었으며, 내호 안에는 재가 된 태와 동전 1개, 손톱만한 금편 1개가 들어있었다고 한다. 또 태호는 함신의 중앙에 안치되어 있었고, 태지석은 그 옆에 세워져 있었으며, 외호에는 명주천으로 보이는 봉합천이 눌러 붙어 있어서 상당히 더러웠다고 한다. 그는 이때 발견한 유물을 한 동안 집에 보관하고 있다가 고물상에게 팔았다 한다. 또 당시 이 마을에서 살고 있던 평해공업고등학교(현, 한국원자력마이스터고등학교) 역사교사였던 황무굉(남, 1943년생, 경북 울진군 평해읍 삼달1리 525)은 마을에 태실이 발견되었다는 소식을 듣고 직접 현장을 조사하고 유물을 관찰하여 수업시간에 학생들에게 이 태실에 대해 강의

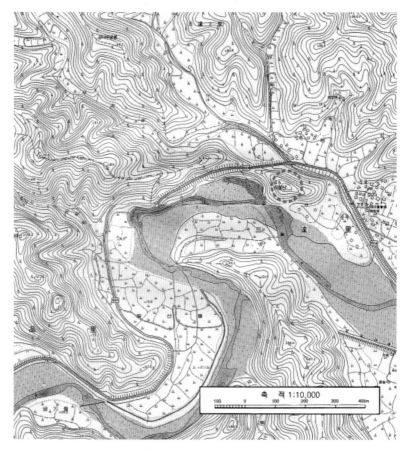

〈지도 1〉 울진 신래태실 위치도

① 태봉산 원경　　② 태실 근경(1999년)　　③ 태실 근경(2004년 정비)

〈사진 1〉 신래태실 전경

하였다고 한다. 이후 2004년 울진군에서 태실을 정비하고 안내판도 세웠다.

2) 유물 현황

(1) 태함

태함은 화강암으로 만들었으며, 함신과 함개로 구성되어 있다. 함신은 상부가 일부 노출되어 있는데, 평면 원형의 원통형으로 크기는 높이 89.5 × 지름 94cm이다. 내부에는 평면 원형의 원통형 감실(상부 지름 47 × 하부 지름 42.6 × 깊이 58.5cm)을 팠으며, 그 바닥 가운데에 작은 구멍(지름 14cm)이 관통되어 있다. 함개는 평면 원형의 반구형으로 크기는 높이 67 × 지름 96cm이며, 하면 내부에는 평면 원형의 감실(지름 47 × 깊이 12cm)을 얕게 팠다.(사진 2)

① 노출 전경(북동→남서)　　② 함신　　③ 함개

〈사진 2〉 태함(1999년)

(2) 태호

태호는 외호와 내호로 구성된 백자인데, 영남대학교 박물관에 소장되어 있다.[176] 외호(높이 48cm)는 호와 개로 구성되어 있다. 호의 크기는

---

176) 최호림, 1985, 「조선시대 태실에 관한 일연구」, 『한국학논집』7, 한양대학교 한국학연구소, 81쪽; 영남대학교박물관, 2005, 『영남대학교박물관 소장유물도록』, 153쪽.

필자가 영남대학교 박물관에서 확인한 결과, 1986년 김영숙이 기증한 것으로 되어 있다. 발견자 김용주가 고물상에게 팔았던 것이 후에 김영숙에게 간 것으로 추정된다. 유물에 등록번호와 기증자가 적힌 라벨이 붙어 있는데, 외호의 등록번호는 03514, 내호는 5471와 5242로 두 개가 붙어 있으며, 기증자는 '봉덕동

높이 35.6 × 구경 24 × 저경 17㎝이며, 기벽 두께는 0.8㎝ 내외이다. 호의 구연부는 약간 말린 듯 외반되었으며, 입술면은 둥글다. 호의 측면은 상부 어깨에서 배가 부르다가 거의 완만한 사선으로 저부로 내려오면서 좁아지는 장신의 기형으로 어깨에는 4개의 C형 고리가 달려 있으며, 고리단면형태는 방형이다. 바닥은 평저로 모래받침번조를 했으며, 깨어진 자기편이 바닥에 1개 붙어 있다. 내면에는 물손질 흔적이 보이며, 외면에는 봉합천의 흔적이 네 군데 약 2㎜ 두께로 붙어 있다. 기면은 광택이 나고 빙열이 많다. 태토는 회백색의 점토에 모래알갱이가 약간 섞여 있으며, 담청색 빛이 감도는 유약을 시유하였다.

또 개는 대접처럼 넓찍하며, 크기는 높이 16.5 × 개경 29.5 × 두께 0.5㎝ 내외이다. 상부에 보주형의 손잡이가 부착되어 있고 사각형의 구멍이 뚫려 있다. 내면에는 16개의 태토 빚음받침흔이 원형으로 돌아가며, 외면에는 물손질 흔적이 선명하다. 태토는 회백색의 점토에 소량의 모래알갱이가 섞여 있으며, 담청색의 유약을 시유하였는데, 고르게 시유되어 있지 않다. 구연부에는 유약을 바르기 위해 두 손으로 잡은 손자국이 여럿 보인다.

그리고 내호(높이 32.6㎝)는 호와 개로 구성되어 있다. 호의 구연부는 약간 말린 듯 외반되었으며, 입술면은 둥글다. 호의 측면은 상부 어깨에서 배가 부르다가 거의 완만한 사선으로 저부로 내려오면서 좁아지는 기형으로 어깨에는 4개의 C형 고리가 부착되어 있으며, 고리 단면형태는 방형이다. 외면에는 물손질 흔적이 선명하다. 기면은 광택이 나고 태토는 회백색의 점토에 모래알갱이가 약간 섞여 있으며, 담청색 빛이 감도는 유약을 시유하였다.

또 개는 상부에 보주형의 손잡이가 부착되어 있고 사각형 구멍이 뚫려 있다. 내면에는 4개의 태토 빚음받침흔이 있으며, 외면에는 물손질

김영숙'과 '대봉동 김영숙'으로 2개가 붙어 있으나, 동일인이다.

혼적이 선명하다. 태토는 회백색의 점토에 소량의 모래알갱이가 섞여 있으며, 담청색의 유약을 시유하였다.(사진 3, 그림 1)

① 내·외호

② 외호

③ 내호

〈사진 3〉 태호(내·외호)

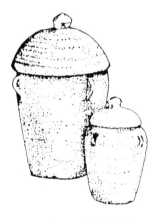

〈그림 1〉 태호 실측도

〈사진 4〉 태지석

(3) 태지석

태지석은 영남대학교 박물관에 소장되어 있다.177) 태지석은 직사각형의

---

177) 최호림, 1984, 「조선시대 묘제에 관한 연구」, 한양대학교 석사학위논문, 113·155쪽; 최호림, 1984, 「조선시대 묘지의 종류와 형태에 관한 연구」, 『고문화』

오석(흑색 점판암)으로 만들었으며, 크기는 가로 16.2 × 세로 22.3 × 두께 3.6cm이다. 표면은 매끈하게 갈았으며, 앞면에 가로 5칸 × 세로 9칸의 정간 구획(井間區劃)을 하고, 그 칸 안에 명문이 세로로 5열 '皇明成化二十二年 十/ 二月初六日亥時生/ 王子堅石胎成化二十/ 三年四月初七日午/ 時藏 (앞)'라고 해서체로 음각되어있다. 음각된 글자에 붉은색의 주칠 흔이 남아 있으며, 글자 크기는 1.8cm 내외이고 음각 깊이는 2mm 정도이다.(사진 4)

(4) 동전

동전은 완형의 조선통보로 크기는 지름 23.9mm이며, 가운데 사각구멍 [四角孔]이 있는데, 구멍의 크기는 가로 4.8 × 세로 5.65mm이다. 앞·뒷면 전체가 푸른 녹으로 고착되어 있으며, 앞면에는 '朝鮮通寶(조선통보)'가 대독(對讀)으로 쓰였으며, 뒷면은 무배자(無背字)이다. 글자는 해서체이 며, 寶자의 갓머리가 짧은 단관보(短冠寶)이며, 貝자의 아래 부분이 八 자 모양으로 된 팔족보(八足寶)이다. 동전은 국립경주문화재연구소에 소 장되어 있다.(사진 5)

| ① 보존처리 전(앞·뒤) | ② 보존처리 후(앞·뒤) | ③ X-Ray필름(앞) |

〈사진 5〉 조선통보

25, 한국대학박물관협회, 19~20·32쪽; 최호림, 1985, 「조선시대 태실에 관한 일연구」, 『한국학논집』7, 한양대학교 한국학연구소, 81쪽.
필자가 영남대학교 박물관에서 확인한 결과, 1986년 김영숙이 기증한 것으로 되어 있다. 발견자 김용주가 고물상에게 팔았던 것이 후에 김영숙에게 간 것으로 추정된다. 태지석에 등록번호와 기증자가 적힌 라벨이 붙어 있는데, 등록번호는 '03515'와 '5243'으로 두 개가 붙어 있으며, 기증자는 김영숙으로 되어있다.

2. 태실의 구조와 시기

1) 태실의 구조

현재 견석왕자 태실
은 정비가 되어있다. 그
러나 2004년 정비되기
전 1999년의 태실 유적
지 상황을 전술한 <사
진 1-②·2-②>와 후술
하는 <사진 6>에서 알
수 있다. 당시 함신은 땅
속 원위치에 있었으며,

〈사진 6〉 견석왕자 태실의 노출 전경(1999년)

함개는 함신 주변 땅 위에 뒤집어진 채 놓여 있었다. 또 함신의 옆은 일
부 파여 있었는데 땅은 단단하였으며, 주변으로 황토가 확인되었다.

이 견석왕자 태실의 구조를 살펴보기 위해서는 비슷한 시기의 아기태
실 구조가 참고 된다. 즉, 견석왕자 태실보다 약 4개월 전인 1486년 12
월 29일 성종의 왕녀 복란 태실이 조성되고, 견석왕자보다 2년 5개월 후
인 1489년 9월 29일 성종의 왕녀 정복인 경휘옹주의 태실이 조성된다.
이 세 곳 모두 같은 아버지인 성종의 자녀이고, 또 비슷한 시기에 태실
이 조성되었으므로 복란 태실과 경휘옹주 태실의 구조와 견석왕자 태실
의 구조가 거의 동일하였을 것이다. 이중 복란 태실은 1991년 3월 발굴
조사되어 그 현황을 자세히 알 수 있다.(그림 2) 이들을 비교하여 견석왕
자 태실의 구조를 복원해 보겠다.

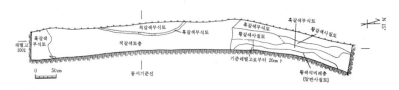

① 태실의 남북 트렌치 서벽 토층도

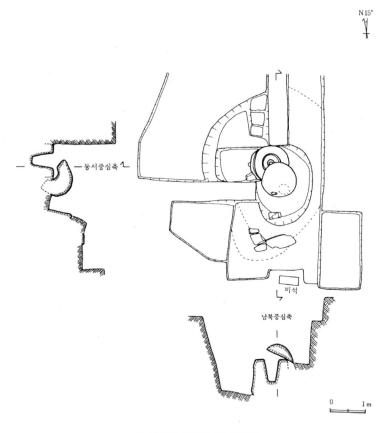

② 태실의 평면도 및 단면도

〈그림 2〉 복란 태실의 실측도[178]

① 앞 전경   ② 뒤 전경

〈사진 7〉 경휘옹주 태실

이를 살펴보면, 복란 태실은 지름 약 3.5 × 깊이 약 1.8m의 타원형
토광을 파고 그 안에 태함을 묻었다. 토광 내의 흙은 적갈색·황갈색 사
질점토 등 황토류의 흙으로 판축(版築)하였는데 회와 섞여 있어서 단단
하다. 이러한 구조는 그동안 발굴조사된 다른 태실에서도 확인된다. 즉,
아기태실인 의소세손 태실과 울진 월송리 태실, 그리고 가봉태실이지만
지하 구조는 아기태실 그대로인 장조 태실, 문종 태실, 인종 태실, 광해
군 태실, 장조 태실에서도 동일한 현상으로 나타난다. 태함에는 태지석
과 이중 태호를 안치하였으며, 지상에는 아기비가 세워져 있다.

그리고 경휘옹주 태실은 지상에 평면 원형의 반구형 봉토가 확인된
다. 봉토의 크기는 지름 6.6m 정도이며, 높이는 윗면이 삭평되어 0.5~
0.8m 정도만 남아있다. 또 가운데에는 지름 1.5m 정도의 도굴 갱을 팠
던 흔적이 남아있다. 그리고 이 봉토 앞쪽으로 약 1.5m 떨어져서 아기비
가 세워져 있다. 봉토의 지름이 큰 것은 도굴을 하면서 나온 흙을 사방
으로 버리면서 크기가 넓어진 것으로 판단되며, 또 태실이 산 정상부에
있다 보니 사람들이 등산을 하면서 봉토를 밟고 지나가서 봉토의 흙이
내려앉자 사방으로 퍼졌기 때문으로 판단된다. 하지만 경휘옹주 태실은
지금까지 조사된 아기태실 중에 그나마 원형(原形)이 가장 잘 남아있는

178) 한림대학교 박물관, 1991, 『왕녀복란태실 발굴보고서』, 59·60쪽.

사례라 하겠다.(사진 7)

이와 같은 아기태실인 견석왕자 태실의 유구 상태를 복란 태실과 경
휘옹주 태실과 비교하여 복원해 보면, 지하에 평면 원형 또는 사각형의
토광을 파고 가운데에 반구형 함개와 원통형 함신으로 구성된 태함을 안
치하였다. 태함 중 함신의 감실 중앙에는 내·외호로 된 이중 태호를 안
치하고 태호 앞에 태지석을 글자 면이 태호 쪽을 향하게 하여 세우고
함개를 덮는다. 그리고 토광 내부와 태함 상부에는 황토류의 흙과 회를
섞어 판축법으로 단단하게 다지면서 메웠다.

그리고 경휘옹주 태실과 문조의 『원자아기씨 장태의궤』(1809) 및
순종의 『원자아기씨 장태의궤』(1874)의 예로 보아 높이 3척, 지름 10
척, 둘레 30척의 반구형 봉토를 만들었을 것이다. 또 봉토의 앞으로
1보 가량 떨어져서 아기비를 세웠을 것이다. 이 아기비는 비수와 비신
및 비대가 모두 일석으로 되었으며, 비수는 연봉형 보주를 장식하고
옆면이 3단이며, 문양은 연줄기와 연잎이 장식된 연화문일 것이다. 이
러한 구조는 지금까지 복원된 복란 태실, 숙정옹주 태실, 숙휘옹주 태
실, 인성군 태실 등의 아기태실과 동일함을 보여 준다.(사진 8)

 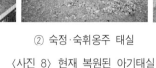 

① 복란 태실   ② 숙정·숙휘옹주 태실   ③ 인성군 태실

〈사진 8〉 현재 복원된 아기태실

2) 유물로 본 태실의 조성시기

이 견석왕자 태실의 조성시기는 태지석과 후술하는 문헌사료에서 확인된다. 그렇다면 이곳에서 출토된 유물로도 태실의 조성 시기가 입증되는지 검토해 보기로 하겠다.

백자 태호는 내·외호 모두 어깨에서 배가 부르다가 저부로 가면서 완만하게 좁아지는 기형으로 구연은 약간 말린 듯 외반되고 어깨에는 단면 사각형의 C형 고리가 달려있으며, 개는 상부에 연봉형 손잡이가 있고 옆면에 구멍이 뚫려 있다. 지금까지 연구된 태호 양식[179] 중 이 신래태실 출토 태호는 15세기 후엽의 특징을 보이고 있어 1487년 신래태실의 조성시기와 일치한다.[180](사진 3·4-①, 그림 1)

또 태지석은 앞면에 '황명+중국연호+년월일시+생[출생시기]+봉작명+아명+태+중국연호+년월일시+장[장태시기]'으로 조합된 세로 5열의 명문구성, 직사각형의 형태, 흑색 점판암의 석질(石質), 먹선(墨線)의 정간구획(井間區劃) 등의 특성을 보인다.(사진 4) 명문구성·형태·석질은 견성군(1486. 9.), 정순옹주(1486. 12.), 정혜옹주(1492. 7.), 중종(1492. 9.), 왕녀 수억(1494. 7.)의 태지석과 동일하며, 먹선의 정간구획은 견성군(1486. 9.), 정혜옹주(1492. 7.), 왕녀 수억(1494. 7.)과 동일하여 견석왕자의 태지석도 15세기 말의 특징을 보여 전술한 사료의 태실 조성시기를 입증한다.

---

179) 윤용이, 2000, 「조선시대 백자 태항아리의 성립과 변천」, 『동악미술사학』창간호, 동악미술사학회; 강수연, 2002, 「조선시대 박자태항에 관한 연구」, 동국대학교 석사학위논문; 윤석인, 2010, 「조선왕실 태항아리 변천 연구」, 『고문화』75, 한국대학박물관협회; 양윤미, 2013, 「조선 15세기 안태용 도자기 연구」, 고려대학교 석사학위논문.

180) 견석왕자 태실에서 출토된 내호의 제작시기를 '16세기'로 추정한 견해(영남대학교박물관, 2005, 『영남대학교박물관 소장유물도록』, 153쪽)가 있으나, 이는 오류이며, 태호와 함께 출토된 태지석과 태호 양식 편년으로 보아 그 장태시기인 '1487년'을 제작시기의 하한연대로 보아야 한다.

그럼 여기서 출토된 동전은 어느 시기의 것인지 살펴보자.

이곳에서 출토된 동전은 2000년 7월 13일 필자가 신래태실을 처음 발견한 김용주를 만나게 되어 그동안 그가 보관하고 있던 조선통보를 기증받아 국립경주문화재연구소에 신고한 것이다.(사진 5)

지금까지 조선시대 태실에서 조사된 동전은 38개로 이중 16개소의 태실에서 조선통보가 출토되었다. 전술하였듯이 조선통보가 출토된 16개소의 태실 조성시기와 1423년(세종 5), 1633년(인조 11)과 1881년(고종 18) 등의 조선통보 사용 시기를 비교해 보면, 서로 같은 맥락에 있다. 그러므로 견석왕자 태실에서 출토된 조선통보는 1423년 이후의 조선통보 유통이라는 역사적 상황과 연결되어 1487년의 태실 조성시기를 보완한다하겠다.

그리고 태함은 평면 원형의 반구형 함개와 평면 원형의 원통형 함신으로 구성되어 있다.(사진 1-②·③, 사진 2) 이는 전술한 필자의 태함 편년에서 함개는 B형(반구형 함개)으로 Ⅱ-1단계(1477~1544)에, 함신은 Ⅲ1형(원형 감실의 원통형② 함신)으로 Ⅱ-1단계(1477~1544)에 해당되며, 전체 양식으로는 BⅢ1형(반구형 함개/ 원형 감실의 원통형② 함신)으로 Ⅱ-①단계(1477~1544)에 해당되어 1487년의 태실 조성시기와 일치한다.

또 아기비는 현존하지 않지만, 후술한 문헌사료에 아기비의 명문이 기록되어 있으므로 이를 검토해 보겠다. 즉, 비문은 '王子堅石阿只氏胎室 成化二十三年四月初七日午時立'라고 하였는데, '봉작＋이름＋아기씨＋태실'의 명문 기록구성으로 앞면에 태주를 밝혔으며, '중국 연호＋년월일시＋입'의 기록구성은 뒷면에 입비시기, 즉 장태시기를 밝힌 것이다. 이는 필자의 아기비 명문구성 검토에서 Ⅲ-①단계(1487~1492)에 해당되며, 경휘옹주(1489. 9), 승복왕녀(1492. 7.), 중종(1492. 9.)의 아기비와 동일하게 나타나 15세기 말의 특징을 보이므로 1487년의 태실 조성시기와 일치한다.

이렇게 앞에서 현존하는 태함, 태호, 태지석, 조선통보 등의 유물과 아기비에 기록된 명문구성을 살펴보았는데, 모두 15세기 후엽의 특징을 보여주어 후술한 문헌사료의 태실 조성시기를 뒷받침한다.

3. 태주와 성종의 가계

1) 문헌기록으로 본 태주

이곳 신래태실은 그 태주에 대해 다음과 같이 왕자 또는 왕후의 태실로 전해져 오고 있다.

① 辛未胎峰
平海面에서 梧谷里로 가는 길가 山頂에 조그마한 碑石이 있으니 王子의 胎室이라 한다. 成化二十三年四月七日 午前에 立石하였다 하는데 至今은 碑石이 없다.[181]

② 신미태봉(辛未胎封)
위치 : 평해읍 오곡리
평해리에서 오곡리로 가는 길가 산정에 조그마한 비석이 있었는데 이것은 왕자의 태실이라 한다. 성종 23년(1487년) 7월에 비를 세웠다고 하는데 지금은 비석이 없다.[182]

③ 胎峯~마을 西쪽 辛來峰(一名 胎山)에 어느 王后의 胎室이 있었다 하여 胎峯이라고 불러오고 있었는데 1979年 慶州李氏 門中에서 祭壇을 세우기 위하여 堀土作業을 하던 中 發見된 石函이 四方 20㎝ 程度이고 石板에 大明○○年 ○月 ○日의 胎라고 陰刻한 石板이 發見되었다. 그러나 石板의 行方은 지금 알 수 없다고 한다(平海旧郡誌에「辛來峰 在郡西五里許頂有安胎有小碣刻日王子聖石門只氏胎室成化二十

181) 울진군지편찬위원회, 1971, 『울진군지』, 울진군, 71쪽.
182) 울진군문화공보실, 1989, 『울진의 얼』, 울진군, 98쪽.

三年四月初七日午時立云而令則無」라 쓰여있고 成化23年은 明憲宗
成化23年이고 朝鮮朝 成宗18年 丁未는 1487年이다) 1376年頃 月城
李氏가 처음 개척하여 성꼴(星谷)이라고 불러왔다고 한다.[183]

④ 태봉(胎峯)
마을의 서쪽에 있는 신래봉(辛來峰)(일명 胎山)에 어느 왕후(王后)의 태
실(胎室)이 있었다 하여 태봉(胎峯)이라고 불러오고 있는데 1979년에 경
주이씨(慶州李氏) 문중(門中)에서 제단(祭壇)을 세우기 위하여 굴착작업
을 하던 중 발견된 석함(石函)이 사방 20cm정도며, 대명(大明) 23년 4월
7일의 태(胎)라고 음각(陰刻)한 석판(石板)이 발견되었다. 그러나 석판(石
板)의 행방은 지금 알 수 없다고 한다(평해군지에 "辛來峰在郡西五里許
頂有安胎 有小碣刻曰王子聖石門只氏胎室 成化二十三年四月初七日
午時立云而今則無"라 쓰여 있고 성화(成化)23년은 명나라 헌종 성화(憲
宗成化)23년이고 조선조 성종 18년, 1487년이다.) 1376년경에 월성이씨
(月城李氏)가 처음 개척하여 성꼴(星谷)이라 불러 왔다고 한다.[184]

사료 ①·②는 태주가 왕자로 기록되고 있으며, 사료 ③·④는 왕후로
알려져 있어 혼돈을 준다. 그러나 이들은 모두 최근의 기록들로 '신미태
봉'이라는 명칭이나 위치 등 오기가 확인되어 신빙성이 떨어진다. 그렇
다면 좀 더 이전의 문헌사료를 통해 태주가 누구인지 자세히 살펴보자.

⑤ 신래봉(辛來峯)은 군 서쪽 6리에 있다.
(『신증동국여지승람』(1530) 권45 강원도 평해군 산천; 『동국여지지』
(1656) 권7 강원도 평해군 산천; 『대동지지』(1862~1866) 권16 강원도 평
해 산수)[185]

⑥ 산이 영동과 접하게 되어서는 … 시내가 수정계(水精溪)이다. 이 시내는
… 시내의 서편으로는 못 가운데 불쑥 솟아오른 것이 팔선대이며, 자라지

---

183) 경북향토사연구협의회, 1990, 「제11장 울진군」, 『경북마을지』상, 경상북도, 855쪽.
184) 울진군지편찬위원회, 2001, 『울진군지』상, 울진군, 869~870쪽.
185) 『관동지』(1829~1831) 권9 평해군지 산천에는 "신래봉은 군 서쪽 5리에 있다[辛
來峯 在郡西五里]"고 하였다.

않은 작은 소나무들을 이고서 여울을 지긋이 누르고 있는 것이 태봉(胎峯)이다. 봉우리[峯]에는 비[石]를 세워 성화 몇 월 몇 일[成化月日]이라 기록하여 놓았다. 시내의 남쪽으로는 산과 바위가 빙 둘러 솟아 있는 것들이 우암이요, 검현이요, 군의 남산이다.(『아계유고』(1608~1623) 권3 기성록 잡저 달촌기)

⑦ 수정계가 태봉(胎峯)의 남쪽에 맑은 물을 그득 모아두었고 그 가운데 불쑥 솟아오른 것이 팔선대인데, 그 명명한 뜻은 자세히 알 수 없다. 나는 일찍이 생각하기를 … .(『아계유고』(1608~1623) 권3 기성록 잡저 팔선대기)

사료 ⑤는 태실이 있는 곳에 대한 가장 빠른 문헌기록이다. 하지만 이 『신증동국여지승람』(1530)에는 태봉산인 '신래봉'에 태실이 있다는 내용이 확인되지 않는다. 사료 ⑥에서는 '태봉'이라 하면서 "정상에 비가 있는데, 성화 몇 월 몇 일이 새겨져 있다"고 하였다. 이 '성화(成化)'는 중국 명나라 헌종의 연호(1465~1487)이므로 세조 11년~성종 18년 사이의 태실임을 알 수 있다. 그리고 사료 ⑦은 이 태봉을 다시 확인시켜준다.

이 사료 ⑥·⑦인 『아계유고』는 그 간행 시기가 광해군 연간(1608~1623)으로 추정되나, 내용 중 권 1~3의 「기성록」은 아계 이산해(1539~1609)가 강원도 평해군에 귀양 와 있는 동안 기록한 것이다. 이산해는 그의 나이 54세(1592, 선조 25)에 평해로 귀양 가 57세(1595, 선조 29)에 사면되므로 「기성록」의 시기는 1592~1595년이 된다.

그러므로 16세기 말에 이곳의 태실은 이미 알려져 있었던 것이며, 이보다 약 60년 앞선 사료 ⑤도 태실에 대한 언급은 없지만, 작은 산봉우리로서 특별히 '신래봉'이란 이름을 갖고 있는 것으로 보아 16세기 전엽에도 이 산봉우리가 태봉산으로 알려져 있었음은 충분히 추정이 된다.

그런데 다음의 문헌사료가 사료 ⑥에 나온 시기에 대한 정보를 더 자세히 알려준다.

⑧ 신래봉(辛來峰)은 정상에 작은 비[小碣][186)가 있는데, 각자되어 이르기를 '王子堅石阿只氏胎室(왕자 견석 아기씨 태실) 成化二十三年四月初七日立碑[성화 23년 4월 초7일 비를 세움]'라고 하였다. 그러나 지금은 없다. 관문(官門)으로부터 서쪽으로 1리에 있다.(『여지도서』(1757~1765) 강원도 평해군 산천)

⑨ 신래봉(辛來峯)은 군 서쪽 5리에 있다. 정상에 태를 안치하였다. 작은 비[小碣]가 있는데, 각자되어 이르기를 '王子堅石阿只氏胎室(왕자 견석 아기씨 태실) 成化二十三年四月初七日午時立[성화 23년 4월 초7일 오시에 세움]'이라고 하였다. 그러나 지금은 없다.(『관동읍지』(1871) 권2 평해군 산천)

⑩ 신래봉(辛來峯)은 군 서쪽 5리에 있다. 정상에 있는데 태를 안치하였다. 작은 비[小碣]가 있는데, 각자되어 이르기를 '王子堅石阿只氏胎室(왕자 견석 아기씨 태실) 成化二十三年四月初七日午時立[성화 23년 4월 초7일 오시에 세움]'라고 하였다. 그러나 지금은 없다.(『강원도평해군읍지』(1900) 산천)

⑪ 신래태봉(辛來胎峯)은 군 서쪽 5리에 있다. 정상에 작은 비[小碣]가 있는데, 이르기를 '王子堅石阿只氏胎室(왕자 견석 아기씨 태실) 成化二十三年四月七日午時立[성화 23년 4월 7일 오시에 세움]'라고 하였다. 지금은 없다.(『울진군지』(1939) 하 원평해 고적)

⑫ 신래태봉(辛來胎峯)은 군 서쪽 5리에 있다. 정상에 작은 비[小碣]가 있는데, 이르기를 '王子堅石阿只氏胎室(왕자 견석 아기씨 태실) 成化二十三年四月七日午立[성화 23년 4월 7일 오시에 세움]'라고 하였다.(『강원도지』(1941) 권3 고적명소 울진 구평해)

---

186) 원문에는 '小磗(소애)'로 오기되어 있으나, 『관동읍지』(1871)·『강원도평해군읍지』(1900)·『울진군지』(1939)·『강원도지』(1941)에 따라 필자가 '小碣(소갈)'로 수정하였다.

사료 ⑧~⑫는 내용이 거의 동일한데, 18세기 중엽부터는 비가 없다는 것으로 보아 태실은 관리되지 않고 이미 방치된 것으로 판단된다. 그러나 비문으로 인해 태주의 이름과 태실 조성 시기를 파악할 수 있다.

이 문헌사료들에 나오는 작은 비는 '아기비'를 말하는 것이며, '王子堅石阿只氏胎室'은 비의 앞면에 새겨진 글을, '成化二十三年四月七日午時立'은 비의 뒷면에 각자된 글을 말하는 것이다. 이 태봉산 정상에 있는 아기비의 명문이 태지석의 명문인 '皇明成化二十二年十/ 二月初六日亥時生/ 王子堅石胎成化二十/ 三年四月初七日午/ 時藏'와 정확히 일치하고 있다. 또 사료 ⑥의 이산해 기록이 정확함도 입증하게 되었다. 성화는 중국 명나라 헌종의 연호(1465~1487)로 22년은 조선 성종 17년에 해당되어 1486년임을 알 수 있다. 그러므로 태주는 1486년(성종 17, 성화 22) 12월 6일 해시(오후 9시~11시)에 태어난 왕자 견석이다. 장태는 다음 해(1487, 성종 18) 4월 7일 오시(오전 11시~오후 1시)에 행해졌다.

2) 성종의 가계

그렇다면 이 태실의 태주인 아명(兒名)이 견석왕자는 누구인지 검토해 보자.

이 태실의 주인공을 알아보기 위해서는 조선 9대 임금인 성종(1457~1494, 재위 1469. 11.~1494. 12.)의 가계를 살펴볼 필요가 있다.

그동안 성종은 『선원록』·『선원보』·『선원계보기략』등의 왕실 족보와 『증보문헌비고』·『청장관전서』·『연려실기술』등에서 16남 12녀의 자식을 둔 것으로 기록되어 있다.[187](그림 3) 하지만 왕실 족보에 나오는 16

---

187) 『선원록』(1681~1897) 권 37~44 성종대왕; 『선원보』(1776~1789) 권1 성종; 『선원계보기략』(1858) 선원세계 성종; 『선원계보기략』(1874) 선원세계 성종; 『증보문헌비고』(1908) 권44 제계고5 왕녀 성종; 『청장관전서』(1795) 권26 기년아람 하 본조세년기; 『연려실기술』(1736~1806) 권6 성종조고사본말 성종.

남 12녀 이외에 일찍 죽은[早卒] 4남 2녀가 있어 모두 20남 14녀라 한다.[188] 그런데 성종대왕 묘지문(墓誌文)에는 19남 11녀로 기록되어 있으며,[189] 또 여기에 『성종실록』과 『중종실록』을 비교해 보면, 숙용 심씨가 낳은 성별(性別)을 알 수 없는 자식 1명을 제외하고 20남 16녀임이 밝혀져 자식은 모두 37명이 된다.[190] 여기서는 신래태실의 태주인 견석이 왕자이므로 성종의 자녀 중 아들 만을 살펴보기로 하겠다.

188) 지두환, 2007, 『성종대왕과 친인척』조선의 왕실 9-1·9-2·9-3·9-4·9-5, 역사문화.
189) 『성종실록』(1469~1494) 부록 성종대왕 묘지문.
190) 김만중, 2001, 「강릉 모전리 정복태실비와 성종의 자녀에 대하여」, 『박물관지』7, 강원대학교박물관.

제9대 성종 가계도

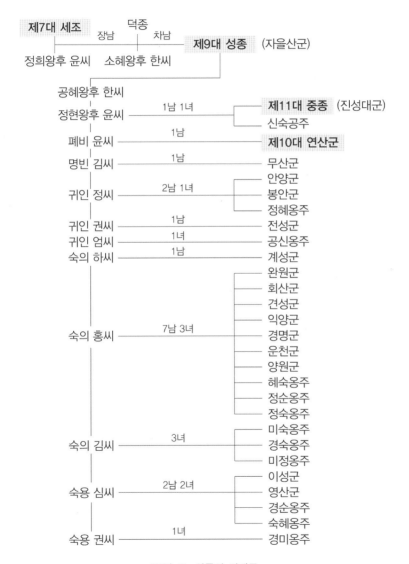

〈그림 3〉 성종의 가계도

〈표 1〉 성종의 아들 현황[191]

번호	모	왕자명	아명	출생일	장태시기	태실 위치(원/현)
1	폐비 윤씨	연산군		1476		
2		?대군		1479.6.2.이전		
3	정현왕후	진성군 (중종)	仇等 隱金伊	1488.3.5.	1492.9.7	경기도 가평군 가평읍 상색1 리 산112번지/ 서삼릉
4	귀인 정씨	안양군	壽珊	1480.1.5.[192]	1484.10.10	경북 상주시 모동면 상판리 산51번지(태봉산)/ 서삼릉
5		봉안군		1482		
6	귀인 권씨	전성군		1490.1.9.		
7	숙의 하씨	계성군		1480		
8	숙의 홍씨	완원군	壽石	1480.12.29.[193]	1484.10.10	경북 상주시 모동면 상판리 산51번지(태봉산)/ 서삼릉
9		회산군		1481		
10		견성군	壽禎	1482.5.5.	1486.9.1	강원도 양양군 강현면 하복 리 산1번지(태봉산)/ 서삼릉
11		익양군	石壽	1488.7.1.		
12		경명군	忠福	1489.8.18.		
13		운천군	鐵壽	1490		
14		양원군	舞壽	1491		
15	숙의 김씨	무산군		1490.1.14.		
16		?		1493.6.발원문 이후~ 1494.12.이전		

---

191) 『선원록』(1681~1897)·『선원보』(1776~1789)·『선원계보기략』(1858)·『선원계보 기략』(1874) 등의 왕실 족보에 출생 년도가 기록되지 않은 자녀가 많아 『성종실 록』·『중종실록』·『증보문헌비고』·『청장관전서』·『연려실기술』·「발원문」(윤무 병, 1969, 「수종사 팔각오층석탑내 발견유물」, 『김재원박사 회갑기념논총』, 을 유문화사)과 전주이씨대동종약원 홈페이지(http://www.rfo.co.kr)를 참고하여 정 리하였다.

17		?	1493.6.발원문 이후~ 1494.12.이전		
18	숙용 심씨	이성군	1489		
19		영산군	福崇194)	1490.윤9.24.	1494.8.25	경기도 파주시 적성면 어유 지리(태봉산)/ 서삼릉
20	숙용 권씨	?	1494.12.이전		

그리고 성종 아들의 태실지로 추정되는 곳이 <표 2>와 같이 지금
까지 10개소가 알려져 있다. 이중 5개소의 태실은 태주가 밝혀졌으
나, 나머지 5개소는 아직까지 태주가 누구인지 불명확하다. 또한
<표 1>에서 태실지가 밝혀지지 않은 11명의 태실은 파악조차 되지
않는다.

<표 2> 성종의 아들 태실지 현황

순서	아명	왕자명	출생일	장태시기	원 위치/ 현 위치	비고
1	수장 (壽長)		1482.2.23.	1482.6.23.	경기도 남양주시 진접읍 내각리/ 서삼릉	태지석
2	수건 (壽堅)			1483.10.15.	전남 순천시 서면 학구리 산15~18 번지(태봉산)	아기비
3	수담 (壽珊)	안양군	1480.1.5.	1484.10.10.	경북 상주시 모동면 상판리 산51번 지(태봉산)/ 서삼릉	태지석

192) 전주이씨대동종약원 홈페이지(http://www.rfo.co.kr)에 안양군은 1480년(성종 11)
2월 19일 생으로 되어 있으나, 이는 태지석으로 보아 틀린 것이다.

193) 『전주이씨완원군파보』(1999)에 완원군은 1480년(성종 11) 12월 30일 태어난 것
으로 되어 있으나, 태지석으로 보아 틀린 것이다.

194) '복숭'을 '무산군'으로 보기도 하나,(김만중, 2001, 「강릉 모전리 정복태실비와
성종의 자녀에 대하여」, 『박물관지』7, 강원대학교박물관, 143·145쪽)『전주이
씨영산군파족보』(1928)의 영산군 출생일과 태지석(皇明弘治三年閏九月/ 二十四
日亥時生/ 王子福崇阿只氏胎/ 弘治七年八月二十五/ 日寅時藏)의 출생일이 동일
하므로 필자는 영산군으로 보았다.

4	수석 (壽石)	완원군	1480.12.29.	1484.10.10.	〃	태지석
5	수정 (壽禎)	견성군	1482.5.5.	1486.9.1.	강원도 양양군 강현면 하복리 산1 번지(태봉산)/ 서삼릉	태지석
6	견석 (堅石)		1486.12.6.	1487.4.7.	경북 울진군 평해읍 삼달2리 산66 번지(태봉산)	태지석
7	구등 은금이 (仇等 隱金伊)	진성군 (중종)	1488.3.5.	1492.9.7.	경기도 가평군 가평읍 상색1리 산112번지(태봉산)	태지석, 아기비
8	금수 (金壽)			1493.5.4.	경기도 남양주시 별내면 광전1리 산37-7·38·39-2번지(태봉산)	아기비
9	?			1494.8.22.	강원도 원주시 호저면 대덕1리 409번지	아기비
10	복숭 (福崇)	영산군	1490. 윤9.24.	1494.8.25.	경기도 파주시 적성면 어유지리(태 봉산)/ 서삼릉	태지석, 아기비

그러므로 먼저 성종의 아들 태실로 추정되는 10개소의 태실 중 태주가 확인된 5개소를 제외한 5개소의 태실지를 검토하면 견석 왕자가 누구인지 좁힐 수 있을 것이다.

지금 경기도 고양시의 서삼릉 태실 집장지에는 일제강점기 이왕직에서 이장한 후 세운 수장왕자의 태실이 있는데, 표석의 명문은 '王子壽長胎室(앞)／自京畿道楊州郡榛接面移葬 △年五月(뒤)'이고, 태지석의 명문은 '皇明成化十八年二月二十三日辰時生/ 王子壽長胎/ 成化十八年六月二十三日巳時藏(앞)'이다.

여기서 보듯이 수장왕자의 원래 태실지는 경기도 양주군 진접면(현, 남양주시 진접읍) 내각리이고, 태주는 1482년(성종 13, 임인) 2월 23일 오전 7~9시 사이에 태어난 왕자로 장태 시기는 1482년 6월 23일 오전 9~11시 사이에 하였음을 알 수 있다. 그런데, 성종의 왕자 가운데 1482년생은 봉안군과 견성군 뿐이다. 이중 견성군은 태실지가 밝혀졌으며,

태지석에서 보듯이 1482년 5월 5일생이다. 따라서 수장왕자는 봉안군일 가능성이 높다.[195] 『전주이씨회산군파족보』에는 봉안군의 생몰년이 1482년(성종 13) 9월 29일~1504년(연산군 10) 6월 21일로 기록되어 있는데, 이것은 동생인 견성군의 생일보다 늦은 것으로써 잘못 기록된 것이다.

그리고 전남 순천시 서면 학구리에는 수건왕자의 태실이 있다. 이 태봉산 정상에는 태실비가 있는데, 명문은 '王子壽堅胎室(앞) 成化十九年十月十五日立(뒤)'으로 1483년(성종 14) 10월 15일에 아기비를 세웠음을 알 수 있다. 그렇다면 수건왕자는 1483년 이전에 태어난 왕자이다. 아직 아명(兒名)이 밝혀지지 않은 성종의 아들 중 1476년에 태어난 연산군과 1480년에 태어난 계성군, 1481년에 태어난 회산군[196] 중에 한 명일 가능성이 높다.

또 금수왕자의 태실은 경기도 남양주시 별내면 광전리에 있는데, 현재 태실비는 땅에 묻혀 확인할 수 없으나, 이전에 '王子金壽男胎室(앞) □治六年五月初四日立碑(뒤)'라는 명문이 조사되어 있다.[197] 이 명문

---

195) 전주이씨대동종약원, 1999, 『조선의 태실』Ⅱ, 46·164~165쪽; 김만중, 2001, 「강릉 모전리 정복태실비와 성종의 자녀에 대하여」, 『박물관지』7, 강원대학교 박물관, 141쪽.

196) 전주이씨대동종약원 홈페이지(http://www.rfo.co.kr)에 회산군의 생몰년은 1481년(성종 12) 12월 13일~1512년(중종 7) 4월 6일로 기록되어 있는데, 이것은 잘못된 것으로 보여 진다. 회산군의 어머니인 숙의 홍씨가 형인 완원군을 1480년 12월 29일에 낳고 동생인 견성군을 1482년 5월 5일에 낳았다. 일반적으로 임신기간은 10개월인데, 중간인 회산군을 1481년 12월 13일에 낳는다는 것은 불가능하기 때문이다. 그러므로 회산군의 출생일은 1481년 7~10월 사이로 보는 것이 더 타당하다.

197) 조선총독부, 1942, 『조선보물고적조사자료』, 51쪽.
여기서 '□治'은 '弘治'를 말하는 것이다. 또 '金壽男'을 '金壽阿只氏'를 잘못 기재한 것(전주이씨대동종약원, 1999, 『조선의 태실』Ⅱ, 167쪽)으로 보거나, '男'을 '아들'로 해석해 태주를 '금수의 아들'(김만중, 2001, 「강릉 모전리 정복태실비와 성종의 자녀에 대하여」, 『박물관지』7, 강원대학교박물관, 137쪽)로 보기도 한다. 그러나 태실은 왕의 자녀와 원손만 조성할 수 있기 때문에 왕자의 아들로

으로 보아 태실은 1493년(성종 24) 5월 4일 조성되었음을 알 수 있으며, 이는 1493년 전에 태어난 성종의 아들임을 알려준다. 아명이 금수이므로 아명이 밝혀지지 않은 8명의 왕자 가운데 추정되지 않은 이성군, 전성군, 무산군 중에 한 사람이 금수왕자라고 여겨진다. 물론 연산군, 계성군과 회산군 중 수견왕자가 아닌 2명도 무산군일 수 있다.

그리고 강원도 원주시의 대덕리 태실도 성종의 아들로 추정된다. 이 태실지에는 반파된 아기비가 현존하는데, 비신에 '王子△△(△)胎室(앞) 弘治七年八月二十二日卯時立(뒤)'라고 음각되어 있어 태실은 1494년(성종 25) 8월 22일에 조성되었음이 밝혀졌다. 태실 조성이 1694년 8월이므로 태주는 그 이전에 태어났을 것인데, <표 1>의 출생일을 보면 성종의 아들 20명 모두 태주일 가능성이 있다. 그러므로 태실지가 확인되지 않은 아들은 모두 대덕리 태실의 주인공일 수 있으나, 아명을 알 수 없어 더 이상의 추정은 불가하다.

그렇다면, 울진 신래태실의 주인공인 견석왕자는 과연 누구인가?

견석왕자는 1486년 12월 6일 태어나서 1487년 4월 7일 태실이 조성되었다. 성종의 자녀 중에 견석왕자와 출생연도가 같은 자녀로는 정순옹주와 숙혜옹주가 있다. 이 중 정순옹주에 대해 의견이 분분한데, 강원도 원주 태장동의 복란 태실(1486년 10월 13일 출생, 1486년 12월 29일 장태)의 태주를 성종의 7번째 딸인 정순옹주로 추정하거나,[198] 왕녀 복란을 신숙공주로 추정하기도 한다.[199] 그러나 이는 다음과 같은 이유로 따

보는 것은 무리이다. 그러므로 '왕자금수남'의 태주는 '왕자 금수'로 보아야 하며, '남'은 앞에 왕자라 하여 성별을 이미 표시하였지만 중복하여 강조한 것으로 보아야 한다.

198) 전주이씨대동종약원, 1999, 『조선의 태실』Ⅰ, 245~246쪽; 전주이씨대동종약원, 1999, 『조선의 태실』Ⅱ, 61~63·175~176쪽; 홍성익, 1998, 「강원지역 태실에 관한 연구」, 『강원문화사연구』3, 강원향토문화연구회, 66~68쪽; 김만중, 2001, 「강릉 모전리 정복태실비와 성종의 자녀에 대하여」, 『박물관지』7, 강원대학교 박물관, 132~133쪽.

르기 어렵다.

즉, 왕실 족보나 문헌기록에서[200] 신숙공주는 정현왕후의 딸로 일찍 죽었다고 기록되어 있다. 정현왕후는 기해년(1479)에 옹주를 낳고 을사년(1485) 11월 공주를 출생하며, 무신년(1488) 3월 대군을 출생하였고, 경술년(1490) 11월에 공주를 출생하였다거나[201] 그녀에게 어린 딸이 있다[202] 또는 1488년 11살의 순숙공주(어머니가 누구인지 기록 안 됨)가 죽었다고[203] 하였다.

정현왕후(1462~1530)가 1473년 6월 14일 숙의에 봉해지고 1480년 11월 8일 왕비로 책봉되는 사실을 참고하여 종합해보면, 1남(중종) 1녀(신숙 공주)를 낳았다는 왕실 족보와 상이하며, 1남 3녀를 낳은 것으로 확인된다. 즉 첫째 딸(? 옹주)은 1479년에, 둘째 딸(? 공주)은 1485년 11월에, 셋째 딸(? 공주)는 1490년 11월에 출생하였던 것이다. 그러므로 1488년에 죽은 순숙공주는 11살(1478년 생)이라 한 것으로 보아 1479년의 첫째 딸로 추정되며, 나이가 1살 차이 나는 것은 잘못 센 것으로 생각된다. 또 순숙공주가 '옹주'로도 기록된 것은[204] 정현왕후가 왕비가 되기 전에 출생하였기 때문으로 판단된다.

그런데 조선왕조실록에 순숙공주(또는 순숙옹주)는 보이나 신숙공주는 전혀 보이지 않다가 갑자기 왕실 족보에만 나타나는 것은 이해되지 않으며, 순숙(順淑)이나 신숙(愼淑)이 조선왕조실록(순숙)이나 왕실 족보(신숙)에 성종의 유일한 공주로 기록되어 있는 것으로 보아 '순(順)'자가

---

199) 한림대학교 박물관, 1991, 『왕녀복란태실 발굴보고서』, 47~48쪽.

200) 『청장관전서』(1795) 권26 기년여람 하 본조세년기; 『연려실기술』(1736~1806) 권6 성종조 고사본말 성조.

201) 『중종실록』중종 25년(1530) 8월 23일(경진).

202) 『성종실록』성종 14년(1483) 6월 12일(계유).

203) 『중종실록』중종 19년(1488) 7월 14일(을해).

204) 『중종실록』중종 9년(1514) 4월 8일(신축).

'신(愼)'자로 오기되어 왕실 족보에 기록된 것 같다. 결국 순숙공주와 신숙공주는 동일인(同一人)인 것이다.[205] 그러므로 첫째 딸인 순숙공주를 신숙공주와 다른 사람으로 보고, 정현왕후의 둘째 딸(1485년 생) 또는 셋째 딸(1490년생)을 신숙공주로 추정한 견해는[206] 따르기 어렵다.

그리고 고려대학교 박물관에 태호 1쌍과 태지석 1개가 소장되어 있는데, 태지석의 '王女阿只氏胎室(앞) 成化十二年六/ 月十九日立石(뒤)'라는 명문기록으로 1476년 6월 19일에 장태되었음을 알 수 있다. 이 태지석의 태주를 신숙공주[207] 또는 순숙공주로[208] 추정하기도 하나, 앞에서 살펴보았듯이 순숙공주와 신숙공주는 동일인으로 1479년에 태어났고, 고려대학교 박물관 소장 태지석의 주인공은 1476년 6월 이전에 출생하였기 때문에 신숙공주나 순숙공주로 보는 것은 타당하지 않다. 그러므로 이 고려대학교 박물관 소장 태지석의 태주는 다른 왕녀로 보아야 한다.

이와 같이 견석왕자와 출생연도가 같은 두 명의 옹주로 보아 왕실 족보에 등재된 아들 중에서 찾는다 하더라도 정순옹주의 어머니인 숙의 홍씨와 숙혜옹주의 어머니인 숙용 심씨에게서 태어난 아들은 분명 아니다. 태지석의 출생일로 보아 견석왕자는 1482년 5월 5일 생인 견성군과 1488년 3월 5일생인 진성군(중종), 1488년 7월 1일 생인 익양군 사이에 태어난 왕자이나, 왕실 족보에는 두 왕자 사이에 등재된 왕자가 없다.

---

205) 전주이씨대동종약원, 1999, 『조선의 태실』Ⅱ, 170쪽.
206) 김만중, 2001, 「강릉 모전리 정복태실비와 성종의 자녀에 대하여」, 『박물관지』7, 강원대학교박물관, 139~140쪽.
　　 한편, 정현왕후가 어머니인 순숙공주는 성종의 장녀(1478~1488)이고, 신숙공주는 성종의 차녀(1479~?)로 일찍 사망하였다고 본 견해(김창겸·김선주·권순형·이순구·이성임·임혜련, 2015, 『한국 왕실여성 인물사전』, 한국학중앙연구원출판부, 277·283쪽)도 따르기 어렵다.
207) 홍성익, 1998, 「강원지역 태실에 관한 연구」, 『강원문화사연구』3, 강원향토문화연구회, 68쪽.
208) 양윤미, 2013, 「조선 15세기 안태용 도자기 연구」, 고려대학교 석사학위논문, 68쪽.

다만 <표 1>에서 태주가 확인된 사람을 빼고 출생일이 다른 사람을 빼면, 숙의 김씨의 이름을 모르는 두 아들과 숙용 권씨의 이름을 알 수 없는 아들 중에 한 명일 것으로 추정된다.

특히 숙의 김씨의 두 아들은 수종사 팔각오층석탑의 「발원문」(1493. 6.)에[209] 보이지 않으므로 1493년 6월 이후에 태어났을 것으로 판단되므로 결국 숙용 권씨의 아들만 남게 된다. 숙용 권씨의 이름 모르는 아들은 「성종대왕 묘지문」에 나타나는데, 이는 성종이 승하하기 1494년 12월 이전에 출생하였음을 보여주며, 또 어리다고 하였다. 1486년 12월 6일에 태어난 견석왕자의 나이가 충분히 이를 충족시키고 있으므로 신래태실의 주인공인 견석왕자는 숙용 권씨의 아들로 판단된다.[210] 이 견석왕자는 성종이 1494년 12월에 죽을 때까지 살아있었으면서도 왕실 족보에는 등재조차 되지 않았다. 이로보아 견석은 어떠한 이유로 왕실 족보에서 삭제되었거나 누락된 왕자로 판단된다.

이와 같이 왕실에서 왕족을 족보에서 빼버린 경우가 있다. 특히 왕실 내부에 반역자나 중범죄를 저질러 왕족 전체의 명예를 실추시키게 될 경우 가차 없이 족보에서 삭제를 한다. 그 대표적인 예로 태조 이성계의 넷째 아들인 회안대군 방간이 역적으로 몰려 왕실 족보인 『선원록』에서 삭제되었다가 300여년 후에 다시 등록되었다.[211]

---

209) 경기도 남양주시 수종사에 있는 조선시대의 남양주 수종사 팔각오층석탑(보물 제1808호) 내에서 나온 불상 「발원문」(1493. 6.)이 있다. 이 발원문은 성종의 후궁들이 홍치 6년(1493)에 납입했다고 하는 불상 2구(석가여래 1구와 관음보살 1구)에 대한 것으로 발원문 끝에 발원자인 성종의 세 후궁과 그 소생의 자녀 명단이 있는데, 숙용 홍씨의 자녀는 10명, 숙용 정씨의 자녀 3명, 숙원 김씨의 자녀 4명이 묵서되어 있다.(윤무병, 1969, 「수종사 팔각오층석탑내 발견유물」, 『김재원박사 회갑기념논총』, 을유문화사)

210) 김만중, 2001, 「강릉 모전리 정복태실비와 성종의 자녀에 대하여」, 『박물관지』7, 강원대학교박물관, 143~145쪽.

211) 신명호, 1998, 『조선의 왕』, 가람기획, 254~258쪽.

그러나 이러한 상황보다는『선원록』·『선원계보기략』등의 왕실 족보
는 실록 등 각종 공식 문서를 참조하여 만들었는데, 누락되거나 여러 차
례 개간되면서 변경·수정·보완되면서[212] 일어난 현상으로 생각된다. 삭
제된 예는 아니지만 왕실 족보와 다른 내용들이 확인되는데, 성종의 막
내딸인 정숙옹주의 출생년을『선원록』에는 '壬子(임자, 1492)'라 하였으
나, 최립(1539~1612)의『간이집』(1631) 권2 묘지명 정숙옹주묘지명에
는 '弘治 癸丑(홍치 계축, 1493)'이라 하여 일치하지 않고 있다. 이러한
것들이 모두 왕실 족보를 작성하면서 변경되거나 오기된 예들이며, 견석
왕자도 이와 비슷하였을 것으로 추정된다.

이 장에서는 개별 태실에 대한 출토유물과 문헌사료를 비교·검토하
여 태실이 조성되는 시기나 태실의 구조를 살펴보고, 일부 임금의 가계
도 재검토해 보았다.

먼저 영주 소헌왕후 태실의 조성 과정과 왕비 태실의 구조를 복원해
보았는데, 소헌왕후 태실은 영주 배점리 소백산 윤암봉에 조성되었으며,
태는 처음에 경기도 양주에 매태되었는데, 왕비가 되자 왕실의 태실제도
에 따라 가봉태실을 조성하였다. 태실의 구조는, 지하에 사각형 태함을
안치하고, 지상에는 중앙태석과 팔각난간대를 장식하였으며, 가봉비도
설치하였을 것으로 추정하였다. 또한 정희왕후 태실은 중앙태석을 비롯
한 팔각난간석을 하지 않고 아기태실처럼 봉토를 하고 그 앞에 가봉비만
세웠을 가능성이 높으며, 폐비 윤씨 태실은 소헌왕후 태실과 같이 중앙태
석을 비롯한 팔각난간석과 가봉비 모두 조성하였을 것으로 추정하였다.

그리고 성주 선석산의 19기 태실에 대해 그 조성과 구조 및 세종의

---

212) 정재훈, 1996,「≪선원록≫의 편찬과 그 내용」,『부산사학』30, 부산사학회; 홍
　　순민, 1990,「조선후기 ≪선원계보기략≫개간의 추이」,『규장각』13, 서울대학
　　교 규장각 한국학연구원; 홍순민, 1990,「조선후기 왕실의 구성과 선원 -1681
　　년(숙종 7) ≪선원계보기략≫의 편찬을 중심으로-」,『한국문화』11, 서울대학교
　　한국문화연구소.

가계를 재검토해 보았다. 이 태실은 지하의 사각형 태함 안에 태호와 태지석을 봉안하였으며, 태호는 일반적인 이중 태호와 달리 맨 밑에 대접을 두고 그 안에 작은 호를 올린 후 다시 그 위에 큰 대접을 엎었음을 밝혔다. 또 왕자 장(영해군) 태실과 왕자 당 태실은 동일인이 아니라 서로 다른 왕자임을 밝혔으며, 왕자 당은 왕실 족보에 등재되지 않은 아들로 확인되어 세종의 아들은 18명이 아니라 19명으로 가계를 복원해 보았다.

또 조선 제6대 단종의 가봉태실이 성주와 사천 두 곳에 있는 것으로 알려져 있는데, 어느 곳이 진짜인지 그 진위를 살펴보았다. 단종의 아기태실은 처음에 성주 선석산 태봉에 조성되었으나 성주 법림산 태봉으로 이안되었으며, 이후 단종 재위기간에 가봉된 것으로 보았다. 그리고 사천 태실은 단종이 숙종 때 복위되면서 왕의 격식에 맞게 보수된 것으로 추정하였다. 그러나 1462년 장태된 인성대군 태실임을 밝혀내었다. 그리고 장릉의 예를 본받아 사천 태실을 가봉할 때 팔각난간석을 설치하지 않은 것으로 추정하였다.

또 울진 견석왕자 태실의 구조를 살펴보고 성종의 가계를 복원해 보았다. 이 태실의 구조는 아기태실로 지하에 태함을 안치하고 지상에 봉토를 한 후 그 앞에 아기비를 세워 기존 아기태실과 동일함을 알 수 있었다. 태주는 1486년 12월 6일 태어나 1487년 4월 7일 장태된 성종의 아들 견석왕자임을 밝혀내었다. 그러나 견석 왕자가 성종이 죽을 때까지 살아있었으면서도 왕실 족보에 등재조차 되지 않은 것으로 보아 어떠한 이유로 왕실 족보에서 삭제되거나 누락된 것으로 추정하였다.

제6부

결론

　우리나라 한국에서는 아기가 태어나면 그 태는 향후 태주의 삶에도 지대한 영향을 미친다고 생각하여 태를 귀중하게 여겨 여러 가지 방법으로 태를 처리하는 장태풍습이 있었다. 이러한 장태풍습은 한국만의 독특한 문화가 아니라 전 세계적으로 행해지는 보편적 문화이다. 그러나 이 장태풍습 중 한국에서만 행해진 독특한 현상이 있는데, 그것이 바로 태실이다.

　한국에서의 장태풍습은, 민간에서는 땅에 묻는 매태, 불에 태우는 소태, 물에 넣는 수태, 말려 보관하는 건태 등 다양한 방법으로 태를 처리하였다. 그러나 왕실에서는 이러한 민간의 장태방법과 다르게 태실을 조성하였다. 이 태실문화도 장태문화의 일종으로 크게 보면 땅에 묻는 매태에 해당된다. 그러나 민간에서의 매태방법과 전혀 달리 풍수지리적으로 명당·길지를 선택하여 그곳에 태를 묻고 보호하는 시설을 설치하고, 비를 세워 태실을 조성하였던 것이다. 이 태실은 그 구조와 성격에 의해 아기태실과 가봉태실로 구분된다. 처음 조성되는 자녀의 태실이 아기태실이며, 이 아기태실의 태주가 임금으로 등극하면 화려한 석물을 추가로 장식하여 가봉하는데, 이것이 가봉태실이다.

　이 책은 이러한 태실에 대한 연구로, 유물·유구·유적 등의 고고학적 자료뿐만 아니라 『태봉등록』이나 조선왕조실록, 의궤·등록, 지지류 및 개인문집 등 다양한 문헌기록도 함께 비교·검토하였으며, 특히 태실의 입지에 대해서는 풍수지리적 검토도 병행하였다.

　먼저, 태실의 기원과 제도에 대해서는 『삼국사기』의 신라시대 김유신 태실을 근거로 595년 이전에는 한국에서 태실이 조성되고 있음을 알 수 있었다. 그러나 김유신의 태를 묻은 사람은 부모세대이므로 그 이전 6세기 중엽부터 태실문화가 실행되고 있었을 것으로 추정하였다.

그리고 고려시대 들어와 태실이 제도적으로 성립된 것으로 보았다. 이는 『고려사』에 왕실의 태실관련 기록이 여럿 확인되는데, 12대 순종, 17대 인종과 19대 명종 임금 이후부터 태실이 대부분 조성되는 것으로 나타나 11~12세기쯤에는 고려 왕실에서 태실을 조성하기 시작한 것으로 추정하였다. 특히 제17대 인종 이후 많이 보이고, 과거제도에서 『태장경』을 시험보게 하는 것으로 보아 인종 전후에 태실조성이 국가차원에서 제도적으로 성립된 것으로 추정하였다. 그러나 태실 제도는 완전히 정착하여 확립되지 못하고 임금과 왕위계승자인 세자에 한해서만 시행되었다. 그리고 태실의 입지는 17대 인종 태실로 보아 풍수지리적으로 돌혈에 해당되는 곳에 조성하였으며, 늦어도 인종 때 또는 그 이전에 입지조건이 풍수의 영향을 받아 확립된 것으로 보았다. 또 태실의 구조는 17대 인종 태실로 비추어 보아 태봉산의 정상부에 토광을 파고 그 안에 이중 태호가 매납된 사각형의 태함을 안치한 후 반구형의 봉토를 조성하였다. 이는 아기태실과 가봉태실로 구분하여 조성하는 조선시대와 달리 모두 아기태실의 구조를 하였음을 밝혔다.

이후 조선시대 들어와 태실 제도는 완전히 확립되어 정착한다.

조선은 개국 후 고려 왕실의 태실문화를 계승하여 지속·발전시켰다. 세종은 태실관련 의례나 절차 등을 체계화하고 태실 조성 범위도 모든 아들에게로 확장하여 제도적으로 정립시킨다. 그리고 성종은 다시 그 범위를 넓혀 모든 딸에게까지 태실을 조성하게 하고 태실구조와 유물도 정형화 하였다. 그러므로 한국의 태실 제도는 조선시대 세종과 성종에 의해 완전히 확립되어 정착하였던 것이다.

또 왕실의 태실 제도가 조선시대 확립되고 성행하는 이유로 풍수지리의 동기감응론에 근거한 것으로 보았다. 태를 잘 묻음으로써 당사자의 무병장수를 바라는 것은 물론이고 국운과도 연결되어 있다고 인식하였기 때문이다. 그러나 이는 표면적인 것에 불과하였으며, 이면에는 전국의 명당을 선점함으로써 조선 왕조에 위협적인 인물이 배출되지 못하도록 사전에 그 요인을 제거하려는 의도가 내포되어 있었다. 즉 명당을 선점하여 일반인이 점유하지 못하게 하고, 태실을 조성함으로써 백성들에게 왕실의 번영을 보여주며, 또 이씨 자손으로 왕업이 계속 이어지게 하려는 통치이데올로기가 내재되어 있었던 것이다.

그러나 임진왜란을 겪으면서 그 규례나 태봉장부 등이 불타 없어져 제대로 시행되지 못하게 되며, 태실 조성의 성행으로 폐단이 많아지자 태실 제도는 흔들리기 시작한다. 그래서 몇몇 왕들은 이를 줄이기 위해 여러 가지 개선책을 제시한다.

이중 한 산등성이에 나이 순서에 따라 함께 조성하는 동태동강론이 가장 특이한데, 1493년 성종에 의해 처음 제시되고, 1645년 인조와 1678년 숙종에 의해 재등장하였으며, 1758년 영조의 태봉윤음으로 더욱 공식화되었다. 하지만 영조는 1765년 폐단이 해소되지 않자 앞으로는 궁궐 어원에 장태하도록 하는 파격적인 을유년 수교를 반포한다. 정조도 영조의 을유년 수교를 따르고자 노력하였으나, 1783년 왕위계승자인 원자는 1등에 해당되므로 길지에 태실을 조성해야 하고, 그 이하 대상자는 영조의 을유년 수교를 적용해야 한다는 신하들의 의견에 따라 결국 원자를 제외하고 선왕의 개선책을 따랐다. 또 정조는 1790년 물력과 인력을 감축하게 하는 경술년 수교를 내리며, 2~3등 대상자는 영조의 을유년 수교에 따라 궁궐 어원에 장태하였다. 이후 이 정책은 1819년 순조 왕녀의 태실이 강원도 평창에 조성되는 것을 제외하고는 모두 준행되었다. 이렇게 조선 후기 들어와 숙종, 영조, 정조 등 여러 왕들의 태실조성에 관한 일련의 방안은 모두 태실로 인해 발생하는 민폐를 줄이고자 한 애민의식에서 나온 것이다.

이렇게 세계 유일의 독특한 우리나라 태실문화는 시간이 흐름에 따라 변화·발전하였는데, 근본적인 큰 틀은 유지되어 전개되었다. 하지만 일제강점기 들어 우리민족의 반대에도 불구하고 일제가 전국에 산재한 많은 태실을 파괴하고 강제 철거하여 서삼릉에 54위의 태실 집장지를 만들었다. 그 가장 큰 이유는 조선 왕실의 태실을 파괴함으로써 조선의 국운이 지속되지 못하도록 하기 위한 것이었다.

또 태실의 입지에 대한 연구에서는 조선왕조실록 등 문헌기록에 나타나는 태실의 입지 조건과 실제 고고학적 태실유적의 입지조건이 일치하는지 풍수지리적으로 검토하였다.

태실의 입지조건은 내맥이 연결되지 않은 들판 가운데에 홀로 우뚝 솟은 산봉우리 정상에 조성된다고 한 문헌사료를 바탕으로 연구한 기존의 견해와 달리, 실제 조성된 입지는 산맥이 연결되고 좌청룡·우백호가 감싸고 있는 풍수지리적 길지인 돌혈의 형국에 조성됨을 밝혔다. 또 통일신라 말 9세기 도선이 풍수설을 확립하게 되면서 태실이 풍수사상에 입각한 돌혈에 조성되기 시작한 것으로 추정하였다. 그리고 중국 서적인 『육안태』나 『태장경』등에 의해 태실의 입지가 선정되고 장태시기도 결정되는 것으로 보아 통일신라 말 9세기에 한국의 태실습속은 중국의 풍수사상을 접목한 것으로 보았다.

특히 돌혈의 형국에 태실을 조성하는 풍수사상 영향은 음택풍수와 양택풍수를 절충한 독특한 풍수장법으로 보았다. 즉 태실이 입지 선정의 기준이나 태를 땅에 묻고 무덤과 동일한 형태로 조성되는 것으로 보아 형식론적으로는 음택풍수에 입각한 것으로 보았으나, 땅의 기를 당사자가 직접 받는 것에서는 의미론적으로 양택풍수를 따른 것으로 보았다.

또 태실의 조성이유에 대해서는, 민간의 장태방법과 다르게 왕실에서 태실을 조성하고 관리한 것은 자녀의 무병장수를 기원하기 위한 것은 당연하겠지만, 그 이면에는 전국의 명당을 선점함으로써 출중한 인물이나 세력이 배출되지 않게 하기 위한 통치이데올로기가 내포되어 있었던 것으로 추정하였다. 이러한 행위는 향후 왕실의 자손 번창과 국가의 안위가 백성들보다 더욱 강하고 절박하였기 때문인 것으로 보았다.

그리고 전국적인 태실의 분포 현황에 있어서는 조선시대를 중심으로 살펴보았다.

삼한시대~고려시대의 태실은 그 현황이 제대로 파악되지 않으며, 신라 김유신 태실과 고려 인종 태실만 확인되며, 그 외 태실은 문헌사료를 그대로 따르기 어려워 분포 현황을 파악하기 어렵다. 하지만 고려시대의 태실 중 인종 태실을 비롯하여 신빙성이 있는 태조, 순종, 의종, 강종, 신종, 원종, 충렬왕, 충선왕, 충숙왕, 충목왕, 공민왕, 우왕 등 13개소의 태실을 살펴보면, 경상도 9(경상북도 7·경상남도 2) > 경기도 2 > 강원도 1·황해도 1의 순으로 경상도에 가장 많이 분포함을 알 수 있었다.

그리고 조선 초에는 경상도·전라도·충청도 등 하삼도에 집중되어 조성되다가 세조에 의해 1458년부터 경기도에도 조성되기 시작하였음을 밝혔는데, 이는 1476년 성종에 의해 경기도에 택정하라는 문헌기록보다 빠름을 알 수 있었다. 또 태실의 분포는 충청도·전라도·경상도·경기도·강원도·황해도에서만 확인되고, 특히 하삼도와 한양에서 가까운 곳이 주로 택정되어 지역적 선호에 차이가 나타난다. 이는 남쪽을 길지로 여긴 선인(先人)들의 사상과 천자(天子)의 남면(南面) 사상, 그리고 태실로 생기는 백성들의 폐단을 줄이기 위해 가까운 곳을 선정한 것으로 보았다.

또 명당 조건에 따라 태실을 1~3등급으로 나누고, 다시 신분에 따라 차등을 두어 태실을 조성하였다는 문헌사료는 대군이나 왕자가 임금으로 등극했을 때 2~3등지에 있던 기존의 태실이 1등지로 옮겨가야 하는데, 그러한 사례가 없음을 근거로 이 규정은 조선 초부터 사문화된 것으로 보았다.

태실의 일반 구조와 유물에 있어서는 아기태실과 가봉태실로 구분하여 검토하였다. 아기태실은 지하에 평면 사각형 또는 원형의 토광을 파고 그 가운데에 태함을 안치하였으며, 태함 안에는 태지석과 태호를 봉안하였으며, 토광을 황토와 회를 섞은 흙으로 단단하게 다지면서 묻고 지상에는 반구형의 봉토를 올리고 그 앞에 아기비를 세웠다. 이러한 외형은 현존하는 신라시대 김유신 태실에서 그 기원을 찾았다. 김유신 태실은 반구형의 봉토를 하여 무덤과 동일한 구조를 하고 있는데, 이는 고려 인종 태실 또한 동일한 구조를 하여 고려시대에 계승되고 조선시대까지 지속된 것으로 보았다. 그리고 토광의 평면형태가 사각형 또는 원형 (또는 타원형)인 것은 천원지방의 개념이 가미되었을 것으로 추정하였으며, 토광을 메울 때 황토를 사용한 것은 악귀를 물리치기 위해 붉은 색을 이용한 벽사의 의미로 보았다. 그리고 회를 섞은 것은 태실을 보호하기 위한 것으로 보았다.

또 가봉태실은 아기태실의 주인공이 임금에 즉위하면 기존의 아기태실에서 지하 구조는 그대로 두고 지상에 있는 봉토와 아기비를 없애고, 그곳에 평면 팔각의 난간석을 두르고 그 안 바닥에는 전석과 상석의 돌을 깔고 그 가운데에 팔각원당형 부도와 비슷한 모양의 중앙태석을 설치한다. 또 팔각난간석 구조의 태실 앞에는 아기비보다 화려한 귀부와 이수를 갖춘 가봉비를 세운다. 태실의 가봉은 임금뿐만 아니라 몇몇 왕비와 추존왕도 조성되었다.

이 가봉태실 구조의 기원에 대해서도 살펴보았는데, 두 가지로 나누어 검토하였다.

중앙태석은 이전부터 조성되어 온 불교의 팔각원당형 부도에서 기원을 찾았으며, 8각난간석은 고려 왕릉의 12각난간석에서 차용하여 8각형으로 축소하였는데, 이는 밀교의 태장계 중대팔엽원의 이론에 따른 것으로 보았다. 그리고 아기태실에서는 금표비가 확인되나 하마비와 화소비는 아직까지 확인되지 않고 있으며, 가봉태실에서는 금표비·하마비·화소비 모두 확인되고 있어 차이가 난다. 이러한 양상은 문헌기록과 상이한데, 시간이 지나면서 태실이 훼손되어 하마비·화소비가 없어진 것인지 아니면 아기태실에서는 실제 설치하지 않았는지는 앞으로의 더 많은 조사를 기대해야 할 것 같다.

또 태실의 유물에 있어서도 부장의미와 문양장식의 상징성을 살펴보았다. 태호에 동전이나 은판 또는 금판 등을 부장하는 것은 태주가 향후 부귀영화를 누리도록 재물 복을 기원한 것이며, 태호나 아기비·중앙태석·주석과 동자주에 연잎과 연줄기 문양이 주로 장식되고 연봉형 보주가 부착되는 것은, 연꽃이 탄생과 영원한 생명, 화합과 풍요, 다산과 자손번창 등을 상징하는 꽃이기에 왕실에서도 번영과 영원성을 빌기 위해 장식한 것으로 보았다.

그리고 조선시대 태실에서 출토되는 아기비와 태함, 중앙태석에 대한 양식과 편년을 설정해 보았다.

아기비는 시기가 확인되는 67기를 분석대상으로 하였다. 아기비는 명문구성과 비대 및 비수가 시기적 변화를 반영하고 있어 편년의 결정적 요소가 되었다. 비문의 구성은 크게 5단계로 나누었는데, I단계에는 앞면에만 태주명과 입비시기가 기록되며, II단계에는 처음으로 앞면에 태주를, 뒷면에 입비시기를 분리 기록하는데, 이러한 구성은 소멸될 때까지 지속되며, 앞면에 '아기씨'라는 용어가 일부 출현한다. III단계에는 앞면의 아기씨라는 용어가 1505년부터 정착하여 소멸될 때까지 지속되며, 뒷면에는 앞 시기의 구성이 혼용 또는 번갈아 가며 나타나고, 일부 '황명'이라는 용어가 출현하며, IV단계에는 새로운 변화가 생기는데, 앞면에 출생일시가 추가되기도 하며, 뒷면에는 앞 시기의 구성이 번갈아 가며 출현하기도 한다. 그리고 V단계에는 앞면에 출생일시가 정착되며, 뒷면에는 앞 시기의 구성이 혼용 또는 번갈아 가며 나타난다.

그리고 아기비의 전체 양식편년은 크게 5단계로 나뉜다. I단계에는 고려 말의 말각형 비수를 계승하면서 상면 편평형의 무문형 비대와 일석으로 제작된다. II단계에는 비수가 옆면 3단의 반원형으로 변하고 연화문이 장식되기 시작하며, 비대는 앞 단계가 지속된다. 15세기 4/4분기부터는 옆면 3단의 반원형 비수가 계속 주류를 이루며, 물끊이 홈이 처음 출현하고, 비대는 상면 편평형의 무문형이 지속된다. 16세기 1/4분기부터는 복련 12개가 장식된 유문형 비대가 출현하기 시작하며, 16세기 2/4분기부터는 비대가 완전히 별석으로 제작되어 끝까지 지속된다. III단계에는 옆면 2단과 1단의 반원형 비수가 출현하고 비대 측면에 안상초화형과 초화형이 출현하여 비수와 비대 모두 화려한 문양이 장식된다. 16세기 4/4분기에는 반원형 비수의 측면이 2단으로 변하며, 17세기 1/4분기에 3단으로 복귀된다. 17세기 2/4분기에는 비수 측면이 다시 2단으로 바뀌고 비대에는 안상초화문이 초출한다. 17세기 3/4분기에는 2단과 3단의 비수 측면이 공존하고, 비대에는 초화문이 측면에 처음 출현하며, 17세기 4/4분기에는 비수의 측면이 1단으로 변한다. 18세기 2/4분기에는 비수 측면이 다시 2단으로 바뀌고, 비대는 문양이 사라지고 상면 말각형이 초출한다. IV단계에는 비수가 삼각형으로 변하면서 무늬도 도식화되고, V단계에는 비수 측면이 다시 1단의 반원형으로 바뀌나 무늬는 여전히 도식화된다.

태함은 시기가 확인되는 51기를 그 분석대상으로 하였는데, 함신과 함개 모두 편년의 요소로 작용하였다. 태함의 양식편년은 크게 4단계로 변화과정을 보이는데, I단계에는 고려 양식을 계승하여 사각형 함개와 원형 함신을 하거나 모두 사각형으로 나타나나, 15세기 3/4분기에는 함개가 사각형으로 상부가 뾰족해지거나 원형의 판석형으로 바뀌어 과도기적 현상을 보인다. II단계에는 반구형 함개와 원통형 함신으로 정형화되고, 16세기 4/4분기에는 함개와 함신의 옆면에 4개의 돌기가 장식되기도 하며, 17세기 1/4분기에는 다시 반구형 함개와 원통형 함신으로 변한다. Ⅲ단계에는 내·외부에 장식성이 가미되는데, 17세기 2/4분기 후엽 말에는 함개의 옆면에 4개의 돌기가 장식되거나 돌기 없이 상부가 뾰족해지기도 하며, 함신에서 절구형이 나타나기도 하고, 18세기 2/4분기 전엽에는 함개에 연봉형 보주가 장식되기도 하며, 18세기 2/4분기 후엽에는 지속해서 함개에 보주가 장식되고 함신의 감실이 다양한 모양으로 변한다. 그리고 Ⅳ단계에는 장식성이 사라지고 간략화 되는데, 18세기 4/4분기 후엽에는 반구형 함개와 원통형 함신으로 변하며, 19세기 3/4분기에는 함개가 원형의 판석형으로 변한다.

그리고 중앙태석은 21개소에서 확인되는 것을 그 분석대상으로 하였는데, 사방석·중동석·개첨석 모두 편년의 결정적 요소가 되었다. 중앙태석의 양식편년은 크게 4단계로 구분하였는데, Ⅰ단계에는 태실 가봉이 막 시행되어 정착하지 않은 시기라 사방석·중동석·개첨석이 모두 팔각형으로 제작되며, Ⅱ단계에는 과도기적 현상이 나타나서 사방석은 사각형, 중동석은 편구형 또는 원통형, 개첨석은 원형 또는 팔각형으로 제작된다. Ⅲ단계에는 전체 형태의 비례에 안정감이 있고 화려해져 정형화 되는데, 사각형의 사방석과 편구형의 중동석, 그리고 팔각형의 개첨석이 주류이다가 17세기 4/4분기 후엽 말에 사방석이 문양없는 사각형으로 변화고, 일부 팔각형의 사방석·중동석·개첨석도 나타난다. 그리고 Ⅳ단계에는 팔각형의 사방석·중동석·개첨석이 유지되나, 전체 형태의 비례가 부조화되고 문양이 화려해지나 도식화되었다.

그런데 이러한 중앙태석의 분석으로 인해 태실의 가봉 시기가 임금의 재위 순서에 의해 조성되는 것이 아니라는 점이 밝혀졌으며, 특히 일부 의궤에 그려진 태실 그림에서 현존 중앙태석의 모양과 다르게 그려진 것이 확인되었다. 즉, 세종(1730, 1734)·단종(1730, 1734)·정조(1801)와 헌종(1847)의 의궤 시기와 필자가 설정한 실제 유물의 편년은 일치하나, 태조(1866)와 숙종(1832)의 의궤 시기와 실제 유물의 편년은 일치하지 않는다. 이 중 태조·세종·단종의 의궤 그림은 현존 유물의 모양과 다르게 그려져 있는데, 그 이유를 알 수 없지만, 그동안 조선 왕실에서 제작한 다른 종류의 의궤에서 보이는 정밀성과 다른 양상을 보여주어 주목된다.

끝으로 앞의 연구결과를 바탕으로 고고자료와 문헌사료를 비교·분석하여 조선시대 개별 태실의 조성을 살펴보고 태실구조를 복원해 보았으며, 일부 왕의 가계도 재검토해 보았다. 그 분석대상으로 경북 영주의 소백산에 있는 소헌왕후 태실, 경북 성주의 선석산에 있는 세종의 18아들과 원손 등 19기의 태실, 경북 성주와 경남 사천에 있는 단종 가봉태실 2기, 그리고 경북 울진의 견석왕자 태실 등 모두 23기의 태실을 선정하였다.

먼저 영주 소헌왕후 태실을 살펴보면, 영주 배점리 태봉은 조선시대 소백산 윤암봉으로 태주가 소헌왕후임을 밝혀내었다. 소헌왕후의 태는 민간풍습에 따라 처음 경기도 양주에 1395년 매태되었는데, 왕비가 되자 왕실의 태실 제도에 따라 길지를 찾아 1438년 1월 20일~5월 15일 사이 가봉태실을 조성하였음을 추정하였다. 이는 문헌사료뿐만 아니라 유물인 태호편의 시기로도 입증하였다. 또 태실은 여러 차례 보수가 시도되었으나 이루지 못하다가 1666년 처음 보수되는데, 이는 의궤와 횡죽석을 근거로 들었다. 특히 태호는 내·외호의 이중으로 구성되었으며, 현존 태호편의 시기가 15세기 중엽이므로 1395년 매태 시 사용한 태호를 재사용한 것이 아니라 1438년 가봉태실을 조성하면서 제작하여 넣은 것으로 보았다. 또 현존 석물로 태실의 구조를 복원해보았는데, 지하에는 사각형의 태함이 안치되었으며, 지상에는 팔각난간대를 구성한 석물을 치장하고 바닥에는 상석과 전석을 구비하였으며, 그 가운데에 팔각 1층 무문형 사방석·팔각 무문 별석형 중동석·팔각 연엽 무노반형 개첨석으로 구성된 중앙태석이 설치된 것으로 보았다. 또한 정희왕후 태실은 중앙태석을 비롯한 팔각난간석을 하지 않고 아기태실처럼 봉토를 하고 그 앞에 가봉비만 세웠을 가능성이 높으며, 폐비 윤씨 태실은 소헌왕후 태실과 같이 중앙태석을 비롯한 팔각난간석과 가봉비 모두 조성하였을 것으로 추정하였다.

그리고 성주 선석산 태실은 1977년 12월 정비복원하면서 남긴 간략한 보고서를 찾아냄으로써 그 구조를 자세히 알게 되었다. 지하에 상자형의 태함을 묻고 태함의 사각형 감실에 태호와 태지석을 봉안하였음을 밝혔다. 또 태호의 안치상황은 일반적으로 확인되는 내·외호 이중의 태호로 구성되는 것이 아니라 맨 아래에 대접을 두고 그 위에 작은 호를 올린 후 이 호 위에 큰 대접을 엎어 뚜껑으로 사용하였음을 밝혔다. 그리고 왕실 족보에 세종 가계가 잘못되어 있음도 밝혀내었다. 특히 아명이 '장'과 '당'인 왕자는 동일인이며 영해군으로 왕실 족보에 기록되어 있으나, 이곳에서 출토된 태지석으로 출생일이 다른 인물임을 밝혀내었다. 그리하여 세종의 아들이 18명에서 19명이 되었다. 그리고 19기의 태실은 형편과 시기에 따라 무작위로 설치된 것이 아니라 미리 계획된 설계, 즉 마스터 플랜(Master plan)에 의해 설치되었음을 밝혀내어 조선 초에 정착되어가는 태실 제도의 한 면을 살펴 볼 수 있었다.

또 조선 제6대 임금인 단종의 가봉태실이 두 곳이 알려져 있는데, 어느 곳이 진짜인가 하는 문제에 대해 규명해 보았다. 지금까지 단종 가봉태실은 경남 사천시의 소곡산과 경북 성주군의 법림산에 위치하는 것으로 알려져 있는데, 한 임금의 가봉태실은 두 개가 있을 수 없기 때문에 논란이 되었다. 단종의 태실은 아기태실과 가봉태실로 두 개가 있다. 단종의 아기태실은 1441년 윤11월 26일에 성주 선석산 태봉에 처음 조성된다. 하지만 1451년 성주 법림산 태봉으로 이안되어 2차 아기태실이 조성된다.

그러나 가봉태실은 언제 조성되는지 확인이 되지 않으며, 세조에 의해 1458년 태실이 철거된다. 현재 법림산 태봉에 가봉석물이 일부 남아 있으므로 단종의 2차 아기태실은 어느 시기에 가봉되었음이 분명하다. 그 가봉시기를 단종의 재위기간인 1452~1455년으로 추정하였다.

그리고 사천의 소곡산 태실이 단종의 가봉태실로 정착하게 된 이유를 숙종 때 단종 복위과정과 관련지었다. 세조 때 성주 법림산 태봉에 있던 단종 가봉태실이 훼철된 이후 오랜 기간 사람들의 기억에서 잊혀져 있다가 숙종 때 복위되면서 왕의 격식에 맞게 태실도 보수된 것으로 추정하였다. 이때 성주 법림산에 단종 태실이 있는지 알지 못하고 사천의 소곡산 태실(실은 인성대군 태실임)을 단종 태실인줄 알고 보수하였던 것이다. 이로 인해 사천 태실의 의궤까지 제작되고 이후 사천 태실이 단종 가봉태실로 확고하게 정착되어 지금까지 내려오게 된 것으로 보았다.

그리고 사천의 단종 가봉태실로 알려져 온 태실은 1462년에 장태된 인성대군의 태실임을 밝혀내었다. 이는 서삼릉 태실집장지에 있어야 할 단종 태실은 없고 인성대군 태실이 조성되어 있는 점에 착안하였다. 즉 1928년 이왕직이 사천의 단종 태실을 봉출하여 서울에서 보관하고 있다가 1930년 서삼릉으로 옮겨 갈려고 하자 태지석의 명문에 단종이 아니라 인성대군 태로 기록되어 있음이 밝혀져 서삼릉에는 단종 태실이 아닌 인성대군 태실로 조성하였던 것이다. 이를 위해 일제강점기 때 서삼릉 태실을 조성하면서 남긴 『태봉』 및 사천 태실·서삼릉 태실집장지에서 출토된 유물을 그 근거로 제시하였다.

또 사천 태실의 가봉 시기는 단종이 복위되어 장릉 개수 후 얼마 되지 않은 시점인 1699~1719년 사이로 추정하였다. 그리고 의궤의 그림과 잔존 가봉석물에 팔각난간석이 없는 것은 추봉된 임금의 무덤에 난간석을 하지 않고 간략히 조성한 장릉의 예를 본받아 태실에도 난간석을 설치하지 않은 것으로 추정하였다.

그리고 울진 견석왕자 태실은 문헌기록에 신래태실로 알려져 있었으나 태주가 누구인지, 조성시기는 언제인지 그동안 알려져 있지 않고 현황조차 파악되지 않았다.

신래태실은 1979년 봄에 발견되어 그동안 유물의 행방조차 알 수 없었는데, 태지석과 내·외 태호를 영남대학교 박물관에 소장되어 있음을 찾아내었으며, 태호에 부장된 조선통보도 발견자가 갖고 있는 것을 찾아내었다.

태실의 구조는 이와 비슷한 시기에 조성된 복란 태실과 경휘옹주 태실을 비교하여 복원해 보았는데, 지하에 반구형 함개와 원통형 함신으로 구성된 태함을 묻고 판축법으로 황토로 다져 묻은 후 지상에 반구형 봉토를 하고 그 앞에 아기비를 세운 일반적 아기태실과 동일함을 밝혔다. 그리고 태주는 1486년 12월 6일 오후 9~11시 사이에 태어나 1487년 4월 7일 오전 11~오후 1시 사이에 장태된 성종의 아들인 견석왕자로 이 왕자는 성종과 숙용 권씨 사이에 태어났을 것으로 추정하였다. 그러나 성종이 1494년 12월 죽을 때까지 견석왕자는 살아있었으면서도 왕실 족보에는 등재되지 않았는데, 어떠한 이유인지 알 수 없지만 왕실 족보에서 삭제되거나 누락된 것으로 추정하였다.

이와 같이 지금까지 연구 결과를 간략히 살펴보았다. 이 책은 우리나라 태실에 대한 전반적인 연구로, 먼저 고고자료와 문헌사료를 비교·분석하여 태실의 기원을 검토하였으며, 또 태실이 우리나라 한국에서 언제부터 제도적으로 성립되고 확립·변화되어 가는지를 살펴보았다. 그리고 전국적으로 산재한 태실에 대해 전수조사를 실시하여 그 현황을 살펴보고, 입지와 구조를 검토했으며 출토유물도 정리·분석해 보았다. 특히 태실유적에 남아있는 유물 중 조성시기를 파악하는데 유익한 아기비와 태함 및 중앙태석을 선정하여 양식과 편년을 시도하였으며, 이를 바탕으로 몇몇 개별 태실의 조성시기와 구조 등을 분석하였다. 또 태실에서 확인된 주인공을 가지고 조선 왕실 족보와 비교·검토하여 일부 임금에 대한 가계를 재검토해 보았다.

그러나 이 연구는 아직까지 우리나라 태실을 이해하는데 기초적인 성과에 지나지 않는다. 지금까지 전해 내려오는 구전까지 포함하면 전국적으로 약 300개소가 넘는 태봉산이 알려져 있다. 이렇게 수많은 태봉산 중에 태실로 확인되는 것은 150여 개소에 지나지 않는다. 또 이중에 태실로 확인되었더라도 지표에 노출된 현상과 일부 발굴조사된 자료만을 가지고 그 결과를 일반화 하기는 어려움이 있기 때문이다. 물론 태실 조성 과정을 알려주는 의궤나 등록, 그리고 왕조 실록 등 태실 관련 문헌 사료의 부족에서도 기인한다.

앞으로 태실을 더 깊이 있게 분석·연구하기 위해서는 더 많은 태실유적이 발굴조사되어 고고자료가 축적되어야 한다. 이러한 조사로 고고학적 자료가 축적되면 연구 범위도 확대될 것이며, 이로 인해 우리나라 한국의 태실문화 전반에 대한 보다 심도있는 연구가 진행될 것이다.

그러므로 본 연구는 향후 태실 관련 추가적인 발굴조사의 진행에 따라 수정되어야 할 부분이 있음을 미리 밝히며, 또한 미진한 부분은 향후의 연구 과제로 남겨 두고자 한다. 다만 본 연구 성과가 세계의 장태문화 중 우리나라만이 갖고 있는 독특한 태실문화를 이해하는데 조금이나마 도움이 되었으면 한다.

Ⅰ. 사료

1. 기본사료

『江原道誌』(1941), 『江原道平海郡邑誌』(1900), 『江華府外奎章閣奉安册寶譜略誌狀御製御筆及藏置書籍形止案』(1782·1856), 『經國大典』(1485), 『京山志』(1677), 『慶尙南道昆陽郡邑誌』(1899), 『慶尙北道星州郡邑誌』(1899), 『慶尙道續撰地理誌』(1469), 『慶尙道邑誌』(1832), 『慶尙道地理志』(1425), 『景宗大王胎室石物修改儀軌』(1832), 『景宗實錄』(1720~1724), 『景宗修正實錄』(1720~1724), 『高宗實錄』(1863~1907), 『高麗史』(1451), 『高麗史節要』(1452), 『昆陽郡邑誌』(1786), 『昆陽郡邑誌』(1899), 『關東邑誌』(1871), 『關東誌』(1829~1831), 『光海君日記』(1608~1623), 『國朝寶鑑』(1909), 『嶠南誌』(1867~1873), 『端宗實錄』(1452~1455), 『當宁胎室石欄干造排儀軌』(1729), 『大丘府邑誌』(1850년대), 『大邱邑誌』(1924), 『大東地志』(1862~1866), 『大典會通』(1865), 『東國輿地志』(1656), 『東京雜記』(1670), 『東京通志』(1933), 『東史綱目』(1773), 『東史約』(1851), 『萬機要覽』(1808), 『明宗實錄』(1545~1567), 『密陽府邑誌』(1781~1785), 『密州舊誌』(1661~1720), 『密州誌』(1932), 『密州誌』(조선 후기), 『密州邑誌』(조선 후기), 『備邊司謄錄』(1617~1892), 『三國史記』(1145), 『常山誌』(1933), 『宣城誌』(1572~1644), 『璿源系譜紀略』(1858), 『璿源系譜紀略』(1874), 『璿源錄』(1681~1897), 『璿源譜』(1776~1789), 『宣祖實錄』(1567~1608), 『宣祖修正實錄』(1567~1608), 『星山誌』(1937), 『聖上胎室石欄干造排儀軌』(1806), 『聖上胎室加封石欄干造排儀軌』(1847), 『成宗大王胎室碑石改竪儀軌』(1823), 『成宗實錄』(1469~1494), 『星州郡邑誌』(1899), 『星州牧邑誌』(1832), 『世宗大王端宗大王胎室修改儀軌』(1730~1731), 『世宗大王端宗大王胎室表石竪立時儀軌』(1734), 『世宗大王胎室石欄干修改儀軌』(1601), 『世宗實錄』(1418~1450), 『世宗實錄地理志』(1432), 『肅宗實錄』(1674~1720), 『荀子』(B.C. 475~B.C. 221), 『純祖實錄』(1800~1834), 『純宗實錄』(1907~1926), 『純宗實錄附錄』(1910~1928), 『順興誌』(1899), 『新增東國輿地勝覽』(1530), 『承政院日記』(1623~1910), 『諺解胎産集要』(1608), 『輿地圖書』(1757~1765), 『練藜室記述』(1736~1806), 『燕山君日記』(1494~1506), 『嶺南邑誌』

(1871), 『嶺南邑誌』(1895), 『迎日邑誌』(1929), 『英祖實錄』(1724~1776), 『嶺誌選』(1892), 『永平郡邑誌』(1842), 『禮記』(B.C. 475~B.C. 221), 『睿宗實錄』(1468~1469), 『醴泉郡邑誌』(1786), 『醴泉郡邑誌』(1879), 『醴泉郡誌』(1939), 『王世子胎室埋安時祠后土祭胎神安慰祭埋安後謝后土祭 笏記』(조선시대), 『王子阿只氏安胎儀軌』(1608), 『龍門寺事蹟 不用件 龍門寺記』(1818), 『龍門寺 完文』(1900), 『龍壽寺 開刱記』(1181). 『蔚珍郡誌』(1939), 『元子阿只氏安胎謄錄』(1790), 『元孫阿只氏藏胎謄錄』(1827), 『元子阿只氏藏胎儀軌』(1783), 『元子阿只氏藏胎儀軌』(1809), 『元子阿只氏藏胎儀軌』(1859), 『元子阿只氏藏胎儀軌』(1874), 『邑誌雜記』(1890~1902), 『翼宗大王胎室加封石欄干造排儀軌』(1836), 『仁祖實錄』(1623~1649), 『仁宗實錄』(1544), 『日省錄』(1760~1910), 『梓鄕誌』(1849), 『莊陵誌』(1441~1740), 『全州李氏寧山君派族譜』(1928), 『正宗大王胎室加封儀軌』(1801), 『正祖實錄』(1776~1800), 『定宗實錄』(1399~1400), 『朝鮮寰輿勝覽』(1910~1937), 『重修龍門寺記碑』(1185), 『中宗實錄』(1506~1544), 『增補文獻備考』(1908), 『哲宗實錄』(1849~1863), 『春官通考』(1788), 『胎封』(1928~1934), 『胎峰謄錄』(1643~1740), 『太祖大王胎室石物改封築石物塗灰改莎草修補儀軌』(1866), 『太祖實錄』(1392~1398), 『太宗實錄』(1401~1418), 『太平御覽』(983), 『豊基郡誌』(1899), 『湖山錄』(1619), 『憲宗實錄』(1834~1849), 『孝宗實錄』(1649~1659), 『顯宗改修實錄』(1659~1674), 『顯宗實錄』(1659~1674)

2. 문집류

『簡易集』(崔岦, 1631), 『謹齋集』(安軸, 1740), 『大覺國師文集』(義天, 1055~1101), 『明谷集』(崔錫鼎, 1646~1715), 『牧民心書』(丁若鏞, 1818), 『默齋日記』(李文楗, 1535~1567), 『四佳集』(徐居正, 1488), 『宋子大全』(宋時烈, 1607~1689), 『鵝溪遺稿』(李山海, 1608~1623), 『養兒錄』(李文楗, 1551~1566), 『頤齋遺藁』(黃胤錫, 1829), 『外臺秘要』(수·당시대), 『醫心方』(丹波康賴, 984), 『雜療方』(진·한시대), 『祖堂集』(靜·筠, 952), 『靑莊館全書』(李德懋, 1795), 『胎産書』(진·한시대), 『太虛亭集』(崔恒, 1486).

3. 고지도·그림

『廣輿圖』(19C 전반), 『備邊司印方眼地圖』(1750~1756), 『星州地圖』(조선 후기), 『輿地圖』(1736~1767), 『嶺南地圖』(18C), 『地乘』(1776~1787), 『海東地

圖』(1750~1751),『1872年 地方地圖』(1872),『莊祖胎封山圖』(1785),『純祖胎封山圖』(1806),『憲宗大王胎室石物加封圖簇子』(1847)

II. 단행본

강경숙, 1986,『粉靑沙器硏究』, 일지사.

江原鄕土文化硏究會, 1997,『原州郡의 歷史와 文化遺蹟』.

慶北大嶺南文化硏究院, 2006,『脫草·譯註 在嶺南日記』, 學民文化社.

경북대학교 영남문화연구원, 2014,『성주 세종대왕자태실의 세계유산적 가치』2014년 영남문화연구원 기획학술대회.

_____, 2015,『별고을 성주, 생명을 품다 -선석산 세종대왕자 태실 이야기』, 성주군.

慶北大學校 嶺南文化硏究院, 2015,『성주 세종대왕자태실의 세계유산 등재를 위한 학술심포지엄』, 성주군.

경북대학교 영남문화연구원, 2016,『한국의 태실과 세계의 장태문화』2016년 경북대학교 영남문화연구원 기획학술대회, 성주군.

慶北鄕土史硏究協議會, 1990,『慶北마을誌』上, 慶尙北道.

_____, 1992,『慶北마을誌』下, 慶尙北道.

경상북도교육위원회, 1984,『경상북도 지명유래총람』.

高麗書林, 1986,『增補校正 朝鮮寺刹史料』上·下.

關東大學校 博物館, 1995,『三陟의 歷史와 文化遺蹟』.

光州郡敎育會, 1933,『光州郡史』, 光州木山印刷所.(일문)

광주민속박물관, 2002,『광주의 風水』.

鄕土文化開發協議會, 1990,『光州의 文化遺蹟』, 光州直轄市.

국립국어연구원, 1999,『표준국어대사전』하, 두산동아.

국립문화재연구소, 2006,『國譯 胎封謄錄』, (주)뷰랜.

_____, 2006,『조선왕실의 안태와 태실 관련 의궤』, 민속원.

_____, 2007,『국역 안태등록』, 민속원.

_____, 2007,『국역 호산청일기』, 민속원.

_____, 2008,『가보고 싶은 왕릉과 그 기록 -풀어쓴 후릉 수개도감의궤-』.

_____, 2009,『세계유산 조선왕릉 학술심포지움 -美術史로 보는 조선왕릉-』.

국토해양부 국토지리정보원, 2008,『한국지명유래집 -중부편』.

_____, 2010,『한국지명유래집 -충청편』.

_____, 2010,『한국지명유래집 -전라·제주편』.

김광언, 2001,『풍수지리(집과 마을)』, 대원사.

김두규, 1998,『우리 땅 우리 풍수』, 동학사.

_____, 2005,『風水學 辭典』, 比峰出版社.

金富軾 저, 李丙燾 역, 1991,『三國史記』上·下, 乙酉文化社.

金用淑, 1987,『朝鮮朝 宮中風俗 研究』, 일지사.

_____, 1990,『한국女俗史』3판, 民音社.

김창겸·김선주·권순형·이순구·이성임·임혜련, 2015,『한국 왕실여성 인물사전』, 한국학중앙연구원출판부,

金浦郡誌編纂委員會, 1993,『金浦郡誌』, 金浦郡.

나각순, 2005,『창경궁과 문묘』, 종로문화원.

내고장 전통 가꾸기 編纂委員會, 1982,『내고장전통가꾸기』, 鎭川文化院.

동국역경원, 2008,『조당집』1·2.

대구경북향토사연구협의회, 1996,『故鄕慶北』, 경상북도.

大德郡誌編纂委員會, 1979,『大德郡誌』.

대한불교조계종 선석사, 2009,『태실법당 낙성식 및 자모관음보살 점안식 태실법당 준공기념 胎文化 학술세미나』.

圖書出版 民族文化, 1987,『璿源系譜記略』.

柳今烈, 2003,『淸風誌』, 청풍면사무소.

문화재청, 2007,『조선 왕조 기록문화의 꽃 의궤』.

민족문화추진회, 1967,『국역 연려실기술』Ⅳ·Ⅸ.

_____, 1985,『국역 연려실기술』Ⅺ.

_____, 1985,『국역 신증동국여지승람』Ⅰ·Ⅱ·Ⅲ·Ⅳ·Ⅴ·Ⅵ·Ⅶ.

_____, 1985,『국역 만기요람』Ⅰ(財用篇).

_____, 1995,『국역 국조보감』Ⅵ.

_____, 1997,『국역 아계유고』1·2.

民昌文化社, 1992,『朝鮮王朝璿源錄』1~10.

密陽文化院, 1986,『鄕土史料集』1.

_____, 1994, 『密陽地名攷』.

_____, 2001, 『國譯 密州誌 地理篇』密陽文獻輯覽 第1號.

밀양군지편찬위원회, 1964, 『密陽郡誌』.

密陽誌編纂委員會, 1987, 『密陽誌』, 密陽文化院.

扶餘郡誌編纂委員會, 1987, 『扶餘郡誌』.

사천문화원, 2000, 『世宗大王·端宗大王 胎室儀軌』.

사천시사편찬위원회, 2003, 『泗川市史』下.

三陟郡, 1988, 『三陟郡誌』.

서울特別市, 1987, 『서울文化財大觀』.

釋智賢, 1979, 『密敎』, 玄岩社.

성주군, 1991, 『내고장 星州』.

_____, 2010, 『세종대왕자태실 생명문화관 컨텐츠 및 전시 방향 모색을 위한 관련 전문가 초청 학술세미나』.

星州文化院, 1998, 『禮鄕 星州마을誌』.

수원화성박물관, 2012, 『사도세자의 생애와 활동』사도세자 서거 250주기 추모 학술대회.

順興安氏三派大宗會, 2004, 『謹齋先生文集(全)』, 휘문인쇄사.

順興邑內里文化마을推進委員會, 1994, 『順興鄕土誌』, 順興面.

시흥군, 1988, 『始興郡誌』上.

신명호, 1998, 『조선의 왕』, 가람기획.

윤국일 역, 2005, 『新編 經國大典』, 신서원.

안동민속박물관, 2002, 『안동의 지명유래』.

안산시사편찬위원회, 1999, 『安山市史』上·中.

안산시사편찬위원회, 2011, 『安山市史』1·4·5.

襄陽郡, 1990, 『襄州誌』.

양웅열, 2014, 『조선의 왕비가문』, 도서출판 역사문화.

양주문화원, 2001, 『양주 땅이름의 역사』.

엄정면지편찬위원회, 2008, 『嚴政面誌』.

연천문화원, 1995, 『鄕土史料集 : 地名由來·文化遺蹟·遺物』.

영남대학교 민족문화연구소, 1996, 『星州郡誌』, 嶺南大學校 民族文化研究所.

寧越郡, 1992, 『寧越郡誌』.

영월문화원, 2013, 『莊陵史補』, 출판사 한결.

榮州郡誌編纂委員會, 1968, 『榮州誌』.

예천군지편찬위원회, 2005, 『醴泉郡誌』하, 醴泉郡.

울진군문화공보실, 1988, 『울진의 얼』, 울진군.

蔚珍郡誌編纂委員會, 1971, 『蔚珍郡誌』, 蔚珍郡.

_____, 2001, 『蔚珍郡誌』上, 蔚珍郡.

蔚珍郡 鄕土史 硏究會, 1990, 『鄕土史硏究』2, 양지인쇄소.

원주군, 1994, 『원주군의 역사와 문화유적』.

原州文化院鄕土誌編纂委員會, 1976, 『原州·原城鄕土誌』, 原州文化院.

原州市, 1981, 『雉岳의 香氣 : 내고장 전통가꾸기』.

尹龍二, 2001, 『韓國陶瓷史硏究』, 文藝出版社.

李圭相, 2005, 『韓國의 胎室』, 청원문화원.

이문건 저, 이상주 역, 1997, 『양아록』, 태학사.

李丙燾, 1954, 『高麗時代의 硏究 -特히 圖讖思想의 發展을 中心으로-』, 亞細
亞文化社.

_____, 1986, 『高麗時代의 硏究 -特히 圖讖思想의 發展을 中心으로-』改訂版,
亞細亞文化社.

이한기·권봉숙·김종대·나명석·오현주·이혜영, 2000, 『해부생리학』, 고문사.

이태진, 1994, 『왕조의 유산 -외규장각도서를 찾아서』, 지식산업사.

이홍직, 1984, 『국사대사전』, 삼영출판사.

李弘稙, 1993, 『한국사대사전』상, 교육도서.

이희승, 2007, 『국어대사전』제3판 수정판, 民衆書林.

임동권, 1999, 『한국의 민속』, 세종대왕기념사업회.

임영주, 2013, 『한국의 전통 문양』, 대원사.

장상진, 1999, 『한국의 화폐』, 대원사.

全州李氏完原君派譜編纂委員會, 1999, 『全州李氏完原君派譜』.

鄭良謨, 1997, 『韓國의 陶磁器』, 文藝出版社.

旌善郡誌編纂委員會, 1978, 『旌善郡誌』.

정영호, 1998, 『부도』, 대원사.

조인철, 2008, 『우리시대의 풍수』, 민속원.

지두환, 2007, 『성종대왕과 친인척』조선의 왕실 9-1·9-2·9-3·9-4·9-5, 역사문화.

池性龍, 2012, 『화길옹주(和吉翁主) 태실(胎室)』, 丹陽文化院.

震檀學會, 1971, 『韓國史 年表』, 乙酉文化社.

鐵原郡誌增補編纂委員會, 1992, 『鐵原郡誌』上·下, 鐵原郡.

村山智順 저, 鄭鉉祐 역, 1996, 『韓國의 風水』, 明文堂.

崔夢龍·崔盛洛·申叔靜, 1998, 『考古學研究方法論 -自然科學의 應用-』, 서울
　　大學校出版部.

崔鉛植, 2011, 『韓國金石文集成(19)』高麗3 碑文3, 韓國國學振興院·青溟文化
　　財團.

崔昌祚, 1984, 『韓國의 風水思想』, 民音社.

崔虎鎭, 1974, 『韓國貨幣小史』, 瑞文堂.

春城郡, 1985, 『春城의 脈』.

카트린 올레·마리 프랑스 모렐 저, 이은주 역, 2002, 『출산과 육아의 풍속사』,
　　사람과 사람.

抱川郡誌編纂委員會, 1997, 『抱川郡誌』下.

浦項로타리크럽主管 日月鄉誌編纂委員會, 1967, 『日月鄉誌』, 浦項印刷社.

河野萬世, 1935, 『春川風土記』, 朝鮮日日新聞社江原支社.(일문)

한국역사연구회 중세1분과 나말여초연구반, 1996, 『譯註 羅末麗初金石文(下)
　　譯註 篇』, 혜안.

한국역사연구회 중세2분과 법전연구반, 2000, 『신보수교집록(新補受教輯錄)』,
　　청년사.

＿＿＿＿＿＿＿＿＿＿＿＿＿＿＿＿＿, 2001, 『수교집록(受教輯錄)』, 청년사.

한국정신문화연구원, 1996, 『한국민족문화대백과사전』1～28, 웅진출판주식회사.

한국학중앙연구원 장서각, 2005, 『조선왕실의 출산 문화』, 이회문화사.

한글학회, 1967, 『한국지명총람』2(강원).

＿＿＿＿, 1970, 『한국지명총람』3(충북).

＿＿＿＿, 1979, 『한국지명총람』5(경북Ⅰ).

＿＿＿＿, 1978, 『한국지명총람』5(경북Ⅱ).

＿＿＿＿, 1979, 『한국지명총람』7(경북Ⅳ).

＿＿＿＿, 1981, 『한국지명총람』12(전북 하).

＿＿＿＿, 1985, 『한국지명총람』17(경기도 상).

＿＿＿＿, 1991, 『한국땅이름큰사전』하.

＿＿＿＿, 1995, 『우리말 큰사전』2, ㈜어문각.

翰林大學校 博物館, 1994, 『春川郡의 歷史와 文化遺蹟』.

＿＿＿＿＿＿＿＿＿, 1995, 『寧越郡의 歷史와 文化遺蹟』.

_____, 1997, 『春川의 歷史와 文化遺蹟』.

허균, 2010, 『전통 문양』, 대원사.

허준 저, 정호완 역, 2010, 『역주 언해태산집요』, 세종대왕기념사업회.

許興植, 1986, 『高麗佛敎史硏究』, 一潮閣.

韓基汶, 1998, 『高麗寺院의 構造와 機能』, 民族社.

혜경궁 홍씨 저, 전규태 역, 1988, 『한중록』, 범우사.

黃壽永, 1985, 『韓國金石遺文』第四版, 一志社.

James Deetz, 1967, Invitation to Archaeology, New York, The Natural History Press.

Ⅲ. 조사보고서 및 도록

1. 조사보고서

강원고고학연구소, 1997, 『춘천 지역 조선조 태실 지표조사보고서』, 춘천문화원.

강원대학교 박물관, 1999, 『가평군의 역사와 문화유적』, 가평군.

경기도박물관, 1998, 『경기문화유적지도』Ⅰ(경기남부지역).

_____, 1999, 『경기문화유적지도』Ⅱ(경기 중부지역).

京畿文化財團 附設 畿甸文化財硏究院, 2007, 『文化遺蹟分布地圖 -始興市-』.

慶南文化財硏究院, 2003, 『文化遺蹟分布地圖 -泗川市-』, 泗川市.

경북대학교 인문과학연구소, 1987, 『八公山 -팔공산사적지표조사보고서-』, 대구직할시.

慶尙北道文化財硏究院, 1999, 『仁宗胎室 發掘調査報告書』, 永川市.

_____, 1999, 『文化遺蹟分布地圖 -榮州市-』, 榮州市.

_____, 2000, 『文化遺蹟分布地圖 -星州郡-』, 星州郡.

_____, 2004, 『文化遺蹟分布地圖 -蔚珍郡-』, 蔚珍郡.

경상북도문화재연구원, 2013, 『대구 연경동 광해군 태실 발(시)굴조사 결과보고서』.

國立慶州文化財硏究所, 1998, 「2. 蔚珍郡 文化遺蹟 地表調査」, 『年報』8(1997).

_____, 2009, 「영주시 고현동 의소세손 태실 긴급발굴조사보

고」, 『文化遺蹟發掘調査報告(緊急發掘調査報告 Ⅳ)』.

국립문화재연구소, 1999, 『西三陵胎室』, 계문사.

_____, 2000, 『軍事保護區域 文化遺蹟 地表調査報告書(京畿道篇)』.

_____, 2008, 『朝鮮王室의 胎峰』, 중앙문화인쇄.

_____, 2009, 『조선왕릉 종합학술조사보고서』Ⅰ (고려말 조선초).

_____, 2011, 『조선왕릉 종합학술조사보고서』Ⅱ.

_____, 2012, 『조선왕릉 종합학술조사보고서』Ⅲ.

_____, 2013, 『조선왕릉 종합학술조사보고서』Ⅳ.

_____, 2013, 『조선왕릉 종합학술조사보고서』Ⅴ.

_____, 2014, 『조선왕릉 종합학술조사보고서』Ⅵ.

_____, 2014, 『조선왕릉 종합학술조사보고서』Ⅶ.

_____, 2015, 『조선왕릉 종합학술조사보고서』Ⅷ.

_____, 2015, 『조선왕릉 종합학술조사보고서』Ⅸ.

金娜亨, 2009, 「『英祖大王胎室加封儀軌』보존처리 보고서」, 『藏書閣』22, 한국
학중앙연구원.

金榮振·朴相佾, 1997, 「淸原 山德里 胎室 發掘調査 報告」, 『淸州大學校 博物
館報』10, 淸州大學校 博物館.

大邱大學校 博物館, 2005, 『文化遺蹟分布地圖 -醴泉郡-』, 醴泉郡.

대동문화재연구원, 2012, 『성주 태종·단종태실 학술(지표)조사 결과보고서』,
성주군.

문화재관리국 문화재연구소, 1993, 『韓國民俗綜合調査報告書 -産俗篇-』上·下.

문화재청, 2011, 『전주 경기전 정전 정밀실측조사보고서』.

박동석, 2003, 『서삼릉 유적현황 자료집』, 문화재청.

報恩郡, 2010, 『法住寺 圓通寶殿 實測·修理 報告書』, 文化財廳.

불교문화재연구소, 2008, 『한국의 사찰문화재』전국사찰문화재일제조사 경상
북도Ⅱ(2), 문화재청.

聖林文化財研究院, 2014, 『醴泉 鳴鳳里 朝鮮王朝 胎室(文宗·莊祖) 遺蹟』, 예
천군.

성림문화재연구원, 2014, 『예천 명봉리 조선왕조 태실(문종·장조) 유적 주변
문화재 정밀 학술지 표조사 결과보고서』.

星州郡, 1977, 「世宗大王子 胎室 遺物發見 報告」.

_____, 1977, 「世宗大王子 胎室 發見遺物 寫眞帖」.

_____, 1979, 「'79 世宗大王子 胎室補修計劃」.

新羅五岳綜合學術調査團, 1967, 「世宗·端宗大王의 胎室調査」, 『考古美術』 8-8, 韓國美術史學會.

안동대학교박물관, 2008, 「3. 월송리 태실지」, 『울진 사동·정명·월송리 유적』, 부산지방국토관리청.

蔚山文化財研究員, 2003, 『文化遺蹟分布地圖 -蔚州郡-』, 蔚山廣域市.

이상수, 2012, 「15) 연산군녀복억태실묘(燕山君女福億胎室墓)」, 『삼척의 고고 문화』, 삼척시립박물관.

全州李氏大同宗約院, 1999, 『朝鮮의 胎室』Ⅰ·Ⅱ·Ⅲ, 삼성문화인쇄(주).

정영호·조익현, 1999, 『鎭川金庾信將軍史蹟 學術調査 報告書』, 한국교원대학 교 박물관.

朝鮮總督府, 1942, 『朝鮮寶物古蹟調査資料』.(일문)

주식회사 동원건축사사무소, 2015, 『조선시대 가봉태실 유물 실측보고서』, 예 천군.

秦弘燮, 1981, 「新羅北岳太白山 遺蹟調査報告[五]」, 『韓國文化研究院 論叢』 38, 梨花女子大學校 出版部,.

淸州大學校博物館, 1997, 『淸原 山德里 胎室 發掘調査 報告書』, 淸原鄕土文 化研究會.

韓國敎員大學校 博物館, 1999, 『鎭川金庾信將軍史蹟 學術調査 報告書』.

한국토지공사 토지박물관, 1999, 『고양시의 역사와 문화유적』, 고양시.

韓基汶, 1998, 『高麗寺院의 構造와 機能』, 民族社.

翰林大學校 博物館, 1991, 『王女福蘭胎室 發掘報告書』.

翰林大學校博物館, 1995, 『寧越郡의 歷史와 文化遺蹟』, 寧越郡.

2. 도록

고려대학교박물관, 2007, 『고려대학교박물관 名品圖錄』.

국립고궁박물관, 2007, 『국립고궁박물관 전시안내도록』.

국립공주박물관, 2004, 『우리문화에 피어난 연꽃』.

국립대구박물관, 2004, 『嶺南의 큰 고을 星州』국립대구박물관 개관 10주년 기념특별전.

국립중앙박물관, 2000, 『새천년 새유물 展』.

_____, 2010,『백자항아리 : 조선의 인(仁)과 예(禮)를 담다』.

_____, 2011,『145년 만의 귀환, 외규장각 의궤』.

국립춘천박물관, 2002,『국립춘천박물관』국립춘천박물관 개관도록.

궁중유물전시관, 1999,『王室産俗 태항아리 특별전』, 문화재청.

김영애, 2009,『胎항아리』, 도서출판 건기원.

단국대학교 石宙善紀念博物館, 2009,『攝影 名選』下(朝鮮時代~近·現代).

대관령박물관, 2003,『홍귀숙여사 기증유물도록』.

동국대학교박물관, 2006,『소장품도록』동국대학교 건학100주년기념.

동아대학교 박물관, 2011,『陶磁器』.

문화공보부 문화재관리국, 1989,『중요발견매장문화재도록』Ⅱ.

서울역사박물관, 2008,『조선의 도자기』.

世中돌박물관, 2000,『우리 옛 돌조각의 혼』우리 옛 돌들의 이야기, 그 살아
        있는 영혼과의 대화, 도서출판 세중.

수원화성박물관, 2012,『思悼世子』사도세자 서거 250주기 추모 특별기획전,
        용주사효행박물관.

영남대학교박물관, 2005,『영남대학교박물관 소장유물도록』.

용문사성보유물관, 2006,『龍門寺』용문사성보유물관 개관 도록.

울산금석문편찬위원회, 2013,『蔚山金石文』, 울산광역시 문화원연합회.

직지사성보박물관, 2003,『直指聖寶博物館의 遺物』.

下中邦彦, 1962,『李朝 染付·金失砂·白磁』, 平凡社.(일문)

한독의약박물관, 2007,『한독의약박물관』.

湖林博物館, 2003,『湖林博物館 所藏 朝鮮白磁名品展 -純白과 節制의 美-』.

호암미술관, 1996,『분청사기명품전 -한국미의 원형을 찾아서-』.

_____, 2004,『분청사기명품전 -자연으로의 회향-하늘·땅·물-』.

회암사지박물관, 2012,『묻혀있던 고려말·조선초 최대의 왕실사찰 檜嵒寺, 그
        위용을 드러내다』회암사지박물관 개관 기념.

Ⅳ. 논문

姜敬淑, 1964,「李朝白磁胎壺」,『考古美術』5-8, 韓國美術史學會.

姜水蓮, 2002, 「朝鮮時代 白瓷胎缸에 관한 硏究」, 東國大學校 碩士學位論文.

김두규, 2014, 「『신지비사(神誌秘詞)』를 통해서 본 한국풍수의 원형 -우리민족 고유의 '터잡기' 이론 정립을 위한 시론-」, 『고조선단군학』31, 고조선단군학회.

_____, 2015, 「성주 세종대왕자 태실과 풍수」, 『성주 세종대왕자 태실 세계유산 등재, 어떻게 할 것인가?』2015년 영남문화연구원 기획학술대회, 경북대학교 영남문화연구원.

_____, 2015, 「성주 세종대왕자 태실과 풍수」, 『嶺南學』28, 경북대학교 영남문화연구원.

김득환, 2007, 「서삼릉 -능역의 능묘와 태실 등에 대한 고찰-」, 『京畿鄕土史學』12, 韓國文化院聯合會京畿道支會.

김만중, 2001, 「강릉 모전리 貞福胎室碑와 성종의 子女에 대하여」, 『博物館誌』7, 江原大學校博物館.

김문식, 2001, 「궁중의 출산과 태실」, 『전통과 현대』15, 전통과 현대사.

金相鎬, 2008, 「상주지역 태실(胎室)에 관한 고찰」, 『尙州文化』18, 상주문화원.

김성찬, 1996, 「원주(原州) 태실고(胎室考)」, 『原州얼』6, 원주문화원 부설 원주얼심기협의회.

金英媛, 2001, 「朝鮮時代 窯業體制의 變遷 -陶器所·磁器所에서 分院官窯로-」, 『美術資料』66, 國立中央博物館.

金榮振, 1993, 「淸原 山德里胎室에 대하여 -그 性格과 復元을 중심으로-」, 『淸州大學校 博物館報』6, 淸州大學校 博物館.

_____, 1994, 「忠州 景宗胎室 小攷 -變作과 復元을 중심으로-」, 『淸州大學校 博物館報』7, 淸州大學校 博物館.

김용숙, 1999, 「부록: 胎峯硏究」, 『西三陵胎室』, 국립문화재연구소.

김인호, 1996, 「11. 무위사 선각대사 편광탑비」, 『譯註 羅末麗初金石文(下) 譯註 篇』, 한국역사연구회 중세1분과 나말여초연구반.

김지영, 2007, 「장서각 소장 『대군공주어탕생의 제』에 관한 일고찰」, 『藏書閣』18, 한국학중앙연구원.

_____, 2010, 「조선후기 왕실의 출산문화에 관한 몇 가지 실마리들 -장서각 소장 출산관련 '궁중발기[宮中件記]'를 중심으로-」, 『藏書閣』23, 한국학중앙연구원.

金志榮, 2010,「조선 왕실의 출산문화 연구 : 역사인류학적 접근」, 韓國學中央
　　研究院 博士學位論文.

김지영, 2011,「조선시대 왕실 여성의 출산력 -시기별 변화추이와 사회문화적
　　함의-」,『정신문화연구』34-3, 한국학중앙연구원.

_____, 2014,「조선시대 출산과 왕실의 '장태의례(藏胎儀禮)' -문화적 실천양
　　상과 그 의미-」,『역사와 세계』45, 효원사학회.

_____, 2015,「왕실 장태(藏胎)의 의례적 성격과 '태(胎)'의 상징성」,『성주
　　세종대왕자 태실 세계유산 등재, 어떻게 할 것인가?』2015년 영남문화
　　연구원 기획학술대회, 경북대학교 영남문화연구원.

金泰一, 2012,「조선 초기 왕실의 태실 연구 -경북 성주지역 태실 21기를 중심
　　으로-」,『白岳論叢』7, 동방대학원대학교.

_____, 2013,「朝鮮의 王陵과 胎峯의 比較 硏究 -同氣感應論과 風水理論 中
　　心으로-」, 東方大學院大學校 博士學位論文.

김태일, 2014,「조선왕조의 태실과 풍수지리의 상관관계(경북 성주 지역 태실
　　을 중심으로)」,『성주 세종대왕자태실의 세계유산적 가치』2014년 영
　　남문화원 기획학술대회, 경북대학교 영남문화연구원.

金海榮, 2014,「『世宗大王胎室石欄干修改儀軌』에 대하여」,『古文書研究』45,
　　한국고문서학회.

金顯吉, 1983,「中原郡 嚴政面 所在 胎室碑에 대하여」,『蘂城文化』5, 예성동
　　호회.

김　호, 2002,「조선후기 왕실의 出産 풍경」,『朝鮮의 政治와 社會』최승희교
　　수 정년기념논총, 집문당.

_____, 2003,「조선 왕실의 藏胎 儀式과 관련 儀軌」,『韓國學報』111, 一志
　　社.

_____, 2004,「조선후기 왕실의 출산 지침서: 림산예지법」,『醫史學』13-2,
　　大韓醫史學會.

노성환, 2010,「일본민속에 나타난 태(胎)에 관한 연구」,『비교민속학』42, 비
　　교민속학회.

_____, 2016,「일본의 장태문화」,『한국의 태실과 세계의 장태문화』2016년
　　경북대학교 영남문화연구원 기획학술대회, 경북대학교 영남문화연구원.

리명구, 2007,「조선시대 태실(胎室) 유적에 관한 고찰 -명종대왕 태실을 중심
　　으로-」,『瑞山의 文化』19, 서산향토문화연구회.

마경만, 2000, 「삼척 자원동(紫元洞) 태실(胎室)에 관한 조사보고」, 『悉直文化』 11, 삼척문화원.

閔晶熙, 2006, 「憲宗 胎室의 現況과 課題」, 『鄕土硏究』30, 충남향토연구회.

민정희, 2007, 「국역 『성상태실가봉석난간조배의궤』」, 『考古와 民俗』10, 한남대학교 박물관.

朴公禮, 2003, 「中國 産俗에 관한 고찰」, 『中國人文科學』26, 중국인문학회.

朴大允, 2011, 「朝鮮時代 國王胎峰의 風水的 特性 硏究」, 東方大學院大學校 博士學位論文.

박대윤, 2012, 「朝鮮時代 國王胎峰의 風水的 特性 硏究」, 『한국문화』59, 서울대학교규장각한국학연구원.

박대윤·천인호, 2010, 「조선 성종 태봉(胎峰)의 풍수지리적 특징 비교 -초장지와 이장지를 중심으로-」, 『한국학연구』33, 고려대학교 한국학연구소.

朴昞璇, 2001, 「朝鮮後期 願堂 硏究」, 嶺南大學校 博士學位論文.

朴成柱·金秀炅, 2008, 「金庾信關聯 文獻史料와 說話의 比較」, 『新羅文化』31, 동국대학교 신라문화연구소.

朴用萬, 2009, 「『英祖大王胎室加封儀軌』의 내용과 가치」, 『藏書閣』22, 한국학중앙연구원.

박재관, 2013, 「제2장. 성주 태실의 도굴에 따른 실태와 그 유물」, 『잊을 수 없는 그 때[不忘의 時間]』경상북도 문화재 훼손·반출 증언록, 우리문화재찾기운동본부·경상북도.

朴鍾得, 2003, 「理氣風水와 形氣風水의 比較」, 公州大學校 碩士學位論文.

朴主憲, 2004, 「胎峰의 風水地理學的 立地特性 硏究(순조, 세종 왕자, 예종 태봉을 중심으로)」, 대구한의대학교 석사학위논문.

朴埰殷, 2002, 「胎封山의 胎室을 찾아서」, 『울산 南區文化』창간호, 蔚山廣域市 南區文化院.

_____, 2005, 「<敬淑翁主의 胎室 및 碑>의 문화재 지정에 대한 小考」, 『울산 南區文化』3, 蔚山廣域市 南區文化院.

_____, 2008, 「성종대왕과 후궁 명빈김씨(明嬪金氏) -경숙옹주 태실과 관련하여-」, 『蔚山文化硏究』창간호, 울산남구문화원 향토사연구소.

朴天敏, 1979, 「朝鮮初期 風水地理思想의 適用 -14C 末~15C 中葉-」, 梨花女子大學校 碩士學位論文.

박충환, 2014, 「인류학의 비교문화론적 관점에서 본 장태문화」, 『성주 세종대

왕자태실의 세계유산적 가치』2014년 영남문화원 기획학술대회, 경북
대학교 영남문화연구원.

_____, 2015, 「인류학의 비교문화론적 관점에서 본 장태문화(藏胎文化)」, 『嶺
南學』28, 경북대학교 영남문화연구원.

_____, 2016, 「조선왕실의 장태의례와 국가권력의 상징적 재생산」, 『한국의
태실과 세계의 장태문화』2016년 경북대학교 영남문화연구원 기획학
술대회, 성주군.

배기헌, 2010, 「성주군「생명문화관」전시자료에 대한 제언 -조선시대 궁중산
속과 장태의례를 중심으로-」, 『세종대왕자태실 생명문화관 컨텐츠 및
전시 방향 모색을 위한 관련 전문가 초청 학술세미나』, 성주군.

_____, 2012, 「성주지역의 가봉태실」, 『성주 태종·단종태실 학술(지표)조사
결과보고서』, 대동문화재연구원.

배종호, 1969, 「風水地理略說」, 『人文科學』22, 연세대학교 인문과학연구소.

徐致祥, 1990, 「朝鮮王朝 願堂寺刹의 造營에 관한 硏究」, 釜山大學校 博士學
位論文.

서해일, 2000, 「조문국 왕실 태(胎) 묻힌 봉양 길붓 태봉산(胎峰山)」, 『義城文
化』15, 의성문화원.

篠原啓方, 2012, 「朝鮮時代の胎室加封碑に關する予備的考察」, 『東アジア
文化交渉研究』第5号, 關西大學文化交渉學敎育研究據点.(일문)

송기동, 2006, 「김천의 태실(胎室)」, 『김천문화』38, 김천문화원.

_____, 2008, 「김천의 태실(胎室)」, 『鄕土慶北』6, 경북향토사연구협회.

신명호, 2002, 「조선시대 宮中의 出産風俗과 宮中醫學」, 『古文書研究』21, 고
문서학회.

_____, 2006, 「19세기 한일궁중의 出産文化 비교연구」, 『동북아시아문화학
회 국제학술대회 발표자료집』1, 동북아시아문화학회.

신병주, 2009, 「조선왕실에서 태실(胎室)을 조성한 까닭」, 『선비문화』16, 남명
학연구원.

_____, 2010, 「조선시대 儀軌 편찬의 역사」, 『朝鮮時代史學報』54, 朝鮮時代
史學會.

_____, 2011, 「조선왕실 의궤 분류의 현황과 개선 방안」, 『朝鮮時代史學報』
57, 朝鮮時代史學會.

沈賢容, 2001, 「蔚珍지역 胎室에 관한 始考」, 『古文化』57, 韓國大學博物館協會.

심현용, 2004, 「광해군태실에 대하여」, 『江原文化史研究』9, 江原鄉土文化研究會.

_____, 2005, 「大邱 光海君胎室 考」, 『鄉土文化』20, 대구향토문화연구소.

_____, 2005, 「星州 世宗大王子胎室 研究」, 『博物館年報』2, 江陵大學校 博物館.

沈賢容, 2006, 「朝鮮時代 阿只胎室碑의 樣式과 變遷」, 『美術資料』75, 國立中央博物館.

심현용, 2008, 「Ⅱ. 조선왕실의 태봉」, 『朝鮮王室의 胎峰』, 국립문화재연구소.

_____, 2010, 「성주지역 태실과 생명문화관 전시방안」, 『세종대왕자태실 생명문화관 컨텐츠 및 전시 방향 모색을 위한 관련 전문가 초청 학술세미나』, 성주군.

_____, 2010, 「朝鮮王室 胎室石函의 現況과 樣式變遷」, 『文化財』43-3, 국립문화재연구소.

_____, 2012, 「조선 단종의 가봉태실에 대한 문헌·고고학적 검토」, 『文化財』45-3, 국립문화재연구소.

_____, 2013, 「조선시대 가봉태실의 中央胎石에 대한 양식과 변천」, 『大丘史學』113, 大丘史學會.

_____, 2014, 「조선 초 영주 소헌왕후 태실의 조성과 구조 복원」, 『嶺南考古學』68, 嶺南考古學會.

_____, 2014, 「조선 왕실의 아기태실비에 대한 양식과 편년 재검토」, 『大丘史學』116, 大丘史學會.

_____, 2014, 「星州 禪石山 胎室의 造成과 胎室構造의 特徵」, 『성주 세종대왕자태실의 세계유산적 가치』2014년 영남문화연구원 기획학술대회, 경북대학교 영남문화연구원.

_____, 2015, 「조선시대 태실의 입지에 대한 재검토」, 『大丘史學』118, 大丘史學會.

_____, 2015, 「星州 禪石山 胎室의 造成과 胎室構造의 特徵」, 『嶺南學』27, 경북대학교 영남문화연구원.

_____, 2015, 「朝鮮時代 胎室에 관한 考古學的 研究」, 江原大學校 博士學位論文.

_____, 2015, 「고려시대 태실에 대한 고고학적 시론」, 『2015년 강원사학회 추계 정기 학술대회』, 강원사학회.

_____, 2015, 「高麗時代 胎室에 관한 考古學的 試論」, 『江原史學』27, 江原史學會.

梁潤美, 2013, 「朝鮮 15世紀 安胎用 陶磁器 研究」, 高麗大學校 碩士學位論文.

양윤미, 2014, 「朝鮮初期 安胎用 陶磁器의 양식적 특징 -성주 禪石山 世宗大王子胎室을 중심으로-」, 『성주 세종대왕자태실의 세계유산적 가치』 2014년 영남문화원 기획학술대회, 경북대학교 영남문화연구원.

_____, 2015, 「성주 世宗大王子 胎室 봉안 安胎用 陶磁器의 양상과 제작시기 연구」, 『嶺南學』27, 경북대학교 영남문화연구원.

吳映玫, 2012, 「朝鮮時代的宮中胎室文化研究」, 『故宮博物院院刊』2012年 06期, 故宮博物院.(중문)

姚委委, 2016, 「中國藏胎文化小考」, 『한국의 태실과 세계의 장태문화』2016년 경북대학교 영남문화연구원 기획학술대회, 경북대학교 영남문화연구원.

육수화, 2007, 「朝鮮王室의 出産과 安胎의 再照明」, 『民族文化論叢』35, 嶺南大學校 民族文化研究所.

尹武炳, 1965, 「廣州 元堂里 胎封」, 『考古美術』6-3·4, 韓國美術史學會.

_____, 1969, 「수종사 팔각오층석탑내 발견유물」, 『김재원박사 회갑기념논총』, 을유문화사.

尹碩寅, 2000, 「朝鮮王室의 胎室 變遷 研究 -西三陵 移藏 胎室을 中心으로-」, 檀國大學校 碩士學位論文.

윤석인, 2000, 「朝鮮王室의 胎室石物에 관한 一研究 -西三陵 移藏 원 胎室을 中心으로-」, 『文化財』33, 국립문화재연구소.

_____, 2008, 「西三陵胎室 奉安遺物에 대한 研究」, 『江原考古學報』11, 江原考古學會.

_____, 2010, 「朝鮮王室 胎항아리 變遷 研究」, 『古文化』75, 한국대학박물관협회.

_____, 2013, 「조선 정조대왕 태실 연구(朝鮮 正祖大王 胎室 研究) -태실석물(胎室石物)의 구조(構造)와 봉안유물(奉安遺物)의 특징(特徵)-」, 『文化財』46-1, 국립문화재연구소.

_____, 2014, 「朝鮮時代 胎誌石 研究」, 『江原考古研究』, 고려출판사.

윤용이, 1999, 「2) 태항아리 고찰(朝鮮時代 白瓷胎항아리의 成立과 變遷)」, 『西三陵胎室』, 국립문화재연구소.

尹龍二, 2000, 「朝鮮時代 白瓷 胎항아리의 成立과 變遷」, 『東岳美術史學』創

刊號, 東岳美術史學會.

윤진영, 2005, 「왕실의 태봉도(胎封圖)」, 『조선왕실의 출산 문화』, 한국학중앙
연구원 장서각.

_____, 2006, 「장서각 소장의 胎封圖 3점」, 『藏書閣』13, 한국학중앙연구원.

_____, 2013, 「조선 후기 安胎儀禮의 개선과 정비」, 『朝鮮時代史學報』67,
朝鮮時代史學會.

_____, 2015, 「조선왕실의 태봉도(胎封圖)」, 『성주 세종대왕자 태실 세계유
산 등재, 어떻게 할 것인가?』2015년 영남문화연구원 기획학술대회,
경북대학교 영남문화연구원.

_____, 2015, 「조선후기 胎封圖의 사례와 도상의 특징」, 『嶺南學』28, 경북
대학교 영남문화연구원.

尹弘基, 1994, 「風水地理說의 本質과 起源 및 그 自然觀」, 『韓國史 市民講座』
14, 一潮閣.

은덕희, 2012, 「단종태실지의 실 위치 규명 -조선왕조실록 및 역사적 사료를
통하여」, 『鄕土慶北』10, 경상북도향토사연구협의회.

이규상, 2002, 「청원지역의 태실유적」, 『淸原文化』11, 청원문화원.

李基白, 1994, 「한국 風水地理說의 기원」, 『韓國史 市民講座』14, 一潮閣.

李德柱, 2009, 「조선시대(朝鮮時代)의 장태문화(藏胎文化)」, 『태실법당 낙성식
및 자모관음보살 점안식 태실법당 준공기념 胎문화 학술세미나』, 대
한불교조계종 선석사.

이복규, 1997, 「조선 전기의 출산·생육관련 민속 -묵재 이문건의 『묵재일기』·
『양아록』을 중심으로-」, 『한국민속학보』8, 한국민속학회.

이상준, 2014, 「개성 고려왕릉의 현황과 성격」, 『고려 왕릉·고분 문화와 세계
문화유산적 가치』, 강화고려역사재단.

이상태, 2000, 「조선초기에 제작된 『팔도지도』에 관한 연구」, 『실학사상연구』
17·18(龜泉元裕漢敎授定年紀念論叢(下)), 무악실학회.

李洙銅, 2013, 「조선시대 陰陽科에 관한 연구」, 圓光大學校 博士學位論文.

이재완, 2013, 「경북(慶北) 예천(醴泉)지역 태실(胎室)에 관한 일고찰(一考察)」,
『고궁문화(古宮文化)』6, 국립고궁박물관.

李昶煥, 1999, 「朝鮮時代 陵域의 立地와 空間構成에 關한 硏究」, 成均館大學
校 博士學位論文, 54~57쪽.

이필영, 2001, 「民俗의 持續과 變動 -出産儀禮 중의 安胎를 중심으로-」, 『역사

민속학』13, 한국역사민속학회.

李浩官, 1992,「石碑의 발생과 樣式變遷」,『韓國의 美 -石燈·浮屠·碑-』15, 中央日報社.

_____, 2002,「한국 석비(石碑) 양식의 변천」,『국학연구』1, 한국국학진흥원.

李弘稙, 1969,「李朝前期의 白磁胎缸」,『古文化』5·6, 한국대학박물관협회.

이희인, 2014,「강화 고려 능묘의 현황과 특징」,『고려 왕릉·고분 문화와 세계문화유산적 가치』, 강화고려역사재단.

鄭良謨, 1964,「貞昭公主墓出土 粉靑砂器草花文四耳壺」,『考古美術』5-6·7, 韓國美術史學會.

鄭在勳, 1996,「≪璿源錄≫의 編纂과 그 內容」,『釜山史學』30, 부산사학회.

趙珝鉉, 2000,「鎭川地域의 金庾信史蹟에 대한 再檢討」,『古文化』55(豪佛 鄭永鎬敎授 停年退任紀念特輯), 韓國大學博物館協會.

周永河, 2005,「조선왕실의 출산 풍속 : 아들 기원에서 돌잔치까지」,『조선왕실의 출산 문화』, 한국학중앙연구원 장서각.

진갑곤, 2015,「태실 관련 문헌과 기록의 가치」,『성주 세종대왕자 태실 세계유산 등재, 어떻게 할 것인가?』2015년 영남문화연구원 기획학술대회, 경북대학교 영남문화연구원.

秦弘燮, 1974,「星州 棲鎭山胎峯」,『韓國學論叢』霞城 李瑄根博士 古稀紀念論文集, 螢雪出版社.

車勇杰, 1982,「英祖大王 胎室加封儀軌에 대하여」,『湖西文化研究』2, 충북대학교 호서문화연구소.

차문성, 2015,「파주 축현리 태실과 연산군 태봉의 연관성에 관한 고찰」,『坡州研究』9, 파주문화원 부설 향토문화연구소.

최경희, 2014,「향토문화답사기 -태실을 찾아」,『의성문화』29, 의성문화원.

崔柄憲, 1975,「道詵의 生涯와 羅末麗初의 風水地理說 -禪宗과 風水地理說의 關係를 中心으로 하여-」,『韓國史研究』11, 韓國史研究會.

崔鉊植, 2011,「2. 無爲寺 先覺大師碑」,『韓國金石文集成(19)』高麗3 碑文3(解說篇), 韓國國學振興院·靑溟文化財團.

崔昌祚, 1990,「조선후기 實學者들의 風水思想」,『韓國文化』11, 서울대학교 한국문화연구소.

崔淳雨, 1963,「白磁貞壽阿只氏胎缸」,『考古美術』4-6, 韓國美術史學會.

崔虎林, 1984,「朝鮮時代 墓制에 관한 研究」, 漢陽大學校 碩士學位論文.

_____, 1984,「朝鮮時代 墓誌의 種類와 形態에 관한 硏究」,『古文化』25, 韓
國大學博物館協會.

_____, 1985,「朝鮮時代 胎室에 관한 一硏究」,『韓國學論集』7, 漢陽大學校
韓國學硏究所.

許興植, 1984,「龍壽寺 開刱記로 본 12세기 후반의 華嚴宗의 斷面」,『釋林』
18, 東國大學校 釋林會.

洪性益, 1998,「江原地域 胎室에 관한 硏究 -全國 胎室 調査를 겸하여-」,『第8
回 강원도 향토문화사 연구발표회』, 全國文化院聯合會江原道支會.

_____, 1998,「江原地域 胎室에 관한 硏究」,『江原文化史硏究』3, 江原鄕土
文化硏究會.

홍성익, 2004,「원주시 대덕리 胎室에 대하여」,『江原文化史硏究』9, 江原鄕土
文化硏究會.

洪性益, 2008,「홍천 공작산 貞熹王后 胎室址 位置比定」,『江原文化史硏究』
13, 江原鄕土文化硏究會.

홍성익, 2012,「김천과 원주에 藏胎된 孝宗 王女胎室 검토」,『啓明史學』23(明
齋韓忠熙敎授 停年紀念號), 啓明史學會 啓明大史學科.

洪性益, 2013,「浮屠形 佛舍利塔에 대한 연구」,『전북사학』43, 전북사학회.

홍성익, 2014,「韓國 胎室의 기초적 이해 -태실의 현황과 보존 및 관리-」,『성
주 세종대왕자태실의 세계유산적 가치』2014년 영남문화원 기획학술
대회, 경북대학교 영남문화연구원.

_____, 2015,「조선전기 王妃 加封胎室에 관한 연구」,『사학연구』117, 한국
사학회.

_____, 2015,「조선시대 胎室의 역사고고학적 연구」,『嶺南學』27, 경북대학
교 영남문화연구원.

_____, 2015,「조선시대 태실 석물의 미술사적 계승과 변천」,『성주 세종대
왕자 태실 세계유산 등재, 어떻게 할 것인가?』2015년 영남문화연구원
기획학술대회, 경북대학교 영남문화연구원.

_____, 2015,「胎室 石物의 미술사적 계승과 변천」,『史林』54, 首善史學會.

홍성익·오강원, 1995,「春川지역 소재 胎室·胎封에 관한 일고찰 -조사보고를
겸하여-」,『春州文化』10, 春川文化院.

洪順敏, 1990,「조선후기 ≪璿源系譜紀略≫ 改刊의 추이」,『奎章閣』3, 서울
대학교 규장각 한국학연구원.

_____, 1990,「조선후기 王室의 구성과 璿源錄 -1681년(숙종 7) ≪璿源系譜記略≫의 편찬을 중심으로-」,『韓國文化』11, 서울대학교 한국문화연구소.

洪再善, 1992,「忠南 地方의 胎室과 그 現況」,『鄕土研究』12, 충남향토연구회.

황경순, 2011,「출산의례의 지속과 변화양상」,『鄕土文化』26, 大邱慶北鄕土文化研究所.

황 인, 2014,「태봉산(胎封山)」,『浦項文化』10, 포항문화원.

V. 기타

1. 인터넷

국립중앙도서관(http://www.nl.go.kr)

국사편찬위원회(http://www.history.go.kr)

문화재청(http://www.cha.go.kr)

서울대학교 규장각한국학연구원(http://e-kyujanggak.snu.ac.kr)

전주이씨대동종약원(http://www.rfo.co.kr)

한국고전번역원(http://www.itke.or.kr)

한국학중앙연구원(http://www.aks.ac.kr)

2. 신문 등

『大韓每日申報』.

『東亞日報』.

『每日新聞』.

『每日申報』.

『皇城新聞』.

박재관, 2003,「단종의 태실지가 사천에 있다?」,『성주군보』63(2003. 7. 1.), 성주군.

이은식, 2004,「조선왕조의 태실과 사천①」,『사천시보』96(2004. 4. 1.), 사천시.

_____, 2004,「조선왕조의 태실과 사천②」,『사천시보』97(2004. 5. 1.), 사천시.

_____, 2004,「조선왕조의 태실과 사천③」,『사천시보』98(2004. 6. 1.), 사천시.

_____, 2004,「조선왕조의 태실과 사천④」,『사천시보』99(2004. 7. 1.), 사천시.

경북대학교 영남문화연구원, 2015,『성주 세종대왕자 태실 세계문화유산 등재 추진 학술연구 최종보고서』, 성주군.

稻田春水, 1916,「彙報: 全羅北道錦山郡胎封山の發掘」,『考古學雜誌』第7卷 第3號, 考古學會.(일문)

동국대학교 박물관, 2011,『성주 태실 전시관 전시기본계획』, 성주군.

영남대학교 조형예술연구소, 2006,『세종대왕 자태실 봉안의식 고증연구 용역 보고서』, 성주군.

윤진영, 2015,「옛 사람의 향기 -창덕궁 태봉도의 비밀」,『한국학중앙연구원 온라인소식지』제74호(2015년 3월호), 한국학중앙연구원.

주식회사 동원건축사사무소, 2015,『명봉리 조선왕실 태실유적 복원 기본설계 및 종합정비 계획』, 예천군.

兌光建築士事務所, 2005,『星州 世宗大王子胎室 周邊整備 基本計劃』, 慶尙北道 星州郡.

『춘관통고』권68 가례 태봉

(『春官通考』卷六十八 嘉禮 胎峯)

『춘관통고(春官通考)』권68

가례(嘉禮)

태봉(胎峯) 부록[附] 가봉(加封)·수개(修改)[1]

○ 태조 대왕(太祖大王) 태봉(胎峯) : 진산(珍山) 만인산(萬仞山)에 있다. 군 동쪽 20리 혹은 30리에 있다. 태조 2년 계유년(1393) 영흥에 안치한 성태 (聖胎)를 옮기고 현을 승격하여 주로 삼았다. 태종 13년 계사년(1413)에 고 쳐서 군으로 하였다. 형국 동쪽 몇 리에 또 새로운 태봉(胎封)이 있는데, 환수아기씨의 태이다.

○ 정종 대왕(定宗大王) 태봉(胎峯) : 금산(金山) 직지사(直持寺) 뒤에 있다. 군 서쪽 50리에 있다. 직지사는 황악산(黃嶽山)의 동쪽에 있다. 수찬 조종 저(趙宗著)의 직지사 비(碑: 1681)에[2] 절의 북쪽 언덕에 길지가 있어 공정 대왕(정종)의 어태(御胎)를 안장하고 절에 전지와 노비를 하사하며 은총을

---

1) 『춘관통고』는 정조 12년(1788)경 예조참의 유의양(柳義養)에 의해 편찬된 것으로 현재 4종만이 사본(寫本)으로 남아있으며, 여기에 번역으로 선택한 것은 1899년 이전(1825. 2.~1833. 6.) 사본으로 추정되는 국립중앙도서관 소장본이다.

2) 직지사 사적비(直指寺 事蹟碑)로서 현재 직지사 일주문 아래쪽 비석거리에 세워 져 있다. 사적비의 글은 조종저(1631~1690)가 지었으며, 글씨는 서예가이자 금석 학의 대가인 낭선군 이우(1637~1693)가 해서체로 썼으며, 전액은 동평군 이항의 글씨다. 이 사적비는 숙종 7년(1681)에 여상 스님이 시작하였으나, 마무리 하지 못하고 60년이 흐른 영조 17년(1741)에 태감 스님이 이를 이어받아 거북받침과 용머리를 만들어 사적비를 완성하였다. 비 앞면에는 1681년에 조종저가 지은 사 적 내용이 새겨져 있고, 뒷면에는 1741년에 비를 세운 일이 새겨져 있다.(직지성 보박물관, 『직지성보박물관의 유물』, 2003, 22~23쪽)

내렸다.

○ 태종 대왕(太宗大王) 태봉(胎峯) : 성산(星山) 조곡산(祖谷山)에 있다. 주 남쪽 35리에 있다. 어태를 봉안하고 승격하여 목으로 삼았다.

○ 세종 대왕(世宗大王) 태봉(胎峯) : 곤양(昆陽) 소곡산(所谷山)에 있다. 군 북쪽 20리에 있는데, 바로 지리산(智異山) 남쪽 산록이다. 진주(晋州) 옥산 (玉山) 동쪽에서 와서 주맥(柱脈)이 되었다. 세종 원년 기해년(1419)에 성 태(聖胎)를 봉안하였다.

○ 소헌 왕후(昭憲王后) 태봉(胎峯) : 순흥(順興) 소백산(小白山) 윤암봉(輪 庵峯)에 있다. 부의 서쪽 20리에 있다.

○ 문종 대왕(文宗大王) 태봉(胎峯) : 풍기(豊基) 명봉사(鳴鳳寺) 뒤에 있다. 속현 은풍현 서쪽 16리에 있다.

○ 단종 대왕(端宗大王) 태봉(胎峯) : 곤양(昆陽) 소곡산(所谷山)에 있다. 세 종 태실과 같은 산록에 있다.

○ 세조 대왕(世祖大王) 태봉(胎峯) : 성주(星州) 선석산(禪石山)에 있다. 주 북쪽 20리에 있는데, 영산(鈴山)에서 내려 온 맥(脈)이다.

○ 덕종 대왕(德宗大王)

○ 예종 대왕(睿宗大王) 태봉(胎峯) : 전주(全州) 태실산(胎室山)에 있다.

○ 성종 대왕(成宗大王) 태봉(胎峯) : 광주(廣州) 경안역(慶安驛) 영장산(靈 長山)에 있다. 주의 동쪽에 있는데, 초경(初境: 첫 경계)에서 10리, 종경(終 境: 끝 경계)에서 40리(里)에 있다.

○ 중종 대왕(中宗大王)의 태봉(胎峯) : 가평(加平) 서면(西面) 색현(色峴)에 있다. 군 서쪽 20리에 있다. 중종 2년 정묘(1507)에 성태(聖胎)를 봉안하고 현을 승격하여 군으로 삼았다.

○ 인종 대왕(仁宗大王) 태봉(胎峯) : 영천(永川) 공산(公山)에 있다. 군 서쪽 30리에 있다. 인종 원년(1545) 산 동쪽 주변 은해사(銀海寺)의 서쪽 봉우 리에 성태(聖胎)를 봉안하였다.

○ 명종 대왕(明宗大王) 태봉(胎峯) : 서산(瑞山) 동면(東面)에 있다. 군의 동 쪽 30리에 있다. 면(面: 동면)은 동음(同[3]音)인 암(巖: 암면)이라고 일컬어 진다.

○ 선조 대왕(宣祖大王) 태봉(胎峯) : 임천(林川) 서면(西面)에 있다. 선조 3 년 경오(1570) 10월에 처음 봉하고 돌난간[石欄干]을 설치하였다.

○ 원종 대왕(元宗大王)

○ 인조 대왕(仁祖大王)

---

3) '冬(동)'으로 되어 있는 것을 '同(동)'으로 바로 잡았음.

◦ 효종 대왕(孝宗大王)

◦ 현종 대왕(顯宗大王) 태봉(胎峯) : 대흥(大興) 원동면(遠東面)에 있다. 군 동쪽 13리 박산(朴山) 서쪽 산록 아래에 있다. 현을 승격하여 군으로 삼았다.

◦ 숙종 대왕(肅宗大王) 태봉(胎峯) : 공주(公州) 목동(木洞) 태봉리(胎封里)에 있다. 주 남쪽 10리에 있다.

◦ 경종 대왕(景宗大王) 태봉(胎峯) : 충주(忠州) 엄정면(嚴正面)에 있다. 주 북쪽 40리에 있다. 영종(英宗: 영조) 2년 병오(1726) 9월에 추봉(追封)하였다.

◦ 영종 대왕(英宗大王: 영조) 태봉(胎峯) : 청주(淸州)에 있다. 주의 동쪽 20리에 있다.

◦ 진종 대왕(眞宗大王) 태봉(胎峯)

◦ 장헌 세자(莊獻世子) 태봉(胎峯) : 풍기(豊基)에 있다. 문종 태실(文宗胎室)과 같은 산록에 있다. 당저(當宁: 정조) 9년 을사(1785)에 추봉(追封)하였다.

◦ 당저 전하(當宁殿下: 정조) 태봉(胎峯) : 영월(寧越) 계죽산(鷄竹山) 정양리(正陽里)에 있다. 부 남쪽 10리에 있다.
영종(영조) 29년 계유(1753)에 봉하였다.

◦ 왕세자 저하(王世子邸下: 순조) 태봉(胎峯)

◦ 현종 7년 병오(1666) 10월에 순흥 태실<소헌 왕후 태실>을 수개(修改)하다.

◦ 숙종 7년 신유(1681)에 대흥 태실<현종 태실>을 추봉(追封)하다. 9년 계해(1683) 10월에 공주 태실<숙종 태실>을 가봉(加封)하다. 15년 기사(1689)에 진산 태실<태조 태실>을 수개하다.

◦ 영종(영조) 2년 병오(1726) 충주 태실<경종 태실>에 석축을 더하였다. 주상[上]이 지경연 심택현(沈宅賢)에게 묻기를, "태봉(胎峯)의 금표(禁標)는 몇 보(步)나 되는가?"하니, 택현이 아뢰기를, "처음에 정한 것은 2백 보였는데, 이번에 또 1백 보를 더하였습니다."하자, 주상이 이르기를, "대행조(大行朝: 경종)의 태실에는 더하고, 청주(淸州) 태실<영종(영조) 태실>에는 더하지 말도록 하라."하였다. 심택현이 나무하고 꼴 먹이는 사람들이 가까이 침범할 우려가 있다고 말하자, 주상이 이르기를, "내가 만약 선열(先烈)을 실추시키지만 않는다면 비록 그 금표를 넓히지 않는다 하더라도 어찌 나무하고 꼴 먹이는 사람이 가까이 침범할까를 근심하겠는가."라고 하였다.

∘ 영종(영조) 2년 병오(1726) 10월에 서산 태실<명종 태실>을 가봉하다. 5년 기유(1729) 10월에 청주 태실<영종(영조) 태실>을 가봉하다. 6년 경술(1730) 5월에 곤양 태실<세종 태실>을 수개하다. 동년(1730) 동월(5월)에 곤양 태실<단종 태실>을 수개하다. 10년 갑인(1734) 5월 곤양 태실<세종 태실>을 수개하다. 동년(1734) 동월 곤양 태실<단종 태실>을 수개하다. 동년(1734) 전주 태실<예종 태실>을 수개하다. 동년(1734) 8월에 대흥 태실<현종 태실>을 수개하다.

∘ 40년 갑신(1764)에 대흥 태실<현종 태실>을 수개하다.

∘ 선조 8년 을해(1575)에 충청도 서산군의 간악한 백성이 그 수령을 해치려고 명종 태봉(明宗胎峯)의 돌난간[石欄]을 파괴하였다.

∘ 영종(영조) 11년 을묘(1735) 3월에 관상감에서 아뢰기를, "원자 아기씨의 태봉을 점유하기 위하여 본 감의 지관 이기홍(李器弘)을 차출하여 여러 도에 보냈습니다. 경상도 풍기현 소백산 축좌미향과 예천군 소백산 자좌오향(子坐午向)과 강원도 원성현 치악산 오좌자향(午坐子向)의 땅이 가장 우수하다고 하오니, 이 3곳을 의망(擬望)하여⁴⁾ 택정(擇定)해서 장태(藏胎)의 땅으로 정하시고, 그 나머지 점득한 곳은 각도와 해당 읍에 분부하여, 토착민의 침점(侵占)과⁵⁾ 천착하는 폐단을 금지 시키는 것이 어떻겠습니까?"라고 하였는데, 주상이 '윤허한다.'고 하였다.

하개석(下蓋石) <의 모양은 복부(覆釜)같고 뢰록(磊碌)으로 그 옹(瓮)이에 칠하고 개석(蓋石) 안쪽은 구멍이 뚫렸다.> 또 유회(油灰)를 가지고 그 개석의 틈을 발랐다. 황정토(黃正土)를 사용하여 단단하게 평토(平土)를 만든다. <태신안위제(胎神安慰祭)를 행한다.> 실(室: 태실)을 만들어 사토(莎土)를 봉한다. <실(室: 태실)의 높이는 3척 직경은 10척 둘레는 30척 영조척(營造尺)을 사용한다. 사후토제(謝后土祭)를 행한다.> 표석을 태실에서 3척 거리에 세운다. <전면에 '雍正十三年正月二十一日丑時生元子阿只氏胎室[옹정 13년(1735) 정월 21일 축시생 원자아기씨태실]'을 새겼고, 후면에 '雍正十三年閏四月初四日立[옹정 13년 윤4월 초4일 입]'라고 새겼다.> 표석의 높이는 5척[자], 두께는 6촌[치], 너비는 1척 8촌이고, 위에 연엽(蓮葉: 연엽석)을 덮었다. 농대(籠臺)의⁶⁾ 두께는 1척, 너비는 2

---

4) 의망(擬望): 이를 삼망(三望)이라고도 하는데, 태봉을 선정할 때에는 물망이 있는 3곳을 천거하면 관리가 최후에 1곳을 낙점하여 태를 봉안한다.

5) 침점(侵占): 경계를 침범하여 점유함 즉 태봉 예비 지역에 다른 사람이 묘를 쓰는 것을 가리킨다.

6) 농대(籠臺): 밑바탕 돌[趺石]의 속명이다.

척, 깊이는 5촌이다. 옹석(瓮石)의 높이는 3척, 둘레는 9척, 직경은 3척이고, 중앙에 뚫은 구멍의 깊이는 2척, 원의 직경은 2척 5촌, 밑에 뚫은 구멍의 깊이는 1척, 원의 직경은 4촌이다. 개석(盖石)은 정련한데, 높이는 2척, 둘레는 9척 직경은 3척, 뚫은 구멍의 깊이는 3촌이다. 대개 앞의 『등록(謄錄)』을 일체 따라서 그것을 제작하였다.

고후토제(告后土祭)의 축문이다. 삼가 옹정 13년 을묘(1735) 4월 신축 삭 20일 경신에 국왕(國王)은 삼가 풍기 현감 임집(任火集)을 보내, 삼가 후토씨의 신에게 엎드려 고합니다. 장차 삼가 태실을 건립하려고 하며 감히 신명에게 고하니, 여러 제물을 흠향하고 강녕을 내려주소서. 삼가 희생과 풍성한 제물을 가지고 경건히 밝은 제를 올리니, 흠향하소서. 집례(執禮), 대축(大祝), 찬자(贊者), 알자(謁者), 축사(祝史),[7] 찬인(贊引),[8] 재랑(齋郎)[9] 이상은 소재한 향교 유생이 하고, 산재(散齋)는 2일, 치재(致齋)는 1일 한다.

태신안위제(胎神安慰祭)의 축문이다. 삼가 옹정 13년 을묘(1735) 윤4월 경오 삭 초4일 계유에 국왕(國王)은[10] 삼가 풍기 현감 임집을 보내, 삼가 태실의 신에게 엎드려 고합니다.

길일을 택하여 이미 태실을 건립하고 편안하게 안치했습니다. 아름다움과 공경함을 내려주소서. 삼가 생폐(牲幣)와[11] 단술[醴齊][12] 그리고 여러 가지 곡물의 자성(粢盛)으로[13] 경건히 밝은 제를 올리니, 흠향하소서.

사후토제(謝后土祭)의 축문이다. 삼가 옹정 13년 을묘(1735) 윤4월 경오 삭 초4일 계유에 국왕은 삼가 풍기 현감 임집을 보내, 삼가 후토의 신에게 엎드려 고합니다. 이미 태실을 건립하고 감히 감사의 예를 올리니, 아름다운 보살핌을 내려주시고 여러 가지로 도와주시길 바랍니다. 삼가 희생과

---

7) 축사(祝史): 제사 지내는 일을 맡는 신관(神官)을 가리킨다.

8) 찬인(贊引): 찬자(贊者)와 함께 아헌관, 종헌관을 돕는 사람이다.

9) 재랑(齋郎): 묘(廟), 사(社), 전(殿), 궁(宮), 능(陵)의 참봉(參奉)을 통칭하는 말이다. 전의시 처음에는 사의(司儀)와 재랑(齋郎)을 두었었는데, 충선왕이 사의를 고쳐 대축(大祝)이라 하고 재랑을 고쳐 봉례랑(奉禮郎)이라 하였다.

10) '國土(국토)'로 되어 있는 것을 '國王(국왕)'으로 바로 잡았음.

11) 생폐(牲幣): 고기로 만든 제물인 희생(犧牲)과 폐백(幣帛)

12) 예제(醴齊): 예주(醴酒) 혹은 첨주(甛酒), 즉 단술을 말한다.

13) 자성(粢盛): 곡식으로 만든 제물. 『춘추공양전(春秋公羊傳)』 하휴(何休)의 주에 의하면, '자(粢)'는 기장[黍]과 피[稷]이고, '성(盛)'은 그것을 그릇에 담은 것을 말하니, 제기(祭器)에 담아서 제사 지내는 곡물을 가리키는 말이다.

풍성한 제물을 가지고 경건히 제를 올리니, 흠향하소서.

안태(安胎)의 제의(祭儀)이다. 헌관(獻官) 및 대축(大祝), 찬자(贊者), 알자(謁者), 축사(祝史), 재랑(齋郎)은 모두 제복을 착용하고 제(祭)를 행한다. 임시로 밖에서 참석한 찬자, 알자, 축사는 절하는 위치에 나아가 4배를 한 뒤에 각자 자리에 나아간다. 찬자가 말하기를, "알자는 여러 집사[諸執事]를 인도하여 절하는 자리에 들어가 4배를 한다."라고 한다. 국궁 배 흥 평신(鞠躬拜興平身)을[14] 할 때 알자가 여러 집사를 인도하여 관세위(盥洗位)에 간다. <관세를 마치면 각자 위치에 나아간다.> 찬자가 말하기를, "알자는 헌관을 인도하여 4배를 하고 국궁 배 흥 평신을 한다."라고 한다. 찬자가 말하기를, "알자는 헌관을 인도하여 관세위에 나아간다."라고 한다. <관세를 마치면 인도하여 여러 신위의 앞에 나아가 무릎을 꿇는다. 집사 한 사람은 향로를 받들고 한 사람은 향합을 받든다. 헌관이 세 차례 분향을 마치면 집사는 향을 신위 앞에 둔다. 축사가 폐(幣)를 주면 헌관은 축사에게 받은 폐를 잡고서 신위 앞에 올린다. '부복(俯伏)'하고 '흥(興)'한 뒤에 내려와 자리로 돌아간다.> 조금 뒤에 찬자가 말하기를, "초헌례를 행한다."라고 한다. 알자는 헌관을 인도하여 준소(樽所)에 나아간다. <술을 따르고 인도하여 신위 앞에 나아간다. 재랑이 술잔을 잡고 헌관에게 준다. 헌관의 술잔은 집사가 술잔을 잡고서 신위 앞에 잔을 올린다. '부복(俯伏)'하고 조금 물러나 무릎을 꿇는다. 대축(大祝)의 독축(讀祝)이 끝나면 '부복'하고 '흥'한 뒤에 내려와 자리로 돌아간다. 조금 뒤에> 찬자가 말하기를, "아헌례를 행한다."라고 한다. 알자는 헌관을 인도하여 준소(樽所)에 나아간다. <술을 따르고 신위 앞에 그를 인도한다. 재랑이 술잔을 잡고 헌관에게 준다. 헌관의 술잔은 집사자가 술잔을 잡고서 신위 앞에 잔을 올린다. 내려와 자리로 돌아간다.> 조금 뒤에 찬자가 말하기를, "종헌례를 행한다."라고 한다. 알자는 헌관을 인도하여 준소(樽所)에 나아간다. <예를 행함에 아울러 아헌관의 의식과 동일하게 한다.> 찬자가 말하기를, "4배를

---

14) 국궁 배 흥 평신(鞠躬拜興平身): 절을 하는 절차를 말한다. 즉, '국궁'은 손을 읍하는 자세로 맞잡고 허리를 굽히는 것이고, '배'는 이어서 네 번 절하는 것을 말하며, '흥'은 네 번 절하는 동안 창하는 자가 '흥(興)', '복(伏)'을 창하여, 일어나고 엎드리는 것을 일정하게 하도록 신호하는 것을 말하고, '평신'은 사배가 끝나고 다시 국궁하는 자세에서 몸을 바로 펴는 자세를 알리는 구호이다. 즉, 집례자가 '국궁 사배'하면 이를 받아 전창(傳唱)하는 사람은 '국궁 배' 하고 바로 이어 '복', '흥' 하고 사배를 마칠 때까지 구호를 부르고 마지막에 '평신' 하고 구호를 불러 국궁 사배가 끝났음을 알리는 것이다.

행한다."라고 한다. 헌관은 4배를 한다. 국궁 배 흥 평신(鞠躬拜興平身)이다. 찬자가 말하기를, "변과 두를 거둔다."라고 한다. <축사(祝史)가 나아가 거둔 변과 두를 예전 위치로 옮긴다.> 찬자가 말하기를, "4배를 행한다."라고 한다. 헌관은 4배를 한다. 국궁 배 흥 평신(鞠躬拜興平身)이다. 찬자가 말하기를, "망예(望瘞)"라고 하면, 알자는 헌관을 인도하여 망예위(望瘞位)에 나아간다. <축사는 비(篚)를 가지고 폐(幣)와 축문을 담아서 구덩이에 넣고 흙을 채운다.> 찬자가 말하기를, "알자는 헌관을 인도하여 차례로 나간다."라고 한다. 알자와 여러 집사는 모두 엎드려 절하는 자리에서 4배를 한다. 국궁 배 흥 평신이다. 알자가 집사를 인도하여 나온다. 찬자 또한 4배를 하고 차례로 나온다.

태봉(胎峯)의 화소(火巢)에[15) 대한 정식(定式)이다. 동쪽으로 200보에 개천[川]을 만들고, 남쪽 500보 지점에 (화소를) 만든다. 문종 대왕의 예전 태봉은 서쪽으로 200보에 개천[川]이고, 북쪽 300보 지점인 주산(主山)에 화소를 만들었다.

◦ 34년 무인(1758) 3월 운관(雲觀)에 전교하기를, "지금 『실록』을 상고해 보니, 광묘(光廟: 세조)와 대군(大君), 왕자(王子)의 태봉(胎封)이 한 언덕에 함께 있다. 이것도 마땅히 본받아야 할 조종(祖宗)의 제도이다. 이제부터는 대(代)가 멀고 가까운 것에 구애받지 말고 한 산에 태(胎)를 묻고, 서로의 거리가 2~3보를 넘지 않게 하고 언덕이 다 찰 때까지 쓰도록 하라. 적자(嫡子)와 중자(衆子),[16) 원손(元孫), 군주(郡主)의 경우에도 이와 같이 하라."고 하였다.

◦ 41년 을유(1765) 5월에 경복궁의 위장(衛將)이 옛 궁궐의 주변에서 석함(石函) 하나를 얻어서 진상하였다. 그것을 보니 바로 태를 봉한 석함[封胎石函]인데, 석면에 '王子乙巳五月寅時生[왕자 을사 5월 인시생]'이라고 새겨져 있었다. 주상이 이에 전교하기를, "국초의 헌릉(獻陵)[17) 사방석(四方石)은 성조(聖祖: 태종)께서 <한 조각으로 쓰던 것을> 두 조각[兩片]으로 고쳐 만드셨다. 국릉(國陵)의 지석(誌石)은 내가 정축년(1757)에 검소한 덕을 삼가 체득하여 자기(磁器)로 그것을 대신하였다. 막중한 곳에도 오히려 그렇게 하였는데, 하물며 그 다음의 사안에 있어서랴. 장태(藏胎)의 폐단은 내가 익숙하게 알고 있다. 옛날 법도는 고치기 어렵다. 지금 옛날 궁

---

15) 화소(火巢): 능·원·묘 등의 해자(垓子) 밖에 석축하여 개천을 만든 곳. 산화(山火)를 막기 위하여 만듦.
16) 장남 이외의 아들
17) 헌릉(獻陵): 태종과 원경왕후의 왕릉

궐에서 얻은 장태의 석함은 중엽 이후의 일이다. 지금부터는 장태는 반드시 왕실 정원[御苑]의 깨끗한 곳에 도자기 항아리[陶缸]에 묻어라. 예조에 통보하여 법도를 제정하라.”라고 하였다.

∘ 당저(當宁: 정조) 6년 임인(1782) 9월 예조에 아뢰기를, “예전부터 새로 원자가 탄생하면 남자의 태는 5개월이 되어서 묻는다. 그리고 장태(藏胎)하는 곳은 관상감(觀象監)에서 먼저 나아가 간심(看審: 살펴 봄)한 뒤에 기일의 3달 전에 삼망(三望)을[18) 갖추어 낙점한 뒤 거행한다. 그러나 선조(先朝: 영조) 을유(1765) 5월 전교 안에 차후의 장태는 왕실 정원[御苑]의 깨끗한 곳에 묻으라는 분부가 있었고, 예조에서 『등록(謄錄)』을 만들어 일의 정식(定式)을 설치하였다. 지금 이 원자의 장태를 거행할 절차는 어떻게 해야 합니까?”라고 하였다.

7년 계묘(1783) 7월에 예조 판서 이재협(李在協)이 아뢰기를, “태봉(胎封)은 사체(事體)가 지극히 중차대한 것입니다. 신이 어제 올린 소(疏)에 이미 진술하였습니다. 선조(先朝: 영조)께서 내리신 하교는 대개 이등(二等) 이하의 태함(胎函)을 가리킨 것이고, 당초에 일등(一等)을 두고 제교(提敎)하신 것은[19) 아니니, 아마도 지의(持疑: 의심을 가짐)의 단서가 없습니다. 열성조께서 이미 행한 법도이고, 예경(禮經: 경전)에 대하여 시일이 지연되고 정성을 놓아버리면[時延拖誠] 지극히 미안하니, 관상감에 분부하여 규례대로 신속히 거행함이 어떻겠습니까?”라고 하니, 주상이 말하기를, “대신(大臣)의 뜻이 어떠냐?”고 하문하니, 영의정 정존겸(鄭存謙)이 아뢰기를, “신이 수의(收議)하여[20) 연주(筵奏)[21) 때 이미 모두 진술하였습니다. 그리고 애당초 옛 궁궐에서 얻은 석함(石函)은 이등(二等) 이하의 태함(胎函)입니다. 그러므로 선조(先朝: 영조)의 수교(受敎)는 애초 1등에 대해 하교한 일이 아닙니다. 18대 동안의 태봉[18朝胎封]은 모두 명산(名山)에 있습니다. 이번 태봉(胎封)도 사체가 중대하니, 오직 속히 전례(典禮)를 따라야 합니다.”라고 하였다. 주상이 말하기를, “여러 비당(備堂)에서 각각 그것에 대하여 진술하라.”고 하였다. 행 지중추부사 구선복, 좌참찬 김화진, 이조 판서 서호수, 우참찬 정창성, 공조 판서 정민시, 호조 판서 서유린, 부사직 엄숙(嚴璹), 병조 판서 이, 호조 참판 조시준, 행부사직 정지검, 행도승지

---

18) 삼망(三望): 장태할 곳을 선정할 때에 후보지 셋을 기록해서 추천하던 일.

19) 제교(提敎): 교지(敎旨)로 제시하다.

20) 수의(收議): 의논. 의견을 수합하다.

21) 연주(筵奏): 연은 경연(經筵)이라는 뜻이니, 경연에서 아뢰는 것. 임금의 면전에서 사연을 아룀.

심풍지 등이 모두 영의정이 올린 것과 같았다. 주상께서 드디어 그것을 윤허하였다.

○ 8년 갑진(1784) 9월 예조에서 아뢰기를, "성상 태실(聖上22) 胎室)을 가봉(加封)하는 일은 대신이 지난날 조참(朝參)에서23) 아뢰었으니, 해당 고례(考例)가 있으면 등대(登對)24) 할 때 품처(稟處)하는 명(命)이 있을 것 입니다. 본조(本曹)의 『등록(謄錄)』을 가지고 살펴보니, 숙종조(肅廟朝: 숙종)의 태실 가봉은 계해(1683) 10월에 있었고, 경묘조(景廟朝: 경종)의 태실 가봉은 병오(1726) 9월에 있었고, 선왕조(先王朝: 영조)의 태실 가봉은 기유(1729) 10월에 있었습니다. 대개 열성조(列聖朝) 이후로 태실을 가봉하는 일은 매번 국왕에 등극[御極]한 뒤에 있었습니다. 그러나 비록 간혹 풍년의 진행을 기다려 했지만, 일찍이 7~8년 정도를 넘긴 적이 없었습니다. 그 일을 완성하는 것도 일찍이 9~10월 사이에 있지 않지 않았습니다. 대개 사체(事體)가 매우 엄중하여 이미 느슨하게 할 수 없고 백성의 노동력이 쉬는 때가 또한 이때에 있기 때문입니다. 이것은 여러 지방[諸路]에 풍년이 됨과 색사(穡事: 농사)의 수확(收穫)에 따랐습니다. 그러니 운관(雲觀)에 분부하여 좋은 날짜를 가려서 공사를 감독하면서 규례대로 일을 하는 것이 실로 사리에 합당하겠습니다."하여, 하교하기를, "올해 농사는 다행히 약간 풍작이 되었다고는 하지만 관동(關東: 대관령 동쪽, 즉 영동)은 다른 도(道)만큼 풍작이 되지 못하였고, 영월(寧越)은 영서(嶺西: 대관령 서쪽)이기는 하지만 이러한 때에 백성을 동원하여 일을 시키는 것은 참으로 불가하다. 그러니 다시 내년 농사를 살펴본 뒤에 거행하라. 이로 인하여 신칙할 것이 있다. 열성조의 태봉(胎峯) 중에 수개(修改)할 곳이 많으니, 지금 과연 탈이 없는지의 여부를 각각 도신(道臣: 관찰사(觀察使))으로 하여금 지방관(地方官)에게 분부하여 몸소 나아가 봉심(奉審)25)하고 탈이 있는지 없는지의 상황을 상세히 보고하게 하라. 보고를 받은 뒤에 수개한 일이 아니더라도 일체 봉심한 것을 장문(狀聞)하게 하라고 분부하라. 작년에 안태사(安胎使)가 내려갈 때에도 하교한 바가 있었는데, 경모궁의

---

22) 성상(聖上): 정조를 말함.
23) 조참(朝參): 매달 네 차례씩 문무 백관이 검은 조복(朝服)을 입고 정전(正殿)에 나가 임금에게 문안을 드리고 정사를 아뢰는 것을 말한다.
24) 등대(登對): 어전(御前)에 나아가 임금을 직접 면대(面對)하여 아룀.
25) 봉심(奉審): 어명을 받들어 왕실(王室)의 한성과 경기의 태묘(太廟), 능침(陵寢), 단(壇), 전(殿), 문묘(文廟) 및 지방의 사고(史庫), 태실(胎室) 등의 이상 유무를 살피고 점검하는 것이다.

태봉을 아직도 가봉하지 않고 있으니, 비록 근거할 만한 전례가 없다고는 하
지만 어찌 새로 규례를 만들어서 거행하지 않을 수 있겠는가. 예조 당상 1원
(員)이 나아가서 상황을 봉심하고 돌아와 아뢴 뒤에 품처하리라."하였다.

◦ 9년 을사(1785) 정월에 영의정 서명선(徐命善)이 아뢰기를, "경모궁 태봉
(景慕宮胎峯)을 가봉(加封)하는 길일(吉日)을 예조가 방금 태실(胎室)의
표석(標石) 앞면 서식(書式)을 계하(啓下)받았다. 열성조(列聖朝)에서는
국왕으로 등극[御極]한 뒤에 가봉을 하게 되면 앞면에 '主上殿下胎室(주
상전하태실)'이라고 쓴다. 만약 추봉(追封)한 뒤이면 '廟號大王胎室[묘호
대왕태실]'로 쓰며, 뒷면에는 '年號幾年月日立[연호 몇 년 몇 월 며 칠
입]'을 써넣었습니다. 이번에는 앞면에 어떻게 써넣어야 하겠습니까?"하여,
주상이 말하기를, "'景慕宮胎室[경모궁태실]'로 쓰도록 하라."고 하였다.
또 아뢰기를, "태봉의 금표는 200보를 한계로 삼는데, 가봉한 뒤에는 으레
100보를 더하고, 수호군(守護軍)은 원래 정원이 2명인데 가봉한 뒤에는 으
레 6명을 더합니다. 이번에도 이에 따라 해도(該道)의 도신(道臣: 관찰사)
에게 분부하는 것이 어떻겠습니까?"하여, 주상이 말하기를, "그렇게 하라."
하였다.

제의(祭儀) 제사를 올리기 하루 전날 동방(東方)에 지형의 편의에 따라 찬
만(饌幔)을[26] 설치한다. 후토제를 지낼 곳은 북방에 신좌(神座)를 설치한
다. 선고사유제를 지낼 곳은 예전 표석 앞 남향으로, 북쪽을 윗자리로 하여
신위를 설치한다. 헌관위는 동·남·서향에 설치하고, 집사 위는 남서향으로
설치하되 북쪽을 윗자리로 한다. 찬자(贊者)와 알자(謁者)의 자리[位]는 헌
관의 서쪽에 설치하되, 모두 서향에 북쪽을 윗자리로 한다. 북서쪽 땅[壬
地]에 구덩이를 파는데 깊이는 물건을 넣을 만하게 하고 남쪽에 망예위(望
瘞位)를 설치한다. 헌관은 남북쪽 펼쳐져 있으면, 장찬자(掌饌者)는[27] 재
인(宰人: 백정)을 거느리고 희생을 잡아 가족을 연결하여 삶는다. 제사 올
리는 날[祭日]에 유사가 먼저 신위 앞에 폐(幣)와 비(篚)를 진설한다. 다음
향로(香爐)와 향합(香盒)을 진설하고, 다음 황촉, 제기, 실과(實果)를 신위
우측에 진설한다. 변(籩) 4개는 좌측에 2행으로 진설하고 우측을 윗자리로
한다. <제1행에 형염은 앞에 두고 건속(乾棗)은 그 다음에 두며, 제2행에
황률(栗黃)은 앞에 두고 녹포(鹿脯)는 그 다음에 둔다.> 두(豆) 4개는 우
측에 2행으로 진설하고 좌측을 윗자리로 한다. <제1행에 청저(菁菹)는 앞

---

26) 찬만(饌幔): 국가에서 지내는 제향(祭享) 때에 장막을 치고 제사에 쓸 음식을 넣어
두는 곳이다.
27) 장찬자(掌饌者): 제수를 책임진 사람.

에 두고 녹혜(鹿醢)은 그 다음에 두며, 제2행에 근저(芹菹)는 앞에 두고 육혜는 그 다음에 둔다.> 보(簠)와 간(簋) 각각 2개는 변두(邊豆)의 사이에 두고, 보는 좌측에 변은 우측에 둔다. <보에는 도와 량을 담고, 간에는 서와 직을 담는다.> 저(俎) 1개는 보개의 앞에 둔다. <시생을 담고 무른 앞이나 우측이라고 말한 것은 모두 남쪽이다.> 작(爵) 3개는 저의 앞에 둔다. <각각 잔대[坫]가 있다.> 주준(酒樽) 2개는 <한 개는 현주를 담아 위에 두고, 한 개는 청주(淸酒)를 담는다.> 남쪽 모퉁이의 서쪽에 진설한다. 관세(盥洗)는 남쪽에 있으나 동쪽에 가깝고, 작세(爵洗)는 동쪽에 있으나 서쪽에 가깝다. 뢰세(罍洗)는 동쪽에 진설하고 작을 더한다. 비세(篚洗)는 서남쪽에 둔다. <중작을 담는다.> 유사가 들어가 찬(饌)을 담는 것이 마치면 헌관 및 대축, 찬자, 알자, 축사, 재랑 등이 모두 제복을 착용한다. 임시로 외위(外位)에 나아가는 찬자, 알자는 먼저 절하는 자리[拜位] 북향에 나아가고 서쪽이 윗자리이다. 4배를 마치면 각자 자리에 나아간다. 알자는 집사를 인도하여 절하는 자리에 나아가 4배를 한다. 국궁 배 흥 평신(鞠躬拜興平身)이다. 알자는 집사를 인도하여 관세위에 나아간다. <관세를 마치면 각자 자리에 나아간다.> 찬자가 말하기를, "알자는 헌관을 인도하여 절하는 자리에 나아가 4배를 한다. 국궁 배 흥 평신이다."라고 한다. 찬자가 말하기를, '알자는 헌관을 인도하여 관세위 북향에 나아가 선다. 관세를 마치면 인도하여 신위 앞에 나아간다."라고 한다. 찬자가 말하기를, "무릎을 꿇고 세 차례 분향한다."라고 한다. <집사 한 사람은 향로를 받들고, 한 사람은 향합을 받든다. 헌관은 세 차례 분향한다. 집사는 향을 신위 앞에 둔다.> 축사(祝史)가 폐(幣)를 주면 헌관은 폐를 잡고서 신위 앞에 올린다. 찬자가 말하기를, "'부복(俯伏)'하고 외치면 고개를 숙이고 엎드려 경의를 표하고, '흥(興)'하고 외치면 일어선다. 인도하여 내려와 자리로 돌아간다."라고 한다. 조금 뒤에 찬자가 말하기를, "초헌례를 행한다. 알자는 헌관을 인도하여 준소(樽所) 서향에 선다. 술을 따르고 인도하여 신위 앞에 나아간다."라고 한다. 찬자가 말하기를, "무릎을 꿇고 재랑과 집사는 잔을 헌관에게 주면 술잔을 잡고 전을 주면 집사자는 신위 앞에 잔을 올린다."라고 한다. 찬자가 말하기를, "'부복(俯伏)'하고 외치면 고개를 숙이고 엎드려 경의를 표하고, '흥(興)'하고 외치면 일어선다. 조금 물러나 무릎을 꿇는다. 대축의 독축이 끝나면 인도하여 내려와 자리로 돌아간다."라고 한다. 조금 뒤에 찬자가 말하기를, "아헌례를 행한다."라고 한다. 알자는 헌관을 인도하여 예를 행함에 초헌관의 의식과 동일하게 한다. 인도하여 내려와 자리로 돌아간다. 조금 뒤에 찬자가 말하기를, "종헌례를 행한다."라

고 한다. 알자는 헌관을 인도하여 예를 행함에 아울러 아헌관의 의식과 동
일하게 한다. 인도하여 내려와 자리로 돌아간다. 찬자가 말하기를, "4배를
행한다."라고 한다. 헌관은 4배를 한다. 국궁 배 흥 평신(鞠躬拜興平身)이
다. 찬자가 말하기를, "변과 두를 거둔다."라고 한다. <축사가 나아가 올린
곳을 조금 옮긴다.> 찬자가 말하기를, "망예위(望瘞位)"라고 하면, 알자는
헌관을 인도하여 망예위 북쪽을 향하여 선다. 축사는 비를 가지고 폐와 축
문을 담아서 구덩이에 두고 흙을 채운다. 찬자가 말하기를, "알자는 헌관을
인도하여 나간다."라고 하면, 찬자는 집사를 인도하여 모두 다시 절하는 자
리에 와서 4배를 한다. 국궁 배 흥 평신이다. 알자가 집사를 인도하여 차례
대로 나간다.

선고사유제(先告事由祭)의 축문이다. 삼가 건륭 50년 을사(1785) 2월 신사
삭 21일 신축에 국왕(國王)은 삼가 풍기 군수 이대영(李大永)을 보내, 삼
가 태실의 신에게 고합니다. 삼가 울창한 이 태봉에 상위(象衛)를 아름답
게 건립하고 이에 큰 돌을 다듬어서 이 행적을 새기고 삼가 그 일을 고합
니다. 오직 신령께서 보살피시고 신령께서 도와주시어 편안함을 내려 주시
기를 바랍니다. 삼가 생폐(牲幣)와 단술[醴齊] 그리고 여러 가지 곡물의 자
성(粢盛)으로 경건히 밝은 제를 올리니, 흠향하소서. 고후토제(告后土祭)
의 축문이다. 삼가 건륭 50년 을사(1785) 2월 신사 삭 21일 신축에 국왕은
삼가 풍기 군수 이대영을 보내, 삼가 후토의 신에게 고합니다. 삼가 우뚝한
저 봉우리에 지금 태실을 안치하고 희생 나무와 거북 처마(龜簷)에[28] 엄숙
하게 조각상을 하고, 좋은 날을 택하여 감히 감사의 예를 올리니, 아름다운
보살핌을 내려주시고 여러 가지로 도와주시길 바랍니다. 삼가 생폐(牲幣)
와 단술 그리고 여러 가지 곡물의 자성(粢盛)으로 경건히 밝은 제를 올리
니, 흠향하소서.

사후토제(謝后土祭)의 축문이다. 삼가 건륭 50년 을사(1785) 3월 경술 삭
초8일 정사에 국왕은 삼가 풍기 군수 이대영을 보내, 삼가 후토의 신에게
엎드려 고합니다. 삼가 길일을 택하여 예물을 갖추어 신의 보살핌을 바라
니 무엇으로 보답하리오. 저 울창주를 따르니 향기가 상하로 퍼지고 찬란
한 운물(雲物)이 여기에서 만년토록 아름다운 기운이 창성하게 하소서. 삼
가 생폐(牲幣)와 단술 그리고 여러 가지 곡물의 자성(粢盛)으로 경건히 밝
은 제를 올리니, 흠향하소서.

비석(碑石)의 길이는 6척 8촌이고 너비는 1척 9촌이고 두께는 1척이다. 귀
대석(龜臺石)의 길이는 7척 3촌이고 너비는 4척 5촌이고 높이는 2척 5촌

---

28) 귀첨(龜簷): 태실비의 아래의 귀부(龜趺)와 윗부분의 이수(螭首)를 말함.

이다. 개첨석의 높이는 3척 3촌이고 너비는 4척이다. 난간석(欄干石)의 면
너비는 5척이고 두께는 1척이다. 중동석(中童石)의 높이는 2척이고 둘레
직경은 9척 4촌이다. 주석(柱石)의 길이는 4척 1촌이고 너비는 1척 7촌이
다. 죽석(竹石)의 길이는 3척 5촌이고 지름 4면은 7촌이다. 우전석(隅磚
石)의 길이는 3척 1촌이고 위의 너비는 1척 5촌이고 아래의 너비는 2척
1촌이다. 면전석(面磚石)의 길이는 3척이고 위의 너비는 2척 2촌이고 아래
의 너비는 1척 4촌이다. 옛날 표석(標石) 및 대석(臺石)은 태실의 남동향
땅[巳地] 10여 보에 묻었다.

첨부[附] 원손·공주·왕녀의 태봉(胎封)
◦ 신계(新溪) 태봉산(胎封山) 지파막방(芝破幕坊) : 선조 32년 기해(1599)에
  폐(廢) 원손(元孫)의 태를 봉하였다. 석비(石碑)가 있는데, '萬曆二十七年
  二月二十八日[만력 27년(1599) 2월 28일]'이란 12자를 새겼다.
◦ 지례(知禮) 궁을산(弓乙山) : 현종 원년 경자(1660)에 숙명(淑明)과 경숙
  (敬淑) 두 공주의 태를 봉하였다. 각각 석비(石碑)를 세웠다. <현 남쪽 6
  리에 있다.>
◦ 황주(黃州) 능산(陵山) : 주의 15리에 있다. 산에 작은 석비(石碑)에 '王女
  福合胎室[왕녀복합태실]'이란 6자가 새겨져 있고, 뒷면에 또 '弘治十四年
  六月十七日[홍치 14년(1501) 6월 17일]'이 새겨져 있다.

≪『춘관통고』태봉(원문)≫

修繫賴神佑何以報之酌後苴百礬香上升
爛然雲物於萬斯年佳氣炳醫謹以牲幣醴
齊粢盛庶品式陳明薦尚饗
碑石長六尺八寸廣一尺九寸厚一尺龜蚨
石長七尺三寸廣四尺五寸高二尺五寸盖
舊石高三尺三寸廣四尺欄干石面廣五尺
厚一尺中童石高二尺圓經九尺四寸柱石
長四尺一寸廣一尺七寸石長三尺五寸
往四面七寸隅碑石長三尺一寸上廣一尺
五寸下廣二尺一寸面碑石長三尺上廣二
尺二寸下廣一尺四寸蔦標石又壹石埋於
胎室巳地十步許
附元孫公主王女胎封
新溪胎封山芝破幕坊宣祖三十二年己亥
封慶元祿胎有石碑刻萬曆二十七年二月
二十八日十二字
知禮弓乙山顯宗元年庚子封淑明淑敬西
公主胎各竪石碑 在縣南
黄州陵山 在州十五里山有小石碑刻王女
福合胎室六字後面又刻弘治十四年六月

十七日

以清酒在南陽之西盥洗在
南近西壘洗在東加爵罐洗在南近東
司八實饌果獻官及大爵罐洗在西南饌以有
郎俱著祭服臨時諸外位贊者謁者祝史齋
拜位北向西上四拜訖各就位謁者引諸執事
獻官詣盥洗位北向立盥洗訖贊者曰詣神位前
贊者曰跪三上香執事人以香上香執事人進
事詣盥洗位四拜鞠躬平身謁者引諸執
入就拜位四拜鞠躬平身謁者引諸執事就
禮謁者引獻官詣博所西向立酌酒引諸神
位前贊者曰詣齋郎執事以的授獻官執爵
以爵授執事者奠于神位前贊者曰俯伏興
少退跪大祝讀祝訖引降復位少頃贊者曰
行亞獻禮謁者引獻官行禮一如初獻儀引
行禮並同亞獻謁者引獻官詣堂座引諸執
降復位少頃贊者曰行終獻禮謁者引獻官
神前祝史以幣授獻官執幣奠于神位前贊
者曰俯伏興引降復位少頃贊者曰行初獻
獻官四拜鞠躬拜興平身贊者曰撤籩豆祝

贊者曰望座位謁者引獻官詣堂座
莫以拜贊者曰望座位謁者引獻官詣堂座
位北向立祝史以籩取幣及祝文置於坎實
拜位四拜鞠躬平身謁者引諸執事次
次出
先告事由祭祝文維乾隆五十年歲次乙巳
二月辛巳朔二十一日辛丑國王謹遣臣豐
基郡守李大永敢昭告于胎室之神伏以贊
玆胎峯將貢棗衛燮斷大石有緻其砌誠告
相俊惟神是聽神其左右冀賜康寧謹以
牲醴齋粢盛庶品式陳明薦尚饗
告后土祭祝文維乾隆五十年歲次乙巳二
月辛巳朔二十一日辛丑國王謹遣臣豐基
郡守李大永敢昭告于后土之神伏以革彼
靈峯式奠胎室牲牷龜蓍有儼像設戴消毀
朝敢徽英顧洞漆溪毛膚伸虔吉謹以牲幣
醴齋粢盛庶品式陳明薦尚饗
謝后土祭祝文維乾隆五十年歲次乙巳三
月庚戌朔初八日丁巳國王謹遣臣豐基郡
守李大永敢昭告于后土之神伏以日吉儀

丙午九月先王朝胎室加封在於己酉十月

蓋自列聖朝以來胎室加封每在御極之後

西雖或以待年豐退行未嘗或過於七八年

之間其呀完役亦未嘗不在於九十月之內

者蓋以事體甚重託不容少緩民力休息又

在此時故也越此諸路之豐登播事之收樓

分付雲觀卜日菫役擧行實合事宜

傳曰今年年事雖畧稍稔迥東不若他道寧

越雖是嶺西此時侵民誠有不可更觀明年

年事擧行可也因此有申飭者列聖朝胎擧

多有修改處今果無頉與否各令道臣分付

地方官郭詰奉審有無頉形止詳細報來後

狀聞蟲非修改處一體奉審聞事分付昨

年安胎使下去時亦有下敎者景宮胎擧

尚未加封雖無可據之例宣可不初而行之

禮堂一貟道去奉審形止回奏後票曰景宮

九年乙巳正月領曹才己啓下胎室標石前

胎擧加封式列聖朝加封在於極後則書前面書

西書式列吉日禮曹才己啓下胎室標石前

以主上假下胎室若在於追封則書以廟號

大王胎室後面則以年號幾年月日立書填

今番則書前面何以書填乎上曰以景慕宮胎

室書曰

又啓曰胎擧禁標以二百步為限西加封後

則例加百步守護軍元定二名而加封後

例加六名今亦依此分付於該道道臣處何

如上曰可

祭儀前祭一日設饌慢於東方隨地之宜祀

后土祭設神座于北方先告事由祭設神位

於舊標前南向設獻官位於東南西向祝事

位於其南西向西北上設贊者謁者位於獻官

之西俱西向北上開坎於壬地源收容物設

望瘞位於南獻官在南北鋪設掌候者平宰

人割牲連皮煮熟祭日有司先陳幣蓮於神

位前次設香爐香盒次設黃燭祭羌實每一

位右道四在左為二行右上而祝一行在左

上豆四在右為二行左上籩籩各二在

籩籩前菹醢各一在籩籩前

左籩右籩實以栗黃菱芡二付籩次第二行

斤頭鹿腊次以乾魚鹿脯三在俎前各有設酒樽二註酒以

斤頭鹿実二付籩次第二籩實以菱芡

韶古也籩三在俎前站有設酒樽二註酒以

三十四年戊寅三月教于雲觀曰今考實錄
光廟與大君王子胎對同在一岡此亦當法
祖宗之制自今勿拘此之遠近藏胎一山相
距無過二三步以同畫為限而嫡子衆子元
孫鄹主亦如之

子於丁丑仰體儉德以碩代之莫重之慶猶
國初嶽陵四方石聖祖改作西元國陵誌石
面刻日王子乙巳五月日寅時生上刀教日
四十一年乙酉五月景福宮樹將得一石凾
於舊闕之傍以進上覽之即封胎石凾石石

載于儀書定為式
也自今藏胎必於御苑潔淨處以陶缸理之
難更今於舊闕得藏胎石凾此中某以俊事
蔇况其次乎藏胎之與子知熟笑以古例為
當子六年壬寅九月禮曹啓自前新生元子男
胎則五朔以藏而藏胎處自觀象監先即者
審俊前期三朔備三聖落点舉行石先朝乙
百五月傅教内此俊藏胎御苑精潔處藏置
西分付儀書成謄錄以置事定式笑今此元
子藏胎舉行之節何以為之学

七年癸卯七月禮曹判書李在恦啓胎封事
體至重且大臣於昨日疏中已為仰陳而先
朝受教孟圖二等以下胎凾而初非一等提
教之事恐無持疑之端列聖朝已行之典禮
舊闕所得之石凾即是二等胎凾故當先朝受

敎初無一等提敎之事十八朝胎封皆在名
山西此胎封事體重大惟當遵典禮笑上
謙曰臣於收議及莚奏時已為志陳政鄭存
挈行何如上口大臣之意何如領議政鄭存
輕時延拖誠極未安分付觀象監依例從速

日諸備堂各陳之付知中樞府事具善復左
奏贊金華鎮吏曹判吉徐浩修右恭贊鄭昌
聖工書判書鄭民始戶曹判書徐有鄰副司
直嚴琦兵曹判憲李　戶曹恭判趙時俊
行副司直鄭志儉行都承吉沈豐之皆如領
相晦奏上遂許之

八年甲辰九月禮曹啓曰聖上胎室加封之
事大臣陳白於向日朝恭有該堂考例登對
時票虔之命取考本曹膝錄則蕭宗朝胎室
加封在於癸亥十月景廟朝胎室加封在於

告后土祭祝文雍正十三年歲次乙卯四
月辛丑朔二十日庚申國王謹遣臣豊基縣
監仕㙨敢昭告于后土氏之神伏以將營胎
室敢告神明庶欽菲儀優賜康寧謹以牲幣
醴齋粢盛庶品式陳明薦尚饗
就禮大祝贊者祝史引齋郎巳上卯
在官校生散齋二日致齋一日
胎神安慰祭祝文雍正十三年歲次乙卯
閏四月庚午朔初四日癸酉國王謹遣臣豊
縣監仕㙨敢昭告于胎室之神伏以武淯

春官通考

吉日就營胎室庸辰安慰冀矜歆格謹以牲
幣醴齋粢盛庶品式陳明薦尚饗
謝后土祭祝文雍正十三年歲次乙卯閏
四月庚午朔初四日癸酉國王謹遣臣豊基
縣監仕㙨敢陳謝儀冀虫英頤庶羲砧之謹以牲
胎室敢陳謝儀冀虫英頤庶羲砧之謹以牲
幣醴齋粢盛庶品式陳明薦尚饗
安胎祭儀獻官及大祝贊者祝史齋郎
俱着祭服行祭臨時詣外位贊謁者先就拜
位四拜俊各就位贊者曰謁者引諸執事入

乾拜位四拜鞠躬拜興平身謁者引諸執事
詣盥洗位盥洗訖贊者曰謁者引獻官入就
拜位四拜鞠躬拜興平身贊者曰謁者引獻
官詣盥洗位盥洗訖引諸人奉洗諸人奉洗
官詣盥洗位盥洗訖引諸人奉洗諸人奉洗
位上香訖祝史奉爐引神位前齋郎奉香
官詣尊所執尊者擧冪酌酒祝史以爵受酒
獻官詣尊所執尊者擧冪酌酒祝史以爵受酒
復解少頃贊者曰行終獻禮謁者引獻官
獻官詣尊所執尊者擧冪酌酒少頃贊者曰行終獻禮謁者引獻官詣

樽所行禮訖同贊者曰四拜獻官四拜鞠躬
拜興平身獻訖四拜獻官四拜鞠躬
拜興平身贊者曰撤邊豆撤邊豆訖
四拜獻官四拜鞠躬拜興平身贊者曰望瘞
謁者引獻官詣望瘞位置祝史以篚取祝及
者曰謁者引獻官以次出祝史諸執事俱伏
拜位四拜鞠躬拜興平身謁者引諸執事出
贊者亦四拜以次出
胎峯火巢定式東二百步川南五百步許
文宗大王舊胎峯西二百步許川北三百步
許地主山火巢

王世子邸下　胎峯

<small>年宗二十九丙以对　昭憲王后胎室修改</small>

顯宗七年丙午十月順興大興胎室顯宗追封

廟宗七年辛酉十月大興胎室顯宗追封

九年癸亥十月公州胎室廟宗加封

十五年己巳球山胎室太祖室修改

英宗二年丙午加峯忠州胎室廟宗加封上問知經

進沈宅賢曰胎峯禁標爲畿步学宅賢曰初

定二百步今又加定百步上曰大行朝胎室

可加淸州胎室英宗勿加宅賢以摧牧近邊

何患摧牧之近邊乎

爲言上曰子若不謹先烈則雖不廣其禁標

同年八月大興胎室顯宗修改

同年全州胎室端宗修改

同年同月昆陽胎室顯宗修改

十年甲寅五月昆陽胎室端宗修改

同年同月昆陽胎室端宗修改

六年庚戌五月昆陽胎室端宗加封

五年己酉十月淸州胎室明宗加封

英宗二年丙午十月瑞山胎室明宗加封

四十年甲申大興胎室顯宗修改

宣祖八年乙亥忠淸道瑞山郡有奸民欲害其

穿打破明宗胎峯石欄

英宗十一年乙卯三月觀象監啓曰元子阿只

氏胎峯占得次本監地官李器弘發送於諸

道文慶尙道豐基縣小白山子坐午向醴泉

郡小白山子坐午向江原道原城縣雉岳山

午坐子向之地最優云以此三慶擬望擇定

以爲藏胎之地西其餘吩占處則分付該邑

禁其土民侵占穿鑿之弊何如上允之

春官通考

下蓋石其形如覆釜磊砢砰又以油灰塗蓋石

之隙用黃正土堅築平土安懸胎神作室封莎

室三尺三開晷時乃生元子阿只氏胎室裝兩

四日雍正十三年閏四月初立

云石高五尺厚六寸廣一

尺八寸上覆蓮臺臺則厚一尺廣二尺

深五寸覓石則高三尺圓九尺腰三尺中央

鑿深二尺圓柱二尺五寸圓低孔深一尺圓

柱四寸蓋石正錬高二尺圓九尺腰三尺鑿

深三寸蓋一從前謄錄爲之

胎峯 附加峯 修改

太祖大王
胎峯珠山萬切山或云在郡東十二里太祖二年癸酉移于永州十三年己巳改爲聖胎

定宗大王
胎峯金山直指寺俊之東北岡有金憲安恭靖之賜新胎珠散鼓阿又以胎之新散置峯下

太宗大王
胎峯星山祖谷山在奉州南三十五里為三陵

田大祿江御山
陵又祿江御山之賜田大

世宗大王
胎峯昆陽邷谷山在郡北二十里刀智異南麓聖主胎

昭憲王后
胎峯順興小白山輪庵峯在豊基西六段豊殿在世宗胎西

文宗大王
胎峯豊基鳴鳳寺俊殿在世宗胎

端宗大王
胎峯昆陽在世宗胎同麓

世祖大王
胎峯星州禪石山自在岭山北二十里

德宗大王
胎峯全州胎室山

睿宗大王
胎峯廣州慶安驛寶長山在廣州十東

成宗大王
胎峯廣州慶安驛寶長山在廣州十東

中宗大王
胎峯加平西面色峴在郡西二十四里終境中宗二十二年

仁宗大王
胎峯永川公山宗元年庚午奉聖胎于仁宗元年庚午奉聖胎仁

明宗大王
胎峯瑞山東面在郡東三十里嚴寺之西銀海寺

宣祖大王
胎峯林川西面宣祖胎封三叶排石棚

元宗大王
于

仁祖大王

孝宗大王
胎峯大興遠東面朴山西麓下以

顯宗大王
胎峯大興遠東面那麗陵

景宗大王
胎峯忠州嚴正面在州北四十里丙午英宗二年丙午

英宗大王
胎峯清州二在州東十里

真宗大王
胎峯豊基在文宗胎宣同覽唷

莊獻世子
胎峯豊基

當宁殿下
胎峯寧越鷄竹山正陽里十里在府英南

심현용(沈賢容)

◇ 1968년 경상북도 울진 출생
◇ 강릉명륜고등학교 졸업
◇ 경주대학교(구, 한국관광대학교 1회) 문화재학과 졸업(문학사, 문화재학 전공)
◇ 경북대학교대학원 사학과 석사과정 졸업(문학석사, 역사고고학 전공)
◇ 강원대학교대학원 사학과 박사과정 졸업(문학박사, 고고학 전공)
(전) 경북과학대학 박물관 학예연구원, 강원문화재연구소 연구원
(현) 울진군청 울진 봉평리 신라비 전시관 학예연구사, 한국태실연구소 소장

저서
『조선왕실의 태봉』(공저), 『한국고고학전문사전 -고분편』(공저), 『울진봉평신라비』(공저), 『별고을 성주, 생명을 품다 -선석산 세종대왕자 태실 이야기-』(공저), 『울진 대풍헌과 조선시대 울릉도·독도의 수토사』(공저) 외 다수

논문
「조선시대 태실에 관한 고고학적 연구」, 「조선왕실 태실석함의 현황과 양식변천」, 「조선왕실의 아기태실비에 대한 양식과 편년 재검토」, 「조선시대 태실의 입지에 대한 재검토」, 「조선 단종의 가봉태실에 대한 문헌·고고학적 검토」, 「성주 선석산 태실의 조성과 태실구조의 특징」, 「고고자료로 본 신라의 강릉지역 진출과 루트」, 「고고자료로 본 5~6세기 신라의 강릉지역 지배방식」, 「울진 봉평리 신라비의 재판독과 보존과학적 진단」, 「석조물로 본 울진지역 불교문화」, 「조선시대 울릉도 수토정책에 대한 고고학적 시·공간 검토」 외 다수

한국 태실 연구   값 50,000원

2016년 7월 8일 초판 인쇄
2016년 7월 15일 초판 발행

저   자 : 심 현 용
발 행 인 : 한 정 희
발 행 처 : 경인문화사
경기도 파주시 회동길 445-1 경인빌딩 B동 4층
전화 : 031 - 955 - 9300 팩스 : 031 - 955 - 9310
이메일 : kyunginp@chol.com
홈페이지 : http://www.kyunginp.co.kr/
등록번호 : 제406 - 1973 - 000003호(1973. 11. 8)

ISBN : 978-89-499-4209-4 93910
ⓒ 2016, Kyung-in Publishing Co, Printed in Korea